Biologie für Gymnasien
Band 1

5. bis 7. Schuljahr
Nordrhein-Westfalen

Lehrerband

von
Friedrich Bay
Angelika Bracht
Helmut Schneider

Ernst Klett Schulbuchverlag
Stuttgart Düsseldorf Berlin Leipzig

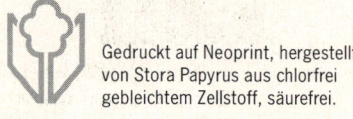 Gedruckt auf Neoprint, hergestellt von Stora Papyrus aus chlorfrei gebleichtem Zellstoff, säurefrei.

1. Auflage

1 5 4 3 2 1 | 1996 95 94 93

Alle Drucke dieser Auflage können im Unterricht nebeneinander benutzt werden, sie sind untereinander unverändert. Die letzte Zahl bezeichnet das Jahr dieses Druckes.
© Ernst Klett Schulbuchverlag GmbH, Stuttgart 1993. Alle Rechte vorbehalten.

Satz: Hahn, Kornwestheim

Druck: Druckhaus Götz, Ludwigsburg

ISBN 3-12-043590-2

Autoren

Prof. Dr. Friedrich Bay; Pädagogische Hochschule Schwäbisch Gmünd
Dr. Angelika Bracht, Weil der Stadt
Prof. Dr. Helmut Schneider; Pädagogische Hochschule Schwäbisch Gmünd

Unter Mitarbeit von

Roman Claus; Konrad-Duden-Gymnasium, Wesel; Fachberater Biologie beim Regierungspräsidium Düsseldorf
Dr. Hans-Jürgen Dobler; Carlo-Schmid-Gymnasium, Tübingen
Roland Frank; Gottlieb-Daimler-Gymnasium, Stuttgart-Bad Cannstatt
Gert Haala; Konrad-Duden-Gymnasium, Wesel; Studienseminar Oberhausen
Volker Lauer; Gymnasium in der Taus, Backnang
Bernd Mura; Ville-Gymnasium, Erftstadt-Liblar
Frithjof Stephan; Friedrich-Eugens-Gymnasium, Stuttgart
Helmut Strecker; Gymnasium St. Michael, Schwäbisch Hall
Günther Wichert; Theodor-Heuss-Gymnasium, Dinslaken

Grafiken

Hess Sales Promotion, Idstein
Klaus Joas, Stuttgart
Prof. Jürgen Wirth, Fachhochschule Darmstadt (FB Gestaltung)

Einbandgestaltung

Hitz und Mahn; Stuttgart, unter Verwendung eines Fotos von T. Angermayer (H. Reinhard)

Regionale Fachberatung

Dr. Horst Bickel, Alexander-von-Humboldt-Gymnasium, Neuss
Rolf Brixius, Gymnasium der Benediktiner, Meschede
Dr. Maria Köhler-Degner, Gymnasium Horkesgath, Krefeld
Klaus Loth, Gymnasium Neunkirchen
Dr. Ursula Wollring, Städt. Gymnasium Oer-Erkenschwick

Inhaltsverzeichnis

Schülerband und Lehrerband – zwei Stützen Ihres Unterrichts 4

Wege in die Biologie
Lebewesen haben bestimmte Kennzeichen 6
Das Mikroskop läßt uns kleine Dinge größer erscheinen 8
Die Zelle – Grundbaustein aller Lebewesen 10

Der Mensch – Bau und Leistungen unseres Körpers

1 Bewegung – Zusammenspiel von Knochen und Muskeln 12
2 Sinne und Nerven – wie Reize beantwortet werden 26
3 Ernährung und Verdauung 38
4 Atmung und Blutkreislauf 50
5 Fortpflanzung und Entwicklung 62

Säugetiere

1 Haustiere des Menschen 72
2 Nutztiere des Menschen 80
3 Heimische Säuger – angepaßt an Lebensraum und Jahreszeit 90
4 Säugetiere verschiedener Lebensräume 106
5 Verwandtschaft bei Säugetieren 118

Vögel – Eroberer der Luft

1 Kennzeichen der Vögel 122
2 Vögel beobachten und bestimmen 130
3 Vögel als Spezialisten 140

Blütenpflanzen – Bau und Leistung

1 Aufbau einer Blütenpflanze 156
2 Die Aufgaben der Blüte 164
3 Die Aufgaben der Pflanzenorgane 172
4 Pflanzen in verschiedenen Jahreszeiten 186

Vielfalt und Nutzen der Blütenpflanzen

1 Verwandtschaft bei Pflanzen 192
2 Vielfalt und Ordnung 204
3 Der Mensch nutzt Pflanzen 206
4 Gärten und Parks als Lebensraum 212

Wechselwarme Wirbeltiere

1 Fische – ein Leben im Wasser 216
2 Lurche sind Feuchtlufttiere 230
3 Kriechtiere bewohnen vielfältige Lebensräume 238

Stammesentwicklung

1 Stammesgeschichte der Wirbeltiere 248
2 Die Entwicklung zum Menschen 258

Schülerbuch und Lehrerband – zwei Stützen Ihres Unterrichts

Natura ist eine Neukonzeption für das Fach Biologie an Gymnasien. Das Schülerbuch für das 5. bis 7. Schuljahr wurde entsprechend dem **neuen Lehrplan** für Nordrhein-Westfalen entwickelt. Es wird ergänzt durch eine regionale Ausgabe des Lehrerbands, der eine Fülle von Materialien für die Unterrichtsgestaltung enthält. Der **Lehrerband** ist so angelegt, daß er trotz seiner Anpassung an das Schülerbuch auch unabhängig von diesem sinnvoll verwendet werden kann.

Das Schülerbuch für das 5. bis 7. Schuljahr ist inhaltlich gegliedert in eine kurze **Einführung** sowie **acht Hauptkapitel**, die jeweils noch einmal in thematische Untereinheiten aufgeteilt sind.

Die **Konzeption** für das Schülerbuch sieht innerhalb der Kapitel vier verschiedene Grundelemente vor:
- Zur Einführung ist zunächst eine **Motivationsdoppelseite** mit mehreren Abbildungen, einer Inhaltsübersicht und kurzen Texten vorgesehen. Durch die besondere Gestaltung bieten diese Seiten neben der Motivation für ein neues Thema auch eine optische Gliederung des gesamten Buches.
- Es folgen dann die **Informationsseiten** mit Texten, Fotos, Grafiken und Aufgaben. Hier wird der Sachzusammenhang unter Verwendung gymnasialspezifischer Begrifflichkeit dargestellt. Die sorgfältig ausgewählten *Abbildungen* stehen in direktem Bezug zum Text und verstärken so die unterrichtsmethodische Verwendbarkeit des Schülerbuches. Die altersgemäßen *Aufgaben* ermöglichen sowohl eine Wiederholung des gelernten Stoffes als auch Anwendung und Transfer auf neue Situationen.
Diese Informationsseiten sind formal immer zweispaltig. Die zusätzliche *Randspalte* wird sowohl für Skizzen und Zeichnungen als auch für Begriffserklärungen genutzt. Eine Unterrichtseinheit wird im Normalfall auf einer Doppelseite abgehandelt. Sogenannte „Kästchen-Themen" heben auf diesen Seiten noch besondere Aspekte hervor oder bieten Zusatzmaterial an.

Dort, wo es sich inhaltlich anbietet, werden die Informationsseiten durch zwei Typen von Sonderseiten ergänzt:
- **Praktikumsseiten** regen zu einem experimentellen Unterricht an, indem entsprechende *Versuche* angeboten werden. Dieser praxiserprobte Aufgabenteil soll die selbständige Auseinandersetzung der Schüler mit den Themen fördern, kann aber auch dem Lehrer zusätzliche Anregungen für den Unterricht geben.
- **Lexikonseiten**, die vor allem zur Erweiterung der Artenkenntnis eingesetzt werden und auch eine gewisse Nachschlagfunktion erfüllen, sollen interessierte Schüler zum Schmökern anregen und es ihnen so ermöglichen, ihr Wissen über einen bestimmten Themenbereich zu erweitern.

Alle Sonderseiten sind durch eine dreispaltige Gliederung sowie ein einführendes Symbol gekennzeichnet.

Die Autoren dieses Gymnasialwerkes wollten ein Schulbuch schaffen, das den Lehrer möglichst wenig gängelt, jedoch eine *Material-* und *Aufgabensammlung* bereitstellt, die für den Unterricht viele Gestaltungsmöglichkeiten offen läßt. Die Autoren behaupten nicht, ein Buch vorgelegt zu haben, das alles kann. Wohl aber wurden aus der eigenen Praxis Elemente zusammengetragen, die dem Lehrer und den Schülern Gelegenheit bieten, nach den im Lehrplan vorgegebenen Kriterien im Unterricht und zu Hause zu arbeiten. Dabei ist die Selbsttätigkeit der Schüler besonders wichtig. Von ihrem Vorverständnis ausgehend, sollen die Schüler durch eigene Beobachtungen in der Natur, durch selbständiges Erlesen von Texten, durch Interpretation von Bildern und Zeichnungen sowie mittels Aufgaben und kleiner Experimente neue Kenntnisse und Fähigkeiten erwerben. Wissen und Arbeitsmethoden sollen den Erfordernissen unserer Zeit entsprechen und Beziehungen zur Lebenswelt der Schüler aufweisen. So stellt das Schülerbuch Gestaltungselemente bereit, die der Lehrer nach seiner eigenen Einschätzung verwenden oder überblättern kann.

Das Kennenlernen vielfältiger Lebensformen und ihrer Lebenserscheinungen ist eine Grundvoraussetzung für die Erkenntnis, daß Pflanzen und Tiere für die Erhaltung der Erde unentbehrlich sind. Die Bücher dieser neuen Gymnasialreihe sollen den Schülern hierzu beispielhafte Einblicke in wesentliche Ordnungsprinzipien und allgemeine Gesetzmäßigkeiten lebender Systeme eröffnen. In Anlehnung an die fachspezifischen Arbeitsweisen sollen die Schüler insbesondere das Beobachten und Vergleichen, das selbständige Entwickeln von Fragen und Hypothesen sowie die Überprüfung durch das Experiment mit Auswertung der Versuchsergebnisse erlernen. Anschauliche Beispiele, die zu Grundeinsichten führen und das Theorieverständnis erleichtern, sind wichtige didaktische Unterrichtselemente. Deshalb wird in diesem Schülerbuch, wo immer möglich, versucht, aktuelle Bezüge aus der Erfahrungswelt der Schüler heranzuziehen.

Nach Meinung der Autoren kann das Schülerbuch mit seinen verschiedenen Elementen in allen Phasen des Unterrichts eingesetzt werden, was aber nicht bedeutet, man solle nur mit dem Buch arbeiten. Die einzelnen Kapitel sind so konzipiert, daß sich ein Schüler ein Thema auch selbst erlesen und erarbeiten kann. Dies kann z. B. bei längerer Krankheit oder zur Vorbereitung für Klassenarbeiten erforderlich werden.

Intentionen des Schülerbuchs

Der Schüler soll sein Buch gern in die Hand nehmen und darin lesen, sich für Probleme interessieren und Spaß am Lösen von Aufgaben bekommen. Das Buch wendet sich an 10- bis 12jährige Schüler, die Texte berücksichtigen das Niveau dieser Altersstufe. Auf dicht gepackte Information, entbehrliche Fremdwörter und Fachausdrücke wurde nach Möglichkeit verzichtet. Der Text soll den Schüler behutsam zur Fachsprache hinführen. Wichtige Begriffe sind *optisch* herausgehoben, sie werden durch Wiederholungen im Buch gefestigt. Ein umfangreiches **Register** erleichtert dem Schüler die Orientierung.

Biologie ist das erste naturwissenschaftliche Fach, dem die Schüler begegnen. Nur selten ist sich der Biologielehrer dieser „Pionierrolle" bewußt. Er hat die Aufgabe, in die Naturwissenschaften einzuführen, den Schülern Wege zum exakten Denken und methodisch sauberen Arbeiten zu eröffnen. Dazu gehört auch der Gebrauch der Fachsprache. Die Schüler sollen neue Begriffe jedoch nicht einfach wie Vokabeln lernen. Diese müssen aus der Anschauung, aus der Praxis heraus, entwickelt werden.

Dem Schülerbuch kommt im Unterricht eine dienende, keine beherrschende Rolle zu. Es ergänzt die am Naturobjekt gewonnene Anschauung. Der Schüler muß lernen, hierzu dem Buch die Informationen zu entnehmen, die gerade gebraucht werden, d. h. er darf sich nicht dabei von anderen Dingen ablenken lassen. Verstehen von Sachtexten und Arbeiten nach schriftlicher Anweisung sind Fertigkeiten, die die Schule vermitteln muß.

Die große Mehrheit der Aufgaben dient dem Üben und Wiederholen. Die Informationen kommen aus den Abbildungen oder dem Text. Es gibt aber auch Aufgaben, die von den Schülern nur in erster Näherung gelöst werden können, weil ihnen ein vertieftes Verständnis noch fehlt. Der Lehrer muß ergänzende Informationen geben, die dann mit einer besseren Motivation aufgenommen werden, als wenn der Schüler nur rezeptiv geblieben wäre. Manche Aufgaben sind offen formuliert und lassen mehrere Antworten zu. Dies kann der schrittweisen Einführung in biologisches Denken dienen, denn Fünftkläßler müssen erst lernen, wie man von der Biologie her argumentiert, und warum andere mögliche Argumente hier weniger zählen.

Mit zur Einführung in die Arbeitstechniken gehört auch das übersichtliche Darstellen von Sachverhalten. In der Biologie kann man etwas in kurzen Sätzen, Stichworten oder in einer Tabelle oft übersichtlicher darstellen als in einem fortlaufenden Text. Tabellarische Auflistungen von Fakten werden deshalb oft gefordert, ebenso einfache Protokolle.

Die Pflege des Zeichnens in der Klasse ist den Autoren ein besonderes Anliegen. Hier bieten sich verschiedene Wege an. Viele Zeichnungen und Schaubilder sind im Schülerbuch so groß angelegt, daß sie leicht ins Heft übernommen werden können. Soweit die eigene Zeichenfertigkeit dabei überfordert ist, können die Schüler auch ein Stück *Transparentpapier* auf die Zeichnung auflegen und die Konturen aus dem Buch durchzeichnen. Dieses Papier wird koloriert und ins Heft geklebt.

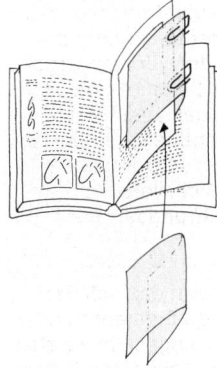

Transparentpapier wird ins Buch eingelegt und mit Büroklammern befestigt, um Konturen einer Abbildung durchzuzeichnen

Der Lehrer muß den Schülern durch einfache Zeichenhilfen an der Tafel Anleitung geben, wie man komplizierte Zusammenhänge auf Wesentliches reduziert (Beispiel: *Wildschwein – Hausschwein*). Biologieunterricht ist eine Schule des Sehens, Entdeckens und Darstellens. Die Schüler sollen lernen, ihre Augen und ihre zeichnerischen Fähigkeiten zu üben.

Der Lehrerband als nützliche Ergänzung

Das Prinzip, den Lehrer möglichst wenig gängeln zu wollen, gilt auch für den Lehrerband. Wir haben deshalb bewußt keine bestimmten Unterrichtsvorschläge strukturiert. Jeder Lehrer soll mit den zur Verfügung gestellten Materialien so unterrichten, wie er es entsprechend den Erfordernissen der Klasse für richtig hält. So gibt der Lehrerband ausführliche Hinweise auf *Anschauungsmaterial*, *Experimente* und *AV-Medien* sowie weiterführende *Literatur*.

Zu jedem Hauptkapitel wird im Lehrerband eine kurze **Leitidee** vorangestellt. Die Autoren erläutern damit die Stellung des betreffenden Kapitels im Kontext des Gesamtwerks und in Beziehung zu den Lehrplänen. Grundzüge der Gestaltung des Kapitels werden erläutert.

Die einzelnen Themen sind im Schülerbuch in der Regel auf einer Doppelseite dargestellt. Die Lehrpläne fordern, von der Lebens- und Erfahrungswelt der Schüler auszugehen und die Unterrichtsinhalte bewußt auf exemplarisches und vertiefendes Lernen einzugrenzen. Im Biologieunterricht wurde immer schon exemplarisch gearbeitet. Verstärkt wird nun das ganzheitliche Erfassen von Lebewesen gefordert, eine schrittweise, altersgemäße Einführung in die Denk- und Arbeitsweisen der Biologie als Wissenschaft.

Zu jedem Beispiel liefert der Lehrerband besondere **Hinweise** (*Sachinformationen*, *methodische Tips* zur Auswertung des Textes und einzelner Bilder, sowie über die Inhalte des Schülerbuchs hinausgehende *Zusatzinformationen*). Aus erzieherischen Überlegungen sollte der Lehrer Aufgaben nicht als „Beschäftigungstherapie" aufgeben, ohne die Ergebnisse zu kontrollieren, sondern die Antworten jeweils gründlich besprechen. Deshalb wurden im Lehrerband die *Lösungen* der Aufgaben besonders sorgfältig bearbeitet, ausführlicher als man es von den Schülern erwarten kann. Der Lehrer erhält Hinweise, wo Querbeziehungen hergestellt werden können oder wo er beim Schüler Transferleistungen anregen kann.

Darüber hinaus findet sich im Lehrerband zu jeder wichtigen Unterrichtseinheit eine **Kopiervorlage**. Diese bieten dem Lehrer eine Fülle von Rohmaterial an, das er nach seinen Vorstellungen nutzen und im eigenen Unterricht verwenden kann. Um die *Arbeitsblätter* optimal zu nutzen, und um sie methodisch variabel einsetzen zu können, sollte sich der Lehrer von diesen Kopiervorlagen auch *Folien* für den Overhead-Projektor anfertigen. Im formalen Aufbau werden alle sinnvollen Möglichkeiten eines Arbeitsblattes genutzt: Aufträge mit Beobachtungsaufgaben und Darstellungen von Experimenten wechseln mit Präparieranleitungen und Bastelhinweisen ab. Oberstes Prinzip ist dabei, die Eigentätigkeit des Schülers anzuregen. Das Arbeitsblatt hat also kaum illustrierenden Charakter, es wird vielmehr verstanden als zentraler Bestandteil der Erarbeitung im Unterricht.

Der für den Lehrer wichtigste Aspekt dürfte darin liegen, daß er die Arbeitsblätter methodisch unterschiedlich einsetzen kann. Das Material ist von seiner Konzeption her so angelegt, daß es vielfältige Verwendungsmöglichkeiten zuläßt. Die methodische Freiheit des Lehrers ist damit gewährleistet. Da durch die äußere Form der Arbeitsblätter in den meisten Fällen keine unterrichtsdidaktischen bzw. methodischen Einsatzmöglichkeiten vorweggenommen werden, kann der Lehrer das Material ganz entsprechend seinen Vorstellungen und in Abhängigkeit von den besonderen Bedingungen seiner Schule und seiner Klasse verwenden.

Wege in die Biologie

Schnelle Pflanzenbewegungen bei
Mimose:
Fliederblättchen klappen bei Berührung oder Erschütterung in Sekundenschnelle herunter.
Sonnentau:
Klebrige Tentakel der Blätter schließen sich um Beuteinsekt.
Venusfliegenfalle:
Blätter zu Klappfallen umgebildet, die sich sehr schnell um ein Beuteinsekt schließen können.

Die Kerzenflamme – ein Modell des Lebendigen?

Stoffwechsel

Sauerstoff   Kohlenstoffdioxid
              Wasser

„Atmung"   „Ausscheidung"
           „Ernährung"

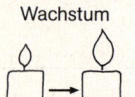

Wachstum

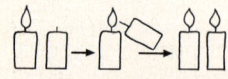

Vermehrung

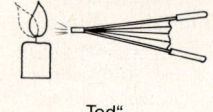

Reaktion und Bewegung

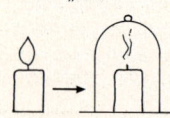

„Tod"

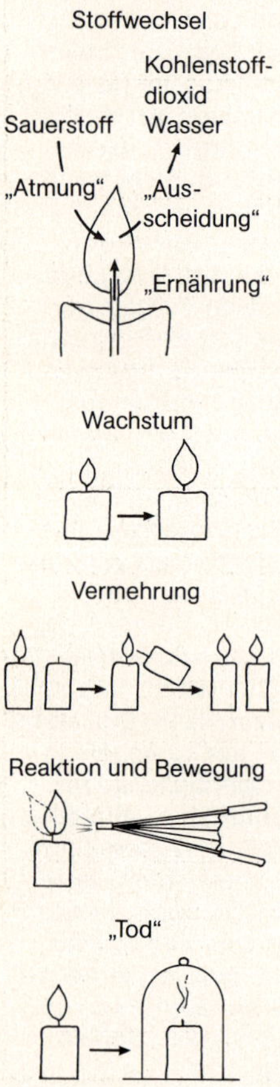

Lebewesen haben bestimmte Kennzeichen
(Schülerbuch S. 10/11)

Aufgaben und Lösungen

① Schreibe alle Kennzeichen der Lebewesen in dein Heft. Ordne jedem Bild auf dieser Seite so viele dieser Kennzeichen zu wie möglich.
– a) Bewegung
  b) Wachstum
  c) Stoffwechsel (Ernährung, Atmung, Ausscheidung)
  d) Reizbarkeit
  e) Fortpflanzung (Vererbung)
  Tropfsteine: b, c (Ausfällung von Kalk)
  Usambaraveilchen: a – e; deutlich: b, e, c
  Maus mit Jungen: a – e; deutlich: a, b, c, e
  Familie: a – e; deutlich: a, b, d, e
  Fliegender Maikäfer: a – e, deutlich: a
  Keimende Eichel: a – e; deutlich a, b
  Meeresbrandung: a, c (Abbau von Gestein, Auswurf von Strandgut)

② Welche Bilder zeigen Dinge, die nicht lebendig sind? Begründe.
– *Tropfsteine und Meeresbrandung sind nicht lebendig. Ihnen fehlen wesentliche Merkmale des Lebendigen, z.B. die Reizbarkeit.*

③ Dein Biologiebuch heißt Natura. Das ist lateinisch und bedeutet „Geburt". Auf welches Kennzeichen von Lebewesen weist dieser Name hin?
– *Ein Wesensmerkmal der Lebewesen ist, daß sie ihr Leben, das mit der Geburt beginnt, der Fortpflanzungsfähigkeit verdanken.*

④ „Jeder dumme Junge kann einen Käfer totschlagen, aber sämtliche Professoren der Welt können keinen herstellen." Erläutere, was dieser Satz mit dem Thema dieser Doppelseite zu tun hat.
– *Lebewesen lassen sich bis heute nicht künstlich herstellen. Sie müssen immer durch Fortpflanzung und Wachstum entstehen. Sie besitzen Eltern von gleicher Gestalt.*

⑤ Jemand behauptet, ein ferngesteuertes Spielzeugauto sei lebendig. Welche Antwort gibst du ihm?
– *Das Spielzeugauto bewegt sich zwar, und es reagiert auf die Fernsteuerung, es nimmt aber keine Nahrung auf und kann sich auch nicht fortpflanzen.*

⑥ Gib in einen Standzylinder oder ein hohes Einmachglas zwanzig Blütenköpfchen des Löwenzahns. Ein zweites, gleichgroßes Gefäß bleibt leer. Verschließe beide Gläser luftdicht mit Haushaltsfolie und stelle sie an einen abgedunkelten Platz. Am nächsten Tag wird die Folie entfernt. Führe in jedes Gefäß eine kleine brennende Kerze ein. Beschreibe deine Beobachtungen. Welches Kennzeichen eines Lebewesens wird durch diesen Versuch nachgewiesen?
– *In dem Glas mit den Löwenzahnblüten geht die Kerze schneller aus. Offensichtlich ist die Luft in diesem Glas verändert worden. Das weist auf einen Stoffwechsel hin. Die Pflanze hat der Luft entweder einen Bestandteil entnommen oder einen anderen zugeführt (oder beides!).*

Hinweise

Die Kennzeichen des Lebendigen werden an Heimtieren im Vergleich mit *Attrappen* (z.B. Spielzeugtieren) untersucht:
Beispiele: Fisch – Plastikfisch; Maus – aufziehbares Spielzeugtier; Wellensittich – Wellensittichattrappe (im Zoogeschäft erhältlich).
Auch **Pflanzen** zeigen Kennzeichen des Lebendigen – allerdings nicht so deutlich! Pflanzen zeigen kaum spontane Reaktionen auf unser Tun. Ausnahme bilden z.B. die Sinnpflanze (Mimose), die Sonnentaupflanze (Drosera) und die Venusfliegenfalle (Dionaea).
Lebensäußerungen der Pflanzen können am deutlichsten im Film (v.a. durch Zeitrafferaufnahmen) gezeigt werden (s. Medienliste).

Die Kerzenflamme – ein Modell des Lebendigen?

Die Kerzenflamme zeigt viele Analogien zu Lebensäußerungen (vgl. KAPLAN 1972). Die wesentlichen Unterschiede liegen nicht nur auf rein biologischem, sondern auch auf biochemischem und biophysikalischem Gebiet:
a) Lebewesen bestehen aus Zellen, eine Flamme aus glühenden Gasen.
b) Lebewesen vermehren sich durch Zellteilung mit Verdoppelung der Kernsäuren (DNS); bei der „Vermehrung" der Kerzenflamme wird ein anderer Luftbereich zum Glühen gebracht.
c) Alle Lebensäußerungen laufen auf der Grundlage von Eiweißen ab; die Flamme besteht aus Gasen.
d) Lebewesen bauen aus einfachen Stoffen kompliziertere (energiereichere) Materie auf; die Flamme dagegen baut energiereiche Materie (z.B. Wachs, Paraffin) zu energieärmeren Stoffen ab (Wasser, Kohlenstoffdioxid).

Lösungen zum Arbeitsblatt

1 a) läuft, klettert, springt,; b) bewegt sich auf ihren Rädern nur gerade fort.
2 a) Käse, Wurst, Brot; b) keine Ernährung.
3 a) wirft mehrmals im Jahr 6–10 Junge; b) wird in Fabrik zu Tausenden ganz gleich hergestellt.
4 a) bei Geburt 2,5 cm lang, 1 g schwer; erwachsen bis 12 cm lang, bis 30 g schwer; b) wächst nicht.
5 a) hören, riechen, sehen, tasten; b) keine Reizbarkeit.

Medien

– Maus und aufziehbare Spielzeugmaus
– Aquarienfische und Spielzeugfische
– Wellensittich und Wellensittichattrappe

Filme

– FWU: Rankenbewegungen (11 min, sw)
– FWU: Pflanzenbewegungen (11 min, f)
– FWU: Eine Kastanienknospe blüht auf (mit Zeitrafferaufnahmen) (3,5 min, f)

Videos

– Klett 999093: Bewegungen bei Pflanzen (15 min, f)

Vergleich zwischen einer Hausmaus und einer Spielzeugmaus

                            Hausmaus   Spielzeugmaus

1. Bewegung: a) _____   b) _____

2. Ernährung: a) _____   b) _____

3. Vermehrung: a) _____   b) _____

4. Wachstum: a) _____   b) _____

5. Reizbarkeit: a) _____   b) _____

Fehler beim Zeichnen

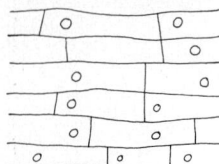

Falsch:
Aufeinanderstoßen von vier Zellwänden

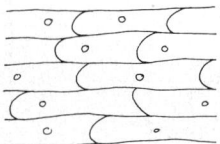

Falsch:
Dachschindel-Zellen

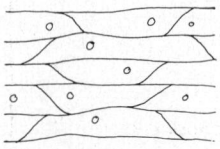

Korrekte Zeichnung

Das Mikroskop läßt uns kleine Dinge größer sehen

(Schülerbuch S. 12)

Aufgaben und Lösungen

① Vergleiche den Aufbau deines Schulmikroskops mit unserer Abbildung. Benenne die Teile. Bewege vorsichtig Triebrad, Objektivrevolver und Blende.
- *Die Grundbestandteile des abgebildeten Mikroskops lassen sich leicht an jedem Schulmikroskop auffinden. Unterschiede liegen außer in der Form in der Art der Beleuchtung (elektrische Lampe oder Spiegel) und in der Anordnung von Grob- und Feintrieb.*

② Wenn man die Vergrößerungen von Objektiv und Okular multipliziert, erhält man die Gesamtvergrößerung.
  a) Berechne für dein Schulmikroskop die möglichen Vergrößerungswerte.
  b) Versuche, die Länge eines Millimeters maßstabsgetreu für die berechneten Vergrößerungen zu zeichnen.
- *a) Die Vergrößerungswerte sind auf den Fassungen von Objektiven und Okularen angegeben. Beispiel: 8×40 = 320.*
- *b) Für das genannte Beispiel ergibt sich, daß ein Millimeter auf 32 Zentimeter verlängert wird.*

③ Mache einen Punkt auf ein Stückchen Millimeterpapier und lege es auf den Objekttisch. Stelle bei kleinster Vergrößerung dieses Objekt scharf ein.
- *Dabei kann geübt werden, ein Objekt unter dem Mikroskop zu finden und scharf einzustellen. Der Schüler erkennt, daß das Bild nach rechts wandert, wenn das Objekt nach links verschoben wird. Entsprechendes gilt umgekehrt bzw. für die Verschiebung nach oben oder unten.*

④ Miß mit Hilfe des Millimeterpapiers bei verschiedenen Vergrößerungen die Breite deines Beobachtungsfeldes aus.
- *Die Werte hängen vom Typ des Mikroskops ab.*

⑤ Lege ein Haar auf das Millimeterpapier und schätze, wie dick es ist.
- *Die Breite eines Haares beträgt etwa 0,1 mm, d.h. zehn Haare nebeneinander ergeben einen Millimeter.*

⑥ Bei vielen biologischen Objekten ist ein vorheriges Aufbereiten notwendig. Stelle entsprechend der nebenstehenden Abbildung ein Naßpräparat von einem Blättchen der Wasserpest her. Mikroskopiere und versuche zu zeichnen, was du siehst.
- *Wasserpest findet man in vielen Tümpeln (Schulgarten, Hausgarten). Die Technik des Naßpräparates sollte geübt werden. Wer mehr Zeit zum Mikroskopieren und Zeichnen verwenden möchte, sollte mit den Zellen des Zwiebelhäutchens beginnen. Geeignet ist auch ein Quetschpräparat der Zellen aus dem Fruchtfleisch von Ligusterbeeren.*

Hinweise zur mikroskopischen Präparation:
- Zur Herstellung mikroskopischer Schnitte verwendet man Rasierklingen, bei denen eine Schneide mit Heftpflaster abgeklebt ist.
- Zur Färbung mikroskopischer Präparate eignen sich verschiedene Verfahren.

Hinweise zur Zeichnung mikroskopischer Präparate:
- Die Schüler sollen zum großformatigen Zeichnen angehalten werden. Dabei kommt es weniger auf Details, als vielmehr auf die Umrisse und die Lage der Zellen im Gewebeverband an. Die Zahl der gezeichneten Zellen bzw. der gezeichnete Ausschnitt darf nicht groß gewählt werden. Ein Beispiel: Aus dem Wasserpest-Präparat sollten nur etwa fünf Zellen gezeichnet werden, jede ca. 5 cm groß.
- Bei den ersten Zeichenversuchen unterstützen Größenvergleiche die Anschaulichkeit: Mit der Millimeterpapiermethode (s. Aufgabe 4) wird die Länge einer Zwiebelhäutchenzelle mit ca. 0,5 mm gemessen. Eine Zwiebel, die Zellen von der gezeichneten Größe (5 cm) hätte, wäre etwa 6 m groß (Größe einer Gartenzwiebel ca. 6 cm).
- Häufige Fehler beim mikroskopischen Zeichnen pflanzlicher Zellen sind auf dem Rand dargestellt.

Lösungen zum Arbeitsblatt

1. Metallgestell mit Handgriff und Fuß; 2. Objekttisch; 3. Spiegel oder Lampe; 4. Tubus; 5. Okular; 6. Objektive; 7. Objektivrevolver; 8. Triebrad für Grob- und Feintrieb; 9. Loch im Objekttisch; 10. Blende.

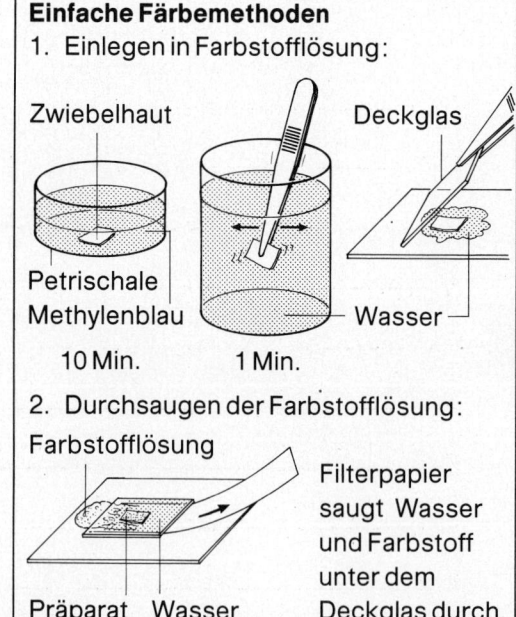

Einfache Färbemethoden
1. Einlegen in Farbstofflösung:
   Zwiebelhaut — Deckglas — Petrischale Methylenblau 10 Min. — Wasser 1 Min.
2. Durchsaugen der Farbstofflösung:
   Farbstofflösung — Präparat — Wasser — Filterpapier saugt Wasser und Farbstoff unter dem Deckglas durch.

Medien
- Schulmikroskope mit Zubehör
- Untersuchungsobjekte: Wasserpest, Zwiebel

Filme
- FWU: Das Mikroskop (5 min, f)

Wege in die Biologie

Bau des Mikroskops

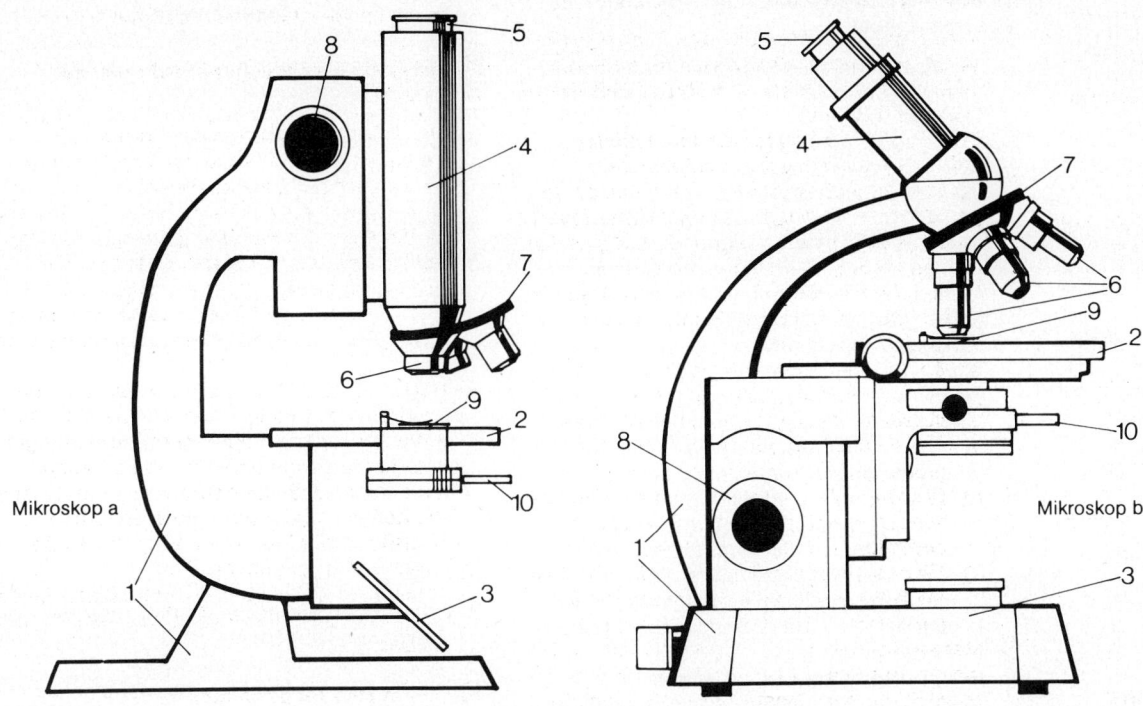

Mikroskop a

Mikroskop b

Benenne die Teile des Mikroskops und präge dir die Bezeichnungen ein.

1 _____
2 _____
3 _____
4 _____
5 _____
6 _____
7 _____
8 _____
9 _____
10 _____

© Als Kopiervorlage freigegeben. Ernst Klett Schulbuchverlag, Stuttgart 1993

Die Zelle – Grundbaustein aller Lebewesen

(Schülerbuch S. 13)

Weitere einfache Präparationsvorschläge als Zusatzaufgaben

① Fertige ein mikroskopisches Präparat von einem Stück Kork an. Mikroskopiere und zeichne.
- *Es genügt, den möglichst dünnen Schnitt ohne Wassertropfen zu betrachten. Man sieht kleine luftgefüllte Kämmerchen, die Hooke 1664 „cellulae" nannte. Er hat damit den Begriff „Zelle" geprägt.*

② Mache einen Schnitt von einer Birnenschale. Suche nach den sogenannten Steinzellen unter dem Mikroskop. Zeichne. Was fällt dir an diesen Zellen auf?
- *Sie haben stark verdickte (verholzte) Zellwände mit Poren (vgl. Randspalte). Zellkern, Plasma oder Blattgrünkörner sind nicht zu erkennen. Sie fehlen, weil die Steinzellen abgestorben sind. Steinzellen erhöhen die Widerstandsfähigkeit der Birnenschale.*

③ Nimm etwas rohen Schweinespeck und kratze mit einem Messerchen ganz wenig Fett ab. Übertrage das Fett auf einen Objektträger. Gib einen Tropfen Spülmittel und einen Tropfen Tinte dazu. Mikroskopiere und zeichne.
- *Die Fettzellen sind gut als kleine, weiße Kugeln zu erkennen. Die große Fettvakuole überdeckt alle weiteren Zellstrukturen. (Fettzellen sind Beispiele für tierische Zellen mit Vakuole.)*

④ Schabe mit einem Streichholz ein wenig Mundschleimhaut ab und übertrage sie auf einen Objektträger. Färbe mit Methylenblaulösung ein.
- *Man übersieht die dünn ausgebreiteten Zellen leicht, aber gerade diese liefern die besten Bilder. Deshalb mit der Blende den optimalen Kontrast einstellen!*

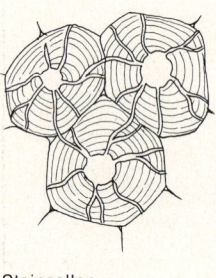

Steinzellen

> **Zusatzinformation**
>
> **Zellgrößen variieren sehr stark**
>
> Als Orientierung kann der Lehrer seinen Schülern mitgeben: „Eine menschliche Zelle ist etwa tausendmal kleiner als dieser kleine Punkt, den ich mit der Kreide an die Tafel tupfe." Ein Mensch besitzt bei seiner Geburt etwa 2 Billionen Zellen, als Erwachsener ca. 60 Billionen.
>
> **Zellgrößen** (in mm)
>
> *bei Bakterien und Pflanzen*
>
> | | |
> |---|---|
> | durchschnittlich | 0,02 – 0,2 |
> | Coli-Bakterium | 0,003 |
> | Korkzelle | 0,04 |
> | Holundermarkzelle | 0,2 |
> | Zelle des Zwiebelhäutchens | 0,4 |
> | Faser der Brennessel | 50 – 75 |
> | Bastfaser der Ramie | 250 – 550 |
>
> *bei Tier und Mensch*
>
> | | |
> |---|---|
> | durchschnittlich | 0,03 |
> | Rote Blutzelle | 0,008 |
> | Mundschleimhautzelle | 0,08 |
> | Menschliche Eizelle | 0,13 |
> | Straußenei (Länge) | 170 |
> | Nervenzelle (mit Faser) | 1000 |

Einfache Zellmodelle

a) *Seifenblasenmodell:*
Mit einem Trinkhalm werden in einem Glas Seifenblasen erzeugt (Seife, Spülmittel in Wasser). Die runden Blasen („Zellen") werden bei gegenseitigem Druck zu Vielflächnern verformt: ein Modell, das die vielfältigen Kontaktflächen räumlich veranschaulicht, die eine Zelle mit ihren Nachbarzellen haben kann.

b) *Kartonfaltmodell:* siehe Arbeitsblatt Seite 11.

c) *Schachtelmodell* einer Pflanzenzelle (Schnitt)

Medien

Modelle
- Schlüter 1675 Pflanzenzelle

Dias
- FWU Zelle und Gewebetypen der Pflanzen (1 + 17, sw + f)
- FWU Die Zelle und ihre Bestandteile (15 + 4, sw + f)
- Landesbildstelle Württemberg: Die Zelle, der Baustein des Lebens (10, sw)

Literatur

BAY, F., RODI, D.: Einführung in das Mikroskopieren in der Hauptschule. Pädagogische Welt, 37. Jg., Auer, Donauwörth 1983

DIETLE, H.: Das Mikroskop in der Schule. Franckh, Stuttgart 1984

DRUTJONS, P., KLISCHIES, A.: Einführung in die Handhabung des Mikroskops. Unterricht Biologie, 11. Jg., Heft 129, Friedrich, Seelze 1987

ESCHENHAGEN, D., KATTMANN, U., RODI, D. (Hrsg.): Fachdidaktik Biologie. Aulis, Köln 1986

GRUPE, H.: Biologiedidaktik. Aulis, Köln 1977

KAPLAN, R.W.: Der Ursprung des Lebens. Thieme, Stuttgart 1972

KÄSTLE, G.: Möglichkeiten zur Erarbeitung einer dreidimensionalen Vorstellung von Zellen. Praxis der Naturwissenschaften-Biologie, 23. Jg., Heft 12, Aulis, Köln 1974

KATTMANN, U., PALM, W., RÜTHER, F.: Kennzeichen des Lebendigen. Metzler, Stuttgart 1982

KNOLL, J. (Hrsg.): Mikroskopieren. Unterricht Biologie, 11. Jg., Heft 129, Friedrich, Seelze 1987

KRIEGER, K. G.: Der Overhead-Projektor als Mikroskopmodell. Ein Funktionsmodell zur Veranschaulichung der Mikroskopierprinzipien in der 5. Klasse. Naturwissenschaften im Unterricht-Biologie, 26. Jg., Heft 12, Aulis, Köln 1978

MOISL, F., WERNER, H. (Hrsg.): Die Zelle. Unterricht Biologie, 1. Jg., Heft 2, Friedrich, Seelze 1976

MOISL, F. (Hrsg.): Experimente. Unterricht Biologie, 12. Jg., Heft 132, Friedrich, Seelze 1988

STEHLI, G., KRAUTER, D.: Mikroskopie für Jedermann. Franckh, Stuttgart 1971

WAGENER, A.: Experimentieren im Biologieunterricht. Naturwissenschaften im Unterricht-Biologie, 30. Jg., Heft 12, Aulis, Köln 1982

WERNER, H.: Einführung in das Mikroskopieren. Unterricht Biologie, 1. Jg., Heft 2, Friedrich, Seelze 1976

Bastelbogen für ein Zellmodell

1. Male die erkennbaren Zellstrukturen an.
2. Schneide die Vorlage aus.
3. Falte die Ränder nach innen und klebe das Modell zusammen.

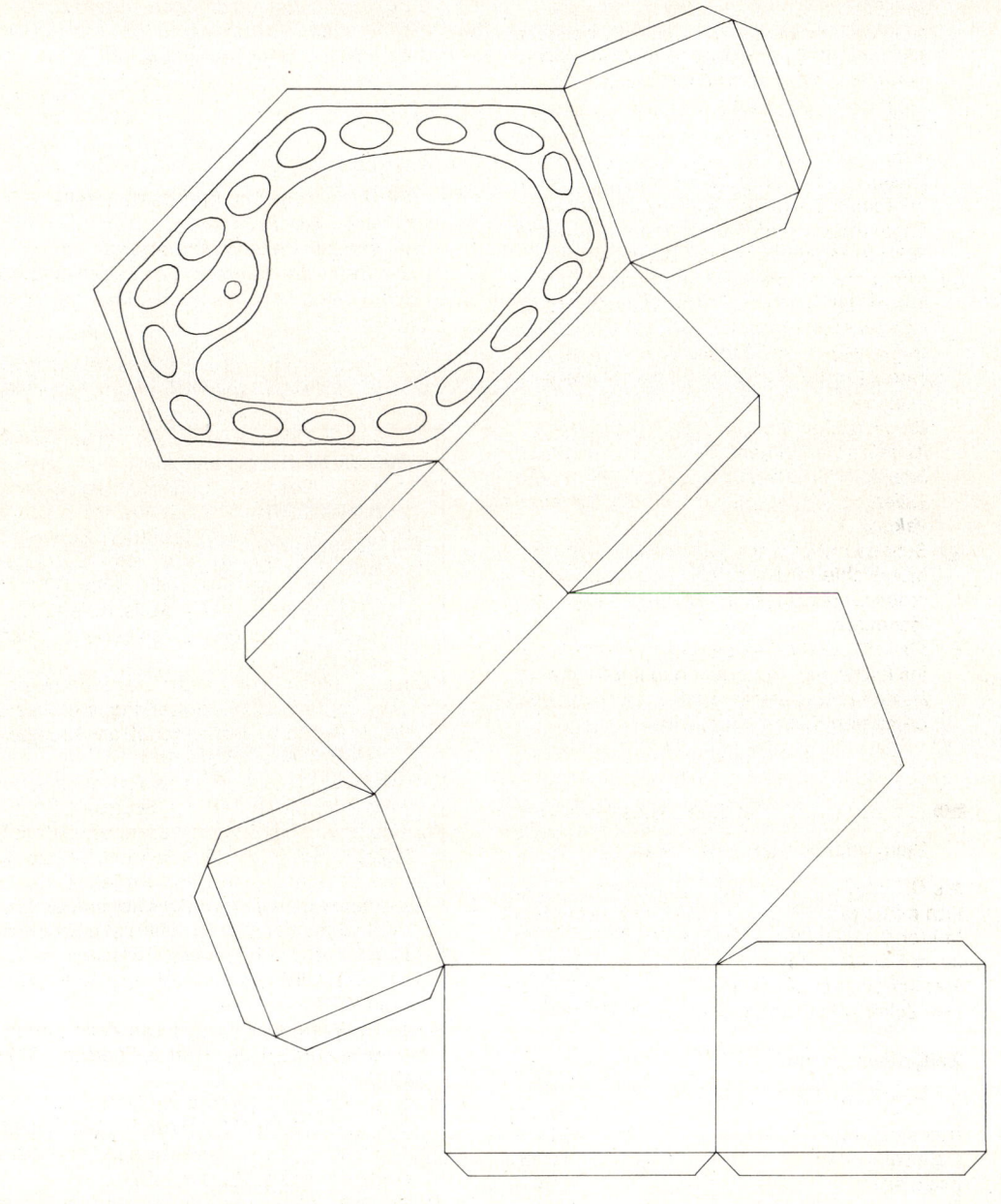

© Als Kopiervorlage freigegeben. Ernst Klett Schulbuchverlag, Stuttgart 1993

Der Mensch – Bau und Leistungen unseres Körpers

Menschenkunde in Klasse 5 soll Wegbereiter zum Verständnis humanbiologischer Sachverhalte sein; sie soll einen Weg zum eigenen Körper und zur eigenen Person eröffnen. Bei der Auswahl der Themen und ihrer Gewichtung sind deshalb persönliche Betroffenheit und eigene Erfahrungsmöglichkeit entscheidend.

Daraus ergibt sich die Bedeutung der gesundheitserzieherischen Ausrichtung des menschenkundlichen Unterrichts. Die Schüler sollen durch die Beschäftigung mit eigenen Lebensäußerungen zur Achtung vor dem menschlichen Leben geführt werden. Das mag sie bereit machen, dieses Leben – das eigene ebenso wie das der Mitmenschen – verantwortungsbewußt zu schonen und zu schützen.

Diese erzieherischen Ziele sind aber nur auf der Grundlage einer sach- und fachgerechten Sprache sowie der naturwissenschaftlichen experimentellen Methode zu erreichen. Deshalb kommt dem Erlernen von Fachbegriffen (z. B. auf dem Gebiet der Geschlechtserziehung) große Bedeutung zu, wobei taktvoll eine Überfrachtung vermieden werden muß.

Mit sachlicher Sprache und Methode werden Bau und Leistungen des menschlichen Körpers erarbeitet. Dabei sind anatomische Kenntnisse Voraussetzung. Die anatomischen Strukturen erhalten aber nur Leben und Bedeutung durch die experimentelle Untersuchung ihrer Funktionen: Dieser Gedanke zieht sich wie ein roter Faden durch den menschenkundlichen Unterricht.

1 Bewegung – Zusammenspiel von Knochen und Muskeln

Das Skelett – innere Stütze unseres Körpers

(Schülerbuch S. 17)

Aufgaben und Lösungen

① Ertaste an deinem Körper möglichst viele der abgebildeten Knochen und präge dir die Lage und ihren Namen ein.
  – *Strichmännchenskizzen vermitteln den Skelettgrundbauplan. Einzelne Knochen können auf Arbeitsblatt S. 13 benannt werden.*
② Vergleiche Anordnung und Zahl der Arm- und Handknochen mit der von Bein und Fuß. Nenne Gemeinsamkeiten und Unterschiede.
  – *Die Anordnung ist ähnlich (homolog; vgl. die Farbgebung in der Skelettabbildung des Schulbuchs S. 17). Die in der folgenden Tabelle genannten Verschiedenheiten geben Anlaß, die grundsätzlich unterschiedlichen Funktionen von Armen (Greifextremitäten) und Beinen (Stand- und Laufextremitäten) anzusprechen. Dies wiederum kann zur Erörterung des aufrechten Gangs beim Menschen weitergeführt werden.*

Die größten und die kleinsten ...

... Knochen

Die längsten Knochen: Im normalen menschlichen Körper gibt es 212 Knochen. Der längste ist das Oberschenkelbein. Normalerweise macht dieses 27,5 % Prozent des Knochengerüstes einer Person aus und sollte bei einem 1,83 m großen Mann 50 cm lang sein.

Der längste gemessene Knochen war das Oberschenkelbein des deutschen Riesen Constantin, der am 30. März 1902 in Mons (Belgien) im Alter von 30 Jahren starb. Der Knochen war 76 cm lang.

Der kleinste Knochen ist der sog. Steigbügel, eines der drei Gehörknöchelchen im Mittelohr. Er ist 2,6 bis 3,4 mm lang und wiegt 2 bis 4,3 mg.

aus: *Guinness Buch der Rekorde*

Wieviel Knochen hat ein Mensch?

Schädel	25
Wirbelsäule	34
Brustkorb	25
Schultergürtel	4
Oberarme	2
Unterarme	4
Handwurzelknochen	16
Mittelhandknochen	10
Finger	28
Becken	6
Oberschenkel	2
Unterschenkel	4
Fußwurzelknochen	14
Mittelfußknochen	10
Zehen	28
Gesamt	212

	Armknochen	Beinknochen	Handknochen	Fußknochen
Gemeinsamkeiten	1 Oberarmknochen 2 Unterarmknochen (Elle, Speiche)	1 Oberschenkelknochen 2 Unterschenkelknochen (Wadenbein, Schienbein)	8 Handwurzelknochen 5 Mittelhandknochen Je 3 Fingerknochen (Daumen 2)	7 Fußwurzelknochen 5 Mittelfußknochen Je 3 Zehenknochen (große Zehe 2)
Unterschiede	Oberschenkelknochen deutlich kräftiger als Oberarmknochen; Kniescheibe ohne Entsprechung im Armskelett.		Daumen kann der Hand gegenübergestellt werden (Opponierbarkeit), große Zehe nicht opponierbar (vgl. aber Fuß des Schimpansen!). Fersenbein als besonders großer Fußwurzelknochen bildet einen Standpunkt des Fußgewölbes.	

Die Teile unseres Skeletts

1. Bemale die Hauptteile des Skeletts mit folgenden Farben:
   Schädel — rot; Schultergürtel — blau; Brustkorb — grün; Wirbelsäule — gelb; Beckengürtel — braun;
   Arm- und Beinskelett — orange.

2. Verbinde durch Striche Namen und Abbildung der
   einzelnen Skelettteile.
   Verwende dabei entsprechende Farben.
   Beispiel: Schienbein orange als Teil des Beinskeletts.

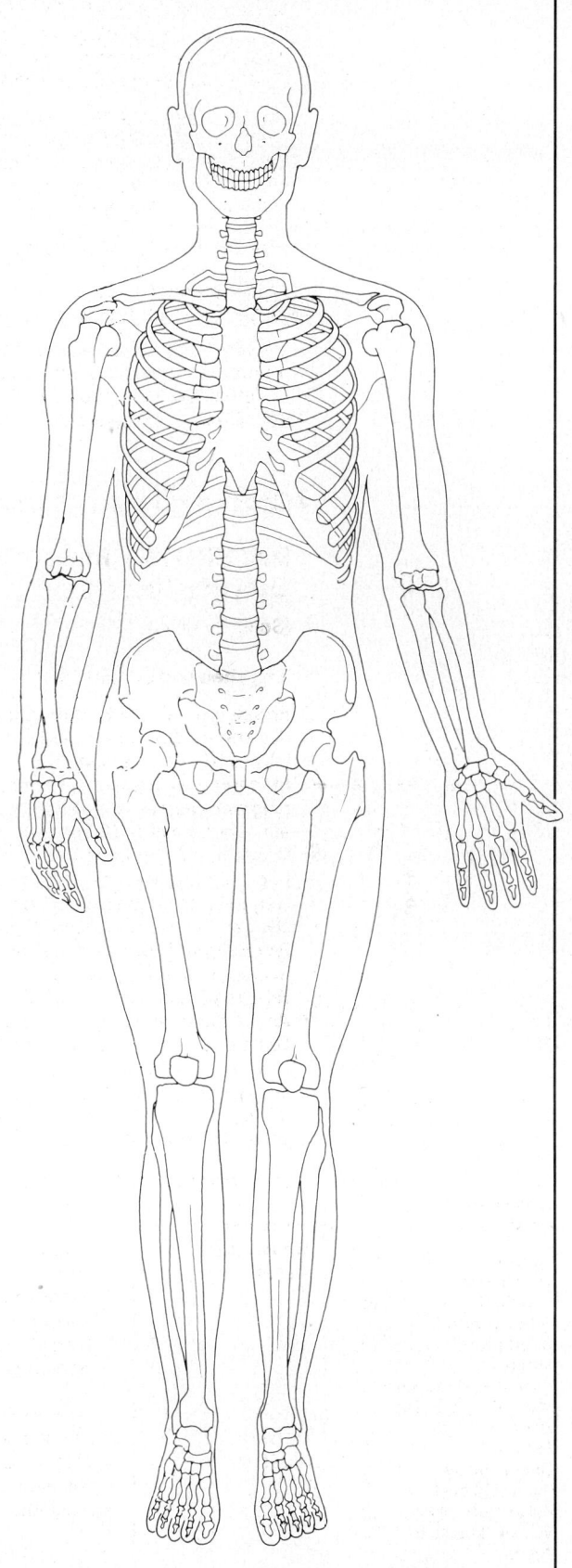

Schlüsselbein
Schulterblatt

Brustbein
Rippen

Oberarmknochen

Elle
Speiche

Darmbein
Kreuzbein
Schambein
Sitzbein

Handwurzelknochen
Mittelhandknochen
Fingerknochen

Oberschenkelknochen
Kniescheibe

Schienbein
Wadenbein

Fußwurzelknochen
Mittelfußknochen
Zehenknochen

© Als Kopiervorlage freigegeben. Ernst Klett Schulbuchverlag, Stuttgart 1993

Zusatzinformation

Bau und Funktion der Wirbelsäule – gezeigt mit Modellen und Arbeitsblatt (S. 15)

Aus Scheiben eines Rundholzes (z. B. Besenstiel) und Schaumgummi ist eine Modellreihe herzustellen (s. Abb. 1; vgl. auch Modell Schlüter 3399). Sie zeigt, wie die *Konstruktion der Wirbelsäule* aus festen Wirbelkörpern und biegsamen Zwischenwirbelscheiben *(Bandscheiben)* dem Körper Stabilität bei großer Beweglichkeit gibt. Die stoßdämpfende Wirkung der Bandscheiben zeigt sich durch Druck und Stoß auf Modell d.

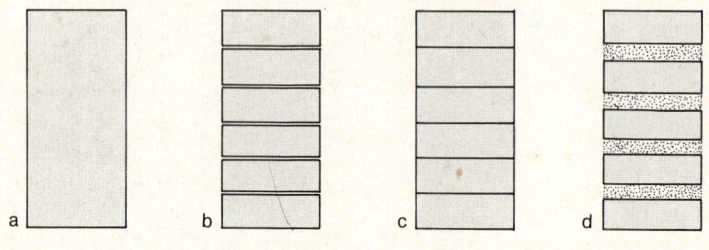

Modell zur Konstruktion der Wirbelsäule

a) Unzerteilter runder Holzstab: standfest, aber unbeweglich
b) Runde Holzscheiben liegen lose aufeinander: beweglich, aber nicht standfest
c) Holzscheiben zusammengeklebt: standfest, aber unbeweglich
d) Holzscheiben wechseln mit Schaumgummischeiben ab: standfest und beweglich

Die *Bedeutung der Doppel-S-Form* wird mit Versuchen (s. Praktikum Schülerbuch S. 19) demonstriert. Dabei bietet besonders der Vergleich mit der C-förmigen Wirbelsäule der Menschenaffen (vgl. Versuch 6 des Praktikums) einen anregenden Ausblick zu unseren nächsten Verwandten und – wenn auch unausgesprochen – auf die Evolution des Menschen. Dazu werden mit Hilfe des Arbeitsblattes S. 15 Kartonmodelle hergestellt.

Der Schüler legt (auch auf dem Tageslichtprojektor) folgende Körperhaltungen (s. Abb.):
1. Schimpanse vierfüßig;
2. Schimpanse ganz aufgerichtet;
3. Schimpanse zweifüßig mit geknickten Beinen;
4. Mensch aufrecht.

In der Natur kommt die völlig aufgerichtete Körperhaltung beim Schimpansen (2) kaum vor, da aufgrund der C-förmigen Biegung seiner Wirbelsäule das Schwerelot (Pfeil auf dem Tageslichtprojektor einzeichnen!) vor die Unterstützungsfläche fällt, der Körper also (vor allem beim Tragen von Lasten) nach vorne kippen müßte. Beim Menschen dagegen ist diese ganz aufgerichtete Haltung möglich (4), da durch die Doppel-S-Form seiner Wirbelsäule der Schwerpunkt über die Unterstützungsfläche zu liegen kommt. Zweifüßig kann der Schimpanse deshalb nur mit geknickten Beinen gehen (3); nur dann liegt sein Körperschwerpunkt über der Unterstützungsfläche. Die starke, ermüdende Muskelbelastung bei dieser Fortbewegungsart kann der Schüler leicht am eigenen Körper spüren, wenn er versucht, wie ein Schimpanse zu gehen.
Wenn der Begriff des Schwerpunkts noch nicht bekannt ist, wird das Vornüberkippen des Schimpansen mit dem abgebildeten Versuch demonstriert (s. Abb. 3).

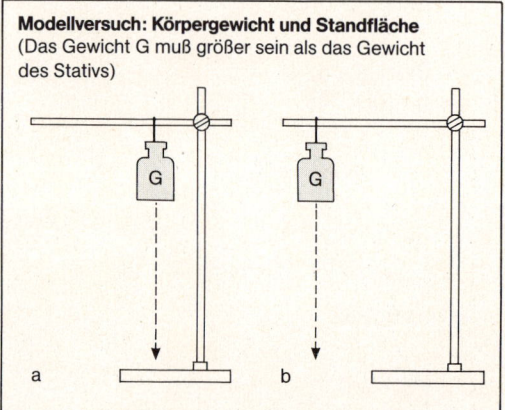

Modellversuch: Körpergewicht und Standfläche
(Das Gewicht G muß größer sein als das Gewicht des Stativs)

Jeder Mensch erlebt in seiner persönlichen Entwicklung die Aufrichtung der Wirbelsäule. Die Schüler können diese Entwicklung an Kleinkindern beobachten: Mit 3–4 Monaten kann ein Säugling noch nicht aufrecht sitzen, da seine Wirbelsäule noch *C-förmig* gekrümmt ist. Mit 6–7 Monaten dagegen ist die *Doppel-S-Biegung* der Wirbelsäule vollzogen – das Kind sitzt aufrecht.

Medien

Präparate und Modelle
– menschliches Skelett, echte Wirbel
– Schlüter 3412 Vergleich der Wirbelsäulen von Mensch und Säugetier
– Schlüter 3399 Aufbaumodell Wirbelsäule

Filme
– Klett 99416 Gehen: Entwicklung-Ablauf-Störung (4 min, f)
– Windrose 00036 Die Wirbelsäule (3 min, f)
– FWU Bewegungssystem des Menschen (16 min, f)
– Imbild Der Körper des Menschen: Knochen, Knorpel und Gelenke (28 min, f)
– Imbild Der Körper des Menschen: Was den Menschen aufrecht hält (25 min, f)

Lehrtafeln
– Klett 150019 Skelett mit Bandapparat (Vorderseite)
– Klett 150519 Skelett mit Bandapparat (Rückseite)

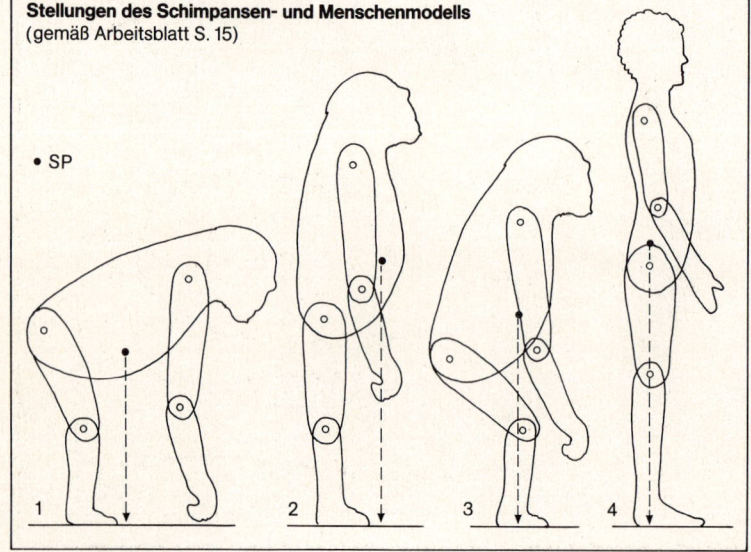

Stellungen des Schimpansen- und Menschenmodells
(gemäß Arbeitsblatt S. 15)

Schimpanse und Mensch können auf zwei Beinen gehen — aber anders!

1. Klebe das Schimpansen- und das Menschenmodell auf Karton und schneide die Teile aus. Die numerierten Löcher werden mit der Lochzange ausgestanzt. Bohre bei SP (Schwerpunkt) ein Loch. Hefte die Teile mit Couvertklammern so zusammen, wie es die Nummern angeben.

2. Lege mit dem Schimpansenmodell die Körperhaltung des abgebildeten Schimpansen und andere denkbare Körperhaltungen (vierfüßig, zweifüßig mit geknickten Beinen, ganz aufgerichtet). Welche Körperhaltung ist in der Wirklichkeit nicht möglich? Begründe!

3. Vergleiche mit der normalen Körperhaltung des Menschen.

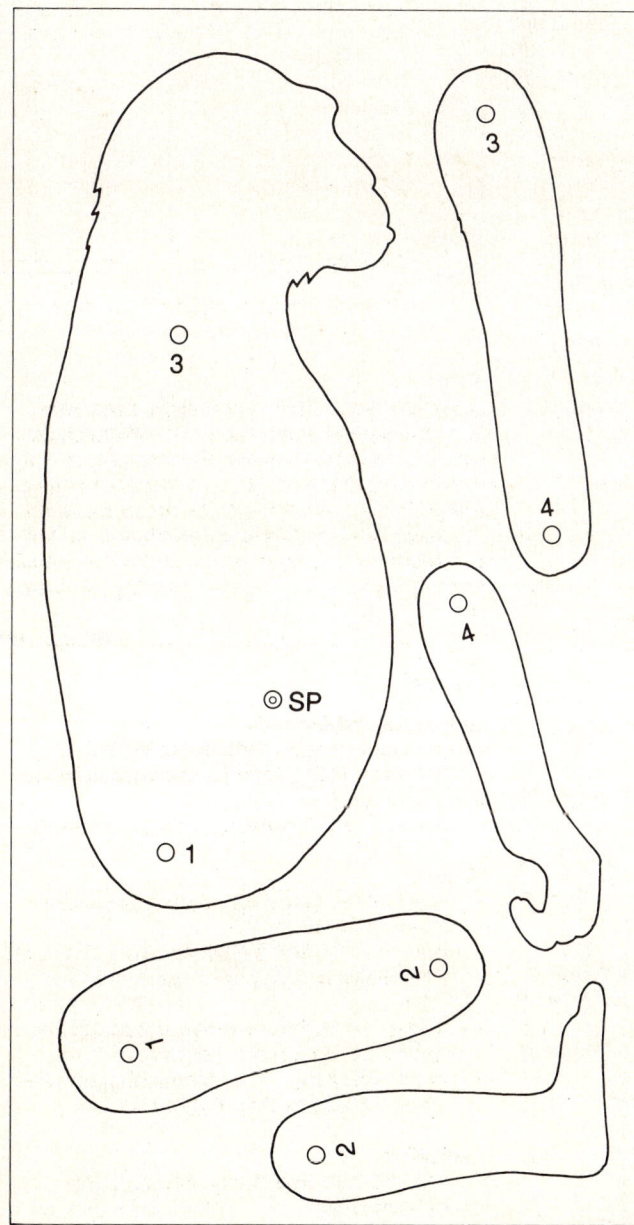

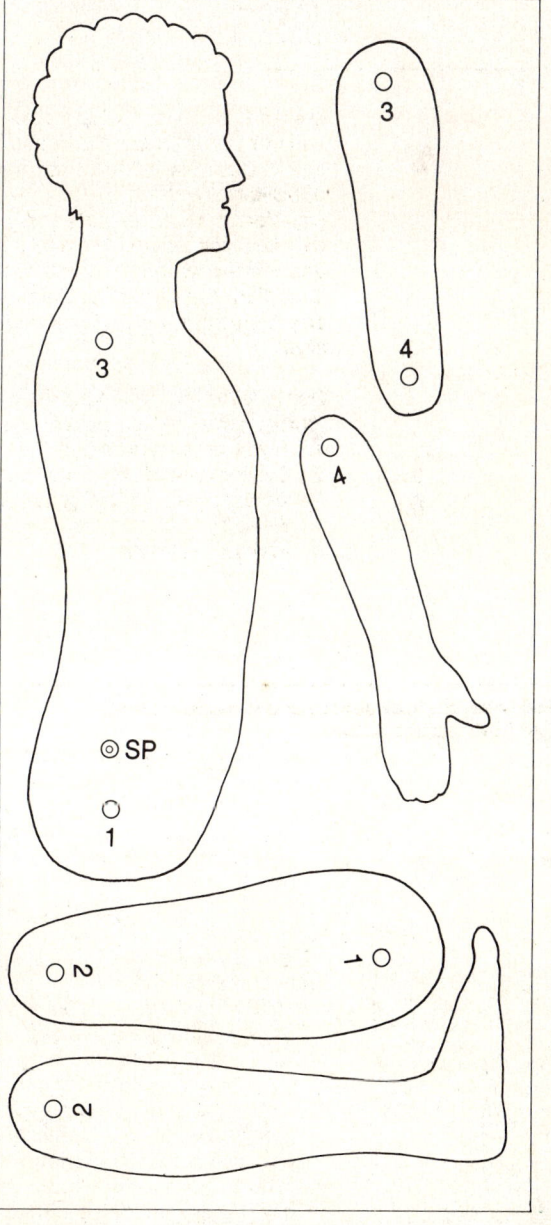

© Als Kopiervorlage freigegeben. Ernst Klett Schulbuchverlag, Stuttgart 1993

Gelenke machen das Skelett beweglich

(Schülerbuch S. 18)

Aufgaben und Lösungen

① Überprüfe, an welchen Stellen dein Körper beweglich ist.

② Benenne anhand der Skelettabbildung von Seite 17 Knochen, die durch Gelenke verbunden sind. Versuche, den jeweiligen Gelenktyp herauszufinden.

- Die Aufgaben 1 und 2 werden zusammen bearbeitet.
  Kopf: Unterkiefer/Schädel: Scharniergelenk.
  Schädel/Wirbelsäule: Drehgelenk.
  Arme: Oberarm/Schultergürtel: Kugelgelenk.
  Oberarm/Unterarm: Scharniergelenk.
  Unterarm/Handwurzel: Scharniergelenk.
  Daumen/Handwurzel: Sattelgelenk.
  Fingerglieder: Scharniergelenke.
  Elle/Speiche: Drehgelenk.
  Beine: Homolog zum Armskelett.
  Wirbelsäule: Wirbel/Wirbel: Scharniergelenke.

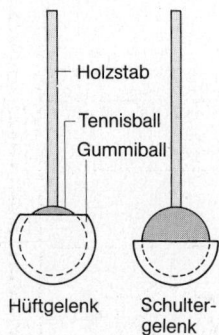

③ Nenne Gegenstände deiner Umgebung, an denen du die beschriebenen Gelenkarten finden kannst. Beschreibe die Aufgaben dieser Gegenstände.
- Scharniergelenke: Fenster-, Tür- und Möbelscharniere; Buchrücken; Taschenmesser.
  Aufgabe: Öffnen und Schließen.
  Kugelgelenke: Kopf des Fotostativs; Kerzenhalter am Christbaum; Drehlampe.
  Aufgabe: Bewegung in möglichst viele Richtungen des Raumes.
  Sattelgelenk: Sitzfläche zwischen Reiter und Sattel; Kardangelenk bei Antriebswellen.
  Aufgabe: Feste Verbindung auch bei kräftiger Bewegung.
  Drehgelenk: manche Drehstühle; Türkloben.
  Aufgabe: Drehung um eine Längsachse.

④ Ordne einzelnen Gelenkteilen die folgenden Aufgaben zu:
  a) schützt das Gelenk;
  b) hält Stöße ab;
  c) verringert Reibung.
- a) Gelenkkapsel
  b) Gelenkknorpel, Gelenkschmiere, faserknorpelige Menisken als Zwischenlager (Kniegelenk)
  c) Gelenkknorpel, Gelenkschmiere.

Stichworte:

Arthritis: Gelenkentzündung, meist ausgelöst durch Infektionen oder Gicht.
Arthrose: Abnutzung des Gelenkknorpels v. a. im Alter bei Über- und Fehlbelastung; oft anlagebedingt. Besonders gefährdet sind die Hüftgelenke von Frauen.
Gelenkrheuma: Entzündung des Bindegewebes, die sich an den Gelenken sehr schmerzhaft bemerkbar macht. Im weiteren Verlauf Anschwellung der Gelenke, Zerstörung der Gelenkkapsel, Wucherung des Bindegewebes, Versteifung des Gelenks. Ursachen noch nicht bekannt; vermutlich eine „Autoimmunreaktion", durch die sich das Abwehrsystem des Körpers gegen körpereigenes Gewebe richtet.
Gicht: Einlagerung von Salzen der Harnsäure in Gelenke, die sich knollig verdicken. Sehr schmerzhaft.

Lösungen zum Arbeitsblatt

1. siehe Schülerbuch Abb. 18.1
2. a) Scharniergelenk (Oberarmknochen, Elle, Speiche);
   b) Kugelgelenk (Oberschenkelknochen, Becken);
   c) Drehgelenk (1. und 2. Halswirbel);
   d) Sattelgelenk (Handwurzelknochen, Mittelhandknochen des Daumens).

Medien

Modelle
- Schlüter 3400a Modellreihe Gelenktypen
- Phywe 66379.00 Modell Kniegelenk

Filme
- Windrose 00039 Das Kniegelenk (2 min, f)
- Imbild Der Körper des Menschen: Knochen, Knorpel und Gelenke (28 min, f)

Dias
- FWU Die Stützorgane: Knochen und Gelenke (9, f)

Das Kniegelenk ist besonders belastet

Das Kniegelenk ist das größte Gelenk des Körpers. Hier treffen die längsten und die stärksten Knochen (*Oberschenkelknochen, Schienbein*) aufeinander. Zwei faserknorpelige Scheiben mit „mondförmigem" Querschnitt (*Menisken*, lat. Möndchen) vermindern die Reibung und halten die beiden Knochen in der richtigen Bahn.
Bei jedem Schritt werden die Menisken belastet. Bei jeder Drehbewegung des Oberkörpers, bei der die Füße auf dem Boden stehen bleiben, kommt es zu einer Wringbewegung in den Knien. Das Kniegelenk ist besonders beim Sport großen Belastungen ausgesetzt. Meniskusschäden gehören zu den typischen Fußballerkrankheiten. Hunderte von kleinsten Verletzungen können die Menisken so stark schädigen, daß der Knorpel plötzlich reißt und operativ entfernt werden muß. Von der Gelenkkapsel her kann sich ein Ersatz-Meniskus bilden.

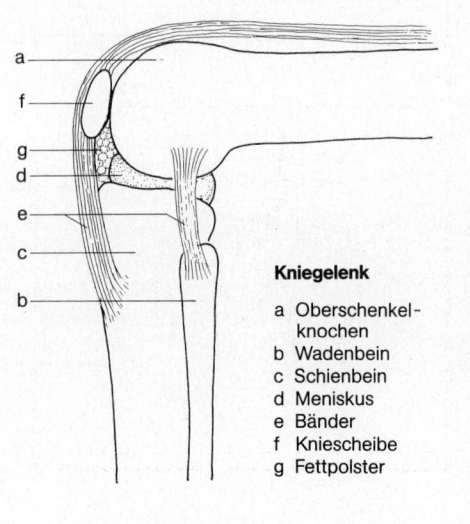

Kniegelenk
a Oberschenkelknochen
b Wadenbein
c Schienbein
d Meniskus
e Bänder
f Kniescheibe
g Fettpolster

Gelenke machen das Skelett beweglich

1. Ergänze die Abbildung eines Gelenks und beschrifte mit folgenden Begriffen: Gelenkkopf, Gelenkspalt, Knochenhaut, Gelenkknorpel, Gelenkschmiere, Gelenkkapsel, Gelenkpfanne. Ordne Teilen des Gelenks die Aussage zu: schützt das Gelenk; dämpft Stöße; verringert Reibung.

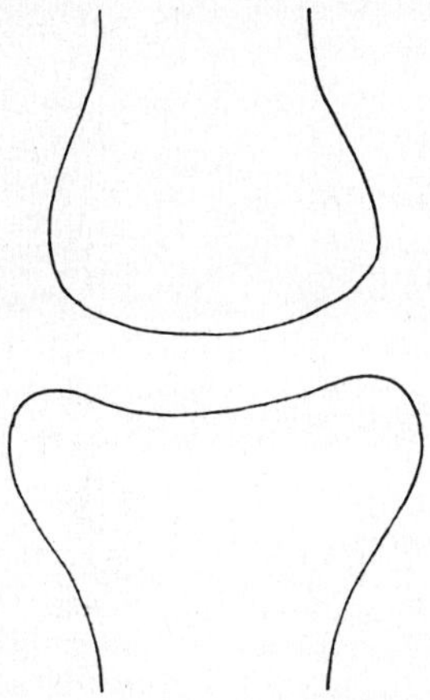

2. Benenne die Art der abgebildeten Gelenke und gib durch Striche ihren Platz im Skelett an. Beschrifte die einzelnen Gelenkteile.

a

c

b

d

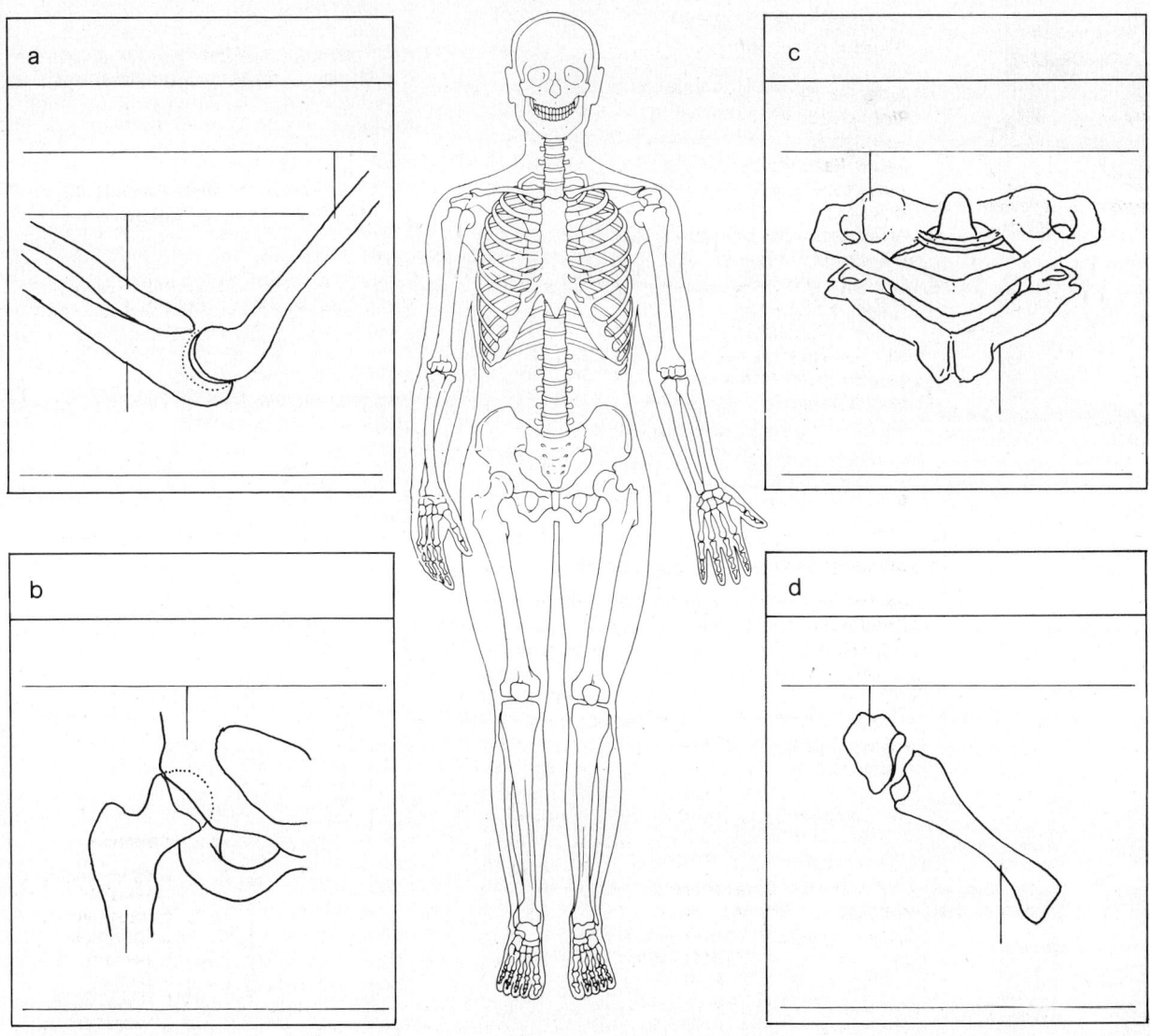

Praktikum: Knochen und Gelenke

(Schülerbuch S. 19)

Bemerkungen zu den Aufgaben

① – Teile: Gelenkköpfe, Schaft (Mitte)
– Knochenwand aus kompakter Knochensubstanz; überzogen von fester Knochenhaut mit Blutgefäßen, die durch Poren der Knochenwand treten
– Gelenkköpfe mit weißlichem Knorpel; innen von feinem schwammartigem Gitterwerk aus Knochenbälkchen erfüllt; dazwischen blutbildendes rotes Knochenmark
– Schaft: hohle Röhre aus kompakter Knochensubstanz, gefüllt mit Knochenmark (in der Jugend rot, im Alter durch Fett gelb).

② Im Röhrenknochen sind zwei Bauelemente vereinigt:
– die tragende Hohlsäule im Schaft, die größte Stabilität bei geringstem Materialaufwand bietet (vgl. Modell Biegungsfestigkeit von Röhren, Schlüter 3405; Getreidehalm, Rahmen des Fahrrads, Fernsehturm Stuttgart);
– die Gitterträgerkonstruktion an den Gelenkenden: Die Knochenbälkchen verlaufen so, daß die auf das Gelenk wirkenden Druck- und Zugkräfte aufgefangen und mit geringstem Materialaufwand den Schaftwänden zugeleitet werden (vgl. Präparat Natürlicher Knochenschnitt Oberschenkel, Schlüter 87a oder 89; Modell Bälkchenstruktur, Schlüter 3405 a; Gitterkran, Stahlbrücke, Verstrebungen gotischer Kathedralen).

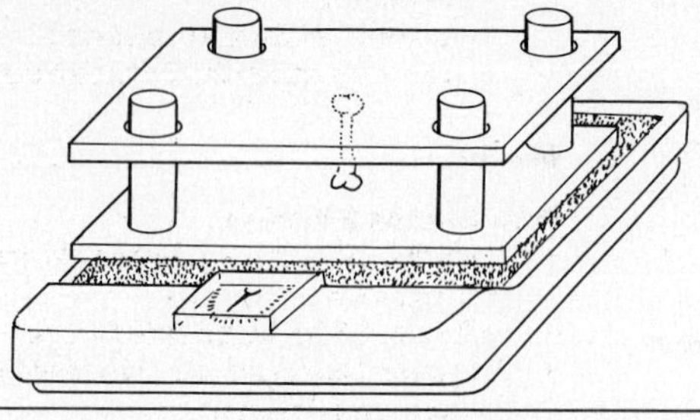

③ Diese Versuche gelingen nur mit entfetteten (in Sodalösung ausgekochten) Knochen gut.

Versuchsprotokolle

a) Ausglühen eines Knochens
Material: Hähnchenknochen; Tiegelzange; Bunsenbrenner; Abzug; Glasschälchen; Anzünder; Waage; Schutzbrille.
Versuchsablauf: Knochen mit Tiegelzange unter Abzug bis zur Farbänderung in Flamme halten, dann in Glasschale abkühlen lassen.
Beobachtungen: Rauchentwicklung; Gestank; z. T. Flammenbildung; Verfärbung zuerst schwarz, dann weiß. Vergleich (nach Abkühlung) mit frischem Knochen zeigt, daß der ausgeglühte Knochen viel leichter und spröde ist. Man kann ihn zu Knochenasche zerbröseln.
Schlußfolgerung: Durch das Ausglühen sind dem Knochen verbindende knorpelige Anteile (Knochenknorpel) entzogen worden. Übrig bleibt der kalkartige Anteil, der dem Knochen Festigkeit gibt.

b) Der Knochen in Salzsäure
Material: Hähnchenknochen; Becherglas; Deckel; 10 %ige Salzsäure; Zange; Wasser; Schutzbrille; Messer mit Schneidbrettchen.
Versuchsablauf: Knochen tags zuvor einlegen, nachdem Fett durch Kochen in Sodalösung entfernt wurde. Unter Abzug stellen. Morgens vor der Berührung sorgfältig abspülen.
Beobachtungen: Knochen ist biegsam wie Gummi, mit dem Messer schneidbar.
Schlußfolgerung: Salzsäure entzieht den festigenden kalkartigen Anteil. Übrig bleibt der biegsame Knochenknorpel.

c) Wirkung von Salzsäure auf verschiedene Stoffe
Material: 3 Glaspetrischalen; 10 %ige Salzsäure; Stückchen von Kalk, Knochen, Holz; Tageslichtprojektor; Schutzbrille.
Versuchsablauf: Salzsäure in 3 Glasschälchen füllen; diese nebeneinander auf Tageslichtprojektor stellen. Schärfe einstellen. Materialstückchen zugeben.
Beobachtungen: An Kalk und Knochen bilden sich Gasbläschen.
Schlußfolgerung: Der Knochen enthält Kalk, der in Versuch b) durch die Salzsäure herausgelöst wurde, und andere anorganische Substanzen.

Knochen haben eine...
- Biegefestigkeit wie Stahl
- Elastizität wie Eichenholz
- Zugfestigkeit wie Kupfer
- größere Druckfestigkeit als Sandstein oder Muschelkalk

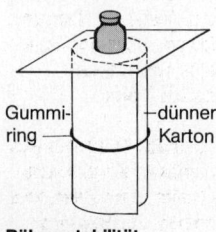

Röhrenstabilität

Modell: Biegungsfestigkeit von Röhren
Röhre (R) und Stab (S) sind aus demselben Material und haben das gleiche Gewicht.

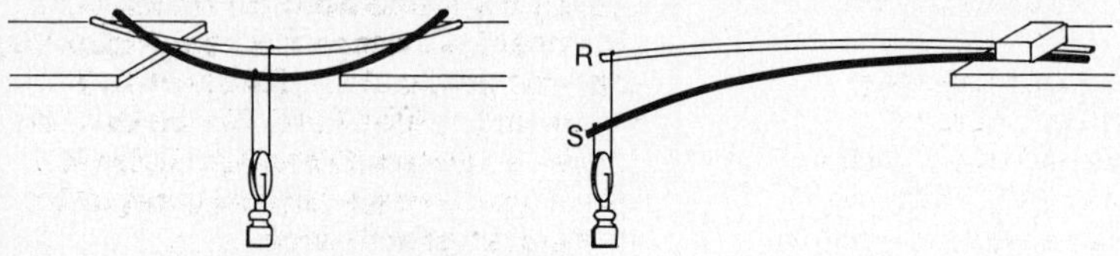

Modell: Belastbarkeit von Knochen
In die abgebildete Vorrichtung wird ein Gänse- oder Hühnerknochen eingespannt. Er trägt einen Schüler, der sich auf die obere Platte stellt. Legt man das Modell auf eine Badezimmerwaage, kann man untersuchen, welche Belastungen der Knochen aushält.

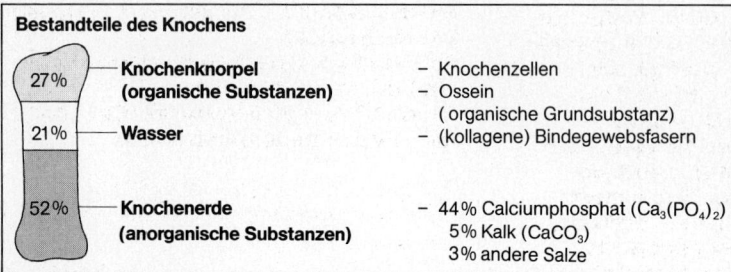

Bestandteile des Knochens

27%	Knochenknorpel (organische Substanzen)	– Knochenzellen – Ossein (organische Grundsubstanz) – (kollagene) Bindegewebsfasern
21%	Wasser	
52%	Knochenerde (anorganische Substanzen)	44% Calciumphosphat $Ca_3(PO_4)_2$ 5% Kalk $CaCO_3$ 3% andere Salze

Anders aussehende Knochen:
Plattenknochen: flach, dünn; z. B. Schädelknochen (schützen Gehirn), Beckenknochen (schützt Eingeweide, während einer Schwangerschaft den Fetus), Schulterblätter (Ansatzfläche für breite Muskeln, z. B. Deltamuskel, Kappenmuskel).
Wirbel: Wirbelkörper, 2 Querfortsätze und 1 Dornfortsatz, Rückenmarkskanal. Bilden Wirbelsäule als Stütze des Skelettes und Schutz für das Rückenmark.

④ Beweglichkeit zwischen Fingergliedern, Finger- und Mittelhandknochen, Handwurzel- und Unterarmknochen.

⑤ Gewölbt trägt der Karton viel größere Gewichte (*Gewölbestabilität*). Technische Vergleiche: Brücken-, Kellergewölbe. Entsprechend ist die Tragfähigkeit des Fußes durch ein Längs- und ein Quergewölbe bedingt (vgl. Abb.). Das Längsgewölbe (L) reicht vom Fersenbein zu Groß- und Kleinzehenballen, das Quergewölbe (Q) vom Groß- zum Kleinzehenballen. Diese Gewölbe werden vor allem durch die Sehnenplatte der Fußsohle (1) zusammen mit den Sehnen der Zehenbeugemuskeln, das Pfannenband (2) und die Sehne des Schienbeinmuskels (3) gespannt (vgl. Modell Schlüter 3415).

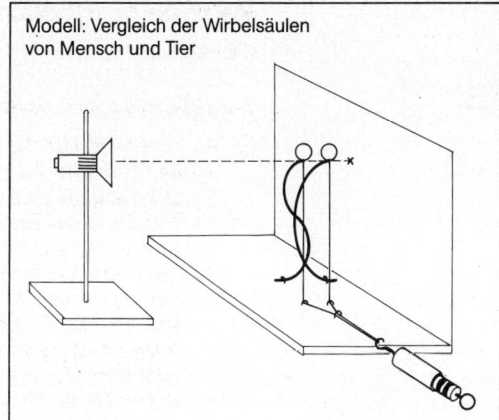

Modell: Vergleich der Wirbelsäulen von Mensch und Tier

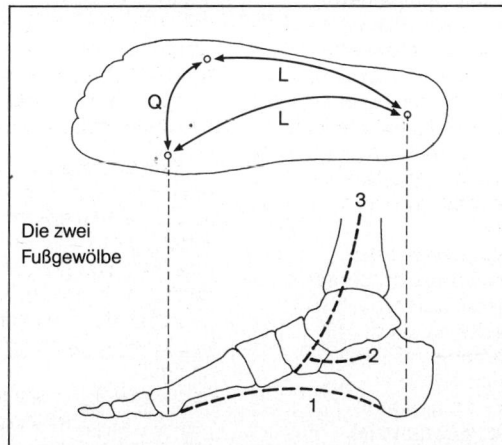

Die zwei Fußgewölbe

⑥ Die Bohrungen im Brettchen müssen genau dem Drahtdurchmesser entsprechen. Sind die Bohrungen größer, stehen die Modelle nicht stabil genug.
Gerader Draht: hohe senkrechte Belastbarkeit; keine Federung.
C-förmig gebogener Draht: geringste Tragfestigkeit, biegt sich bei Belastung nach vorn; gute Federwirkung. Entspricht etwa der Wirbelsäule des Schimpansen. Beim Tragen schwerer Gegenstände müßte deshalb ein völlig aufrecht gehender Schimpanse nach vorne kippen (vgl. S. 14 und Arbeitsblatt S. 15).
Doppel-S-förmiger Draht: Große Tragfestigkeit und Federung. Entspricht der gesunden menschlichen Wirbelsäule mit zwei Vorwölbungen (Lordosen) und zwei Rückwölbungen (Kyphosen).
Übertriebene Doppel-S-Form: Gute Federwirkung, kann aber bei hoher Belastung an den Biegungen einknicken. Entsprechend ist eine krankhaft veränderte Wirbelsäule (Rund-, Hohlrücken) bei Extrembelastungen (Sport, Tragen schwerer Gegenstände) besonders gefährdet.
Auch die federnde Wirkung der Wirbelsäulenkrümmung kann man mit dieser Versuchsanordnung zeigen (s. Randskizze). Über die zu Ösen (Ö) gebogenen Enden des geraden und des S-förmigen Drahtes werden Plastikschlauchstücke (S) gestülpt, um deren Ende Zeitungspapier (P) straff mit Klebstreifen befestigt ist. (Das Plastikschlauchstück darf nicht auf der Drahtkrümmung aufsitzen!) Das Brettchen wird aus zunehmender Höhe auf den Boden fallen gelassen. Zuerst wird der gerade Draht das Papier durchstoßen (a); der gekrümmte Draht federt den Aufprall besser ab (b).

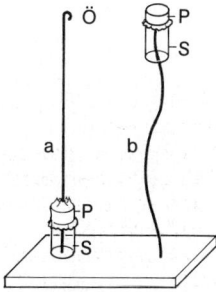

Drahtmodell zur federnden Wirkung der Wirbelsäulenkrümmung

Mit dem käuflichen Modell „Vergleich der Wirbelsäulen von Mensch und Säugetier" (Schlüter 3412) kann man das verschiedene Verhalten der C- und S-förmigen Wirbelsäulen messend untersuchen. Bei zunehmendem Zug an der Federwaage zeigt sich, daß sich die Kugel – der Modellkopf – auf dem C-förmigen Draht weiter vorneigt und absenkt als beim S-förmigen Modell (Projektion an die Tafel, Kugelpositionen bei wachsenden Belastungen an der Tafel markieren).

⑦ a) Schädel insgesamt kleiner; Hirnschädel im Vergleich zum Gesichtsschädel verhältnismäßig größer als beim Erwachsenen.
Die Knochen des Hirnschädels sind beim Neugeborenen noch nicht fest verwachsen und verzahnt wie beim Erwachsenen, sondern noch durch breite bindegewebige Nähte (Bandhaften) verbunden. (Es sind Reste des ursprünglich bindegewebig angelegten Schädeldaches.) Dadurch entstehen an den Kreuzungsstellen der Nähte weiche Fensterchen (Foramen), an denen man den Pulsschlag wie winzige Quellen („Fontanellen") sehen und spüren kann. Sie werden im Laufe des ersten (Hinterhauptsfontanelle) bzw. zweiten Lebensjahres (Stirnfontanelle) geschlossen.
b) Die bindegewebigen Nähte...
– ermöglichen Verformung beim Durchtritt des Schädels durch den Geburtskanal.
– sind Wachstumszonen der Schädelknochen.
– geben bei Stürzen auf den Kopf nach, verhindern damit Schädelbrüche.

Medien

Präparate und Modelle
– Schlüter 87 a/89 Natürlicher Knochenschnitt: Oberschenkel
– Schlüter 3399 Aufbaumodell: Wirbelsäule
– Schlüter 3405 Funktionsmodell: Biegungsfestigkeit von Röhren
– Schlüter 3405 a Bälkchenstruktur von Knochen
– Schlüter 3405 b Funktionsmodell: Belastbarkeit von Knochen
– Schlüter 3412 Vergleiche der Wirbelsäulen von Mensch und Säugetier
– Schlüter 3415 Funktionsmodell: Gewölbestabilität des menschlichen Fußes

Der Mensch

Muskeln ermöglichen Bewegungen

(Schülerbuch S. 20)

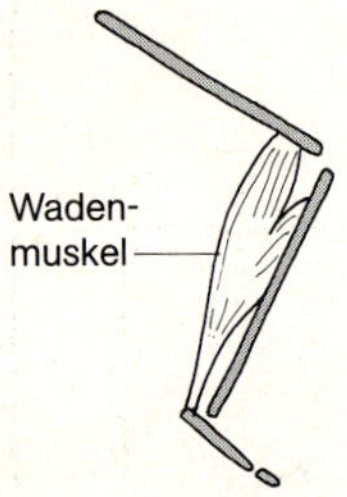

Aufgaben und Lösungen

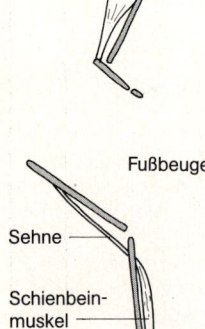

Wadenmuskel

Fußbeugen

Sehne

Schienbeinmuskel

① Formuliere einen Merksatz, der das Gegenspielerprinzip erklärt.
– *Ein Muskel kann sich nur zusammenziehen, nicht aber selbständig dehnen. Deshalb braucht jeder Muskel (Agonist) einen Gegenspieler (Antagonist), der ihn wieder in die Ausgangsstellung bringt (Antagonismus). Merksatz: Zusammengehörige Muskeln arbeiten wie Spieler und Gegenspieler. Zieht sich der eine zusammen, wird der andere dadurch gedehnt.*

② Versuche, die auf dieser Doppelseite dargestellten und besprochenen Muskeln an deinem Körper zu ertasten. Wo gelingt dies leicht, wo nicht?
– *Leicht ertastbar sind Muskeln an Armen und Beinen, am Nacken, am Unterkiefer (beim Zusammenbeißen der Zähne), an Brustkorb und Bauch.*
Kaum ertastbar sind z. B. die vielen kleinen Muskeln zwischen den Rippen, an der Wirbelsäule.
Muskeln verkürzen sich bei Bewegung, werden dabei dick und bewegen sich unter der Haut.

③ Versuche zu ertasten, welche Muskeln für die Bewegung des Fußes wichtig sind. Benenne sie mit Hilfe der Abbildung 19.1.
– *Wadenmuskel (Ansatz: Achillessehne) streckt, Schienbeinmuskel hebt den Fuß.*

④ Bewege einzelne Finger und beobachte dabei den Handrücken. Was kannst du auf diese Weise erkennen?

⑤ Spiele mit den Fingern einer Hand auf dem Tisch kräftig „Klavier". Fühle, wo die dazugehörigen Muskeln liegen, und beobachte die Sehnenbewegungen an Handgelenk und Unterarm. Berichte.
– *Zu 4 und 5:*
Unter der Haut werden die Sehnen der Fingerstreckmuskulatur sichtbar, die an der Außenseite des Ellbogengelenks entspringt. Die Beugemuskeln für die Finger entspringen an der Innenseite des Ellbogengelenks. Ausnahmen: Durch eigene Muskeln im Daumen- und Kleinfingerballen können Daumen und kleiner Finger weiter abgespreizt und den anderen Fingern gegenübergestellt (opponiert) werden.

⑥ Baue das in der Randspalte dargestellte Modell. Dazu brauchst du: Pappe, Gummiband, Rundkopfklammer, Locher, Schere. Lege das Modell vor dir auf den Tisch, und winkle das Modell des Unterarms verschieden stark an. Beobachte den Gummi. Was zeigt das Modell gut, und was stimmt nicht mit den tatsächlichen Gegebenheiten am menschlichen Arm überein?
– *Der Gummi wird dünner, wenn man das Armmodell streckt (vgl. Dehnung des Armbeugemuskels (Bizeps)); er wird wieder dicker, wenn man das Armmodell wieder beugt (vgl. Zusammenziehen des Armbeugemuskels). Vorsicht beim Vergleich zwischen Gummimodell und realem Muskel: Bei der Verkürzung erschlafft das Gummiband, während ein verkürzter (kontrahierter) Muskel hart ist!*

⑦ Ein Schüler springt mit geschlossenen Beinen über ein am Boden liegendes Buch.
  a) Welche Bewegungen kannst du beobachten?
  b) Was läßt sich beobachten, wenn die Arme beim Sprung ausgestreckt nach unten gehalten werden?

– a) *Anwinkeln der Beine (leichte Hocke), Zurückschwingen der Arme (Schwungholen), Vorbeugen des Oberkörpers (Gleichgewichthalten), Absprung durch Beinstrecken und Arme nach vorn Schwingen, bei Landung Abfedern in den Knien, Aufrichten.*
  b) *Bewegungen wirken steif, unsicher und unelastisch.*

Sprung über ein Buch

Lösungen zum Arbeitsblatt

Bei der Zeichnung kann Abb. 20.1 des Schülerbuches zu Hilfe genommen werden.
Beobachtungen: Der Unterarm hebt und senkt sich; Beuger und Strecker werden abwechselnd dicker.

Medien

Modelle
– Phywe 66062.00 Muskelwirkung

Filme
– Windrose 00041 Beuger und Strecker (4 min, f)
– Imbild Der Körper des Menschen: Die Kraft, die Berge versetzen kann (28 min, f)

Dias
– FWU Die Bewegungsorgane: Muskeln und Nerven (10, f)

Lehrtafeln
– Klett 150029 Muskeln (Vorderseite)
– Klett 150529 Muskeln (Rückseite)

Arbeitstransparente
– Klett 99861 Muskelantagonismus (Funktionstransparent)

Armbeuger = *Bizeps* (von lat. bi- = zwei-; caput = Kopf) entspringt mit beiden „Köpfen" am Schulterblatt und sitzt an der Speiche an.
Armstrecker = *Trizeps* entspringt mit 1 „Kopf" am Schulterblatt, mit 2 „Köpfen" am Oberarmknochen und setzt an der Elle an.

Der Mensch

Wir basteln ein Modell der Armbewegung

Ergänze in den folgenden Abbildungen die Muskeln beim Heben und Senken des Armes und male sie rot an. Schneide die Abbildungen sauber aus. Klebe A am oberen Rand genau auf B. Rolle A um einen Bleistift und fahre damit schnell hin und her. Was beobachtest du?

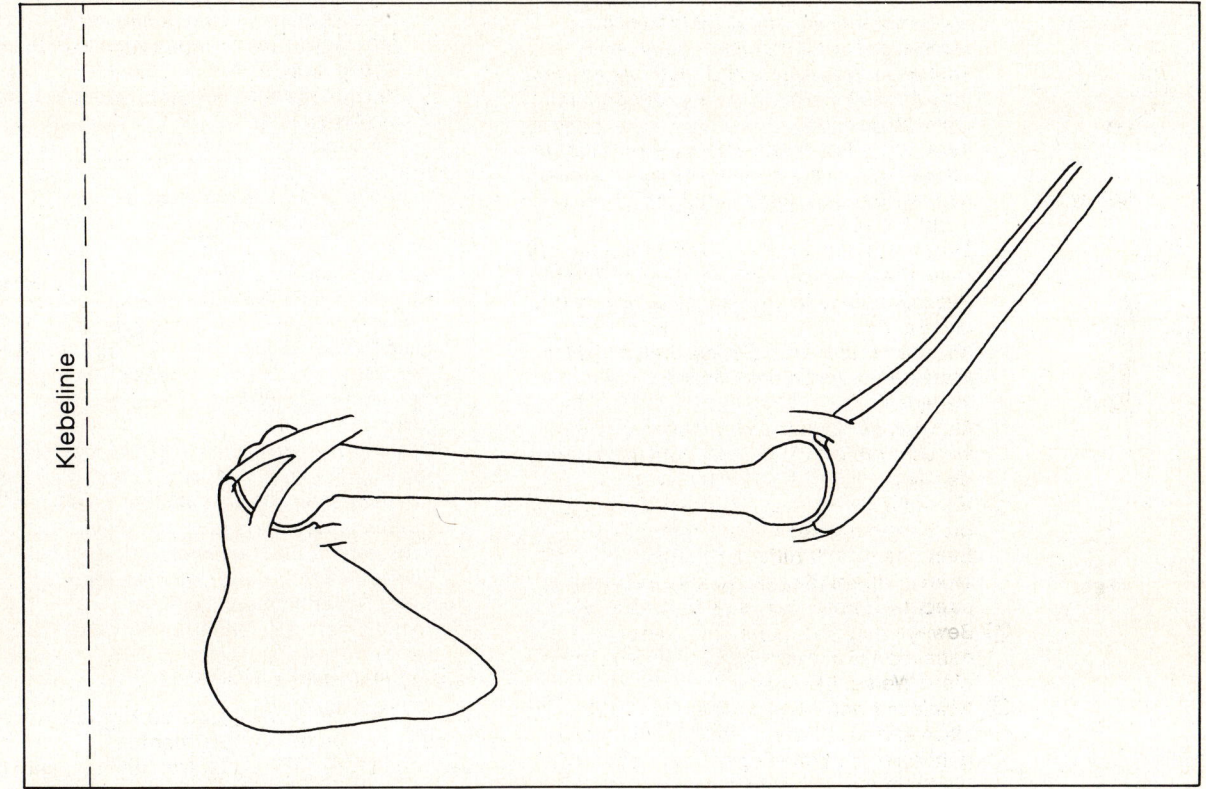

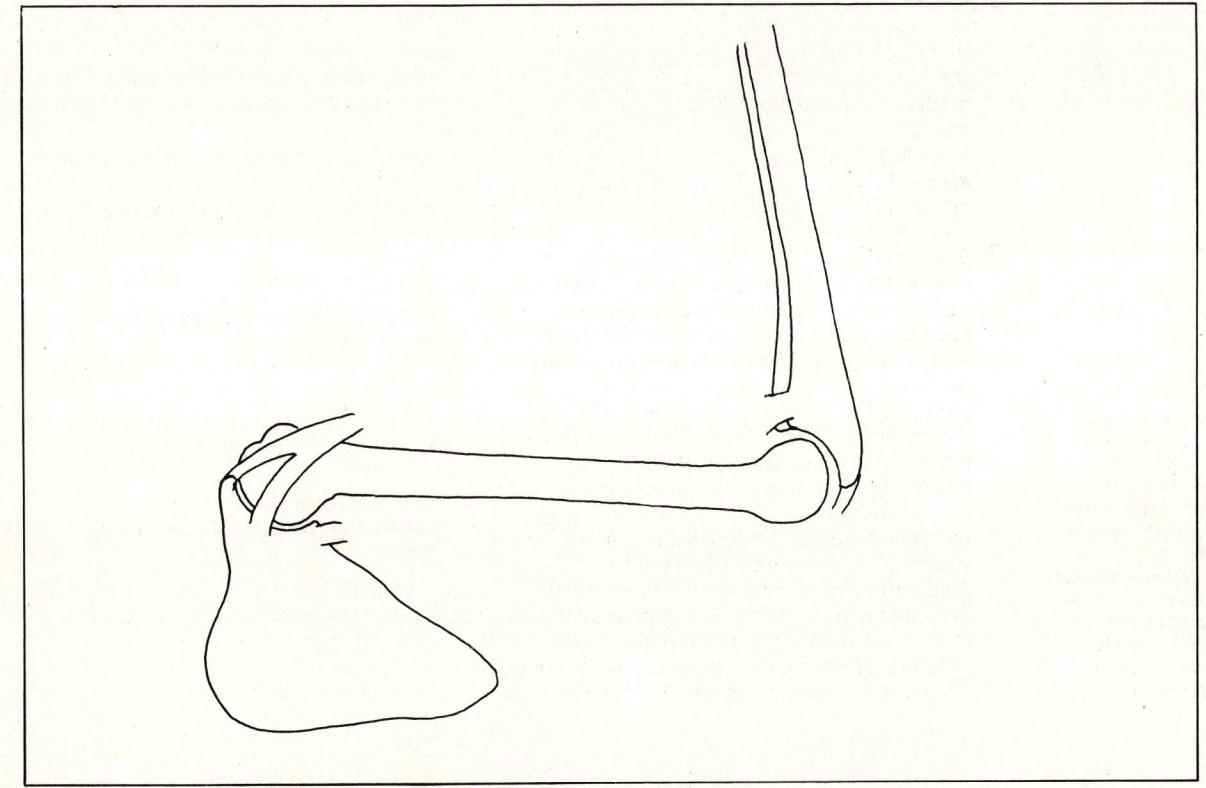

© Als Kopiervorlage freigegeben. Ernst Klett Schulbuchverlag, Stuttgart 1993

Die Muskulatur
(Schülerbuch S. 21)

Aufgabe und Lösung

① Stelle fest, welcher Muskel die Streckung des Unterschenkels bewirkt (Lage, Name). An welchen Knochen setzt dieser Muskel an?
– *Als Strecker wirkt der vierköpfige Oberschenkelmuskel. Einer seiner Ursprünge sitzt am Darmbein, die drei anderen am Oberschenkelknochen. In einer gemeinsamen Sehne vor dem Kniegelenk liegt eingebettet die Kniescheibe als Umlenkstelle zwischen Ober- und Unterschenkel. Der Ansatz des Oberschenkelmuskels ist an einem Höcker an der Vorderseite des Schienbeins (unter der Haut gut tastbar).*

Tafelzeichnung
Schinkenscheibe (Muskelquerschnitt)

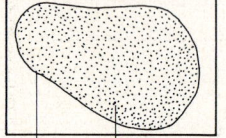

❞ ———————————— Zusatzinformation 1
Schinkenscheiben sind Muskelquerschnitte

In Partnerarbeit oder als Demonstration am Tageslichtprojektor werden Schinkenscheiben untersucht und der kabelartige Aufbau (Wechsel von bindegewebigen Hüllen und Bündeln kontraktiler Muskelfasern) in fortschreitender Vergrößerung (Lupe, Binokular) skizziert.

———————————— Zusatzinformation 2
Modell: Die Bedeutung des Kabelaufbaus der Muskulatur

5 Stücke eines Nähfadens sind nacheinander leicht durchzureißen; 5 Nähfadenstücke zusammen kann man dagegen nicht durchreißen: Das Kabelprinzip garantiert auch dünnen Einzelelementen große Reißfestigkeit.

———————————— Zusatzinformation 3
Was ist das: Ein Kater, der nicht miaut?

Der „Muskelkater" ist eine schmerzhafte, vorübergehende Ermüdungserscheinung des überbeanspruchten Muskels infolge der Anreicherung von Stoffwechselendprodukten (Milchsäure). Die damit einhergehende Verhärtung macht die Muskulatur unelastisch und führt zu einer höheren Reißbereitschaft. Vermutlich treten bei Überlastung untrainierter Muskeln zahlreiche kleine Risse von Muskelfasern auf. Daher Vorsicht vor plötzlicher, übermäßiger Dehnung!

———————————— Zusatzinformation 4

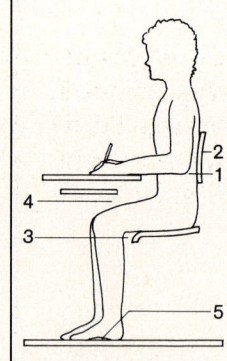

Die Mindestanforderungen an Schulmöbel

sind in der DIN-Norm Möbel-DIN ISO 5970 (Beuth Verlag, Berlin 30 und Köln 1) festgelegt:

1 Ellbogen in Tischkantenhöhe
2 Rückenlehne muß den Rücken stützen
3 Abstand zwischen Unterschenkel und abgeschrägter Sitzvorderkante
4 Abstand zwischen Bein und Tischunterseite bzw. Buchablage
5 Beide Füße müssen ganz auf dem Boden aufstehen.

———————————— ❞

Training stärkt die Muskulatur
Schäden am Bewegungssystem lassen sich vermeiden
(Schülerbuch S. 22/23)

Aufgaben und Lösungen

① Mache folgendes Trainingsprogramm: Am ersten Tag einmal soviel Liegestützen, wie du schaffst. An den drei darauffolgenden Tagen morgens und abends dieselbe Anzahl. An den nächsten drei Tagen jeweils zwei Liegestützen mehr. Führe nun dieses Programm mit entsprechender Steigerung insgesamt zwei Wochen lang fort. Schreibe deine Leistungen in ein Protokoll.
– *Wird das Trainingsprogramm konsequent eingehalten, sind in der angegebenen Zeit deutliche Leistungssteigerungen festzustellen. Es sollte aber vor Selbstüberforderung und Wettbewerb gewarnt werden!*

② Balle die Finger einer Hand, so fest du kannst, zur Faust und halte diese dann solange wie möglich. Beobachte Hand und Arm während der Übung genau. Was stellst du fest, nachdem du die Faust geöffnet hast?
– *Muskeln verdicken sich am Unterarm. Haut des Handrückens hell, wenig durchblutet, da die verdickten Muskeln und die angespannten Sehnen Blutgefäße abschnüren.
Nach einiger Zeit beginnen Unterarm und Hand zu zittern, später kann es sogar zu Krampfempfindungen kommen.
Beim Öffnen der Hand rötet sich die Haut; die Wärme des vermehrt in Muskulatur und Haut der Hand einströmenden Blutes ist deutlich zu spüren.
Der Versuch zeigt, daß Muskelarbeit die Kreislauftätigkeit in Schwung hält.*

③ Betrachte die Abbildungen in der Randspalte. Nenne die dargestellten Sportarten und erkläre, welche Muskeln besonders stark beansprucht werden.
– *Seitpferdturnen: alle Muskeln an Rumpf und Armen (Haltung und Stütze).*
– *Wasserball: gesamte Körpermuskulatur stark beansprucht, insbesondere Arm- und Beinmuskulatur (Schwimmen, Werfen).*
– *Eishockey: Rückenmuskulatur (Haltung), Beinmuskulatur (Laufen), Armmuskulatur (Schlag).*
– *Radfahren: Beinmuskulatur (Treten), Armmuskulatur (Stütze).*
– *Handball: Armmuskulatur (Wurf), Beinmuskulatur (Sprung).*
– *Turnen am Schwebebalken: gesamte Körpermuskulatur (Bewegung und Gleichgewichthalten)*
– *Laufen: Beinmuskulatur
Bei allen Sportarten wird die Atemmuskulatur stark beansprucht.*

Lösungen zum Arbeitsblatt

Trainiert wird die
1 Arm-, Beinmuskulatur; 2 Arm-, Bein-, Rumpfmuskulatur; 3 und 4 Arm-, Brustmuskulatur; 5 und 6 Bein-, Rumpfmuskulatur; 7 Arm-, Bein-, Rumpfmuskulatur.
Daneben wird bei jeder Übung die Muskulatur der Atem- und Kreislauforgane trainiert.

Der Mensch

5 Minuten täglich für Fitness und Gesundheit

— Führe diese Übungen nacheinander durch. Dein Übungspartner gibt Zahl und Dauer der Übungen an.

— Notiert, welche Muskeln jeweils trainiert werden.

— Hänge dieses Blatt zu Hause so auf, daß du morgens die Übungen leicht durchführen kannst — und halte dich fit damit!

Kniehoch
Arme waagrecht halten, ein Knie schräg hochheben, bis es den Arm berührt, senken, Beinwechsel, je zehnmal.

1 _____

Schwung
Arme schwingen links und rechts vom Körper von oben bis hinten durch, Rumpf und Knie gehen locker mit, zehnmal.

2 _____

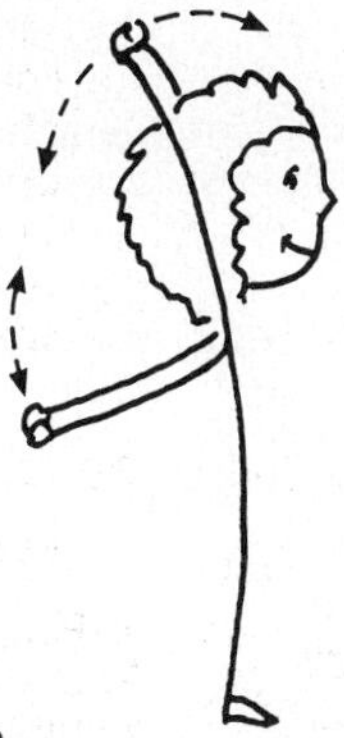

Spannen
A) Hände falten vor dem Körper, Handflächen nach außen drehen, Arme hoch über den Kopf führen und in Dehnhaltung 7 Sekunden lang halten.
B) Hände hinten falten, nach oben ziehen, so hoch wie möglich, zehnmal, Arme lockern.

3 _____

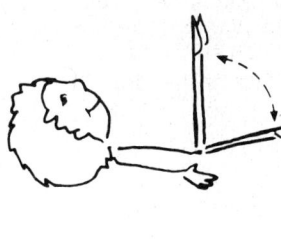

Flügelkreis
Fingerspitzen auf Schultern stützen. Mit den Ellenbogen kreisen. Nach hinten zehnmal, nach vorne zehnmal.

4 _____

Beinhebe
Liegen. Beine langsam heben bis zur Senkrechten. Und wieder senken bis knapp über dem Boden. Drei Sekunden verharren. Ablegen. Wieder heben. Fünfmal.

5 _____

Lauf auf der Stelle
Laufen auf der Stelle ist das beste, einfachste, zeitsparendste, billigste Kreislauftraining für jedermann. (Füße etwa zehn Zentimeter hochheben; Arme locker mitschwingen).

6 _____

© Als Kopiervorlage freigegeben. Ernst Klett Schulbuchverlag, Stuttgart 1993

Tafelzeichnung
Bandscheibenvorfall
normal

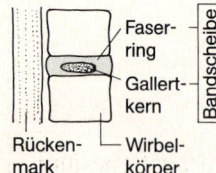

Vorfall

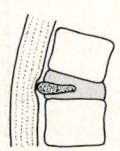

Aufbaufolien
Fußschäden

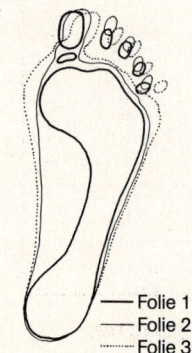

Gelenkschäden

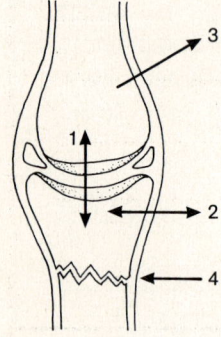

🙶 Zusatzinformation 1

Körperfehlhaltungen

– *Schlechte Haltung:* durch Unachtsamkeit, falsche Belastung. Abhilfe: Sport, Gymnastik, korrekte Sitzhaltung, Schulranzen statt Tasche.
– *Haltungsschwächen:* bei Skelett-, Muskelschwächen. Abhilfe: ärztlich angeordnetes Sonderturnen.
– *Haltungsfehler und krankhafte Haltungen:* Verbildung von Knochen, oft aufgrund langer unbeachteter Fehlhaltungen (z. B. Rundrücken (Kyphose), Hohlkreuz (Lordose), Seitwärtsbiegung der Wirbelsäule (Skoliose)). Behandlung durch Orthopäden nötig.
– *Scheuermann-Krankheit:* häufigste Krankheit der jugendlichen Wirbelsäule (z. T. erblich bedingt); flacher Rundrücken, leichte Ermüdbarkeit und Rückenschmerzen. Behandlung durch Orthopäden mit Krankengymnastik, regelmäßiges Schwimmen.

Zusatzinformation 2

Bandscheibenvorfall droht bei Fehlbelastungen der Wirbelsäule

Durch starke Belastung der Wirbelsäule wird der Gallertkern aus seinem Faserring gequetscht und drückt schmerzhaft auf das Rückenmark (s. Randabbildung) oder einen Rückenmarksnerven (z. B. Ischiasnerv).

Zusatzinformation 3

Ist mein Fuß gesund?

Tritt mit nassem Fuß auf ein Blatt Papier. Umfahre den Fußabdruck mit Bleistift. Vergleiche deinen Fußabdruck mit den Randabbildungen des Schulbuchs S. 21.
– Der Lehrer bereitet nach den Randabbildungen 3 Overlay-Folien mit verschiedenfarbig gezeichneten Fußabdrücken vor. Bei der Besprechung wird die Gewölbekonstruktion des Fußes wiederholt (Modellversuch im Praktikum S. 17), die Folien werden beschriftet:
Normalfuß: Längs- und Quergewölbe
Plattfuß: Längsgewölbe gesenkt
Spreizfuß: Längsgewölbe und Quergewölbe gesenkt
Die Ursachen von Fußschäden sind im Mißverhältnis von Beanspruchung und Tragfähigkeit des Fußes zu suchen. Die Tragfähigkeit kann durch angeborene Bänder- und Muskelschwäche, Knochenerweichung (z. B. bei Rachitis), chronische Entzündungen von Knochen und Gelenken, Lähmungen oder Unfallfolgen beeinträchtigt sein.

— Folie 1
— Folie 2
···· Folie 3

Zusatzinformation 4

Tafelzeichnung: Gelenkschäden

Pfeile geben die Richtung der schädigenden Einwirkung an. Parallel zu Zeichnung und Beschriftung werden die Wirkungen am Gelenkmodell (S. 16) demonstriert.
(1) Prellung (*Quetschung*) schädigt Gelenkknorpel bzw. Menisken.
(2) Verstauchung (*Verzerrung*): Überdehnung der Gelenkbänder; meist mit Bluterguß. Gelenkkopf bleibt in Pfanne.
(3) Verrenkung (*Ausrenkung*): Gelenkkopf springt aus Pfanne; meist verbunden mit Kapsel- und Bänderrissen.
(4) *Knochenbruch* durch zu starke seitliche Krafteinwirkung. 🙷

Lösungen zum Arbeitsblatt

Die Körperhaltung (B) kann auf Dauer zur seitlichen Verbiegung der Wirbelsäule führen. Daher Ranzen auf dem Rücken tragen!

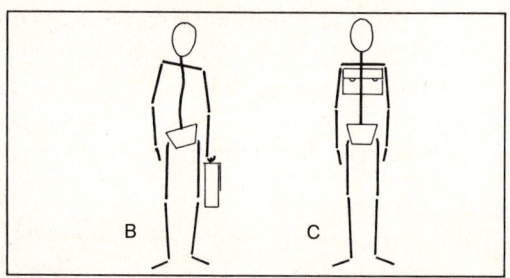

Medien

Filme
– Windrose 00037 Haltungsfehler – Rundrücken (3 min, f)
– FWU Verletzungen des Bewegungssystems (13 min, f)
– Imbild Der Körper des Menschen: Knochen, Knorpel und Gelenke (28 min, f) (Ausschnitte)

Dias
– FWU Fußübel als Zivilisationskrankheit (12, sw)
– FWU Haltungsfehler bei Schulkindern (6, sw)
– FWU Haltungsfehler beim Kleinkind (8, sw)

Literatur

ARNOLD, D.: Ranzen-TÜV. Unterricht Biologie, 9. Jg., Heft 106, Friedrich, Seelze 1985
BITTERLING, G.: Die Bewegung unseres Körpers. Unterrichtseinheit für die Orientierungsstufe. Aulis, Köln 1974
CARL, H.: Anschauliche Menschenkunde. Aulis, Köln 1973
DAS NEUE HANDBUCH DER GESUNDHEIT FÜR DIE GANZE FAMILIE. Mosaik, München 1984
DEIN, H. v.: Nicht jeder Stuhl ist ein guter Arbeitsstuhl. Unterricht Biologie, 1. Jg., Heft 10, Friedrich, Seelze 1977
FALLER, A.: Der Körper des Menschen. Einführung in Bau und Funktion. Thieme, Stuttgart 1984
GUINNESS, Buch der Rekorde. Ullstein, Berlin 1990
HEDEWIG, R. u. POMMERENING, R.: Gesunde Haltung, gesunde Füße. Unterricht Biologie, 4. Jg., Heft 52, Friedrich, Seelze 1980
KLEIN, K.: Praktische Gesundheitserziehung. Quelle & Meyer, Heidelberg 1976
LINDER, H.: Arbeitsunterricht in Biologie. Metzler, Stuttgart 1973
LOOS, W.: ... „und sie reden mit Händen und Füßen". Bewegungen als Informationsträger. Naturwissenschaften im Unterricht – Biologie, 30. Jg., Heft 11, Aulis, Köln 1982
MÖRIKE, K., BETZ, E., MERGENTHALER, W.: Biologie des Menschen. Lehrbuch der Anatomie, Physiologie und Entwicklungsgeschichte des Menschen. Quelle & Meyer, Heidelberg 1991
SCHÜTTE, H.: Entstehung und Vorbeugung von Haltungsschäden, Bluthochdruck und Hautkrebs. Reihe Gesundheitserziehung und Schule, hrsg. von Bundeszentrale für gesundheitliche Aufklärung, Köln. Klett, Stuttgart 1986
SCHULER, F.: Schäden an unserem Bewegungssystem. Naturwissenschaften im Unterricht – Biologie, 30. Jg., Heft 11, Aulis, Köln 1982

Achte auf deine Körperhaltung!

1. Wie schwer ist dein Schulranzen?
   Stelle mit einer Badezimmerwaage dein Körpergewicht und das Gewicht deines Schulranzens fest.

Mein Körpergewicht	Gewicht meines Schulranzens	Soviel dürfte mein Ranzen wiegen

Ärzte sagen, der Ranzen darf höchstens 10 % des Körpergewichts wiegen. Errechne diesen Wert für dich. Trage ihn in die Tabelle ein und vergleiche.

Vergleich:
_____

2. Trage eine volle Schultasche in der rechten Hand (B), dann auf dem Rücken (C). Dein Versuchspartner soll deinen Rücken beim Gehen genau beobachten und entsprechende Strichmännchen zeichnen (vgl. (A)).

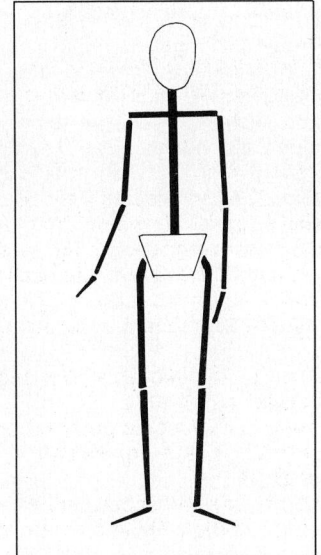  

(A) normale Haltung, ohne Last

(B) Gehhaltung mit schwerem Ranzen in der Hand

(C) Gehhaltung mit schwerem Ranzen auf dem Rücken

Was meint ihr zu euren Beobachtungen?

_____
_____
_____
_____
_____

© Als Kopiervorlage freigegeben. Ernst Klett Schulbuchverlag, Stuttgart 1993

2 Sinne und Nerven – wie Reize beantwortet werden

Sinnesorgane sind die Antennen des Körpers
(Schülerbuch S. 24)

Vom Reiz zur Reaktion
(Schülerbuch S. 25)

Aufgaben und Lösungen

① Stelle zusammen, mit Hilfe welcher Sinnesorgane wir welche Reize wahrnehmen können.
- *Die meisten Sinnesfunktionen sind aus dem Textbeispiel abzuleiten:*
  Zuruf „Fang!" ⟶▷ Ohr (Schall)
  heranfliegender Ball ⟶▷ Auge (optische Reize)
  Ballberührung mit Fingerspitzen ⟶▷ Haut (Tastreize)
  spitzer Gegenstand an Fußsohle ⟶▷ Haut (Schmerzreize)
  Gerüche ⟶▷ Nase (Geruchsreize)
  Geschmacksstoffe ⟶▷ Zunge (Geschmacksreize)

② Erkläre mit Hilfe der Abbildung in der Randspalte, welche Vorgänge im Körper eines Menschen ablaufen, wenn er auf einen Reiz reagiert.
- *Die Antwort ist dem Text und der Abbildung unten zu entnehmen.*

③ Testet eure Reaktionszeit: Ein Schüler hält ein 30 cm langes Lineal am oberen Ende senkrecht. Ein anderer Schüler hält Daumen und Zeigefinger, ohne anzugreifen, an das untere Ende. Wenn das Lineal vom ersten Schüler losgelassen wird, muß der zweite möglichst schnell zugreifen. Die Strecke, die das Lineal heruntergefallen ist, ist ein Maß für die Reaktionszeit (vgl. Tabelle).
- *Der Versuch sollte von jeder Versuchsperson mindestens 5mal durchgeführt und aus den Meßergebnissen der Mittelwert errechnet werden.*

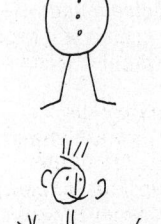

a

b

Tafelzeichnung Strichmännchen, gezeichnet
a) mit offenen Augen
b) mit geschlossenen Augen

 **Zusatzinformation 1**

Kabel und Faden – Modelle für Nerv und Nervenfaser

- Von einem Stück Telefonkabel (bei Postdienststellen zu erbitten) oder einem mehradrigen Elektrokabel löst man an einem Ende die isolierenden Hüllen nacheinander ab, so daß die Bündelung sichtbar wird (s. Randabbildung).

- Unsere längsten Nervenfasern – die längsten Zellen unseres Körpers überhaupt! – sind etwa 1 m lang und 0,01 mm dick. Es sind die motorischen Fasern, die vom Rückenmark ausgehend die Füße mit Befehlen des Gehirns versorgen. Mit einem (kräftigen) Zwirn kann man die Länge einer solchen Faser im Verhältnis zu ihrer geringen Dicke gut veranschaulichen:
Ein ca. 0,2 mm starker Zwirn ist etwa 20mal so dick wie eine der genannten Nervenfasern. Wir müssen also einen 20 m langen Faden nehmen – 20mal länger als die wirkliche Nervenfaser –, wenn wir ein maßstabsgetreues Modell einer solchen Nervenfaser herstellen wollen. Der Faden reicht fast um das ganze Klassenzimmer!

Zusatzinformation 2

Strichmännchen zeigen die Rückkopplung zwischen Sinnesorgan und Gehirn

Dieser spielerische Versuch demonstriert die Bedeutung der Zusammenarbeit (Rückkopplung) zwischen Sinnesorgan und Gehirn:
Ein Schüler zeichnet mit offenen Augen ein Strichmännchen, dann eines mit verbundenen Augen. Bei diesem sind die Körperteile oft nicht an der richtigen Stelle, zu groß oder zu klein gezeichnet (s. Randabbildung).
Da beidesmal die Befehle vom Gehirn an die Handmuskulatur gegeben wurden, muß der Unterschied in der Zeichengenauigkeit seine Ursache darin haben, daß beim zweiten Teilversuch eine Rückkopplung durch Kontrollmeldungen der Augen fehlt. Die Befehle des Gehirns allein garantieren also keine korrekten Handlungen. Nur wenn das jeweils zuständige Sinnesorgan dem Gehirn Erfolg oder Mißerfolg unserer Handlungen rückmeldet, kann das Gehirn seine Befehle an die Muskeln korrigieren und gute Ergebnisse erzielen.

Medien

Modelle
- Schuchardt AS 23/1 Torso mit Kopf, Wirbelsäule sichtbar
- Schuchardt BS 22 Gehirn
- Schuchardt BS 35 Neuron

Dias
- FWU Nerven und Sinnesorgane (13, f)

Lehrtafeln
- Klett 150049 Nervensystem
- Klett 150259 Gehirn und Rückenmark

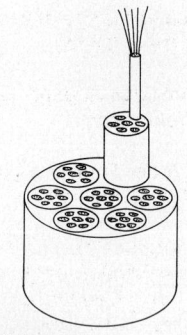

Einfaches Nervenmodell: Stück eines Telefonkabels, teilweise abisoliert

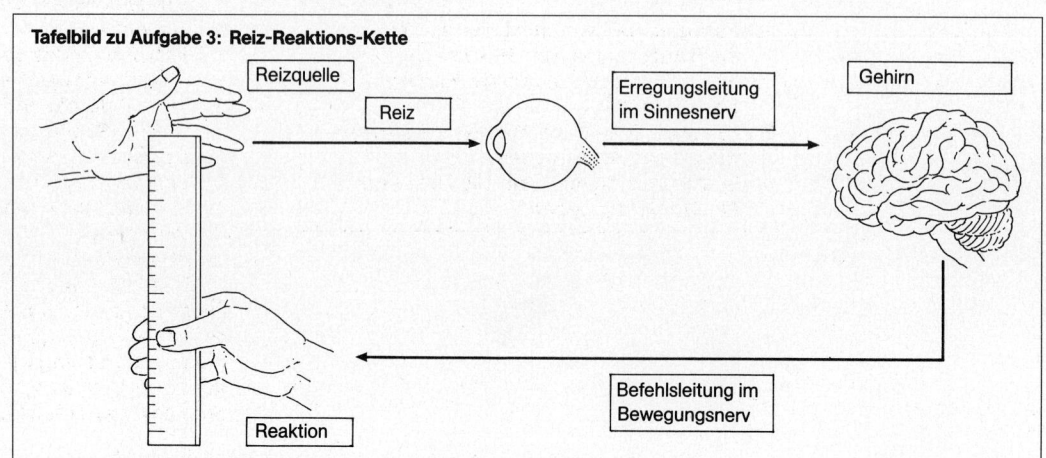

Die Augen – unsere Fenster zur Umwelt

(Schülerbuch S. 26)

Aufgaben und Lösungen

① Ordne in einer Tabelle jedem Teil des Auges die jeweilige Aufgabe zu.
- **Lederhaut:**
  Grenzt das Auge nach außen ab.
- **Aderhaut:**
  Versorgt die Netzhaut mit Nährstoffen.
- **Netzhaut:**
  Nimmt Lichtreize auf.
- **Hornhaut:**
  Abschluß nach außen, Lichtbrechung
- **Regenbogenhaut:**
  Regelt die einfallende Lichtmenge.
- **Pupille:**
  Sehloch
- **Linse:**
  Bündelt das einfallende Licht, Verformbarkeit ermöglicht scharfes Sehen.
- **Sehnerv:**
  Erregungsleitung zum Gehirn
- **Glaskörper:**
  Formgebung, Lichtbrechung
- **Augenmuskulatur:**
  Bewegung des Auges

② Welche Teile deines Auges kannst du im Spiegel erkennen?
- *Lederhaut, Hornhaut, Iris, Pupille*

Lochblendenversuch

Versuchsdurchführung

Mit einer Kerze und zwei weißen Karteikarten kannst du die Bildentstehung im Auge nachmachen. Bohre dazu mitten in eine Karteikarte mit einem spitzen Bleistift ein Loch. Klebe an beide Karten einen Pappstreifen als Ständer. Stelle eine Kerze und die Karten wie abgebildet auf.

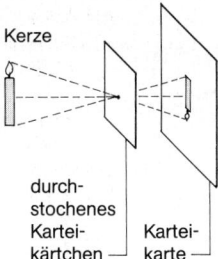

Kerze

durchstochenes Karteikärtchen — Karteikarte

Aufgaben

1. Fertige eine Zeichnung deines Versuchsaufbaus an und beschrifte.
2. Wie wird die Kerze auf der Karteikarte abgebildet?
3. Welchen Teilen des Auges entsprechen die beiden Karteikarten?
4. Weshalb kann man nur mit Auge und Gehirn richtig sehen?

Zusatzaufgaben und Lösungen

① Lasse dir von einem Mitschüler die Augen verbinden. Versuche nun, dich über eine kurze Strecke im Klassenzimmer zurechtzufinden. Schildere deine Eindrücke und Gefühle. (ACHTUNG: Ein Mitschüler geht mit, um Unfälle zu verhindern!)
- *Selbst in einem bekannten Raum fühlt man sich mit verbundenen Augen unsicher und gehemmt. Die Bewegungen können blockiert sein. Furcht und Angst können sich einstellen. Durch angestrengtes Hören und Tasten sucht die Versuchsperson sich zu orientieren.*
  Frage:
  - *Womit orientierst du dich? (Gehör, Tastsinn, Erinnerung)*

② Wenn du weinst, mußt du dir bald darauf die Nase putzen. Erkläre.
- *Beim Weinen geben die Tränendrüsen so viel Tränenflüssigkeit ab, daß der „Tränensee" im Augenwinkel überläuft. Ein Teil der Flüssigkeit fließt durch Tränenpunkt und Tränenkanal in den Tränennasengang ab und wird in der Nase zur Befeuchtung der Schleimhaut verwendet. (Dies geschieht auch sonst regelmäßig – eine doppelte Nutzung der Tränenflüssigkeit!).*

③ Ein Mitschüler hält die Hände vor die geschlossenen Augen. Nach etwa 30 Sekunden nimmt er die Hände weg, öffnet die Augen und blickt gegen ein helles Fenster. Betrachte seine Augen aus kurzer Entfernung. Notiere, was du beobachtest und gib eine Erklärung dafür.
- *Im Moment des Augenöffnens ist die Pupille beider Augen weit geöffnet: Das Auge ist an die Dunkelheit angepaßt (Adaption). Bei Lichteinfall wirkt sofort der Pupillenreflex; die Pupille wird verengt. Damit werden die empfindlichen Sehsinneszellen der Netzhaut vor zu starker Lichteinstrahlung geschützt. Der Antagonismus zwischen ringförmig verlaufenden Schließmuskelfasern und speichenförmig angeordneten Muskelfasern, die das Sehloch weiten, ist mit Hilfe des Funktionsmodells Pupille (Schlüter 3402 b) zu zeigen.*

④ Blase aus 20 cm Entfernung durch einen Trinkhalm vorsichtig von der Seite auf das geöffnete Auge deines Nebensitzers. Was kannst du beobachten? Erkläre.
- *Beobachtung des Lidschlußreflexes ohne Anblasen sollte dem Versuch vorausgehen:*
  - *Auszählen der Lidschlüsse in 2 Min. (ca. 5–7 pro Min.)*
  - *Händeklatschen direkt vor den Augen: Lider schließen sich reflektorisch (Schutzreflex).*
  - *Anblasen mit Trinkhalm (oder Fön): Folgende Reaktionen sind nacheinander zu beobachten:*
  1. *Reflektorisches Schließen der Lider (Schutz vor mechanischer Schädigung)*
  2. *Vermehrte Absonderung von Tränenflüssigkeit (Schutz vor Austrocknung; Abspülen von Staub; Abtöten von Bakterien)*
  3. *Schmerzempfindung (Reizung der Schmerzsinnesorgane in der Haut als Warnsignal)*
  4. *Augen röten sich (Steigerung der Durchblutung; Entzündungsgefahr!)*

  Diese Beobachtungen zeigen, wie gefährlich es für die Augen ist, wenn sie z.B. bei einer Motorradfahrt längere Zeit ohne Schutz starkem Fahrtwind ausgesetzt sind. Versuch rechtzeitig abbrechen!

Zusatzinformation 1

Das Auge – unser kostbarstes Sinnesorgan – ist gut geschützt

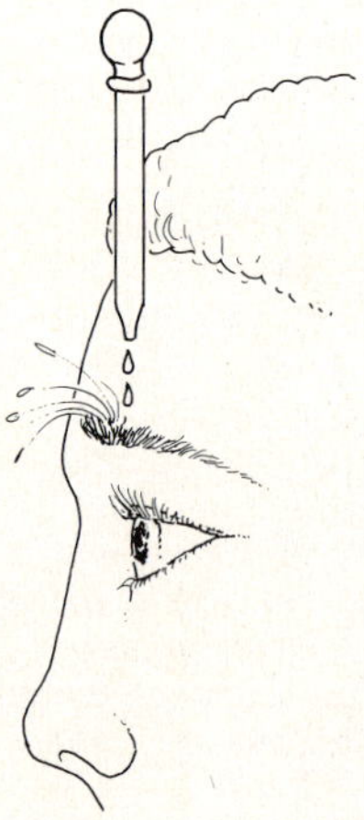

Die äußeren Strukturen des Auges (vgl. Arbeitsblatt S. 29) werden mit Handspiegeln unter dem Leitgedanken „Wie ist das Auge geschützt?" von außen nach innen mit leichten Versuchen untersucht.
1. Schutzfunktion der Augenbrauen: Das Wasser „springt" wie ein kleiner Wasserfall über die Braue und das Auge (vgl. Randabbildung). So ist das Auge gegen Regen und salzhaltigen Stirnschweiß geschützt.
2. Entsprechend wird die Schutzaufgabe der Wimpern demonstriert, indem man kleine Papierstückchen an der Stirn entlang über die Augen fallen läßt. Die Wimpernhaare fangen das Papier ebenso wie andere feste Partikel auf und halten sie vom Auge fern.
3. Zur Schutzfunktion der Augenlider vgl. Zusatzaufgabe 2. Hier muß auch die große Zähigkeit der Hornhaut erwähnt werden, die vor mechanischer Schädigung schützt.
4. Gegen Schlag und Druck schützt die knöcherne Augenhöhle, durch das wulstartige (bei den Urmenschen besonders stark ausgebildete) Stirnbein abgedeckt. Die Überaugenwülste werden am eigenen Kopf ertastet und mit Schädeln von Homo sapiens, Neandertaler (oder anderen Urmenschen) und Menschenaffen verglichen.
5. Die federnd-stoßdämpfende Einbettung des Augapfels in weiche Fettpolster spürt man, wenn man bei geschlossenem Lid vorsichtig auf den Augapfel drückt. Erst bei schwersten Hungerzuständen werden diese Fettpolster abgebaut. Die Augen sind dann „eingefallen".
6. Die Schutzfunktion der Tränendrüsen behandelt Zusatzaufgabe 2.
7. Auch die Regenbogenhaut hat Schutzaufgaben; vgl. die Bedeutung des Pupillenreflexes als Schutz gegen Blendung durch Überstrahlung.

Wie entfernt man Fremdkörper, die ins Auge gelangt sind?
Bei Fremdkörpern unter dem Unterlid zieht man das Unterlid herunter und blickt nach oben. Der Fremdkörper kann dann durch Streichen in Nasenrichtung oder mit dem Zipfel eines angefeuchteten Papiertaschentuches entfernt werden.
Bei Fremdkörpern unter dem Oberlid wird der Augapfel nach unten gedreht und das Oberlid an den Wimpern über das Unterlid gezogen. Dabei bleibt der Fremdkörper meist an den Wimpern des Unterlids hängen. Führt diese Behandlung nicht zum Erfolg oder sitzt der Fremdkörper fest am Augapfel, sollte man einen Augenarzt aufsuchen!

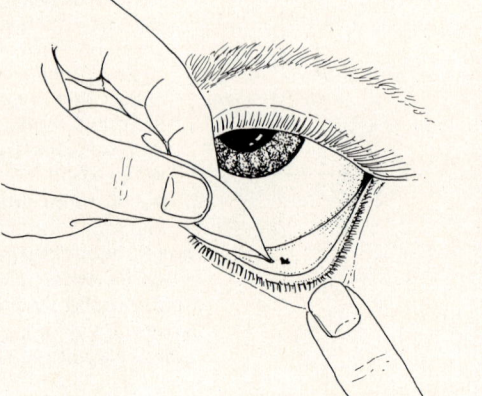

Zusatzinformation 2

– Die Bedeutung des zweiäugigen (binokularen) Sehens für genaue Raumabschätzung kann mit zwei leichten Versuchen gezeigt werden:
1. Versuch: Einfädeln einer Nähnadel
– beide Augen geöffnet
– nur ein Auge geöffnet.
Die Zeit wird gestoppt.
Anmerkung: Diesen Versuch nicht mit Brillenträgern durchführen!
2. Versuch: Jeder Schüler führt mit ausgestreckten Armen zwei Bleistifte mit der Spitze aufeinander zu
– beide Augen geöffnet
– nur ein Auge geöffnet.
In beiden Versuchen gelingt die „zweiäugige" Durchführung viel besser.

Lösungen zum Arbeitsblatt

Vgl. Abbildung 26.1
1) Lederhaut; 2) Aderhaut; 3) Netzhaut; 4) Hornhaut; 5) Regenbogenhaut (Iris); 6) Pupille; 7) Linse; 8) Sehnerv; 9) Glaskörper; 10) Augenmuskel.

Medien

Versuchsmaterialien und Modelle
– Schuchardt AS 23/1 Torso mit Kopf
– Schuchardt CS 1 Modell Augapfel
– Schuchardt MO 221 Modell vom menschlichen Auge, physiologisch
– Schlüter 2880 Augenvergrößerungsspiegel
– Schlüter 2882 Experimentiersatz Auge (5 Funktionsmodelle zur Gruppenarbeit)
– Schlüter 2905 Sehschärfetest und Astigmatismus
– Schlüter 3402 Akkommodationsmodell
– Schlüter 3402 b Funktionsmodell Pupille

Filme
– Imbild Das Auge (14 min, f) (Ausschnitte)

Dias
– FWU Sinnesorgane (8, f)
– FWU Nerven und Sinnesorgane (13, f)
– Jünger Der Mensch: Auge und Ohr (20, f)

Arbeitstransparente
– Klett 99843 Aufbau des menschlichen Auges (6 Folien)
– Klett 99864 Akkommodation (Funktionstransparent)

Lehrtafeln
– Klett 150069 Auge und Sehvorgang

Der Mensch

Das Auge — außen und innen

1. Betrachte dein Auge im Spiegel. Ergänze Abbildung A und beschrifte sie mit folgenden Begriffen: Brauen, Wimpern, oberes und unteres Lid, Lederhaut, Hornhaut, Regenbogenhaut, Pupille.
2. Benenne die Teile des Augenlängsschnittes B. Male die Schichten des Auges mit folgenden Farben an: 1 hellblau, 2 rot, 3 (und 8) gelb.

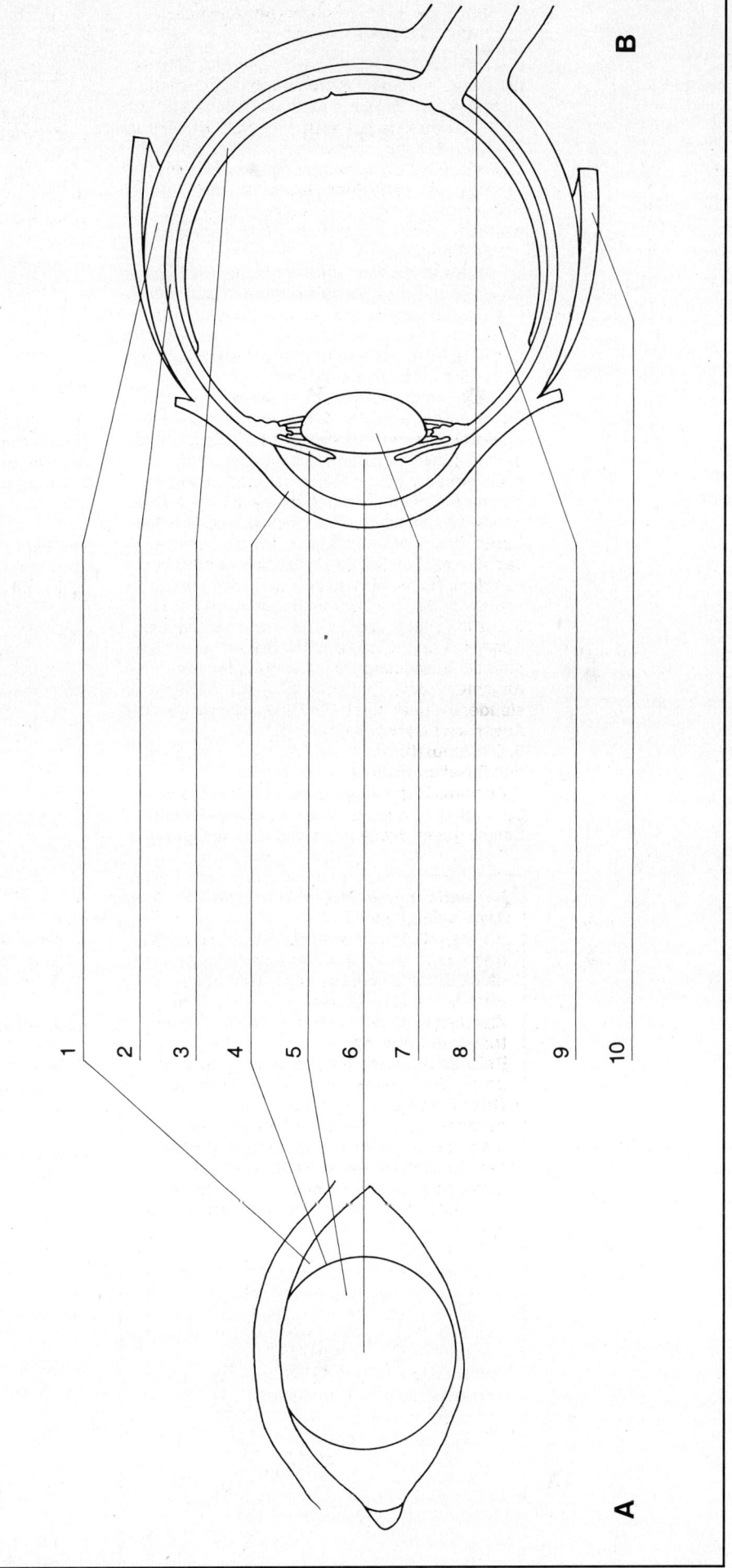

Die Ohren nehmen Geräusche auf

(Schülerbuch S. 27)

Der Trichter – ein Modell des äußeren Ohres

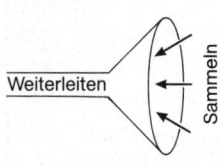

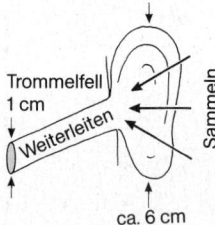

Trommelfell 1 cm

ca. 6 cm

Aufgaben und Lösungen

① Ordne in deinem Biologieheft den Zahlen von Abbildung 1 die richtigen Begriffe zu.
– *1 Trommelfell; 2 Gehörknöchelchen: Hammer, Amboß, Steigbügel; 3 Schnecke; 4 Hörnerv.*

② Presse bei zugehaltener Nase vorsichtig Luft in Mund- und Nasenraum. Beschreibe deine Wahrnehmungen.
– *Man nimmt ein schwaches Knacken wahr. Erklärung: Durch das Einpressen von Luft entsteht im Mund- und Nasenraum ein Überdruck. Da dieser Raum über die Ohrtrompete (Eustachische Röhre) mit dem Mittelohr verbunden ist, herrscht auch hier der gleiche Überdruck. Er beult das Trommelfell nach außen (Modell: Blechdosendeckel), da in der Umgebung der normale – niedrigere – Luftdruck herrscht. Diese Bewegung des Trommelfells nimmt man als Knacken wahr. Ähnliche Erscheinungen stellt man bei schnellem Höhenwechsel fest (Seilbahn, Lift, Bergauffahrt mit Auto). Druckausgleich erfolgt dann durch Gähnen oder Schlucken. Die Möglichkeit des Druckausgleichs über die Ohrtrompete kann durch eiternde Mittelohrentzündungen behindert werden. Bei Explosionen beugt man dem drohenden Platzen des Trommelfells durch Öffnen des Mundes vor, denn dann trifft der Druck der Schallwellen das Trommelfell gleichzeitig von beiden Seiten.*

③ Warum darf man beim Ohrenputzen niemals spitze Gegenstände benutzen?
– *Ohrenschmalz, von Wanddrüsen des Gehörgangs gebildet, verklebt Staubteilchen. Es wird dauernd durch Bewegungen der Kiefermuskulatur, welche die Wand des Gehörgangs mitbewegen, nach außen befördert. Man spürt diese Bewegungen, wenn man den Zeigefinger leicht in die Gehörgangsöffnung legt und den Mund öffnet und schließt. Läuft dieser Vorgang unvollkommen ab oder wird beim Reinigungsversuch das Ohrschmalz fest gegen das Trommelfell gedrückt, bildet sich ein Ohrschmalzpfropf. Er behindert die Schwingungen des Trommelfells und schwächt damit das Hörvermögen.*
Wegen Gefahr der Trommelfellverletzung und der Verdichtung des Pfropfes darf die Reinigung des Gehörganges in der Tiefe nur durch den Arzt vorgenommen werden.
Entfernung von außen liegendem Ohrschmalz mit Wattestäbchen oder Tuchzipfel. Vorsichtig! Nie in der Tiefe bohren, schon gar nicht mit harten, spitzen Gegenständen!

④ Ordne den Teilen des Schnurtelefons (Randspalte) die entsprechenden Bauteile des Ohres zu.
– *Schnur straff spannen und Dosen (Joghurtbecher) fest um Mund bzw. Ohr an den Kopf drücken! Die Zuordnung kann verschieden und nur mit Einschränkungen vorgenommen werden; z. B.:*

obere Dose = Ohrmuschel und Gehörgang
Dosenboden = Trommelfell
Schnur = Hörknöchelchen
Boden der unteren Dose = Membran des Ovalen Fensters

Die entscheidende Parallelität zwischen Modell und Wirklichkeit besteht in den schwingenden Elementen.

⑤ Welche Erkrankungen des Ohres kennst du? Berichte.
– a) *Katarrh der Ohrtrompete und des Mittelohres tritt als Folge von Schnupfen oder Nebenhöhlenentzündung auf, führt zu Ohrensausen, Stechen, Druck- und Taubheitsgefühl, vorübergehender Schwerhörigkeit. Behandlung durch Nasentropfen, Wärmebehandlung (Infrarotlampe), Durchblasen der Ohrtrompete.*
b) *Mittelohrentzündung kann aus einem Tubenkatarrh entstehen, auch durch ein Loch im Trommelfell oder als Folge von Infektionskrankheiten. Folgen: Ohrensausen, Klopfen, starke Schmerzen, Schwerhörigkeit, Fieber, Behandlung mit Sulfonamiden oder Antibiotika, Trommelfelldurchstich zum Eiterabfluß. Unbehandelt können die Gelenke der Gehörknöchelchen geschädigt werden, was zu bleibender Schwerhörigkeit oder Taubheit des betroffenen Ohres führen kann.*
c) *Schwerhörigkeit und Taubstummheit: Schwerhörigkeit und Taubheit können bereits vor der Geburt durch Infektionen (Röteln) verursacht werden. Nachgeburtlich können sie entweder durch Störung der Schalleitung im Mittelohr (z. B. infolge einer Mittelohrentzündung), Degeneration der Hörsinneszellen in der Schnecke bei langanhaltender Lärmbelastung oder plötzlicher extremer Schalleinwirkung (Explosion) auftreten. Auch Schädigungen des Hörnervs oder des Hörzentrums im Gehirn wirken sich als Schwerhörigkeit oder Taubheit aus. Taubstummheit ist die fehlende Sprachentwicklung infolge früher Taubheit.*

Lösungen zum Arbeitsblatt

1. Ohrmuschel fängt Schall auf.
2. Gehörgang leitet Schall; reinigt Luft von Staub.
3. Trommelfell verstärkt Schall.
4. Gehörknöchelchen leiten Schwingungen des Trommelfells weiter und verstärken sie.
5. Bogengänge – Dreh- und Lagesinnesorgane.
6. Schnecke – Hörorgan.
7. Hörnerv leitet Sinnesmeldungen zum Gehirn.

Medien

Modelle
– Schuchardt DS 1 Gehörorgan mit Ohrmuschel
– Schlüter 3404 a Mittelohrmodell
– Schuchardt DS 13 Labyrinth

Filme
– Klett 99972 Hörvorgang im Mittelohr (4,5 min, f)
– Klett 75156 Sinnesorgan Ohr (24 min, f) (Ausschnitte)
– FWU Wie wir hören (8 min, sw)
– Interfilm Unsere Ohren (14 min, sw)
– Imbild Der Körper des Menschen: Die akustische Wahrnehmung (28 min, f) (Ausschnitte)

Videos
– Klett 376025 Hörvorgang im Mittelohr (5 min, f)
– Klett 75183 Sinnesorgan Ohr (19 min, f)

Lehrtafeln
– Klett 150079 Ohr und Hörvorgang

Teile und Aufgaben des Ohres

Benenne die Teile des Ohres und ihre Aufgaben.

| 1 | 2 | 3 | 4 | 5 | 6 | 7 |

Außenohr

Mittelohr

Innenohr und Hörnerv

1. _____

Aufgabe: _____
_____
_____

2. _____

Aufgabe: _____
_____
_____

3. _____

Aufgabe: _____
_____
_____

4. _____

Aufgabe: _____
_____
_____

5. _____

Aufgabe: _____
_____
_____

6. _____

Aufgabe: _____
_____
_____

7. _____

Aufgabe: _____
_____
_____

© Als Kopiervorlage freigegeben. Ernst Klett Schulbuchverlag, Stuttgart 1993

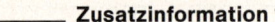

Zusatzinformation 1

Einfache Versuche zur Schalleitung:

– Versuch mit zwei Tamburinen (s. Randabbildung) zeigt, daß Luft Schall leitet.
– Modellversuch Pfennigkette (s. Randabbildung):
Auf dem Tageslichtprojektor (oder auf dem Tisch jedes Schülers) durchzuführen. Der Modellversuch zeigt, daß die vom Schall angestoßenen Teilchen den Stoß (Impuls) durch die vielen Luftteilchen weitergeben, also nicht selbst von den Stimmbändern des Sprechenden bis zum Ohr des Hörers fliegen müssen – ein häufiges Mißverständnis!
– Modellversuch Gabelglocke (s. Randabbildung):
Gabel in der Mitte einer 1 m langen Schnur festbinden. Der Schlag mit dem Gabelgriff an die Tischkante führt zu scheppernden Geräusch (Schalleitung durch Luft). Werden aber die Schnurenden mehrmals fest um die Zeigefinger gewickelt, diese fest in die Ohren gesteckt und die Gabel wieder gegen die Tischkante geschlagen, ertönen wunderschöne glockenartige Klänge. In diesem zweiten Teilversuch erfolgt die Schalleitung nur durch feste Körper (Gabel, Schnur, Finger, Schädelknochen). Die Klangfülle zeigt, daß bei Schalleitung durch die Luft große Teile des Schalls (tiefe Frequenzen) von der Luft herausgefiltert werden.

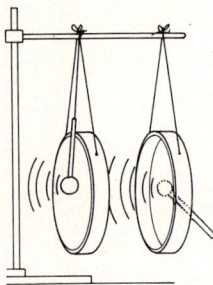
a

b

c

Zusatzinformation 2

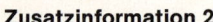

– Versuch zum Richtungshören
Den Versuchsaufbau zeigt unsere Abbildung.
Durchführung: Ein Schüler klopft auf verschiedene Stellen der cm-Markierung. Die Versuchsperson gibt an, ob sie den Anschlag rechts, links oder in der Mitte gehört hat.
Ergebnis: Die Versuchsperson kann rechte und linke Anschläge sehr sicher unterscheiden, wenn sie mehr als etwa 2 cm von der Mitte entfernt waren.
Auswertung: Im Versuch erreicht der Schall jeweils das näherliegende Ohr schneller als das andere. Aus diesem Zeitunterschied ermittelt das Gehirn die Richtung der Schallquelle.

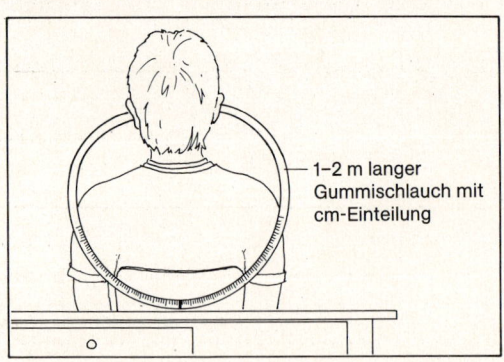

1–2 m langer Gummischlauch mit cm-Einteilung

Lärm macht krank

Lärm kann sogar töten!
Ein altes chinesisches Geschichtsbuch aus dem Jahr 211 v. Chr. berichtet von einer Anordnung des Polizeiministers Ming-Ti, Gotteslästerer mit dem Tod durch Lärm zu bestrafen, „denn das ist der qualvollste Tod, den ein Mensch erleiden kann." Verurteilte sollen unter einer dröhnenden Glocke qualvoll gestorben sein. Die Todesursache ist der durch Stoffwechseländerungen hervorgerufene Wärmestau, also Tod durch Streß.
Diskussionspunkte und Gruppenarbeit zum Thema „Lärm macht krank":

– Postergestaltung: Lärmquellen und Lärmbekämpfung (s. Abb.):
Abbildungen und Zeitungsausschnitte sammeln, in Gruppenarbeit damit Poster gestalten.
– Möglichkeiten der Lärmreduzierung durch den Schüler selbst:
Ohne Geräuschkulisse lernen; Stereoanlage auf Zimmerlautstärke stellen; bei Walkman-Benutzung Lautstärke drosseln; Moped nie ohne Schalldämpfung fahren; Rasenmähen nur zu bestimmten Zeiten, dabei leise Geräte benutzen.

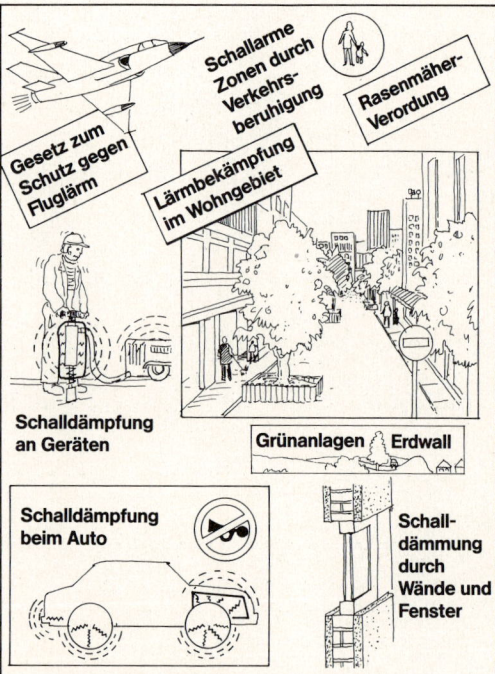

Lösungen zum Arbeitsblatt

1. Verkehr (Stadtverkehr mit PKW, Bus, nahe Autobahn); Spielplätze, Schulhöfe, Sportplätze; Baustellen; Rasenmäher in Gärten, Gartenfeste

3. Gegenmaßnahmen:
   – Lärmminderung durch Schalldämmung an Fahrzeugen und technischen Geräten
   – Einschränkung des privaten Verkehrs zugunsten des öffentlichen Nahverkehrs
   – Schalldämmende Bepflanzungen um Spielplätze, Schulhöfe, Sportanlagen
   – Rücksichtnahme auf die Nachbarschaft bei Arbeiten und Festen im Freien
   – Verordnungen zur zeitlichen Begrenzung von Lärmemissionen, z. B. Einwurfzeiten an Glascontainern
   – siehe im Kasten: Möglichkeiten der Lärmreduzierung

Lärm in Wohngebieten

1. Welche Lärmquellen sind aus dem Stadtplan ersichtlich? Erstelle eine Liste.

2. Kennzeichne in der Liste die Lärmquellen, die auch in deinem Wohngebiet auftreten, und ergänze die Liste.

3. Mache Vorschläge, wie sich die Lärmbelästigung jeweils verringern ließe.

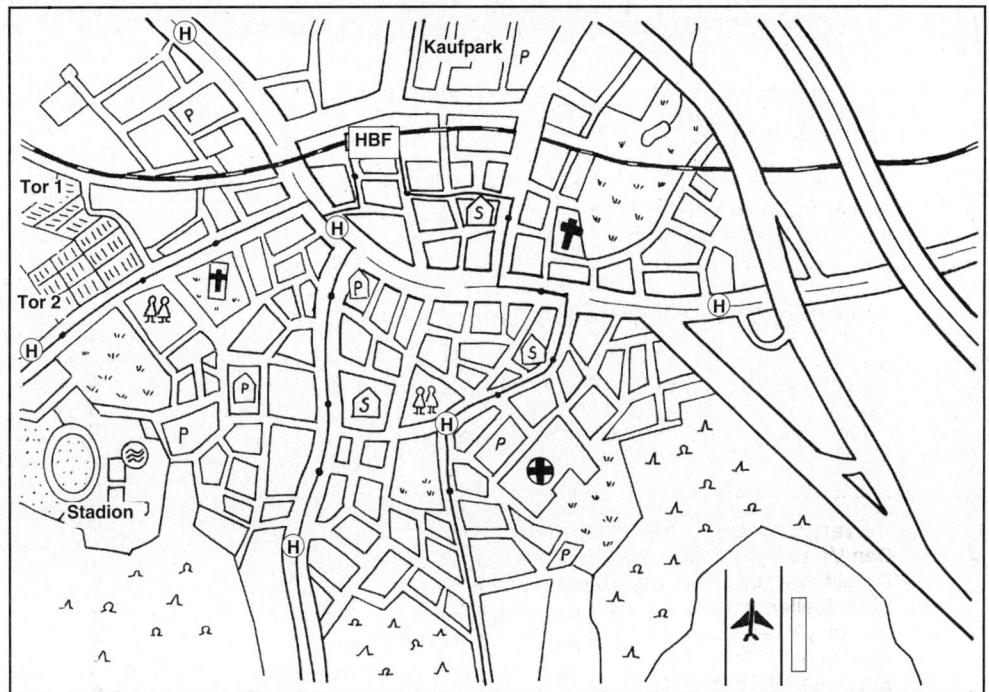

Lärmquellen	Gegenmaßnahmen

© Als Kopiervorlage freigegeben. Ernst Klett Schulbuchverlag, Stuttgart 1993

Demonstration der Verdunstungskühlung

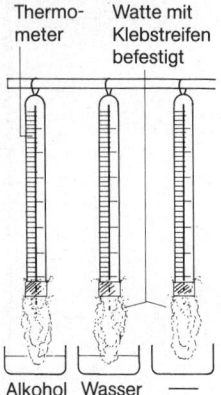

Alkohol — Wasser —

Tastborste zur Feststellung von Tastpunkten

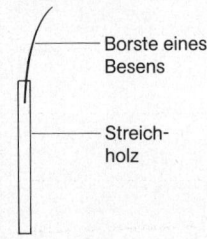

- Borste eines Besens
- Streichholz

Kältetestnagel

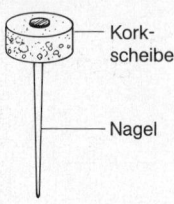

- Korkscheibe
- Nagel

Lösung zum Arbeitsblatt

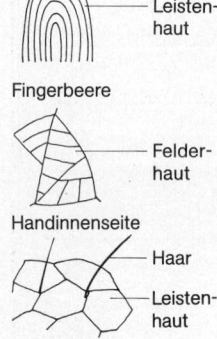

- Leistenhaut

Fingerbeere
- Felderhaut

Handinnenseite
- Haar
- Leistenhaut

Handrücken

Die Haut – ein Organ mit vielen Aufgaben

(Schülerbuch S. 28/29)

Aufgaben und Lösungen

① Reibe die Haut deines Unterarms mit einem schwarzen Tuch kräftig ab. Beschreibe und erkläre deine Beobachtung.
- *Auf dem schwarzen Tuch sieht man viele weiße Pünktchen. Mit dem Mikroskop erkennt man, daß es Zellen ohne Kern sind. Es handelt sich um verhornte, abgestorbene Zellen der oberen Oberhautschichten („Hornhaut"). Diese toten Zellschichten schützen bei mechanischen und chemischen Einwirkungen.*

② Stecke deine Hand in eine durchsichtige Plastiktüte und dichte am Handgelenk mit einem Gummi ab. Beobachte und erkläre.
- *Zunächst rötet sich die Haut der Hand durch den (geringen) Hitzestau. Dann beginnt sich der Plastikbeutel mit winzigen Tröpfchen zu beschlagen. Es ist verdunsteter Schweiß, der an der kühleren Plastikhülle wieder kondensiert. Wenn der Schweiß auf der Oberfläche der Haut verdunstet, entzieht er der Haut Wärme (Temperaturregelung durch Verdunstungskühlung) und wirkt so dem Hitzestau entgegen. Die Wirkung der Verdunstungskühlung kann mit der auf dem Rand skizzierten Versuchsanordnung gezeigt werden.*

99 ────────────── Zusatzinformation 1

Die Haut in Zahlen

- Die Haut ist unser größtes Sinnesorgan, ja unser größtes Organ überhaupt:
Die durchschnittliche Größe der Hautoberfläche:

beim Mann	2,1 m²
bei der Frau	1,4 m²

Die Dicke der Haut (Oberhaut und Lederhaut) schwankt zwischen ca. 1 mm und 5 mm (Schwielen der Fußsohle). Das darunterliegende Unterhautfettgewebe kann bis zu 10 cm dick sein (vor allem an Gesäß und Bauch).
Gewicht der Haut: ca. 1/6 unseres Körpergewichts (bei einem Gewicht von 60 kg wiegt die Haut also etwa 10 kg).

- Die Zahl der Haare:

blond	150 000
braun	110 000
schwarz	100 000
rot	80 000

- Tägliche Schweißabgabe

bei normaler Temperatur und leichter Tätigkeit	0,5–1,0 Liter
bei anstrengender Arbeit in sommerlicher Wärme	1,0–2,0 Liter
bei tropischer Hitze	2,0–4,0 Liter
- Zahl der Schweißporen	2 500 000

────────────── Zusatzinformation 2

Einführungsversuch: Die Haut ist ein vielseitiges Sinnesorgan

Die Versuchsperson nimmt mit verbundenen Augen aus einer Tüte verschiedene Gegenstände und Materialien. Sie soll ihre Empfindungen beschreiben und Aussagen über Art und Beschaffenheit der Gegenstände machen.
- *Die Versuchsperson führt den Versuch immer in derselben Weise durch: Die Finger gleiten über die Oberfläche, der Gegenstand wird in der Hand gewogen. Bietet man der Versuchsperson eine Reihe ähnlicher Formen (z. B. Ei, Stopfei, eiförmiger Stein), wird deutlich, daß die Haut nicht nur Sinne für die Ermittlung von Form und Oberfläche besitzt. Ähnliche Formen werden aufgrund ihrer Oberfläche, ihres Gewichts, ihrer Wärmeleitfähigkeit (Metalle fühlen sich kalt an, Styropor warm) identifiziert. Bei der Auswertung dieses Versuchs können die verschiedenen Hautsinne erschlossen werden:*

Aussage über... Sinn

Form und Oberflächenstruktur	Tastsinn (Tastkörperchen); auch Schmerzsinn (Freie Nervenendigungen; z. B. bei spitzen Gegenständen).
Gewicht	Drucksinn (Lamellenkörperchen), Dehnungssinn (Muskelspindeln in der Muskulatur).
Temperatur (bzw. Wärmeleitfähigkeit)	Kältesinn (Kältekörperchen); Wärmesinn (Wärmekörperchen); auch Schmerzsinn (Freie Nervenendigungen; z. B. bei heißen oder sehr kalten Gegenständen).
Schmerz	Schmerzsinn (Freie Nervenendigungen).

Der ertastete Gegenstand wird durch Vergleich dieser verschiedenartigen Informationen mit einem durch Erfahrungen im Gehirn gespeicherten „Bild" identifiziert.

────────────── Zusatzinformation 3

Anregungen zur Hautpflege

Körperpflege, die in erster Linie Hautpflege ist, dient der Gesunderhaltung (Hygiene). Sie erhält Spannkraft und Leistungsfähigkeit des Körpers und erhöht das allgemeine Wohlbefinden. Häufige Fehler:
- Waschen ohne Seife
- Verwendung falscher, d. h. hautunverträglicher Reinigungsmittel
- zu seltene Ganzkörperreinigung (Duschen, Baden)
- unterlassenes Abseifen nach Hallenbadbesuch (Chlorwasser!)
- mangelnde Sorgfalt bei der Hygiene der Geschlechtsorgane
- Reizung der Haut durch allzu harte Bürsten
- Übertünchen der Hautgerüche durch überreichlich verwendete Parfüms und Deodorants
- Verwendung falscher Hautcremes
- unnötiges Bestrahlen der Haut mit künstlich erzeugter UV-Strahlung.

99 ──────────────

Lösungen zum Arbeitsblatt

2. a) Talgdrüse; b) Haar; c) Hornschicht; d) Muskel; e) Schweißpore; f) Keimschicht; g) Blutgefäße; h) Schweißdrüse; i) Fettgewebe

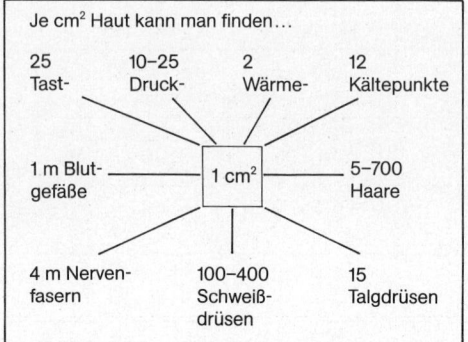

Je cm² Haut kann man finden...
- 25 Tast-
- 10–25 Druck-
- 2 Wärme-
- 12 Kältepunkte
- 1 m Blutgefäße
- 1 cm²
- 5–700 Haare
- 4 m Nervenfasern
- 100–400 Schweißdrüsen
- 15 Talgdrüsen

34 Der Mensch

Wie sieht die Haut außen und innen aus?

1. Betrachte mit einer Lupe die Haut von Fingerbeere, Handinnenseite und Handrücken. Mache jeweils eine Skizze.

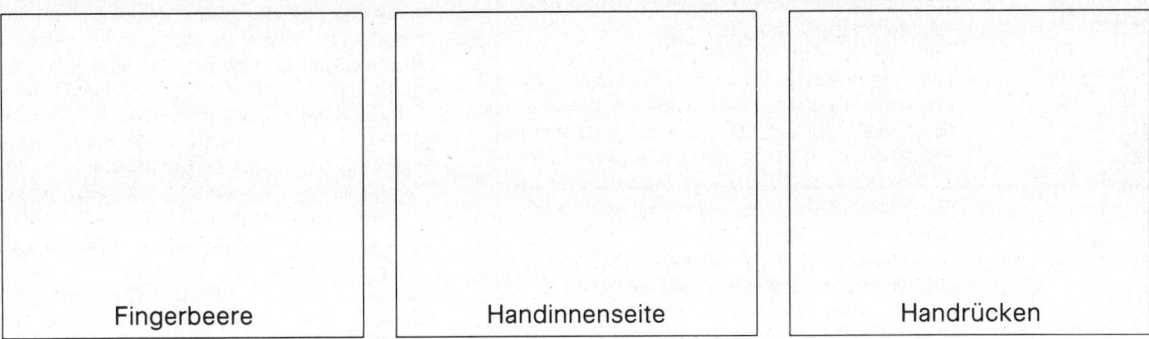

Fingerbeere   Handinnenseite   Handrücken

2. Beschrifte die Abbildung des Hautschnittes und zeichne die Sinneskörperchen ein.

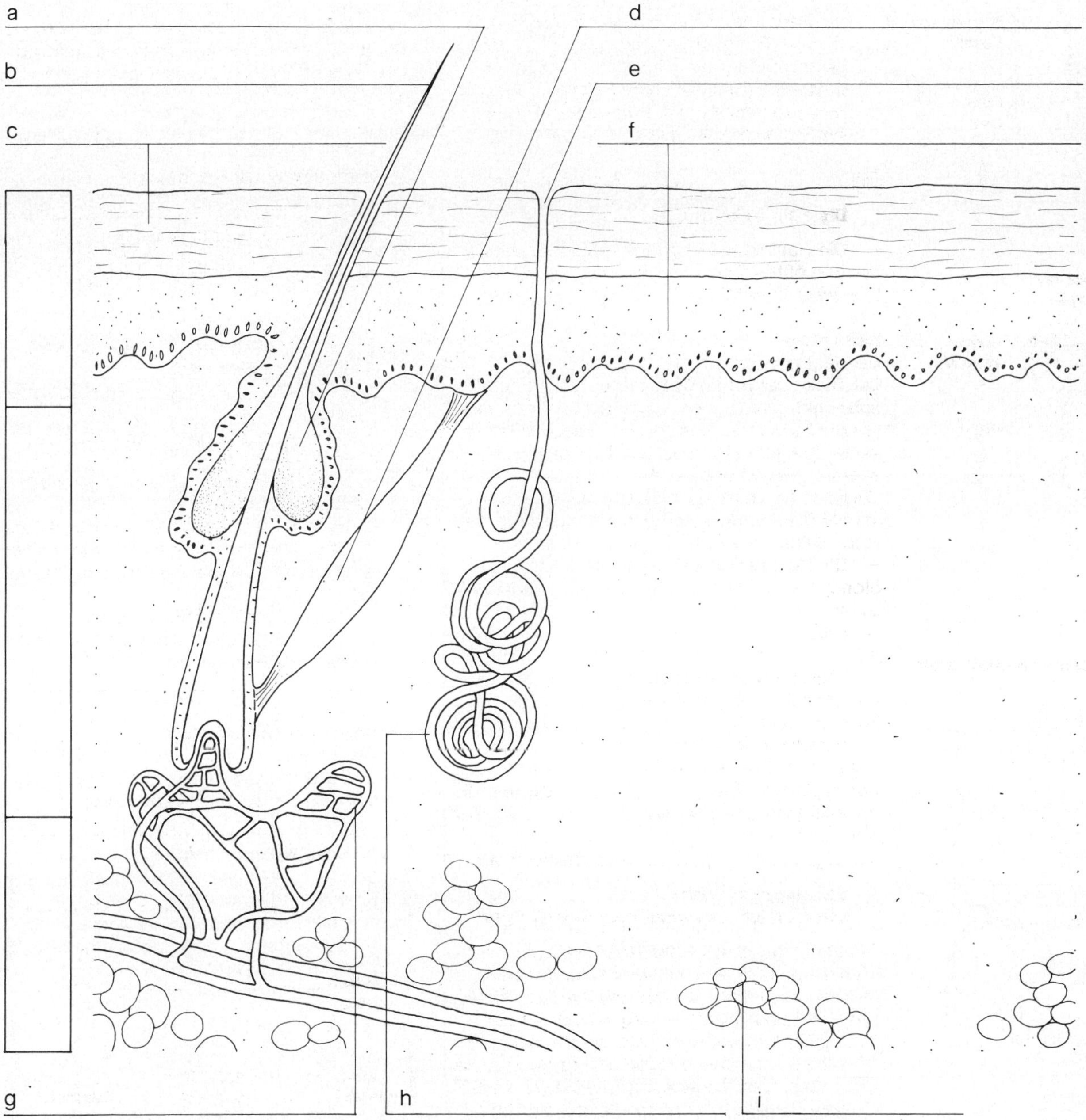

a _____ d _____

b _____ e _____

c _____ f _____

g _____ h _____ i _____

© Als Kopiervorlage freigegeben. Ernst Klett Schulbuchverlag, Stuttgart 1993

Wenn die Haut sich verändert

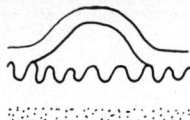
Blasen: mit Gewebsflüssigkeit, Blut oder Eiter gefüllte Hohlräume innerhalb der Oberhaut oder zwischen Ober- und Lederhaut.

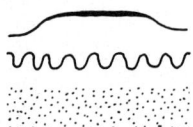
Schwielen: Hornhautverdickungen.

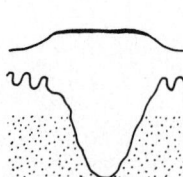
Hühneraugen sind Hornhautverdickungen (Schwielen) der Oberhaut, die sich zapfenförmig in tiefere Hautschichten erstrecken und hier sehr schmerzhafte Entzündungen hervorrufen. Hühneraugen bilden sich an Druckstellen meist durch unzweckmäßiges Schuhwerk. Sie können durch Salicylpflaster erweicht und (operativ) entfernt werden.

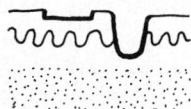
Abschürfungen: Verletzungen, die nicht bis in die Lederhaut reichen. Sie nässen, da Gewebsflüssigkeit (Lymphe) austritt. Verheilen ohne Narben.

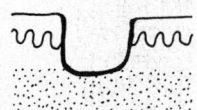
Schrunden und *Geschwüre* reichen meist bis in die Lederhaut und hinterlassen dann Narben.

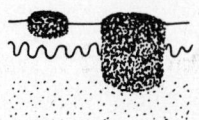
Krusten entstehen durch Eintrocknen von Gewebsflüssigkeit, Blut oder Eiter auf der verletzten oder entzündeten Haut.

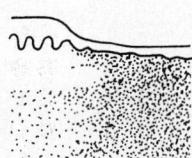
Narben bestehen aus fasrigem Bindegewebe, das beim Abheilen von Gewebsverlusten entsteht und offene Wunden verschließt. Hier fehlen dann die normale Oberflächenfelderung der Haut, Haare und Poren.

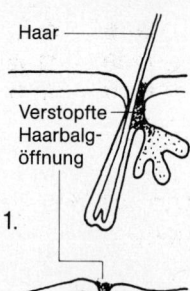
Akne („Mitesser", Übersetzung des lateinischen comedo; man hielt das schwarze Pünktchen des Mitessers für ein kleines Lebewesen) entwickelt sich in der Regel erst in der Pubertät und endet meist um das 25. Lebensjahr. Ursache: Gesteigerte Hormonbildung führt zu Überproduktion der Talgdrüsen.
1. Talg („Mitesser") verschließt die Haarbalgöffnung.
2. Der Abfluß von Talg (mit Fettsäuren) wird dadurch verhindert.
Die sich hinter dem „Mitesser" stauenden Fettsäuren können Entzündungen auslösen. Bei zusätzlicher Infektion können Abszesse und Talgzysten entstehen, die nach Abheilen grubige Narben hinterlassen.

Lösungen zum Arbeitsblatt
Das Wort heißt SCHULFREI.

Medien
Filme
- Imbild Der Körper des Menschen: Der Mensch als Antenne – der Tastsinn (28 min, f) (Ausschnitte)
- Imbild Der Körper des Menschen: Die Haut – der verletzliche Schutzwall (28 min, f) (Ausschnitte)

Dias
- FWU Die menschliche Haut (16, f)
- FWU Die unbehaarte menschliche Haut (20, f)
- Jünger Der Mensch: Geruch, Geschmack, Haut (24, f)
- Jünger Die Haut – Probleme und Pflege während der Pubertät (20, f)

Lehrtafeln
- Klett 150149 Haut und Zunge

Literatur
BAYRHUBER, H., NELLEN, U.: Haut und Gesundheit. Aulis, Köln 1984.
DAS NEUE HANDBUCH DER GESUNDHEIT FÜR DIE GANZE FAMILIE. Mosaik, München 1984
DOMBROWSKY, S.: Müssen auch Jungen Hautpflege treiben? Eine Unterrichtseinheit für das 5./6. Schuljahr. Naturwissenschaften im Unterricht – Biologie, 29. Jg., Heft 7. Aulis, Köln 1981
ESCHENHAGEN, D., HEDEWIG, R., KRÜGER, B.: Menschenkunde – Untersuchungen und Experimente. Kallmeyer, Göttingen 1976
FALLER, A.: Der Körper des Menschen. Einführung in Bau und Funktion. Thieme, Stuttgart 1984
GRAEBNER, K. E.: Sinnesorgane des Menschen. Umschau, Frankfurt 1969
HEDEWIG, R. (Hrsg.): Auge. Unterricht Biologie, 11. Jg., Heft 130. Friedrich, Seelze 1987
HEDEWIG, R. (Hrsg.): Haut. Unterricht Biologie, 13. Jg., Heft 142. Friedrich, Seelze, 1989
KLAUTKE, S., WERNER, H. (Hrsg.): Lärm. Unterricht Biologie, 6. Jg., Heft 70. Friedrich, Seelze 1982
KRUMM, E.: Vom Sehen und Hören eines Menschen. Aulis, Köln 1964
MEYER, G. (Hrsg.): Die Sinne. Unterricht Biologie, 2. Jg., Heft 18. Friedrich, Seelze 1978
MITSCH, E.: Experimentalkartei Biologie – Sinnesphysiologie. Klett, Stuttgart 1978
MOCK, G., NIEDERBERGER, R.: Stundenblätter Sinne und Nerven. Klett, Stuttgart 1986
MÖRIKE, K., BETZ, E., MERGENTHALER, W.: Biologie des Menschen. Quelle & Meyer, Heidelberg 1983
MÜLLER, C. G., RUDOLPH, M.: Licht und Sehen. Rowohlt, Reinbek 1978
STEVENS, S. S., WARSHOFSKY, F.: Schall und Gehör. Rowohlt, Reinbek 1977
VOGT, H.-H.: Reiz – Impuls – Gedanke. Arbeit des Nervensystems. Kosmos-Bibliothek Bd. 247. Franckh, Stuttgart 1965

Fingerspitzen — wichtig für die Polizei und blinde Menschen

1. Warum benutzt die Polizei Fingerabdrücke, um Personen zu identifizieren?

_____

_____

Stelle mit Hilfe eines Stempelkissens von den Fingern einer Hand Abdrücke her. Gib an, zu welchem abgebildeten Haupttypen die Abdrücke jeweils gehören. Vergleiche deinen Daumenabdruck (D) mit den Daumenabdrücken zweier Mitschüler (D_1, D_2).

| D _ _ _ _ _ | ZF _ _ _ _ _ | MF _ _ _ _ _ | RF _ _ _ _ _ | KlF _ _ _ _ _ |

| D_1 _ _ _ _ _ | D_2 _ _ _ _ _ |

Bogen   Schleife   Wirbel   Doppelwirbel

2. Blinde Menschen können mit ihren Fingerspitzen lesen.
Die Blindenschrift beruht auf der besonderen Anordnung von 6 Punkten. Aus dem Grundmuster ⠿ lassen sich alle Buchstaben, Zahlen, Zeichen und auch Noten darstellen:
Das Blindenalphabet:

```
A     B     C     D     E     F     G     H     I     J     K     L     M
●○    ●○    ●●    ●●    ●○    ●●    ●●    ●○    ○●    ○●    ●○    ●○    ●●
○○    ●○    ○○    ○●    ○●    ●○    ●●    ●●    ●○    ●●    ○○    ●○    ○○
○○    ○○    ○○    ○○    ○○    ○○    ○○    ○○    ○○    ○○    ●○    ●○    ●○

N     O     P     Q     R     S     T     U     V     W     X     Y     Z
●●    ●○    ●●    ●●    ●○    ○●    ○●    ●○    ●○    ○●    ●●    ●●    ●○
○●    ○●    ●○    ●●    ●●    ●○    ●●    ○○    ○○    ●●    ○○    ○●    ○●
●○    ●○    ●○    ●○    ●○    ●○    ●○    ●●    ●●    ●○    ●●    ●●    ●●
```

Zeichne die untenstehenden Buchstaben des Blindenalphabets auf ein Blatt Papier und stich mit der Bleistiftspitze die schwarzen Punkte durch. Versuche mit dem Zeigefinger das Wort zu entziffern

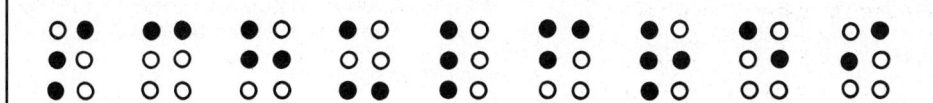

```
○●    ●●    ●○    ●○    ●○    ●●    ●○    ●○    ○●
●○    ○○    ●●    ●●    ○○    ●○    ●○    ●●    ●○
●○    ○○    ○○    ●○    ●○    ○○    ●○    ○○    ○○
```

Das Wort heißt: _____

3 Ernährung und Verdauung

Die Vielfalt der Lebensmittel

Einheit in der Vielfalt: Die Nährstoffe

(Schülerbuch S. 30/31)

Aufgaben und Lösungen

① Vergleiche die Nährstoffgehalte von Milch, Knäckebrot, Cornflakes und Schokolade-Brotaufstrich anhand der Angaben auf den Verpackungen.
   a) Welches Lebensmittel enthält besonders viel Fett, welches viele Kohlenhydrate? Vergleiche auch den Eiweißgehalt.
   b) Weshalb ist es bei diesem Vergleich nötig, daß man sich immer auf dieselbe Menge (z. B. 100 Gramm) bezieht?

   a) *Meist findet man auf den Lebensmittelverpackungen entsprechende Angaben. Beispiele:*

	Milch	Knäckebrot	Cornflakes	Schokolade-Brotaufstrich
Fett (je 100 g)	3,5 g	5,1 g	0,7 g	30 g
Kohlenhydrate (je 100 g)	4,7 g	67,0 g	85,0 g	56 g
Eiweiß (je 100 g)	3,5 g	9,9 g	7,6 g	5 g

   b) *Wenn man nicht von gleichen Lebensmittelmengen ausgeht, sagt ein Vergleich des Nährstoffgehalts nichts darüber aus, wie ein Lebensmittel durch ein anderes bei der Ernährung ersetzt werden kann.*

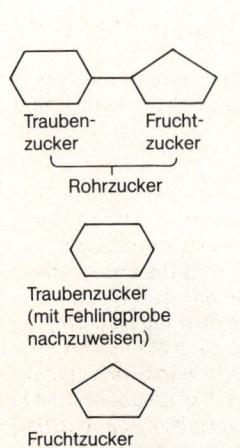

Traubenzucker — Fruchtzucker
⎱ Rohrzucker ⎰

Traubenzucker (mit Fehlingprobe nachzuweisen)

Fruchtzucker (mit Fehlingprobe nicht nachzuweisen)

Milch – eines der wertvollsten Nahrungsmittel

35 g Eiweiß = 4 große Eier

7 g Mineralstoffe

50 g Milchzucker = 12 Stück Zucker

Vitamin A, B und D

30–35 g Milchfett (in Vollmilch 3,5 %; = 40 g Butter   Magermilch (entrahmt) 0,1 %)

Zusatzaufgabe

① Gib in einer Tabelle an, welche Nährstoffe dein heutiges Pausenfrühstück anteilmäßig enthält. Verwende dabei folgende Zeichen: +++ = sehr reichlich vorhanden, ++ = reichlich vorhanden, + = wenig vorhanden, − = fehlt. Verwende dabei die Tabelle im Schulbuch S. 34.
– *Beispiel:*

	Eiweiß	Fett	Kohlenhydrate
Roggenbrot	+	+	+++
Leberwurst	++	+++	+
Apfel	+	−	+++

Praktikum: Einfache Nährstoffnachweise

(Schülerbuch S. 32)

Die Versuchsmaterialien (s. Schulbuchtext) können z. B. bei Firma E. Merck, Postfach 4119, 6100 Darmstadt 1 bezogen werden.

Nachweis von Kohlenhydraten

A. Stärke

Stärke wird durch Iodkaliumiodidlösung (Lugolsche Lösung MERCK 15306) dunkelblau bis schwarz gefärbt. Um eine deutliche Verfärbung zu erhalten, sollte man die lichtempfindliche Lösung immer wieder frisch ansetzen. Einige Zeit kann man sie in einer braunen Flasche aufbewahren.

B. Traubenzucker

Beim Fehlingschen Nachweis wird Traubenzucker (*Glukose*) durch einen roten Niederschlag nachgewiesen. Der Nachweis wird mit zwei fertig käuflichen Lösungen (Merck 9042/9043) durchgeführt, die man in getrennten Flaschen aufbewahren muß, da sie gemischt nicht beständig sind.
Kurz vor der Verwendung werden die beiden Lösungen zu gleichen Teilen zusammengegeben. Zum Nachweis gibt man einige Tropfen des Gemisches zu der zu untersuchenden Lösung und erwärmt vorsichtig im Wasserbad. Bei Anwesenheit von Traubenzucker entsteht schon lange vor dem Siedepunkt (Vorsicht: Gefahr des Siedeverzugs!) ein ziegelroter Niederschlag, da das Cu^{++} aus dem blauen Kupfersulfat ($CuSO_4$) beim Erhitzen in basischem Medium (NaOH) zum einwertige Cu^+ reduziert wird und als rotes Kupferoxid (Cu_2O) ausfällt. Entscheidend für die Fehling-Reaktion ist also die reduzierende Eigenschaft der Glukose (reduzierende Aldehydgruppe). Die Fehlingsche Probe ist daher kein spezifischer Glukose-Nachweis, sondern verläuft bei allen reduzierenden Zuckern positiv. Zucker (und Eiweiß) lassen sich auch mit Teststreifen zur Urinuntersuchung nachweisen, die in der Apotheke zu kaufen sind. Will man damit den Zuckergehalt von Lebensmitteln untersuchen, müssen diese flüssig sein oder in flüssige Form gebracht werden, indem man z. B. Preßsaft herstellt.

Beachte!
Mit dem üblichen Haushaltszucker (Rohrzucker) führt die Fehlingsche Probe zunächst nicht zu einem roten Niederschlag. Nach längerem Kochen allerdings verläuft auch diese Reaktion positiv.

Erklärung: Rohrzucker (*Saccharose*) ist ein Doppelzucker aus Traubenzucker (*Glukose*) und Fruchtzucker (*Fruktose*). Durch längeres Erhitzen wird der Doppelzucker in die beiden Einfachzucker gespalten. Der freigewordene reduzierende Traubenzucker führt dann zur ziegelroten Ausfällung von Kupferoxid (Cu_2O).

Nachweis von Fetten

Die beiden Flecke werden mit Bleistift umfahren. Der Wasserfleck trocknet im Gegensatz zum Fettfleck schnell und verschwindet. Das Papier wird an der Stelle des Fettflecks durchscheinend. Der Trocknungsvorgang kann mit einem Fön beschleunigt werden.

Nachweis von Eiweiß

Der typisch beißende Geruch, der beim Verbrennen eiweißhaltiger Speisen entsteht, kommt u. a. durch freiwerdendes Ammoniak zustande. Wegen der Geruchsbelästigung nehme man nur kleine Nahrungsproben und arbeite im Freien oder unter dem Abzug.

Lebensmitteluntersuchung

Lebens-mittel	Stärke	Trauben-zucker	Eiweiß	Fett
Brot	+	−	−	−
Nudeln	+	−	−	−
Kartoffeln	+	−	−	−
Milch	−	+[1]	+	+
Wurst	+[2]	−	+	+
Käse	−	−	+	+
Äpfel	−[3]	+	−	−
Nüsse	−	−	−	+

Anmerkung:

[1] Der in der Milch enthaltene Doppelzucker Lactose ergibt eine positive Reaktion. Er besteht aus Galaktose und Glucose, deren reduzierende Aldehydgruppe frei vorhanden ist.

[2] Stärke, z. B. als Bindemittel in der Leberwurst.

[3] Der Speicherstoff im Apfel ist Zucker, nicht Stärke.

Gesunde Ernährung in alten Sprüchen

- Am Essen sind viel mehr verdorben, als je am Hunger sind verstorben.
- Jede Krankheit beginnt im Bauch.
- Die Sache liegt mir schwer im Magen.
- Gut gekaut ist halb verdaut.
- Ein voller Bauch studiert nicht gern.
- Nach dem Essen sollst du ruhn oder tausend Schritte tun.
- Das Frühstück ist das Sprungbrett in den Tag.
- Frühstücke wie ein Kaiser. Speise wie ein Bürger. Esse zu Abend wie ein Bettler.
- Ein Apfel täglich macht den Arzt arbeitslos.
- Roggenbrot macht Wangen rot, Weißbrot bringt den frühen Tod.
- Halte immer Maß und Ziel – iß und trinke nie zu viel.

Nährstoffe allein genügen nicht

(Schülerbuch S. 33)

Aufgaben und Lösungen

① Schreibe einen Tag lang auf, was du ißt. Vergleiche mit den Regeln für eine gesunde Ernährung.
- *Diese Aufgabe wird am besten zusammen mit Aufgabe 2 besprochen.*

② Versuche, die Bedeutung der einzelnen Ernährungsregeln zu erklären.

Regel 1:
Iß nicht zuviel, aber abwechslungsreich.
- *Übergewicht ist gesundheitsschädlich. Herz und Blutkreislauf sind überlastet. Bluthochdruck erhöht die Infarktgefahr. Abwechslungsreiches Essen schützt vor Mangelkrankheiten.*

Regel 2:
Fünf kleinere Mahlzeiten am Tag sind besser als drei große.
- *Durch kleinere Mahlzeiten werden die Verdauungsorgane weniger belastet. Man fühlt sich wohler.*

Regel 3:
Iß langsam und kaue gut.
- *Beim langsamen Essen kann im Magen der Verdauungsvorgang schon während des Essens in Gang kommen, da die notwendigen Verdauungssäfte bereits gebildet werden. Durch gutes Kauen wird die Nahrung stark zerkleinert und mit dem Mundspeichel vermischt, der auch Verdauungssäfte enthält. Je mehr aber die großen Nahrungsbrocken in kleinere Bruchstücke zerkleinert werden, um so größer wird die gesamte Oberfläche der Speise. Das Baukastenmodell (vgl. S. 34) beweist es! Die Verdauungssäfte können so von allen Seiten wirkungsvoll angreifen.*

Regel 4:
Iß regelmäßig frisches Gemüse, frisches Obst oder Salat.
- *In diesen Nahrungsmitteln sind lebenswichtige Vitamine und Mineralstoffe enthalten, die dem Körper regelmäßig zugeführt werden müssen.*

Regel 5:
Ballaststoffe dürfen bei keiner Mahlzeit fehlen.
- *Ballaststoffe sind wichtig – obwohl sie keinen Nährwert haben –, weil sie die Tätigkeit der Verdauungsorgane anregen. Ballaststoffe (v. a. Zellulosebestandteile) sind in Obst, Gemüse und anderen pflanzlichen Nahrungsmitteln enthalten.*

Zusatzaufgaben und Lösungen

① Rohes Gemüse ist gesünder als gekochtes. Erkläre diese Aussage.
- *Durch Hitzeeinwirkung wird ein Teil der Vitamine zerstört.*

② Martina bekommt als Schulfrühstück Roggenbrot mit Butter und Wurst und einen Apfel. Sie schenkt es anderen Kindern und kauft sich lieber zwei süße Stückchen von ihrem Taschengeld. Sprecht in der Klasse über Martinas Verhalten!
- *Süßes Gebäck enthält vor allem Kohlenhydrate und Fett. Eiweiß- und Vitaminzufuhr sind für die geistige Konzentrationsleistung in der Schule erforderlich, fettreiches Essen macht träge.*

Scharbock

(= Skorbut; Vitamin-C-Mangelkrankheit)
Als Heilmittel wurden früher die Vitamin-C-reichen Blätter der Feigwurz („Scharbockskraut") verwendet (vgl. Schülerbuch S. 196 f.).

> Drittens hatten auch viele den Scharbock, welches eine schmertzliche Kranckheit ist, und auf dem Land selten gefunden wird. Es fanget zuerst in denen Zähnen an, daß das Zahnfleisch gantz faul wird, und man den gantzen Kiefer wegnehmen kan; sie werden gantz steiff an dem gantzen Leib, daß sie sich weder wenden noch regen können; sie bekommen auch faul Fleisch an dem Leib, daß man gantze Stücker ausschneiden kan. Des Morgens und Abends kommen die Balbierer, und visitiren alle Krancke. Denen, die den Scharbock haben, schneiden sie das faule Fleisch von dem Zahnkiefer, und auch aus dem Leib, und geben Medicin.

Aus einer „ostindianischen Reißbeschreibung" von 1740

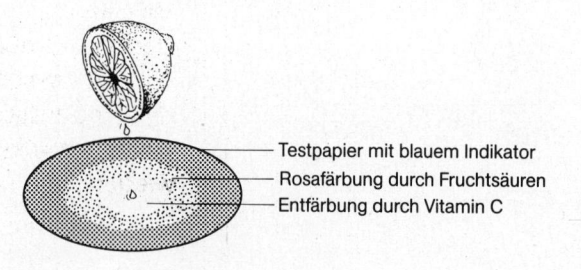

- Testpapier mit blauem Indikator
- Rosafärbung durch Fruchtsäuren
- Entfärbung durch Vitamin C

Versuch: Nachweis von Vitamin C

Eine Spatelspitze Tillmanns Indikator (aus Apotheke) in ca. 50 ml Wasser auflösen.
Runde Filterpapiere in der tiefblauen Lösung tränken, über Nacht trocknen lassen.
Testmaterial (z. B. Zitrone, Kartoffel, Fruchtsaft, Cola ...) auf Testpapier tropfen lassen. Entfärbung zeigt Vitamin C an.

Übergewicht bei Kindern

Jeder vierte Säugling und Kleinkind wiegen zuviel

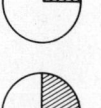

Zwei von drei dieser Kinder entwickeln ihr Übergewicht im 1. Lebensjahr

Vier von zehn der übergewichtigen Kinder haben übergewichtige Eltern

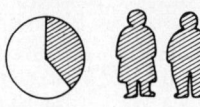

Auswirkungen falscher Ernährungsweisen

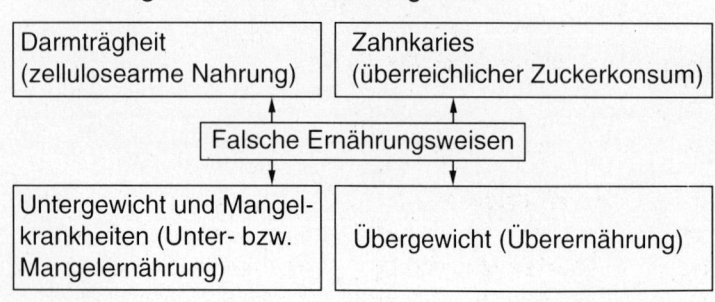

Darmträgheit (zellulosearme Nahrung)	Zahnkaries (überreichlicher Zuckerkonsum)
Falsche Ernährungsweisen	
Untergewicht und Mangelkrankheiten (Unter- bzw. Mangelernährung)	Übergewicht (Überernährung)

③ Die Frühjahrsmüdigkeit ist meist durch Vitaminmangel hervorgerufen. Überlege, welche Nahrungsmittel im Winter weniger zur Verfügung stehen. Wie könnte man vorbeugen?
– *Den Schülern ist bekannt, daß Salate und Obst Vitaminträger sind. Der Lehrer sollte ergänzen, daß der Vitamingehalt eingelagerter Früchte sinkt. Mangel an Vitamin D kann auftreten, wenn zu wenig Sonne auf die Haut einwirkt und die Eigenproduktion des Körpers an Vitamin D sinkt. Nicht nur die Nahrung, auch Bewegung an Sonne und frischer Luft sind wichtig!*

④ Während der Überwinterung des Forschungsschiffes „Sedow" im Eis der Arktis nahm der Schiffsarzt dem Lagerverwalter die Erbsen ab, feuchtete sie an und brachte sie zum Keimen. Die Schiffsbesatzung mußte die Erbsenkeimlinge regelmäßig essen. Das war im langen Polarwinter lebensnotwendig. Begründe die Maßnahme des Arztes.
– *Beim Keimen werden die in Vorstufen vorhandenen Vitamine und essentiellen Fettsäuren gebildet, die der Körper braucht und die in der konservierten Nahrung nicht mehr vorhanden sind. Der Hinweis auf Vollkornbrot, bei dem im Gegensatz zum Weißbrot die Keime erhalten sind, kann der Veranschaulichung dienen.*
Weizenkeime kann man übrigens in haltbarer Form kaufen. Gemeinsam mit dem Packungsaufdruck sind sie ein gutes Anschauungsmittel zu diesem Problem.

Lösungen zum Arbeitsblatt
Die Schüler sollten auch Meßwerte einbeziehen, die in ihrer frühen Kindheit bei Vorsorgeuntersuchungen gemessen und im Somatogramm des Untersuchungsheftes vom Arzt eingetragen wurden. Die Schüler können dann die bisherige Entwicklung ihres Gewichtes und ihrer Körpergröße überblicken.

Medien
– Sammlung von Lebensmittelpackungen

Filme
– Bundesausschuß für volkswirtschaftliche Aufklärung Iß mit Verstand (24 min, f) (Ausschnitte)

Dias
– FWU Vitamine und Vitaminmangel (5 + 9, sw + f)
– FWU Gesunde Ernährung (12, f)
– Bundesministerium für Ernährung und Landwirtschaft: Die guten Sieben (Nahrungsmittel-Gruppen) (25, f)

Informationsmaterial
zum Thema gesunde Ernährung kann bezogen werden von
– Allgemeine Ortskrankenkasse, örtliche Niederlassungen (oder: Bundesverband der Ortskrankenkassen, Kortrijkerstr. 1, 5300 Bonn 2)
– Bundesvereinigung für Gesundheitserziehung e. V., Informationsdienst, Bachstr. 3–5, 5300 Bonn-Bad Godesberg
– Bundeszentrale für gesundheitliche Aufklärung, Ostmerheimer Str. 200, 5000 Köln 91
– Deutsche Gesellschaft für Ernährung e. V., Feldbergstr. 28, 6000 Frankfurt/Main
– Informationskreis Mundhygiene und Ernährungsverhalten e. V., Siesmeyerstr. 16, 6000 Frankfurt/Main

Der Mensch

Das „richtige" Gewicht und die Körpergröße

Material: Meßlatte (oder Maßband), Körperwaage.

Durchführung:
1. Stellt euer Gewicht und eure Körpergröße fest. Tragt die Werte in die Abbildung ein, wie es das Beispiel zeigt.

    Mein Gewicht: _____ kg

    (am _____)

    Meine Größe: _____ cm

    (am _____)

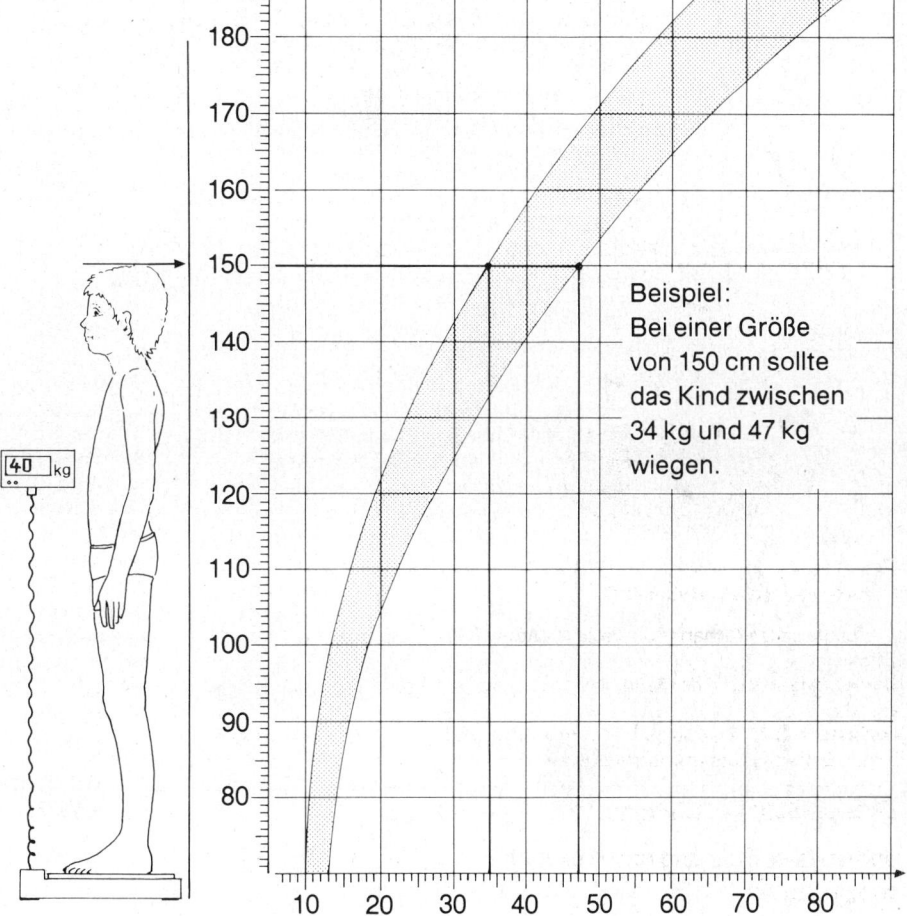

Beispiel: Bei einer Größe von 150 cm sollte das Kind zwischen 34 kg und 47 kg wiegen.

Auswertung: Liegen deine Werte in dem angemessenen Bereich?

2. Berechne das durchschnittliche Gewicht von Jungen und Mädchen deiner Klasse.

    Durchschnittliches Gewicht: Mädchen   Jungen

    (am _____)   ____ kg   ____ kg

Auswertung: Vergleiche die Werte der Klasse mit der folgenden Tabelle.

Durchschnittliches Gewicht

von Jungen
11 Jahre 31 – 37 kg   14 Jahre 49 – 55 kg
12 Jahre 37 – 43 kg   15 Jahre 55 – 60 kg
13 Jahre 43 – 49 kg   16 Jahre 60 – 70 kg

von Mädchen
11 Jahre 36 – 41 kg   14 Jahre 51 – 54 kg
12 Jahre 41 – 46 kg   15 Jahre 54 – 57 kg
13 Jahre 46 – 51 kg   16 Jahre 57 – 61 kg

© Als Kopiervorlage freigegeben. Ernst Klett Schulbuchverlag, Stuttgart 1993

Energie macht's möglich
Wieviel Energie ist in der Nahrung?
(Schülerbuch S. 34)

	kJ	Eiweiße	Fette	Kohlenhydrate
Roggenbrot (50 g)	530	3,0 g	0,5 g	25,5 g
Butter (20 g)	648	0,2 g	16,0 g	0,2 g
Hühnerei (70 g)	434	7,7 g	7,0 g	0,7 g
Summe	1612	10,9 g	23,5 g	26,4 g

Grundumsatz
+
Arbeitsumsatz
=
Gesamtumsatz

Aufgaben und Lösungen

① Gib die Bedeutung der drei verschiedenen Nährstoffe für den Körper an.
- *Fette und Kohlenhydrate dienen überwiegend der Energieversorgung des Körpers. Eiweiß wird hauptsächlich zum Aufbau körpereigener Stoffe eingesetzt. Daher benötigen Kinder im Verhältnis wesentlich mehr Eiweiß als Erwachsene.*
Für den Körper ist es aber durchaus nicht einerlei, welches Eiweiß aufgenommen wird. Besonders wichtig sind die hochwertigen Eiweiße, die vom Körper nicht selbst herstellbare Bausteine (essentielle Aminosäuren) enthalten (⟶▷ Zusatzinformation 1).

② Wieviel Gramm Kohlenhydrate, Fett und Eiweiß muß man essen, um eine Energiemenge von ca. 1500 kJ aufzunehmen?
- Kohlenhydrate: 1650 kJ/100 g
Fett: 3800 kJ/100 g
Eiweiß: 1700 kJ/100 g
Man müßte ca. 91 g Kohlenhydrate, 39 g Fett oder 88 g Eiweiß zu sich nehmen.

Zusatzaufgaben

① Ein Erwachsener mit einem Körpergewicht von 75 kg nimmt im Laufe eines Jahres etwa 500 kg Nahrung zu sich. Am Ende des Jahres wiegt er immer noch 75 kg. Wie ist das zu erklären?
- *Bei Erwachsenen werden die Nährstoffe vorwiegend im Betriebs- und Ersatzstoffwechsel verbraucht. Bei vernünftiger Nahrungszusammensetzung kann das Ausmaß der Fettspeicherung gehalten werden. Ein großer Teil der aufgenommenen Nahrung wird nach der Verarbeitung im Körper in Form von Kot, Urin, Schweiß und Kohlenstoffdioxid ausgeschieden.*

Biologische Wertigkeit von Eiweiß in

Eiern	94
Milch- und Milcherzeugnissen	86
Fisch	80
Fleisch	76
Sojabohnen	72
Reis (unpoliert)	68
Kartoffeln	67
Mais	54
Getreide	35
Hülsenfrüchte	30

Wofür wird Energie gebraucht?

Energie der Nährstoffe →
- Muskeltätigkeit
- Regelung der Körpertemperatur
- Tätigkeit innerer Organe (Herz, Atemmuskulatur)
- Baustoffwechsel (Wachstum, Ergänzung, Umbau der Gewebe)
- Energiespeicher (Speicherstärke in der Leber; Fett)

② Die Mutter hat Karl ein Pausenfrühstück mitgegeben. Es besteht aus einer Scheibe Vollkornbrot (50 g) belegt mit Butter (20 g) und einem geschnittenen Hühnerei. Stelle mit Hilfe der Tabelle 27.1 fest, wieviel Eiweiß, Fett und Kohlenhydrate (in g) Karls Pausenfrühstück enthält und wie groß dessen Nährwert (in kJ) ist. Lege dazu eine Tabelle an!

🙶 Zusatzinformation 1
Die biologische Wertigkeit von Eiweiß

Für den menschlichen Organismus sind ca. 20 verschiedene Aminosäuren von Bedeutung. Mit Ausnahme von 8 Aminosäuren („lebensnotwendige" *essentielle* Aminosäuren) kann der Körper alle selbst aufbauen. Diese 8 aber müssen mit der Nahrung aufgenommen werden, da sonst der Aufbau des Körpereiweißes gestört ist. Sie kommen im pflanzlichen und tierischen Eiweiß in verschiedener Menge vor. Entsprechend sind diese Eiweiße von unterschiedlichem Ernährungswert für den menschlichen Organismus. Die „biologische Wertigkeit" eines Nahrungseiweißstoffs ist hoch, wenn es die essentiellen Aminosäuren in einem ähnlichen Mengenverhältnis enthält, wie sie in den Körpereiweißstoffen vorkommen.
Die biologische Wertigkeit gibt an, wieviel Gramm Körpereiweiß aus 100 g Eiweiß eines Nahrungsmittels aufgebaut werden können (s. Randspalte).
Aus Gründen der biologischen Wertigkeit sollte die Hälfte des täglichen Eiweißbedarfs mit hochwertigem tierischen Eiweiß gedeckt werden. Pflanzliches Eiweiß mit geringer biologischer Wertigkeit kann durch gemischte Kost ergänzt werden. Andere Bestandteile der Speise liefern dann die fehlenden Aminosäuren.

Zusatzinformation 2
Energiereserven – verfügbar oder gespeichert

Warum muß ein Radrennfahrer während der Fahrt Nahrung zu sich nehmen? Sein Körper besitzt doch Energiereserven in Form von Fett und Speicherstärke (*Glykogen*) in der Leber! Für die Muskeltätigkeit werden rasch verfügbare Energiereserven (*Traubenzucker*) benötigt. Das Glykogen der Leber muß durch komplizierte hormonelle Regulationsvorgänge zu Traubenzucker abgebaut werden. Die Fettreserven schließlich sind nur durch langsamen chemischen Umbau mobilisierbar. Man kann den Traubenzucker mit dem Wechselgeld in der Geldbörse, die Speicherstärke in der Leber mit dem verhältnismäßig leicht zugänglichen Girokonto und die Fettreserven mit längerfristig angelegten Sparguthaben vergleichen. 🙷

Medien
Nährwerttabellen

Kalorien/Joule-Tabelle. Zu beziehen von Boehringer Mannheim GmbH, 6800 Mannheim

WIRTHS, W.: Kleine Nährwerttabelle der Deutschen Gesellschaft für Ernährung e. V. Umschau, Frankfurt/Main 1978

Der Mensch

Dein täglicher Energiebedarf

1. Berechne deinen täglichen Energiebedarf. In den Abbildungen ist der Energieverbrauch jeweils für eine Stunde angegeben. Trage in die Tabelle ein, wie lange du die verschiedenen Tätigkeiten ausgeführt hast. Denke daran, daß der Tag 24 Stunden hat! Wenn du deinen Energieverbrauch für drei verschiedene Tage aufschreibst, kannst du in etwa deinen durchschnittlichen täglichen Energiebedarf ausrechnen.

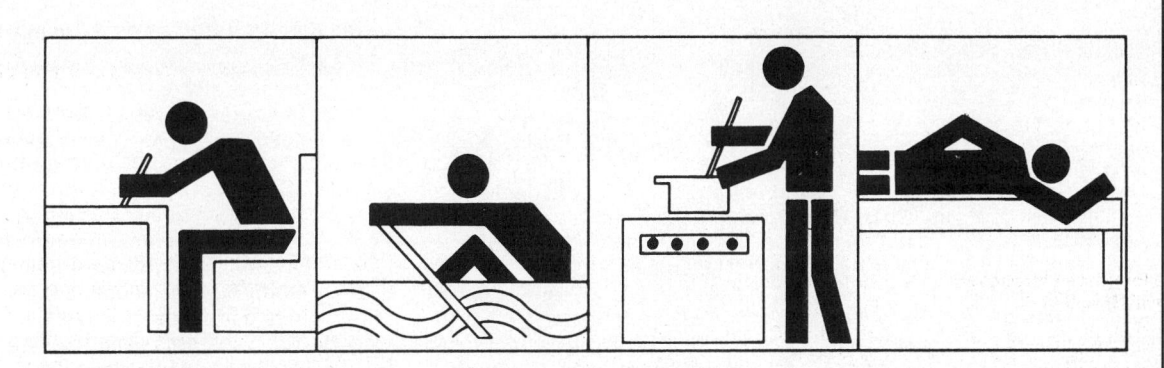

	Schularbeiten 400 kJ	Sport 2400 kJ	Hausarbeit 700 kJ	Ruhen 320 kJ
1. Tag	_____ Stunden x 400 = _____ kJ	_____ Stunden x 2400 = _____ kJ	_____ Stunden x 700 = _____ kJ	_____ Stunden x 320 = _____ kJ
2. Tag	_____ Stunden x 400 = _____ kJ	_____ Stunden x 2400 = _____ kJ	_____ Stunden x 700 = _____ kJ	_____ Stunden x 320 = _____ kJ
3. Tag	_____ Stunden x 400 = _____ kJ	_____ Stunden x 2400 = _____ kJ	_____ Stunden x 700 = _____ kJ	_____ Stunden x 320 = _____ kJ

Der Energieverbrauch beträgt: Der durchschnittliche tägliche Energiebedarf beträgt:

für den 1. Tag _____

für den 2. Tag _____

für den 3. Tag _____

© Als Kopiervorlage freigegeben. Ernst Klett Schulbuchverlag, Stuttgart 1993

Praktikum
Zähne und Verdauung im Mund
(Schülerbuch S. 35)

Zähne richtig putzen
siehe Aufgaben und Lösungen zu S. 37, ①

Aufgaben der Zähne
Die Schneidezähne beißen ab, die Eckzähne halten das Apfelstück fest, die Backenzähne zerkauen es.
- Schneidezähne: Abtrennen, abschneiden, abspalten (Meißel, Spaten, Kneifzange, Messer)
  Eckzähne: Festhalten, Teile herausreißen (Dorn, spitzer Keil, Zange, Gabel)
  Backenzähne: Zerquetschen, zerreiben (Mühlstein, Mörser und Pistill, Presse, Nußknacker).

Durch das Kauen vergrößern die Zähne die Oberfläche der Nahrungsmittel.

Was bewirkt der Mundspeichel?
Der Mundspeichel enthält das Enzym Ptyalin, Schleim und Salze. Er durchfeuchtet die Nahrung und macht sie gleitfähig. Ptyalin baut einen Teil der Stärke zu Dextrin und letztlich bis zum Malzzucker ab. Das Makromolekül Stärke wird also in kleine Untereinheiten zerlegt und es entsteht ein Zucker, der die Geschmacksempfindung süß hervorruft.

Kaudruck der Backenzähne
bei Brot: 25 kp/cm²
bei zähem Braten: 50 kp/cm²
bei Nüssen: 100 kp/cm²

zum Vergleich:
Bodendruck eines Elefantenfußes: 0,6 kp/cm²

Das Bakterium **Streptococcus mutans** gedeiht besonders in Zuckerbelägen auf unseren Zähnen. Es sondert Säure und klebrige Stoffe ab, die den Zahnschmelz zersetzen.

Säure löst Schmelz auf

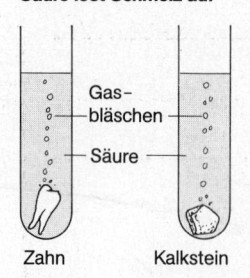

Das Dauergebiß entsteht

6./7. Lebensjahr	Zahn 6 (1. Molar)
7./8. Lebensjahr	Zahn 1, 2 (Schneidezähne)
10./11. Lebensjahr	Zahn 4, 5 (Prämolaren)
12. Lebensjahr	Zahn 3 (Eckzahn)
13. Lebensjahr	Zahn 7 (2. Molar)
14.–30. Lebensjahr	Zahn 8 (3. Molar) „Weisheitszahn"

Versuch: Beim Wechsel von heiß und kalt springt Zahnschmelz wie Glas

🙶 Zusatzinformation
Der Vater der Zahnmedizin
Bereits im Jahre 1728 erschien ein Buch, daß sich ausschließlich mit der Zahnmedizin befaßte. Geschrieben wurde es von Pierre Fauchard. Er erörterte die Probleme künstlicher Gebisse und Kronen, beschrieb wie man Zahnfäule entfernte und Zahnlöcher mit Zinn, Blei oder Gold füllte. Sein Buch hieß Le chirurgien dentiste (Der Zahnchirurg). 🙷

Lösungen zum Arbeitsblatt
1. a) Nahrungsreste bilden Beläge. Darin vermehren sich Bakterien.
   b) Bakterien zersetzen Schmelz und Zahnbein.
   c) Der Zahnarzt bohrt verletzte Stellen aus und...
   d) ...füllt Löcher mit Füllungen aus. Schutz: Gesunde Ernährung härtet Schmelz. Nicht zu viele Süßigkeiten! Gründliche Reinigung der Zähne. Regelmäßiger Zahnarztbesuch.
2. a) Nahrungsreste bilden Beläge. Darin vermehren sich Bakterien.
   b) Durch Ausscheidungen der Bakterien entzündet sich das Zahnfleisch.
   c) Das Zahnfleisch geht zurück, blutet. Zähne lockern sich, fallen aus.

   Empfehlung: Gesunde Ernährung kräftigt das Zahnfleisch. Gründliche Gebißreinigung und Massage des Zahnfleisches.

Medien
Broschüren
- Informationskreis Mundhygiene und Ernährungsverhalten; Siesmeyerstraße 15, 6000 Frankfurt/M.
- Bundesverband der Ortskrankenkassen, Kortrijkerstr. 1, 5300 Bonn 2 (oder örtliche Niederlassungen der AOK)
- Werbebüros von Zahncreme-Herstellern, z. B. Blendax-Werke, Postfach 15 80, 6500 Mainz 1
- Beipackzettel von Zahncremes

Präparate, Modelle, Arbeitsmaterial
- Schädel vom menschlichen Skelett
- Milchzähne
- kariöse Zähne
- Schuchardt ES 22 Modell eines Gebisses
- Schuchardt ES 8 Backenzahn mit Karies
- Schuchardt ES 12 Mahlzahn
- Schuchardt ES 14 Gebißentwicklung
- Gipsmodell eines Gebisses
- CVK-BioBox 1/2 mit Handspiegel, Zahnspiegel, Zahnmodellen
- Plaquefärbetabletten (aus der Apotheke)

Filme
- FWU Aufbau und Entwicklung der Zähne (10 min, f)

Dias
- FWU Gesunde Zähne (17, f)

Der Mensch

Gefahren für Zähne und Zahnfleisch

1. Beschreibe die Entwicklungsschritte der Karies und wie der Zahnarzt einen kariösen Zahn behandelt.

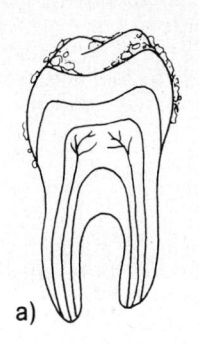

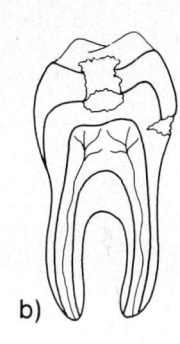

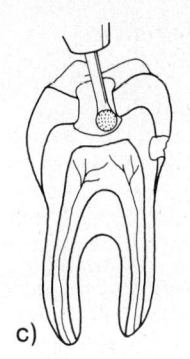

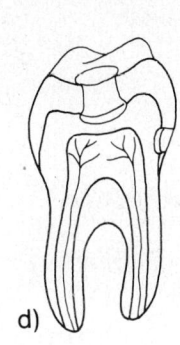

a)   b)   c)   d)

a) _____

b) _____

c) _____

d) _____

Wie kannst du dich vor Karies schützen?
_____
_____
_____

2. Parodontose ist eine sehr verbreitete Erkrankung des Zahnfleischs. Beschreibe den Krankheitsverlauf.

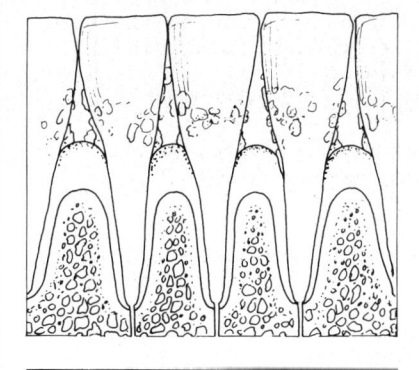

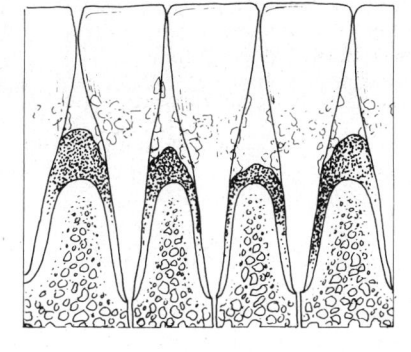

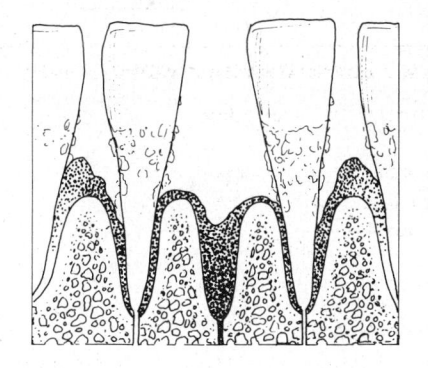

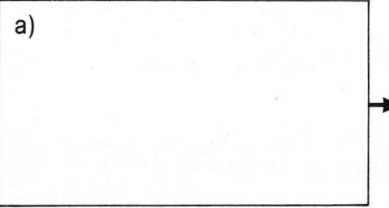

a) → b) → c)

Was empfiehlst du zur Vorbeugung gegen Parodontose?
_____
_____

© Als Kopiervorlage freigegeben. Ernst Klett Schulbuchverlag, Stuttgart 1993

Zähne und Gebiß

Nur gepflegte Zähne bleiben gesund

(Schülerbuch S. 36/37)

Tafelzeichnung

1 So?
2 oder so?

Tafelzeichnung

Bakterien → bilden im → Zahnbelag → Säuren → Zahnschmelz

Aufgaben und Lösungen S. 36

① Stelle dich mit geöffnetem Mund vor einen Spiegel und suche die verschiedenen Zahntypen in deinem Gebiß.
– *Ein Klassensatz von Handspiegeln sollte bereit liegen, aus Gründen der Hygiene (Infektionsmöglichkeit) sollte man die Schüler nicht auffordern, die Gebißuntersuchung gegenseitig durchzuführen. Die Ergebnisse der Untersuchung werden auf dem Arbeitsblatt S. 47 festgehalten.*

② Erstelle in deinem Heft entsprechend der Vorgabe für das Milchgebiß eine Zahnformel für das bleibende Gebiß.
– *Zahnformel für das Dauergebiß: 512: 215*

Aufgaben und Lösungen S. 37

① Überprüfe anhand der Abbildungen in der Randspalte, ob du deine Zähne richtig pflegst. Stelle Regeln für die Zahnpflege auf und begründe sie.
– *Nach jeder Mahlzeit Zähne putzen, weil Zahnbelag Karies fördert.*
– *Zahnflächen und Zahnzwischenräume bürsten und Speisereste vollständig entfernen, damit die Bakterien nicht in den Zahn eindringen können.*
– *Abgenutzte Zahnbürsten ersetzen, weil sie schlecht reinigen.*
– *Jedes halbe Jahr eine Kontrolluntersuchung durch den Zahnarzt durchführen lassen, damit keine größeren Schäden auftreten.*

② Beschreibe die in der Abb. 1 dargestellten Vorgänge und verwende dabei folgende Begriffe: Zahnschmelz, Zahnfäule, Zahnbein, Zahnhöhle, bohren, Füllung (Plombe).
– *Bakterien zersetzen den Zahnschmelz. Es entsteht Zahnfäule. Der Zahnarzt bohrt die verletzten Stellen aus und füllt die Löcher mit Plomben. Geschieht das rechtzeitig, so wird ein Eindringen der Bakterien in das Zahnbein und die Vereiterung der Zahnhöhle vermieden.*

99 ——————————— **Zusatzinformation**

Modelle

Gebißmodelle aus Gips lassen sich mit Hilfe von käuflichen Gummiformen leicht in beliebiger Zahl herstellen (z. B. Negativform G-1 der Firma Sachs & Co, Oberhofer Str. 17, Postfach 127, 7992 Tettnang 1, Preis ca. 90 DM und Dental-Gips „Test Granit" der Firma Karl Albaum, Köthenwaldstr. 64, 3160 Lehrte (4,5 kg ca. 18 DM); vgl. Beschreibung der Modellherstellung bei Sieger 1980.

Kammodell: In einem Kamm („Gebiß") wird Watte („Zahnbelag, Speisereste") eingestrichen. Mit einer Zahnbürste versucht der Schüler, die Watte zu entfernen. In Richtung (2) (siehe Rand) erzielt er den besten Erfolg gemäß der Zahnputzregel „Von rot nach weiß putzen", das heißt vom Zahnfleisch zu den Zahnkronen.

——————————— 99

Schneidezahn

1 Zahnschmelz, 2 Zahnbein, 3 Zahnhöhle, 4 Zahnnerven, 5 Zahnfleisch, 6 Kieferknochen, 7 Zahnzement, 8 Adern.

Instrumente des Zahnarztes

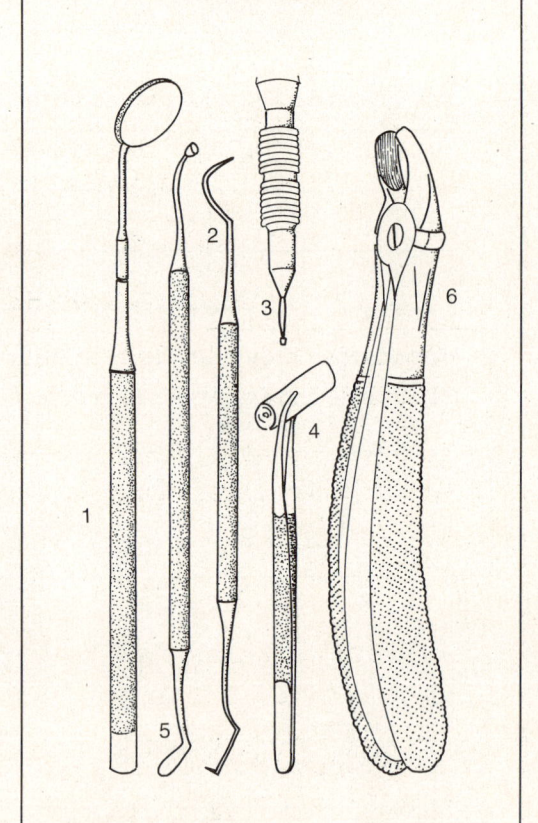

1 Spiegel, 2 Sonde, 3 Bohrer, 4 Pinzette mit Mulltupfer, 5 Stopfer (flaches Ende), 6 Zange

Lösungen zum Arbeitsblatt

2. Zahnformeln: Milchgebiß 212:212
   Dauergebiß 512:215
3. a) Zahnschmelz; b) Zahnbein; c) Zahnhöhle; d) Zahnfleisch; e) Nerv; f) Blutgefäße; g) Zahnzement

Gebiß und Zähne

1. Betrachte mit einem Spiegel dein Gebiß. Kennzeichne im äußeren Zahnkreis der nebenstehenden Abbildung mit Farben, welche Zähne dein Gebiß enthält (Schneidezähne grün, Eckzähne rot, Backenzähne blau). Plombierte Zähne werden mit P, fehlende mit F markiert.

2. Stelle die Zahnformeln für das Milchgebiß (innerer Zahnkreis der Abbildung), das vollständige Dauergebiß und dein eigenes Gebiß auf. Trage dazu mit den entsprechenden Farben die Zahl der verschiedenen Zahnarten in die richtigen Spalten ein.

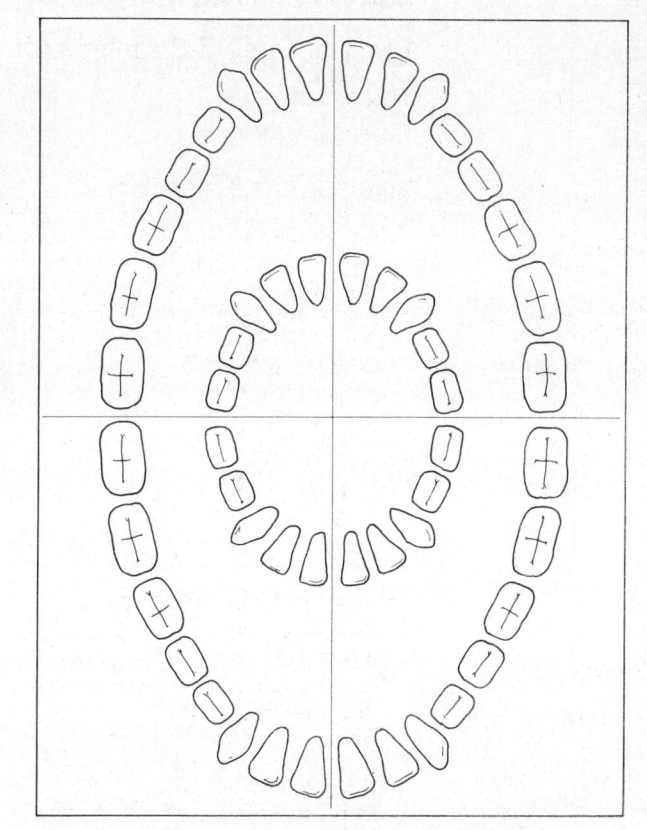

	Milchgebiß						Dauergebiß						Mein Gebiß					
	rechts			links			rechts			links			rechts			links		
	BZ	EZ	SZ	SZ	EZ	BZ	BZ	EZ	SZ	SZ	EZ	BZ	BZ	EZ	SZ	SZ	EZ	BZ
Oberkiefer																		
Unterkiefer																		

3. Beschrifte den Längsschnitt durch einen Zahn.

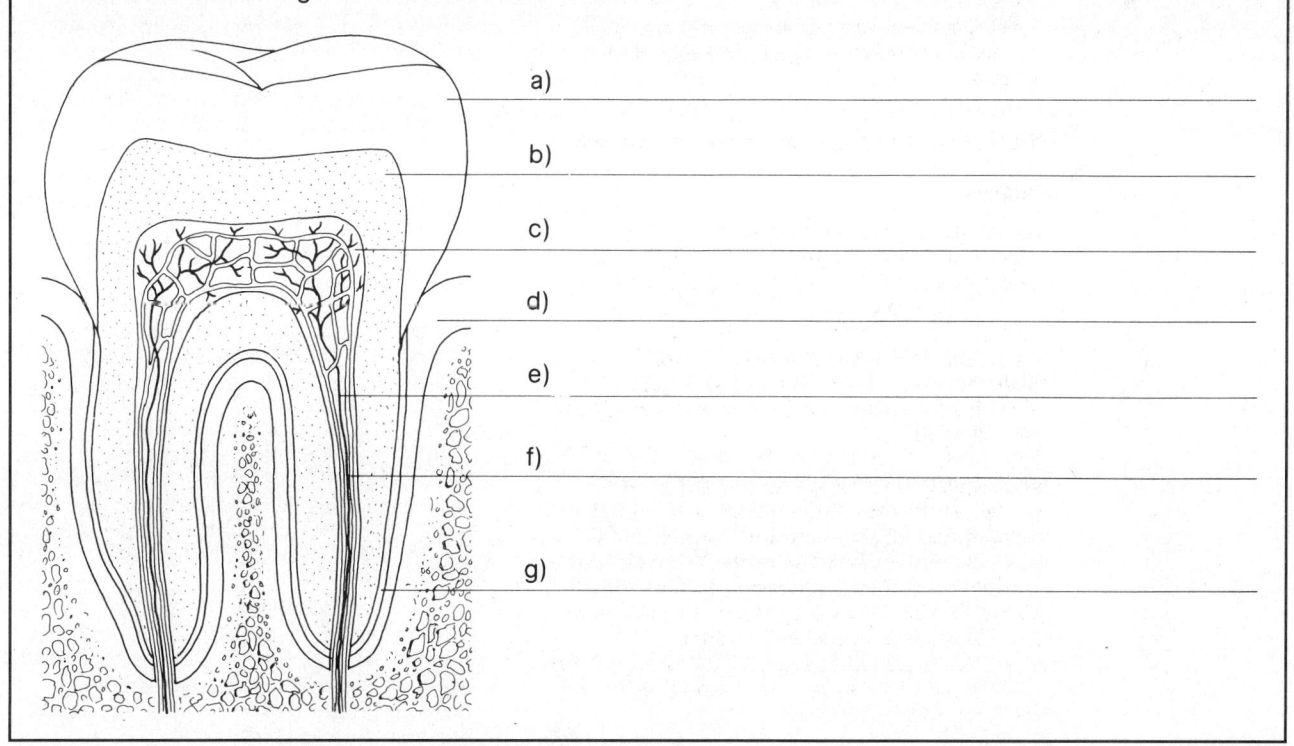

a)
b)
c)
d)
e)
f)
g)

© Als Kopiervorlage freigegeben. Ernst Klett Schulbuchverlag, Stuttgart 1993

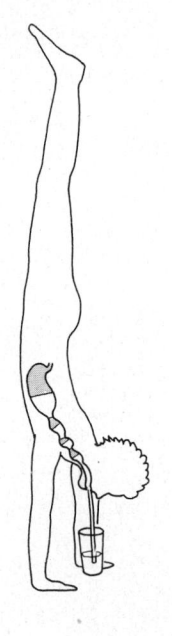

Der Weg der Nahrung durch unseren Körper
Was geschieht mit den Nährstoffen?
(Schülerbuch S. 38/39)

Aufgaben und Lösungen

① Übertrage Abb. 1 in dein Heft und ergänze sie. Die nachfolgenden Begriffe sollen dir als Anregung dienen: Dickdarm, Kohlenhydrate, Blut, unverdauliche Reste, Öl, Magen, Eiweißverdauung, Zerlegung aller Nährstoffe, Zerkleinerung, Fleisch.
- *von oben nach unten: Kohlenhydrate, Fleisch, Öl, Zerkleinerung, Magen, Eiweißverdauung, Zerlegung aller Nährstoffe, Blut, Dickdarm, unverdauliche Reste*

② Die Darmzotten sorgen für eine gewaltige Oberflächenvergrößerung der Darminnenwand. So beträgt die Gesamtoberfläche aller Zotten rund 40 m². Vergleiche dies mit der Grundfläche deines Klassenzimmers.
- *Grundfläche des Klassenzimmers: 60 – 100 m²*

99 ———————— **Zusatzinformation**

Versuche und Modelle
Versuch: Was geschieht bei der Verdauung?
Material: Brötchen oder Backoblaten, Uhr.
Durchführung: Kaue einen Bissen Weißbrot (oder 3 Backoblaten) ca. 3 Min. lang. Beschreibe deine Geschmacksempfindung.
Ergebnis: Nach 2-3 Min. schmeckt der Speisebrei leicht süßlich.
Deutung: Durch Verdauungsstoffe des Mundspeichels wird die Stärke des Brötchens zu Zukker zersetzt. Bei der Verdauung werden also Stoffe in andere umgewandelt: „Stoffwechsel".

„Gut gekaut ist halb verdaut" – Modell zur Oberflächenvergrößerung
Der Merksatz „Gut gekaut ist halb verdaut" wird mit Hilfe eines Spielzeugbaukastens (z. B. mit zwölf Würfeln, jede Seite habe die Fläche 1) demonstriert. Der gesamte Satz von 12 Würfeln stelle ein Butterbrot dar mit der Oberfläche $F_1 = 12 + 12 + 4 + 4 + 3 + 3 = 38$. Zerteilt haben die 12 Bausteine die Gesamtoberfläche $F_2 = 12 \cdot 6 = 72$. Kleinere Nahrungsbruchstücke bieten also den Verdauungssäften eine größere Angriffsfläche als die unzerteilte Nahrung.

Versuch: Kann man im Handstand trinken?
Material: Glas mit Wasser, Trinkhalm mit Gelenkzone.
Durchführung: Probiere aus, ob du im Handstand trinken kannst. Benütze ein Glas Wasser und einen Trinkhalm. Erkläre deine Beobachtungen.
Ergebnis: Trinken (und Essen) im Handstand ist möglich.

Modell zum peristaltischen Transport
Wie kann der Speisebrei beim Handstand nach oben, also entgegen der Schwerkraft transportiert werden?
Man stelle einem Schüler die Aufgabe, einen Tennisball durch einen Nylonstrumpf nach oben zu transportieren. Der Schüler wird mit der Hand den Strumpf unterhalb des Balles einschnüren und die Hand in die gewünschte Richtung schieben. Dieses einfache Modell läßt den muskulären Mechanismus der Peristaltik erschließen. Ringförmige Muskulatur verengt die Speiseröhre (bzw. den Darm); gleichzeitig kontrahiert sich die Längsmuskulatur. Diese Kontraktionswelle wandert in Magenrichtung.

——————————— 99

Lösungen zum Arbeitsblatt
a) Mund; b) Speicheldrüsen; c) Speiseröhre
d) Zwerchfell; e) Leber; f) Magen; g) Gallenblase; h) Bauchspeicheldrüse; i) Dünndarm;
k) Dickdarm; l) Blinddarm mit Wurmfortsatz;
m) Mastdarm; n) After.

Medien
Modelle
– Torso (z. B. Schuchardt AS 23)

Filme
- FWU Verdauung in der Mundhöhle (5,5 min, f)
- FWU Verdauung: Speiseröhre und Magen (5 min, f)
- FWU Verdauung: Magenausgang und Zwölffingerdarm (4 min, f)
- FWU Verdauung der Nahrung im Zwölffingerdarm (2,5 min, f)
- FWU Verdauung: Dünndarm (3,5 min, f)
- FWU Verdauung: Dickdarm (5,5 min, f)
- FWU Verdauung der Nahrung (13 min, f)
- FWU Nahrung und Verdauung (12 min, f)

Dias
– FWU Verdauungs- und Ausscheidungsorgane, Drüsen (11, f)

Arbeitstransparente
– Klett 99865 Luft- und Speiseweg (Funktionstransparent)

Lehrtafeln
- Klett 15 0119 Verdauungsorgane
- Klett 15 0059 Innere Organe (Torso)

Literatur
BRAUNER, K.: Wie man Mahlzeiten richtig plant. Naturwissenschaften im Unterricht – Biologie, 32. Jg., Heft 7, Aulis, Köln 1984
ESCHENHAGEN, D., HEDEWIG, R., KRÜGER, B.: Menschenkunde – Untersuchungen und Experimente. Kallmeyer, Göttingen 1981
HOLLENDER, F.: Versuch einer Beeinflussung von Schüler-Eßgewohnheiten im Rahmen einer Unterrichtseinheit „Nahrung und Ernährung beim Menschen" in Klasse 5. Naturwissenschaften im Unterricht – Biologie, 29. Jg., Heft 4, Aulis, Köln 1981
MANNESMANN, R. (Hrsg.): Verdauung und Ausscheidung. Unterricht Biologie, 7. Jg., Heft 86, Friedrich, Seelze 1983
MOCK, G. u. a.: Stundenblätter Ernährung und Verdauung. Klett, Stuttgart 1983
NAROSKA, V. (Hrsg.): Gesunde Ernährung – Fehlernährung. Naturwissenschaften im Unterricht – Biologie, 32. Jg. Heft 7, Aulis, Köln 1984
POMMERENKE, A., ESSER, H., TIMM, U., BOSBACH, G.: Das Gebiß und seine Gesunderhaltung – Zahngesundheitserziehung. Unterrichtswerk für die Sekundarstufe I. Verein für Zahnhygiene, Darmstadt 1981
SCHLIEPER, C. A.: Grundfragen der Ernährung. Handwerk und Technik, Hamburg 1988
SIEGER, M.: Die Anfertigung von Gips-Gebißmodellen für die Zahngesundheitserziehung im Biologieunterricht. Naturwissenschaften im Unterricht – Biologie, 28. Jg., Heft 7, Aulis, Köln 1980
STAECK, L. u. a.: Ernährung und Gesundheit. Unterrichtseinheiten für das 5. bis 10. Schuljahr der Sekundarstufe I. Klett, Stuttgart 1976
VATER-DOBBERSTEIN, B. (Hrsg.): Ernährungserziehung. Unterricht Biologie, 1. Jg., Heft 6, Friedrich, Seelze 1977

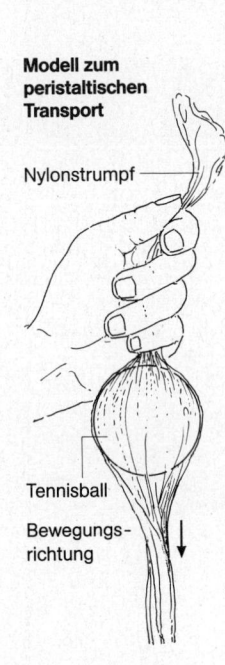

Der Weg der Speisen im Körper

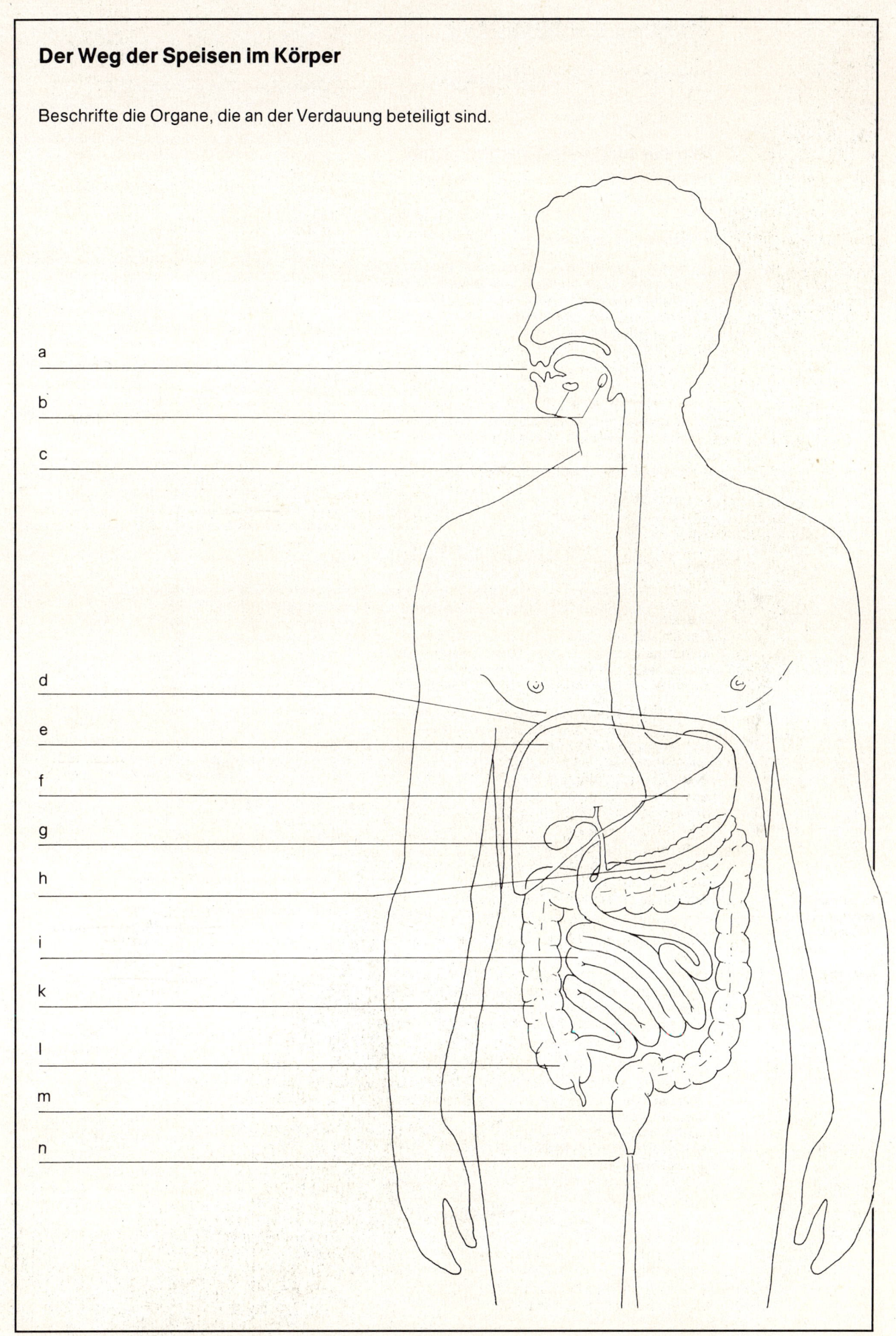

Beschrifte die Organe, die an der Verdauung beteiligt sind.

a _____

b _____

c _____

d _____

e _____

f _____

g _____

h _____

i _____

k _____

l _____

m _____

n _____

4 Atmung und Blutkreislauf

Atmung ist lebensnotwendig
(Schülerbuch S. 42)

Bau der Lunge und Vorgänge bei der Atmung
(Schülerbuch S. 43)

Aufgaben und Lösungen

① Beschreibe den Weg der Atemluft im Körper anhand von Abbildung 1, und benutze dabei die dort angeführten Bezeichnungen.
- *Die Atemluft wird durch die Nasenlöcher in die Nasenhöhle oder durch den Mund in die Mundhöhle und von dort in den Rachenraum aufgenommen. Sie durchströmt die Luftröhre und wird von den Bronchien in die beiden Lungenflügel geleitet. In jedem Lungenflügel verzweigen sich die Bronchien in immer kleinere Verästelungen (Bronchiolen). Durch diese kleinsten luftleitenden Röhrchen gelangt die Atemluft in die Lungenbläschen (Lungenalveolen).*

② Erkläre, weshalb man nicht tief atmen kann, wenn man auf dem Bauch liegt.
- *Der Brustkorb wird in Bauchlage durch das Körpergewicht zusammengepreßt. Die beim Atmen in den Körper einströmende Luft kann den Brustkorb nur wenig dehnen. Die Lungen nehmen weniger Atemluft auf als im Stehen.*

99 ———————————— Zusatzinformation 1

Die Bewegungen bei Rippen- und Bauchatmung können am eigenen Körper oder in Partnerarbeit beobachtet, die jeweilige Ausdehnung mit dem Maßband gemessen werden (vgl. Praktikum Schülerbuch S. 45). Die Bestimmung der Atemfrequenz in Ruhe und nach körperlicher Leistung zeigt den Zusammenhang zwischen körperlicher Leistung und Atmung. Die Atemmechanik wird mit dem im Schülerband beschriebenen Modell zur Zwerchfellatmung (Schlüter 3401 a) oder dem auf der Randspalte gezeigten einfacheren Flaschenmodell veranschaulicht.

———————————— Zusatzinformation 2

Gesundheitserzieherisch wichtig ist die bewußte Übung der Atemtechnik. Sie sollte der jeweiligen Situation angepaßt sein.

- **„In kalter oder trockener Luft immer durch die Nase atmen!"**
Die Lungenbläschen sind sehr empfindlich gegen trockene und kalte Luft sowie gegen Staub. Die gut durchbluteten Nasenschleimhäute feuchten und wärmen die Atemluft an. Die Härchen in der Nase und die Flimmerzellen der Nasenschleimhaut fangen Staubteilchen aus der Atemluft.
- **„Beim Einatmen soll sich der Bauch wölben!"**
Wichtig z. B. beim Singen und Reden! Die Wölbung des Bauches weist auf die Bauchatmung hin. Durch Senkung des Zwerchfells wird der Bauchraum verkleinert und der Brustraum nach unten gezogen, was eine intensivere Durchlüftung besonders der Lungenspitzen zur Folge hat. Dadurch wird dort die Sauerstoffaufnahme und die Kohlenstoffdioxidabgabe intensiviert.
- **„Beim Sport: Tief ausatmen!"**
Tiefes Ausatmen dient dazu, möglichst viel kohlenstoffdioxidhaltige Luft zu entfernen und bei der anschließenden Einatmung durch frische, sauerstoffreiche Luft zu ersetzen, wobei besonders die Lungenspitzen entlüftet werden. Bei der Ausatmung sollte stets darauf geachtet werden, daß sie nicht stoßend, sondern fließend erfolgt.
- **„Aufrecht gehen und sitzen!"**
Eine aufrechte Körperhaltung (z. B. in Schule und Büro) trägt zur Vertiefung der Atmung bei. Der Körper wird besser mit Sauerstoff versorgt und von Kohlenstoffdioxid entsorgt.
- **„In frischer Luft tief einatmen!"**
Frische Luft enthält viel Sauerstoff. Durch tiefes Einatmen in frischer Luft gelangt daher viel Sauerstoff in die Lungen und von dort in alle energieverbrauchenden Gewebe.

99

Lösungen zum Arbeitsblatt

1. a) Nasenhöhle; b) Mundhöhle; c) Luftröhre; d) Lungenflügel; e) Bronchien; f) Lungenbläschen; g) Zwerchfell
2. Siehe Schülerbuch Abb. 43.1

Medien

Modelle und Arbeitsmaterial
- Schuchardt AS 23/1 Torso mit Kopf
- Schuchardt HS 7 Modell: Lunge mit Herz, Zwerchfell und Kehlkopf
- Schlüter 3401 Funktionsmodell Rippen- und Zwerchfellatmung
- Schlüter 3401 a Funktionsmodell menschliche Lunge

Filme
- Klett 99977 Mechanik der Atmung (4 min, f)
- Imbild Atmen, um zu leben (30 min, f) (Ausschnitte)

Videos
- Klett 994741 Die Atmung des Menschen (12 min, f) (Ausschnitte)

Arbeitstransparente
- Klett 99862 Zwischenrippenmuskeln (Funktionstransparent)
- Klett 99863 Brustatmung (Funktionstransparent)

Lehrtafeln
- Klett 150109 Atmungsorgane

Selbsthergestelltes Funktionsmodell zur Atmung
1 Stopfen
2 Luftballon
3 Plastikflasche

Die Atmungsorgane des Menschen

1. Benenne die einzelnen Atmungsorgane.

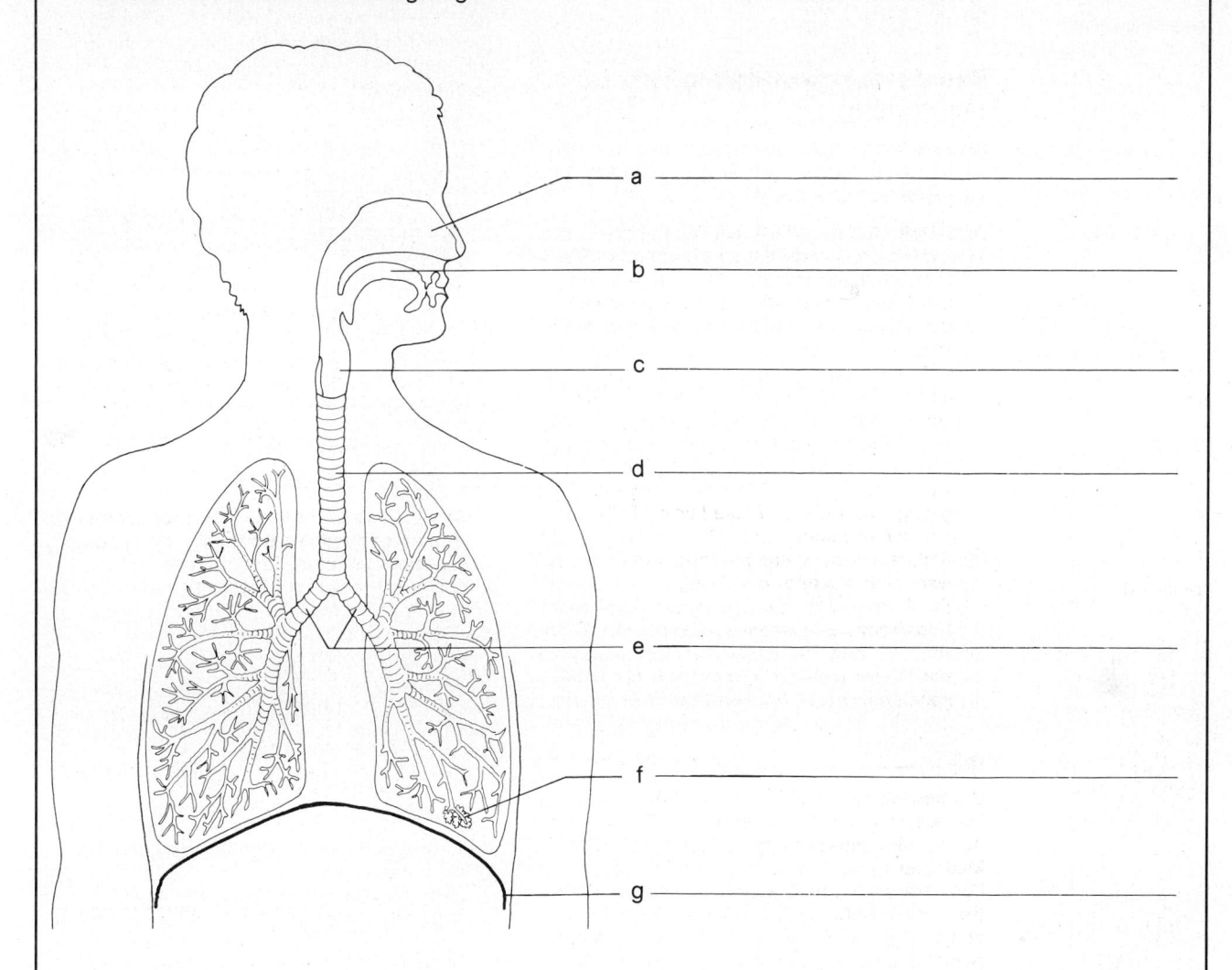

   a _____

   b _____

   c _____

   d _____

   e _____

   f _____

   g _____

2. Die Richtungen der Luft- und Blutbewegung sind mit Pfeilen angegeben. Male den Pfeil rot an, der die Richtung der sauerstoffreichen Luft angibt mit blauer Farbe den Pfeil für die Bewegung der kohlenstoffdioxidreichen Luft.

   Male, auch die Pfeile für den Blutstrom mit entsprechenden Farben an.

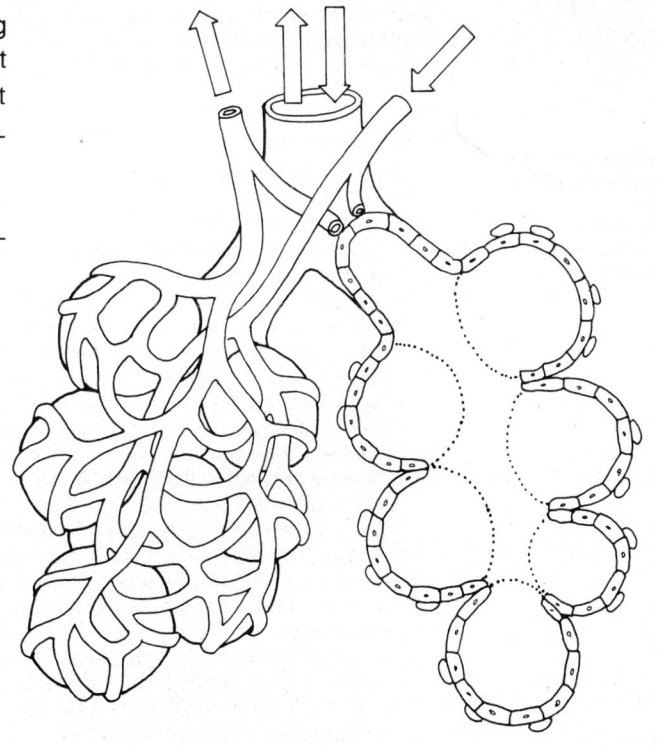

© Als Kopiervorlage freigegeben. Ernst Klett Schulbuchverlag, Stuttgart 1993

Atemzüge pro Minute
- bis 10. Lebensjahr: 20–25
- bei Erwachsenen: 16–20

Atemvolumen pro Minute (Atemminutenvolumen)
- in Ruhe 8 l
- beim Spazierengehen 14 l
- beim Radfahren bis 40 l
- bei starker Anstrengung (z. B. Rudersport) bis 140 l

Dräger-Gasspürgerät

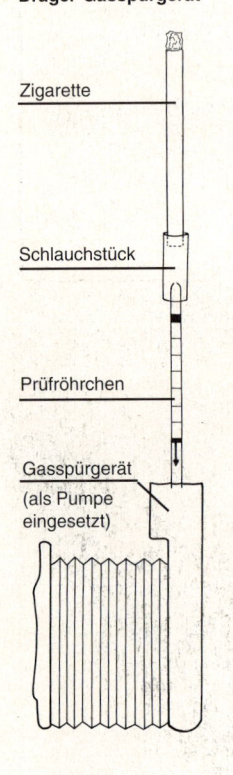

Zigarette

Schlauchstück

Prüfröhrchen

Gasspürgerät (als Pumpe eingesetzt)

Schleimhaut der Atemwege

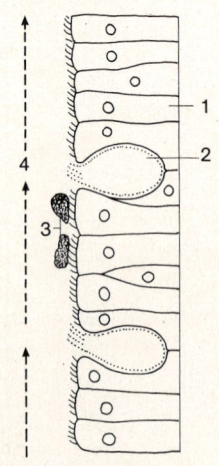

1 Flimmerzellen
2 Schleimzelle
3 Fremdkörper
4 Transportrichtung

52 Der Mensch

Was geschieht in den Lungen?
(Schülerbuch S. 44)

Praktikum: Atmung
(Schülerbuch S. 45)

Messung der Atemlufttemperatur (1–3)
Die Atemluft ist wärmer als die Zimmerluft, da sie durch die Wärme der stark durchbluteten Gewebe der Atemwege erwärmt wird (vor allem in den von einem dichten Netz von Blutkapillaren umgebenen Lungenbläschen).

Wir atmen nicht nur Luft aus (4)
An der kälteren Glasscheibe schlägt sich Wasserdampf aus der warmen Atemluft in Tropfenform nieder *(Kondensation)*. In den Atemwegen nimmt die Atemluft Wasser von den Geweben auf.

Änderung des Brustkorbumfangs beim Atmen (5, 6)
Ein entsprechender Versuch kann zur Demonstration der Bauchatmung durchgeführt werden (Messung in Höhe des Bauchnabels).

Messung des Atemvolumens (7–10)
Will man den Versuch ganz korrekt durchführen, muß man beachten, daß beim Ablesen der ausgeatmeten Luftmenge die Glocke stets so weit hochgehoben wird, daß der Wasserstand in der Wanne und der Wasserspiegel in der Glasglocke gleich hoch sind. Nur dann ist gewährleistet, daß in der Glocke der gleiche Luftdruck wie in der Umgebung herrscht. Erhöhter Luftdruck in der Glasglocke würde ja das gemessene Volumen vermindern.

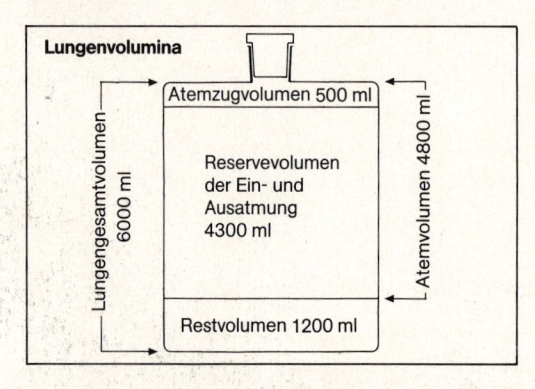

Lungenvolumina

Lungengesamtvolumen 6000 ml

Atemzugvolumen 500 ml

Reservevolumen der Ein- und Ausatmung 4300 ml

Atemvolumen 4800 ml

Restvolumen 1200 ml

Allerdings ist zu beachten, daß die Luftmenge, die mit Anstrengung eingeatmet und wieder aus den Lungen ausgepreßt werden kann *(Atemvolumen)*, viel größer ist als das eigentliche „Atemzugvolumen" bei normaler Atmung. Das Atemvolumen des Erwachsenen beträgt etwa 4800 ml, das Atemzugvolumen nur etwa 500 ml. Selbst nach kräftigem Ausatmen verbleiben ca. 1200 ml Luft in der Lunge *(Restvolumen)*. Diese Restluft kann nicht herausgepreßt werden.
Spirometer (Atmungsmeßgeräte; z. B. Handspirometer) erlauben zwar schnelle Messungen und damit längere Meßreihen (z. B. bei verschiedenen Tätigkeiten), ihre Funktionsweise ist aber für den Schüler dieser Klasse nicht durchschaubar.
Ergebnis: Je größer die Änderung des Brustumfangs in Untersuchung 6 war, umso größer ist das Atemzugvolumen.

Atmung und körperliche Arbeit (11, 12)
Meist werden 16–20 Atemzüge pro Minute gezählt. Dieser Versuch kann mit einer weiterführenden Aufgabe verbunden werden:

Berechne mit Hilfe der Meßergebnisse des Versuchs 5 die Luftmenge, die du pro Tag atmest.
Lösung: Der Schüler kann eine Maximum- und Minimumrechnung zugrunde legen, also „arbeitsreiche" und „faule" Tage vergleichen. (Geistige Arbeit entspricht im Sauerstoffverbrauch dem Wandern). Bei der Berechnung wird das normale Atemzugvolumen (ca. 500 ml) zugrunde gelegt.

Berechnung:
Bei etwa 16 bis 20 Atemzügen pro Minute und einem normalen Atemzugvolumen von ca. 500 ml werden geatmet ...
- in 1 Min. 500 ml x 16 = 8000 ml (8 l) Luft
- in 1 Std. 8000 ml x 60 = 480 000 ml (480 l) Luft
- in 1 Tag 480 000 ml x 24 = 11 520 000 ml (11 520 l) Luft

Untersuchung von Zigarettenrauch (13, 14)
(vgl. Thema Sucht, Schülerbuch S. 48/49, Lehrerband S. 58/59)
Man kann verschiedene Pumpen verwenden: Wasserstrahlpumpen, Ballonpumpen mit Ventil, Kolbenprober mit Dreiwegehahn oder ein Gasspürgerät (vgl. Randabbildung und SCHWARZMAIER 1988).
Will man den ekelerregenden Gestank des Zigarettenteers besonders eindrucksvoll und nachhaltig demonstrieren, lasse man die Schüler eine Fingerspitze in die Flüssigkeit tauchen. Der Teer wird daran noch lange zu riechen sein.
Über Langzeitwirkungen des Rauchens informieren Broschüren (s. Medienliste).

Zusatzversuch
Zur einfachen Untersuchung der Luftverunreinigung mit Staub im Wohnort (im Klassenzimmer, am Arbeitsplatz eines Elternteils):
Kontrolliere die Staubbelastung deines Wohnortes: Lege an verschiedenen Stellen Holzbrettchen aus, deren Oberfläche mit durchsichtigen, gleichlangen Klebestreifen (Klebefläche nach oben) versehen ist.
- *Nach ein bis zwei Tagen werden die auf dem Klebstreifen haftenden Staubteilchen mit der Lupe untersucht und gezählt. Zum Vergleich werden an unbelasteten Stellen ausgelegte Holzbrettchen herangezogen. Die Tafelzeichnung auf dem Rand zeigt, wie sich die Atemwege von Staubteilchen befreien.*

Medien
Arbeitsmaterialien
Die meisten der im Schülerbuch genannten Arbeitsmaterialien dürften in jeder Biologie- bzw. Chemiesammlung vorhanden sein.
- Phywe 64156.00 Gasglocke 5 l
- Schlüter 2780 Handspirometer
- Schlüter 26065 Gasspürgerät

Broschüren, Faltblätter, Poster zum Thema Rauchen können bezogen werden bei:
- Barmer Ersatzkasse (Informationszentrum für Gesundheitsvorsorge, Postfach 20 01 18, 5600 Wuppertal 2)
- Bundesverband der Ortskrankenkassen (Kortrijkstr. 1, 5300 Bonn) oder örtlichen Niederlassungen der AOK
- Bundesvereinigung für Gesundheitserziehung e. V. (Informationsdienst, Bachstr. 3–5, 5300 Bonn-Bad Godesberg)
- Bundeszentrale für gesundheitliche Aufklärung (Ostmerheimerstr. 200, 5000 Köln 91)
- Deutsche Hauptstelle gegen die Suchtgefahren (Bahnhofstr. 2, 4700 Hamm)

Tafelbild

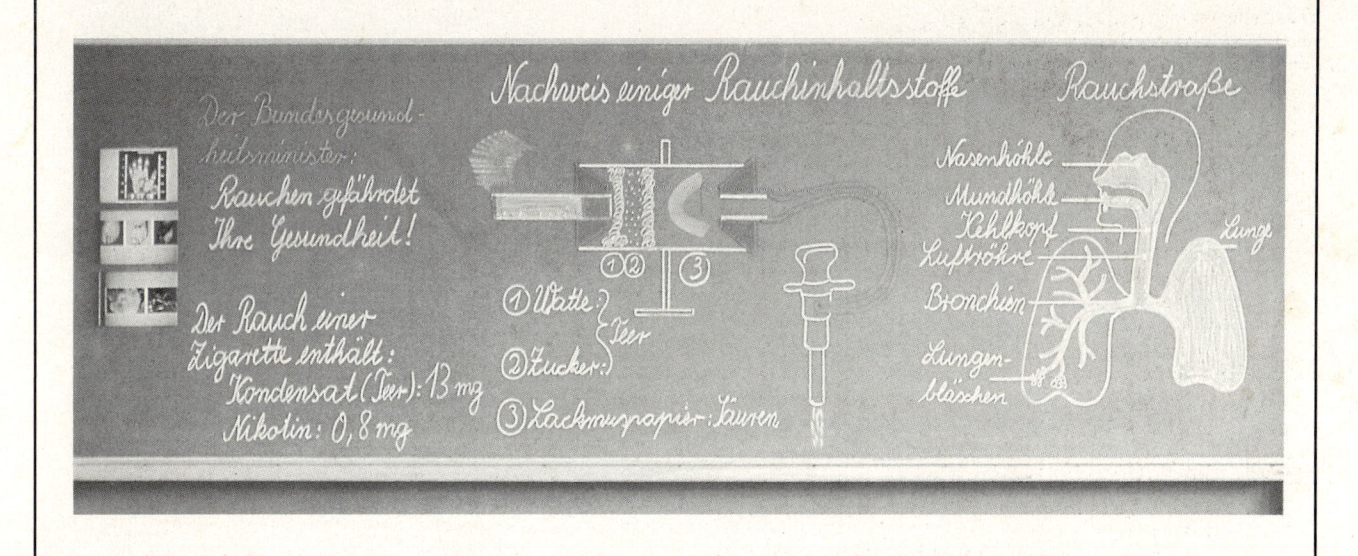

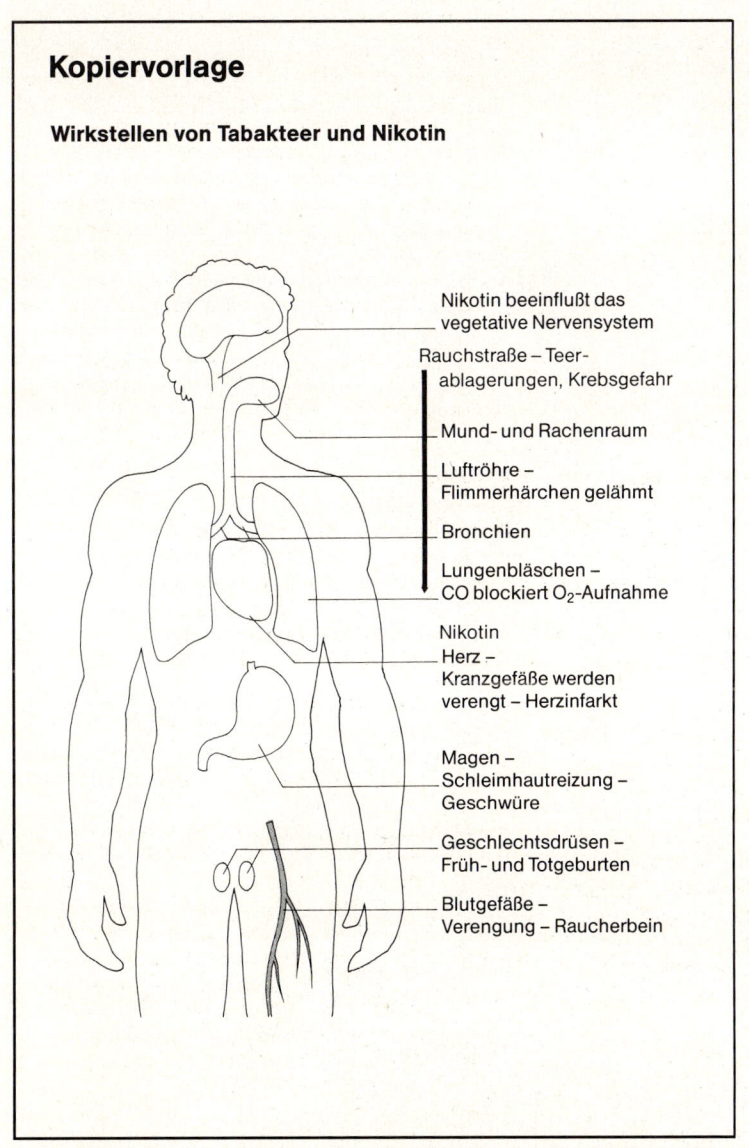

Kopiervorlage

Wirkstellen von Tabakteer und Nikotin

Nikotin beeinflußt das vegetative Nervensystem

Rauchstraße – Teerablagerungen, Krebsgefahr

Mund- und Rachenraum

Luftröhre – Flimmerhärchen gelähmt

Bronchien

Lungenbläschen – CO blockiert O_2-Aufnahme

Nikotin
Herz – Kranzgefäße werden verengt – Herzinfarkt

Magen – Schleimhautreizung – Geschwüre

Geschlechtsdrüsen – Früh- und Totgeburten

Blutgefäße – Verengung – Raucherbein

© Als Kopiervorlage freigegeben. Ernst Klett Schulbuchverlag, Stuttgart 1993

Das Herz – Arbeit ohne Pause

Der Blutkreislauf

(Schülerbuch S. 46/47)

Aufgabe und Lösung

Pulsfühlen

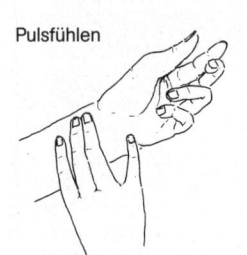

stethos (griech.) = Brust
skopein (griech.) = schauen, untersuchen

① Fühle deinen Pulsschlag am Inneren des Handgelenks. Zähle die Schläge pro Minute. Mache dasselbe, nachdem du 15 Kniebeugen gemacht hast. Vergleiche die Werte und erkläre.
– In Ruhe zählt man bei 11jährigen Schülern etwa 80 Pulsschläge pro Minute. Bei körperlicher Anstrengung wird im Körper je Minute mehr Energie umgesetzt. Dazu wird vermehrt Sauerstoff benötigt. Dabei fällt auch je Minute mehr Kohlenstoffdioxid an. Durch die Erhöhung der Schlagzahl des Herzens wird das Blut schneller durch den Körper bewegt. Dadurch können der vermehrte Sauerstoffbedarf gedeckt, mehr Nährstoffe angeliefert und die vermehrt gebildeten Abfallstoffe entfernt werden.

② Beschreibe den Weg, auf dem Körperzellen mit den lebensnotwendigen Stoffen aus der Nahrung versorgt werden.
– Nahrungsstoffe gelangen nach der Verdauung vom Darm in die Blutgefäße und werden mit dem Blutstrom bis in die feinsten Kapillaren und so in alle Gewebe des Körpers transportiert. Dieser Transport ist nicht an Blutzellen gebunden, sondern wird vom Blutplasma übernommen. Auf die „Zwischenstation" Leber geht der Schulbuchtext nicht ein.

Wie Herzklappen (Segelklappen) und Taschenklappen zusammenarbeiten

Herzumriß des Arbeitsblattes S. 55 auf Folie übertragen.
Klappen aus farbiger Folie (oder Karton) ausschneiden.
Klappen und Folie mit Couvertklammern beweglich miteinander verbinden.
Demonstration des Klappenspiels entsprechend Schulbuchtext bzw. Arbeitsblätter S. 55 und 57.

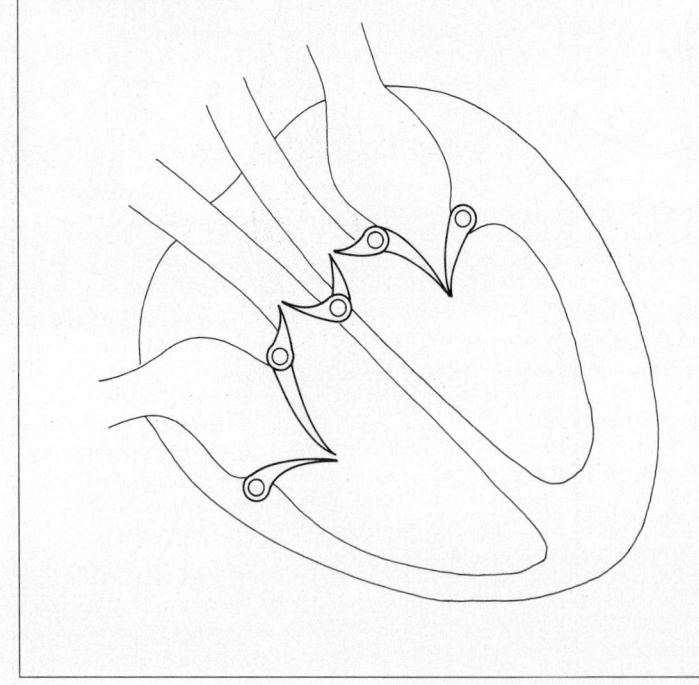

---

99 ——————————— Zusatzinformation

Untersuchung der Pumpfunktion des Herzens am eigenen Körper:

Mit einem *Stethoskop* (oder Tonband „Aktionsströme im menschlichen Körper" FWU.) kann man die beiden Herztöne unterscheiden: Der lautere, dumpfe 1. Herzton entsteht bei Beginn der Kammerkontraktion (*Systole*), wobei sich der Herzmuskel um das enthaltene Blutvolumen kontrahiert, die Segelklappen zusammenklatschen und damit den Weg zurück in die Vorkammer verschließen. Der leisere, helle 2. Herzton entsteht beim Zusammenschlagen der Taschenklappen am Ende der Austreibungsphase. Die Schüler erkennen: Die Herzaktion erfolgt in verschiedenen Phasen. Diese Phasen wiederholen sich rhythmisch. Aufgabe 1 zeigt, daß Herzschlag und Leistung koordiniert sind.

Modell: Das Herz ist eine Saug-Druck-Pumpe

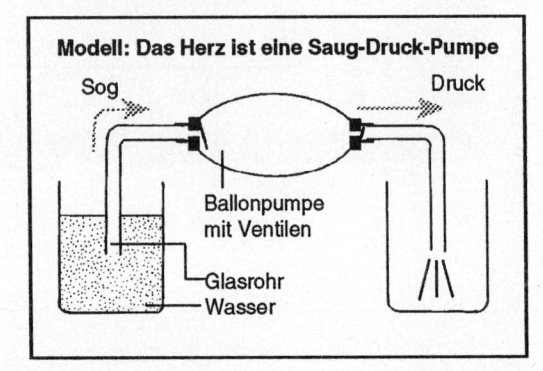

Sog — Druck
Ballonpumpe mit Ventilen
Glasrohr
Wasser

——————————— 99

Lösungen zum Arbeitsblatt

1. a) Linke Herzkammer; b) Aorta; c) Körpervene; d) rechter Vorhof; e) rechte Herzkammer; f) Lungenarterie; g) Lungenvene; h) linker Vorhof.
2. Reihenfolge der Nummern und Richtung der Pfeile entsprechen der alphabetischen Ordnung in 1.
3. i) Herzklappen (Segel-); k) Taschenklappen. Die Klappen sind im Arbeitsblatt S. 57 eingezeichnet.

Medien

Versuchsmaterial und Modelle
– Schuchardt AS 23/1 Torso
– Schweineherzen (Schlachthof, Metzgerei)
– Phywe 64211.00 Blutdruckmesser
– Schuchardt HS 4 Herzmodell

Filme
– Klett 99412 Bau und Funktion des Herzens (3,6 min, f)
– FWU Herztätigkeit (3,5 min, f)
– FWU Das Herz des Menschen (12 min, f)
– Imbild Das Herz als Motor des Kreislaufs (30 min, f) (Ausschnitt)

Dias
– FWU Der Blutkreislauf (9, f)

Arbeitstransparent
– Klett 99860 Herz (Funktionstransparent)

Lehrtafeln
– Klett 150099 Das gesunde Herz

Das Herz — eine Pumpe fürs ganze Leben

1. Benenne die Teile des Herzens (a — h).

2. Gib den Weg des Blutes durch das Herz mit Pfeilen und Nummern an. Verwende bei sauerstoffreichem Blut einen roten, bei sauerstoffarmem Blut einen blauen Stift.

3. Ergänze und beschrifte in der Zeichnung die verschiedenen Klappen, die den Blutstrom regeln (i, k).

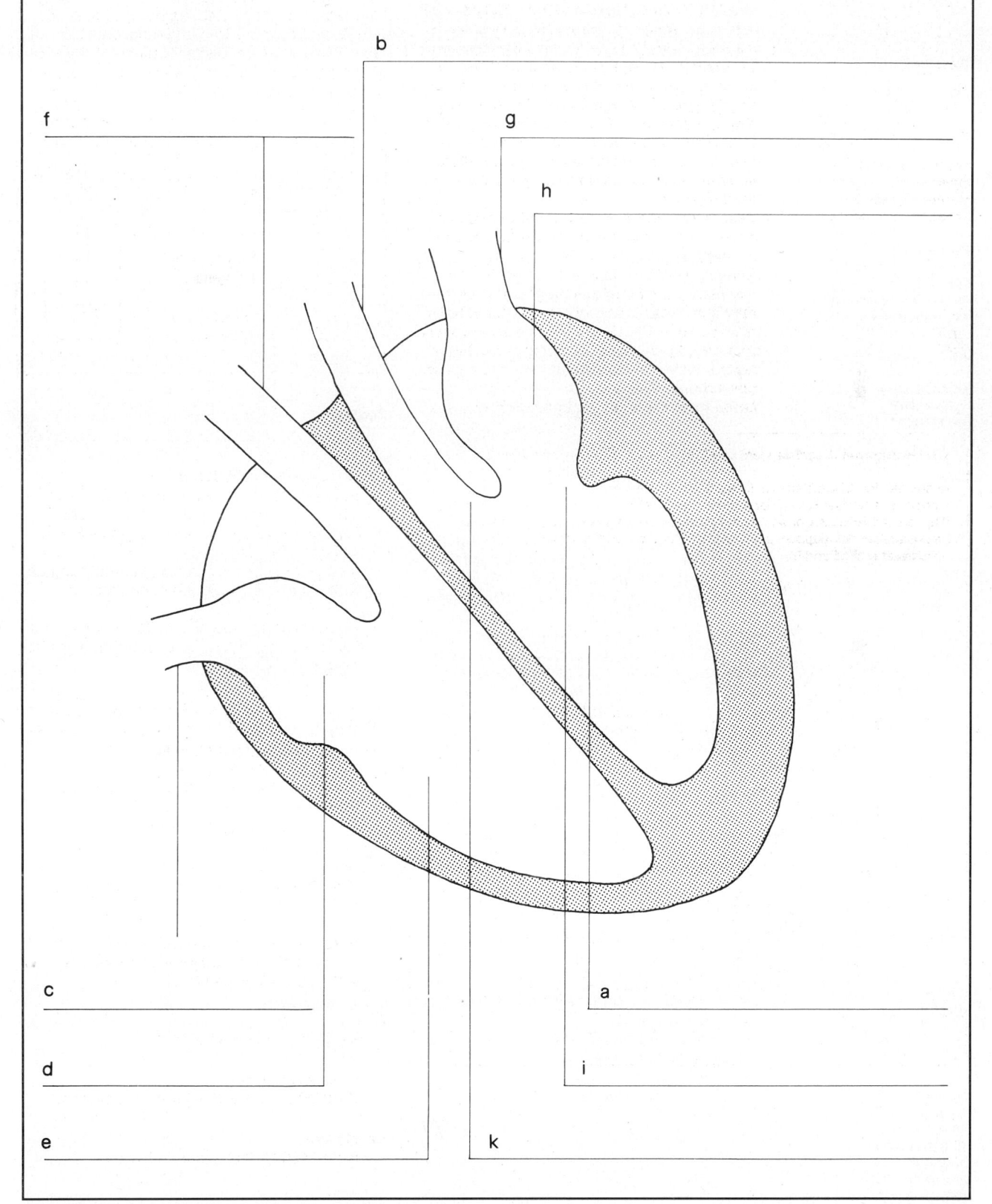

b

f

g

h

c

d

e

a

i

k

© Als Kopiervorlage freigegeben. Ernst Klett Schulbuchverlag, Stuttgart 1993

Rote Blutzelle

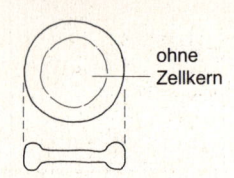

ohne Zellkern

Weiße Blutzelle

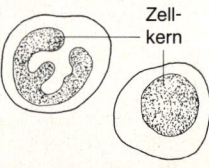

Zellkern

Blutplättchen

Blutserum: Blutflüssigkeit ohne Zellen und Fibrin

Blutplasma: Blutflüssigkeit ohne zellige Bestandteile. Für Infusionen verwendet man Blut oder Blutplasma.

Weiße Blutzellen – „die Polizei des Körpers"

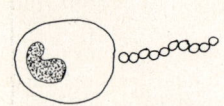

Weiße Blutzelle   Bakterien

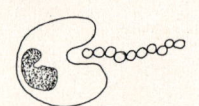

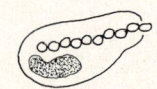

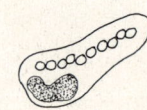

Eine Kette aller Blutgefäße eines Menschen (ca. 160 000 km) würde viermal um die Erde reichen (Erdumfang ca. 40 000 km)

Zusatzaufgaben und Lösungen

① Die Herzwand der linken Herzkammer ist viel dicker als die der rechten Kammer. Begründe.
– *Die linke Herzseite versorgt den „großen" Kreislauf (Körperkreislauf) mit Blut. Da dieser viel länger ist und mehr Gewebe versorgt als der Lungenkreislauf, muß eine höhere Pumpleistung aufgewendet werden, um alle zugehörigen Körperteile ausreichend mit Blut zu versorgen. Die Muskulatur der linken Herzkammer ist deshalb besonders kräftig gebaut. Bei der Demonstration am Schweineherzen (vgl. CARL 1968 und THIESSEN 1979) kann man sich am leichtesten orientieren, wenn man zunächst die dicke linke Herzkammerwand ertastet und von da aus die weiteren Teile des Herzens bestimmt.*

② Ist folgende Aussage richtig? „In den Venen fließt sauerstoffarmes Blut, in den Arterien sauerstoffreiches." Begründe deine Meinung!
– *Dies gilt zwar für den Körperkreislauf, nicht jedoch für den Lungenkreislauf. In diesem fließt sauerstoffarmes Blut von der rechten Herzkammer durch die Lungenarterie in die Lunge, und es kommt sauerstoffreiches Blut aus der Lunge durch die Lungenvene zurück zur linken Herzvorkammer.*

③ Beschreibe die Form der verschiedenen Blutzellen (▷ 2, 3) und erkläre deren Aufgaben.
– *Rote Blutzellen: ohne Zellkern; runde, von beiden Seiten eingedellte Scheiben; im Querschnitt hantelförmig.*
Weiße Blutzellen: mit großem rundem oder gegliedertem Zellkern; Form veränderlich.
Blutplättchen: verschieden geformte Zellbruchstücke ohne Zellkern.
Aufgaben: Rote Blutzellen nehmen Sauerstoff auf und transportieren ihn in alle Bereiche des Körpers. Weiße Blutzellen dienen der Abwehr eingedrungener Krankheitserreger oder Fremdstoffe. Es gibt weiße Blutzellen, die solche Eindringlinge in ihren Zellkörper aufnehmen (Phagozytose), sie abbauen oder mit ihnen abgegeben werden (z. B. im Eiter von Wunden). Andere weiße Blutzellen bilden Stoffe (Antikörper), die eindringende Krankheitserreger (Antigene) verkleben und damit abtöten (Immunabwehr durch Antigen-Antikörper-Reaktion). Blutplättchen wirken bei der Blutgerinnung mit.

99 ─────────────── Zusatzinformation

Zahlen und Vergleiche

Durchmesser einer roten Blutzelle: 0,008 mm; Dicke 0,002 mm. – Eine rote Blutzelle ist mit bloßem Auge nicht sichtbar. Würde man sie auf 8 mm vergrößern, wäre ein Pfennigstück (⌀ 16 mm) bei derselben Vergrößerung 16 mm × 1000 = 16 m groß.

Oberfläche einer roten Blutzelle (Vorder-, Rück- und Randseite): 0,00015 mm^2

Zahl der roten Blutzellen:
– 1 ml Blut enthält 5 000 000 000 = 5 Milliarden rote Blutzellen
– 1 l Blut enthält 1000 × 5 000 000 000 = 5 Billionen rote Blutzellen
– Ein Mensch mit 6 l Blut besitzt dann 30 Billionen rote Blutzellen.

───────────────── 99

Lösungen zum Arbeitsblatt S. 57

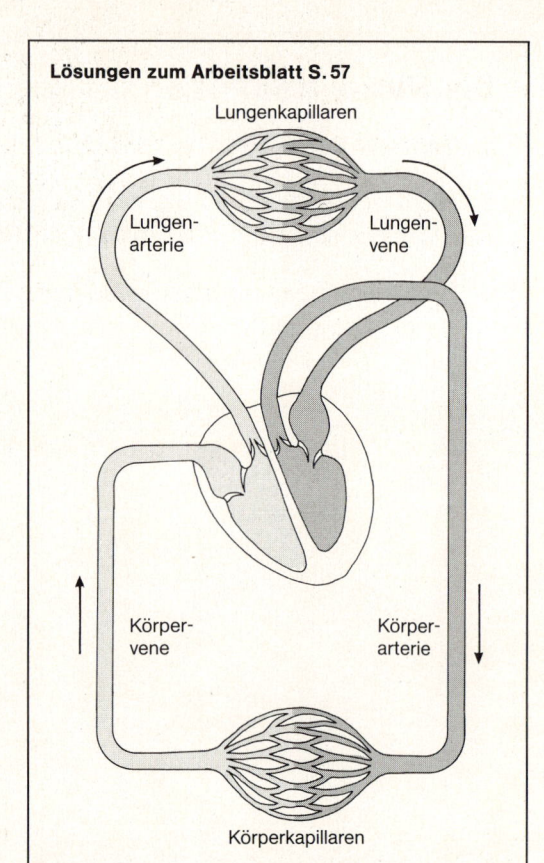

Lungenkapillaren
Lungenarterie — Lungenvene
Körpervene — Körperarterie
Körperkapillaren

Medien

Filme
– FWU Das Herz des Menschen (12 min, f)
– Imbild Das Herz als Motor des Kreislaufs (30 min, f) (Ausschnitte)
– FWU Blut, der ganz besondere Saft (14 min, f) (Ausschnitte)
– Imbild Das Blut – Transportstrom des Lebens (30 min, f) (Ausschnitte)

Dias
– FWU Der Blutkreislauf (9, f)
– FWU Stützgewebe, Muskulatur, Blutgefäßsystem (10, f)

Modelle
– Blutkreislauf-Spiel (Beilage zu Unterricht Biologie 5. Jg., Heft 64, Friedrich, Seelze 1981; auch zu beziehen bei Deutsche Angestelltenkrankenkasse, Postfach 10 14 44, 2000 Hamburg 1)

Arbeitstransparente
– Klett 99842 Der Blutkreislauf des Menschen (6 Folien)

Lehrtafeln
– Klett 150 039 Blutkreislauf
– Klett 150 249 Blutkreislauf schematisch

Tonbandkassette
– FWU Aktionsströme im menschlichen Körper (8 min)

Der Mensch

Der Blutkreislauf

1. Verbinde die angegebenen Teile des Blutkreislaufs durch die Körperarterie, Körpervene, Lungenarterie und Lungenvene.

2. Gib mit Pfeilen die Fließrichtung des Blutes in den verschiedenen Teilen des Blutkreislaufs an.

3. Bemale die Teile des Blutkreislaufs, die sauerstoffreiches Blut führen, rot, die Teile mit kohlenstoffdioxidreichem Blut blau.

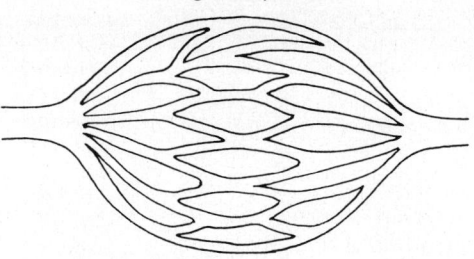

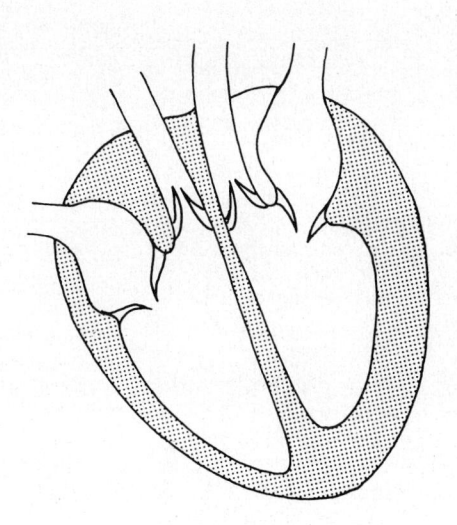

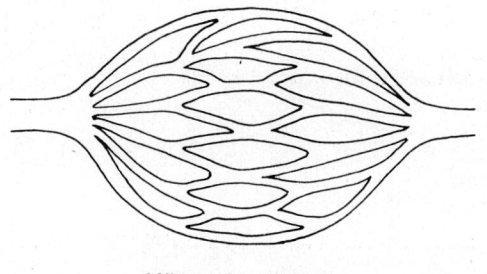

Lungenkapillaren

Körperkapillaren

Sucht

(Schülerbuch S. 48/49)

Zu den Aufgaben
Diese Aufgaben sind geeignet, Diskussionen zum Thema Sucht anzuregen und Schüleraktivitäten wie Umfragen oder Erstellung von Informationstafeln vorzubereiten. Die im Lehrerband zusammengestellten Materialien sollen dazu weitere Unterstützung bieten. Experimente zum Thema Rauchen sind den Seiten 44/45 des Schülerbuchs (Lehrerband S. 52/53) zu entnehmen.

— Zusatzinformation

Verbote, die schützen

Das „Gesetz zum Schutze der Jugend in der Öffentlichkeit" regelt den Zugang zu alkoholischen Getränken im öffentlichen Leben und den Gaststättenbesuch von Kindern und Jugendlichen

§ 3

(1) Kindern und Jugendlichen darf in Gaststätten und Verkaufsstellen Branntwein weder abgegeben noch sein Genuß gestattet werden. Das gleiche gilt für überwiegend branntweinhaltige Genußmittel.
(2) Andere alkoholische Getränke dürfen zum eigenen Genuß nicht abgegeben werden
  1. Kindern
  2. Jugendlichen unter 16 Jahren, die nicht von einem Erziehungsberechtigten begleitet werden.

Hinter den Paragraphen steckt die Absicht des Gesetzgebers, den Alkoholkonsum von Jugendlichen in der Öffentlichkeit hinauszuschieben. Das Gesetz unterscheidet *Kinder (unter 14 Jahren)* von *Jugendlichen (über 14, unter 18 Jahren)*. Kindern ist öffentlicher Alkoholgenuß grundsätzlich verboten. In Begleitung der Eltern dürfen 14- und 15jährige ein Glas Wein, Bier oder Sekt trinken. Ab 16 ist der Konsum von Wein und Bier erlaubt, starke alkoholische Getränke wie Weinbrand oder Whisky dürfen erst mit 18 Jahren gekauft oder getrunken werden.
Ein Gastwirt oder Verkäufer hat das Recht einen Altersnachweis (z. B. Personalausweis) zu verlangen.

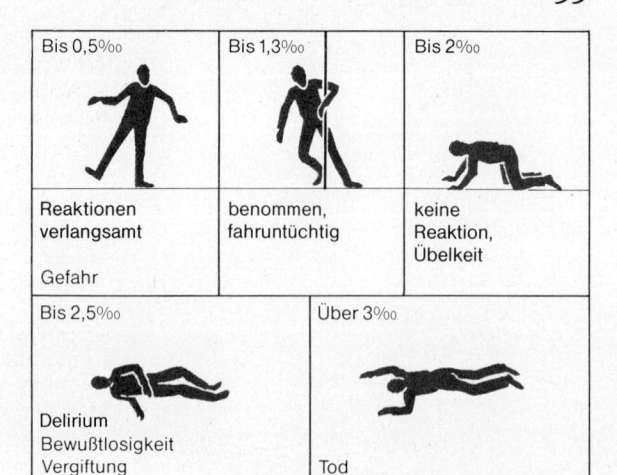

Bis 0,5‰	Bis 1,3‰	Bis 2‰
Reaktionen verlangsamt Gefahr	benommen, fahruntüchtig	keine Reaktion, Übelkeit
Bis 2,5‰	Über 3‰	
Delirium Bewußtlosigkeit Vergiftung	Tod	

— Zusatzinformation

Medikamente können schaden

Medikamente haben nach Aussage des Präsidenten des Deutschen Kinderschutzbundes bereits von einer erschreckend hohen Zahl von Kindern unkritisch zu Steigerung der schulischen Leistungsfähigkeit genommen.

Weckmittel werden vor Prüfungen und Klassenarbeiten zur Beseitigung der Müdigkeit eingenommen. Bekannt sind die Amphetaminderivate. Bei häufiger Anwendung verursachen sie Schlaflosigkeit und beeinflussen stark die Psyche. Die Beschwerden beim Nachlassen der Wirkung werden durch erneutes Einnehmen bekämpft. So entsteht eine Medikamentenabhängigkeit.
Schmerzmittel sind die meist verkauften Arzneimittel überhaupt. Neben der schmerzstillenden Wirkung verbessern verschiedene Inhaltsstoffe das Allgemeinbefinden. Das verführt manche dazu, schon bei kleineren Beschwerden zum Schmerzmittel zu greifen. Anhand von Beipackzetteln kann man sich über mögliche Nebenwirkungen informieren. Eine Selbstbehandlung über längere Zeit sollte unterbleiben.
Beruhigungsmittel sollen bei Kindern Nervosität und Schulangst bekämpfen. Auch hier können erhebliche organische Schäden folgen. Darüber hinaus können Konzentrationsvermögen und Denkfähigkeit leiden.

Müdigkeit, Schmerzen und Unruhe können bei Kindern und Jugendlichen häufig durch eine Änderung der Lebensgewohnheiten und des Verhaltens vermieden werden, so daß eine medikamentöse Behandlung überflüssig ist. Dazu ist es wichtig, die Symptome von den Ursachen zu unterscheiden.
Dies können die Schüler selbst in Form eines Rollenspiels erarbeiten. Beispiel: Ein Patient geht wegen häufiger Müdigkeit zum Arzt. Dieser erforscht im Gespräch die Ursachen und schlägt Maßnahmen vor.
Grundlage einer Diskussion könnte auch eine Befragung von Schülern der verschiedenen Jahrgangsstufen entsprechend der unteren Tabelle sein.

Repräsentative Bevölkerungsbefragung (1985)

Frage: Wie häufig nehmen Sie Arzneimittel?	insgesamt	15–34 Jahre	35–54 Jahre	55 und älter
Befragte	2035 100%	688 100%	705 100%	642 100%
täglich oder fast täglich	16%	4%	18%	30%
ein- oder mehrmals pro Woche	9%	4%	10%	13%
ein- oder mehrmals pro Monat	16%	8%	19%	21%
selten oder nie	59%	84%	53%	36%

Der Mensch

Volksmund:
„Der schönste Platz ist immer an der Theke!"
„Wer Sorgen hat, hat auch Likör!"
„Ein Gläschen in Ehren kann niemand verwehren!"
„Ein richtiger Mann muß auch mal ein paar Gläser vertragen können!"

Trinksprüche:
„Zum Wohl!"
„Auf deine Gesundheit!"

Werbesprüche:
„Zwei Worte: Ein Bier!"
„Bier macht den Durst erst schön!"

Zusatzaufgabe und Lösung

① Welche Organe werden durch Alkoholmißbrauch geschädigt?
– *Leber, Niere, Magen, Bauchspeicheldrüse, Nerven und Gehirn.*
Anmerkung: Eine Schädigung der Leber beginnt bei einer täglichen Aufnahme von 60 g Alkohol beim Mann und 20 g Alkohol bei der Frau. 20 g Alkohol sind in einer Flasche Bier oder in einem Viertel Wein enthalten.

Alkohol – kein Mittel zum Aufwärmen

In der kalten Jahreszeit wird Alkohol häufig zum Aufwärmen getrunken. In Wirklichkeit kühlt Alkohol den Körper ab. Wie kommt es zu dem subjektiven Gefühl der Erwärmung, wenn der Körper tatsächlich abkühlt? Alkohol wird im Körper wie Nahrung verbrannt, dabei wird wie bei jedem anderen Nährstoff eine bestimmte Energiemenge frei. Der Abbau von Alkohol behindert jedoch andere wichtige Stoffwechselwege. Insgesamt entsteht unter dem Einfluß von Alkohol weniger Energie, die zur Wärmeregulation und Bewegung des Körpers eingesetzt werden könnte.
Ein Wärmegefühl im Magen tritt ein, weil die Magenschleimhaut durch das Zellgift Alkohol gereizt wird. Der Alkohol im Blut bewirkt eine Erweiterung der Gefäße, mehr Blut durchströmt die Hautkapillaren, die Haut rötet sich. Die erhöhte Zirkulation wird mit einer Erwärmung verwechselt. Tatsächlich verliert der Körper infolge der vermehrten Durchblutung zunehmend Wärme. Alkohol kühlt also in kalter Umgebung den Körper weiter aus und vermindert dazu die Leistungsfähigkeit.

Eine Rangliste der Zugriffsmotive (Ergebnis einer Befragung von Drogenabhängigen im Auftrag der Bundesregierung):

Ich nehme Drogen,
weil Rauschmittel Stimmung heben können	6,9%
weil man dabei leichter den Alltag vergessen kann	5,6%
weil sich dabei Glücksgefühle einstellen	5,5%
weil man damit intensiver hört und sieht	5,4%
weil man damit eigene Hemmungen überwindet	4,9%
weil man neue Ideen bekommt	4,5%
weil man sich dabei so gut entspannt	4,4%
weil Rauschmittel das Bewußtsein erweitern	3,6%
weil man sich dabei selbst besser erkennt	3,4%
weil man leichter Kontakt zu anderen bekommt	2,7%
weil man mitreden können muß	2,5%
weil in unserer Gesellschaft so viel falsch ist	1,8%
weil die älteren Leute dagegen sind	1,0%

Lösungen zum Arbeitsblatt S. 60

Das Ergebnis zeigt eine Beeinträchtigung der Keimfähigkeit bei steigender Alkoholkonzentration. Bei 5%iger Lösung tritt keine Keimung mehr auf.
Alkohol schädigt die pflanzlichen Zellen erheblich. Beim Menschen beeinträchtigt Alkohol die Zellen des Nervensystems bereits in wesentlich geringeren Konzentrationen.

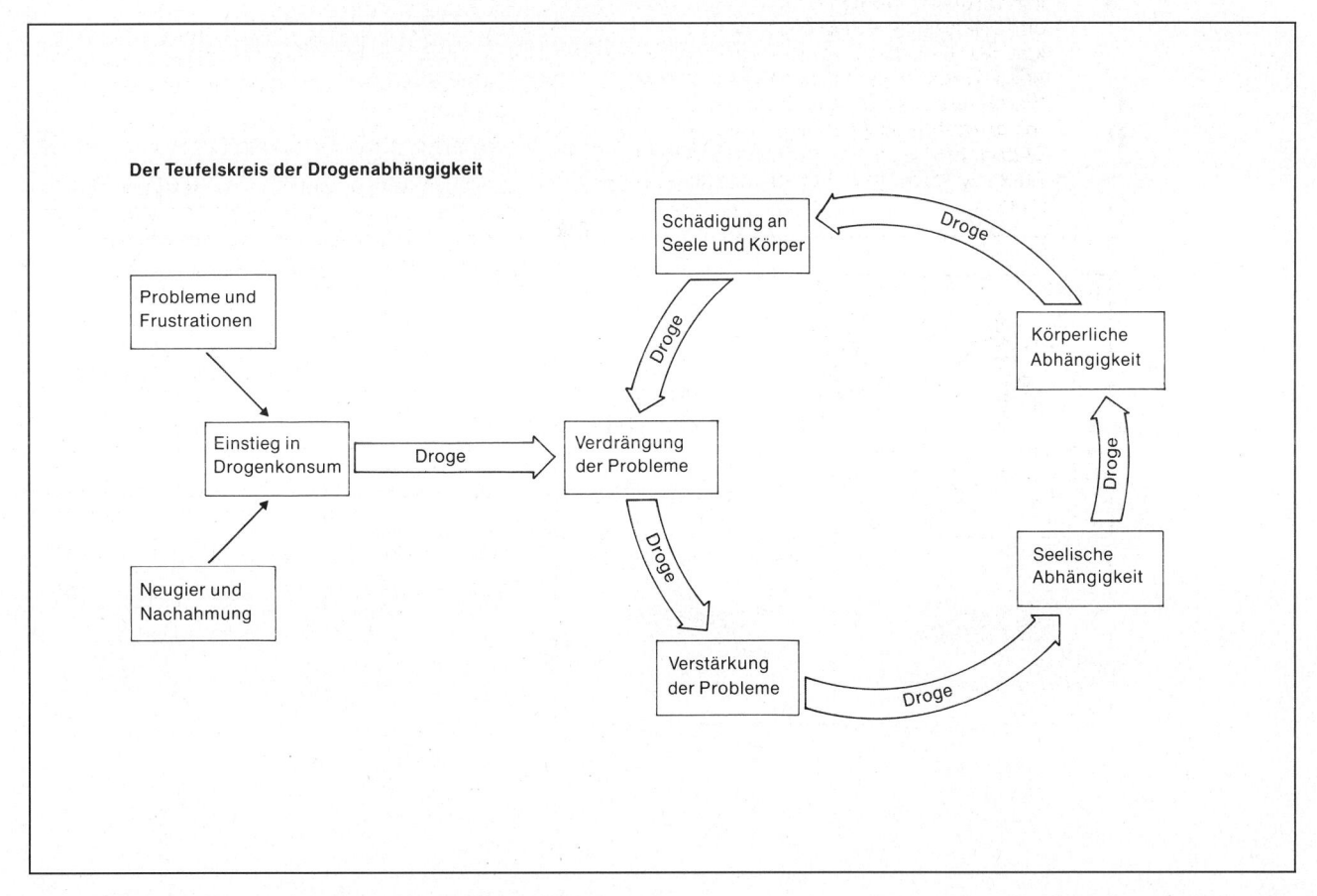

Der Teufelskreis der Drogenabhängigkeit

Probleme und Frustrationen → Einstieg in Drogenkonsum ← Neugier und Nachahmung
Einstieg in Drogenkonsum —Droge→ Verdrängung der Probleme
Verdrängung der Probleme —Droge→ Schädigung an Seele und Körper —Droge→ Körperliche Abhängigkeit —Droge→ Seelische Abhängigkeit —Droge→ Verstärkung der Probleme —Droge→ (zurück zu Verdrängung der Probleme)

Die Wirkung des Alkohols auf lebende Organismen

„Alkohol wirkt sich schädigend auf den Pflanzenwuchs aus!"
Ihr könnt diese Behauptung in einer Versuchsreihe nachweisen!
Für das Experiment benötigt ihr folgende Materialien:

1 Becherglas
3 Keimschalen (statt der Keimschalen könnt ihr auch Petrischalen mit einem Durchmesser von 100 mm benutzen)
3 Etiketten (selbstklebend)
Verbandwatte
Wasser
1 Flasche mit 2%iger Alkohollösung
1 Flasche mit 5%iger Alkohollösung

Baut die Versuchsanordnung so auf, daß sie den Skizzen entspricht.

1. Bettet Watte in die 3 Keimschalen ein und bestreut jedes „Wattebett" gleichmäßig mit Kressesamen.

2. Versehet jede Keimschale mit einem Etikett.
   Aufschrift für die Keimschalen:
   1. Keimschale: Kresse mit Wasser
   2. Keimschale: Kresse mit 2%iger Alkohollösung
   3. Keimschale: Kresse mit 5%iger Alkohollösung

3. Begießt das Wattebett in den entsprechenden Keimschalen, mit Wasser, mit 2%iger Alkohollösung, mit 5%iger Alkohollösung, so daß die Watte gut durchfeuchtet ist. Achtet auf die Aufschriften!

4. Der Versuch dauert insgesamt acht Tage. Haltet während dieser Zeit die Watte in den Keimschalen (Petrischalen) feucht! Kontrolliert jeden Tag die Feuchtigkeit des Wattebettes.

Zusammenwirken der Organe

(Schülerbuch S. 50/51)

Bei der Behandlung des *Stofftransports* und des Stoffwechsels ist man der Übersichtlichkeit halber gezwungen, in einzelne Themenbereiche zu gliedern. Organe und Funktionen der Stoffwechselvorgänge *(Verdauung, Atmung, Bluttransport, Muskelbewegung, Ausscheidung)* sind verschieden und müssen deshalb nacheinander behandelt werden. Dennoch bildet das Stoffwechselgeschehen eine Einheit. Dieser Zusammenhang muß spätestens am Ende des Kapitels angesprochen werden. Dies geschieht am besten anhand eines Beispiels, an dem alle Stoffwechselorgane beteiligt sind. Da bei den Herz-Kreislauf-Krankheiten immer wieder der *Sport* angesprochen wurde, verwenden wir auf dieser Abschlußdoppelseite den Dauerlauf als Exempel. Der Vorteil: Jeder Schüler kann die beschriebenen Vorgänge am eigenen Körper beobachten – ein geeignetes Thema für die Kooperation zwischen Biologie- und Sportunterricht.

99 ─────────────── **Zusatzinformation**

Auch das Herz wird trainiert

Regelmäßiges Ausdauertraining erhöht nicht nur die Leistungsfähigkeit der Muskulatur und die Festigkeit der belasteten Knochen. Ein Ausdauertraining vergrößert auch die Muskelzellen des Herzens. Dieses kann sich kräftiger zusammenziehen und damit mehr Blut in den Kreislauf pumpen. Ein größeres Herz braucht in der gleichen Zeit, weniger zu schlagen. Es hat mehr Ruhepausen, wird besser durchblutet, mit Sauerstoff versorgt und ernährt.
Die Größe des Herzens wird schnell an die jeweilige Belastung angepaßt. Ohne Training verkleinert sich auch ein Sportherz wieder. Die größten Herzen haben die Sportler, die Dauerleistungen erbringen wie Langstreckenläufer, Radrennfahrer etc. Sprinter und Gewichtheber haben dagegen normal große Herzen.
Ein tägliches Ausdauertraining, bei dem der Puls für mindestens 10 Minuten 130 Schläge pro Minute aufweist, hält das Herz gesund.

─────────────── 99

Beispiel:
Vor dem Training:
  Herzgröße:
  700 ml
  Schläge in Ruhe:
  65 pro min
  Schläge unter Belastung:
  138 pro min
Nach einem längeren Ausdauertraining
  Herzgröße:
  800 ml
  Schläge in Ruhe:
  60 pro min
  Schläge unter Belastung:
  130 pro min

Normalherz 300g   Sportherz 500g
→ Training
Kapillare   Muskelfaser
→ Training

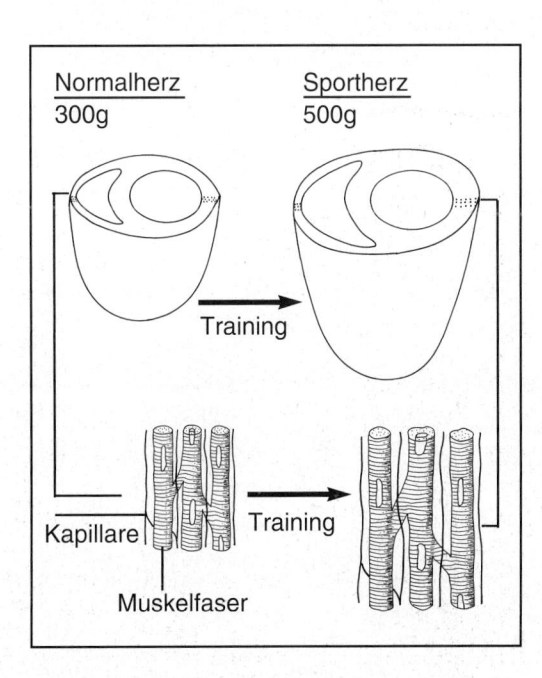

Aufgaben und Lösungen

① Stelle die am Dauerlauf beteiligten Organe in einer Tabelle zusammen und erläutere ihre jeweilige Funktion.

Organ	Funktion
Lunge	Aufnahme von Sauerstoff, Abgabe von Kohlenstoffdioxid
Herz	Antrieb des Blutes im Kreislauf
Kreislauf	Verteilung des Blutes in Lunge und Körper
Blut	Transportmedium für Sauerstoff, Kohlenstoffdioxid, Zucker und andere Nährstoffe, Abfallstoffe, Hormone, Wärme
Magen/Darm	Aufnahme von Nährstoffen aus der Nahrung, Abgabe unverdaulicher Reste
Leber	Umbau und Speicherung von Stoffen
Niere	Ausscheidung von flüssigen Stoffen
Haut	Wärmeabgabe durch Verdunstung von Schweiß
Muskulatur	Umwandlung von Stoffwechselenergie in Bewegungsenergie

② Weshalb soll sich ein Sportler nach dem Lauf noch bewegen und durchatmen?
– *Die Bewegung fördert die weitere Durchblutung aller Organe. Dies ist wichtig für den Abtransport von Wärme und Abfallstoffen. Das Durchatmen liefert den notwendigen Sauerstoff, da der Körper beim Lauf oftmals eine Sauerstoffschuld eingeht, die erst wieder ausgeglichen werden muß.*

③ Was passiert, wenn trotz lang andauernder Arbeit keine Nahrung aufgenommen wird?
– *Zunächst stellt sich ein Hungergefühl ein. Wenn über längere Zeit keine Nahrung zugeführt wird, verliert der Körper an Gewicht, da immer mehr Reservestoffe zur Energiegewinnung abgebaut werden.*

④ Wie reagiert der Körper auf übermäßige Nahrungszufuhr?
– *Er lagert die übermäßige Nahrung in Form von Fett im Unterhautgewebe ab. Der Mensch wird dicker. Bei Übergewichtigkeit werden Herz und Kreislauf überbeansprucht.*

⑤ Weshalb wiegen Marathon-Läufer nach dem Lauf weniger als vorher?
– *Sie verlieren beim Lauf viel Wasser durch Schwitzen und über die Lunge. Zudem verarbeitet der Körper sehr viel Zucker, der über den Abbau von Depotfett und Kohlenhydraten (Glykogen der Leber) nachgeliefert wird. Als Abbauprodukte werden Kohlenstoffdioxid und Wasser abgegeben.*

⑥ Die folgenden Fragen beziehen sich auf den Wärmehaushalt des Körpers.
  a) Warum zittert man, wenn man friert?
  b) Weshalb sollte man sich in der Kälte bewegen?
  c) Weshalb schwitzt man, wenn es warm ist?
– *a) Der Körper nutzt dabei die bei jeder Muskelbewegung entstehende Wärme.*
– *b) Bewegung liefert Wärme.*
– *c) Wenn Schweiß aus den Schweißdrüsen auf die Oberfläche der überhitzten Haut abgegeben wird, verdunstet die Flüssigkeit. Dabei nehmen die verdunstenden Wasserteilchen Wärmeenergie in die sie umgebende Luft mit. Wir empfinden diese Abkühlung als „Verdunstungskälte".*

Der Mensch **61**

5 Fortpflanzung und Entwicklung

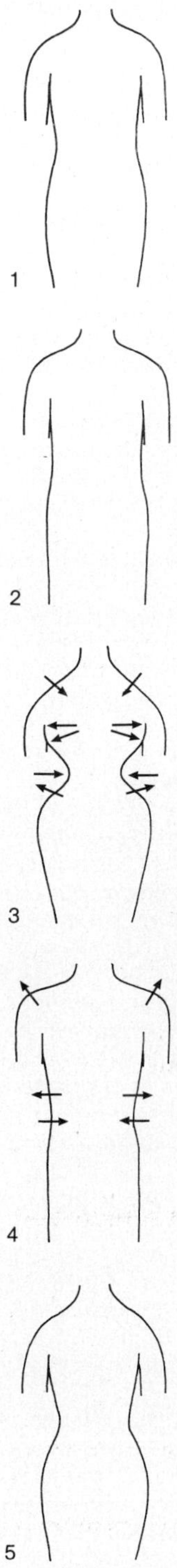

Neben der Kenntnis wichtiger Fakten der Geschlechtlichkeit des Menschen muß der Unterricht über Fortpflanzung und Entwicklung bereits in dieser Klassenstufe auch emotionale Ziele anstreben, so z. B. die Rücksichtnahme auf Schwangere und das werdende Leben, das Staunen vor den Vorgängen, durch die wir alle geworden sind. – Sachliche Kenntnis und emotionales Verstehen sind für den Schüler notwendig, wenn der bevorstehende Umbruch der Pubertät nicht als unverstandenes, schamhaft verschwiegenes dunkles Geschehen ablaufen, sondern als die Reifung des eigenen Körpers und Geistes erlebt werden soll. Vom Lehrer wird in diesen Unterrichtsstunden in besonderem Maß Verantwortungsbewußtsein für die Psyche des Kindes und Takt im Umgang mit den sehr verschieden vorgebildeten und religiös geprägten Kindern gefordert. Der Medieneinsatz muß stufengemäß sein, darf nicht schockieren. Die Geschlechtlichkeit des Menschen muß als naturgegebene Grundlage menschlichen Zusammenlebens dargestellt werden.

Pubertät – Reifezeit vom Kind zum Erwachsenen

(Schülerbuch S. 52/53)

Aufgabe und Lösung

① Erkläre mit eigenen Worten die Entwicklung vom Jungen zum Mann und vom Mädchen zur Frau. Welche Veränderungen sind bei Jungen und Mädchen gleich, wo gibt es Unterschiede?

Jungen	Mädchen
Gemeinsamkeiten	
Akne	
Achselbehaarung	
Schambehaarung	
Wachstum der Geschlechtsorgane	
Unterschiede	
Bartwuchs	kein Bartwuchs
Stimmbruch	nur geringe Veränderung der Stimme
kräftiges Wachstum der Muskulatur	schwaches Wachstum der Muskulatur
keine Ausbildung von Brustdrüsen	Entwicklung der Brüste
breite Schultern	schmale Schultern
schmales Becken	breites Becken
kantige Gesichtszüge	weiche Gesichtszüge

Schüler nennen oft auch Verhaltensdimorphismen und tertiäre Geschlechtsmerkmale (vgl. Zusatzaufgaben).

Wie entsteht Stimmbruch?

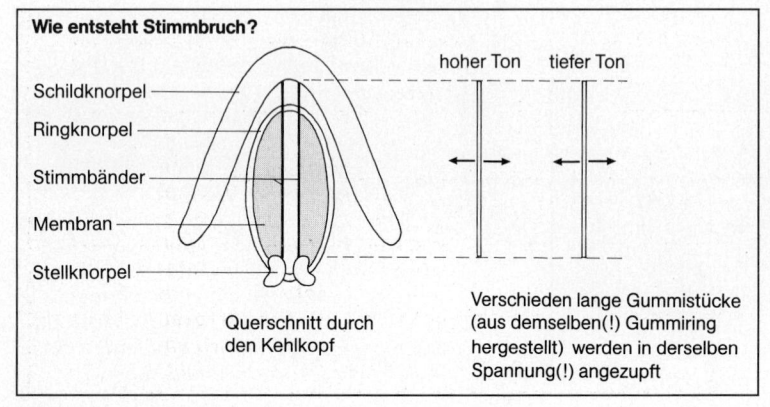

- Schildknorpel
- Ringknorpel
- Stimmbänder
- Membran
- Stellknorpel

Querschnitt durch den Kehlkopf

hoher Ton   tiefer Ton

Verschieden lange Gummistücke (aus demselben(!) Gummiring hergestellt) werden in derselben Spannung(!) angezupft

Zusatzaufgaben und Lösungen

① Beim Stimmbruch verändert sich die Stimme der Jungen von der hohen, kindlichen zur tiefen, männlichen Stimme. Welche äußerlich sichtbare Veränderung ist die Ursache dafür?
– *Der Kehlkopf tritt deutlicher hervor, der Schildknorpel des Kehlkopfs wird zum „Adamsapfel". Damit werden die zwischen Schildknorpel und Stellknorpeln gespannten Stimmbänder länger. Längere Bänder (vgl. Gummiband als Modell) erzeugen beim Schwingen tiefere Töne: „Stimmbruch".*

② Außer den primären und sekundären Geschlechtsmerkmalen, die körperlich bedingt sind, gibt es meist noch weitere Möglichkeiten, Mann und Frau zu unterscheiden. Man nennt sie tertiäre Geschlechtsmerkmale. Dazu zählt z. B. die Frisur.
  a) Suche nach weiteren Beispielen für tertiäre Geschlechtsmerkmale.
  b) Weshalb sind die tertiären Merkmale nicht eindeutig?
– a) *Tertiäre Geschlechtsmerkmale:*
   – *Kleidung und Mode*
   – *Schmuck (Ohrringe, Ketten)*
   – *Kosmetik*
   – *Frisur*
   – *Verhalten („Typisch Mann – typisch Frau").*
  b) *Eindeutig wären sie nur, wenn sie nicht veränderbar wären. Sie verändern sich aber zeit-, geschmack- und modeabhängig. Sie können auch vom anderen Geschlecht bewußt imitiert werden (vgl. den Wandel der Hosenmode).*

Das Mann-Frau-Schema

Die Körperform von Mann und Frau wird von sekundären Geschlechtsmerkmalen bestimmt. Mit einer Folienfolge (s. Randspalte) kann man Formunterschiede von Mann und Frau bewußt machen. Auf dem Tageslichtprojektor werden die auf Folienstücke gezeichneten Umrisse sortiert. In der Reihe 1-5-3 steigern sich weibliche, in der Reihe 2-4 männliche Merkmale. Legt man die entsprechenden Folien übereinander, werden die Richtungen der Merkmalsausprägung deutlich (s. Pfeile). Es zeigt sich, daß diese Richtungen bei beiden Geschlechtern entgegengesetzt sind. Dadurch sind die Merkmale besonders deutlich zu unterscheiden (z. B. breite Schultern – schmale Schultern, schmale Hüften – breite Hüften). Die Mode betont in der Regel die Geschlechtsmerkmale (Schulterpolster und Schulterstücke beim Mann, Korsett und Büstenhalter betonen die Brust der Frau). Tertiäre Geschlechtsmerkmale (z. B. Kleidung und Mode) können also auf sekundären aufbauen – können aber auch gerade entgegengesetzt gestaltet werden, wenn es dem Zeitgeschmack bzw. dem Modedesigner gefällt.

Lösungen zum Arbeitsblatt

Vergleiche Lösung von Aufgabe 1.

Medien

Filme
– FWU Pubertät bei Jungen (10 min, f)
– Landesfilmdienst Bayern Vom Jungen zum Mann (17 min, f)
– Landesfilmdienst Bayern Vom Mädchen zur Frau (17 min, f)

Die körperliche Entwicklung vom Jungen zum Mann, vom Mädchen zur Frau

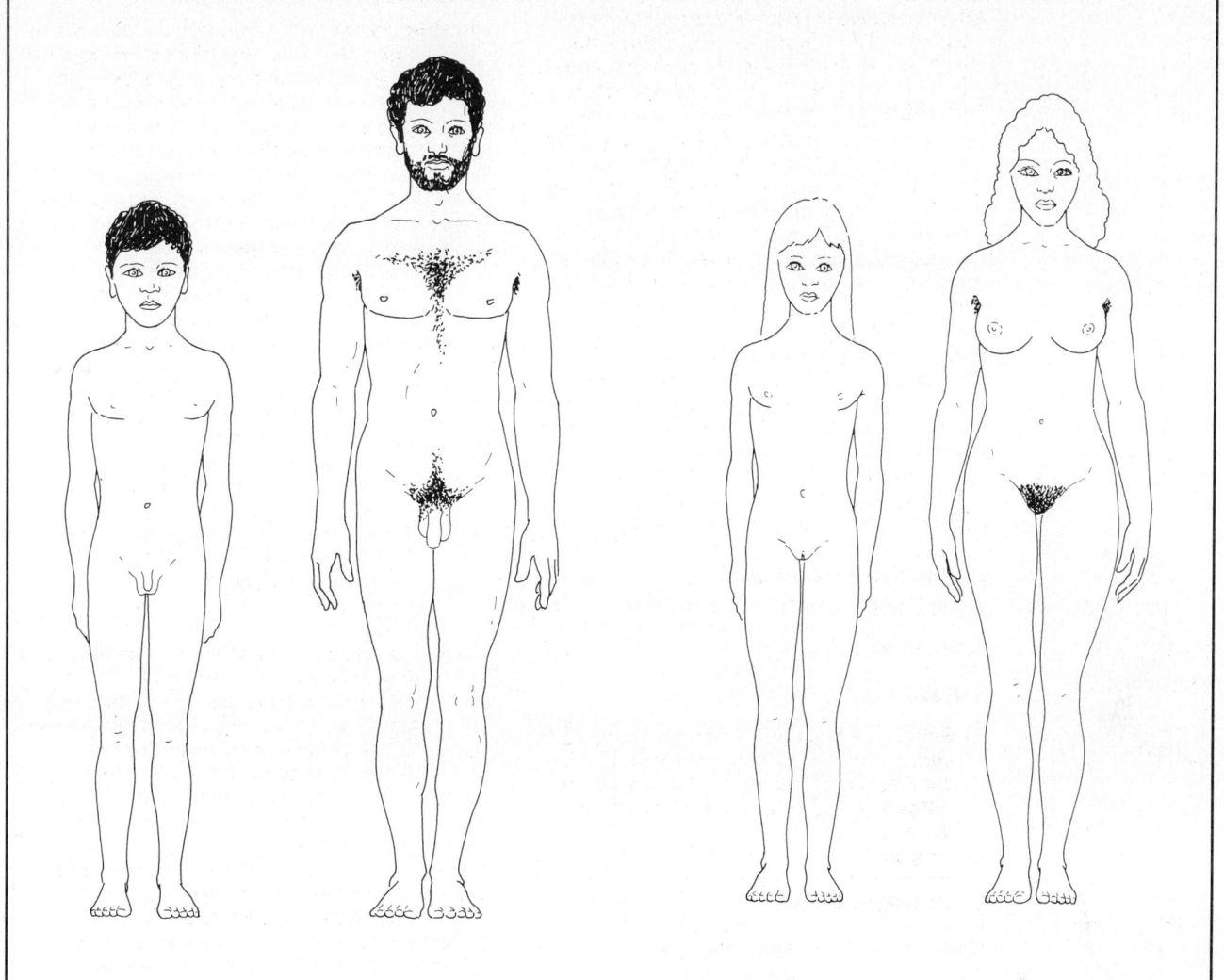

Stelle Gemeinsamkeiten und Unterschiede der Veränderungen bei Jungen und Mädchen während der Pubertät zusammen.

	Jungen	Mädchen
Gemeinsamkeiten	_____	
	_____	
	_____	
Unterschiede	_____	_____
	_____	_____
	_____	_____
	_____	_____
	_____	_____

© Als Kopiervorlage freigegeben. Ernst Klett Schulbuchverlag, Stuttgart 1993

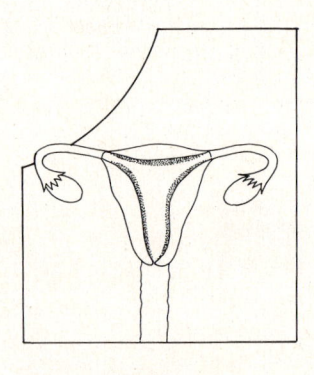

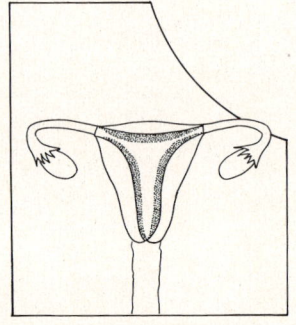

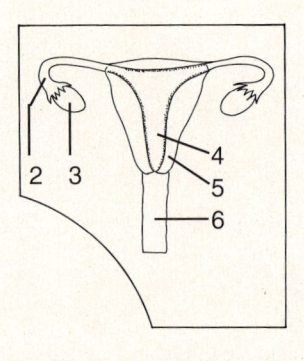

Die Geschlechtsorgane des Mannes

Die Geschlechtsorgane der Frau

(Schülerbuch S. 54/55)

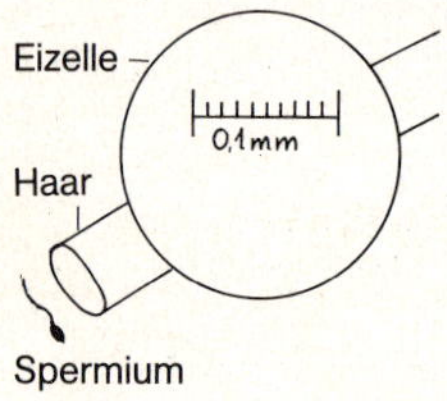

Aufgabe und Lösung

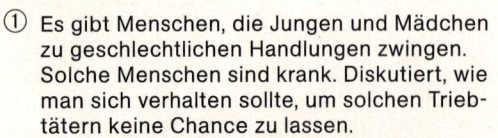

① Es gibt Menschen, die Jungen und Mädchen zu geschlechtlichen Handlungen zwingen. Solche Menschen sind krank. Diskutiert, wie man sich verhalten sollte, um solchen Triebtätern keine Chance zu lassen.
– Als Grundlage der Diskussion kann der Text „Ein ernstes Problem" dienen (S. 70).

Zusatzaufgabe

① Ordne den folgenden weiblichen Geschlechtsorganen jeweils die entsprechenden männlichen Organe zu: Eierstock, Eileiter, Kitzler, Schamlippen.

– ♀ ♂
Eierstock *Hoden*
Eileiter *Spermienleiter*
Kitzler *Penis*
Schamlippen *Hodensack*

Eine genaue Homologisierung ist in dieser Klassenstufe kaum möglich. So ist der Kitzler weder mit dem Penis noch mit der Eichel voll und genau homolog.

Lösungen zum Arbeitsblatt S. 65

1. Mann: a) Harnblase; b) Drüse; c) Harn-Spermien-Röhre; d) Schwellkörper; e) Penis; f) Eichel; g) Vorhaut; h) Hoden mit Nebenhoden; i) Hodensack; k) After; l) Spermienleiter
2. Frau: a) Eileiter; b) Eierstöcke; c) Gebärmutter; d) Schleimhaut; e) Blase; f) Harnröhre; g) Scheide; h) Kitzler; i) kleine und k) große Schamlippen; l) After; m) Damm.

Der weibliche Zyklus

(Schülerbuch S. 56/57)

Zusatzaufgabe

① Zeichne eine Zeitachse mit fünfzig Tagen. Trage am ersten Tag den Beginn einer Regelblutung ein. Wann beginnt die nächste Regelblutung? Wann erfolgt ein Eisprung?

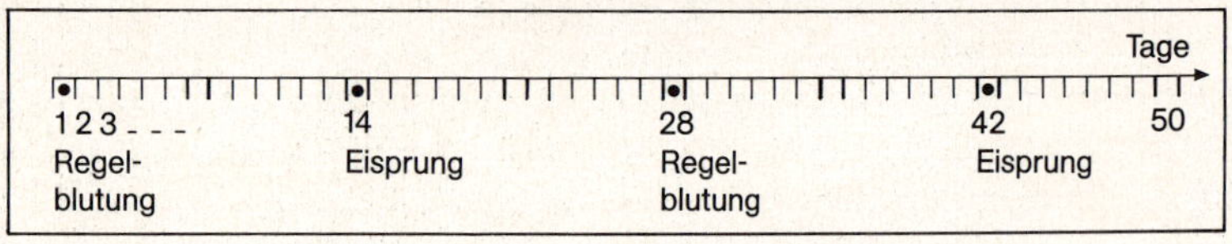

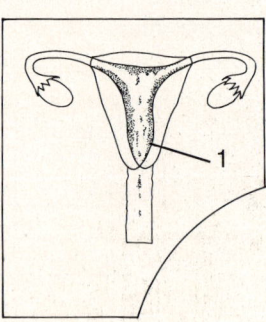

Lösungen zum Arbeitsblatt S. 67

vgl. Seite 56 im Schülerbuch
1 Menstruation; 2 Eileiter; 3 Eierstock; 4 Schleimhaut; 5 Gebärmutter; 6 Scheide; 7 Reifendes Ei; 8 Eisprung

Ausschneidebogen zum Arbeitsblatt Der weibliche Zyklus S. 67

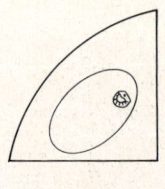

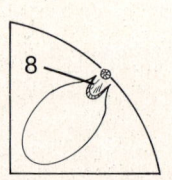

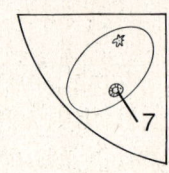

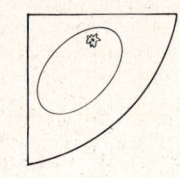

64 Der Mensch

Die Geschlechtsorgane des Mannes und der Frau

1. Benenne die Teile der männlichen Geschlechtsorgane:

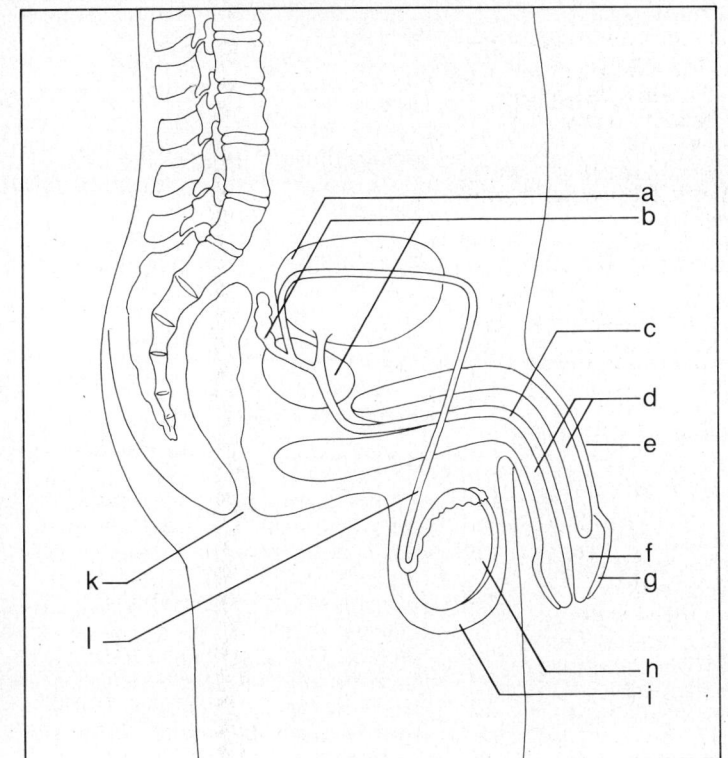

a) _____
b) _____
c) _____
d) _____
e) _____
f) _____
g) _____
h) _____
i) _____
k) _____
l) _____

2. Benenne die Teile der weiblichen Geschlechtsorgane:

a) _____
b) _____
c) _____
d) _____
e) _____
f) _____
g) _____
h) _____
i) _____
k) _____
l) _____
m) _____

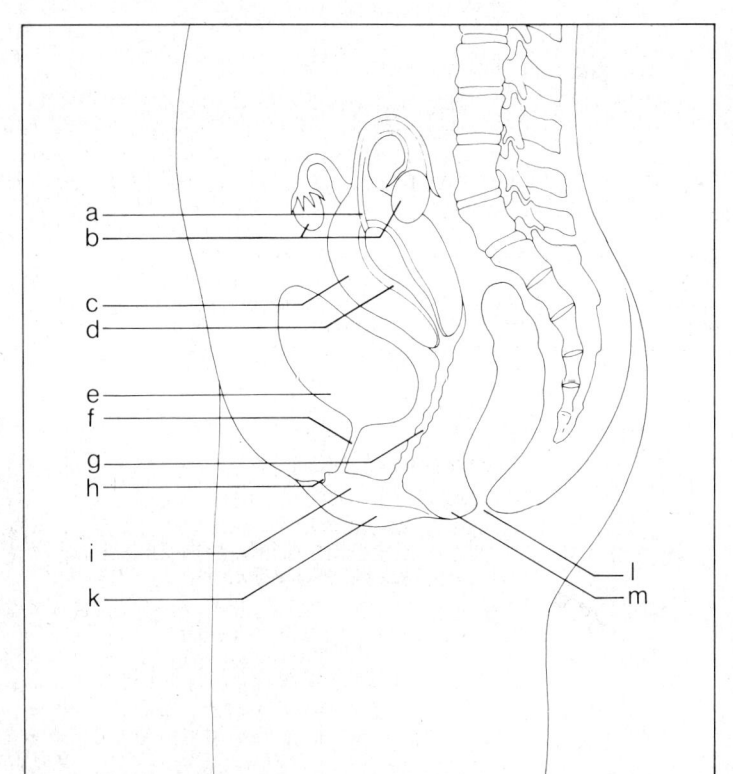

© Als Kopiervorlage freigegeben. Ernst Klett Schulbuchverlag, Stuttgart 1993

Entwicklung im Mutterleib
Schwangerschaft bedeutet Verantwortung für das Kind

(Schülerbuch S. 58/59)

Aufgabe und Lösung

① Beschreibe die Entwicklung ein- und zweieiiger Zwillinge anhand der Randabbildungen.
- **Zweieiige Zwillinge:**
Zwei Eizellen sind ausgereift und werden von zwei Spermien befruchtet. Sie entwickeln sich gleichzeitig in der Gebärmutter.
Eineiige Zwillinge:
Nur eine Eizelle wird befruchtet. Diese teilt sich vollständig. Es entstehen zwei Keime, von denen sich jeder zu einem Embryo entwickelt.

99 ——————————— **Zusatzinformation**

Möglichkeiten, bereits vor der Geburt über Entwicklungszustand und Gesundheit des Kindes Bescheid zu wissen:
- Regelmäßige Vorsorgeuntersuchungen beim Frauenarzt (Gynäkologe)
- Fruchtwasseruntersuchung (Amnioskopie und Amniozentese)
- Ultraschalluntersuchungen: Der Prüfkopf eines Ultraschallgeräts sendet und empfängt Ultraschallimpulse. Die ausgesandten Impulse werden an den Grenzflächen der Organe und anderen Strukturen des Körpers verschieden stark reflektiert. Der Prüfkopf nimmt das Ultraschallecho auf. Die Daten werden zu Bildern auf einem Monitor verarbeitet.

Ultraschalluntersuchung
(Ultraschall-Impuls Echo, Prüfkopf, Kopf des Fetus, Ultraschallwellenbündel, Bauchdecke der Mutter)

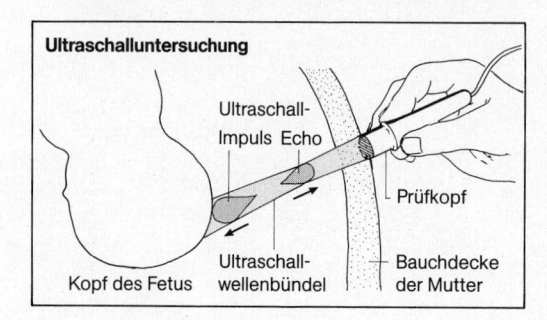

Zusatzaufgaben und Lösungen

① a) Welche Stoffe können die Plazentaschranke durchdringen?
b) Weshalb heißt es Plazenta„schranke"; obwohl doch so viele Stoffe hindurch können? Was kann nicht durch die Schranke?
c) „Die Plazenta hat für den Embryo gleichzeitig Lungen-, Darm- und Nierenfunktion". Was ist damit gemeint?

- a) Plazentaschranke

Mutter	Kind
Sauerstoff ——————→	
←——————	Kohlenstoffdioxid
Nährstoffe ——————→	
←——————	Abfallstoffe
Arzneimittel ——————→	
Alkohol ——————→	
Nikotin ——————→	
Andere Drogen ——————→	
Rötelnviren ——————→	
(und andere Krankheitserreger)	

Die Gefahr durch Drogen (Alkohol, Nikotin, Medikamente (vgl. Conterganschädigungen)) und Infektionskrankheiten (z. B. Röteln) ist in den ersten zwei bis drei Monaten der Schwangerschaft für das Kind besonders groß, da in dieser Zeit die Organe aus zunächst wenigen Zellen gebildet werden (hohe Sensibilität während der Organogenese). Für die Mutter bedeutet dies größte Rücksichtnahme auf den Embryo. Allerdings wird oft eine Schwangerschaft in der ersten Zeit gar nicht erkannt.

b) *Die Plazenta„schranke" trennt den mütterlichen und den kindlichen Blutkreislauf: Weiße und rote Blutzellen können die Schranke ebenso wenig passieren wie die kleinen Blutplättchen.*

c) *Der Embryo erhält über die Plazenta Sauerstoff und Nährstoffe. Seine Ausscheidungsstoffe werden durch die Plazenta in das mütterliche Blut abgegeben.*

Lösungen zum Arbeitsblatt S. 69

a) Länge 1 cm; 1. Monat: Nervensystem, Lunge, Herz, Gliedmaßen
b) Länge 9 cm; 3. Monat: Augen, Ohren, Nase, Mund, Geschlechtsorgane.
c) Länge 33 cm; fast 7. Monat: Fetus voll entwickelt.

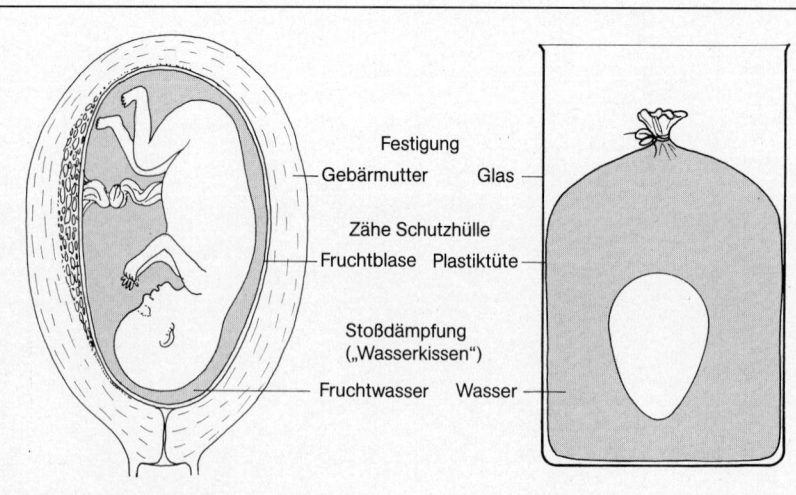

——————————— 99

(Festigung – Gebärmutter – Glas; Zähe Schutzhülle – Fruchtblase – Plastiktüte; Stoßdämpfung („Wasserkissen"); Fruchtwasser – Wasser)

Modellversuch: *Das Kind ist im Mutterleib geschützt.*
In einen wassergefüllten Plastikbeutel („Fruchtblase") wird ein rohes Hühnerei („Embryo") gegeben und der Beutel verschlossen. Beides gibt man in ein Becherglas („mütterlicher Körper"). Nun kann man das Glas mit dem wassergefüllten Beutel kräftig schütteln, ohne daß am Ei ein Schaden entsteht. Macht man den selben Versuch ohne Wasserkissen, zerbricht die Eischale. Man kann den Plastikbeutel auch herausnehmen und auf den Tisch plumpsen lassen, wobei man allerdings darauf achten muß, daß der Plastikbeutel kräftig genug ist und nicht platzt!

Der Mensch

Der weibliche Zyklus

1. Klebe die Teile des Ausschneidebogens (S. 64) so auf, wie es dem Ablauf des weiblichen Zyklus entspricht.

2. Beschrifte.

1 _____ 2 _____ 3 _____

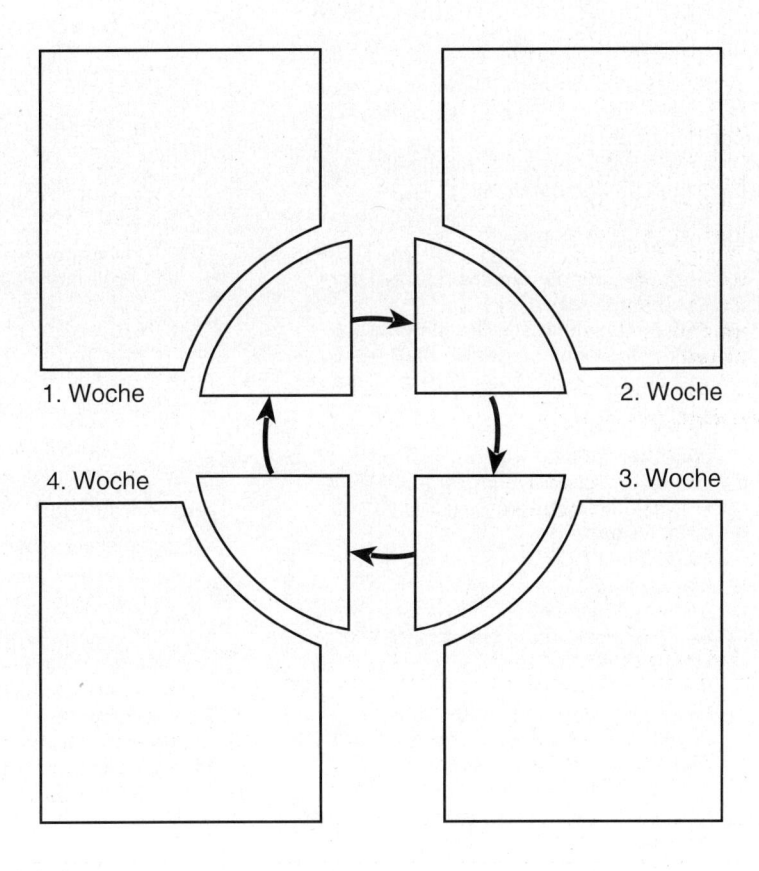

4 _____ 5 _____ 6 _____

7 _____ 8 _____

1. Woche   2. Woche

4. Woche   3. Woche

© Als Kopiervorlage freigegeben. Ernst Klett Schulbuchverlag, Stuttgart 1993

Die Geburt

Die Entwicklung des Kindes

(Schülerbuch S. 60/61)

Die organischen Vorgänge bei der Geburt werden im Schülerbuch beschrieben. Man sollte vermeiden, Angst vor diesem später so entscheidenden Geschehen auszulösen und darauf hinweisen, daß die werdende Mutter durch gezielte Vorbereitung (Schwangerschaftsvorsorgeuntersuchungen, Schwangerschaftsgymnastik mit Atemübungen...) auf eine problemlose Geburt hinwirken kann.

Im Blick auf das Erleben des Neugeborenen sollte auf die großen Umstellungen und Streßbelastungen eingegangen werden, die beim Übergang vom warmen, geborgenen Dasein im Mutterleib zum Leben im Freien ablaufen: Atmung, Ernährung, Ausscheidung, Sinnesleistungen und Temperaturregulation müssen jetzt vom kindlichen Körper voll übernommen werden. Durch engen Kontakt zwischen Mutter und Kind nach der Geburt muß dieser Streß abgebaut und eine neue Geborgenheit vermittelt werden (Körperkontakt sofort nach der Geburt, verschiedene Formen des Rooming-in während des Klinikaufenthaltes, mütterliche Nähe in den nachgeburtlichen Wochen und Monaten).

Zusatzaufgabe und Lösung

① Die Sinne des Kindes sind bereits bei der Geburt gut entwickelt.
   a) Stelle in einer Tabelle die Sinneswahrnehmungen des Kindes im Mutterleib den Sinneseindrücken nach der Geburt gegenüber.
   b) Erkläre, warum die Hebamme das Neugeborene an das Herz der Mutter legt?
   c) Diese Kontaktaufnahme ist auch für die Mutter wichtig. Begründe.
   – a) **Im Mutterleib:**
   Es ist dunkel, das Kind sieht nichts. Es hört den Herzschlag der Mutter und gedämpfte Laute von außen. Es ist warm (37 °C). Im Fruchtwasser ist das Kind stoßgeschützt.
   Nach der Geburt:
   Es ist hell. Alle Geräusche erreichen ungedämpft das Kind. Es ist relativ kalt. Das Kind spürt feste Gegenstände.
   – b) *Dort kann es gut den Herzschlag hören, es ist warm und weich. Zusätzlich beruhigt die Stimme der Mutter.*
   – c) *Die Mutter möchte ihr Kind beschützen, streicheln und liebkosen. Damit beginnt nach der physischen Einheit „Mutter-Kind" die psychische Mutter-Kind-Beziehung, die für die körperliche und geistige Reifung des Kindes wichtig ist.*

Anmerkung

Zur Tabelle Entwicklung von Säugling und Kleinkind (S. 61,3 im Schülerbuch) können auf einer Wandtafel Bildfolgen angelegt werden, die die unterschiedlichen Fähigkeiten im Verlauf der Entwicklung dokumentieren. Durch eine Schülerbefragung bzw. Elternbefragung läßt sich auch eine Tabelle über das Alter der Schüler beim 1. Kopfheben, 1. Sitzen, 1. Laufen, 1. Sprechen erstellen.

Lösungen zum Arbeitsblatt S. 71

1. a) Mutterkuchen; b) Gebärmutter; c) Harnblase; d) Nabelschnur
2. – Atmung
   a) über Plazenta und Nabelschnur.
   b) über die eigene Lunge.
3. – Ernährung
   a) über Plazenta und Nabelschnur.
   b) über den eigenen Mund und Darm.
4. – Sinneseindrücke
   a) Kind sieht nichts; hört den Herzschlag der Mutter und gedämpfte Laute von außen. Es spürt gleichmäßige Wärme.
   b) Kind sieht; hört ungedämpft. Es spürt wechselnde Kälte und Wärme. Es fühlt feste und weiche Gegenstände.
5. – Schutz
   a) Körper der Mutter schützt. Fruchtwasser dämpft Stöße.
   b) Kind kommt mit Umwelt in Berührung. Schutz durch Fürsorge der Eltern.

Medien

Filme
– FWU Der weibliche Zyklus
– Klett 99929 Entwicklungsstadien im Mutterleib (3 min, f)
– FWU Schwangerschaft und Geburt (12 min, f)
– Imbild Der Körper des Menschen: Ein Mensch entsteht (28 min, f) (Ausschnitte)
– Klett 99930 Die Geburt eines Kindes (4 min, f)
– CVK 17214 Angeborene und erworbene soziale Verhaltensweisen beim Säugling (5 min, f)
– CVK 17575 Angeborene Reflexe beim Säugling (5 min, f)
– FWU Entwicklung des Greifens im ersten Lebensjahr (22 min, f) (Ausschnitte)

Videos
– Klett 376026 Die Geburt (4 min, f)
– Klett 751390 So entsteht ein Mensch (12 min, f)

Dias
– FWU Biologie der Fortpflanzung: Fortpflanzungsorgane der Frau (12, f)
– FWU Biologie der Fortpflanzung: Fortpflanzungsorgane des Mannes (8, f)
– FWU Biologie der Fortpflanzung: Keimesentwicklung des Menschen (7, f)
– FWU Biologie der Fortpflanzung: Schwangerschaft und Geburt (7, f)

Lehrtafeln
– Klett 150 159 Beckenorgane des Mannes
– Klett 150 169 Beckenorgane der Frau
– Klett 150 239 Keimesentwicklung

Entwicklungskalender, im Klassensatz erhältlich bei Bundeszentrale für gesundheitliche Aufklärung, Postfach 93 01 03, 5000 Köln 91

Entwicklung im Mutterleib

1. Die Umrißzeichnungen zeigen die im Mutterleib dargestellten Kinder in ihrer wirklichen Größe. Miß ihre Länge (punktierte Linie). Stelle anhand der Tabelle fest, wie alt sie sind. Damit weißt du auch, im wievielten Monat die Frau schwanger ist.

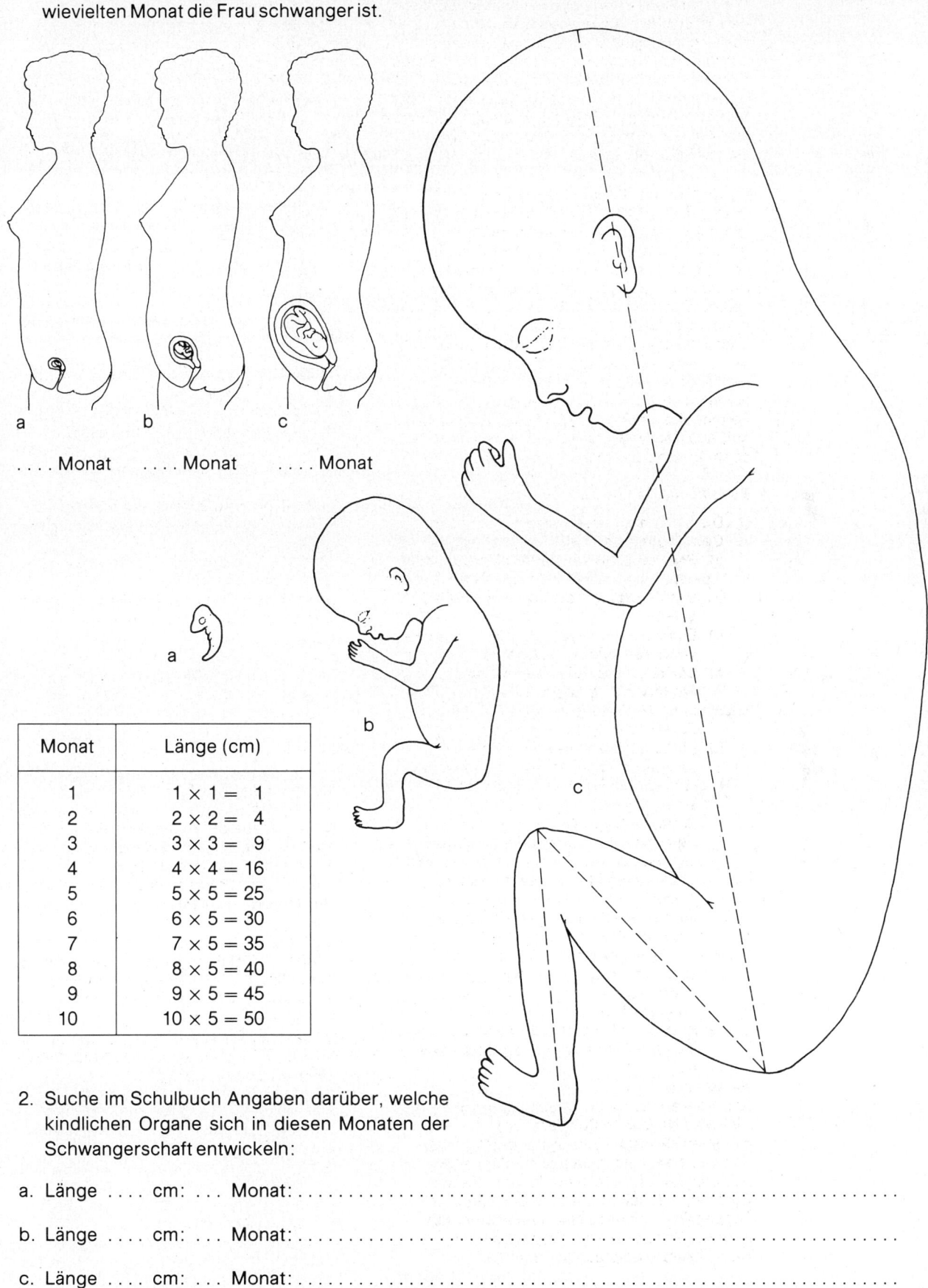

a .... Monat   b .... Monat   c .... Monat

Monat	Länge (cm)
1	1 × 1 = 1
2	2 × 2 = 4
3	3 × 3 = 9
4	4 × 4 = 16
5	5 × 5 = 25
6	6 × 5 = 30
7	7 × 5 = 35
8	8 × 5 = 40
9	9 × 5 = 45
10	10 × 5 = 50

2. Suche im Schulbuch Angaben darüber, welche kindlichen Organe sich in diesen Monaten der Schwangerschaft entwickeln:

a. Länge .... cm: ... Monat: ....

b. Länge .... cm: ... Monat: ....

c. Länge .... cm: ... Monat: ....

© Als Kopiervorlage freigegeben. Ernst Klett Schulbuchverlag, Stuttgart 1993

Ein ernstes Problem

Susanne, Birgit und Ursula unterhalten sich über ein ernstes Problem.

S.: „Kommt ihr mich heute besuchen?"
B.: „Ja, aber meine Eltern wollen, daß ich nicht im Dunkeln nach Hause komme."
U.: „Ich muß auch pünktlich zu Hause sein. Habt ihr gehört, hier soll sich wieder so ein Typ herumtreiben, der sich an junge Mädchen heranmacht."
S.: „Aber das war doch weit weg, irgendwo im Wald. Ich habe es in der Zeitung gelesen."
U. „Solche Typen gibt es aber auch in der Stadt. Neulich ist mal einer im Auto hinter mir hergefahren, hat mich überholt, ist stehengeblieben, hat das Fenster heruntergekurbelt und mich angequatscht. Ich bin einfach in die Fußgängerzone gegangen, da war ich ihn los. Und der sah nicht mal schlecht aus."
S.: „Das sind auch nicht so verkommene Typen."
B.: „Mein Vater sagt, oft wären das Menschen mit krankhaften Veranlagungen, die könnten nichts dafür."
U.: „Aber was soll man denn machen, wenn man so einem begegnet? – Du kannst doch auch nicht jeden Fremden, der dich etwas fragt, für einen Strolch halten."
S.: „Und ich habe gehört, das könnte auch unter Bekannten vorkommen, und sogar Jungen würden manchmal angesprochen."
B.: „Ich würde so was gleich meinen Eltern sagen."
U.: „Ich habe mir vorgenommen, nie allein durch unübersichtliches Gelände zu gehen. Ich gehe auch nicht mehr spät durch den Schiller-Park nach Hause. Dann mache ich lieber den kleinen Umweg durch die Hauptstraße. Da ist es hell, und du siehst auch immer Leute. Und per Anhalter fahre ich auch nicht."
B.: „Ich auch nicht, dann komme ich lieber zu spät."
U.: „Meint ihr nicht auch, daß die es eher auf solche Mädchen abgesehen haben, die sich aufreizend anziehen?"
S.: „Was meinst du damit? Ich ziehe mich auch gern nett an."
U.: „Ich meine Mädchen, die sich so anziehen, wie die auf manchem Poster oder auf den Titelblättern von Illustrierten, weißt du, aufgedonnert, mit übertriebenem Make-up und so..."
B.: „Ich muß los. Also bis nachher."
U.: „Ich auch. Und wenn es heute abend später werden sollte, dann rufen wir an. Mein Vater kommt uns bestimmt abholen."

Informationsmaterial kann bezogen werden bei
- Bundesministerium für Jugend, Familie und Gesundheit, Postfach 20 04 90, 5300 Bonn 2
- Bundesverband der Ortskrankenkassen, Kortrijkerstr. 1, 5300 Bonn; (oder bei den örtlichen Niederlassungen der AOK)
- Bundesvereinigung für Gesundheitserziehung, Simrockallee 12, 5300 Bonn
- Bundeszentrale für gesundheitliche Aufklärung, Ostmerheimer Str. 200, 5000 Köln 91

Literatur

BRAUER, J., KAPITZKE, G., MEHL, H. J. P., WRAGE, K.-H.: Junge, Mädchen, Mann und Frau. Bd. 1 für 8–12jährige. Mohn, Gütersloh 1981

BUNDESZENTRALE FÜR GESUNDHEITLICHE AUFKLÄRUNG (Hrsg.): Schriften und Unterrichtsmittel zur Geschlechtserziehung. Klett, Stuttgart 1975

DAS NEUE HANDBUCH DER GESUNDHEIT FÜR DIE GANZE FAMILIE. Mosaik, München 1984

ESCHENHAGEN, D. (Hrsg.): Säugling und Kleinkind. Unterricht Biologie, 2. Jg., Heft 27, Friedrich, Seelze 1978

ETSCHENBERG, K. (Hrsg.): Sexualität und Partnerschaft. Unterricht Biologie, 10. Jg., Heft 119, Friedrich, Seelze 1986

FAGERSTRÖM, G., HANSSON, G.: Peter, Ida und Minimum. Familie Lindström bekommt ein Baby. Maier, Ravensburg 1979

FALLER, A.: Der Körper des Menschen. Einführung in Bau und Funktion. Thieme, Stuttgart 1984

HAASE, H.: Ein Kind wird geboren. Unterricht Biologie, 1. Jg., Heft 11, Friedrich, Seelze 1977

HANSWILLE, R.: Liebe und Sexualität. Ein Buch für junge Menschen. Kösel, München 1986

KATTMANN, U., LUCHT, H., STANGE-STICH, S.: Sexualität des Menschen. Unterrichtseinheit für die Orientierungsstufe. Aulis, Köln 1974

MEIER, M., MÜLLER, R. (Hrsg.): Schwangerschaft – Geburt – Abtreibung. Unterricht Biologie, 8. Jg., Heft 96, Friedrich, Seelze 1984

MÖRIKE, K., BETZ, E., MERGENTHALER, W.: Biologie des Menschen. Quelle & Meyer, Heidelberg 1983

MOLENDA, W. (Hrsg.): Tierjunges – Menschenkind. Naturwissenschaften im Unterricht – Biologie, 31. Jg., Heft 2, Aulis, Köln 1983

NILSSON, L.: So kamst Du auf die Welt. Von der Zeugung zur Geburt. Bertelsmann, München, Gütersloh, Wien 1975

NILSSON, L.: Ein Kind entsteht. Mosaik, München 1984

SEELMANN, K.: Woher kommen die kleinen Buben und Mädchen? Ein Buch zum Vor- und Selberlesen für 8–13jährige. Reinhardt, München 1984

SPITZ, R. A.: Vom Säugling zum Kleinkind. Naturgeschichte der Mutter-Kind-Beziehungen im ersten Lebensjahr. Klett, Stuttgart 1976

ZIMMER, K.: Das Leben vor der Geburt. Die seelische und körperliche Entwicklung des Kindes im Mutterleib. Bundesministerium für Jugend, Familie und Gesundheit, o. O. 1985

Die Geburt — ein entscheidender Lebensabschnitt

1. Beschrifte die Abbildung.

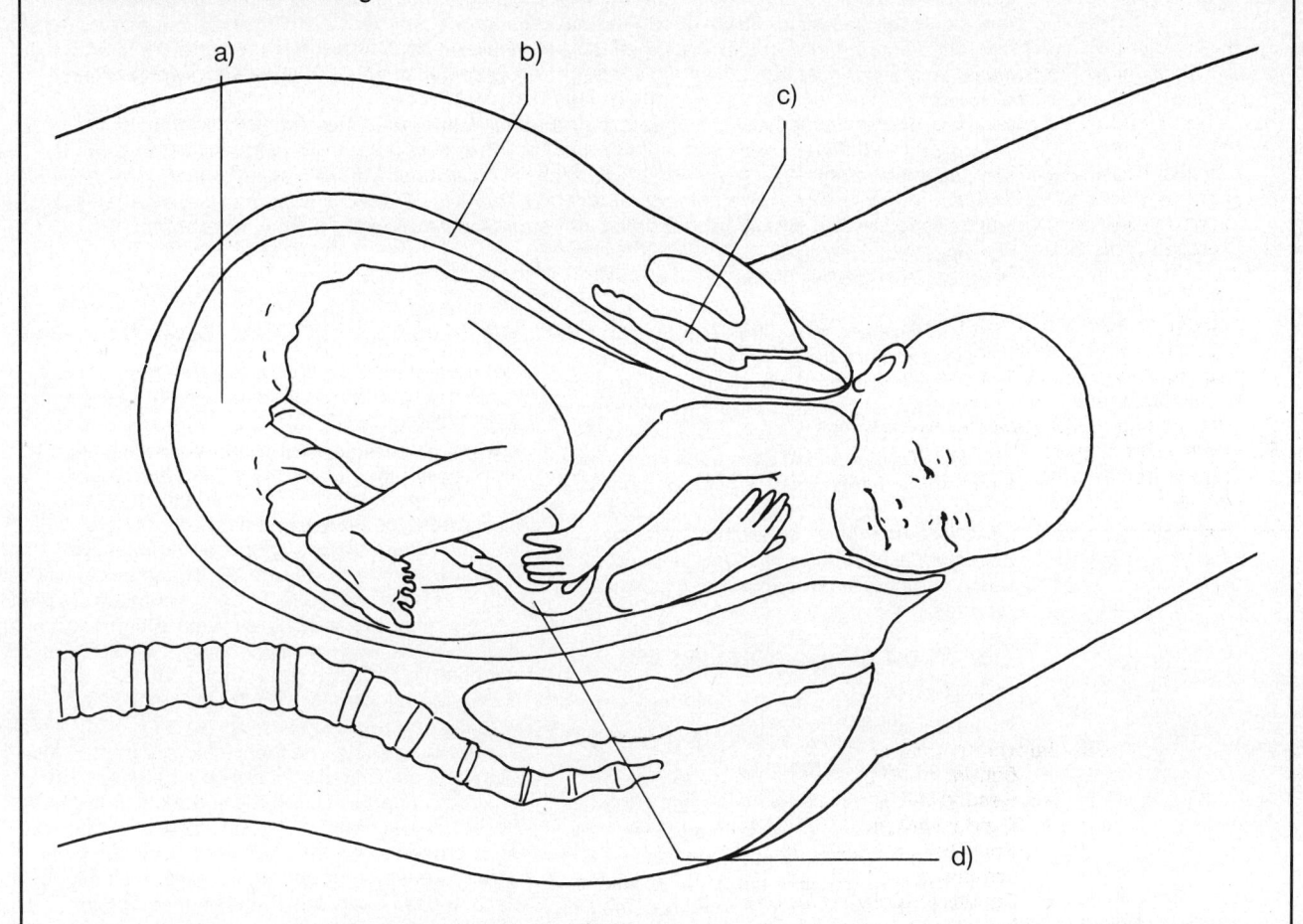

   a)
   b)
   c)
   d)

2. Bedenke, was sich für das Kind bei der Geburt ändert.

	a) Vor der Geburt	b) Nach der Geburt
Atmung		
Ernährung		
Sinneseindrücke		
Schutz		

© Als Kopiervorlage freigegeben. Ernst Klett Schulbuchverlag, Stuttgart 1993

Säugetiere

Fünft- und Sechstklässler zeigen großes Interesse an Säugetieren. Diese Themen eignen sich daher besonders, um die Schüler Schritt für Schritt in die biologische Betrachtungsweise einzuführen. Sie sollen dabei nicht trockenes Faktenwissen lernen, sondern am Gedankengang, der zu biologischen Erkenntnissen führt, teilhaben. So erkennen sie den Nutzen der Fachsprache im Vergleich zur Umgangssprache: Durch Fachbegriffe kann man einen Sachverhalt kurz und treffend charakterisieren.

Von den meisten Lehrplänen wird heute wieder mehr monografisches Arbeiten im Unterricht gefordert. Die Schüler sollen sich in das neue Fach einleben dürfen. Ohne Kenntnis der Lebewesen und Lebensformen ist wohl kein einsichtiges Erfassen der Naturgesetze möglich. Unser Buch bringt allerdings keine starren Monografien nach dem Kopf-Schwanz-Schema. Jedes Lebewesen läßt Besonderheiten erkennen, von denen her eine Monografie aufgebaut werden kann.

1 Haustiere des Menschen

Die *Haustiere* des Menschen eignen sich, um mit den Schülern die Merkmale von *Säugetieren* zu erarbeiten. Außerdem können am vertrauten Tier grundlegende Einsichten in den Körperbau dieser Tiere gewonnen werden. Die Schüler sollen aber auch klar erkennen, daß Tiere bestimmte Ansprüche haben, denen man gerecht werden muß. Andererseits soll ein Schüler dadurch auch nicht von der *Heimtierhaltung* abgeschreckt werden. Diese erleichtert ihm den Zugang zur belebten Welt.

Der Hund als Beispiel für ein Säugetier

(Schülerbuch S. 66/67)

Aufgaben und Lösungen

① Nenne Merkmale, die den Hund als Säugetier kennzeichnen. Auf welche anderen Tiere treffen diese Merkmale ebenfalls zu?
– *Hunde bringen lebende Junge zur Welt, die mit Milch ernährt werden. Säugetiere besitzen außerdem Haare in der Haut, d.h. ein Fell, wie es in keiner anderen Tiergruppe vorkommt.*

② Begründe anhand des Textes, weshalb Welpen die Wurfkiste verlassen können sollten.
– *Die Welpen können so ihre nähere Umgebung erkunden. Das tun sie in diesem Alter auch unter natürlichen Bedingungen. Zudem wird auf diese Weise die Kontaktaufnahme mit dem Menschen erleichtert.*

③ Begründe, warum man die jungen Welpen Nesthocker nennt.
– *Welpen sind nach ihrer Geburt hilflos. Ihre Augen sind noch geschlossen. Die Bewegungen sind bis auf das Suchverhalten nach der Zitze noch unsicher. Ein Verlassen des Nestes ist unmöglich. Die Welpen müssen gewärmt, gepflegt und beschützt werden.*

④ Im Freien gehaltene Hunde legen vor der Geburt der Jungen eine Wurfhöhle an. Kannst du nun erklären, weshalb die Hündin ungefähr zwei Tage vor der Geburt der Welpen zu scharren anfängt?
– *Das Scharren zeigt, daß das Anlegen einer eigenen Wurfhöhle bei der Hündin angeboren ist.*

⑤ Begründe, weshalb der Züchter erst nach etwa acht Wochen die Welpen an den neuen Besitzer abgibt. Welche Aufgabe muß dieser übernehmen?
– *Unter natürlichen Bedingungen werden die Welpen nach acht Wochen von der Hündin an den Rüden abgegeben, der die weitere Erziehung übernimmt. Die Rolle des Rüden übernimmt der neue Besitzer.*

Große Rassen (1) haben im Durchschnitt mehr Welpen pro Wurf als **kleine Rassen (2)**.

❞ ———— **Zusatzinformation**

Beim Vergleich von Wolf und Hund muß der Lehrer immer wieder von neuem bewußt machen, daß Wölfe in *Rudeln* leben. Auf Grund seines wölfischen Erbes ist ein Hund nur glücklich, wenn er in einer Gruppe lebt (d.h. die „Rudelfunktion" geht auf die „Menschengruppe" über, in der der Hund lebt). Nur der ranghöchste Wolf und die ranghöchste Wölfin kommen zur Paarung. Zwar können weitere Wölfinnen läufig werden und Rüden zum Nachlaufen veranlassen, die beiden ranghöchsten Tiere stören sie jedoch bei dem zur Paarung vorausgehendem Vorspiel so nachhaltig, daß es in der Regel nicht zur Befruchtung oder zum Austragen von Nachwuchs kommt.

Die Wölfin gräbt meist mehrere Wohnhöhlen als Ausweichquartier. Alle Familienmitglieder helfen bei der Jungenaufzucht: Sie schaffen Nahrung herbei, bewachen die Jungen, spielen mit ihnen oder begleiten sie als „Aufpasser" bei ihren Streifzügen. Die jungen Wölfe werden so spielerisch in das Leben des Rudels mit seinen verschiedenen Aufgaben eingeführt.

Auch Kinder lernen vieles im Spiel. Anhand des Vergleiches wird klar, daß der Hund sich auf Grund seiner Veranlagung leicht in die soziale Organisation des Menschen einordnen kann. Eines muß jedoch klar sein: Ein Hund braucht eindeutige Bezugspersonen und eine klare Rangordnung.

———— ❞

Lösungen zum Arbeitsblatt

zu 1.: (zur Farbgebung vgl. Abb. 260.1 im Schülerbuch)
zu 2.: a) Gebärmutter, b) Eileiter, c) Eierstock, d) Magen, e) Lunge, f) Herz, g) Darm, h) Niere, i) Harnblase, k) Spermienleiter, l) Hoden, m) Penis mit Harnröhre
zu 3.: Am Bauch des Rüden sind Penis und Hodensack sichtbar.
Am Bauch der Hündin sieht man zwei Reihen von Saugwarzen (Zitzen) mit Milchdrüsen. Im Unterleib befinden sich Gebärmutter und Eierstock.

Medien

Filme
– FWU Der Deutsche Schäferhund (20 min, f)
– FWU Verhalten bei Wildhunden (Dingos)
  1. Geburt und Welpenentwicklung (12 min, f)
  2. Entwicklung des Sozialverhaltens (15 min, f)
– Klett 75 123 Verständigung zwischen Mensch und Hund (5 min, f)

Die inneren Organe des Hundes

1. Male die inneren Organe des Hundes mit verschiedenen Farben aus.

2. Benenne die Organe mit Namen. Beschrifte die Zeichnung.

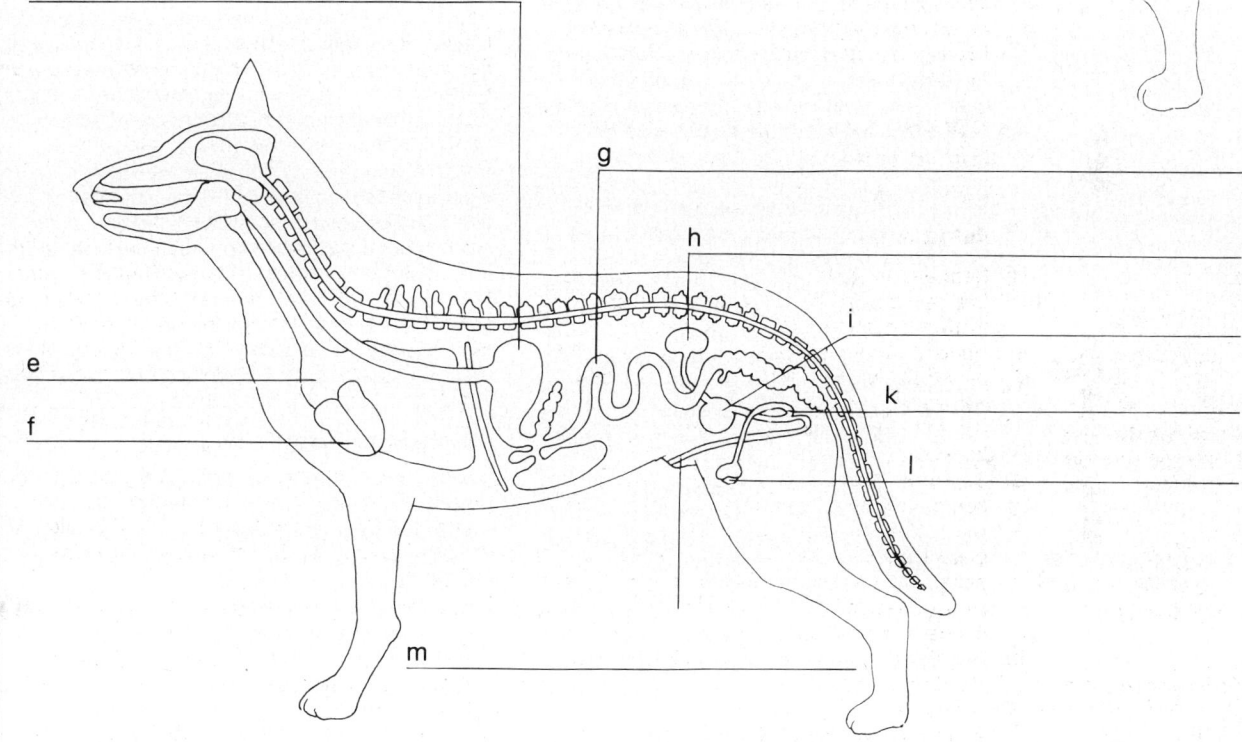

a _____
b _____
c _____

d _____
e _____
f _____
g _____
h _____
i _____
k _____
l _____
m _____

3. Wie unterscheidet sich der Rüde (unten) von der Hündin (oben)?

_____
_____
_____
_____
_____

© Als Kopiervorlage freigegeben. Ernst Klett Schulbuchverlag, Stuttgart 1993

Der Hund – ein leistungsfähiges Wirbeltier

(Schülerbuch S. 68/69)

Aufgaben und Lösungen

① Ordne den Ziffern in Abbildung 68.1 die richtigen Begriffe zu. Vergleiche das Skelett des Hundes mit dem des Menschen (Abb. 17.1). Welche Übereinstimmungen stellst du fest?
- *1 = Hüftgelenk, 2 = Kniegelenk, 3 = Ferse. Diese Gelenke hat auch der Mensch, und zwar in der gleichen Reihenfolge.*

② Der Hund ist ein Zehengänger, der Mensch ein Sohlengänger. Erläutere anhand des jeweiligen Skeletts die Unterschiede.
- *Sohlengänger setzen beim Gehen mit dem ganzen Fuß auf: mit Ferse, Fußwurzelknochen, Mittelfußknochen und den Zehen entsteht eine große Auflagefläche. Sie ist beim Menschen eine Voraussetzung für den aufrechten Gang.*
Der Hund hingegen setzt seine Beine nur mit den Zehenknochen auf. Die Auflagefläche ist kleiner. Vor allem die Mittelfußknochen sind im Vergleich zum Menschen verlängert, so daß das Bein relativ lang ist. Dies ermöglicht dem Hund das schnelle Laufen.

③ Mit welchen Zähnen kann der Hund am kräftigsten zubeißen und einen Knochen zerbrechen? Durch einen Vergleich kannst du dieses herausfinden: Stelle fest, wie du mit einer Schere die größte Kraft entfalten kannst.
- *Will man mit einer Schere etwas Hartes durchschneiden, muß man sie weit öffnen und den Schnitt möglichst nahe am Drehpunkt der Schere ansetzen. Entsprechendes gilt für das Hundegebiß: Die hinteren Backenzähne werden für die stärksten Belastungen eingesetzt, z.B. zum Zerbrechen von Knochen.*

④ Gib weitere Beispiele dafür an, wie der Mensch die leistungsfähigen Sinnesorgane des Hundes für sich ausnutzt.
- *Beim Zoll: Aufspüren von Rauschgift (Geruch); bei der Jagd: Aufspüren von Wild (Geruch); bei Katastrophen: Rettung von verschütteten Menschen (Geruch, Gehör); beim Bewachen von Gebäuden durch Wachhunde: (Gehör, Geruch).*

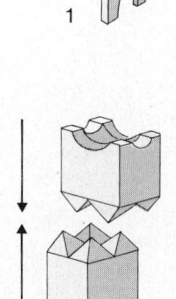

1 Die Reißzähne gleiten aneinander vorbei und schneiden wie eine Schere

2 Die hinteren Backenzähne der Fleischfresser treffen aufeinander und zermalmen die Nahrung

Wichtige Hörzeichen:
sitz = sitzen;
Platz = niederlegen;
steh = stehenbleiben;
Fuß = neben dem Hundeführer gehen;
voraus = Hund darf voraus laufen;
komm her = herkommen, zurückkommen;
pfui = das darfst du nicht;
brav = großes Lob;
aus = auslassen, Tätigkeit sofort beenden;
geh Platz = Hund muß zum Liegeplatz gehen.

99 ──────── Zusatzinformation

Zum Wohlbefinden des Hundes gehört nicht nur eine ausgewogene Ernährung, sondern auch täglicher Auslauf. Hunde sind gesellige, spielfreudige und lernfähige Tiere, die sich leicht in eine Familie einordnen. Der Hund beobachtet seine Umgebung sehr genau, er versteht bereits aus Intentionsbewegungen, was der Mensch liebt oder haßt, und was er gerade vorhat. Gewisse Schwierigkeiten gibt es dagegen mit der menschlichen Sprache, da Hunde nach dem Tonfall beurteilen, ob etwas freundlich, befehlend oder zurechtweisend gemeint ist. Die wichtigen Hörzeichen für Hunde müssen daher kurz sein und ein möglichst eindeutiges Klangbild aufweisen (vgl. Randspalte).

Der Hund ist ein *Zehengänger*, seine Beinstellung ist anders als die des Menschen. Die Winkelung der Gelenke läßt sich mit der einer gespannten Feder vergleichen und verweist, zusammen mit der Krümmung des Rückgrats beim Laufen, auf die Sprungkraft des Tieres (vgl. auch S. 60, Zeichnung der Bewegungsphasen des Hundes beim Sprung). Die Schüler sollen die unterschiedliche Beinstellung beim Sohlengang und Zehengang selbst ausprobieren. Vergleichend zum Menschen werden mit Hilfszeichnungen Schädel, Wirbelsäule, Schultergürtel, Beckengürtel und die Gliedmaßen erarbeitet. Es ist günstig, wenn hierzu einige Skelette aus der Biologiesammlung gezeigt und vergleichend betrachtet werden (z.B. Katze, Kaninchen, Frosch, Eidechse, Vogel usw.).

Hunde können nicht schwitzen. Aus Beobachtungen und Erfahrungen mit Hunden wissen die Schüler, daß der Hund beim Laufen die Zunge weit aus dem Maul heraushängen läßt. Dasselbe ist bei heißem Wetter zu beobachten, wobei ein deutliches *Hecheln* dazukommt. Versuch: Mit einem feuchten Wattebausch bestreicht man die entblößten Unterarme der Schüler und läßt sie darüber blasen oder die Arme kreisen und schütteln. So erfahren die Schüler an sich selbst die kühlende Wirkung, die durch die Verdunstung des Wassers entsteht.

Die wärmende Wirkung des Fells muß kaum erläutert werden. Dagegen sind die Unterschiede von *Winterfell* und *Sommerfell* den Schülern meist unbekannt.

Um die Funktion des Gebisses zu verstehen, muß man den Hund beim Fressen beobachten lassen (Hausaufgabe!). Im Unterricht können Bilder, die einen Hund beim Abbeißen von Fleisch oder beim Benagen von Knochen zeigen, hilfreich sein. Für Schüler ist zunächst nicht verständlich, wie der Hund mit den Reißzähnen etwas abschneiden kann. Man muß an einem Hundeschädel zeigen, daß die vorderen und hinteren Backenzähne eine unterschiedliche Kronenbreite besitzen und demnach unterschiedliche Funktionen haben. Hilfszeichnungen erläutern, wie die vorderen Backenzähne (*Reißzähne*) schneidende, die hinteren kauende Funktion haben (vgl. Randspalte).

──────── 99

Hundehaltung und Versorgung

Bis zum Alter von zehn Jahren sind Kinder mit der voll verantwortlichen Versorgung eines Hundes überfordert. Sie können unter entsprechender Beaufsichtigung allerdings Teilaufgaben übernehmen wie z.B. den regelmäßigen Spaziergang, die Fellpflege oder die Fütterung. Zur verantwortlichen Hundehaltung gehören jedoch z.B. auch die vorbeugende *Impfung* gegen ansteckende Hundekrankheiten sowie regelmäßige *Wurmkuren* (vgl. Schülerbuch S. 68). Erst ältere Kinder bringen die nötige Ausdauer auf, um einen Hund selbstverantwortlich zu versorgen. Kinder können sich auch an der Ausbildung des Hundes beteiligen. Oft fehlt ihnen jedoch die dazu nötige Konsequenz. Leicht über- oder unterfordern sie den Hund; andererseits besitzen sie ihm gegenüber nicht die notwendige Autorität als „Leittier". Es ist auch möglich, daß ein Jugendlicher sich während der Pubertät anderen Interessen zuwendet - ein Hund ist aber keine Ware und kann nicht ohne weiteres weggegeben werden.

Lösungen zum Arbeitsblatt

zu 1.: Schädel, Schultergürtel, Wirbelsäule, Beckengürtel, Rippen/Brustkorb, Oberschenkelknochen, Unterschenkelknochen, Mittelfußknochen, Zehenknochen.

zu 2.: a) schlanker Rumpf; b) lange Beine; c) Zehengänger.

Säugetiere

Das Skelett des Hundes

1. Benenne die Teile des Hunde-Skeletts. Beschrifte die Zeichnung.

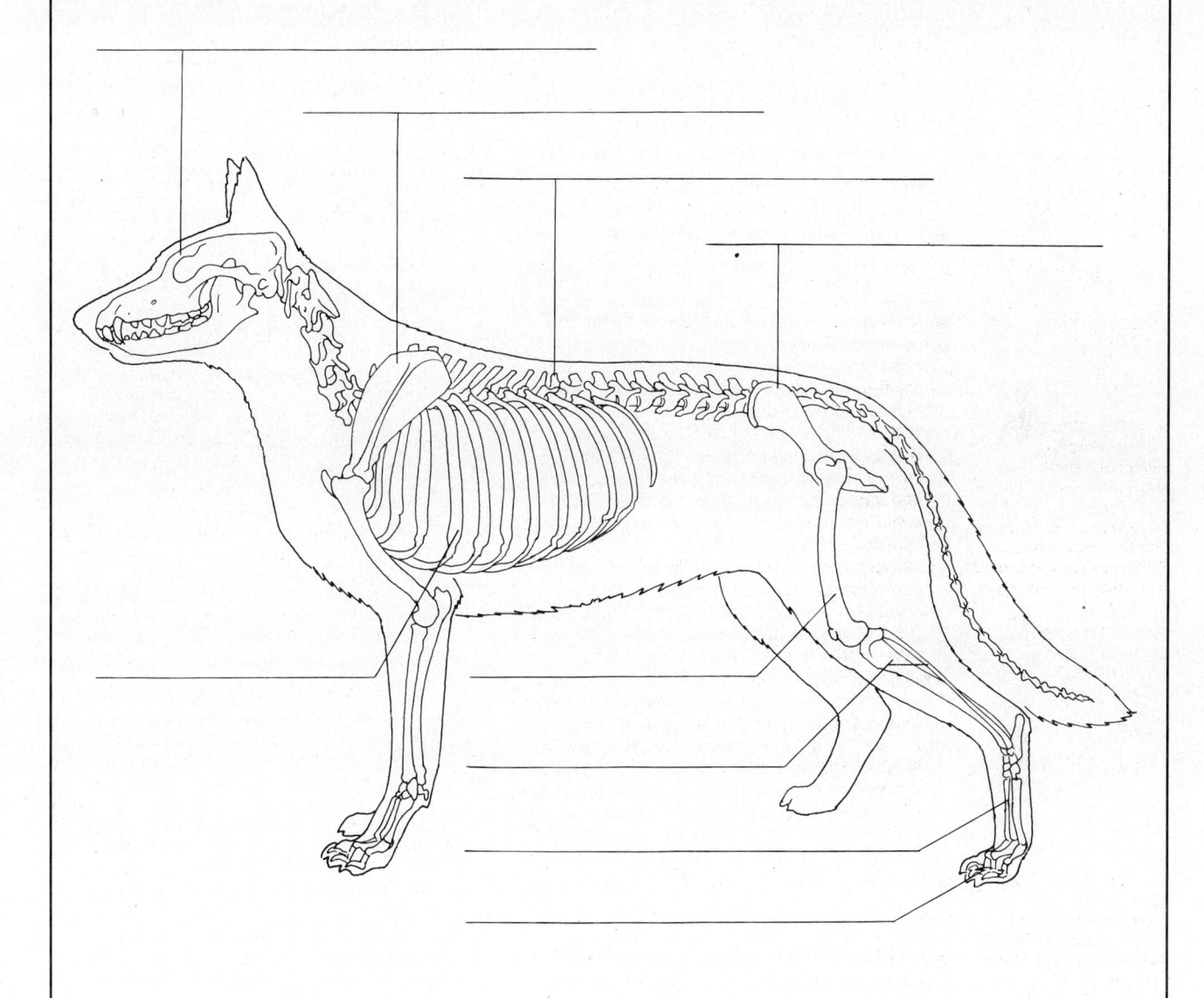

2. Benenne die Körpermerkmale, die für ein Lauftier typisch sind:

   a _____

   b _____

   c _____

Der Wolf – Stammvater des Hundes

Wildlebende Verwandte von Hund und Wolf

(Schülerbuch S. 70/71)

Aufgabe und Lösung

① Afrikanische Wildhunde können nur dann überleben, wenn sie im Rudel jagen. Kojoten und Schakale jagen häufig nur paarweise und können trotzdem überleben. Finde anhand des Textes eine Erklärung dafür.
- *Die kleinen Wildhunde jagen große Beutetiere wie Gazellen und Antilopen. Dabei sind sie auf eine Zusammenarbeit im Rudel angewiesen, z. B. wechseln sie sich bei der Hetzjagd ab. Kojote und Schakal ernähren sich von kleineren Tieren und Früchten. Sie brauchen beim Nahrungserwerb daher keine Unterstützung.*

99 ――――――――――――― **Zusatzinformation**

Wolf – Hund – Wildhund – verwilderter Hund

Die *Familie der Hunde* (Wölfe, Schakale, Kojoten, Wildhunde, Füchse) zählt 30 bis 35 Arten. Die genaue Zahl der Arten ist von der jeweiligen systematischen Einordnung abhängig. Die *Gattung Hund* umfaßt nach heutiger Auffassung den Wolf mit Haushund und Dingo, die Schakale und die Kojoten. Unter diesen zählt man den Haushund sowie den Neuguinea-Dingo und den Australischen Dingo (beide im frühen Domestikationsstadium wieder verwildert) zu den domestizierten Formen, die alle vom Wolf abstammen (insgesamt ca. 300 Rassen).
Mit dem Wolf können sich diese domestizierten Formen paaren und Nachkommen bilden, mit dem Kojoten oder Schakal jedoch nicht. Solche Mischlinge entstehen meist nur in der Obhut des Menschen, z.B. im Zoo; sie können mit den Mauleseln oder Maultieren verglichen werden, d.h. sie sind Gebrauchstiere, jedoch unfruchtbar.
Man bezeichnet heute den Haushund nicht mehr als eigene Art, sondern als Rasse des Wolfs. Die Benennung ist nicht mehr *Canis familiaris*, sondern *Canis lupus f. familiaris*, wobei f. = forma bedeutet, daß wir es nicht mit einer natürlichen Unterart, sondern mit einer „künstlichen" Zuchtform zu tun haben. (*Auszug aus:* GRZIMEKS Enzyklopädie Bd. 4, S. 52 ff., 1987)

――――――――――――――――――――― 99

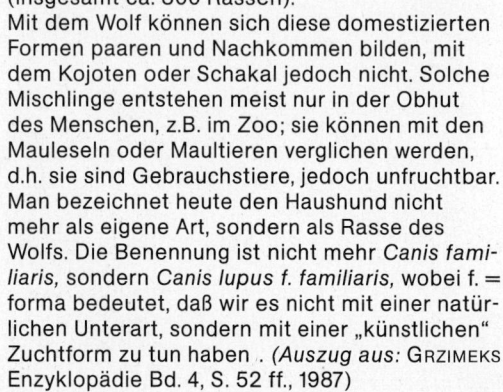

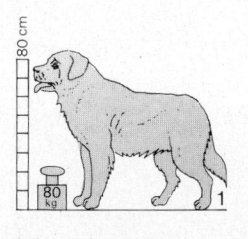

Variabilität von Körpergröße und Gewicht bei Rassehunden
1 Bernhardiner
2 Chihuahua

Hunde – gefährliche Raubtiere?

Immer wieder werden Menschen von Hunden gebissen. Die Schüler können von unterschiedlichen Erfahrungen berichten. Manche begegnen Hunden mit hilfloser Angst.
Der im Schülerbuch angebotene Bezug Hund – Wolf kann als Grundlage dienen für die Diskussion einer artgerechten Hundehaltung und eines artgerechten Umgangs mit Hunden. Es muß immer deutlich werden, daß ein normaler Hund nur artgemäß auf neue Eindrücke oder Reize reagieren und menschliches Verhalten auch mißverstehen kann. Der Umgang von Kindern mit Hunden sollte in Kenntnis typischer Verhaltensweisen des andersartigen Wesens von Freundschaft und Umsicht geprägt sein. Die Erziehung eines Hundes gehört primär in die Hände der Erwachsenen.

Lexikon Hunderassen

(Schülerbuch S. 72/73)

Zusatzaufgaben und Lösungen

① Welche Hunderassen kennst du? Informiere dich über sie und berichte.
- *Die Schüler sollen mindestens 5 Hunderassen nennen können.*

② Nenne für einzelne Hunderassen typische Verwendungsmöglichkeiten.
- *Schutzhund, Jagdhund, Spürhund und Sanitätshund im Katastrophenfall, Blindenhund, Kampfhund, Freizeitgefährte des Menschen (oft auch abschätzig „Schoßhund" genannt).*

③ Welche Rassen sehen dem Stammvater Wolf noch am ähnlichsten? Schreibe sie auf. Stelle sie Rassen gegenüber, deren Aussehen durch die Zucht stark verändert wurde.
- *wolfsähnlich:*   *stark verändert*
  Schäferhunde   *Dackel, Pudel, Terrier.*
  Schlittenhunde   *Pinscher, Bernhardiner,*
  Wolfsspitz   *Boxer, Pekinese*

Lösungen zum Arbeitsblatt

zu a): Glatte Nase, glatte Stirn, Ohren hoch aufgerichtet, nach vorne gestellt; Schwanz steil aufgerichtet; Körper aufgerichtet; Beine gestreckt und steif. Deutung der Stimmung: Imponierhaltung (Sicherheit)

zu b): Starrer Blick, faltige Nase und Stirn, Zähnefletschen, Ohren nach vorne gestellt; Schwanz leicht aufgerichtet; Körper gestreckt.
Deutung der Stimmung: Beiß-Droh-Haltung (Angriffslust)

zu c): Stirn glatt, Augen schräg gestellt, Lefzen nach hinten gezogen, Ohren am Kopf angelegt; Schwanz eingezogen, Beine eingeknickt, Rücken gekrümmt, geduckte Haltung. Deutung der Stimmung: Demutshaltung (Unterwerfung)

Medien

Filme
- FWU Der Blinde und sein Hund (20 min, f)
- FWU Der Deutsche Schäferhund (20 min, f)
- FWU Verhalten bei Wildhunden (Dingos); 2. Entwicklung des Sozialverhaltens (15 min, f)
- Klett 75121 Rangordnung bei Hunden (4,5 min, f)
- Klett 75122 Verhaltensmuster bei der Begegnung von Hunden (3,5 min, f)
- Klett 75123 Verständigung zwischen Mensch und Hund (5 min, f)

Videos
- Klett 75136 So spricht der Hund – Der Hund und seine Beziehung zum Menschen

Bildplatten
- Klett 75112 Hund und Mensch

Dias
- FWU Hunderassen (22 Dias, f)
- V-Dia Verlag Heidelberg: Der Haushund
- Schaubild der weitverbreiteten Hunderassen (Interessengemeinschaft Deutscher Hundehalter e. V., Augustenstraße 5, 2000 Hamburg 76)

Verstehst du den Hund?

1. a) Beschreibe den Gesichtsausdruck, die Stellung der Ohren, die Körper- und die Schwanzhaltung der drei Hunde.
   b) Versuche dann herauszufinden, in welcher Stimmung sich die Hunde befinden.

a Beschreibung:

_____

_____

_____

_____

Stimmung (Deutung):

_____

b Beschreibung:

_____

_____

_____

_____

Stimmung (Deutung):

_____

c Beschreibung:

_____

_____

_____

_____

Stimmung (Deutung):

_____

© Als Kopiervorlage freigegeben. Ernst Klett Schulbuchverlag, Stuttgart 1993

Die Katze ist ein Schleichjäger
(Schülerbuch S. 74/75)

Jungenaufzucht und Verhalten
(Schülerbuch S. 76)

Aufgaben und Lösungen

① Erkläre mit Hilfe der Abb. 74.2 wie die Katze ihre Krallen bewegt.
- *Krallen eingezogen: Sie werden durch das elastische Krallenband zurückgehalten. (Die obere Sehne ist gespannt, die untere entspannt, die Fingerknochen sind in gebeugter Haltung.) Wird die Pfote durch Spannen der unteren Sehne gestreckt, werden auch die Krallen vorgezogen.*

② Beschreibe mit eigenen Worten das Jagdverhalten einer Katze.
- *a) Die Katze ortet mit ihren Augen und den empfindlichen Ohren das Beutetier.*
  b) Sie läuft vorsichtig näher heran, wobei sie die Deckungsmöglichkeiten des Geländes nutzt und nicht den kürzesten Weg nimmt.
  c) Die Katze kommt geduckt und vorsichtig schleichend bis auf Sprungweite an das Beutetier heran.
  d) Die Beine werden in Sprungposition gebracht, danach erfolgt der Ansprung im günstigen Augenblick.
  e) Die Beute wird mit den Vorderpfoten an den Boden gedrückt und entweder mit einem Biß in die Nackengegend gleich getötet oder lebendig weggetragen.
  f) Im Versteck spielt die Katze mit dem noch lebenden Beutetier oder sie geht gleich zum Verzehr über. Dabei beginnt die Katze am Kopf. Leber und Gallenblase werden oft übriggelassen.

③ Fasse zusammen, welche Aufgaben die Pupille für das Auge der Katze hat.
- *Die Pupille reguliert den Lichteinfall auf die Netzhaut des Auges. Bei hellem Tageslicht ist die Öffnung schlitzförmig und klein, in der Dämmerung und in der Nacht ist sie groß und kreisrund, so daß alles vorhandene Licht genützt werden kann.*

④ Warum nennt man Rückstrahler am Fahrrad, Auto oder an den Leitpfosten Katzenaugen?
- *Sie reflektieren das Licht ebenso wie der glänzende Augenhintergrund der Katze.*

⑤ Welche Bedeutung hat es, daß die tütenförmigen Ohren der Katze in verschiedene Richtungen gedreht werden können? Vergrößere zum Vergleich deine eigenen Ohrmuscheln durch die Handfläche. Drehe sie dann bei Geräuschen in verschiedene Richtungen.
- *Die Form der Ohrmuscheln bewirkt eine Verstärkung der Wahrnehmung. Indem die Katze ihre Ohren zur Schallquelle dreht, verbessert sie das Richtungshören.*

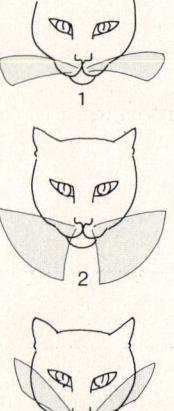

Stellung der Schnurrhaare
1 in Ruhe
2 im Gehen
3 beim Schnuppern, Zubeißen und in der Abwehr

Zusatzinformation

Auf einem Bauernhof ist die Katze das am wenigsten domestizierte Haustier. Sie lebt halbwild und kann sich fast selbst ernähren. Fortpflanzung und Aufzucht der Jungen erfolgen weitgehend ohne Eingriffe des Menschen, deshalb ist das Verhalten der Katze auch sehr ursprünglich geblieben. Neben den „Bauernkatzen" gibt es hochgezüchtete *Katzenrassen*, die in völliger Abhängigkeit vom Menschen leben und viel von ihrem ursprünglichen Verhalten verloren haben.

Unsere Hauskatzen stammen nicht von der einheimischen *Wildkatze* ab, die in der Eifel, im Hunsrück und im Schwarzwald noch vorkommt. Die Römer brachten die Hauskatze als erste in unsere Gegend. Erst zur Zeit Karls des Großen wurden Katzen systematisch in Mitteleuropa eingeführt: Als Mäusevertilger gehörten sie auf jeden Hof. Hauskatze und Wildkatze können sich jedoch paaren und bringen fruchtbare Nachkommen hervor. Wahrscheinlich stammt die Hauskatze von der *Falbkatze* Vorderasiens ab. Schon die Ägypter züchteten Katzen. Sie galten lange Zeit als heilige Tiere und wurden nach ihrem Tode einbalsamiert.

Katzen haben ein spezialisiertes Fleischfressergebiß mit nur wenigen, aber sehr scharfen Zähnen. Beim Fang der Beutetiere werden die nadelspitzen Fangzähne zwischen die Wirbel des Beutetieres eingedrückt. Durch Reckung der Wirbelsäule tritt bei Kleinsäugern oder Vögeln in der Regel sofort der Tod ein, ohne daß eine blutende Wunde entsteht. Katzen „reißen" ihre Beute also nicht wie Hunde, auch das „Totschütteln" wird selten beobachtet. Der spezielle *Tötungsbiß* muß allerdings gelernt werden. In der Regel geschieht dies dadurch, daß die Katzenmutter lebende Beutetiere mitbringt, mit denen die Jungen spielen und aus der Konkurrenzsituation heraus erfolgreich zu töten lernen. Wie groß die erlernte Komponente im Verhalten ist, wird auch aus der Tatsache deutlich, daß Katzen individuelle Jagdstrategien entwickeln: Einige fangen erfolgreich Mäuse, andere Ratten, Vögel oder sogar Fische. Es kommt darauf an, was sie in ihrer Jugend spielerisch ausprobiert haben.

Lösungen zum Arbeitsblatt

zu 1.: Gesichtssinn, Gehörsinn, Tastsinn.
zu 2.: bewegliche Ohren lange, steife Tasthaare.
zu 3.: Im Licht: Pupillen schlitzförmig.
In der Dämmerung: Pupillen weit geöffnet (rund).
zu 4.: Die Katze wird nicht geblendet. Viele Lichtstrahlen können ins Auge gelangen.
zu 5.: Sie reagieren auf Geräusche aufmerksam und zeigen einen Jagdtrieb. Sie bewegen bei Erregung den Schwanz hin und her.
zu 6.: Sie lernen im Spiel das Anschleichen einer Beute bzw. deren Fang. Sie lernen und üben, sich gegen Angreifer zu wehren.

Medien

Filme

- FWU Wildkatze – Nahrungserwerb (5 min, f)
- FWU Wildkatze – Geburt (5 min, f)
- FWU Wildkatze – Jungenentwicklung und Jungenaufzucht (5 min, f)
- FWU Wildkatze – Greif- und Beißverhalten (5 min, f)
- FWU Die Wildkatze (16 min, f)
- FWU Katzen im Haus (16 min, f)
- FWU Katze in Gefahr (8 min, f)

Dias

- V-Dia 22073 Die Hauskatze

Katzen sind Schleichjäger

1. Welche Sinne dienen der Wahrnehmung der Beute?

   _____   _____   _____

2. Zeichne in die Abbildungen die fehlenden Sinnesorgane (ohne Augen) ein und benenne sie.

   _____   _____
   _____   _____
   _____   _____

3. Zeichne jetzt auch die richtige Pupillenform bei Helligkeit und Dunkelheit in die Katzengesichter ein.

4. Welchem Zweck dient die Pupillenveränderung?

im Licht	in der Dämmerung

5. Welche Verhaltensweisen sind Katze und Hund gemeinsam?

   _____
   _____

6. Welche biologische Bedeutung hat das Spiel junger Katzen?

   _____
   _____

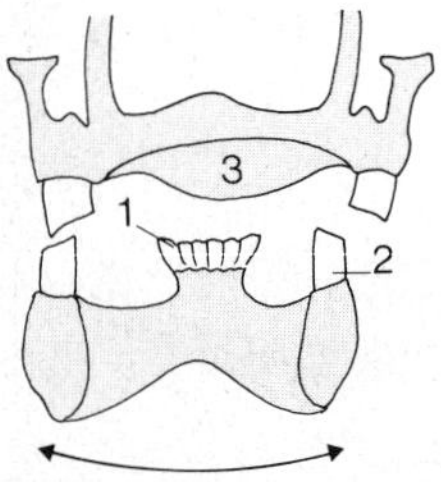

2 Nutztiere des Menschen

Das Rind – unser wichtigstes Nutztier
(Schülerbuch S. 80/81)

Aufgaben und Lösungen

① Zeichne anhand von Abb. 1 die Zahnformel für das Rind in dein Heft.
-
$$\frac{6 \quad 1 \quad \quad \quad 1 \quad 6}{6 \quad 1 \quad 3 \quad 3 \quad 1 \quad 6}$$

② Vergleiche die Backenzähne des Rindes mit denen des Hundes. Erläutere die Unterschiede.
- *Die Backenzähne des Rindes bilden eine durchgehende Kaufläche, die zum Zerreiben harter Gräser geeignet ist. Die Zahnoberfläche wird infolge ungleicher Abnutzung der harten Schmelzfalten und des dazwischenliegenden weicheren Zahnbeins und Zahnzements rauh gehalten.*
Die vorderen Backenzähne des Hundes eignen sich zum Zerschneiden von Fleischstücken und zum Zerbrechen von Knochen. Die Zähne sind spitzhöckrig und schmal wie die Schneide eines Messers.

③ Übertrage die Zeichnung des Rindermagens in dein Heft und kennzeichne durch Pfeile den Weg der Nahrung (blau: vor dem Wiederkäuen, rot: nach dem Wiederkäuen).
- *Die rote Linie führt durch den Pansen, über den Netzmagen und wieder durch die Speiseröhre zum Mund.*
Die blaue Linie führt durch den Pansen, über den Netzmagen in den Blättermagen und zum Labmagen.

④ Berechne das Verhältnis von Körperlänge zur Darmlänge. Die Körperlänge des Rindes beträgt ungefähr 2,5 m. Vergleich das Verhältnis zwischen Körper- und Darmlänge mit dem der Katze.
- *Beim Rind ist der Darm 20–25 mal so lang wie der Körper (bei der Katze nur 4–5 mal so lang). Die pflanzliche Nahrung des Rindes ist bedeutend schwerer verdaulich und nährstoffärmer als die Fleischnahrung der Katze. Die Verdauung wird unter anderem durch die Länge des Darmes intensiviert.*

⑤ Ordne den Ziffern im Schema der Abbildung 2 die richtigen Bezeichnungen zu.
- 1: Unterarmknochen,
2: Handwurzelknochen,
3: Mittelhandknochen,
4: Fingerknochen,
5: Hufe.

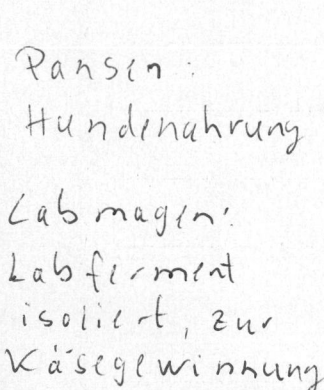

Arbeitsweise der Zähne beim Rind
(Schädel quergeschnitten)
1 Schneidezähne
2 Vordere Backenzähne
3 Knorpelplatte des Oberkiefers

99 ——— **Zusatzinformation**

Nutztiere sind genetisch stark veränderte Tiere, die auf besondere *Leistungen* hin gezüchtet wurden (beim Schwein Fleischleistung, beim Pferd Kraft und Schnelligkeit).
Beim *Rind* ist die Verdauung und Milchbildung besonders wichtig.
Die komplizierten Verdauungsvorgänge sind erst vor etwa 30 Jahren vollends erforscht und beschrieben worden. Die Darstellung in der Schule muß grundsätzlich in vereinfachter Form erfolgen, wie sie bereits im Schulbuchtext vorliegt. Einige Ergänzungen seien zur Veranschaulichung genannt:

- Der *Unterkiefer* ist deutlich schmäler als der *Oberkiefer*. Das typische Hin- und Herbewegen des Unterkiefers beim Kauen kann beim Rind mit Hilfe der Randzeichnung erläutert werden: Mal wird links gekaut, mal rechts. Mit der großen Zunge wird die Nahrung zwischen die Zähne geschoben. Jeder Bissen wird insgesamt 40–50 mal gekaut, teilweise nach mehrmaligem Hochwürgen, bis der Speisebrei ganz fein und dünnflüssig ist. Täglich bildet das Rind ca. 150 l Speichel.
- Der *vierteilige Magen* ist hauptsächlich aus Erweiterungen der Speiseröhre gebildet. *Pansen*, *Netzmagen* und *Blättermagen* sind Vormägen, die keine Magensaftdrüsen besitzen und als „Gärbottiche" für die eingeweichte Nahrung dienen. Dabei wird die Zellulose durch die Tätigkeit der mit dem Rind in Symbiose lebenden Mikroorganismen zersetzt. Hierbei entstehen z. B. die übelriechenden Fettsäuren wie Buttersäure oder Propionsäure. Diese Zwischenprodukte werden ins Blut aufgenommen und beim Aufbau des Fetts in der Milch verwendet. Die eigentliche Verdauung mit Hilfe von *Magensäften* beginnt erst im *Labmagen*, wo auch die inzwischen kräftig vermehrte Mikroflora und -fauna im Futter durch die Salzsäure des Magensafts abgetötet und dann als zusätzliches Eiweiß im Futter verwertet wird.
- Das Verköstigen von Mikroorganismen im Pansen, die dem Rind einen zusätzlichen Eiweißgewinn schaffen, ist nicht umsonst. Das Rind muß etwa 20–25 % mehr Futter aufnehmen, als es für die Eigenversorgung braucht. Deshalb sind Wiederkäuer im allgemeinen große, massige Tiere mit einem dicken Bauch. Rinder fressen, wenn sie auf der Weide sind, 3–4 mal in 24 Stunden. Dazwischen wird wiedergekäut. Geschlafen wird nur viertelstundenweise.

——————————————— 99

Lösungen zum Arbeitsblatt

zu 1.: Pansen, Blättermagen, Netzmagen, Labmagen.

zu 2.: a) Die Kuh frißt Gras und schluckt es hinunter. Die aufgenommene Nahrung gelangt in den Pansen und wird dort eingeweicht.
b) Die Kuh käut wieder. Die aufgenommene Nahrung gelangt über den Netzmagen und die Speiseröhre zurück ins Maul und wird zum zweiten Mal gekaut.
c) Die wiedergekäute Nahrung gelangt erneut in den Pansen und wird vorverdaut. Sie wird weitertransportiert in den Blätter- und Labmagen. Dort erfolgt die weitere Verdauung mit Magensaft. Im Darm erfolgt die Endverdauung.

Medien

(vgl. Lehrerband S. 82)

Säugetiere

Der Weg der Nahrung durch den Rindermagen

1. Das Rind hat einen vierteiligen Magen. Beschrifte die Abbildung.

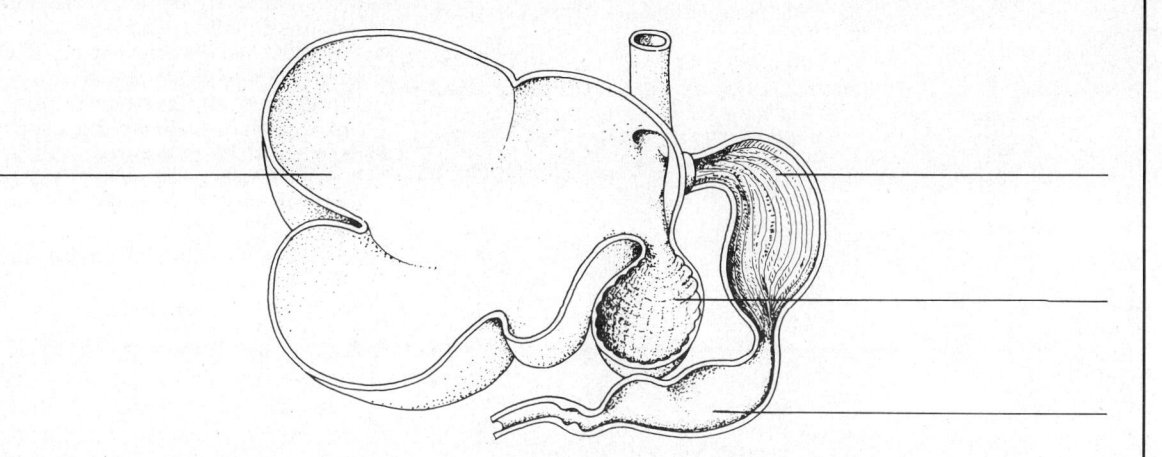

2. Was tut die Kuh auf den Abbildungen a, b und c? Achte auf die Pfeile, die den Weg der Nahrung grob veranschaulichen.

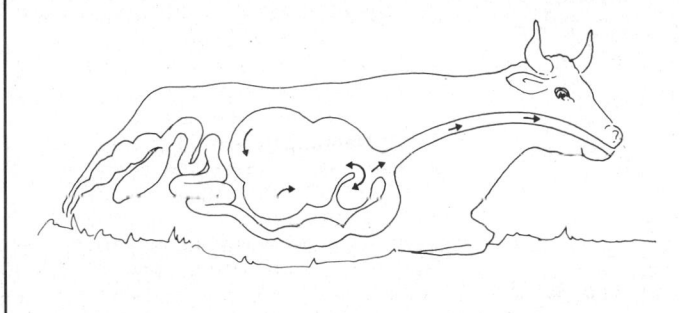

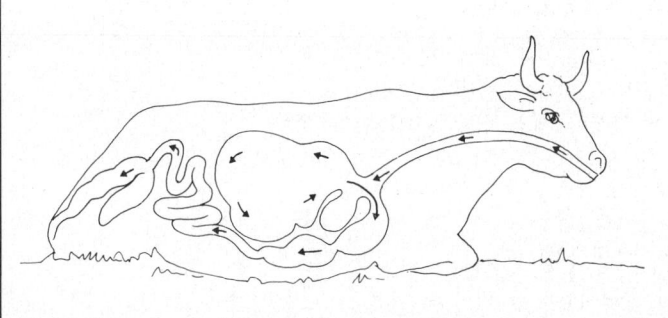

a _____

b _____

c _____

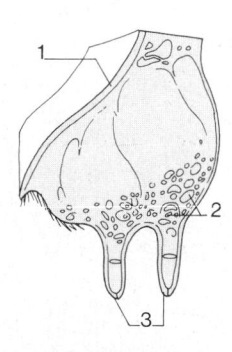

Rinder sind Fleisch- und Milchlieferanten

(Schülerbuch S. 82/83)

Aufgaben und Lösungen

① Vergleiche die Haltung von Mastrindern mit der von Milchkühen. Überlege, ob die im Text beschriebene Haltung den Ansprüchen des Rindes gerecht wird. Begründe deine Ansicht.
- *Rinder sind Herdentiere, sie brauchen deshalb Bewegungsfreiheit. Somit ist die Haltung in einzelnen Mastboxen sicher nicht artgerecht, während die Haltung von Rindern auf der Weide oder im Laufstall eher ihren Ansprüchen gerecht wird.*

② Frisch gemolkene Kuhmilch enthält je 100 Gramm 86 g Wasser, 4 g Eiweiß, 4 g Fett, 5 g Milchzucker und 1 g Mineralstoffe. Erläutere, ob Milch ein vollwertiges Nahrungsmittel ist.
- *Alle Grundnährstoffe (Fette, Kohlenhydrate und Eiweiße) stehen in einem ausgewogenen Verhältnis, deshalb ist Milch ein vollwertiges Nahrungsmittel. Allerdings müssen einige Vitamine und Ballaststoffe (für die störungsfreie Funktion des Darms) durch andere Nahrungsmittel ergänzt werden.*

③ Sieh auf den Packungen verschiedener Milch-, Joghurt- und Quarksorten nach, wieviel Gramm der genannten Nähr- und Mineralstoffe in jeweils 100 g noch enthalten sind, und welche Stoffe dazugekommen sind.
- *Industriell hergestellte Milchprodukte sind in ihrem Nährstoffgehalt vereinheitlicht (vgl. Milch) oder etwas verändert (vgl. Fruchtjoghurt bzw. Magerquark). Beispiele:*
Milch:
3,5 g Fett, 3,5 g Eiweiß, 4,7 g Kohlenhydrate
Joghurt:
2,9 g Fett, 3,1 g Eiweiß, 16,4 g Kohlenhydrate
Quark:
0,6 g Fett, 17,2 g Eiweiß, 1,8 g Kohlenhydrate
Am stärksten schwankt der hier nicht angegebene Wassergehalt der Milchprodukte.

④ Fertige mit Hilfe ausgeschnittener Abbildungen aus Zeitschriften in deinem Heft ein Bild an, das Auskunft über die Verwendung von Milch gibt.
- *Abb. 72.3 kann als Beispiel dienen.*

⑤ Welche biologische Bedeutung könnte es haben, daß wildlebende Rinder sehr schnell fressen und erst später an anderer Stelle wiederkäuen?
- *Durch das schnelle Fressen und das Wiederkäuen an einem geschützten Platz sind die Rinder möglichen Feinden weniger ausgesetzt.*

⑥ Schlage im Lexikon oder in Tierbüchern nach, welche weiteren Paarhufer in die Verwandtschaft der Rinder gehören.
- *Ziegen, Schafe, Kamele (= wiederkäuende Nutztiere). Hirsch, Reh, Gemse, Steinbock, Antilope, Giraffe (= wiederkäuende Wildtiere).*

Längsschnitt durch das Euter einer Kuh
1 Bauchwand
2 Milchgänge
3 Zitzen mit Strichkanal

❞ ──────── **Zusatzinformation**

Die Milchbildung bei der Kuh

Einer alten Bauernregel entsprechend soll eine Kuh jedes Jahr ein Kalb bekommen, denn ursprünglich ist die Milch für das Kalb gedacht. Bei den *Auerochsen* geben die Kühe im Jahr nur etwa 600 l Milch, wobei sich die Zusammensetzung der Milch den Bedürfnissen des heranwachsenden Kalbes anpaßt.

Zwischen Befruchtung und Geburt liegen im Mittel 285 Tage. Ob eine Kuh trächtig ist oder nicht, erfährt der Bauer zuverlässig aus einer Milchprobe, die er in einem Labor auf ihren Hormongehalt untersuchen läßt. Erst ab dem 6. Monat kann man die Trächtigkeit einer Kuh von außen deutlich sehen. Ab Mitte des 8. Trächtigkeitsmonats wird die Kuh „trockengestellt", also nicht mehr gemolken. Die Milch, die in der ersten Woche nach der Geburt des Kalbes anfällt *(Kolostralmilch)*, darf nicht in die Molkerei abgeliefert werden, da ihre Zusammensetzung die Herstellung von Käse aus der Milch beeinträchtigt. Die Phase zwischen der Wiederaufnahme der Melktätigkeit und dem Trockenstellen im 8. Trächtigkeitsmonat wird *Laktationsperiode* genannt. Sie dauert bei einer gesunden Kuh 305 Tage.

──────── ❞

Lösungen zum Arbeitsblatt

zu 1.: 1 Speiseröhre, 2 Pansen, 3 Netzmagen, 4 Blättermagen, 5 Labmagen, 6 Dünndarm, 7 Dickdarm, 8 Herz, 9 Euter mit Milchdrüsen.

zu 2.: Aus dem Pansen und vom Dünndarm nimmt das Blut Nährstoffe auf und führt sie in das Euter. Dort werden sie in die Milchdrüsen abgegeben, die daraus Milch bilden und diese sammeln. Aus den Milchdrüsen wird die Milch beim Melken entleert.

zu 3.: Beispiel: 36,05 g Eiweiß; 46,35 g Kohlenhydrate; 36,05 g Fett; 5,15 g Mineralsalze; 906,4 g Wasser. Die Zusammensetzung frischer Milch schwankt; H-Milch hat standardisierte Werte.

zu 4.: Sahne, Butter, Joghurt, Quark, Kondensmilch, Hart- und Weichkäse.

Medien

Filme
- FWU Das Hausrind – Rinder auf der Weide (5 min, f)
- FWU Das Hausrind – Paarungsverhalten (5 min, f)
- FWU Das Hausrind – Geburt (5 min, f)
- FWU Das Hausrind – Mutter-Kind-Verhalten (5 min, f)
- FWU Das Hausrind – Soziales Verhalten in der Herde (5 min, f)
- FWU Das Hausrind – Verhalten am Elektrozaun (5 min, f)
- FWU Kuh und Kalb – Entwicklung des Kalbes (5 min, f)
- FWU Kuh und Kalb – Geburt (5 min, f)
- FWU Kuh und Kalb – Geburtshilfen (5 min, f)
- FWU Geburt beim Hausrind (14 min, f)
- FWU Rinderherde auf der Weide (13 min, f)
- FWU Verdauungsorgane des Rindes (8 min, f)

Dias
- FWU Das Hausrind (18 Dias, f)

Arbeitstransparente
- Jünger 7341 Die Kuh versorgt uns mit Milch
- Jünger 7342 Körperbau und Lebensweise des Rindes

Aus Gras wird Milch

1. Trage neben der Zeichnung die Namen aller abgebildeten Organe bei der entsprechenden Nummer ein.

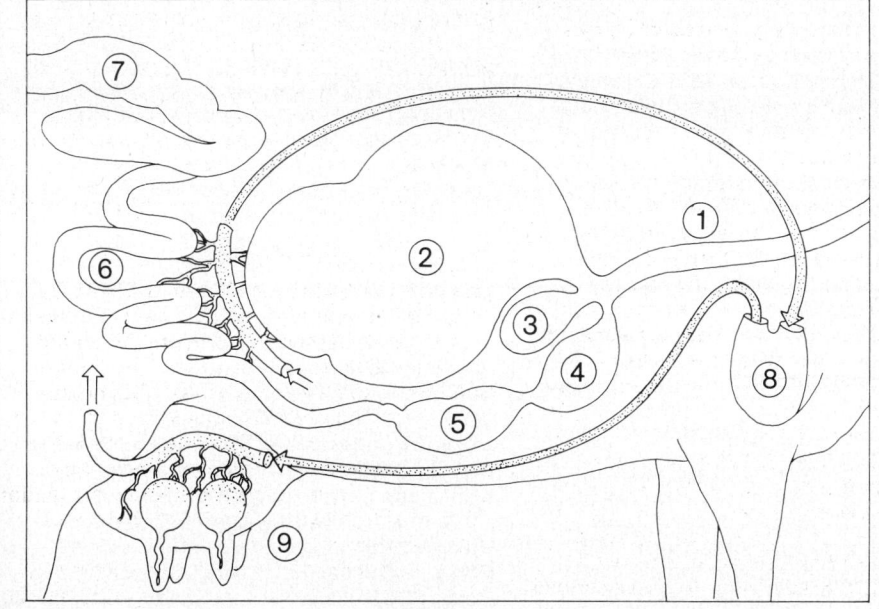

1	_____
2	_____
3	_____
4	_____
5	_____
6	_____
7	_____
8	_____
9	_____

2. Betrachte die Zeichnung und überlege, wie die Milch entstehen könnte. Versuche diesen Vorgang in wenigen Sätzen zu beschreiben.

_____

_____

_____

3. Milch enthält alle notwendigen Nähr- und Ergänzungsstoffe. 1 Liter Milch wiegt 1030 g. Gib an, welche Mengen an verwertbaren Stoffen darin enthalten sind. (Informiere dich am Aufdruck einer Milchflasche.)

g Eiweiß	g Mineralstoffe
g Kohlenhydrate	Vitamine
g Fett	g Wasser
Addiere beide Summen: g +	g = g

4. Nenne einige Milchprodukte. _____

_____

© Als Kopiervorlage freigegeben. Ernst Klett Schulbuchverlag, Stuttgart 1993

Das Pferd – Partner des Menschen

(Schülerbuch S. 84/85)

Aufgaben und Lösungen

① Vergleiche das Gebiß des Pferdes mit dem des Rindes. Nennen Unterschiede und schreibe die Zahnformel auf.
- *Das Pferd besitzt auch im Oberkiefer Schneidezähne.*

6	1	3	3	1	6
6	1	3	3	1	6

② Benenne die in Abbildung 1 mit Ziffern gekennzeichneten Knochen des Beinskeletts und schreibe die Namen in dein Heft.
- *1 = Oberschenkelknochen, 2 = Unterschenkel mit Elle und Speiche, 3 = Fußwurzelknochen mit Fersenbein, 4 = Mittelfußknochen, 5 = Zehenknochen mit Huf.*

③ Berechne das Verhältnis von Körperlänge zu Darmlänge. Die Körperlänge eines Pferdes beträgt ungefähr 2,5 Meter. Vergleiche mit anderen Haustieren.
- *Der Darm ist ungefähr 14 mal so lang wie der Körper (Katze 4 mal, Rind 22 – 25 mal).*

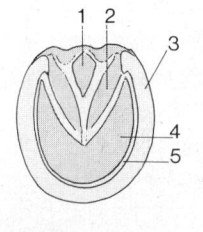

Pferdehuf
1. mittlere Strahlfurche
2. seitliche Strahlfurche
3. Tragerand (Huf)
4. Hornsohle
5. „weiße Linie" (hier werden Hufnägel eingeschlagen)

🙶 Zusatzinformation 1

In Deutschland wird zwischen *Vollblütlern*, *Warmblütlern*, *Kaltblütlern* und *Ponys* unterschieden. Kaltblütler sind schwere Arbeitspferde, die ihre größte Kraft im Schritt entfalten, im Trab jedoch rasch ermüden. Vor dem Zweiten Weltkrieg stellten die Kaltblütler die größte Gruppe, heute erreicht ihr Anteil nur noch wenige Prozent. Der Name „Kaltblut" rührt nicht etwa von der Temperatur des Blutes her – sie liegt sogar etwas höher als beim Warmblut – sondern kennzeichnet das behäbige Temperament der Tiere. Die Warmblütler stellen heute meist die Reit- und Springpferde. Sie wurden durch Einkreuzen von orientalischem und englischem Vollblut leichter und temperamentvoller.
Im Spitzensport dominiert allerdings seit über 250 Jahren das Vollblut. Der Name dieser Rasse ist aus dem englischen „thoroughbread" abgeleitet, was so viel bedeutet wie „gründlich durchgezüchtet". Die bekannteste Vollblutrasse sind *Araberpferde*, aus ihnen wurden durch Kreuzung von englischen Landstuten und orientalischen Hengsten das englische Vollblut gezüchtet. Die Leistungsfähigkeit des Vollblütler beruht u. a. auf einer überdurchschnittlichen Sauerstoffversorgung. Bei einem Körpergewicht von ca. 600 kg kreisen 60 Liter Blut in den Adern.

Zusatzinformation 2

Das Pferd besitzt – im Gegensatz zum Rind – im Ober- und Unterkiefer *Schneidezähne* (nur beim Hengst kommen noch Eckzähne vor). So können Pferde auch harte Pflanzenteile abbeißen und weiden eine Grasfläche gleichmäßiger ab als Rinder. Auf Grund der Abnutzung der Schneidezähne kann man das Alter der Pferde schätzen. Die „Raspeleinrichtungen" der Backenzähne sind beim Pferd viel feiner ausgebildet als beim Rind. Pferde kauen das Futter sofort klein und brauchen daher auch sehr lange zum Fressen. Ein Pferd fühlt sich auf einer guten Weide wohl. Kraftfutter braucht es, um Temperament und Leistung zu zeigen. Die Nahrungsverwertung ist jedoch nicht so gut wie beim Rind. Die Mikroorganismen im *Blinddarm* schließen zwar die Zellulose auf, jedoch kann aus ihnen selbst kein zusätzliches Eiweiß gewonnen werden wie im Labmagen des Rindes, da im Dickdarm keine Verdauungsenzyme abgeschieden werden. Pferde brauchen regelmäßige Bewegung. Zu langes Stehen im Stall kann Verdauungsstörungen *(Kolik)* mit sich bringen. Der mittlere Energiebedarf eines Reitpferdes pro Tag ist recht hoch. Er liegt bei 96 000 KJ, was der Tagesration von 10 erwachsenen Männern entspricht.

Zusatzinformation 3

Hufpflege ist wichtig

Die Beine mit ihren stark belasteten Gelenken und Hufen müssen bei der Pferdepflege besonders beachtet werden. Leicht kommt es durch Überanstrengung oder ungleiche Belastung zu Entzündungen: das Pferd lahmt. In freier Wildbahn lebende Pferde besitzen harte Hufe. Hufabnutzung und Neubildung von Hornsubstanz halten sich die Waage. Bei Fohlen und Pferden, die auf der Koppel gehalten werden, sind *Hufeisen* entbehrlich. Regelmäßiges Säubern der *Strahlfurchen* (vgl. Randabbildung) mit dem Hufkratzer sowie Nachschneiden der Hufe durch den Hufschmied genügen. Durch diese Hufkorrekturen wird eine einseitige Abnutzung der Gelenke beim Pferd vermieden.
Da die Hufform von der Stellung und Winkelung der Gliedmaßen und der Gelenke abhängig ist, besitzt z. B. ein kurzbeiniges Pony eine andere Hufform als ein langbeiniges Rennpferd. Ein Hufschmied muß genau über die verschiedenen Pferderassen und ihre Nutzung Bescheid wissen. 🙷

Lösungen zum Arbeitsblatt

zu 1.: a) Schritt, b) ca. 1,5 m, c) 4-Takt
a) Trab, b) ca. 2,5 m, 2-Takt
a) Galopp, b) ca. 3,5 m, 3-Takt
zu 2.: Paß und Tölt

Medien

Filme
- FWU Fohlengeburt – Einleitungs- und Geburtsvorgang (5 min, f)
- FWU Fohlengeburt – Versorgung von Fohlen und Stute (5 min, f)
- FWU Pferderassen (5 min, f)
- FWU Züchtung einer Pferderasse (5 min, f)
- CVK 17591 Angeborenes Verhalten und Dressur beim Pferd (5 min, f)
- CVK 19713 Pferde in der Herde (5 min, f)
- Klett 99903 Gangarten des Pferdes (4 min, f)
- FWU Fohlengeburt (23 min, f)
- FWU Ein Gestüt (17 min, f)
- FWU Pferd und Fohlen (10 min, f)

Dias
- FWU Aufzucht und Abrichten des Pferdes (20 Dias, f)

Arbeitstransparente
- Jünger 7343 Das Hauspferd stammt vom Wildpferd ab.
- Jünger 7344 Körperbau und Lebensweise des Pferdes.
- Siemers T 7503 Gangarten des Pferdes

Säugetiere

Die Gangarten des Pferdes

1. a) Benenne jeweils bei a die Gangart des Pferdes.
   b) Schätze die jeweilige Trittlänge und trage sie bei b ein.
   c) Beschreibe bei c den Takt, den du in der jeweiligen Gangart hörst.

A

a _____

b _____
c _____

B

a _____

b _____
c _____

C

a _____

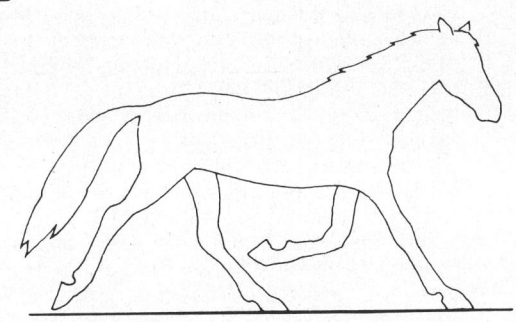

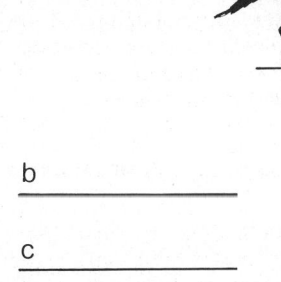

b _____
c _____

2. Islandponys beherrschen neben den beschriebenen drei Gangarten noch zwei weitere. Wie heißen sie?

_____

Pferde leben in Herden
(Schülerbuch S. 86)

Vom Wildpferd zum Hauspferd
(Schülerbuch S. 87)

Aufgaben und Lösungen

① Putzen und Striegeln des Pferdes gehört zu den wichtigen Aufgaben des Reiters. Er gewinnt auf diese Weise das Zutrauen des Pferdes. Erkläre dieses mit Hilfe der Informationen aus dem Text.
- *Der Reiter übernimmt Aufgaben, die auch Herdenmitglieder untereinander leisten: Pferde beknabbern sich gegenseitig, insbesondere an Stellen, die sie nicht selbst erreichen können. Der Reiter betätigt sich somit als Sozialkumpan.*

② Es kommt manchmal vor, daß das Pferd mit dem Reiter „durchgeht" und nicht mehr zu halten ist. Welche Ursachen könnte dies haben?
- *Das Pferd ist von Natur aus ein „Fluchttier", d. h. es versucht, der (vermeintlichen) Gefahr zu entkommen.*

③ Erläutere, weshalb der Reiter die Körpersprache des Tieres unbedingt kennen sollte.
- *Der Reiter kann so das zu erwartende Verhalten des Pferdes einschätzen; er wird nicht davon überrascht, weil er sich darauf einstellen kann. Das gibt ihm Sicherheit. Sein ruhiges Verhalten überträgt sich auf das Pferd.*

④ Im Zirkus werden häufig dressierte Pferde gezeigt, die fast aufrecht nur auf den Hinterbeinen stehen. Welches natürliche Verhalten könnte dem zugrundliegen? Ist es egal, ob man Hengste oder Stuten für diese Dressur verwendet?
- *Das Hochsteigen und Schlagen mit den Vorderbeinen gehört zum Kampfverhalten der Hengste. Stuten zeigen dieses Verhalten nicht. Deshalb werden im Zirkus nur Hengste für solche Dressuren verwendet.*

„ Zusatzinformation 1

Bekannt ist die strenge *Zuchtwahl* die der genetischen Aufbesserung durch „Veredlerrassen" dient. Hierzu braucht man Hengste der Rassen Trakhener, Englisches Vollblut und Vollblutaraber. Die Zuchthengste sind einem strengen Ausleseverfahren unterworfen: Bereits die halbjährigen Hengstfohlen werden auf Grund ihrer Körpermaße und ihres Bewegungsablaufs streng gemustert und ausgelesen. Die Junghengste werden dreimal gemustert und bis zum Alter von 3,5 Jahren zu *Wallachen* gemacht, bis auf einen Rest von 25%. Diese Tiere müssen eine 100 Tage dauernde *Hengstleistungsprüfung* durchlaufen und dort alle Leistungen zeigen, die dem Zuchtziel „Deutsches Reitpferd" zugrundeliegen (Reiten im Gelände und in der Halle, Schritt, Trab, Galopp und Springen, ebenso das Fahren im vierspännigen Wagen, was als besondere Temperamentsprobe gilt). Auf Grund der strengen Auslesebestimmungen erreicht nur etwa 1% des ganzen Hengstjahrgangs das Ziel der *Körung* und wird später als Landbeschäler zur Zucht eingesetzt.

Ein Gestüt besitzt mehrere Herden: trächtige Stuten, Stuten mit Fohlen, Jungstuten- und Junghengstherden. Wenn die Stuten und Wallache zugeritten sind, werden sie als Reitpferde verkauft. Die Zuchthengste werden weiter geprüft und später versteigert.

Zusatzinformation 2

Wildpferde – Hauspferde – verwilderte Pferde

Das Pferd und der Mensch haben eine lange gemeinsame Geschichte. In der Altsteinzeit haben die Menschen die *Wildpferdherden* gejagt und sie in Höhlenzeichnungen dargestellt. Erst lange nach der Domestikation des Rindes (zwischen 9000 und 8000 v. Chr.) wurden Pferde in Mesopotamien als *Zugtiere* eingesetzt (um 5000 v. Chr.). Die älteste Darstellung eines Reiters stammt aus Ägypten (ca. 1600 v. Chr.). Seither waren Pferde bis in die jüngste Zeit für die Kriegsführung unverzichtbar.

Das *Przewalski-Pferd* ist wahrscheinlich ausgestorben. Seit 1968 wurden in der mongolischen Steppe keine freilebenden Tiere mehr gesichtet. Das Przewalski-Pferd gilt als Stammart der heutigen Pferderassen. Beim osteuropäischen Waldwildpferd, dem *Tarpan*, ist es nicht gesichert, ob es nur eine Unterart des Przewalski-Pferdes darstellte. Tarpane wurden immer wieder eingefangen und in die vorhandenen Hauspferdrassen eingekreuzt. 1879 wurde in der südlichen Ukraine der letzte Tarpan erlegt. Da alle Hauspferde mit Wildpferden fruchtbare Nachkommen bilden können, ist auch fraglich, ob die letzten verbliebenen Przewalski-Pferde (freilebend oder im Zoo) noch echte Wildpferde darstellen.

Hauspferde verwildern relativ leicht. Das bekannteste Beispiel ist der *Mustang* in Nordamerika. Einige Pferde entkamen den spanischen Eroberern im Südwesten der heutigen USA. Die Prärie-Indianer hatten bis dahin Pferde nicht gekannt. Sie fingen die Pferde ein und entwickelten sich in kurzer Zeit nach dem Vorbild der Weißen zu geschickten Reitern. Fast 200 Jahre verwehrten berittene Indianer auf ungesattelten Pferden den Weißen den Zugriff auf ihre Heimat. Auch heute noch gibt es Mustangs im Südwesten der USA. Sie werden von den Farmern aus denselben Gründen verfolgt, wie die Ausrottung der Tarpans in Osteuropa begründet wurde: Die Wildpferde brechen durch die Zäune und richten auf dem Farmland Schäden an. Die Hengste entführen den Bauern die Stuten und stören so die geplante Hochzucht von Pferderassen.

Heute versucht man, die ursprünglich gebliebenen Pferderassen als genetisches Potential zur Einkreuzung in hochgezüchtete Rassen zu erhalten. Bekannt sind die *Dülmener Pferde* in Westfalen, die *Camargue-Schimmel* in Südfrankreich oder die *Islandponys*.

Lösungen zum Arbeitsblatt

zu 2.: a) Blutkreislauf der Stute
b) Gebärmutter mit Jungem
c) Nabelschnur

zu 3.: Austreibungsphase: Die Scheide wird erweitert. Die Fruchtblase ist geplatzt. Die Nabelschnur reißt. Die Nachgeburt folgt später.

Medien

Filme
- FWU Ein Gestüt (17 min, f)

Die Fortpflanzung des Pferdes

1. Bei der Begattung (Beschälung) überträgt der Hengst mit seinem Glied Spermien in die Scheide der Stute.
Bezeichne in der Zeichnung die Geschlechtsorgane mit folgenden Ziffern: 1 — Glied, 2 — Hodensack, 3 — Hoden, 4 — Spermienleiter, 5 — Scheide, 6 — Muttermund, 7 — Gebärmutter, 8 — Eileiter, 9 — Eierstock.
Kennzeichne den Ort des Spermienergusses mit dem Buchstaben A, den Ort der Befruchtung mit B, den Ort der Keimesentwicklung mit C.

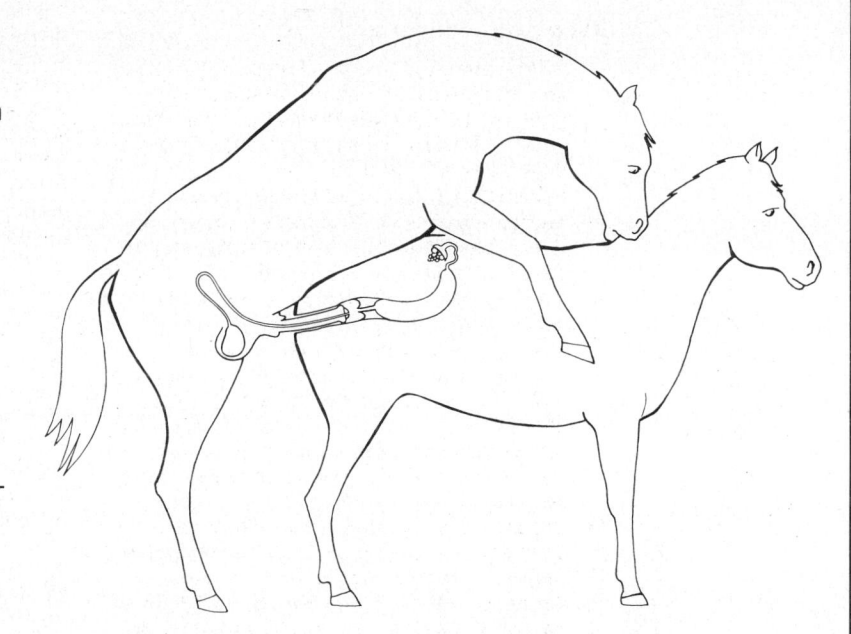

2. Aus der befruchteten Eizelle entwickelt sich in der Gebärmutter das Junge. Diesem werden über den Blutkreislauf der Mutterstute, den Mutterkuchen und die Nabelschnur alle notwendigen Nährstoffe zugeführt.

   Beschrifte die Zeichnung.

   a) _____
   b) _____
   c) _____

3. Welche Phase des Geburtsvorganges zeigt die Zeichnung?

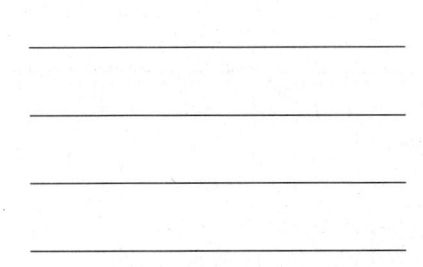

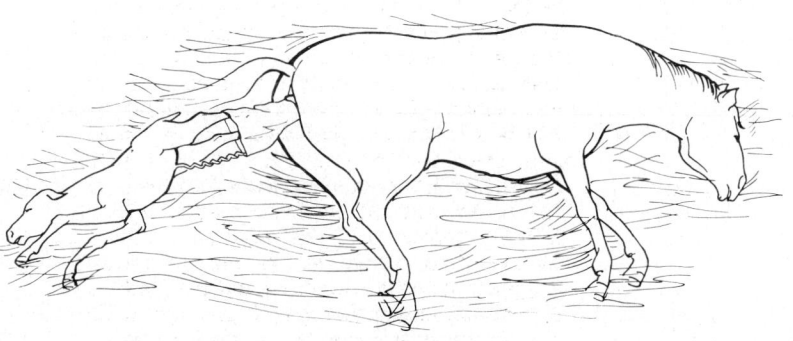

   _____
   _____
   _____
   _____

Das Wildschwein ist die Stammform des Hausschweins

(Schülerbuch S. 88/89)

Aufgabe und Lösung (S. 88)

① Begründe mit Hilfe des Textes, warum das Wildschwein bei uns noch gute Lebensmöglichkeiten hat.
- *Es findet Nahrung in der freien Natur wie auch auf den Feldern der Bauern.*

Aufgaben und Lösungen (S. 89)

① Das Verhältnis der Körper- zur Darmlänge beträgt beim Schwein etwa 1:14. Vergleiche dieses Verhältnis mit dem bei Katze und Rind. Erläutere die Unterschiede.
- *Beim Rind ist der Darm 20–25mal so lang wie der Körper, bei der Katze nur 4–5mal so lang. Das Schwein ist ein Allesfresser, das Rind ein reiner Pflanzenfresser, die Katze ein reiner Fleischfresser. Fleisch ist leichter verdaulich und enthält pro Gewichtseinheit mehr verwertbare Nährstoffe als Pflanzen. Fleischfresser haben deswegen einen relativ kurzen, Pflanzenfresser hingegen einen relativ langen Darm. Im Vergleich dazu nimmt die Darmlänge bei Allesfressern einen mittleren Platz ein.*

② Welche Ansprüche des Wildschweins kannst du aus dem Text der Seite 78 ableiten? Stelle diese den heute üblichen Haltungsbedingungen für das Hausschwein gegenüber. Welche Schlußfolgerungen ergeben sich daraus?
- *Wildschweine wühlen im Boden nach Nahrung, benötigen Suhlen zur Körperpflege und leben in Rotten zusammen. Alle diese Bedingungen sind bei der heutigen Schweinehaltung in der Regel nicht gegeben. Sie ist also oft nicht artgemäß.*

③ In den letzten Jahren fällt durch Massentierhaltung zu viel Gülle an. Informiere dich darüber, welche Folgen sich daraus ergeben.
- *Wesentliche Folge ist die Überdüngung des Bodens, so daß Mineralstoffe, vor allem Nitrate, ins Grundwasser und auch ins Trinkwasser gelangen können. Zudem schädigt übermäßiger Gülleeinsatz die Bodenorganismen, die durch ihre Tätigkeit für gute Bodenqualität sorgen.*

❞ **Zusatzinformation**

Rasches Wachstum

Ein *Ferkel* wiegt bei seiner Geburt ca. 1,1 kg. In der ersten Woche verdoppelt es sein Gewicht und erreicht nach zwei Wochen das dreifache Geburtsgewicht. Nach 5 Monaten hat es das ideale Schlachtgewicht von ca. 100 kg. Dies wurde durch Züchtung auf rasche Gewichtszunahme erreicht. Im Mittelalter brauchte ein Schwein dazu noch 4–5 Jahre. Durch jahrzehntelange strenge Auslese der Tiere mit guter Gewichtszunahme wurde dieser Fortschritt erreicht. Außerdem sind Schweine in der Regel *Hybridtiere*.

Das Schwein ist zwar unser wichtigster Fleischlieferant, die Behandlung in der Schule sollte sich jedoch nicht auf diesen Aspekt beschränken. Durch den Vergleich Wildschwein – Hausschwein können die Schüler wichtige Einsichten in die *züchterische Veränderung* von Wildtieren durch die *Domestikation* gewinnen, weil dies schon in der äußeren Gestalt erkennbar ist (vgl. Abbildungen S. 78/79).

Wildschweine sind gesellige Tiere. Die Rotte von 6–10 Tieren ist die soziale Grundeinheit, eine Mutterfamilie bestehend aus den Frischlingen und den vorjährigen Jungen. Manchmal vereinigen sich mehrere Mütter mit ihren Jungen zu einer Rotte. Das trächtige Weibchen setzt sich von der Rotte ab und hebt mit der Schnauze eine flache Grube aus. Aus der Umgebung werden Gras, Laub, Halme und Zweige zusammengetragen und zu einem schützenden Haufen aufgeschichtet (vgl. FWU 360502).

Zuchtsauen stehen meist, mit einem Halsband angebunden, in einem abgegrenzten Stand, der kaum Bewegungsfreiheit bietet. Oft ist es in einem Stall mit Massentierhaltung so laut, daß die an die Ferkel gerichteten Locklaute der Sau übertönt werden, die Ferkel somit nicht gleichzeitig zum Säugen kommen und nicht der optimale Milchfluß bei der Mutter erreicht wird. Der Kontakt zur Mutter bildet sich nur schwach aus und wird bereits nach 5 Wochen abgebrochen. Von nun an erfolgt die *Mast*, wobei die Jungtiere, jeweils nach gleicher Größe gruppiert, die Mastboxen durchlaufen. Durch die enge Aufstallung kommt es oft zu Beißereien unter den Tieren.

In einem Versuch über 5 Jahre wurde das Verhalten von Hausschweinen im Freiland beobachtet. In einem 2,4 ha großen naturnahen Gehege der Universität Edinburgh lebten nacheinander 13 Rotten hochgezüchteter Edelschweine. Da die natürliche Nahrung nicht ausreichte, wurde eine volle Tagesration zugefüttert. Die Tiere waren kaum hungrig, und trotzdem verbrachten sie die Hälfte des Tages mit Erkunden, Fressen von Gräsern, Kräutern, Wurzeln, Käfern und Würmern. Erstaunlich rasch zeigten die Alttiere, die in modernen Ställen aufgewachsen waren, das natürliche, vielfältige Verhalten des Wildschweins.

❞

Lösungen zum Arbeitsblatt

links: 1 Kein Wühlen möglich; 2 Infektionen durch Kotfressen; 3 Bewegungsmangel/Kreislaufstörungen; 4 kaum Körperpflege möglich; 5 wenig Spiel, häufige Rangkämpfe; 6 Verhaltensstörungen; 7 Schwierigkeiten bei der Paarung/künstliche Besamung.

rechts: 1 Weidehaltung, Wühlen möglich; 2 große Liegefläche, Kotstelle getrennt; 3 genügend Auslauf; 4 Pfahl zum Scheuern; 5 „Spielzeug": Holz, Pflanzen; 6 genügend Stroh auf der Liegefläche; 7 natürliche Fortpflanzung.

Medien

Filme
- FWU Das Wildschwein – Nahrungsaufnahme und Suhlen (5 min, f)
- FWU Das Wildschwein – Nestbau und Geburt (5 min, f)
- FWU Das Wildschwein – Saug- und Spielverhalten (6 min, f)
- FWU Das Hausschwein (16 min, f)
- FWU Das Wildschwein (21 min, f)

Dias
- FWU Das Wildschwein (16, f)

Arbeitstransparente
- Jünger 7345 Das Hausschwein
- Jünger 7395 Schwarzwild, Serie 1
- Jünger 7396 Schwarzwild, Serie 2

Die Haltung von Schweinen

1. Läßt man Schweine mit genügend Auslauf, frischer Luft und in Gruppen aufwachsen, so beobachtet man die rechts angegebenen Verhaltensweisen.

   Die untenstehenden Bilder zeigen links Mastschweine in einer kleinen Bucht auf Spaltenboden, rechts Mastschweine mit Auslauf.

   Trage in die Spalten die nach der nebenstehenden Liste zu erwartenden Verhaltensweisen bzw. Einschränkungen des artgemäßen Verhaltens ein. Wie läßt sich Abhilfe schaffen?

Arttypische Verhaltensweisen:

1. Wühlen und Futtersuche
2. Reinlichkeit bei der Ausscheidung
3. Fortbewegung (Gehen, Traben)
4. Körperpflege (Scheuern, Kratzen, Suhlen)
5. Spielen und Rangkämpfe
6. Schlafnest bauen
7. Paarung

Auswirkungen

1. _____
2. _____
3. _____
4. _____
5. _____
6. _____
7. _____

Abhilfe bzw. Vorteil

1. _____
2. _____
3. _____
4. _____
5. _____
6. _____
7. _____

© Als Kopiervorlage freigegeben. Ernst Klett Schulbuchverlag, Stuttgart 1993

3 Heimische Säuger – angepaßt an Lebensraum und Jahreszeit

Der Igel – ein gefährdeter Winterschläfer
(Schülerbuch S. 90/91)

Aufgaben und Lösungen

① Die nebenstehende Abbildung zeigt Igel zu verschiedenen Jahreszeiten. Ordne die vorgegebenen Gewichtsangaben zu und begründe deine Entscheidung.
– *Herbst – 1100 g; Winter – 800 g; Frühjahr – 500 g. Begründung: Bis zum Herbst hat ein Igel in der Regel seine Fettreserven durch verstärktes Fressen aufgefüllt. Während des Winterschlafes werden diese verbraucht, so daß das Körpergewicht bis zum Aufwachen im Frühjahr stetig abnimmt.*

② Nenne Gründe dafür, warum es sinnvoll ist, daß Igel einen Winterschlaf halten.
– *Der wichtigste Grund ist der Nahrungsmangel. Die Beutetiere des Igels sind teils in Winterstarre in ihren Verstecken verborgen, teils sind sie im Herbst gestorben. Der Winterschlaf ist also eine Anpassung an die klimatischen Bedingungen des Lebensraumes. Im Winterschlaf wird der Stoffwechsel drastisch gesenkt und sämtliche Lebensvorgänge werden „auf Sparflamme" gehalten, so daß wenig Energie und Nahrungsstoffe verbraucht werden.*

③ Vergleiche die Umgebungs- und Körpertemperatur des Igels in Abbildung 80.2 für jeden Monat miteinander, und erkläre die aufgezeichneten Werte.
– *Vergleiche hierzu Arbeitsblatt S. 87. Von Mitte April bis Ende September liegt die Körpertemperatur des Igels bei 35° C, obwohl die Umgebungstemperatur schwankt. Sie ist in dieser Zeit höher als 15° C. Wenn die Umgebungstemperatur im Oktober unter 15° C fällt, sinkt die Körpertemperatur auf die Außentemperatur ab. In den folgenden Monaten fällt die Körpertemperatur bis auf etwa 5° C entsprechend der Umgebungstemperatur. Der Temperaturverlauf des Igels gleicht jetzt dem eines wechselwarmen Tieres. Unter 5° C – 3° C fällt die Körpertemperatur nicht, auch wenn die Umgebungstemperatur 0° C erreicht. Sinkt aber die Temperatur im Winterversteck unter diese Grenze, steigt die Körpertemperatur wieder auf den Sommerwert; der Igel wacht unter starkem Muskelzittern auf. Dieses „Notwachen" verhindert das Erfrieren des Igels und ermöglicht es ihm, ein neues, frostsicheres Versteck aufzusuchen. Das Notwachen ist aber für den Igel nicht ganz ungefährlich, da er zusätzlich als Fett gespeicherte Energiereserven verbraucht. Wacht ein Igel wegen zu geringer Temperatur mehrfach in einem Winter auf, kann dies deshalb den Tod des Tieres bedeuten.*

④ Nenne Gründe, warum nicht alle Igel den Winterschlaf überleben.
– *Körpermasse (bzw. Energiereserven) vor dem Winterschlaf zu gering; zu häufiges Notwachen verzehrt die Energiereserven vorzeitig; Tod durch Freßfeinde.*

99 ────────── Zusatzinformationen

1. Igel tragen meist zahlreiche Parasiten mit sich herum: Zwischen den Stacheln sitzen Zecken, Milben und Flöhe; sehr häufig sind Igel mit Lungen- und Bandwürmern infiziert, die allerdings nicht auf den Menschen übertragen werden.

2. Gegen Freßfeinde sind Igel durch ihre etwa 16 000 Stacheln geschützt, die mit kolbenartigen Verdickungen beweglich in der Rückenhaut des Igels stecken. Wenn sich bei Gefahr die *Muskelkappe* des Rückens (s. Randzeichnung) zusammenzieht, stülpt sie sich wie ein Sack über Rumpf und Kopf. Sogar die Gliedmaßen werden mit hineingezogen. Dabei wird die Rückenhaut gespannt, die Stacheln richten sich auf, und der Igel wird zu einer unangreifbaren stachelstarrenden Kugel.

3. Igel sind gefährdet. Die größte Gefahr für sie stellt unsere zivilisierte Umwelt dar. Viele Igel erleiden einen qualvollen Tod, wenn sie in Gärten durch Schneckenkorn vergiftete Schnecken fressen. Immer mehr Igel fallen aufgrund ihres starren *Instinktverhaltens* dem Autoverkehr zum Opfer: Statt beim Herannahen eines Autos schnell davonzulaufen, rollen sie sich mitten auf der Straße ein – ein Beispiel für den Zusammenprall der sich schnell entwickelnden Technik mit der instinktmäßig fixierten Natur.
────────── 99

Lösungen zum Arbeitsblatt

1./2. A) 35° C, 180 pro Min.
Igel frißt sich Fettpolster für die Überwinterung an (Würmer, Schnecken, Insekten, Früchte).
B) unter 15° C; 20 pro Min.
Igel sucht Winterquartier unter Reisighaufen auf.
C) um 5° C; 20 pro Min.
Igel hält Winterschlaf; zehrt vom Körperfett.
D) 35° C; 180 pro Min.
Igel verläßt mager und hungrig sein Winterquartier. Er braucht jetzt viel Nahrung.
3. Durch Absenken von Körpertemperatur, Herzschlag- und Atemfrequenz wird der Stoffwechsel erniedrigt und Energie gespart.

Medien

Filme
– FWU Der Igel: Paarung und Aufzucht der Jungen (5 min, f)
– FWU Der Igel: Nahrungsaufnahme (5 min, f)
– FWU Der Igel (21 min, f)

Videos
– FWU Der Igel (21 min, f)

Dias
– FWU Der Igel (14, f)
– FWU Insektenfresser: Igel, Maulwurf, Spitzmäuse (10, f)

Das Leben des Igels im Jahreslauf

1. Beschreibe die Lebensweise des Igels während der angegebenen Monate.
2. Ergänze mit Hilfe des Schulbuches die fehlenden Werte für Körpertemperatur und Herzschläge pro Minute.

A September	Außentemperatur 17°C	Körpertemperatur	Herzschläge pro Minute	Atemzüge pro Minute 30 – 50

B Oktober	Außentemperatur unter 15°C	Körpertemperatur	Herzschläge pro Minute	Atemzüge pro Minute 10

C November – Februar	Außentemperatur unter 15°C	Körpertemperatur	Herzschläge pro Minute	Atemzüge pro Minute 10

D März/April	Außentemperatur um 15°C	Körpertemperatur	Herzschläge pro Minute	Atemzüge pro Minute 30 – 50

3. Welche Bedeutung hat die Veränderung der Werte im Herbst?

© Als Kopiervorlage freigegeben. Ernst Klett Schulbuchverlag, Stuttgart 1993

Die Fledermaus – ein flugtüchtiges Säugetier

(Schülerbuch S. 92/93)

Aufgaben und Lösungen

① Um herauszufinden, wie Fledermäuse sich orientieren, führte der italienische Naturforscher SPALLANZANI schon vor 200 Jahren folgende Versuche durch: Er hängte Schnüre mit Glöckchen in einem völlig verdunkelten Raum auf. Dann ließ er Fledermäuse einmal mit verdeckten Augen, dann mit durch Wachs verstopften Ohren und auch einmal mit zugebundenem Maul in diesem Raum fliegen.
Welche Ergebnisse hatten diese Versuche wohl? Begründe deine Meinung.

– 1. Versuch:
verdunkelter Raum, verdeckte Augen
Ergebnis: Tiere stoßen nicht an die Schnüre
Deutung: Orientierung durch Ultraschall-Schreie
2. Versuch:
verdunkelter Raum, verstopfte Ohren
Ergebnis: Tiere stoßen an Schnüre
Deutung: Orientierung nicht möglich, da Ultraschall–Echo nicht wahrgenommen werden kann
3. Versuch:
verdunkelter Raum, zugebundenes Maul
Ergebnis: Tiere stoßen an Schnüre
Deutung: Orientierung nicht möglich, da keine Ultraschallschreie ausgestoßen werden können

② Vergleiche die Knochen des Arm- und Beinskeletts einer Fledermaus (▷ Abb. 2, S. 92) mit dem Skelett eines Hundes. Welche Unterschiede fallen dir auf?

– Lage und Art der Teile des Arm- und Beinskeletts stimmen überein. Abweichungen:
  – Knochen des Armskeletts sind stark verlängert, das gilt v.a. für die Knochen der Hand. Das ist Voraussetzung für die Anordnung der Flughäute zwischen den Fingern und zwischen Arm- und Beinskelett.
  – Der Daumen besitzt eine Kralle zum Festhalten des Körpers.
  – Fersenbein (Spornbein) ist verlängert und dient der Stabilisation der Flughaut.
  – Zehen enden mit Krallen, mit denen der Körper in der Ruhelage aufgehängt wird.
  – Finger sehr lang.
  – Oberarm kürzer als Unterarm.

99 ———————————— Zusatzinformationen

1. Zur Orientierung der Fledertiere

Die Ordnung *Fledertiere* gliedert man in zwei Unterordnungen, die sich sowohl in ihrer Lebensweise als auch in der Orientierungsweise unterscheiden:

	Fledertiere	
	Fledermäuse	Flughunde
Hauptnahrung	Insekten	Früchte
Vorherrschende Orientierung	Ultraschall (mit riesigen Ohren)	Augen, Nase

2. Maßnahmen zum Schutz der Fledermäuse:

– Störung der Fledermäuse in Winterquartieren (z.B. Höhlen) und Wochenstuben (Weibchen mit Jungen) im Sommer vermeiden!
– Verantwortungsbewußter Umgang mit Insektiziden.
– Erhalt bestehender Quartiere (alte Bäume mit Spechtlöchern; alte Dachböden ohne Holzschutzimprägnierung, mit Einflugspalten; Höhlen; Stollen; Bunker).
– Anbieten neuer Nistmöglichkeiten und Hangplätze (käufliche Fledermauskästen; Fledermausbretter auf Dachböden und unter Dachvorsprüngen; Offenlassen bzw. Anbringen von Einflugspalten (30–50 cm breit, 3–5 cm hoch); Einsetzen von Fledermausziegeln).

———————————— 99

Lösungen zum Arbeitsblatt

1. a) große Ohren; b) Insektenfressergebiß; c) Oberarm; d) Unterarm; e) Mittelhand; f) Finger; g) Daumen; h) Fersenbein; i) Flughaut.
2. a) Oberarm; b) Elle; c) Speiche; d) Handwurzel; e) Mittelhand; f) Finger.

Medien

Filme
– Klett 998940 Flug und Orientierung der Fledermäuse (4 min, f)
– Klett 994429 Winterschlaf der Fledermäuse (4 min, f)
– FWU Fledermäuse – Versuche zum Orientierungsverhalten (4 min, f)
– FWU Einheimische Fledermäuse (16 min, f)

Videos
– Klett 37 6002 Flug und Orientierung der Fledermaus (4 min, f)

Arbeitstransparente
– Siemers T 6201 Orientierung der Fledermaus (3 F)
– Hagemann 171804 Die Fledermaus – Orientierung durch Ultraschall (3 F)

Vergleich von Vogel und Fledermaus

	Vogel	Fledermaus
Körperbedeckung	Federn	Haare (Körper) bzw. nackt (Flughaut)
Flugorgan	umgebildete Vorderextremität mit Federn	umgebildete Vorderextremität mit Flughaut (ausgespannt zwischen den verlängerten Arm- und Fingerknochen sowie Beinen, Rumpf und Schwanz)
Mundwerkzeug	Schnabel ohne Zähne	Maul mit zahlreichen spitzen Zähnen (Insektenfressergebiß)
Fortpflanzung	Eier	lebende Junge

Das Skelett der Fledermaus

1. Die Abbildung zeigt Anpassungen der Fledermaus an ihre Lebensweise als fliegender Insektenjäger. Beschrifte.

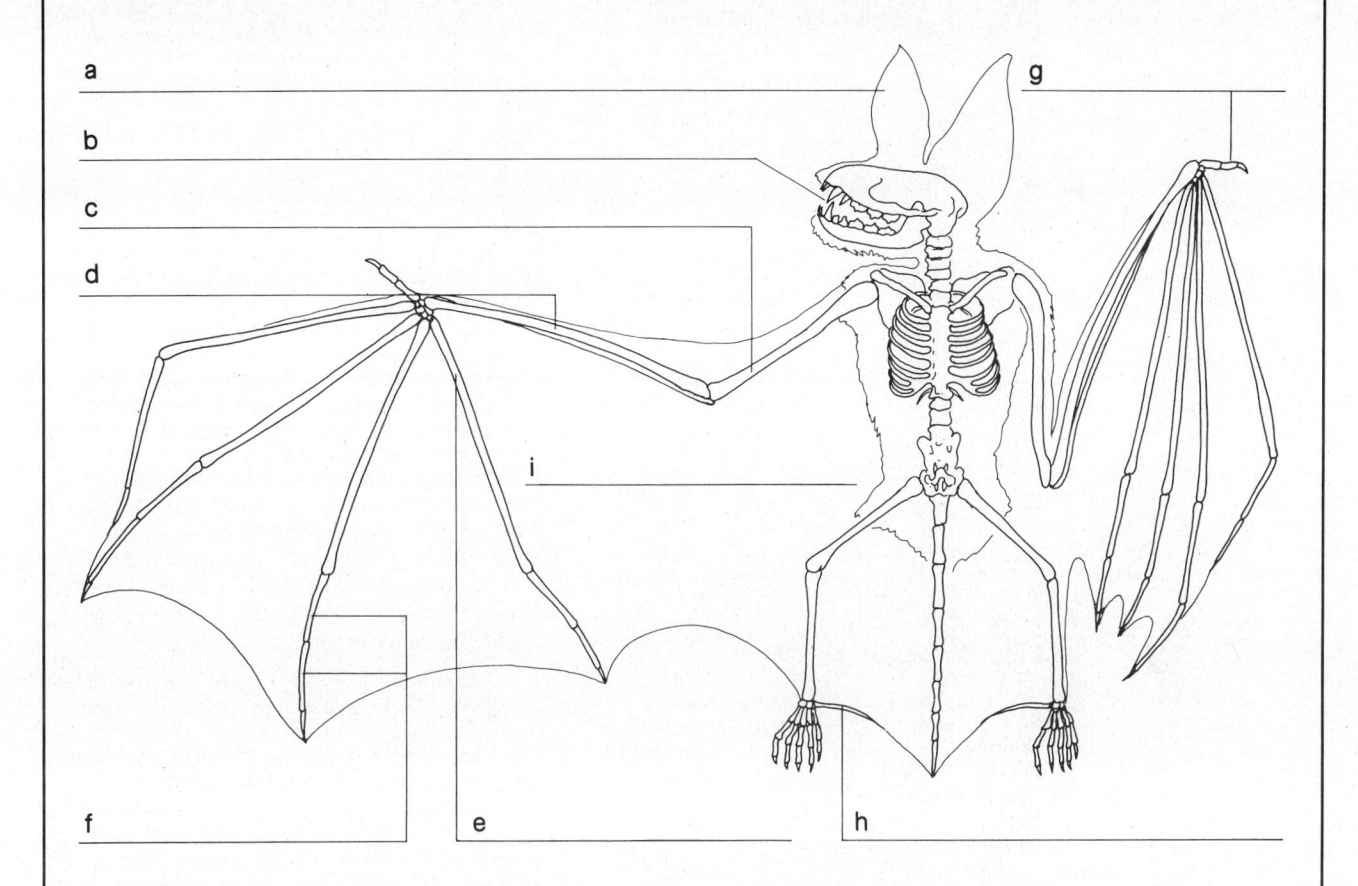

a _____
b _____
c _____
d _____
g _____
i _____
f _____
e _____
h _____

2. Vergleiche das Armskelett der Fledermaus mit dem des Menschen. Beschrifte und male die entsprechenden Knochen bei Fledermaus und Mensch mit den gleichen Farben an.

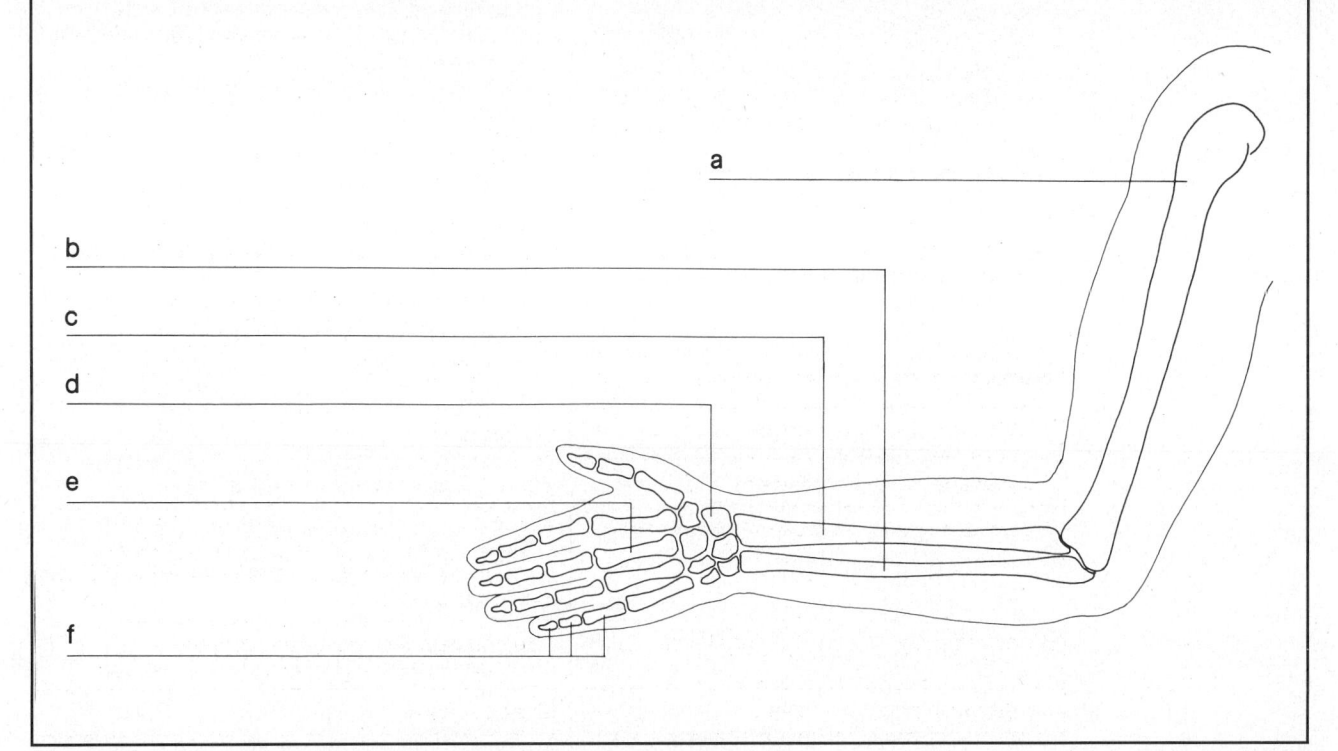

a _____
b _____
c _____
d _____
e _____
f _____

© Als Kopiervorlage freigegeben. Ernst Klett Schulbuchverlag, Stuttgart 1993

Der Maulwurf – ein Leben unter Tage

(Schülerbuch S. 94)

1. Der Name: Früher bezeichnete man Erde als „Mull" (althochdeutsch molte = Erde; heute noch in Torf-„mull"). Der „Maul"wurf müßte also eigentlich „Mull"werfer heißen.

2. Rätsel zum Einstieg:
In der Erde wühlt er,
auf allen Vieren kriecht er,
schmutzig wird er nie,
kennst du dieses Vieh?

Aufgaben und Lösungen

① Der Maulwurf hält keinen Winterschlaf. Weshalb kann er ohne Winterschlaf auskommen?
- *Ihm steht auch im Winter Nahrung zur Verfügung. In den frostfreien tieferen Bodenschichten kann er auch im Winter Würmer und Insektenlarven finden. Er legt außerdem Wurmvorräte an. Die Würmer werden zuvor durch einen Biß in den Kopfbereich gelähmt. In einer Vorratskammer hat man 1280 Regenwürmer und 18 Engerlinge gefunden, insgesamt 2 kg „lebender Konserven".*

② Neben dem Ärger über die Maulwurfshügel befürchten viele Gartenbesitzer, Maulwürfe schadeten den Wurzeln ihrer sorgsam gepflegten Gartenpflanzen. Erläutere, ob diese Befürchtungen gerechtfertigt sind (vgl. auch Abb. 3).
- *Abb. 94.3 zeigt, daß Maulwürfe reine Fleischfresser sind. Angefressene Wurzeln sind also durch andere Tiere geschädigt, z.B. durch Wühlmäuse oder Insektenlarven. Da der Maulwurf solche Larven frißt, kann man ihn sogar als nützlich bezeichnen. Das Aufwerfen von Erdhaufen richtet kaum ernstlichen Schaden an; es stört höchstens den Ordnungssinn des Garten- oder Wiesenbesitzers.*

③ In seinem Wohn- und Jagdrevier ist der Maulwurf vor Feinden geschützt. Außerhalb seiner Gänge lauern jedoch viele Gefahren auf ihn. Versuche, diese Gefahren genauer zu bestimmen.
- *Bussard und Turmfalke, Eule und Krähe stellen ihm außerhalb seines Baues nach, können ihn aber auch durch die aufgewühlte Erde hindurch ergreifen, wenn sie die Erdbewegungen beim Aufschütten der Hügel sehen. Fuchs und Marder, Hund und Katze töten ihn – ohne ihn zu fressen –, wenn er beim Aufwerfen eines Erdhügels an die Erdoberfläche kommt oder wegen Überflutung seines Gangsystems dieses verlassen muß. Nur das Mauswiesel ist schlank genug, ihn unter die Erde zu verfolgen.*

Zusatzaufgaben

① Ausmessen (Schrittmaß!) des Umfangs eines Maulwurfreviers (z.B. 110 m); Zählen der Hügel in diesem Revier (z.B. 50); Ausmessen des größten (über der Wohnhöhle gelegenen) Hügels (Höhe z.B. 18 cm; Umfang (Schnurmaß) z.B. 90 cm; Durchmesser z.B. 30 cm); Abtragen eines Hügels; Ertasten und Beschreiben der Gangwand; Fühlen der Luft im Gangsystem.
- *Die Hügel liegen meist in einer Reihe entlang den Laufgängen. Die Wände des (z.B. 40 m langen) Gangsystems sind durch den Pelz des rastlos hin- und herlaufenden Tieres glattpoliert. Die Luft in den Gängen fühlt sich kühl und feucht an.*

② Stelle folgende Aussagen eines Gartenfreunde richtig!
„Die Maulwürfe muß man unbedingt fangen, weil sie schädlich sind. Sie naschen von meinen Erdbeeren und nagen mit ihren kräftigen Nagezähnen die Wurzeln meiner Salatpflanzen und frischgepflanzten Obstbäumchen ab. Dabei graben sie mit ihren langen Vorderpfoten riesige Löcher in meinen Garten, daß ich mir schon einmal den Fuß verstaucht habe. Und im Winter knabbern sie die Rinde meiner Bäumchen ab. Außerdem tragen sie in ihrem langen zottigen Fell schädliches Ungeziefer mit sich herum und verbreiten es dadurch im ganzen Garten. Es ist aber nicht leicht sie zu fangen, weil sie mit ihren großen scharfen Augen jede Bewegung sehen und mit den langen beweglichen Ohrlöffeln selbst das leiseste Geräusch hören."

99 ─────────────── **Zusatzinformation**

Maulwurf oder Wühlmaus?
Die Haufen der Schermaus sind flacher als die des Maulwurfs und meist durchsetzt mit dem hochgedrückten Pflanzenwuchs. Sie sind unterschiedlich groß und unregelmäßig in Form und Verteilung. Die großen Löcher (∅ 6–8 cm) zum Gangsystem sind meist ohne Verbindung zu einem Haufen.
Die Haufen des Maulwurfs dagegen sind etwa gleich groß, die Abstände ähnlich, die Anordnung läßt den Verlauf eines Ganges verfolgen. Allerdings benutzt die Wühlmaus gern das Gangsystem des Maulwurfs und gelangt so leicht zu den Wurzeln, die der Maulwurf, entgegen der Meinung vieler Gartenbesitzer, verschmäht.

─────────────── 99

Lösungen zum Arbeitsblatt

1. b) Walzenförmiger Körper: ermöglicht schnelles Vor- und Zurücklaufen in Gängen. c) Breite Stirn: schiebt wie Bulldozer Erde zur Seite und nach oben. d) Nasenrüssel: Geruchs- und Tastorgan; Nasenlöcher nach unten geöffnet.
e) Breite Hand und kurzer Arm: Grabschaufel mit günstiger Hebelwirkung. f) Kleine Augen: in dunklen Gängen ohne Bedeutung. g) Ohren: leistungsfähig, gegen Schmutz verschließbar.
h) Fell ohne Strich: erlaubt schnelles Vor- und Zurücklaufen in Gängen.
2. Ein „sechster Finger", das Sichelbein, und starke Handknochen verbreitern die Hand zu einer kräftigen Grabschaufel. Sichelbein und Krallen sind Scharrwerkzeuge. Verkürzte Armknochen machen die Grabarbeit besonders wirkungsvoll.

Medien

Präparate
- Stopfpräparat
- Skelett
- Fellstücke von Maulwurf und Reh

Filme
- Klett 998930 Fortbewegung und Graben beim Maulwurf (4,5 min, f)
- FWU Der Maulwurf (10 min, f)
- FWU-Filme über den Maulwurf Grabowski

Videos
- Klett 376001 Fortbewegung und Graben beim Maulwurf (5 min, f)

Dias
- FWU Insektenfresser: Igel, Maulwurf, Spitzmäuse (10, f)

Bildplatten
- Klett 75117 Aus dem Leben der Tiere

Der Maulwurf ist an das Leben im Boden angepaßt

1. Anpassungen an die Lebensweise kann man am äußeren Erscheinungsbild, aber auch am Skelett erkennen. Benenne und erkläre die in Abbildung A gekennzeichneten Anpassungen. Trage in Abbildung B die entsprechenden Buchstaben ein.

A

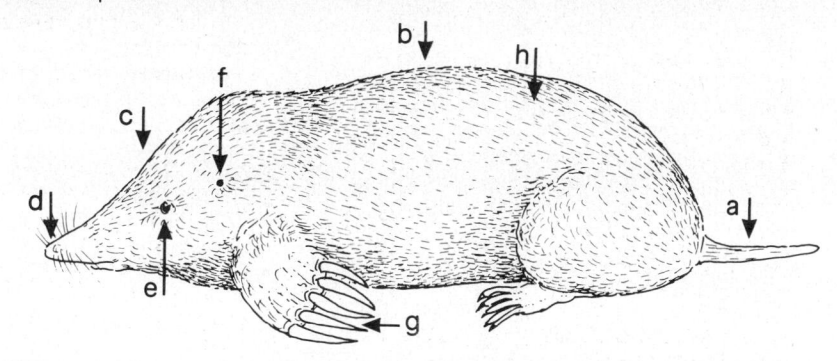

a) Schwanz   dient als Tastorgan zur Orientierung in dunklen Gängen

b) _____   _____

c) _____   _____

d) _____   _____

e) _____   _____

f) _____   _____

g) _____   _____

h) _____   _____

B

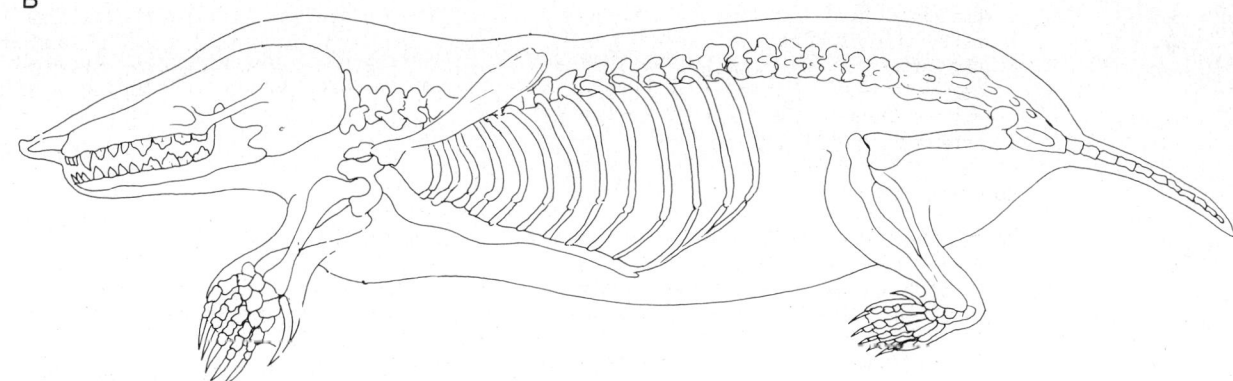

2. Wie unterscheidet sich das Armskelett des Maulwurfs vom Skelett unseres Armes? Erkläre die Bedeutung dieser Unterschiede.

_____

_____

_____

_____

© Als Kopiervorlage freigegeben. Ernst Klett Schulbuchverlag, Stuttgart 1993

Das Eichhörnchen – ein Leben auf Bäumen

(Schülerbuch S. 95)

Aufgaben und Lösungen

① Vergleiche das Nagetiergebiß des Eichhörnchens mit dem Insektenfressergebiß des Igels. Nenne Gemeinsamkeiten und Unterschiede.
- Vergleiche Arbeitsblatt S. 97. Beide besitzen unterschiedliche Zahnarten. Beim insektenfressenden Igel sind Schneide-, Eck- und Backenzähne vorhanden, beim Eichhörnchen nur Schneide- und Backenzähne. Die Zahnlücke zwischen Schneide- und Backenzähnen ist für ein Pflanzenfressergebiß charakteristisch. Für Pflanzenfresser ist auch die ähnliche Ausgestaltung aller Backen- und Mahlzähne typisch. Sie bilden eine Mahlfläche, die durch Schmelzleisten rauh gehalten wird. Beim Igel dagegen sind die Backenzähne spitzhöckrig. Die Schneidezähne des Eichhörnchens sind lang und meißelförmig; sie wachsen ständig nach; die Schneidezähne des Igels sind kurz und wachsen nicht nach. Außerdem unterscheiden sich die Gebisse in der Anzahl der Zähne, so ist z.B. die Zahl der Backenzähne beim Igel größer als beim Eichhörnchen.

② Vergleiche die Nagespuren auf den beiden abgebildeten Haselnußschalen. Welche Nuß wurde von einem erfahrenen, welche von einem unerfahrenen Eichhörnchen geöffnet? Begründe deine Meinung.
- Obere Schale: Unregelmäßige Nagespuren zeigen, daß sie von einem unerfahrenen Eichhörnchen geöffnet wurde. So gelangt das Tier nur mühsam an die Nuß.
  Untere Schale: Regelmäßige Nagespuren entlang der Längsfurche der Schale haben einen Spalt erzeugt, so daß durch Hineinfassen der Schneidezähne die Schale aufgesprengt werden kann. Da diese Technik durch Versuch und Irrtum erlernt werden muß, zeigen nur erfahrene Eichhörnchen dieses Verhalten. Durch genaue Untersuchungen (Kaspar-Hauser-Versuche, vgl. FWU-Film Was Tiere können und was sie lernen müssen) hat man festgestellt, daß Eichhörnchen zwar die Grundtechniken des Nüsseöffnens (Nagen, Aufsprengen) angeborenermaßen beherrschen, die geeignetste Anwendung dieser Grundtechniken aber erlernen müssen. Die Abbildung des Arbeitsblattes S. 93 zeigt, wie ein erfahrenes Eichhörnchen eine Nuß zwischen den Vorderpfoten hält und aufnagt.

99 ──────────── Zusatzinformationen

Nach der Betrachtung des FWU-Films „Quick, das Eichhörnchen" werden **Anpassungen an das Baumleben** besprochen, einige auf Arbeitsblatt S. 93 festgehalten.

Anpassungen der Fortbewegung:
- *Klettern:* lange Finger und Zehen mit langen Krallen sowie Haftballen an Händen und Füßen verhindern Abrutschen und ermöglichen sogar Abwärtsklettern mit dem Kopf voran. Große Augen und lange Tasthaare stellen Hindernisse fest.
- *Springen:* Kräftige Sprungbeine ermöglichen 5 m weite Sprünge. Die großen Augen schätzen Entfernungen sicher ab. Der Schwanz dient als Steuerruder und Bremsfallschirm. Bei einem Sturz aus der Höhe des Baumes breitet das Tier Arme und Schwanz aus, so daß es mit seinem langen Fell in einem „Gleitflug" den Fall abbremst.

Anpassungen für die Nahrungsaufnahme:
- Lange Finger mit Krallen halten Zapfen oder Nüsse fest.
- Meißelartige Nagezähne öffnen härteste Nußschalen (angeborenes Instinktverhalten).

Schutzanpassungen:
- Braunes oder schwarzes Fell zur Tarnung.
- Wendiges Klettern um den Baum herum; weite Sprünge von Baum zu Baum.
- Ausgepolsterter Kobel schützt gegen Kälte (Winterruhe) und Feinde (Zufluchtsnest mit zwei Eingängen).
- Große Zahl von Nachkommen; Junge werden bei Gefahr von Mutter zu einem Ausweichnest getragen.

Die Bedeutung des Eichhörnchens für den Wald

Dem Eichhörnchen kommt eine wichtige Rolle bei der Verjüngung des Waldes zu. Als Winterruher legt es Nahrungsvorräte für die Winterversorgung an. Es vergräbt im Herbst an vielen Stellen Nüsse und Eicheln (ein angeborenes Verhalten!), die es aber oft nicht wiederfindet. Im Frühjahr keimen die vergessenen Samen aus. (Eine ähnliche Bedeutung haben die Eichelhäher, die auch Nahrungsverstecke anlegen.) Die Stellung des Eichhörnchens in der Nahrungskette und sein Vorkommen im Stockwerkbau des Waldes werden mit MAM – Box I: Ökologie (Klett-Nr. 998151) und den dort beigegebenen Arbeitsblättern gezeigt.

Feinde: Fuchs, Baummarder, Uhu, Habicht.
Nahrung: Zapfen, Nüsse (Haselnüsse, Buchekkern, Eicheln), Knospen, Pilze, Eier, Jungvögel, Insekten. Nur im Notfall nagen sie an Baumrinde.

──────────────────── 99

Lösungen zum Arbeitsblatt

1. Langer buschiger Schwanz als Steuer und Fallbremse; Tasthaare und große Ohren zur Orientierung; Nagezähne und Krallen öffnen Nüsse; lange, kräftige Sprungbeine; Krallen zum Festhalten an der Borke beim Klettern.
2. a) Vgl. Schülerbuch Abb. 91.1 und 95.2.
   b) Eichhörnchen 401 104
                    401 104
      Igel   613 316
                    512 215
   c) Eichhörnchengebiß: Nagezähne öffnen Nüsse; Backenzähne zermahlen pflanzliche Nahrung.
      Igelgebiß: Spitze Zähne zerbeißen Insektenpanzer.

Medien

Präparate und Fundstücke

Filme
- FWU Das Eichhörnchen (16 min, f)
- FWU Das Eichhörnchen – Nahrungsaufnahme und Fortbewegung (4 min, f)
- FWU Angeborenes und erlerntes Verhalten beim Eichhörnchen (5 min, sw)
- FWU Was Tiere können und was sie lernen müssen (15 min, sw)
- FWU Quick, das Eichhörnchen: Naturgeräusche, Sprache, Musik (13 min, sw)

Magnetmaterialien
- Klett 998151 MAM-Box I: Ökologie

Das Eichhörnchen — ein Leben in den Baumkronen

1. Benenne die mit Pfeilen markierten Körpermerkmale des Eichhörnchens und gib ihre Aufgaben an.

   _____

   _____

   _____

   _____

2. Wir vergleichen die Gebisse von Eichhörnchen und Igel.

   Eichhörnchengebiß   Igelgebiß

   a) Kennzeichne die verschiedenen Zahnarten mit jeweils einer anderen Farbe (grün: Schneidezähne, gelb: Eckzähne, blau: Backenzähne).

   b) Stelle für jedes Gebiß eine Zahnformel nach folgendem Muster auf.

   Oberkiefer

   rechts   links

   | | | | | Zahl der Backenzähne
   | | | | | Zahl der Eckzähne
   | | | | | Zahl der Schneidezähne

   rechts   links

   Unterkiefer

   c) Erläutere, für welche Art Nahrung die beiden Gebisse jeweils geeignet sind.

   _____

   _____

© Als Kopiervorlage freigegeben. Ernst Klett Schulbuchverlag, Stuttgart 1993

Ratten – ungeliebte Nager
(Schülerbuch S. 96)

Aufgaben und Lösungen

① Wie viele Junge bringt ein Wanderrattenweibchen im Jahr etwa zur Welt?
- *Rechnet man pro Wurf ca. 12 Junge und 5 Würfe pro Jahr, so bringt ein Weibchen bis zu 60 Junge zur Welt.*

② Wie viele Tiere umfaßt das Rudel, wenn die Jungen aus dem ersten Wurf selbst im Laufe des Jahres einmal Junge bekommen?
- *Sind im ersten Wurf 6 weibliche Tiere, so können diese ebenfalls je ca. 12 Junge bekommen, so daß die Nachkommenschaft des einen Weibchens dann etwa 132 Ratten umfaßt.*

③ Mit welchen Maßnahmen kann man einer Rattenplage vorbeugen?
- *Der Zugang zur Nahrung z. B. durch Kellerfenster sollte verhindert werden. Tierische Abfälle auf dem Kompost (Fleischreste) locken Ratten an und sind daher zu vermeiden. Müll muß umgehend beseitigt werden. Große Hauskatzen und auch Terrier sind gute Rattenvertilger.*

④ Warum hat das Aufstellen von Fallen meist keinen Erfolg?
- *Ratten sind sehr vorsichtig, werden durch Verletzungen von Artgenossen gewarnt und lernen sehr schnell.*

⑤ Neben der Wanderratte gibt es bei uns noch die Hausratte. Informiere dich in einem Lexikon über diese Art und berichte.
- *Die kleinere, dunkle Hausratte lebt in Haus und Scheune vor allem auf Dachböden, denn sie bevorzugt Wärme und Trockenheit. Sie vermehrt sich nicht so stark. Ihre Nahrung ist überwiegend pflanzlich. Sie ist in unseren Breiten stark von der Wanderrate verdrängt worden.*

Medien

Präparate und Fundstücke
- Stopfpräparat
- Schädel u.a. Skeletteile (z.B. aus Gewölle)
- aufgenagte Nüsse

Dias
- FWU Einheimische Mäuse (9, sw)

Filme
- Klett 998879 Die Feldmaus – Einführung in die Ökologie (4,5 min, f)
- FWU – Filmreihe:
  Versuche zum Verhalten der Labormaus:
  Rangordnung (4 min, f)
  Reviereinnahme (5 min, f)
  Klettern (5 min, f)
  Hungrige und satte Maus (5 min, f)
  Wandkontakt (4 min, f)

Videos
- Klett 376010 Die Feldmaus – Einführung in die Ökologie (5 min, f)

Bei uns gibt es ca. 120 000 Ratten

Ein Paar vertilgt mit seinen Nachkommen im Jahr ca. 11 000 kg Getreide

Die Laborratte stammt von der Albinoform der Wanderratte ab.

Langschwanzmaus

Kurzschwanzmaus oder Wühlmaus

Die Feldmaus – ein häufiger Bewohner von Äckern und Wiesen
(Schülerbuch S. 97)

Aufgaben und Lösungen

① Vergleiche die Lebensweise von Feldmaus und Maulwurf. Nenne Gemeinsamkeiten und Unterschiede.
Gemeinsamkeiten: Beide ...
- *leben in selbstgegrabenen, unterirdischen Gangsystemen.*
- *halten keinen Winterschlaf.*
- *legen Vorräte an.*

Unterschiede:
- *Maulwürfe leben von tierischer, Feldmäuse von pflanzlicher Nahrung.*
- *Feldmäuse haben eine wesentlich höhere Zahl von Nachkommen.*
- *Feldmäuse leben in Familien, Maulwürfe sind Einzelgänger.*

② Rechne aus, wie viele Junge eine Feldmaus während ihres Lebens theoretisch bekommen kann.
- *Durchschnittliche Lebensdauer 140 Tage; Zeit zwischen den Würfen 20 Tage; Anzahl der Tiere pro Wurf 6.*
Anzahl der Jungen einer Feldmaus:
$140 : 20 \times 6 = 42$.
Die Anzahl der Jungen pro Wurf (bis 12!) und die Zahl der Würfe kann aber noch höher sein. Den Rekord hält ein Zuchtweibchen mit 33 Würfen und insgesamt 127 Jungen. Die hohe Vermehrungsrate ist durch die frühe Geschlechtsreife bedingt, die eine Spitzenstellung unter den Säugetieren einnimmt. Im Alter von 13 Tagen können Weibchen – mit 7 bis 9 Gramm Gewicht noch lange nicht ausgewachsen – begattet werden und Embryonen tragen. Die große Zahl von Jungen eines Wurfes bedingt ein geringes Geburtsgewicht: Neugeborene Feldmäuse wiegen knapp 2 Gramm, 10 Jungen zusammen also nicht mehr als ein normaler Brief.

③ Informiere dich darüber, welche Arten von Mäusen bei uns vorkommen. Wodurch unterscheiden sie sich?
- *An diesem Beispiel kann man zeigen, daß die äußere Erscheinung häufig nicht ausreicht, um ein Tier richtig zuzuordnen. Neben den echten Mäusen werden bei dieser Aufgabe sicher auch die Spitzmäuse (Ordnung Insektenfresser; also Gebiß mit vielen spitzen Zähnen, siehe Randspalte des Schülerbuchs), vielleicht auch die Haselmaus (Ordnung Nagetiere, Familie Bilche (Schlafmäuse); mit buschigem Schwanz) genannt werden. Die Familie Mäuse selbst wird unterteilt in*
- *Langschwanzmäuse (Kopf spitz, Ohren groß, Schwanz etwa so lang oder länger als Kopf und Rumpf): z. B. Hausmaus, Waldmaus, Brandmaus, Hausratte, Wanderratte*
- *Kurzschwanzmäuse oder Wühler (Schnauze stumpf, Ohren sehr klein, Schwanz deutlich kürzer als Kopf und Rumpf): z.B. Feldmaus, Rötelmaus, Schermaus (Wasserratte).*

Wer knackt die Nuß? Wer knabbert am Zapfen?

Haselnüsse

1) *Larve des Haselnußbohrers:*
   kreisrundes Raspelloch; nicht über 4 mm; im Innern Reste des ausgefressenen Kerns und Kotteilchen. Die Larve des Käfers hat sich durch das Loch nach außen geraspelt, um sich im Boden zu verpuppen.

2) *Mäuse:* Loch über 4 mm ⌀.
   — *Kurzschwanzmäuse* (z. B. Feldmaus, Rötelmaus) nagen an der Schmalseite oder am Grunde der Nuß mit den unteren Nagezähnen von außen nach innen, Loch verengt sich also nach innen;
   — *Langschwanzmäuse* (z. B. Waldmaus, Brandmaus) dagegen nagen von innen nach außen, Loch erweitert sich daher nach innen.
   — *Haselmaus* (Familie Bilche oder Schlafmäuse) nagt rundliches Loch an der Breitseite der Nuß.

3) *Eichhörnchen:* Großes Loch mit z. T. grobzackigem Rand. Mehr aufgebrochen als aufgenagt.

4) *Specht:* Von der Spitze her in 2 Teile gespalten. An der Spitze Spuren des Meißelschnabels. Specht klemmt Nüsse mit Spitze nach oben fest und hackt darauf los.

Fichtenzapfen

1) *Eichhörnchen:* Zapfen wird mit Vorderpfoten gedreht, Schuppen mit Nagezähnen vom unteren Ende des Zapfens her nacheinander abgerissen, wobei Schuppenreste stehen bleiben. Zapfenende mit Schuppenbüschel.

2) *Maus:* Beginnt auch am unteren Ende des Zapfens, daher behält auch hier die Zapfenspitze ihre Schuppen. Zapfen „ordentlich" abgenagt, ohne abstehende Fasern.

3) *Fichtenkreuzschnabel:* Schuppen vor allem in Zapfenmitte auseinandergebogen, verdreht und teilweise aufgespalten.

4) *Specht:* klemmt Zapfen mit Spitze nach oben in Rindenspalt oder Astloch und hackt Samen heraus (Spechtschmiede). Zapfen daher von der Spitze her aufgehackt und aufgefasert.

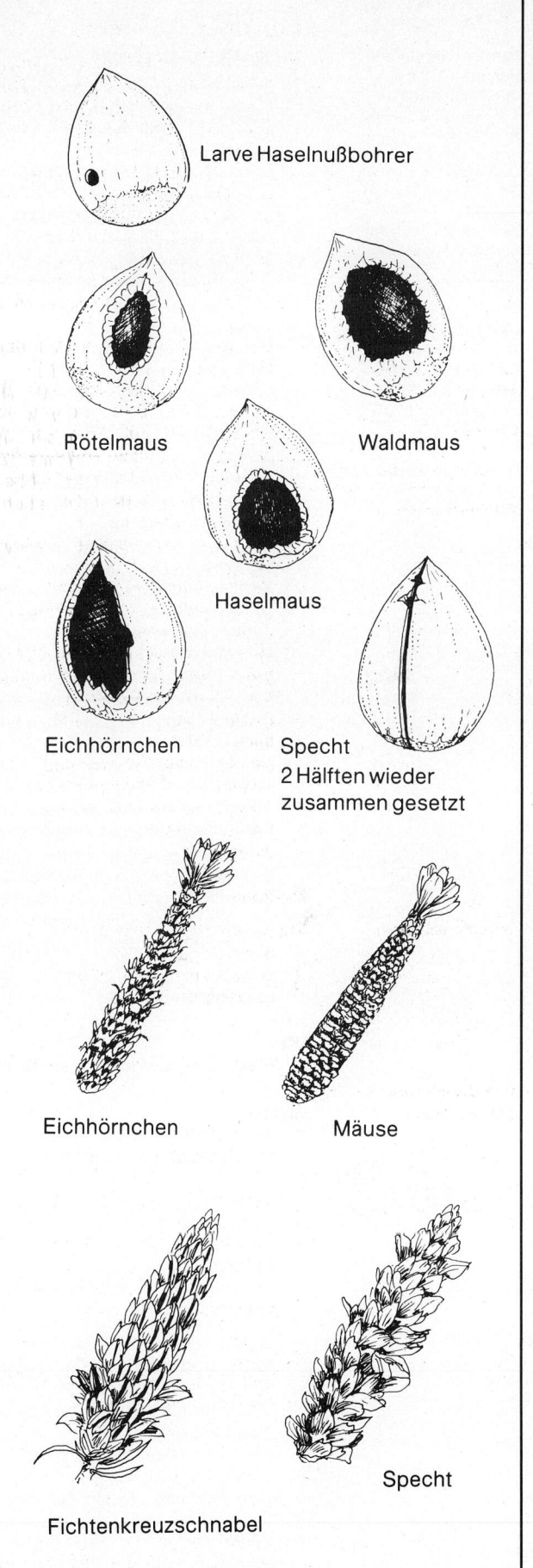

Wildkaninchen und Feldhase – Tiere unserer Kulturlandschaft

(Schülerbuch S. 98/99)

Vermehrungsrate
Hasen:
durchschnittlich
4 x 5 Junge/Jahr
Kaninchen:
In klimatisch günstigen Gebieten bis zu
5 x 7 Junge/Jahr.

Hasenscharte: Spalt in der Oberlippe des Hasen, erleichtert das Nagen. In der Medizin Bezeichnung für eine Oberlippenspalte, die während der Embryonalentwicklung entsteht, wenn beide Oberlippenteile nicht verschmelzen.

Aufgaben und Lösungen

① Stelle in einer Tabelle die Unterschiede zwischen Wildkaninchen und Feldhase zusammen.

Wildkaninchen
- Heimat: Mittelmeerländer
- Lebt in Kolonien
- Auch in unmittelbarer Nähe des Menschen anzutreffen
- Legt unterirdische Baue an
- Junge: Nesthocker
- Körperlänge bis 40 cm
- Gewicht bis 6 kg
- Ohren höchstens so lang wie der Kopf
- Fell meist grau
- Ohrspitzen ohne dunklen Fleck

Feldhase
- Heimat: Steppen Asiens
- Einzelgänger
- Meidet die unmittelbare Nähe des Menschen
- Ruht in einer Sasse
- Junge: Nestflüchter
- Körperlänge bis 60 cm
- Gewicht bis 3 kg
- Ohren länger als der Kopf
- Fell meist rostfarben
- Ohrspitzen mit dunklem Fleck

② Beschreibe mit Hilfe der Abbildung in der Randspalte, wie sich der Sinnesschutzmantel eines Hasen in der Sasse zusammensetzt.
- Die langen angelegten Ohr„löffel" wirken wie Schalltrichter. (Hasen sind Ohrentiere); sie sichern ein Hörfeld, das nach hinten und zur Seite gerichtet ist. Die Nase kontrolliert ein nach vorn gewandtes Witterungsfeld. Die seitlich stehenden Augen überblicken ein Sehfeld, das sich nach vorn und zur Seite erstreckt. Da die einzelnen Sinnesfelder sich überschneiden, ergibt sich ein Rundumschutz.

🙶 ──────── Zusatzinformationen

1. Der Hase – ein Tier im Volksmund

Was ist das?
- ein Tier, das ein Meister ist (Meister Lampe)
- ein Säugetier, das Eier verschenkt (Osterhase)
- ein Tier, dessen Fuß ein Feigling ist (Hasenfuß)
- ein Tier, das mit Löffeln hört
- ein schneller Läufer, der doch einen Igel nicht überholen kann (vgl. Märchen der Brüder Grimm: Der Hase und der Igel)
- ein Hasenfuß, vor dem sieben Schwaben Angst haben
- ein Tier, dessen Tod viele Hunde sind.

2. Tafelzeichnung „Flucht des Hasen":
Ein Schüler zeichnet den Weg des Hasen vor, der Lehrer verfolgt mit roter Farbe, wobei er immer wieder über das Ziel hinausschießt. Die Länge der Wege wird mit einer Schnur gemessen und verglichen.

Im Regelfall flieht der Hase nicht vor seinen Feinden, er duckt sich in seine *Sasse*. Oft laufen seine Verfolger an ihm vorbei. Wie kommt das? Die *Tarnfarbe* verhindert, daß er von seinen Feinden gesehen wird, wenn er sich ganz still in die etwa 10 cm tiefe Sasse duckt, denn unbewegliche Dinge sind nur schwer auszumachen. Der Hase selbst dagegen hat bei der Annäherung eines Feindes die Augen offen – daher das Gerücht, der Hase schlafe mit offenen Augen. Der Hase sucht die Sasse nicht direkt auf, sondern hoppelt in einem Abstand von etwa drei Metern daran vorbei, kehrt nach zwanzig bis dreißig Metern in seiner eigenen Fährte zurück und springt, auf der Höhe der Sasse angekommen, mit einem Satz in sein „Bett". Die *Tarnfarbe* und seine *Reglosigkeit* verhindern, daß er von seinen Feinden gesehen wird.

Auch gegen seine Feinde aus der Luft, *Habicht* und *Bussard,* ist der Hase nicht hilflos. Mit bis zu siebzig Stundenkilometern versucht er zunächst zu fliehen. Stößt der Vogel auf ihn herunter, schlägt der Hase einen rechtwinkligen Haken. Gibt der Feind immer noch nicht auf, springt der „Angsthase" bis zu eineinhalb Meter in die Höhe und schlägt mit beiden Hinterläufen kraftvoll gegen den Angreifer.

3. Zivilisation – des Hasen Tod
Pflanzengifte, Autostraßen und Flurbereinigung haben die Zahl der Hasen stark vermindert. Hekken, Feldraine, Büsche, Bachschleifen verschwinden immer mehr. In der flurbereinigten „Kultursteppe" mit ihren großen einheitlichen Flächen findet der Hase keinen Schutz vor seinen Freßfeinden. Der Kulturfolger Hase zieht sich immer mehr in den Wald zurück. Weiter dezimiert wird er durch *Kokzidose*, einer Hasen-Kinderkrankheit. Der *Myxomatose* (Dickkopfkrankheit), eine durch Stechmücken und Flöhe übertragene Viruskrankheit, fallen dagegen fast ausschließlich Kaninchen zum Opfer.

────────────────── 🙷

Lösungen zum Arbeitsblatt

1. Hasen größer als Kaninchen. Ohren beim Hasen länger als Kopf, beim Kaninchen kürzer. Hasen leben als Einzelgänger in Wiesen und Feldern; sie bewohnen Sassen. Kaninchen leben gesellig an Waldrändern und in Parks; sie bewohnen unterirdische Baue.
2. a) Nestflüchter – Nesthocker; b) mit Fell – nackt; c) vorhanden – fehlen; d) offen – geschlossen; e) nach wenigen Tagen – nach 4 Wochen; f) Milch; Kräuter – Milch; g) Ducken in Sasse – Ducken im Bau.
3. Intensive Landwirtschaft entzieht Lebensraum; lebenswichtige Kräuter werden mit Unkrautvernichtungsmitteln ausgerottet.

Medien

Filme
- FWU Das Wildkaninchen (14 min, f)

Videos
- FWU Der Feldhase (21 min, f)

Dias
- Lünnemann Das Kaninchen (12, f)

Feldhase und Wildkaninchen

1. In den Zeichnungen siehst du Hase und Kaninchen in ihren natürlichen Lebensräumen. Vergleiche.

Ohren _____   Ohren _____

Lebensraum _____   Lebensraum _____

2. Hase und Kaninchen zeigen eine ihrem Lebensraum angepaßte Brutpflege. Benenne Unterschiede zwischen Nesthocker und Nestflüchter.

Eigenschaften der Jungtiere	Hase	Kaninchen
a) (nach der Geburt)		
b) Körperbedeckung		
c) Zähne		
d) Augen		
e) freie Beweglichkeit		
f) Ernährung		
g) Schutzverhalten		

3. Warum gibt es heute wesentlich weniger Feldhasen als noch vor 20 Jahren? Nenne Stichwörter.

_____

_____

_____

_____

Das Reh – ein anpassungsfähiger Kulturfolger
Der Rothirsch – ein Bewohner großer Waldgebiete

(Schülerbuch S. 100/101)

Aufgaben und Lösungen

① Vergleiche Hirsch und Reh anhand des Textes. Nenne Gemeinsamkeiten und Unterschiede.

Reh
- *bewohnt fast alle Lebensräume unserer Heimat*
- *flieht oder duckt sich bei Gefahr ("Ducker")*
- *Pflanzenfresser*
- *benötigt energiereiche Teile der Pflanzen*
- *Paarung im Juli/August*
- *Geburt der Jungtiere im Mai*
- *Geweih klein*
- *Geweihabwurf im November*
- *neues Geweih bis zum April fertig*

Hirsch
- *Bewohner der Wälder*
- *läuft bei Gefahr davon ("Läufer")*
- *Pflanzenfresser*
- *stellt keine hohen Ansprüche an die Art der Pflanzenkost*
- *Paarung im September/Oktober*
- *Geburt der Jungtiere im Mai*
- *Geweih groß*
- *Geweihabwurf im Frühjahr*
- *neues Geweih bis zum August fertig*

② Nenne Gründe, die einerseits für, andererseits gegen die Winterfütterung von Hirsch und Reh sprechen.
- *Durch die Winterfütterung wird erreicht, daß auch in strengen Wintern kaum Tiere verhungern müssen. Andererseits werden dadurch kranke und schwache Tiere erhalten. So können Krankheiten übertragen und auch vererbt werden. Außerdem steigt die Anzahl der Tiere an. Die Verbißschäden im Wald können dann so groß werden, daß kaum noch Jungbäume hoch kommen. Zudem wirkt sich eine zu große Stückzahl negativ auf den Reh- und Hirschbestand aus, da die Tiere insgesamt wegen Futtermangel geschwächt sind.*

③ Hirsch und Rehbock fegen ihre Geweihe an Ästen von Bäumen und Sträuchern. Welche Auswirkungen kann das haben?
- *Bei einem zu großen Wildbestand können durch Verletzungen so viele Bäume und Sträucher verkrüppeln und absterben, daß Forstverwaltungen und private Waldbesitzer über Forstschäden zu klagen haben.*

④ Informiere dich in einem Tierlexikon über weitere Hirscharten, die bei uns vorkommen. Berichte darüber.
- *Sikahirsch (s. Lexikonseite 91)*
  Damhirsch: Kleiner als Rothirsch; Fell gefleckt; schaufelförmiges Geweih; lebte zwischen den Eiszeiten als Wildtier auch in Europa, nach der Eiszeit nur noch in Kleinasien, von wo aus er als Wildbahn- und Parktier wiedereingeführt wurde.

Zusatzaufgabe

① Warum ist das Kitz von Reh und Hirsch gefleckt?
- *Das gefleckte Fell tarnt das Kitz sowohl im Wald als auch auf der Wiese; der Körperumriß wird aufgelöst.*

Zusatzinformationen

1. Was ist ein „Kulturfolger"?

Als Kulturfolger bezeichnet man Tiere (und Pflanzen), die sich in von Menschen gestalteten Landschaften ausbreiten, *(Kulturlandschaften)*. Beispiele: Haussperling, Amsel, Feldlerche, Ringeltaube, Hausmaus, viele Schädlinge von Nutzpflanzen-Monokulturen; Wegerich, Goldrute. Die Gründe für das Aufsuchen der menschlichen Nähe durch Tiere sind verstärkter Schutz vor Feinden, bzw. weniger oder gar keine Feinde bei oder in menschlichen Siedlungen, Vorteile bei Ernährung oder Jungenaufzucht. Das Reh, das sich ursprünglich von Laub und Knospen ernährte, bevorzugt heute vielfach die saftigen hochwertigen Nutzpflanzen des Menschen.

2. Das „Gehörn" des Rehs ist kein „Horn", sondern ein Geweih

	Aufbau	Form	Dauer
Geweih, (Hirsch, Reh)	Knochen, anfänglich mit Haut (Bast) überzogen, dann gefegt	meist verzweigt, bei Reh bis 6 (selten 8), bei Hirsch bis 26 und mehr Enden	jährlich abgeworfen und neu gebildet
Horn (Rind, Ziege)	Horn auf Knochenzapfen	unverzweigt, also immer 2 Enden	bleibt zeitlebens

3. Grundregeln für wildfreundliches Verhalten

1. Störe das Wild nicht in seinen Ruhezonen – besonders nicht zur Zeit der Jungenaufzucht (etwa 1. Mai bis 30. Juni) und wenn der Waldboden schneebedeckt ist.
2. Hetze Wild nicht (z.B. beim Joggen, Skilaufen, Reiten). Häufig zur Flucht gezwungenes Wild ist besonders im Winter gefährdet, da es die gespeicherten Fettreserven vorzeitig verbraucht.
3. Nimm im Wald deinen Hund an die Leine. Das gilt ganz besonders für tollwutgefährdete Gebiete.
4. Vermeide im Wald unnatürlichen Lärm. Radiomusik verscheucht das Wild und stört es in seinem Ernährungsrhythmus.
5. Fasse nie Jungwild an! Du riskierst sonst, daß sich die Elterntiere nicht mehr um ihre Jungen kümmern.
6. Achte darauf, daß niemand im Wald raucht. Außerhalb eingerichteter Feuerstellen ist offenes Feuer im Wald verboten (Waldbrandgefahr!).
7. Reiße nicht mutwillig Zweige und Blumen ab und zerstöre nicht sinnlos Pilze. Pilze haben eine wichtige Funktion im Naturkreislauf und dienen Wildtieren als Nahrung.
8. Hinterlasse in Feld und Wald keinen Müll. Schon manches Wildtier ist an einer aufgefressenen Plastiktüte zugrundegegangen oder in einer offenen Blechdose steckengeblieben und verhungert.

Das Reh — unser häufigster Geweihträger

a) _____   b) _____

e) _____   d) _____   c) _____

1. Die Abbildung zeigt die Entwicklung des Rehgeweihs im Jahreslauf. Ordne entsprechende Zeitangaben zu und beschreibe die dargestellten Entwicklungsschritte.

   a) _____

   b) _____

   c) und d) _____

   e) _____

2. Im Wald kannst du verschieden geformte Rehgeweihe finden. Sie können von einem Knopfspießer (1. Lebensjahr), Spießer (2. Lebensjahr), Gabler (3. Lebensjahr) oder Sechsender (4. Lebensjahr oder älter) stammen. Beschrifte die Abbildungen.

   _____   _____   _____

3. Die Rehe — eine Gefahr für unseren Wald?

Rehe nehmen überhand!

   Förster, Jagdpächter und Naturschützer sehen das Anwachsen des Rehbestandes in unseren Wäldern gleichsam mit verschiedenen Augen. Der Anstieg des Wildbestandes drückt sich in der Zahl der erlegten Tiere aus. Wurden in der Vorkriegszeit z. B. in den Wäldern Baden-Württembergs noch weniger als 70000 Stück Rehwild erlegt, waren es seit 1961 bereits über 110000 – 120000 Stück. 1973 ästen 320000 Rehe in baden-württembergischen Revieren. In der Bundesrepublik Deutschland ist ihre Zahl auf 1500000 angestiegen; erlegt werden jährlich über eine halbe Million Rehe.
   Die Jäger betonen ihre hohen Kosten. Jährlich wenden sie in der Bundesrepublik Deutschland für den Jagd- und Wildschutz rund 680 Millionen DM auf. Würde man den Zeitaufwand für die erbrachten Hegeleistungen hinzurechnen, so würden die Kosten die Milliardengrenze übersteigen. Man kann sich gut vorstellen, daß es den Steuerzahler teuer zu stehen käme, wenn die von den Jägern aus eigener Tasche bezahlten Wildhegemaßnahmen von Staatsangestellten erbracht werden müßten.
   Auf die Frage, wieviele Rehe, Hirsche und Wildsauen die heimischen Wälder ohne unvertretbare Verbißschäden verkraften können, fallen die Antworten je nach Interessenlage ganz verschieden aus.

   Aufgabe
   Bestimmt einen Schüler zum Förster, einen zum Jagdpächter. Ein dritter soll die Anliegen des Naturschutzes vertreten. Diskutiert das gezeigte Problem. Haltet die wichtigsten Argumente in Stichworten fest.
   Argumente des Försters
   Argumente des Jagdpächters
   Argumente des Naturschützers

© Als Kopiervorlage freigegeben. Ernst Klett Schulbuchverlag, Stuttgart 1993

Lösungen zum Arbeitsblatt S. 103

1. a) Frühjahr: Neues Geweih entwickelt sich unter einer stark durchbluteten Haut (Bast).
b) April: Voll entwickeltes Geweih wird gefegt.
c) und d) Juli/August: Nach Abstreifen des Bastes kann Geweih als Stirnwaffe bei Brunftkämpfen eingesetzt werden. e) November: Geweih wird abgeworfen.
2. a) Gabler; b) Sechsender; c) Spießer; d) Knopfspießer.
3. a) Starke Verbißschäden machen Verringerung des Wildbestandes nötig. b) Fordern hohen Wildbestand, damit sich hohe Eigenkosten lohnen. c) Ausgewogenes Verhältnis nötig.

Lösungen zum Arbeitsblatt S. 105

1. a) Frühling: Das neue Geweih entwickelt sich. Es ist von einer stark durchbluteten Haut, dem Bast, umgeben. Sommer bis Winter: Das Geweih ist voll entwickelt. Nach dem Fegen (= Abstreifen des Bastes) steht das blanke Geweih als Stirnwaffe für die bevorstehenden Brunftkämpfe zur Verfügung; Spätwinter: Das Geweih wird abgeworfen.
b) A und B
2. a) Hirschkuh (Schmaltier, Alttier); b) Kalb

Medien

- Geweihstangen von Reh und Hirsch

Filme

- FWU Reh- und Geweihentwicklung (5 min, f)
- Jünger 3114/3115 Im Rehwildrevier (7 min, f)
- Klett-Nr. 99901 Hirschbrunft (4 min, f)
- FWU Das Reh und seine Umwelt (15 min, f)
- FWU Das Reh – Paarung; Entwicklung der Kitze (14 min, f)
- FWU Bergwild in Wintersnot (12 min, sw)
- FWU Winter im Rotwildrevier (14 min, f)
- FWU Tiere in unserem Wald – Wild unserer Wälder (14 min, f)

Dias

- FWU Das Rehgeweih: Geweihträger (17, f)

Arbeitstransparente

- Siemers T 6202 Angriffs- und Begattungsverhalten des Rotwildes 2 F
- Siemers T 7401 Horn- und Geweihträger, 2 F
- Siemers T 7402 Horn und Geweih im Vergleich, 4 F
- Siemers T 7403 Geweih und Geweihbildung beim Rehbock, 2 F
- Siemers T 7607 Fährten und Spuren, 3 F

Literatur

BECKMANN, G. (Hrsg.): Die Welt der Tiere. 12 Bde. Bertelsmann, Gütersloh 1987

BRIEL, W.: Warum sieht man Rehe so selten? Unterricht Biologie, 3. Jg., Heft 39, Friedrich, Seelze 1979

BOBAK, A.: Das Wildkaninchen. Neue Brehm Bücherei. Ziemsen, Wittenberg Lutherstadt 1970

DEUTSCHER JAGDSCHUTZ – VERBAND (Hrsg.): Wild und Jagd. O. V., o. O., 1982

DEUTSCHER TIERSCHUTZBUND u. a. (Hrsg.): Das Igel-Brevier. O. V., o. O., 1984

GRZIMEK, B. (Hrsg.): Grzimeks Tierleben. Enzyklopädie des Tierreichs in 13 Bänden. Kindler, Zürich 1970

HAHN, O.: Der Igel. Herder, Freiburg i. Br. 1986

JANSSEN, W. (Hrsg.): Wild. Unterricht Biologie, 3. Jg., Heft 39, Friedrich, Seelze 1979

JAUS, H.: Der Rothirsch – König des Waldes? Kosmos, 80. Jg., Heft 12, Franckh, Stuttgart 1984

KIEFFER, E.: Der Maulwurf – angepaßt an ein Leben im Boden. Unterricht Biologie, 12. Jg., Heft 133, Friedrich, Seelze 1988

KLEMP, H.: Mehr Natur in Dorf und Stadt. Selbstverlag Herwig Klemp, Damendorf 1984

KNOLL, J.: Winter – Überwinterung – tiefe Temperaturen. Unterricht Biologie, 3. Jg., Heft 40, Friedrich, Seelze 1979

KRÄMER-BRAND, F. u. BRAND, W.: Kein falsches Mitleid – Igel sind keine Heimtiere. Unterricht Biologie, 11. Jg., Heft 128, Friedrich, Seelze 1987

KURT, F.: Rehwild. BLV, München–Bern–Wien 1978

LEICHT, W.: Tiere der offenen Kulturlandschaft. Teil 1: Feldhase, Wildkaninchen. Teil 2: Feldhamster, Feldmaus. Quelle u. Meyer, Heidelberg 1979

LEITSCHERT, U.: Der Igel. Econ, Düsseldorf 1986

LIPKOW, E.: Überwinterung. Unterrichtseinheit für die Sekundarstufe I. IPN-Einheitenbank Curriculum Biologie. Aulis, Köln 1976

MAYWALD, A.: Kommt für die Fledermaus das Aus? Kosmos, 78. Jg., Heft 9, Franckh, Stuttgart 1982

MEIXNER, R.: Arbeitsblätter Säugetiere. Klett, Stuttgart 1989

MURSCHETZ, L.: Der Maulwurf Grabowski. Diogenes, Zürich 1982

NOTTBOHM, G.: Feldmäuse leben gefährlich. Unterricht Biologie, 8. Jg., Heft 96, Friedrich, Seelze 1984

REICHHOLF, J.: Säugetiere. Mosaik, München 1983

SCHOBER, W.: Mit Echolot und Ultraschall. Herder, Freiburg i. Br. 1983

SCHOBER, W.: Die Fledermäuse Europas. Kosmos Naturführer. Franckh, Stuttgart 1984

SCHREIBER, R. L. (Hrsg.): Rettet die Wildtiere. Heyne, München 1980

SCHÜRMANN, W.: Schutz für den Wald – Soll man das Wild im Winter füttern? Kosmos, 82. Jg., Heft 1, Franckh, Stuttgart 1986

SIELMANN, H.: Das Wild unserer Wälder und Felder. Parey, Hamburg–Berlin 1981

STURM, H.: Tiere leicht bestimmt. Ein Bestimmungsbuch einheimischer Tiere, ihrer Spuren und Stimmen. Dümmler, Bonn 1977

TEMPEL, R.: Fraßspuren an Zapfen. Unterricht Biologie, 13. Jg., Heft 150, Friedrich, Seelze 1989

TREITZ, P.: Stirbt die Fledermaus aus? Unterricht Biologie, 8. Jg., Heft 92, Friedrich, Seelze 1984

VIERHANS, H.: Schutz für die bedrohten Fledermäuse. Berichte über die aktuelle Situation und Unterrichtsempfehlungen. Unterricht Biologie, 9. Jg., Heft 108, Friedrich, Seelze 1985

WAGENKNECHT, E.: Der Rothirsch. Neue Brehm Bücherei. Ziemsen, Wittenberg Lutherstadt 1983

ZÖRNER, H.: Der Feldhase. Neue Brehm Bücherei. Ziemsen, Wittenberg Lutherstadt 1981

Das Rotwild

Spätwinter   Frühling   Spätsommer

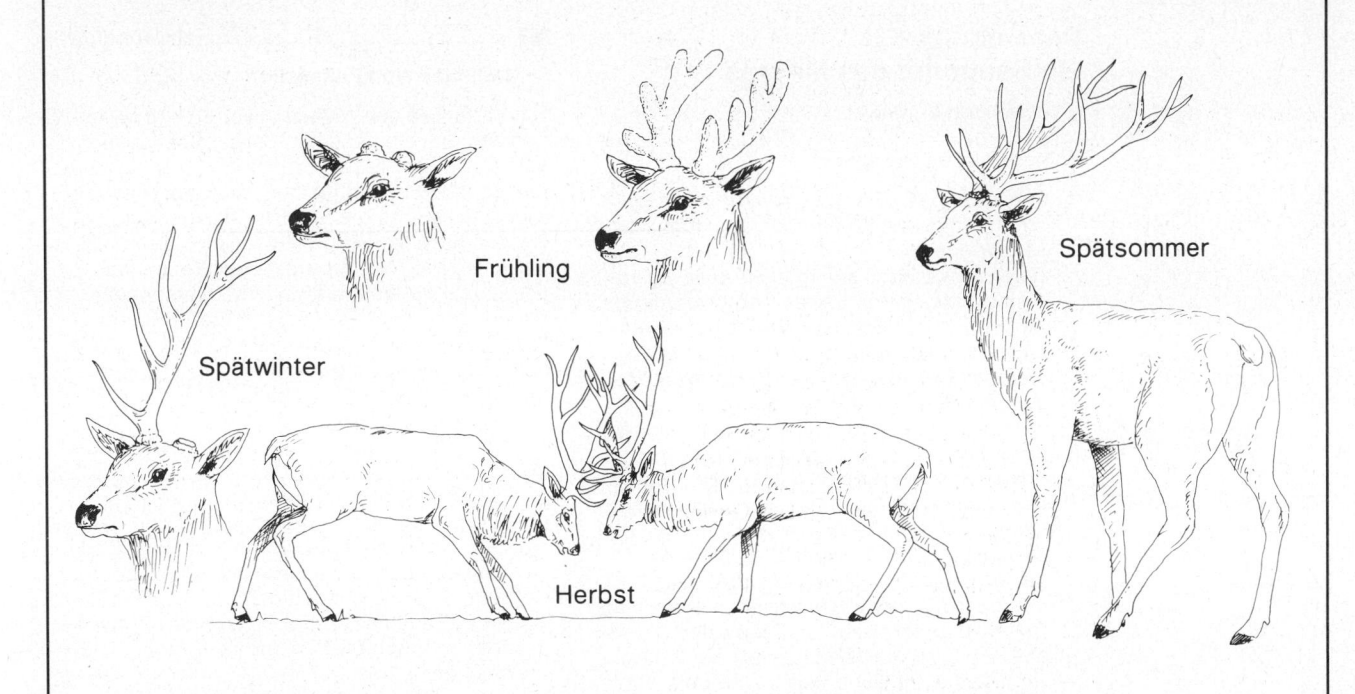

Herbst

1. a) Beschreibe die Veränderungen des Hirschgeweihs in den angegebenen Jahreszeiten.

   Frühling: _____

   _____

   Sommer bis Winter: _____

   _____

   _____

   Spätwinter: _____

   b) Wozu brauchen Hirsche eigentlich ihr Geweih?

   A als Kopfschmuck ○   B als Stirnwaffe ○   C als Werkzeug zur Nahrungsaufnahme ○

2. a) Wie nennt man das Weibchen des Rothirsches?

   _____

   b) Wie heißt das frisch geborene junge Rotwild?

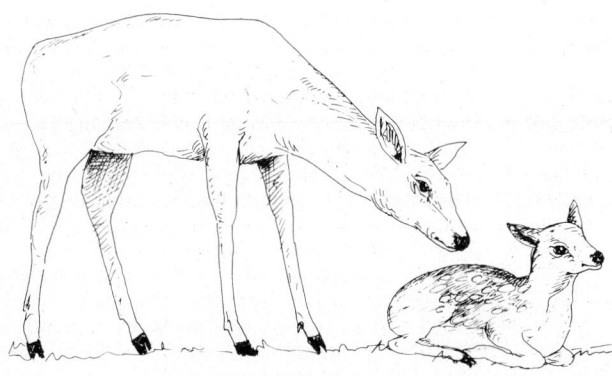

   _____

Das Rotwild

© Als Kopiervorlage freigegeben. Ernst Klett Schulbuchverlag, Stuttgart 1993

4 Säugetiere verschiedener Lebensräume

Der Delphin – ein Säugetier des Meeres
(Schülerbuch S. 104)

Aufgaben und Lösungen

① Wie könnte der Trainer erreicht haben, daß die Delphine auf Kommando aus dem Wasser springen?
– *Delphine springen häufig auch freiwillig aus dem Wasser. Wenn der Trainer wiederholt im Augenblick des Sprungs ein Signal, etwa einen Pfeifton, gibt und anschließend die Tiere mit Fisch belohnt, werden sie lernen, daß der Pfeifton mit dem Sprung aus dem Wasser und der Futtergabe zusammenhängt. Schließlich kann der Trainer mit Hilfe dieses Pfeifsignals allein den Delphin zum Sprung veranlassen. Im Laufe des weiteren Trainings können die Signale so reduziert werden, daß sie von den Zuschauern gar nicht mehr bemerkt werden. Für den anhaltenden Lernerfolg sind Belohnungen weiterhin notwendig.*

② Delphine gehören zu den Zahnwalen. Es gibt aber auch Bartenwale, die statt der Zähne Hornplatten im Mund tragen. Informiere dich über weitere Walarten und ordne sie den Zahn- oder Bartenwalen zu. Wovon ernähren sie sich jeweils?
– **Zahnwale**
  *Pottwal – große Tintenfische (sogar über 10 m lange Riesenkraken werden gefressen), große Fische (z.B. Haie)
  Schwertwal (Mörderwal, Orka) – Robben, Pinguine, kleinere Zahnwale
  Großer Tümmler („Delphin") – Fische; Kleiner Tümmler – Fische
  Narwal (trägt einen schraubenförmigen 2 bis 3 m langen Stoßzahn (verlängerter Zahn des Oberkiefers), den man im Mittelalter als „Horn" des Einhorns deutete und wegen der ihm zugeschriebenen magischen Kräfte buchstäblich mit Gold aufwog) – Seegurken, Tintenfische, Fische*
– **Bartenwale**
  *Blauwal, Finnwal, Grauwal, Buckelwal
  Die Nahrung des Blauwals, dessen Maul so groß ist, daß in ihm ein Ruderboot bequem Platz fände, besteht nicht etwa aus großen Meerestieren, sondern aus kleinen Planktontierchen (Leuchtkrebsen, Ruderkrebsen, Ruderschnecken). Diese kommen in den kalten polarnahen Meeren in großen Massen vor und werden als Krill bezeichnet. Ein Blauwal filtert mit seinen Barten täglich ca. 20 Zentner Krill.*

③ Einige Länder betreiben heute noch den Walfang in größerem Maßstab. Informiere dich darüber, welche Folgen der Walfang in der Vergangenheit hatte. Welche Konsequenzen sollten daraus gezogen werden?
– *Die intensive Jagd führte dazu, daß mehrere Walarten (z.B. der Blauwal) kurz vor der Ausrottung stehen. Damit sich die Bestände wieder erholen können, ist ein allgemeines Fangverbot erforderlich.*

Der Blauwal ist das größte Tier aller Zeiten Vergleich: 1 Blauwal (Länge ca. 33 m) von 100 000 kg Gewicht wiegt so viel wie 2 Brachiosaurier (Länge ca. 27 m) oder 30 Elefanten (Länge ca. 7 m) oder 150 Rinder (Länge ca. 3 m).

---

99 ———————————— Zusatzinformation 1
Delphine sind Zahnwale

Die Vorfahren der Wale sind vor 60–70 Millionen Jahren vom Land ins Wasser übergewechselt. Beweise: Die Embryonen besitzen 4 Gliedmaßenanlagen; erst im Lauf der Embryonalentwicklung werden die hinteren Anlagen und der Beckengürtel zurückgebildet. Das Skelett einiger Arten besitzt noch Reste der Beckenknochen. Sehr selten findet man bei gefangenen Walen sogar noch Reste der hinteren Gliedmaßen. Die heute lebenden Wale sind an das Wasserleben optimal angepaßt:
- Hinterbeine zurückgebildet.
- Vordergliedmaßen zu Flossen,
- muskulöser Schwanz zu waagrechter Ruderflosse umgebildet.
- Körper stromlinienförmig.
- Zur Verringerung der Reibung ist das Haarkleid zurückgebildet; Wärmeisolation statt dessen durch dicke Fettschicht („Blubber", beim Blauwal 32 cm dick!) unter der Haut.
- Große Tauchleistung, z.B. kann der Pottwal über 1 Stunde bis in mehr als 1000 m Tiefe tauchen.
- Manche Wale (z.B. Buckelwale) haben sprachliche Kommunikation, durch die selbst weit verstreute Herden im Meer in Verbindung bleiben.

———————————— Zusatzinformation 2
Delphine – intelligente Gruppentiere

Das stark differenzierte Gehirn (s. Rand) ist Grundlage hoher Intelligenz und eines hochentwickelten Sozialverhaltens (vgl. Delphindressuren und Fernsehsendungen „Flipper"). Aus dem griechisch-römischen Altertum gibt es viele Berichte von Delphinen, die menschliche Nähe suchten, Knaben auf sich reiten ließen und ertrinkende Menschen retteten.
Moderne Forschungsergebnisse zeigen, daß diese Erzählungen nicht einfach märchenhafte Übertreibungen waren. Delphine können sich in der Tat mit Menschen anfreunden, mit ihnen spielen. Es gibt glaubhafte Berichte über die Rettung von Ertrinkenden durch Delphine (GRZIMEK 1979, Bd. 11)

Auch die Rettung von Artgenossen wird immer wieder beobachtet: Delphine tragen kranke oder verwundete Tiere so an die Wasseroberfläche, daß ihre Atemöffnung über Wasser bleibt. Solche („moralanalogen") Verhaltensweisen haben ihre Grundlage im stark ausgeprägten Gruppensinn der Delphine. Ein starkes Kontaktbedürfnis bindet die Tiere in „Schulen" zusammen, in denen sie gemeinsam schwimmen und spielen. Dieses Kontaktbedürfnis läßt sie auch die Nähe des Menschen suchen.
Die hohe Entwicklung der Kommunikation (Schallerzeugung im Ultraschall– (bis 200 000 Hertz) und hörbaren Bereich) hat Verhaltensforscher veranlaßt zu versuchen, Delphinen die englische Sprache beizubringen (vgl. LILLY 1971). Die nachgeahmten Worte klingen allerdings nicht so deutlich wie bei einem gut sprechenden Papagei; außerdem „sprechen" Delphine oft im „Zeitraffer" so schnell, daß wir Menschen die Worte kaum verstehen. Zudem sind bisher noch keine Sätze gebildet worden.

———————————— **99**

Der Seehund – ein Bewohner des Wattenmeeres

(Schülerbuch S. 105)

❞ Zusatzinformation 1
Das Wattenmeer

Die Wattenmeerküste erstreckt sich als ein bis zu 30 km breiter Saum entlang der niederländisch-deutschen Nordseeküste. Das Watt liegt bei Ebbe ganz oder teilweise trocken und wird bei Flut vom Wattenmeer überspült *(Gezeitenküste)*. Priele bilden die Zu- und Abflußrinnen der Gezeitenströme. Die Flut lagert Schlick (durch organische Stoffe und Schwefeleisen bläulich-schwarze Sande und Tone) ab, in denen Würmer, Muscheln, Schnecken, Krebse und Fische leben. Sie dienen See- und Strandvögeln als Nahrung. Auf den Sandbänken des Wattenmeeres spielt sich ein großer Teil des Lebens der Seehunde ab.

Dieses fein eingestellte ökologische Gleichgewicht ist in den letzten Jahren immer stärker durch wachsende Belastungen gefährdet (vgl. die Dokumentation „Rettet die Nordsee", kostenlos erhältlich beim Landesamt für den Nationalpark Schleswig-Holsteinisches Wattenmeer, Am Hafen 40a, 2253 Tönning):
- Eintrag von stickstoffhaltigen Nährstoffen (Düngemittel, kommunale Abwässer) führt zu Massenentwicklung von Algen.
- Dichter Seeverkehr („Ölpest", Müll)
- Industrielle Abfallprodukte „Verklappung" von Dünnsäure; Schwermetalle (Kadmium, Blei, Quecksilber); Weichmacher von Kunststoffen z.B. PCB (polychlorierte Biphenyle) und HCB (Hexachlorbenzol); Insektizide z.B. Lindan und DDT
- Radioaktive Stoffe aus französischen und englischen Wiederaufbereitungsanlagen.

Zusatzinformation 2
Das Seehundsterben

Das epidemieartige Seehundsterben des Jahres 1988, dem 36% der in der Nordsee vorkommenden Seehunde zum Opfer fielen (gebietsweise starben über 80% der Tiere), wurde von einem *Virus* ausgelöst, das den Erregern der Masern und Hundestaupe ähnelt. Mehrere Faktoren dürften die Ausbreitung der Seuche begünstigt haben:
- Störungen durch Wattwanderer und Schaulustige: Der Jahreszyklus des Seehundes (Abb. aus HEERS 1988) zeigt, daß im Sommer die wichtigsten Fortpflanzungsvorgänge ablaufen, also gerade dann, wenn viele Touristen das Watt und die Sandbänke aufsuchen – nicht zuletzt um die Seehunde mit ihren Jungen zu beobachten! Die Seehundwelpen können dann nicht regelmäßig gesäugt werden; es bildet sich nicht die notwendige wärmeisolierende Fettschicht aus; der noch nicht vernarbte Nabel von Neugeborenen kann bei häufiger Flucht ins Wasser nicht heilen; Hautgeschwüre entstehen.
- Schadstoffe aus dem Meerwasser (s. Zusatzinformation 1.) werden in Leber, Muskeln, Gehirn und Fett der Seehunde (Endglieder der Nahrungskette!) angereichert und schwächen die Immunabwehr. In diesem geschwächten Zustand („chemischer Streß") können sich Virusinfektionen leicht ausbreiten.

Inzwischen (1989) scheint das Seehundsterben fast gestoppt zu sein. Viele Tiere haben Antikörper gegen das Virus entwickelt.

„Heuler" sind verlassene Seehundbabies, die nach ihrer Mutter rufen. Es sind entweder bei der Flucht von der Mutter getrennte oder überzählige Jungtiere, die verlassen werden, weil ein Seehundweibchen immer nur ein Junges aufziehen kann.

Zusatzinformation 3
Robben werden gejagt

Robben (Walroß, Sattelrobbe, Ringelrobbe) sind Tiere, von denen das Leben der arktischen Naturvölker abhängt. Fleisch und Fett werden für die Ernährung verwendet, Haut bzw. Pelz für Riemen, Bespannung für Kajaks und Kleidung, das Elfenbein der Zähne für Schmuck und Knochen für die Herstellung von Werkzeugen. Zu allen Zeiten und auf der ganzen Welt stellten die Menschen den verschiedenen Robbenarten nach, um Öl, Fleisch und spezielles Leder zu gewinnen. So werden aus der dicken Walroßhaut auch heute noch spezielle Schleifscheiben zur Oberflächenbearbeitung hergestellt. Weil Robben sich an Paarungs- und Brutplätzen regelmäßig einfinden, sind sie leicht aufzuspüren. Heute werden vor allem die Jungtiere wegen ihres weißen seidigglänzenden Fells zu Tausenden mit Knüppeln erschlagen, um so Schußverletzungen des kostbaren Fells zu vermeiden. Da die Arbeit im Akkord durchgeführt wird, häuten die Schlächter in der Eile oft auch noch lebende Tiere. Die unmenschliche Praxis des jährlichen Robbenschlachtens führte seit Jahren zu weltweiten Protesten. ❞

Lösungen zum Arbeitsblatt S. 108

1. a) Schädel; b) Schultergürtel; c) Oberarm; d) Unterarm; e) Hand; f) Wirbelsäule; g) Reste des Beckens.
2. Es fehlen: hintere Gliedmaßen. Anders gestaltet: kurze, dicke Ober- und Unterarmknochen; nur Reste des Beckens; Schädel spitz. Erklärung: Anpassungen an das Leben im Wasser: Flossenbildung, Stromlinienform.
3. Gelb: Extremitäten (Flossenbildung).

Lösungen zum Arbeitsblatt S. 109

1. Jungtiere saugen Milch; erwachsene Tiere filtern mit Barten Plankton (Krill): Absenken der Zunge erzeugt Unterdruck im Maul; Wasser mit Krill wird dadurch eingesaugt. Die hochgedrückte Zunge preßt Wasser hinaus. Plankton (Krill) bleibt im Filter der Barten hängen. Rot: Barten.
2. Sieht Beutetiere, kann sie aber auch mit Ultraschall anpeilen. Fängt sie mit Fleischfressergebiß. Rot: Augen, Maul, Ohren.
3. Spürt Fische mit Augen auf, fängt sie mit Raubtiergebiß. Rot: Augen, Gebiß.

Medien

Präparate
- Schlüter 928a Barten vom Wal

Filme
- Klett 998679 Dressurleistungen des Delphins (3,5 min, f)
- Klett 998989 Der Delphin – Anpassungen an das Wasserleben (4 min, f)
- FWU Seelöwen im Pazifischen Ozean (14 min, f)
- FWU Nordsee-Abfallgrube oder Badestrand? (15 min, f)

Dias
- FWU Wale, Fang und Verbreitung (11, sw, 1 f)
- FWU Stellers Seelöwe (16, f)
- FWU Das Watt (12, f)

Schallplatten oder Tonbandcassette
- Zweitausendeins 34917 Die Gesänge der Buckelwale

Säugetiere

Die Skelette von Delphin und Seehund sind an das Leben im Wasser angepaßt

1. Benenne die mit Strichen markierten Teile des Delphinskeletts.

a _____
b _____
c _____
d _____
e _____
f _____

2. Welche Knochen, die der Hund besitzt, fehlen dem Delphin, welche sind ganz anders ausgebildet? Male die fehlenden Skelettteile beim Hundeskelett rot, die anders gestalteten bei beiden Skeletten gelb an.
Erkläre die Unterschiede.

Schädel, Schultergürtel, Wirbelsäule, Beckengürtel, Oberschenkelknochen, Unterschenkelknochen, Mittelfußknochen, Zehenknochen, Rippen/Brustkorb

Es fehlen: _____

Anders gestaltet sind beim Delphin:
_____

Erklärung: _____

3. Vergleiche das Seehundskelett mit dem Hundeskelett. Male die Knochen des Seehundes gelb an, die erkennen lassen, daß er ein guter Schwimmer ist.

108 *Säugetiere*

Wie sich Meeressäuger ernähren

Beschreibe, wie sich Blauwal, Delphin und Seehund ernähren. Kennzeichne mit roter Farbe die am Nahrungserwerb beteiligten Organe.

1. Blauwal: Jungtiere _____

    Erwachsene Tiere _____

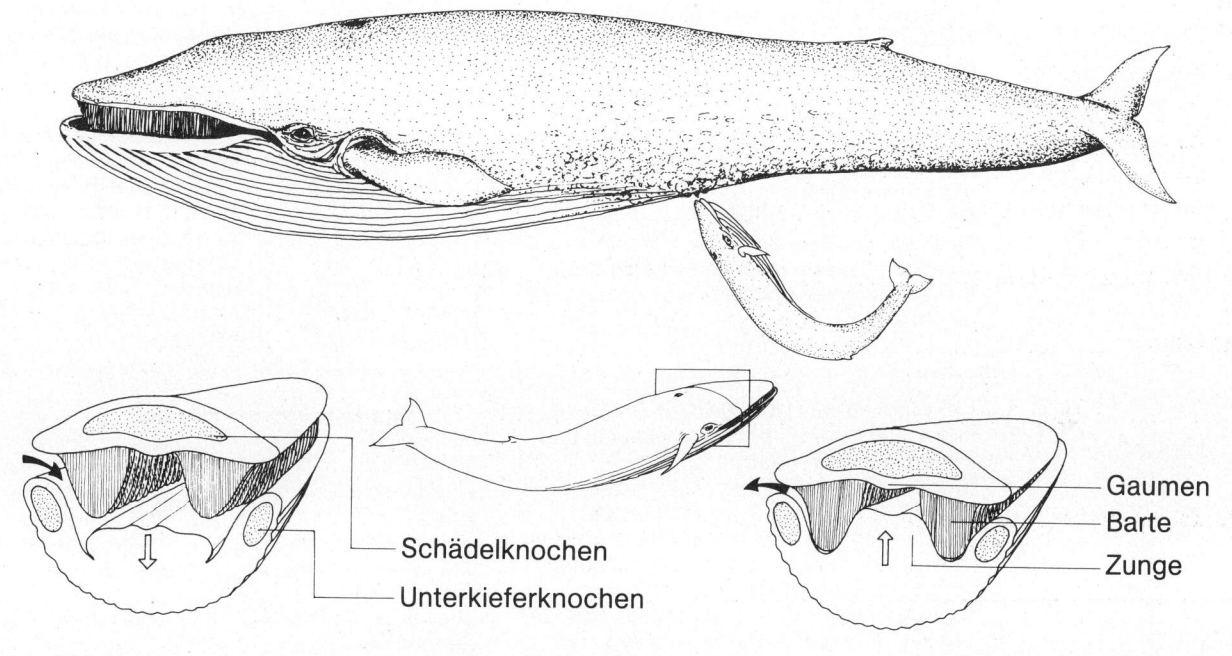

    _____

    _____

Schädelknochen
Unterkieferknochen

Gaumen
Barte
Zunge

2. Delphin: _____

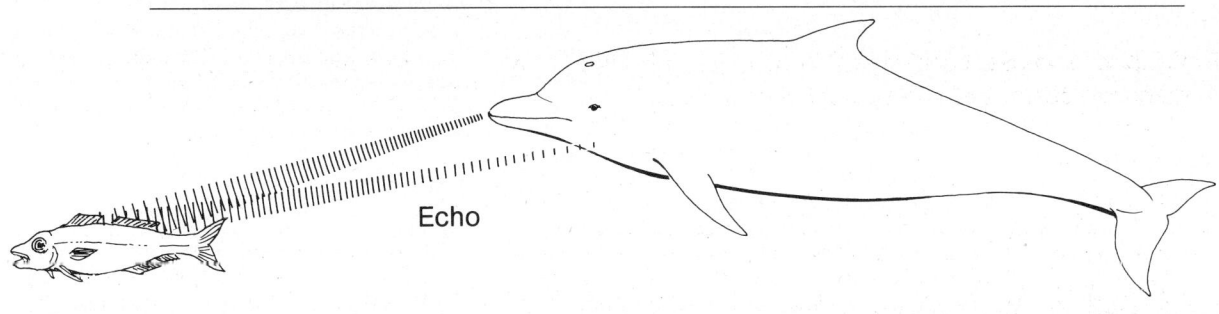

    _____

    _____

Echo

3. Seehund: _____

© Als Kopiervorlage freigegeben. Ernst Klett Schulbuchverlag, Stuttgart 1993

Tiere des Hochgebirges

(Schülerbuch S. 106/107)

Aufgaben und Lösungen

① Der Schneehase ist ein weiterer Bewohner des Hochgebirges. Informiere dich über seine Lebensweise und vergleiche ihn mit dem Feldhasen.

- *Der Schneehase ist in allen Teilen der Alpen meist oberhalb der Waldgrenze verbreitet. Er ist vorwiegend nachtaktiv. Tagsüber ruht er in der Sasse. Bei der Nahrungsaufnahme ist er nicht so wählerisch wie der Feldhase. Neben frischen Gräsern und Kräutern gehören Heu, Altgras und Baumrinde zu seiner Nahrung. Aufgrund seiner Anspruchslosigkeit kann er die langen kalten Winter in den Alpen überstehen.*
- *Weitere Anpassungen an die extremen Bedingungen seines Lebensraumes: Breitere, stärker behaarte Pfoten als beim Feldhasen verhindern ein zu schnelles Einsinken im Schnee; Tarnkleid durch braunes Sommer- und weißes Winterfell; Ohren kleiner als beim Feldhasen (Wärmeabgabe verringert).*

② Pflanzen und Tiere der Alpen sind immer mehr durch Massentourismus gefährdet. Welche Gefahren und negativen Folgen sind dir bekannt?

Ursachen:

- *Massentourismus (100 Millionen Urlauber und Ausflügler im Jahr), verbunden mit Bau von Straßen und Hotels.*
- *Skitourismus, verbunden mit Abholzen von Wäldern in höheren Lagen, Seilbahnbau, Anlegen von Skipisten (ca. 41 000), auf denen der Schnee festgewalzt wird, Tiefschneefahren, Langlauf und Helikopter-Skisport in abgelegenen, sonst unzugänglichen Ruhezonen und Rückzugsgebieten der Tiere.*
- *Zunahme des Mountain-Bike-Sports in bisher schwer zugänglichen Gebieten.*
- *Intensives Bergwandern bzw. Bergsteigen.*
- *Intensiver Autoverkehr in der Hochsaison.*

Folgen:

- *Verbauung ursprünglicher Lebensräume durch Hotels, Straßen. Manche Tier- und Pflanzenarten gehen zurück oder verschwinden ganz.*
- *Durch Überlastung wird die Grasnarbe zerstört, der Boden freigelegt und durch Regen und Wind abgetragen (Erosion). Unfruchtbarer Fels bleibt zurück (vgl. HOFER 1981).*
- *Durch Abholzen der Wälder und Erosion kann die Bodenkrume in höheren Lagen nicht mehr so viel Wasser und Schnee halten: Lawinen und Erdrutsche gefährden die Bewohner.*
- *Durch die fortschreitende Zerstörung der Natur wird irgendwann auch der Tourismus zurückgehen, der heute eine wichtige Lebensgrundlage der Alpenbevölkerung ist. Die Bevölkerung wird noch weiter abnehmen.*

Notwendige Maßnahmen:

- *Einrichtung autofreier Zonen.*
- *„Sanfter" statt „aggressiver" Tourismus: z.B. Wandern statt motorisiertem Bergfahren; keine weitere Steigerung der Liftkapazität.*
- *Wiederbepflanzung zerstörter Almwiesen.*
- *Erarbeitung eines internationalen Alpenschutzabkommens.*

Vorsicht! Die Aussage „Fell wärmt" ist falsch! Fell verringert die Auskühlung; wärmen tut der Körper!

Vergleiche: Verschiedene Mittel der Wärmeisolation:
- Fell bei Landtieren;
- Fettschicht bei wasserlebenden Tieren (nasses Fell schützt nicht vor Wärmeverlust!)

99 ────────── Zusatzinformationen

1. Anpassungsprobleme an die extremen Bedingungen des Hochgebirges – und die natürlichen Lösungen dieser Probleme

Probleme	Lösungsbeispiele
Kurze Vegetationsperiode	Winterschlaf in unterirdischem Bau (Murmeltier)
Lange kalte Winter	Winterfell mit Wollhaaren (Steinbock); Winterschlaf (Murmeltier); Verringerung der Wärmeabstrahlung z. B. durch kurze Ohren des Schneehasen
Schneereichtum	Farbanpassungen (weißes Winterfell, Schneehase); Einsinken im Schnee wird verhindert durch breite „Haar-Schneeschuhe" des Schneehasen, spreizbare Zehen des Steinbocks.
Steiles felsiges Gebirgsrelief	Kletterhufe des Steinbocks

2. Vergleich: Winterschlaf bei

Murmeltier	Igel
richtet im Herbst eine unterirdische Röhre ein, polstert sie mit Heu aus, verschließt sie mit Erde und Steinen; im Winter eingeschneit. Überwintert in Familienverbänden.	sucht erst, wenn es kalt wird, ein oberirdisches Winterquartier auf. Überwintert allein.

────────── 99

Lösungen zum Arbeitsblatt

1. Grannenhaare stehen (in Sommer und Winter) gleich dicht. Wollhaare im Sommer: wenig, kurz; im Winter: viel, lang, dicht.
2. Schlußfolgerung: Flauschige Wolle (und Öl (Fett)!) verringern den Wärmeverlust am besten. Das wollige Winterfell des Steinbocks schützt ihn also gegen die Winterkälte, indem es die Auskühlung des Körpers verringert.

Medien

Filme
- FWU Gemsen (9 min, sw)
- FWU Bergwild in Winternot (12 min, sw)
- FWU Alpen im Zwielicht (20 min, f)
- FWU Der Steinbock und sein Lebensraum (13 min, f)
- FWU Das Murmeltier (14 min, f)

Dias
- FWU Höhenstufen in den Alpen (12, f)
- FWU Die Gemse (10, sw)
- FWU Murmeltiere (7, sw)
- FWU Alpenmurmeltiere (12, f)

Arbeitstransparente
- Hagemann 171802 Der Winterschlaf des Murmeltiers

Wie der Alpensteinbock gegen die Winterkälte geschützt ist

1. Das Fell des Steinbocks unterscheidet sich im Sommer und Winter. Vergleiche!

   Grannenhaar
   Wollhaar

   Sommerfell   Winterfell

   Grannenhaare: _____   _____

   Wollhaare: _____   _____

2. Mit dem abgebildeten Versuchsaufbau kannst du die Wirkung des Winterfells untersuchen. Besonders deutliche Ergebnisse erhältst du, wenn du den Versuch in kalter Umgebung aufbaust: winters im Freien, sommers im Kühlschrank.
   — Fülle heißes Wasser (ca. 60°C) in die inneren Bechergläser und verschließe sie mit Styropordeckel.
   — Lies die Temperatur alle 3 Minuten ab und trage die Werte in die Tabelle ein.
   — Berechne nach Versuchsende die Temperaturabnahme in den verschiedenen Gefäßen.

   Thermometer
   Styropordeckel
   Markierung
   Becherglas

	Gefäß ohne Wärmeschutz	Gefäß von glatter Schnur umgeben	Gefäß von flauschiger Wolle umgeben	Gefäß mit Ölmantel
Temperatur bei Versuchsbeginn				
nach 3 Min.				
6 Min.				
9 Min.				
12 Min.				
Temperaturabnahme				

Schlußfolgerung: _____

_____

_____

Leben in der Wüste – ein Kampf gegen das Verdursten

(Schülerbuch S. 108/109)

Aufgabe und Lösung S. 108

① Mit welchen Schwierigkeiten muß das Dromedar in der Wüste fertig werden? Betrachte die Abbildung in der Randspalte. Auch wenn unser Zeichner übertrieben hat, gibt sie dir wichtige Hinweise.
  a) *Täglich große Temperaturgegensätze:*
  – *Schutz gegen Kälte und Hitze durch dichtes Fell*
  – *Während der größten Hitze wird die Körpertemperatur erhöht und in der Nacht abgesenkt. Dadurch schwitzt das Dromedar am Tage weniger und verliert in der Nacht weniger Wärme.*
  b) *Nahrungs- und Wassermangel:*
  – *Verringerung des Wasserverlusts: Erhöhung der Körpertemperatur bei großer Hitze vermindert Schweißabgabe; Kot und Harn sind wasserarm.*
  – *In kurzer Zeit können große Nahrungs- und Wassermengen (130 l in 10 Min.) aufgenommen werden. Das Wasser wird aber nicht im Bauch gespeichert, sondern in Form von Fett im 40 kg schweren Rückenhöcker. Bei Nahrungs- oder Wassermangel wird dieses Fett abgebaut. Dabei entsteht Stoffwechselwasser. (Beim Abbau von 100 Gramm Fett werden 107 Gramm, aus den 40 kg Fett des Höckers also über 40 l Wasser gewonnen. Dennoch verliert das Tier täglich Wasser, da es mit der ausgeatmeten Luft mehr Wasser abgibt, als es selbst bilden kann).*

Aufgaben und Lösungen S. 109

① Vergleiche anhand der Abbildung, wie Mensch und Dromedar auf große Hitze reagieren. Stelle die Unterschiede heraus.
  – *Der Mensch hält die Körpertemperatur konstant, auch wenn sie weit über 40° C ansteigt. Je höher die Temperatur steigt, desto mehr muß der Körper durch Schwitzen abgekühlt werden (vgl. Abbildung: Versuch zur Verdunstungskühlung). Deshalb ist der Wasserverlust bei hohen Temperaturen besonders hoch (bis zu 10 l am Tag). Wird diese Flüssigkeitsmenge nicht durch Trinken ersetzt, droht Tod durch Verdursten.*
  Ein Dromedar dagegen erhöht bei steigender Außentemperatur seine Körpertemperatur bis auf 40° C. Da der Körper dann nicht so stark abgekühlt werden muß, fängt ein Dromedar erst bei höheren Temperaturen als der Mensch an zu schwitzen. Außerdem schwitzt es nicht so stark wie der Mensch. Dadurch ist der Wasserverlust nicht so groß. Er muß auch nicht sofort wieder ausgeglichen werden, wenn noch genügend Wasser gespeichert ist.

② Wie könnte man durch einen Versuch nachweisen, daß ein dichtes Fell sowohl gegen Kälte als auch gegen Hitze schützt?
  – *Versuchsaufbau siehe Abbildung unten links. Es wird jeweils die Temperaturdifferenz nach 5 Minuten gemessen.*

③ Vergleiche Dromedar und Fennek im Hinblick darauf, wie sie sich vor der Hitze schützen. Nenne Gemeinsamkeiten und Unterschiede.
  – *Vergleiche Arbeitsblatt S. 109*
  Beide haben ein dichtes Fell, das gegen Hitze und Kälte schützt. Das Dromedar schützt sich außerdem durch Erhöhung der Körpertemperatur, der Fennek dadurch, daß er den heißen Tag im kühlen, unterirdischen Versteck verbringt und erst nachts aktiv wird.

④ Informiere dich bei einem Zoobesuch über weitere Kamelarten und andere Tiere, die in der Wüste vorkommen. Berichte.
  – *Trampeltier (Zweihöckriges Kamel, Asien); Lama (Südamerika); Guanako und Vikunja (Wildformen der Schafkamele in den südamerikanischen Anden); Alpaka (Haustierform; stammt vom Guanako ab. Sehr lange zarte Wolle; Südamerika.)*
  Aus der artenarmen Fauna der Wüste können im Zoo u.a. vertreten sein: Wüstenheuschrecke, Schlangen (Vipern (Afrika), Klapperschlangen (Amerika)), Dornschwanz-Agame (mit kräftigem Stachelschwanz als Schlagwaffe), Wüstenläufer (Rennvögel), Wüstenspringmaus, Wüstenrennmaus.

Lösungen zum Arbeitsblatt

1. Hitze am Tag. a) Dichtes Fell. b) Jagt nachts; tags in kühler Erdhöhle; Kühlung durch Hecheln; Wärmeabgabe über große Ohren.
2. Kälte in der Nacht. a) Dichtes Fell. b) Dichtes Fell.
3. Wassermangel. a) Schwitzt wenig; Fetthöcker auch als Wasserspeicher. b) Keine Schweißdrüsen; Flüssigkeit aus Nahrung.
4. Nahrungsmittel. a) Mit kräftigem Gebiß, ledrigem Gaumen werden harte Zweige, Pflanzen gefressen; Fetthöcker als Reserve. b) Jagt Kleintiere.
5. Heißer Wüstensand. a) Schwielen an Zehen, Knien und in Brustgegend; Klauen an Zehenspitzen; spreizbare Zehen verhindern Einsinken. b) Schutz in Erdhöhle; breite Pfoten verhindern Einsinken.
6. Sandstürme. a) Schutz vor Flugsand durch lange Wimpern, behaarte Ohren, verschließbare Nase. b) Schutz in Erdhöhle.

Medien

Filme
– FWU Durch die Sahara (20 min, f)
– FWU Nomaden der nördlichen Sahara (19 min, f)
– IWF Die Wüste ist anders (16 min, f)

Dias
– FWU Die Naturlandschaft der Sahara (20, f)

Videos
– Klett 998922 Ökologie (24,5 min, f)

Dromedar und Fennek — zwei Überlebenskünstler

1. In der Sandwüste der Sahara herrschen schwierige Lebensbedingungen. Benenne in der Tabelle solche Umweltfaktoren.
2. Gib an, wie Dromedar und Fennek daran angepaßt sind. Ordne sichtbare Anpassungen den entsprechenden Umweltfaktoren zu.

	Umweltfaktoren in der Wüste	a) Anpassungen beim Dromedar	b) Anpassungen beim Fennek
1			
2			
3			
4			
5			
6			

Steppen und Savannen bieten vielen Tieren Lebensraum

(Schülerbuch S. 110/111)

Aufgaben und Lösungen

① Welche weiteren Steppentiere aus Ostafrika kennst du? Welche Nahrung bevorzugen sie?
- *Giraffe (Blätter); Nashorn (Gräser, Blätter); Elefant (Blätter, Baumrinde); Kaffernbüffel (Gras); Leopard (kleinere Antilopen, Affen); Gepard (kleinere Antilopen); Hyäne (Aas, Antilopen, Zebras).*

② Die jungen Gnus sind Nestflüchter, die schon wenige Minuten nach der Geburt ihrer Mutter folgen können. Aus welchen Gründen ist das sinnvoll?
- *Die Jungen können auf den offenen Weideflächen bei Gefahr nicht versteckt werden; außerdem zieht die Herde während des Weidens immer weiter. Als Nestflüchter können die Jungen immer dicht bei der Mutter bleiben, sind dadurch bei Annäherung von Feinden geschützt und können bei Bedarf mit ihr fliehen.*

③ Die großen Tierherden, aber auch Raubtiere wie der Löwe, können heute nur noch in Nationalparks überleben. Welche Gründe fallen dir dafür ein?
- *Die Bevölkerung Afrikas wächst sehr stark, beansprucht daher immer mehr Lebensraum für sich und ihr Weidevieh.*

99 ──────────── Zusatzinformation
Wie Löwen jagen

Der rote Faden für die Behandlung der Steppen und Savannen Afrikas ist die Begegnung zweier unterschiedlicher Tiergesellschaften:
- Rudeltiere (Fleischfresser (Löwen))
- Herdentiere (Pflanzenfresser (Huftiere: Antilopen, Zebras, Kaffernbüffel, Giraffen))

Beide Tiergruppen stehen in einem biologischen Gleichgewicht (vgl. ausführliche Unterrichtsvorschläge in DYLLA und SCHAEFER 1978). Ein Stellglied, das dieses Gleichgewicht regelt, ist die Jagd der Löwen.

a) Als Beobachtungsgrundlage dient der Film FWU Tiere der Savanne oder folgender Text aus GRZIMEK 1979 (Bd. 12):
„Im Rudel jagen die Löwen gemeinsam; zwei oder drei legen sich im Abstand von einer Zebra- oder Antilopengruppe versteckt ins Gras, die anderen pirschen sich im Kreis um die Opfer herum, greifen dann auf einmal von der entgegengesetzten Seite an und treiben sie geradewegs auf ihre Rudelangehörigen zu."

b) In dem genannten Film können auch weitere Bedingungen der Löwenjagd beobachtet werden:
- Durch sein gelbes Fell ist der Löwe im trockenen Gras gut getarnt.
- In der Savanne gibt es einzelne Baumgruppen, in denen sich die Löwen, flach auf den Boden geduckt, gut verstecken können.
- Die Gruppenjagd erspart dem schnell ermüdenden Löwen lange Verfolgungsläufe.

c) Die im Film beobachtete Löwenjagd kann entweder mit Arbeitsblatt S. 111 nachgespielt oder entsprechend an der Tafel (Magnetkarten, benetzte Styroporfiguren, aus WIEGANG 1979) oder auf dem Tageslichtprojektor (Folienausschnitte) entwickelt werden.

──────────── 99

Medien

Filme

- FWU Tiere in der Buschsavanne (5 min, f)
- FWU Zebra (5 min, f)
- FWU Thomsongazelle (5 min, f)
- FWU Kaffernbüffel (5 min, f)
- FWU Giraffe (9 min, f)
- FWU Impala (5 min, f)
- WBF 7112/a Gesetze der Tierwanderungen – Die Gnuherden der Serengeti (5 min, f)
- WBF 7113/a Afrikanische Savannentiere in ihrer Umwelt – Gestalt und Bewegung (5 min, f)
- WBF 7113/b Kaffernbüffel, Löwe und Geier (5 min, f)
- WBF 7113/c Lebensraum im ökologischen Gleichgewicht: Ngorongorokrater (5 min, f)
- Windrose 00054 Wie Löwen jagen (5 min, f)
- FWU Tiere der Savanne (12 min, f)
- FWU Tierfilmer im afrikanischen Busch (29 min, f)

Videos
- Klett 998922 Ökologie (24,5 min, f)

Dias
- FWU Tiere ostafrikanischer Savannen (18, f)

Tabelle: Vergleich Rudel und Herde

	Rudel	Herde
Tierart	artgleiche Fleischfresser (z. B. Löwe, Wolf)	artgleiche oder artverschiedene Grasfresser (Weidetiere) (z. B. Gnu, Zebra, Giraffe, Kaffernbüffel)
Zahl der Tiere	mehrere; kennen sich persönlich	viele, z.T. in Kleingruppen gegliedert; kennen sich nicht alle persönlich
Geschlechtsverteilung	1 – 2 Männchen, mehrere Weibchen, mehrere Jungtiere	viele Männchen, viele Weibchen, viele Jungtiere
Biologische Bedeutung	Gemeinschaft zur Fortpflanzung und Jagd	Schutz- (Warn-)Gemeinschaft im versteckarmen Grasland: - Vor Feinden warnen Giraffe und Strauß als „Augentiere", Zebra als „Hörtier", Antilopen als „Nasentiere".

Wie Löwen jagen

Spielregeln zum Arbeitsblatt:
Wie Löwen jagen (aus Wiegand 1979)

- An dem Spiel nehmen mindestens zwei bis vier Mitspieler teil.

- Als „Löwen" und „Antilopen" werden Knöpfe, Spielsteine oder Halmafiguren verwendet.

- Zu Beginn des Spieles werden die „Löwen" in den sechs Feldern ◎ aufgestellt.

- „Löwen" können die von ihnen gewürfelte Zahl vorwärts oder zurück ziehen. Die Felder mit den Kreisen sind die Wege der „Löwen".

- Die Quadrate sind die Felder der Antilopen. Sie versuchen vom Start ☐ zum Ziel ☐ zu gelangen, ohne von den Löwen geschlagen zu werden.

Start der Löwen

- Die Antilopen können die von ihnen gewürfelte Zahl beliebig (rechts, links, diagonal oder kombiniert) ziehen.

- Wenn alle Antilopen ans Ziel kommen, haben die Löwen verloren.

- Die Löwen können ihren Weg verlassen. Wenn sie mit dem zweiten Wurf aber nicht auf den Platz einer Antilope treffen, muß der Löwe ausscheiden.

- Wenn der Löwe auf einem Ereignisfeld ⊗ sitzt, sind außer diesem Feld auf jeder Seite des Weges drei weitere Felder für die Antilopen versperrt.

© Als Kopiervorlage freigegeben. Ernst Klett Schulbuchverlag, Stuttgart 1993

Menschenaffen – Bewohner der tropischen Urwälder

(Schülerbuch S. 112/113)

Aufgaben und Lösungen

① Orang-Utan und Bonobo gehören ebenfalls zu den Menschenaffen. Informiere dich in einem Tierlexikon über deren Vorkommen und Lebensweise. Berichte in einem kurzen Referat vor der Klasse.
- *Orang-Utan („Wald-Mensch"): Tropische Urwälder Südostasiens (Borneo und Sumatra). Tagaktiver Baumbewohner, legt für die Nacht Schlafnester an. Frißt vor allem Früchte, aber auch Blätter, Rinde und Vogeleier. Orang-Utans leben in lockeren Familiengruppen.*
Bonobo: Afrika. Lebensweise ähnelt der des Schimpansen.
Orang-Utan und Bonobo sind stark vom Aussterben bedroht.

② Der Mensch greift immer mehr in den natürlichen Lebensraum der Menschenaffen ein. Welche Folgen für die Tiere sind in Zukunft zu erwarten?
- *Menschenaffen werden in freier Natur aussterben, sie werden nur noch in Zoos überleben können. Die Gefährdung der Menschenaffen dürfte manchen Schülern durch den Kinofilm „Gorillas im Nebel" bekannt sein, der das Leben der Gorilla-Forscherin Dian Fossey beschreibt (vgl. auch Fossey 1989).*

③ Die Zoohaltung von Menschenaffen wird häufig kritisiert. Das sei Tierquälerei, sagen manche Leute, weil die Tiere auf zu kleinem Raum eingesperrt seien. Die Befürworter der Zoohaltung meinen dagegen, nur in Zoos können Tiere, die vom Aussterben bedroht sind, überleben. Außerdem sei der Zoo der einzige Ort, an dem Menschen Wildtieren begegnen können. Äußere dich zu den genannten Argumenten. Nenne weitere Gründe für bzw. gegen die Zoohaltung von Tieren.

Argumente f ü r die Zoohaltung von Tieren:
- *Zoos dienen heute zur Erholung*
- *zur Volksbildung: Man kann nur für den Schutz von Tieren eintreten, wenn man sie kennt (Bedeutung für den Unterricht). Die Begegnung mit den lebenden Tieren ist dabei durch nichts zu ersetzen.*
- *zur Forschung: Nur unter Zoobedingungen können viele Verhaltensweisen und Bedürfnisse, Krankheiten und Parasiten der Tiere erforscht, Rückzüchtungen ausgestorbener Arten versucht werden (z. B. Auerochse, Wildpferd Tarpan).*
Die Rettung aussterbender Tierarten ist z. B. gelungen (bei Bison, Wisent, Davidshirsch, Przewalski-Pferd). Bedrohte Tierarten werden von Zoos nur noch aus Zoozuchtbeständen weitergegeben. Inzwischen können sogar in Zoos geborene Tiere nach einer Anpassungszeit wieder in ihrer Heimat ausgesetzt werden.

Argumente g e g e n die Zootierhaltung:
- *Beim Fang von Wildtieren für Zoos werden (bzw. wurden) oft mehrere Tiere getötet, um eines zu fangen. Beim Transport gehen sehr viele Tiere zugrunde.*
- *Seelische Verarmung vieler Tiere bei nicht artgerechter Haltung; äußert sich oft in immer wiederholten Bewegungen (Stereotypien): Kopfwackeln, Hin-und-her-Laufen am Käfiggitter.*
- *Die Haltung gefährdeter Tiere im Zoo könnte der Gewissensberuhigung dienen, während deren natürlicher Lebensraum immer weiter zurückgedrängt wird.*

❞ Zusatzinformation

Vergleich der Skelette von Gorilla und Mensch

Ergebnisse des Vergleichs:
- Für jeden Knochen des einen Skeletts läßt sich beim anderen Skelett ein entsprechender Knochen finden *(Homologie).*
- *Die verschiedene Gestaltung der Skeletteile wird als Anpassung an verschiedene Lebensweisen gedeutet:*
  - *Anpassung an das Baumleben:* Arme der Menschenaffen länger als Beine; Greifhände und -füße zum Hangeln und Klettern.
  - *Anpassungen an das Bodenleben:* Beine des Menschen länger als Arme; Stand- bzw. Lauffüße. Doppelt-S-förmig gekrümmte Wirbelsäule (vgl. Randabbildung im Schulbuch S. 101) ermöglicht aufrechten Gang. Die beim aufrechten Gang freien Hände sind als feine Universalwerkzeuge ausgebildet. Vergrößerung des Gehirns, des Befehlsgebers für die Tätigkeit der Hände. ❞

Lösungen zum Arbeitsblatt

1. Menschenähnliches Gesicht mit nach vorne gerichteten Augen. Greifhände mit Fingernägeln.

2. Sie kümmern sich lange und liebevoll um ihre Jungen. Sie gebrauchen Werkzeuge wie Stöcke zum Schlagen. Mit Ästen und Grashalmen angeln sie Termiten aus ihrem Bau. Sie verständigen sich wie wir Menschen mit Körper- und Lautsprache.

3. a) schlechte Laune; b) Spiel-Laune; c) Angst.

Medien

Filme und Videos
- Klett 998769 Schimpansen am Tanganjika-See (5 min, f)
- Klett 998779 (Video 376015) Soziales Verhalten bei Freiland-Schimpansen (5,5 min, f)
- Klett 998789 (Video 376016) Einsichtiges Verhalten im Experiment bei Schimpansen (5,5 min, f)
- Klett 998799 (Video 376032) Lernverhalten im Sozialgefüge bei Schimpansen (5 min, f)
- Klett 998809 (Video 998802) Filmpaket: Verhaltensstudien an Schimpansen (16 min, f)
- FWU Schimpansen – Bewegung und Nahrungsaufnahme (5 min, f)
- FWU Schimpansen – Putzen und Spiel (5 min, f)
- FWU Schimpansen – Mutter-Kind-Beziehungen (5 min, f)
- WBF Zielgerichtetes Handeln bei Menschenaffen, Intelligenzleistungen von Schimpansen – Lernen durch Einsicht (14 min, f)
- WBF Kein Tier ist dem Menschen ähnlicher... Einblicke in das Sozialverhalten einer Schimpansengruppe (14 min, f)

Dias
- FWU Schimpansen I (9, sw, 12, f) und II (14, sw, 2, f)
- FWU Zootiere (12, f)

Gorillas
- unsere größten Verwandten
- Größe bis 1,95 m (Durchschnitt ♂ 1,75 m)
- Gewicht bis 310 kg (Durchschnitt ♂ 195 kg)
- Brustumfang 1,98 (Maximum)
- frißt täglich ca. 20 kg Grünzeug

Der Schimpanse — ein menschenähnliches Tier

1. Nenne menschenähnliche Körpermerkmale des Schimpansen.

   _____

   _____

   _____

2. Schimpansen zeigen auch menschenähnliche Verhaltensweisen. Beschreibe einige.

   _____

   _____

   _____

3. Welche Stimmungen könnten sich in den drei Schimpansengesichtern ausdrücken? Streiche Nichtzutreffendes aus.

a

b

c

- a gute Laune
     schlechte Laune
- b Spiel-Laune
     Abscheu
- c Fröhlichkeit
     Angst

© Als Kopiervorlage freigegeben. Ernst Klett Schulbuchverlag, Stuttgart 1993

5 Verwandtschaft bei Säugetieren

Wie man Säugetiere sinnvoll ordnen kann

(Schülerbuch S. 114/115)

Zahnformeln (Ober- und Unterkiefer, linke Hälfte):
Hase/Kaninchen

OK	NN –	BBB	MMM
UK	N –	BB	MMM

Hamster/Mäuse

OK	N –	–	MMM
UK	N –	–	MMM

N = Nagezahn
B = Backenzahn
M = Mahlzahn

Aufgaben und Lösungen

① Unter den 32 Tieren der Abbildung gibt es vier, die gut nagen können. Sie haben allerdings nicht nur 4, sondern 6 Nagezähne: 4 im Ober- und 2 im Unterkiefer. Ordne diese Tiere zu einem Quartett. Überlege dir einen Namen und ein Erkennungszeichen für diese Säugetierordnung.
– *Wildkaninchen, Feldhase, Schneehase, Hauskaninchen – Ordnung **Hasentiere**; Erkennungszeichen: Gebiß.*

② In der Randspalte sind 8 Fußskelette von verschiedenen Huftieren abgebildet. Wenn du genau beobachtest, hast du zwei weitere Quartette gefunden. Begründe deine Einordnung.
– *Ordnung **Unpaarhufer**: Zebra, Esel, Nashorn, Pferd*
– *Ordnung **Paarhufer**: Rind, Schaf, Schwein, Steinbock*

③ Vergleiche Igel und Maulwurf in bezug auf ihre Nahrung: Welche Gemeinsamkeiten kannst du feststellen? Finde einen passenden Namen für diese Gruppe und vervollständige sie zum Quartett.
– *Ordnung **Insektenfresser**: Igel, Maulwurf, Feldspitzmaus, Wasserspitzmaus.*

④ Katzen und Hunde zählt man wegen ihrer Ernährungsweise zur Ordnung der **Raubtiere**. Sie besitzen ein Fleischfressergebiß. Wenn du zwei weitere Raubtiere findest, hast du das Quartett vollständig.
– *Katze, Hund, Fuchs, Seehund.*

⑤ Jetzt bleiben noch acht Tiere übrig. Ordne sie zu zwei Quartetten. Überlege dir für beide Quartette einen passenden Ordnungsnamen und ein Erkennungszeichen.
– *Delphin, Finnwal, Pottwal, Blauwal: Ordnung **Waltiere**; Erkennungszeichen: flossenartiger Schwanz;*
*Gorilla, Orang-Utan, Schimpanse, Bonobo: Ordnung **Herrentiere** (Primaten), Unterordnung Affen, Familie Menschenaffen; Erkennungszeichen: Gesicht.*

⑥ Du kennst sicher Säugetiere, die im Kartenspiel nicht vorkommen. Schreibe sie auf und versuche, sie in die verschiedenen Ordnungen einzugliedern.
– *Beispiele: Schwertwal, Buckelwal – Ordnung **Waltiere**; Feldmaus, Hausmaus, Wanderratte – Ordnung **Nagetiere**; Wiesel, Hermelin, Fischotter, Wildkatze, Luchs, Wolf – Ordnung **Raubtiere**; Dromedar, Trampeltier, Rothirsch, Reh, Ziege, Gnu – Ordnung **Huftiere**.*

⑦ Unser Kartenspiel enthält acht bekannte Ordnungen. Vielleicht kennst du aber auch Säugetiere, die in keine dieser Ordnungen passen. Nenne solche Tiere und begründe deine Meinung.
– *Beispiele:*
*Fledermaus – Ordnung **Fledermäuse**: Sie besitzt eine Flughaut und ein Ultraschallortungssystem. Beides zusammen finden wir in keiner der genannten Ordnungen.*
*Känguruh – Ordnung **Beuteltiere**: Jungtiere werden in einem Beutel am Bauch der Mutter aufgezogen.*

Lösungen zum Arbeitsblatt S. 120

Insektenfresser: Spitzmaus, Maulwurf, Igel.
Nagetiere: Waldmaus, Hamster, Siebenschläfer, Eichhörnchen.
Raubtiere: Wolf, Rotfuchs, Wildkatze, Luchs.
Paarhufer: Reh, Rothirsch, Gemse, Wisent

Medien

Präparate
– Schlüter 979
  Fußskelettypen, vom Sohlengänger bis zum einhufigen Spitzengänger. Kaninchen, Katze, Schwein, Rind, Pferd.

Arbeitstransparente
– Siemers T 7502 Sohlen-, Zehen- und Zehenspitzengänger, (3 F)
– Siemers T 7313 Anschauliche Systematik der Säugetiere, (8 F)
– Siemers T 7314 Bauplan des Säugers, (5 F)
– Siemers T 7404 Gebißtypen, (5 F)
– Hagemann 171812 Sohlen-, Zehen- und Zehenspitzengänger, (2 F)
– Hagemann 171839 Das Gebiß gibt Aufschluß über die Ernährung, (2 F)

Wissenschaftler ordnen noch genauer

(Schülerbuch S. 116/117)

Aufgabe und Lösung

① Ergänze mit Hilfe des Lexikons (Seite 103) den Steckbrief für den Fischotter (Lutra lutra).
– *Lebt an Bächen und Flüssen. Ernährt sich nur teilweise von Fischen; frißt auch Krebse, Mäuse, Schnecken und Frösche.*
Ist stark vom Aussterben bedroht.

Lösungen zum Arbeitsblatt S. 121

1. Bestimmung der Gattung: (4) Dachse; (5) Otter; (6) Wiesel; (7) Marder.
Bestimmung der Art:
(4) Dachs; (5) Fischotter; (7) Baummarder, Steinmarder; (8) Hermelin, Mauswiesel; (9) Iltis, Nerz.
2. (a) Hermelin; (b) Mauswiesel; (c) Nerz; (d) Iltis; (e) Dachs; (f) Steinmarder; (g) Baummarder.

Literatur

ADAMSON, J.: Die Löwin Elsa. Bastei-Lübbe, Bergisch Gladbach 1989

AKTIONSKONFERENZ NORDSEE (Hrsg.): Unterrichtsmaterialien Wattenmeer und Nordsee. AOL Verlag, Lichtenau 1989

BECKMANN, G. (Hrsg.): Die Welt der Tiere. 12 Bde. Bertelsmann, Gütersloh 1987

BERTSCH, A.: In Trockenheit und Kälte. Anpassungen an extreme Lebensbedingungen. Otto Maier, Ravensburg 1977

CIAMPI, E.: Die Welt der Delphine. Müller Rüschlikon, Zürich 1975

DEIMER, P.: Das Buch der Wale. Heyne, München 1985

DEIMER, P.: Das Buch der Robben. Rasch und Röhring, Hamburg 1987

DITTRICH, L.: Lebensraum Zoo. Herder, Freiburg i. Br. 1977

DOBBS, H.: Delphine. Sphinx, Basel 1986

DOLDER, W. u. U.: Löwen. Herder, Freiburg i. Br. 1988

DYLLA, K. u. SCHAEFER, G.: Tiere sind anders. Unterrichtseinheit für die Klassenstufen 4–5. Aulis, Köln 1978

FOSSEY, D.: Gorillas im Nebel. Kindler, München 1989

GEBERT, H. u. RUGE, K.: Tiere im Hochgebirge. Unterricht Biologie, 6. Jg., Heft 69, Friedrich, Seelze 1982

GRIMM, H. (Hrsg.): Wattenmeer. Unterricht Biologie, 12. Jg., Heft 136; Friedrich, Seelze 1988

GRZIMEK, B. (Hrsg.): Grzimeks Tierleben. Enzyklopädie des Tierreichs. 13 Bde. dtv, München 1979

GRÜNINGER, W.: Arbeitsbogen zur Autökologie des Dromedars. Beobachtungen und Informationsübermittlung bei selbständiger Schülerarbeit im Zoo. Der Biologieunterricht, 9. Jg., Heft 2, Klett, Stuttgart 1973

GUGGISBERG, C. A. W.: Das Tierleben der Alpen. Hallwag, Bern 1954

HABFURTHER, J. u. RAUTENBERG, E.: Gorilla und Orang-Utan leben in verschiedenen Etagen des Regenwaldes. Unterricht Biologie, 9. Jg., Heft 103, Friedrich, Seelze 1985

HARCKEN, W.: Der Seehund. Parey, Hamburg 1961

HEDIGER, H.: Mensch und Tier im Zoo – Tiergartenbiologie. Müller Rüschlikon, Zürich 1965

HEERS, K.-E.: Die Seehunde im Wattenmeer. Unterricht Biologie, 12. Jg., Heft 136, Friedrich, Seelze 1988

HEILEN, M.: Zooschulunterricht – Das Beispiel Primaten. Vorteile und Schwierigkeiten einer direkten Begegnung. Unterricht Biologie, 11. Jg., Heft 121, Friedrich, Seelze 1987

HOFER, H.: Skipisten verändern die alpine Grasheide. Unterricht Biologie, 5. Jg., Heft 55, Friedrich, Seelze 1981

KÄCKENMEISTER, W. u. SCHOLZ, N.: Wärmeschutz bei Tieren. Unterricht Biologie, 10. Jg., Heft 120, Friedrich, Seelze 1986

KIRCHSHOFER, R.: Von Tieren im Zoo. Umschau, Frankfurt 1971

KIRCHSHOFER, R.: Beobachtungsmöglichkeiten zum Sozialverhalten von Tierprimaten im Zoo. Naturwissenschaften im Unterricht-Biologie, 31. Jg., Heft 4, Aulis, Köln 1983

KRATZ, W.: Sollte man Tiere in Zoologische Gärten sperren? Unterricht Biologie, 1. Jg., Heft 15, Friedrich, Seelze 1977

LAWICK-GOODALL, J.v.: Wilde Schimpansen. Rowohlt, Reinbek 1975

LETHMATE, J.: Verhaltensbeobachtungen an Menschenaffen. Unterricht Biologie, 1. Jg., Heft 15, Friedrich, Seelze 1977

LETHMATE, J. (Hrsg.): Primaten. Unterricht Biologie, 11. Jg., Heft 121, Friedrich, Seelze 1987

LILLY, J. C.: Ein Delphin lernt Englisch. Möglichkeiten der Verständigung zwischen menschlicher und außermenschlicher Intelligenz. Rowohlt, Reinbek 1971

LOZÁN, J. L. u. a.: Warnsignale aus der Nordsee. Parey, Berlin und Hamburg 1990

MEIXNER, R.: Arbeitsblätter Säugetiere. Klett, Stuttgart 1989

PETZOLD, H. G.: Rätsel um Delphine. Ziemsen, Wittenberg 1974

REICHHOLF, J.: Säugetiere. Mosaik, München 1983

SCHALLER, G. B.: Unsere nächsten Verwandten. Fischer, Frankfurt a. M. 1968

SCHNEIDER, H. u. M.: Die Aufrichtung der Wirbelsäule. Naturwissenschaften im Unterricht, 27. Jg., Heft 1, Aulis, Köln 1979

SCHREIBER, R. L. (Hrsg.): Rettet die Wildtiere. Heyne, München 1980

SCHUMANN, W.: Seehunde im Wattenmeer. Landbuch, Hannover 1985

WIEGANG, G.: Tiere im Zoo – Menschen im Zoo. In: Landesbildstelle Baden (Hrsg.): Information und Beispiel. O.V., Karlsruhe 1979

WAAL, F. DE: Unsere haarigen Vettern. Neueste Erfahrungen mit Schimpansen. Harnack, München o. J.

WINKEL, G. (Hrsg.): Der Zoo. Unterricht Biologie, 1. Jg., Heft 15, Friedrich, Seelze 1977

Welche Ordnung?

1. Schneide die Tierabbildungen aus und klebe die Arten, die zu einer Ordnung gehören, nebeneinander auf ein Blatt Papier.

2. Schreibe den Namen der entsprechenden Säugetier-Ordnung als Überschrift über jede Bilderreihe.

Wolf

Maulwurf

Reh

Siebenschläfer

Wisent

Spitzmaus

Eichhörnchen

Luchs

Waldmaus

Igel

Wildkatze

Gemse

Rotfuchs

Rothirsch

Hamster

Säugetiere

Bestimmungsschlüssel und Kennübungen für Mardertiere

1. Ergänze mit Hilfe der Seite 105 in deinem Schulbuch die fehlenden Namen im Bestimmungsschlüssel.
2. Beschrifte die Abbildungen und weise mit Pfeilen auf die im Bestimmungsschlüssel im Text der Seite 105 genannten Unterscheidungsmerkmale hin.

a) _____

b) _____

c) _____

d) _____

e) _____

f) _____

g) _____

Bestimmung der Gattung

Familie: Mardertiere
Mittelgroße, kurzbeinige Raubtiere mit langem Körper und schlängelndem Lauf. Sie besitzen oft Stinkdrüsen (Afterdrüsen). Einige werden als wertvolle Pelztiere gezüchtet.

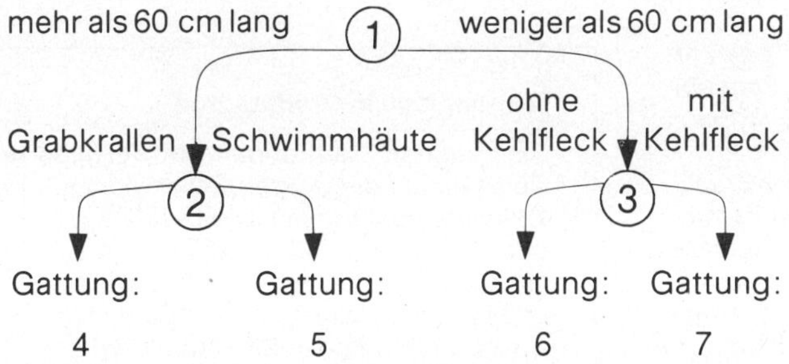

mehr als 60 cm lang — ① — weniger als 60 cm lang

Grabkrallen — Schwimmhäute (②)   ohne Kehlfleck — mit Kehlfleck (③)

Gattung: 4   Gattung: 5   Gattung: 6   Gattung: 7

Bestimmung der Art

4. Gattung Dachse, einzige bei uns vorkommende Art: ....
5. Gattung Otter, einzige bei uns vorkommende Art: ....
6. Gattung Wieselartige
   — Länge unter 30 cm, Bauch weiß 8
   — Länge über 30 cm, Bauch dunkel 9
7. Gattung Marder
   — Kehlfleck gelb ....
   — Kehlfleck weiß ....
8. — Langer Schwanz mit schwarzer Spitze ....
   — Kurzer Schwanz, einfarbig ....
9. — helle Gesichtsmaske, helle Unterwolle ....
   — Insgesamt dunkel ....

© Als Kopiervorlage freigegeben. Ernst Klett Schulbuchverlag, Stuttgart 1993

Vögel – Eroberer der Luft

Trotz aller Naturentfremdung sind Vögel auch dem heutigen Menschen vertraut, denn sie kommen bis an die Fenster, wenn man sie füttert. Bestimmte Vogelarten wie Taube, Amsel, Sperling, Hausrotschwanz oder Turmfalke nisten auch in den Innenstädten. Im Einzugsbereich jeder Schule können die Schüler Vögel beobachten.

Im Kapitel „Vögel" rücken Fragen der Allgemeinen Biologie stärker ins Blickfeld. Man arbeitet vergleichend und fragt gezielt nach den Zusammenhängen von Körperbau und Leistung der Tiere, was die Vorstellungskraft und das Abstraktionsvermögen der Schüler stark fordert. Die Erarbeitung des Vogelflugs gehört zu den anspruchsvollen Themen dieser Altersstufe.

1 Kennzeichen der Vögel

Fluganpassungen des Vogelkörpers
(Schülerbuch S. 120/121)

Aufgaben und Lösungen

① Fasse die Fluganpassungen des Vogelkörpers und ihre Bedeutung in einer Tabelle zusammen.
– *Form:* Stromlinienförmiger Körper.
  Oberfläche: Federn decken die Oberfläche dachziegelig ab, bilden Flügel und Schwanz.
  Kopf: Hornschnabel, keine Zähne (Gewichtsersparnis). Hals gut beweglich, Schnabel erreicht alle Körperstellen (zum Ordnen des Gefieders).
  Rumpf: Steif durch Verwachsung der Brust- und Lendenwirbel. Brustbein mit Kamm zum Ansatz der Flugmuskulatur. Schultergürtel durch Gabelbeine und Rabenschnabelbeine verstärkt. Vordergliedmaßen zu Flügeln umgebildet, deshalb zweibeinige Fortbewegung.
  Schwanz: Trägt Steuerfedern.
  Organe: Gute Lunge mit Luftsäcken. Rascharbeitende Verdauungsorgane, schnelle Ausscheidung des Unverdaulichen, hohe Körpertemperatur.
  Herz ist größer als bei Säugern, Weibchen legt Eier ab und brütet, d. h. es ist beim Fliegen nicht belastet.
  Skelett: Röhrenknochen luftgefüllt (an die Luftsäcke angeschlossen), Schädel, Schulter- und Beckengürtel aus dünnen, aber festen Knochen.

② Welche wilden Taubenarten bewohnen neben den Haustauben unsere Städte?
– *Vor allem die Türkentaube, in Norddeutschland auch die Ringeltaube.*

Aufgabe und Lösung

① Welche Maßnahmen zur Verringerung der Taubenzahl sind euch bekannt? Diskutiert in eurer Klasse mögliche Auswirkungen.
– *Fütterungsverbot für Tauben; Anstechen der Eier, so daß sie umsonst bebrütet werden; Beimischung von Medikamenten ins Futter, so daß die Bildung von Eiern gehemmt wird.*

99 ——————————— **Zusatzinformation**

Ein rascher Stoffwechsel erfordert energiereiche Nahrung (Taube: ölreiche Sämereien). Kot wird schnell wieder ausgeschieden. Die Muskeln und das Herz können Fett direkt in Bewegungsenergie umsetzen, es muß nicht erst in der Leber zu Traubenzucker verwandelt werden. Fett ist ein Reservestoff, bei dessen Abbau viel Wasser frei wird, d. h. der Vogel muß während des Fluges nur wenig trinken. Weil Vögel nicht schwitzen und einen fast trockenen Urin ausscheiden (*Harnsäurekristalle*), werden die körpereigenen Wasserreserven optimal genutzt. Die Luftsäcke kühlen die arbeitenden Muskeln und inneren Organe. Das Federkleid schützt vor Wärmeverlust. (So werden auch die langen Nonstopflüge beim Vogelzug erklärbar).

——————————————— 99

Taubenplage in Großstädten

Die heutigen Stadttauben sind verwilderte *Haustauben*, die wiederum von der *Felsentaube* abstammen. Die Lernfähigkeit der Tauben führt dazu, daß sie sich auch in nächster Nähe des Menschen aufhalten und nisten. Dadurch können Parasiten (*Taubenflöhe, Zecken, Rote Milben*) und Krankheiten (*Salmonellenerkrankungen, Gelbsucht*) auf Menschen übertragen werden. Bezeichnend ist, daß die Zahl der Stadttauben erst mit dem Wohlstand der Städter wuchs (mehr Nahrungsreste, bewußte Fütterung der Tiere). Künstliche Beleuchtung und das warme Stadtklima sorgen für eine verlängerte Fortpflanzungsperiode der Tauben. Pro Brut sind es zwar nur zwei Junge. Sie werden jedoch in den ersten Tagen über Kropfmilch von beiden Eltern versorgt – ein Sonderfall unter den Vögeln. Junge Tauben sind die am schnellsten wachsenden Wirbeltiere überhaupt.

Lösungen zum Arbeitsblatt

1 Hand; **2** Elle/Speiche; **3** Oberarm; **4** Hornschnabel; **5** Schädel; **6** Halswirbel; **7** Gabelbein; **8** Rabenschnabelbein; **9** Brustbein; **10** Brustbeinkamm; **11** Schulterblatt; **12** Rippen; **13** Becken; **14** Schwanzwirbel; **15** Oberschenkel; **16** Unterschenkel; **17** Mittelfuß; **18** Zehen.

Medien

Schüler Bio-Kit: Fliegen – Flügel – Federn (Best. Nr. 1850)
Arbeitstransparente: Bauplan des Vogels:
– Jünger Best. Nr. 7402
– CVK Best. Nr. 18270
– V-Dia Best. Nr. 36714

Fluganpassungen

Säugetiere wiegen oft mehr als dreimal so viel wie Vögel von vergleichbarer Körperlänge. Beispiele:

	Körperlänge	Gewicht
Feldhase	67 cm	4000 g
Stockente	60 cm	1200 g
Wildkaninchen	46 cm	1000 g
Rabenkrähe	48 cm	350 g
Maulwurf	16 cm	90 g
Gartengrasmücke	15 cm	13 g

122 Vögel

Vergleich der Skelette von Katze und Taube

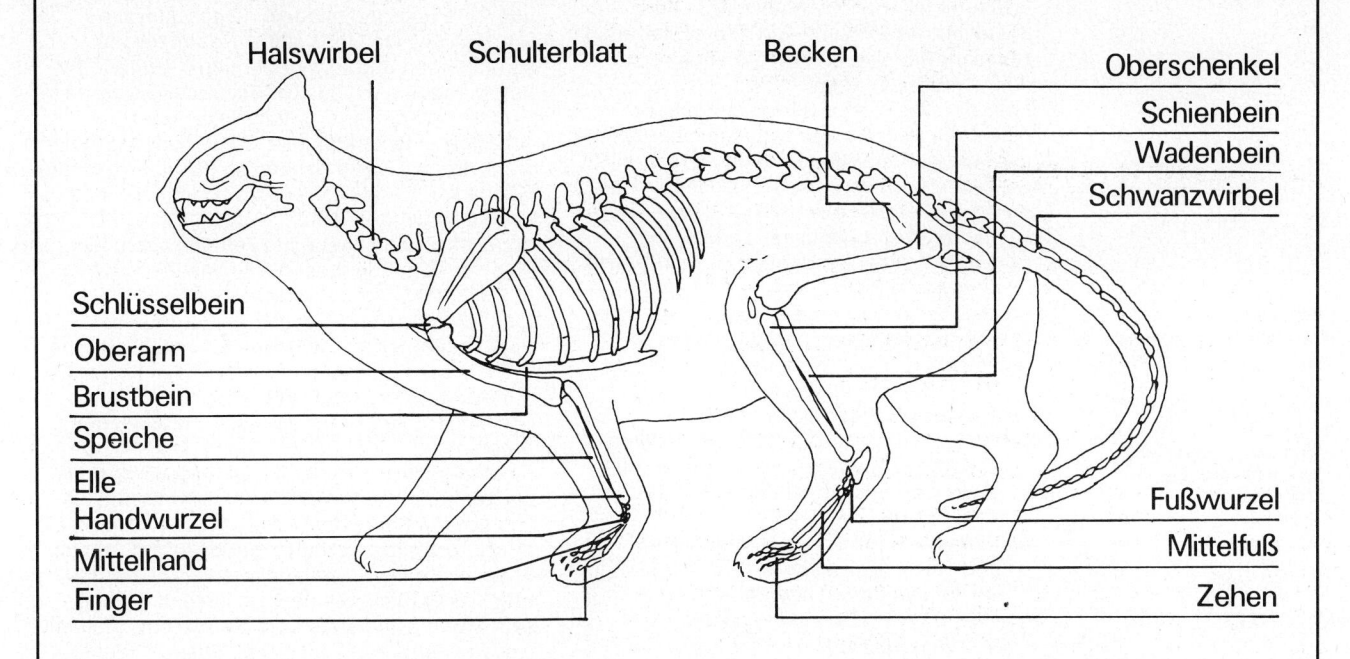

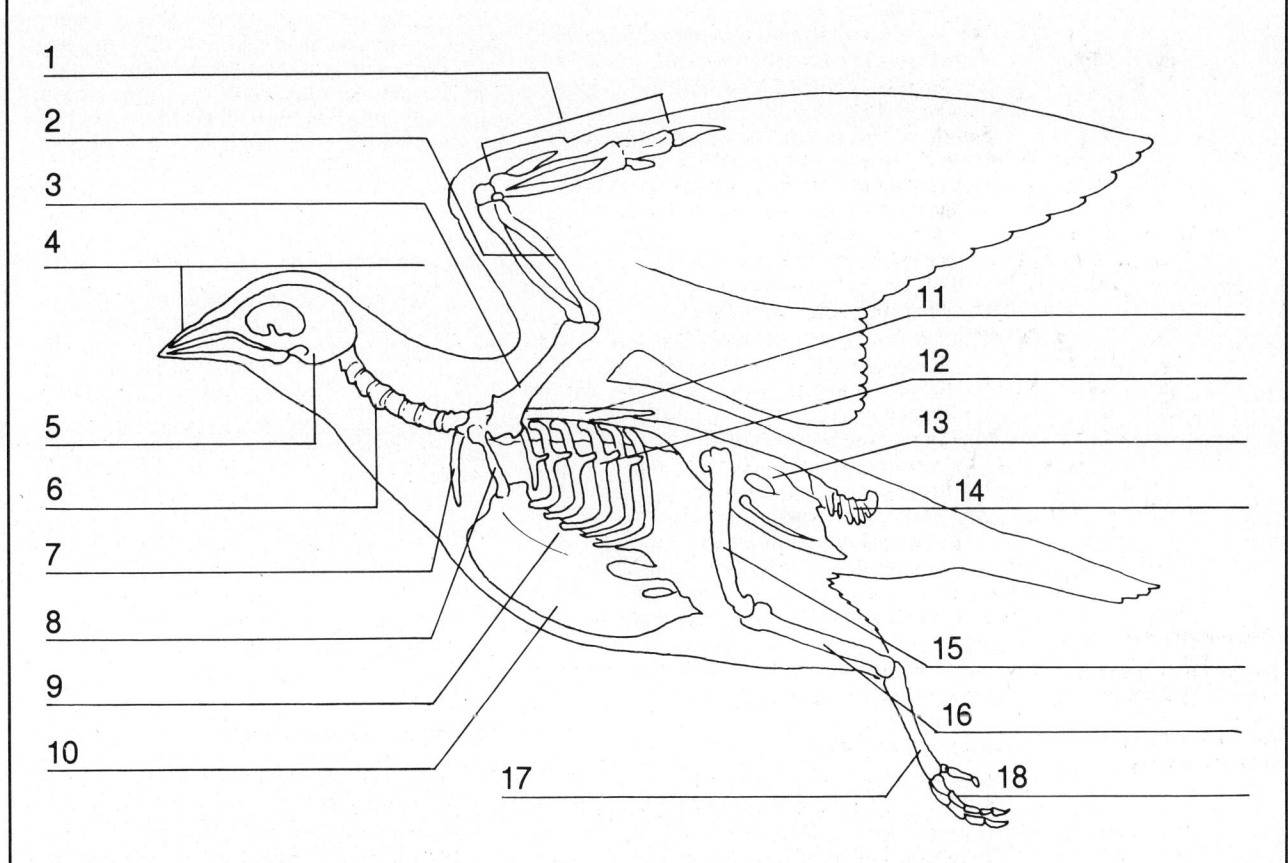

Halswirbel · Schulterblatt · Becken · Oberschenkel · Schienbein · Wadenbein · Schwanzwirbel

Schlüsselbein
Oberarm
Brustbein
Speiche
Elle
Handwurzel
Mittelhand
Finger

Fußwurzel
Mittelfuß
Zehen

1
2
3
4
5
6
7
8
9
10
11
12
13
14
15
16
17
18

1. Trage die fehlenden Bezeichnungen am Skelett der Taube ein, indem du die entsprechenden Begriffe vom Skelett der Katze übernimmst.

2. Male die von der Katze abweichenden Skeletteile farbig aus.

3. Vermute Ursachen für die Veränderungen im Skelett der Taube.

© Als Kopiervorlage freigegeben. Ernst Klett Schulbuchverlag, Stuttgart 1993

Wie Vögel fliegen

(Schülerbuch S. 122)

Zusatzaufgaben und Lösungen

① Beschreibe anhand von Abb. 122.1 den Segelflug des Bussards über verschiedenen Landschaften und erkläre die entsprechenden Voraussetzungen.
– *Über der Stadt steigt warme Luft empor (Thermik). Der Bussard segelt in einer Spirale und läßt sich hochtragen. Danach folgt ein Gleitflug mit entsprechendem Höhenverlust. An einem Berghang entsteht Aufwind. Wieder segelt der Bussard in einer Spirale und gewinnt an Höhe, die er beim nächsten Gleitflug verliert.*

② Stelle in einer Tabelle die hier aufgeführten Flugarten zusammen, und gib jeweils die wesentlichen Kennzeichen an.
– *Gleitflug: Flug mit ausgebreiteten Flügeln. Der Vogel verliert dabei an Höhe.*
Segelflug: Flug mit ausgebreiteten Flügeln. Der Vogel läßt sich durch Thermik oder Aufwind emportragen bis zur nächsten Gleitphase.
Ruderflug: Auf- und Abschlag der Flügel. Dabei werden Fläche und Form der Flügel ständig verändert und die wirksame Tragfläche vergrößert und verkleinert.
Schwirrflug: Die Flügel werden bis zu 300mal in der Minute waagrecht hin- und herbewegt. Dabei beschreiben die Flügelspitzen jeweils eine liegende Acht.

③ Versuche, eine brennende Kerze durch eine große Schwungfeder hindurch auszublasen. Nimm dann einen Wollstoff zum Vergleich.
– *Bei der Feder brennt die Kerze weiter, beim Wollstoff nicht. Erklärung: Die Federfahne ist luftundurchlässig.*

Flügelschläge pro Minute
Sperling 630
Turmfalke 300
Mauersegler 710

Fluggeschwindigkeit in km pro Stunde
Sperling 42
Turmfalke 75
Mauersegler 130

Kolibiris – Nahrungsaufnahme im Schwirrflug

Kolibris ernähren sich überwiegend von Nektar. Während der Nahrungsaufnahme stehen sie im **Schwirrflug** fast senkrecht vor den Blüten. Die Flügel schlagen dabei bis zu 3000mal pro Minute waagrecht hin und her, wobei die Flügelspitzen jeweils eine liegende Acht beschreiben. Mit der seitlich eingerollten Zunge wird der Nektar über den langen, dünnen Schnabel eingesaugt. Zusätzlich werden auch Insekten und Spinnen, die sich manchmal am Grunde der Blüten befinden, aufgenommen. Zum Wegfliegen werden dann die Flügel angehoben und gedreht, so daß der Rücken des Kolibris kurzfristig dem Boden zugewandt ist, ehe der Vogel wieder vorwärts weiterfliegt.
Die Flugtechnik des Kolibri erfordert einen hohen Energieaufwand, den der Vogel über die zuckerreiche Nahrung und einen intensiven Stoffwechsel deckt. Kommt es zu plötzlichen Kälteeinbrüchen, werden Kolibris inaktiv und wirken wie erstarrt.
Der auf Kuba lebende *Hummelkolibri* ist übrigens mit nur 6 cm Gesamtlänge und 2 g Gewicht der kleinste Vogel der Erde.

---

99 ────────────── Zusatzinformation

Obwohl Vögel ständig dem Wind ausgesetzt sind, frieren sie nicht. Die *Daunen* schützen vor Wärmeverlust, die darüberliegenden *Deckfedern* halten den Wind ab. Sie liegen dachziegelig übereinander und bilden eine geschlossene, windschlüpfrige Oberfläche. Neben diesem schützenden und formgebenden *Kleingefieder* unterscheiden wir das *Großgefieder* (Federn am Flügel und Schwanz), das für die Flugeigenschaften entscheidend ist. Diese Federn liegen fächerförmig übereinander, so daß die wirksame Fläche von Flügeln oder Schwanz blitzschnell verändert werden kann.
Vögel verwenden sehr viel Zeit, um nach dem Flug mit dem Schnabel das ganze Gefieder zu ordnen, denn nur so wärmt es und ist voll flugtauglich. Man kann dieses Federordnen der Vögel nachahmen, indem man die aufgerissene Stelle einer Federfahne zwischen den Fingern durchzieht. Der „Klettenverschluß" der *Haken-* und *Bogenstrahlen* schließt die Lücke wieder problemlos.
Besonders leicht und gewandt fliegen Vögel, die bei geringem Gewicht eine große wirksame Fläche des Großgefieders besitzen. Die *Schleiereule* wiegt trotz einer Körperlänge von 34 cm und der Spannweite der Flügel von mehr als 60 cm nur etwa 300 g. Sie kann deshalb besonders langsam, wendig und außerdem geräuschlos fliegen (vgl. Schülerbuch S. 150). Der *Albatros* hat mit 2,3 m die größte Flügelspannweite aller lebenden Vögel. Er kann nicht vom Boden abfliegen, sondern stürzt sich von einer Klippe herab in die Luft. Obwohl der Albatros etwa so groß ist wie eine Gans, wiegt er nur 3–4 kg. Vögel, die mehr als 16 kg wiegen, sind flugunfähig, z. B. Pinguin oder Strauß (vgl. Schülerbuch S. 155).

──────────────────────────── **99**

Regenschirm, Rennwagen und Flugzeug

Zur Erklärung der physikalischen Vorgänge sollte man auf den Erfahrungshorizont der Schüler zurückgreifen: Hebende Kräfte entstehen nur, wenn Wind herrscht (z. B. beim Regenschirm) oder wenn sich ein Fahrzeug schnell bewegt (Rennwagen oder ein startendes Flugzeug). Dabei spielt das gewölbte Profil (vgl. Randabb. S. 122 im Schülerbuch) eine entscheidende Rolle. Außerdem kommt es auf das Gewicht an: ein leichtes Sportflugzeug braucht nur eine Graspiste und hebt bereits bei etwa 40 km/h ab, während ein 250 t schwerer Jumbo-Jet eine Betonpiste und eine Geschwindigkeit bis zu 300 km/h benötigt. Der Abflug und das Landen sind die kritischsten Momente eines jeden Flugs, denn bei geringer Geschwindigkeit ist eine größere wirksame Tragfläche erforderlich als später bei voller Fluggeschwindigkeit. Bei Großflugzeugen sorgt eine komplizierte Mechanik für die Vergrößerung der Tragflächen und eine besser ausgeprägte Flügelwölbung beim An- und Abflug. Manche Schüler haben dies vielleicht schon bei Ferienreisen selbst beobachtet. Bei allen Flugzeugen beobachtet man beim Landeanflug das Ausfahren der Landeklappen.

Medien

Filme
– FWU Technik des Vogelflugs (17 min, f)
– FWU Der Mäusebussard (18 min, f)

Ruderflug:
Stellung der
Schwungfedern

↑ Luft

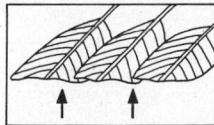

Abschlag

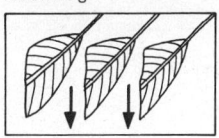

Aufschlag

Praktikum
Federn und Vogelflug

(Schülerbuch S. 123)

1. **Der Stoff, aus dem die Federn sind**
   - Verbrennt man ebenfalls Hornspäne von Pferdehufen oder Kuhhörnern und Haare, so entsteht ein ähnlicher Geruch wie bei einer verbrannten Feder. Horn, Federn und Haare sind Bildungen der Haut und enthalten ähnliche Substanzen.
2. **Wie schwer ist eine Feder?**
   - Eine Steuerfeder wiegt z. B. etwa 0,13 g, das Papierstück 0,25 g. Das gleich schwere Papierstück hat nur etwa die Hälfte der Fläche einer Feder.
3. **Wie sind die Federn aufgebaut?**
   - Den Feinbau einer Feder zeigt Abb. 3 auf S. 120 im Schülerbuch.
   Da eine Schwungfeder luftundurchlässig ist, brennt die Kerze weiter. Bläst man durch ein Woll- oder Baumwolltuch, so erlischt die Kerzenflamme.
5. **Halten die Federn Wärme?**
   - Die Wärmeisolation durch das Federkleid ist für Vögel mit einer Körpertemperatur von ca. 40 °C besonders im Winter wichtig. Für Wasservögel ist die große Bedeutung eines trockenen, wasserabweisenden Federkleides hervorzuheben.
6. **Was bewirkt der Flügel eines fliegenden Vogels?**
   - Ergebnis des ersten Versuchs: Strömt Luft über das Blatt, so wird es angehoben.
   - Ergebnis des 2. Versuchs: Der Vogelbalg wird angehoben und die Waage zeigt ein geringeres Gewicht an.
   - Deutung: Papier und Flügel sind im Querschnitt gewölbt. Daher strömt die Luft schneller über die Oberseite. Auf der Unterseite ist die Strecke kürzer, deshalb strömt dort die Luft langsamer. Dadurch entsteht ein Auftrieb, der den Flügel nach oben drückt.
   - Der Rauch macht den Verlauf der Luftströmungen sichtbar.
7. **Warme Luft und Fliegen**
   - In der warmen Luft der Kerze werden die Daunenfedern nach oben getragen. So können Vögel in aufsteigender Warmluft ohne Flügelschlag im Segelflug emporsteigen.

Phasen des Ruderflugs

Papier-Faltmodell eines Vogelflügels

Beachte:
gestrichelte Linie: nach unten falten,
 d. h. Knick-Kante nach oben
gepunktete Linie: Knick-Kante nach unten

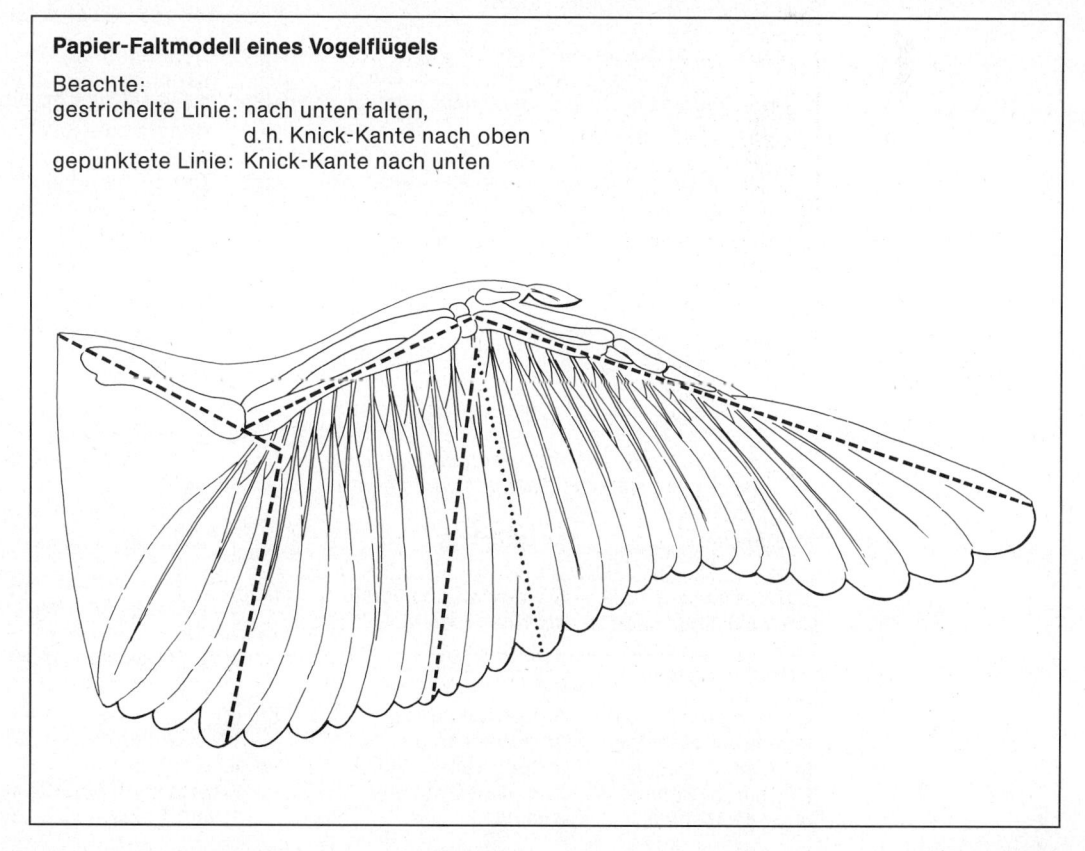

Vögel 125

Das Haushuhn – Fortpflanzung und Entwicklung bei Vögeln

Vom Ei zum Küken

(Schülerbuch S. 125/125)

Aufgaben und Lösungen (S. 124)

① Schneide mit dem Messer vorsichtig ein hartgekochtes Ei längs durch. Zeichne und beschrifte alle erkennbaren Teile unter Verwendung von Abbildung 2.
- *Man erkennt Kalkschale, Schalenhaut, geronnenes Eiklar sowie den Dotter. Anders als in der Schemazeichnung 124.2 sind beim hartgekochten Ei Feinstrukturen wie z. B. die Hagelschnüre im Eiklar oder die Keimscheibe im Dotter nicht mehr zu unterscheiden.*

② Nimm ein Stückchen Kalkschale, und halte sie gegen das Licht. Was kannst du erkennen?
- *Die winzigen Porenöffnungen, welche den Gasaustausch ermöglichen, erscheinen als helle Punkte.*

Aufgaben und Lösungen (S. 125)

① Lege ein rohes Ei waagrecht in die Vertiefung eines Eierkartons. Stich mit einer Einwegspritze durch die Kalkschale und sauge ungefähr 2–3 ml Eiklar ab. Nun kannst du das Ei mit Schere und Pinzette öffnen, ohne daß es ausläuft.
a) Was erkennst du im Innern?
b) Versuche den Dotter zu drehen bzw. zu wenden. Was geschieht?
- *Man bricht eine runde Öffnung in die Kalkschale, um ins Ei hineinzuschauen.*
  a) *Der Dotter schwimmt im Eiklar. Die Dotterhaut geht in die Hagelschnüre über. Im Innern des Dotters erkennt man dunklere und hellere Schichten, jedoch keine Keimscheibe (in der Regel sind die Eier unbefruchtet).*
  b) *Der Dotter kehrt automatisch in die ursprüngliche Lage zurück.*

② Beschreibe die Entwicklung des Hühnchens im Ei nach den Fotos auf dieser Seite.
- *Die Keimscheibe ist gewachsen, das Herz des Embryos und der Blutkreislauf sind gut sichtbar. (5 Tage alt)*
- *Das Hühnchen besitzt bereits alle wichtigen Körperteile, allerdings noch nicht in den richtigen Proportionen und nicht in der endgültigen Ausdifferenzierung. (14 Tage alt)*
- *Eiklar und Dotter sind fast aufgebraucht. Die Federn des Hühnchens sind gewachsen, die Körperteile zeigen ein ausgewogenes Größenverhältnis. (18 Tage alt)*
- *Das Küken hat die Eischale gesprengt, seine Federn sind noch feucht. Im Innern der Eischale erkennt man Reste der Embryonalhüllen. (21 Tage alt)*

③ Fasse die Unterschiede zwischen Nesthockern und Nestflüchtern in einer Tabelle zusammen

Nesthocker	Nestflüchter
Gefieder	
Nesthocker sind vollkommen nackt und müssen regelmäßig gewärmt werden.	*Nestflüchter besitzen ein Daunenkleid, das warm hält.*
Augen	
In den ersten Lebenstagen sind die Augen noch geschlossen. Die Jungen können noch nicht sehen.	*Sofort nach dem Schlüpfen können die Jungen sehen. Die Augen sind gut entwickelt.*
Fortbewegung	
Die Jungvögel können weder laufen noch fliegen. Sie hocken ruhig im Nest.	*Die Jungvögel können sofort das Nest verlassen.*
Ernährung	
Die Eltern füttern die Jungen und entfernen den Kot.	*Die Küken suchen sofort mit ihrer Mutter nach Nahrung.*
Gesamter Entwicklungsstand	
Nesthocker sind völlig von ihren Eltern abhängig, die sie versorgen.	*Nestflüchter brauchen den Schutz ihrer Mutter, versorgen sich jedoch selbständig.*

Die Fortpflanzung bei Vögeln wird über verschiedene Reize geregelt

Bei *naturnahen Haltungsbedingungen* leben Hühner in Großfamilien, die von einem Hahn geführt werden und in der jede Henne und jedes Jungtier seinen Rang besitzt. Auf die Eierstöcke der Hennen wirken Zeitgeber: die mit der Jahreszeit wechselnden Lichtverhältnisse, das Futterangebot und die sexuellen Reize, die vom Hahn ausgehen. Die Hormondrüsen werden dadurch in unterschiedlichem Maße zur Produktion angeregt. Die Henne legt ein Nest an, und nachdem sich eine gewisse Anzahl von Eiern darin befinden, stellt die Henne ihren Hormonhaushalt um, hört mit Eierlegen auf und kommt in Brutstimmung.
Massentierhaltung: Fast jeden Tag legt die Henne ein Ei, weil sie durch starke Beleuchtung und gleichmäßige Haltungsbedingungen von störenden Außenreizen abgeschirmt ist. Eine Umstimmung des hormonellen Systems vom Eierlegen zur Brutphase findet nicht statt. Hähne, die Eier befruchten könnten, fehlen.

Lösungen zum Arbeitsblatt

zu 1.: Begattung: Der Hahn überträgt Spermienflüssigkeit in die Henne.

zu 2.: Befruchtung: Die männliche Keimzelle dringt in die Eizelle ein, die Zellkerne verschmelzen.

zu 3.: Bringe die folgenden Aussagen in die richtige Reihenfolge.
(1) Im *Eierstock* reifen viele Eizellen heran.
(2) Die *Dotterkugel* gelangt durch das *Trichterorgan* in den *Eileiter*. Hier findet die Befruchtung statt.
(3) Im Eileiter wird die Dotterkugel mit *Eiklar* umgeben.
(4) In der *Schalendrüse* wird das Ei mit der *Kalkschale* umgeben.
(5) Das *fertige Ei* verläßt durch die *Kloake*, wo auch der *Enddarm* mündet, den Körper.

zu 4.: Die benötigten Begriffe sind im Text *kursiv* gesetzt.

Medien

Diareihen
- FWU Entwicklung des Hühnchens im Ei

Filme
- FWU Woher die Eier kommen – In einer Brüterei (12 min, f)
- Westermann 355 104 Bis ein Küken schlüpft (5 min, f)

Begattung – Befruchtung – Entstehung des Hühnereies

1. Beschreibe, was auf den beiden Abbildungen 1 und 2 dargestellt ist.

2. Erkläre, was man unter Begattung bzw. Befruchtung versteht.

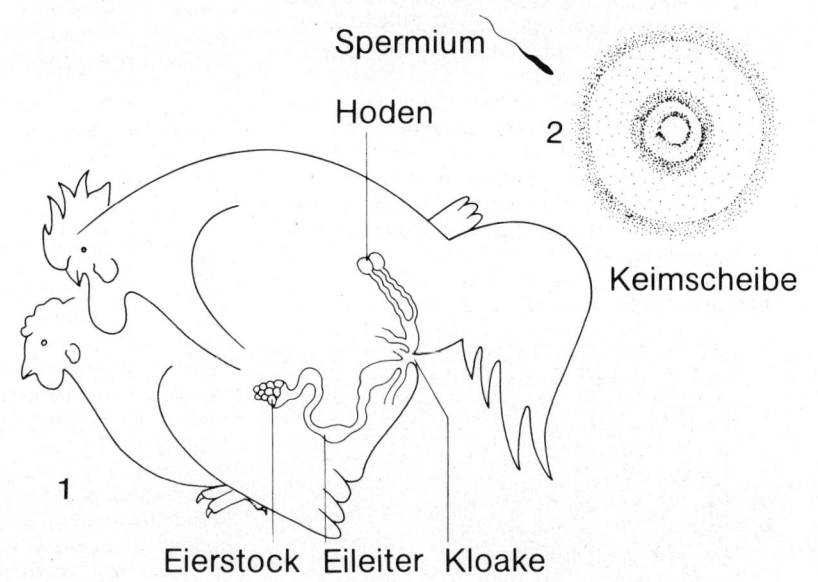

1 Begattung: _____

2 Befruchtung: _____

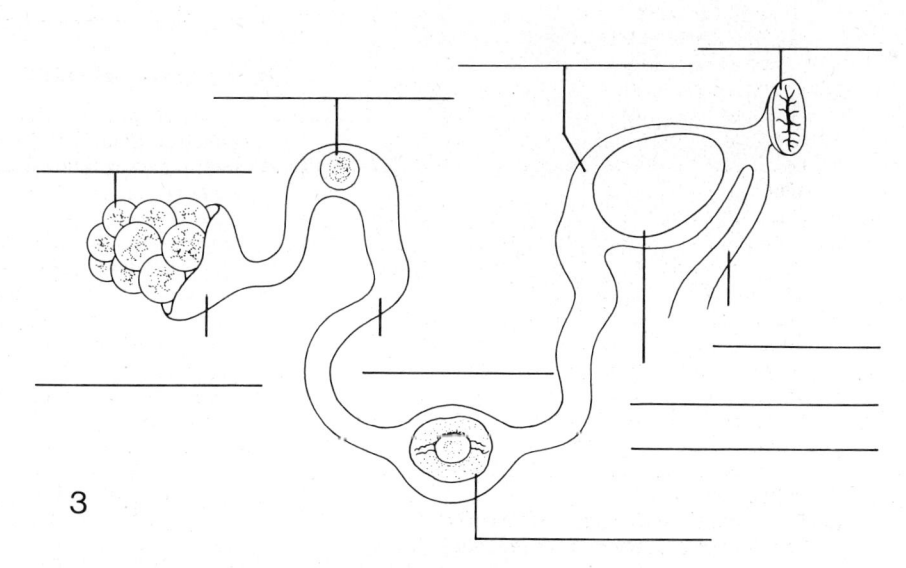

3. Bringe die folgenden Aussagen in die richtige Reihenfolge.
   - ( ) Im Eileiter wird die Dotterkugel mit Eiklar umgeben.
   - ( ) Im Eierstock reifen viele Eizellen heran.
   - ( ) Das fertige Ei gelangt in die Kloake. Hier mündet auch der Enddarm ein.
   - ( ) In der Schalendrüse wird das Ei mit der Kalkschale umgeben.
   - ( ) Die Dotterkugel gelangt durch das Trichterorgan in den Eileiter. Hier findet die Befruchtung statt.

4. Beschrifte anschließend die Abbildung 3. Die Begriffe, die du benötigst, tauchen in den vorstehenden Sätzen auf.

Beobachtungen zum Verhalten der Hühner

(Schülerbuch S. 126/127)

Aufgaben und Lösungen (S. 126)

① Versuche mit dem, was du über das Verhalten der Hühner erfahren hast, die Ergebnisse der folgenden Experimente zu erklären.
a) Ein Küken wird unter eine Glashaube gesteckt. Das Küken flattert ängstlich umher und piepst. Die Glucke reagiert nicht.
b) Ein Küken wird unter einem Korb versteckt. Sobald das Küken piepst, gluckt die Henne erregt. Sie geht um den Korb herum und pickt aufgeregt dagegen.

- *a) Die Glasglocke dämpft das Piepsen, deshalb reagiert die Henne nicht auf das Küken.*
- *b) Das Piepsen dringt durch den Korb und alarmiert die Glucke. Sie sucht dort, wo das Piepsen herkommt. Somit zeigt nur das akustische Signal des Kükens bei ihr Wirkung, nicht das optische.*

② Eine ranghohe Henne wird aus der Schar herausgefangen und ihr Gesicht mit Farbe angemalt. Wenn sie zur Schar zurückgesetzt wird, reagieren die anderen Hühner so, als sei sie ihnen fremd. Nach einer Weile greift eine rangniedere Henne an. Doch die ursprünglich ranghöhere wehrt sich so heftig, daß die Angreiferin abläßt. Erkläre.

- *Die bemalte Henne sieht für die anderen fremd aus, verhält sich jedoch so, als hätte sie noch ihren hohen Rang. Jedes fremde Huhn muß sich jedoch in einer Schar erst seine Position erkämpfen. Deshalb macht ihr eine rangniedere Henne den Platz streitig, ist jedoch überrascht, wie heftig die „Neue" sich wehrt: Diese verteidigt selbstsicher ihre Position.*

③ Auch junge Hähne kämpfen untereinander eine Rangfolge aus. Beschreibe in eigenen Worten die in der Abbildung 1 a – c erkennbaren Verhaltensweisen.

- *a) Beide Hähne fühlen sich gleich stark und drohen einander an: geduckt, mit gesträubter Halskrause.*
- *b) Die Erregung steigt, der Kampf beginnt: Die Hähne springen einander an, hacken mit dem Schnabel, stoßen mit dem Lauf (der mit einem spitzen Sporn bewehrt ist), schlagen sich mit den Flügeln, schieben und drücken sich gegenseitig zu Boden.*
- *c) Der linke Hahn bleibt Sieger, der Unterlegene zieht sich zurück.*

99 —————————————— **Zusatzinformation**

Sechs angeborene Grundbedürfnisse bzw. Verhaltensweisen hat die Nutztierethologie als wichtig erkannt: Scharren, Gefiederpflege, Sandbaden, Eiablage in Nestern, Ruhen und Schlafen auf Sitzstangen, Leben in einer strengen Rangordnung. Diese Grundbedürfnisse werden bei der Bodenhaltung von Hühnern eher berücksichtigt als bei der Käfighaltung. Nachdenklich stimmt jedoch, daß bei Käfighaltung weniger Hühner zu Tode kommen als bei Bodenhaltung. Folgende Zahlen wurden in einer dreijährigen Untersuchung der Bundesforschungsanstalt für Landwirtschaft in Braunschweig-Völkenrode ermittelt (vgl. ZIMMER 1983):
Bodenhaltung: 10 – 13 % Todesfälle
Käfighaltung: 4 – 6 % Todesfälle

Hierbei ist die Sterberate auf Grund von Krankheiten und Unfällen unberücksichtigt; sie beträgt in beiden Haltungsformen gleichermaßen ca. 4 %. Offenbar werden Hühner, die in Bodenhaltung leben, von ihren Artgenossen öfter so sehr gepickt, daß sie daran sterben. Man spricht von „Kannibalismus", der in einer vom Hahn geführten, überschaubaren Hühnerschar nicht vorkommt. Bodenhaltung wie Käfighaltung entsprechen beide nicht den naturnahen Haltungsbedingungen. Dies sollte bei Pro- und Contra-Diskussionen mit Schülern berücksichtigt werden. Hühnern werden z. B. in Massentierhaltungen jeder Art die Schnabelspitzen entfernt, um Verletzungen vorzubeugen.

Zur Behandlung des *Verhaltens* von Hühnern ist der Lehrer vor allem auf AV-Medien angewiesen. Die Klett- und FWU-Filme gewähren gute Einblicke in das *Sozialverhalten* einer kleinen Schar. Das *Lernverhalten* von Nestflüchtern empfehlen wir am Beispiel der Entenküken (Schülerbuch S. 144) nochmals aufzugreifen. Realbegegnungen mit den Tieren sind nur in seltenen Fällen auf Bauernhöfen oder bei Kleintierzüchtern möglich; in die großen Ställe darf man wegen der Möglichkeit von Krankheitsübertragung meist nicht hinein.

Das Thema „Massentierhaltung" veranschaulicht man altersgemäß am ehesten mit Bildern aus Jugendzeitschriften oder Wandbildern (z. B. Kosmos Nr. 4302 „Herkömmliche und moderne Hühnerhaltung", mit Begleittext). Filme über Massentierhaltung werden immer wieder im Fernsehen gezeigt oder können beim „Verein gegen tierquälerische Massentierhaltung e. V." (2305 Heikendorf bei Kiel) ausgeliehen werden. Der Lehrer sollte jedoch die geeigneten Szenen vorher gut auswählen, da die Darstellung von Schülern als emotional belastend erfahren wird. Schüler können ebenso Broschüren auswerten.

—————————————— **99**

Hühnerhaltung heute

3000 Hühner werden heute als das Existenzminimum eines Betriebes angesehen, zahlreiche halten mehr als 100 000 Tiere. Eine vom Hahn geführte, überschaubare Hühnerschar in naturnaher Haltung ist zur Ausnahmeerscheinung geworden.
Die Geflügelhalter wehren sich gegen den Vorwurf der „tierquälerischen Lebensbedingungen" und behaupten, der züchterische Fortschritt habe die Hühner in ihren Grundbedürfnissen und Verhaltensweisen so stark verändert, daß sie mit den modernen Haltungsbedingungen gut leben könnten. Die Tiere seien Hybriden aus verschiedenen Reinzuchtlinien, sie zeigten z. B. nur noch ein sehr schwach ausgeprägtes Brutverhalten, während das Eierlegen auf Hochleistung gezüchtet sei. Erst in den letzten Jahren entwickelte sich eine „Nutztierethologie", die mit Methoden der Verhaltensforschung exakte Beobachtungen vornimmt und Empfehlungen für die Tierhaltung ausspricht (vgl. SAMBRAUS, 1978). Wenn Eier billig sein sollen, kann man nicht auf Massentierhaltung verzichten. Die Tierschutzverbände befürworten die *Bodenhaltung* (6 Hennen pro qm) gegenüber der *Käfighaltung* (4 Hennen pro 1720 qcm, d. h. ein Huhn muß sich mit knapp 75 % einer DIN A 4-Seite begnügen).

Aufgaben und Lösungen (S. 127)

① Diskutiert in eurer Klasse das Pro und Contra der Eierproduktion bei Bodenhaltung und in Legebatterien.

Bodenhaltung	**Legebatterie**
– Enges Zusammenleben vieler Tiere. Sie können jedoch einander ausweichen.	Enges Zusammenleben von 4 Hennen. Sie können einander kaum ausweichen.
– Ein Huhn kann sich in der großen Masse verirren. Es wird dann gehackt und verletzt, oft auch getötet (Kannibalismus).	Die 4 Hühner kennen einander genau. Aber auch hier gibt es schwere Verletzungen.
– Gefiederpflege leicht möglich.	Gefiederpflege ist erschwert. Unmöglich.
– Hennen können scharren und im Sand baden.	
– Eiablage in Nestern.	Eiablage auf dem Käfigboden.
– Anbringen von Sitzstangen ist möglich.	Sitzstangen nicht möglich, Hennen können verkrüppelte Zehen bekommen.
– Infektionsgefahr ist durch Kontakt mit eigenem Kot für die Hühner größer.	Geringere Infektionsgefahr, weil kaum Berührung mit eigenem Kot erfolgt.

Lösungen zum Arbeitsblatt

Die Hackordnung der Hennen ist folgende:
Klara (0); Anna (1); Sonja (2); Paula (3); Elsa (4); Rosa (5).
Daraus ergibt sich als Name des Hahnes: Kasper.

Medien

Filme
- Klett 99904 Rangordnung in einer Hühnerschar (14 min, f)
- CVK 28917 Rangordnung bei Hühnern
- FWU Auf einem Hühnerhof (14 min, f)
- FWU Woher die Eier kommen – In einer Brüterei (12 min, f)
- Klett 75143 Das Huhn, Verhalten und Züchtung (12 min, f)
- FWU Hühner stellen Ansprüche

Schallplatten
- Stimmen auf dem Hühnerhof (Friedrich Verlag, Seelze, Best. Nr. 26 0031)
- Herkömmliche und moderne Hühnerhaltung (Kosmos Verlag, Stuttgart, Best. Nr. 4302)

Die Rangordnung im Hühnerhof

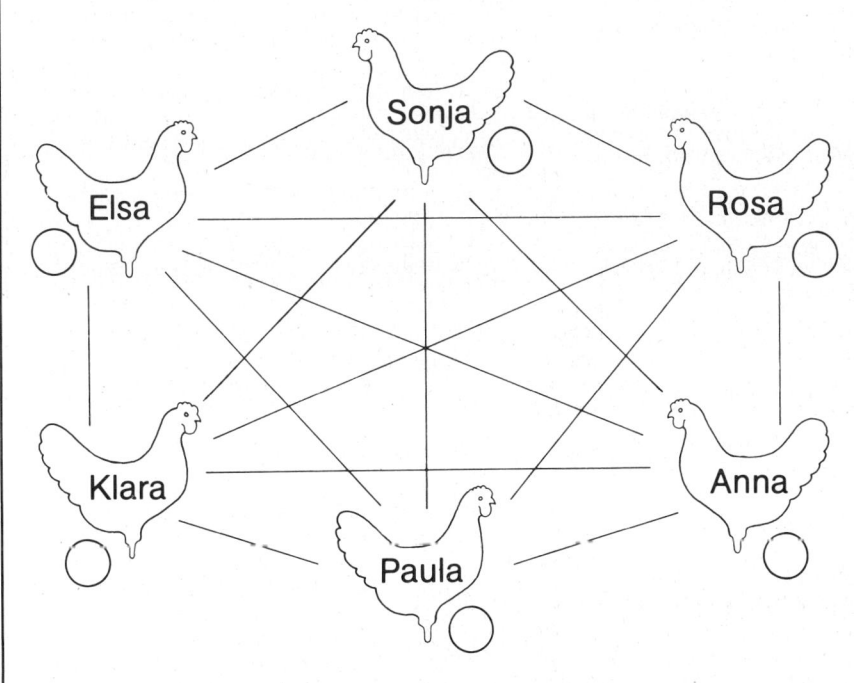

1.

Vervollständige die Zeichnung anhand der folgenden Aussagen:

– Klara hackt Anna und Paula.
– Rosa wird von allen vertrieben.
– Sonja ist Paula überlegen.
– Anna hackt Sonja und Paula.
– Klara besiegt Sonja.
– Elsa kann sich nur gegen Rosa durchsetzen.

Stelle eine Rangordnung auf. Bei richtiger Anordnung ergeben die Anfangsbuchstaben der Namen der Hennen den Namen des Hahnes.
Wie heißt er?

© Als Kopiervorlage freigegeben. Ernst Klett Schulbuchverlag, Stuttgart 1993

2 Vögel beobachten und bestimmen

Heimische Singvögel
(Schülerbuch S. 128/129)

Aufgaben und Lösungen

① Betrachte die rechts abgebildeten Singvogelarten und ordne die Vögel den Beschreibungen in der Randspalte zu.
- 1: *Bachstelze*   4: *Star*
- 2: *Elster*   5: *Zilpzalp*
- 3: *Singdrossel*   6: *Eichelhäher*

② Am Beispiel des *Haussperlings* oder der *Kohlmeise* kannst du die Beobachtung von Vögeln üben. Mache dir Notizen zur Nahrungssuche, zum Nestbau, zur Balz und zum Gesang. Berichte in deiner Klasse.
- *Einzelne Männchen des Haussperlings sitzen oft auffällig auf dem Dachfirst, der Regenrinne oder einem Zaunpfosten und tragen ihren gleichförmigen Gesang vor. Hier ist ihre „Singwarte". Sie behaupten damit ihr Revier, denn sinngemäß bedeutet dies: Der Platz ist besetzt. Bei der Nahrungssuche sind die Sperlinge dagegen durchaus gesellig und achten weniger auf Distanz. Am Beginn der Balzzeit läßt sich das Weibchen vom Männchen füttern; danach kommen die Begattung und die Eiablage.*
Das Nest befindet sich unter Dachplatten, in einer Ritze am Haus oder in einem Nistkasten. Es macht einen unordentlichen Eindruck, weil Halme noch herausschauen und die Umgebung kotbespritzt ist. Wenn die Jungen halb flügge das Nest verlassen haben, bezeichnet man sie als „Astlinge", weil sie irgendwo im Versteck sitzen und sich von den Eltern füttern lassen.

99 ──────────── **Zusatzinformation**

Vogelbeobachtung – aber richtig

Die *Feldornithologie* arbeitet mit Merkmalen, die durch Auge und Ohr auch bei Wahrung der Fluchtdistanz zu beobachten sind. Dazu benötigt man ein Fernglas; den richtigen Gebrauch muß man allerdings erst lernen und üben.
- Einen günstigen Blickwinkel suchen (Sonne im Rücken oder von der Seite – kein Gegenlicht).
- Sich so verhalten, daß der Vogel nicht vertrieben wird.
- Auf die im Bestimmungsbuch genannten Merkmale besonders achten, Ergebnisse festhalten.

Man grenzt die Beobachtungen durch Schlüsselfragen ein:
- Welche Gestalt hat der Vogel? Ist er rundlich wie ein *Dompfaff* oder schlank wie ein *Star* (vgl. S. 128 und 129)?
- Welche Form haben seine Schwingen im Flug: Sind sie gerundet wie bei der *Schleiereule* (vgl. Abb. 150) oder zugespitzt wie bei einem *Kolibri*?
- Welche Form hat der Schnabel? Ist er schlank und spitz wie bei Insektenfressern (*Bachstelze, Fitis*) oder kegelförmig wie bei einem Körnerfresser (*Haussperling*, vgl. S. 132) oder meißelförmig wie bei den *Spechten* (vgl. S. 142)?
- Weitere Merkmale, die zur Beschreibung von Vögeln in der Bestimmungsliteratur gebräuchlich sind, können der Randspalte (vgl. Abb. 129, 1–6) entnommen werden.

Vogelkundler verwenden manchmal auch einen Kassettenrekorder. Bei günstigen Bedingungen kann man damit Vogelstimmen aufnehmen. Eher eignet er sich im Gelände zum Anlocken von Vögeln, indem man die artgemäßen Rufe bzw. den Gesang abspielt. Die Vögel antworten und kommen näher, so daß sowohl ein akustischer wie auch ein optischer Nachweis einer Art erbracht werden kann. Geeignete Aufzeichnungen von Vogelstimmen kann man über Lehrmittelverlage erwerben (s. Medienliste).

Vögel können im Winter am Futterhäuschen beobachtet werden; während der Brutzeit fallen uns vor allem die revieranzeigenden Männchen auf. Im Frühjahr und Herbst sind interessante Beobachtungen und Zählungen bei den Zugvögeln möglich, wenn man einmal einen guten Beobachtungsplatz gefunden hat.

──────────── 99

Lösungen zum Arbeitsblatt

- zu 1.: Ein Amselmännchen singt. Es kennzeichnet dadurch sein Revier.
- zu 2.: Zwei Männchen flattern im Kampf zwischen beiden Revieren hin und her.
- zu 3.: Zwei Männchen bedrohen sich an der Reviergrenze ohne zu kämpfen.
- zu 4.: Ein Weibchen badet in einer Pfütze.
- zu 5.: Das Weibchen sitzt im Nest und brütet.
- zu 6.: Das Männchen warnt andere Vögel vor einer Katze.
- zu 7.: Eine Amsel sammelt Nistmaterial im Schnabel.
- zu 8.: Ein Männchen umwirbt sein Weibchen (Balz).
- zu 9.: Eine Amsel putzt sich mit dem Fuß am Kopf.
- zu 10.: Eine Amsel zieht einen Regenwurm aus dem Boden.
- zu 11.: Eine Amsel putzt ihr Gefieder mit dem Schnabel.

Medien
- Vogelbälge
- Quiz mit Dias von Vögeln, kombiniert mit Vogelstimmen

Filme
- FWU Die Kohlmeise (12 min, f)

Diareihen
- FWU Vögel an offenen Gewässern (14 Dias, f)
- FWU Vögel des Rohrwaldes (17 Dias, f)
- FWU Wildenten und Wildgänse (16 Dias, f)
- FWU Vögel der Wiesen, Sümpfe und Moore (18 Dias, f)
- FWU Vögel der Gärten und Anlagen (17 Dias, f)
- FWU Gefiederte Wintergäste (16 Dias, f)
- FWU Vögel der Feldflur (18 Dias, f)
- V-Dia 22033 Einheimische Vögel I (26 Dias, f)
- V-Dia 22034 Einheimische Vögel II (30 Dias, f)
- V-Dia 22035 Einheimische Vögel III (36 Dias, f)
- V-Dia 22036 Einheimische Vögel IV (25 Dias, f)
- V-Dia 22037 Einheimische Vögel V (28 Dias, f)
- V-Dia mit Tonbandkassetten

Was ist los im Amselrevier?

Das Bild auf dieser Seite zeigt zwei Amselreviere, die an der gestrichelten Linie aneinandergrenzen.

Was geschieht an der Reviergrenze? (1-3) Was erkennst du sonst noch? (4-11)

1 _____
2 _____
3 _____
4 _____
5 _____
6 _____
7 _____
8 _____
9 _____
10 _____
11 _____

© Als Kopiervorlage freigegeben. Ernst Klett Schulbuchverlag, Stuttgart 1993

Verhaltensbeobachtungen bei Amseln

(Schülerbuch S. 130/131)

Aufgaben und Lösungen

① Beschreibe die erkennbaren Unterscheidungsmerkmale zwischen Amselweibchen und -männchen.
- *Männchen: schwarzes Gefieder, Schnabel leuchtend gelb, gelber Ring um die Augen. Weibchen: Gefieder braun, unten heller, mit dunklen Tupfen (gewisse Ähnlichkeit mit der Singdrossel); Schnabel braun.*

② Die drei Abbildungen in der Randspalte S. 130 zeigen verschiedene Stadien beim Nestbau. Gib jedem Bild einen Titel.
- *Die Amsel muldet das Nest aus durch Kuscheln (1), und Strampeln (3). Sie macht Feinarbeiten durch Zupfen am Nistmaterial (2).*

③ Gib an, welcher Schlüsselreiz das Sperren der noch blinden Jungamseln auslöst (vgl. die obere Abbildung in der Randspalte).
- *Der Schlüsselreiz ist die Erschütterung des Nestes, die normalerweise durch den landenden Altvogel ausgelöst wird. Wenn die Jungamseln sehen können, wenden sie sich dem Umriß des Altvogels zu (vgl. Randspalte).*

④ Auch das Verhalten der Altvögel beim Füttern wird durch Schlüsselreize ausgelöst. Schlage Attrappenversuche vor, die nachweisen, welche Schlüsselreize dabei entscheidend sind.
- *Die Attrappen müßten den aufgesperrten Schnabel der Jungvögel vortäuschen, verschieden groß sein und verschiedene Farben am Schnabel und in der Rachenzeichnung aufweisen.*

Hinweise zu den Arbeitsblättern

Mit Hilfe des Arbeitsblatts „Was ist los im Amselrevier?" kann der Lehrer seinen Schülern zeigen, was bei der Vogelbeobachtung interessiert, und wie man schrittweise zu Erkenntnissen kommt. Zunächst ist die schlichte Beobachtung der Phänomene wichtig. Danach wird das Verhalten in einfachen Worten beschrieben. In einem zweiten Schritt werden Deutungen hinzugefügt (z. B. *Revierverteidigung, Balz*). Vermenschlichte Erklärungsmuster sind zu vermeiden. Der Unterricht über die Amsel soll erst schrittweise weitere Deutungsmöglichkeiten erarbeiten. Dabei darf der Beobachter eigene Deutungen nicht zu früh einbringen, sondern erst auf Grund einer Vielzahl gleicher Beobachtungen zu Schlußfolgerungen kommen.

99 —— Zusatzinformation

Am Beispiel des *Reviergesangs* und der daran anschließenden Verhaltensweisen läßt sich zeigen, daß kein einfaches, ständig in gleicher Weise wirkendes Muster von Reiz und Reaktion vorliegt, wie die Schüler vermuten. Vielmehr ändern sich die Verhaltensweisen im Laufe der Zeit.
- Im zeitigen Frühjahr wirkt der Reviergesang auf benachbarte Männchen aggressionsauslösend: Morgens und abends liefern sie sich Wechselgesänge, tagsüber kommt es zu Grenzstreitigkeiten (*Beugelauf, Drohen, Kampf*).
- Auf das Amselweibchen wirkt der Reviergesang dagegen in dieser Zeit anziehend, d. h. es dringt im zeitigen Frühjahr in das Revier eines Männchens ein und wird zunächst angegriffen. Weil das Weibchen sich anders verhält als ein angreifendes Männchen, kommt es jedoch nicht zum Kampf. Die Aggressivität des Männchens nimmt ab, das Weibchen wird in der Nähe geduldet. Es beginnt mit dem Nestbau (vgl. Aufg. 119.2), wobei das Männchen die Bewachung übernimmt. Schließlich kommt es zu Paarungsaufforderungen und zu mehrmaliger Begattung (5 Tage vor Ablage des ersten Eies).
- Während der Aufzucht der Jungen verliert das Männchen seine dominierende Stellung und widmet sich voll der Nahrungsbeschaffung. Aggressive Streitigkeiten mit den Reviernachbarn finden nicht mehr statt, nur der Reviergesang bleibt erhalten.
- Nach der Brut kommen die Amseln in die Mauser. Die Paarbindung löst sich auf, der Reviergesang verstummt, schließlich entfällt auch die Bindung an ein Brutrevier.

Es kommt also nicht nur auf bestimmte angeborene Reaktionen auf Schlüsselreize an. Auch der Zeitpunkt bzw. die Synchronisation der Partner muß stimmig sein. Beispielhaft läßt sich dies mit Schülern an der Änderung des Sperrens von Jungamseln erarbeiten. Solange sie noch nackte, blinde Nesthocker sind, läßt sich durch Versuche zeigen, daß die Jungen ihre Schnäbel immer senkrecht nach oben recken und aufsperren. Die Erschütterung des Nestes genügt als auslösender Schlüsselreiz. Sind die Augen und Ohren funktionstüchtig, richten die Jungamseln ihren Schnabel jedoch dem Kopf des fütternden Altvogels entgegen, d. h. optische und akustische Reize lenken die Reaktion. Dabei spielt es keine Rolle, wenn das Ziel nur grob angedeutet ist, wie die Reaktion auf stark vereinfachte Attrappenfiguren zeigt. Der Begriff „Schlüsselreiz" kennzeichnet die selektive Reizauswahl, die hier wirksam wird: Eine Kombination von ganz wenigen, groben Merkmalen führt bereits zu einer Instinkthandlung.

—————————————————— 99

Lösungen zum Arbeitsblatt

zu 1.: Bei Ankunft eines Elternteils sperren die blinden Jungvögel senkrecht nach oben. Wenn die Amseljungen in der zweiten Woche sehen können, sperren sie in Richtung des fütternden Altvogels.

zu 2.: Jedesmal, wenn das Nest erschüttert wird, sperren die blinden Amseljungen. Sie brauchen die Eltern nicht zu hören, sondern es genügt die Erschütterung des Nestrandes. In der zweiten Woche sperren die Amseljungen in Richtung der Attrappe.

Medien

Filme
- FWU Die Amsel (15 min, f)
- Klett 99911 Die Amsel I: Schlüsselreize bei der Fütterung (3 min, f)
- Klett 99912 Die Amsel II: Revierbesetzung und Partnerwahl (2,5 min, f)
- Klett 99913 Die Amsel III: Aufzucht und Entwicklung der Jungen (4 min, f)
- Klett 99914 Die Amsel IV. Nahrungsverhalten (3 min, f)

Schallplatten und Tonbänder mit Vogelstimmen s. S. 126

Stopfpräparate. Amselnest. Eierschalen oder Eier.

Das Verhalten von jungen Amseln bei der Fütterung

1. Beschreibe, wie sich die Amseljungen bei der Fütterung in der ersten bzw. zweiten Lebenswoche verhalten.

   1. Woche:
   Amseljunge sind noch blind.

   In der 2. Woche:
   Amseljunge können sehen.

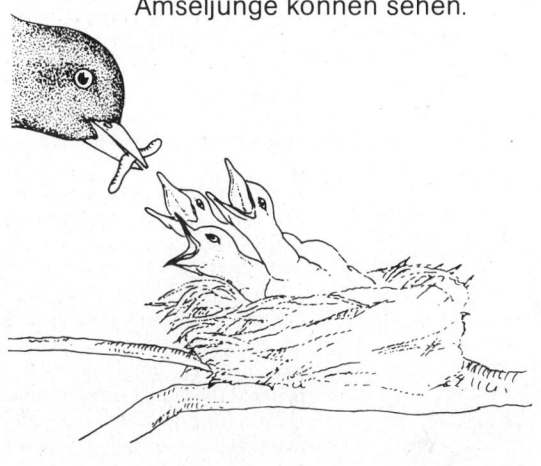

   _____
   _____
   _____

2. Beschreibe die beiden Versuche und äußere Vermutungen, aus welchem Grund die jungen Amseln nach Futter sperren.

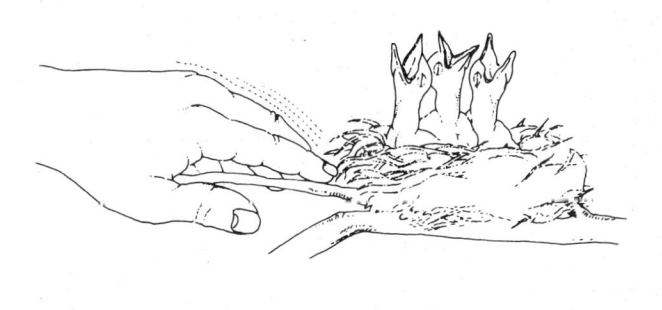

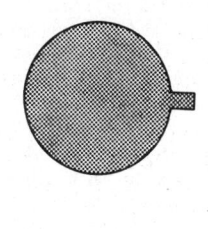

   _____
   _____
   _____
   _____

© Als Kopiervorlage freigegeben. Ernst Klett Schulbuchverlag, Stuttgart 1993

Der Kuckuck ist ein Brutschmarotzer

(Schülerbuch S. 134/135)

Aufgaben und Lösungen

① Beschreibe mit eigenen Worten die Verhaltensweisen des Kuckucks anhand der Fotografien.
- *2 + 3: Das Kuckucksweibchen kommt an das unbewachte Nest, entnimmt ein Ei und verschluckt es. Nun legt sie ein eigenes Ei dazu. Es sind jetzt wieder fünf Eier (4). Der Jungkuckuck schlüpft zuerst und versucht, die anderen Eier aus dem Nest zu befördern (5 – 7). 8: Der Kuckuck ist gewachsen, ein Ei ist noch im Nest. (Das Instinktverhalten des Hinauswerfens ist offenbar erloschen.) Fast erwachsener Kuckuck als Nestling (9) und als Ästling (10).*

② Diskutiert, ob das Verhalten des Kuckucks grausam ist, wenn er seine Nestgeschwister hinauswirft.
- *Uns Menschen erscheint es als grausam. Von den Überlebenschancen her ist es sinnvoll, denn die beiden Altvögel könnten nicht genügend Nahrung herbeischaffen. Der Kuckuck allein braucht etwa so viel wie vier Junge des Sumpfrohrsängers zwei Bruten lang.*

③ Erkläre, warum der Jungkuckuck auch Stoffbällchen aus dem Nest wirft.
- *Die Berührung ist der entscheidende Schlüsselreiz für das Instinktverhalten des Hinauswerfens. Der Jungkuckuck wirft alles hinaus: Eier, Eierschalen, Nestgeschwister und auch Fremdkörper (vgl. Attrappenversuche).*

99 ——————————————— Zusatzinformation

Das *Fortpflanzungsverhalten* des Kuckucks stellt nach TINBERGEN einen „höchst eindringlichen Naturversuch" dar. An diesem Beispiel läßt sich das Fortpflanzungsverhalten der Sperlingsvögel nochmals vertieft wiederholen. Vielleicht kann man hier noch überzeugender als mit den Attrappenversuchen begreiflich machen, daß jede vermenschlichte Betrachtung des Brutpflegeverhaltens verfehlt ist.

Die Schüler wenden sich dieser Thematik mit großem Interesse zu. Zwar wissen die meisten, daß der Kuckuck seine Eier in fremde Nester legt, über das Verhalten des Jungkuckucks sind sie jedoch nur wenig informiert. Besonders beeindruckt sind die Schüler, wenn sie anhand von Bildern oder im Film beobachten, daß die Vogeleltern ein auf dem Nestrand liegendes Junges nicht mehr als ihr eigenes Kind erkennen (s. o.: bei Schlüsselreizen kommt es zu einer eingeschränkten Wahrnehmung!). Das Junge wird weder gefüttert, noch gehudert, noch ins Nest zurückbefördert; es erfriert oder verhungert. Die Altvögel achten nur auf den aufgesperrten Rachen in der Nestmulde. Die Instinkthandlung läuft bei ihnen starr und uneinsichtig ab.
Der Kuckuck ist in Mitteleuropa der einzige *Brutschmarotzer*. Weltweit gibt es 128 Kuckucksarten, von denen mehr als die Hälfte ihre Jungen selbst aufziehen. Obwohl Kuckucke nicht zu den Sperlingsvögeln gehören, zeigen ihre Jungen doch die typische Verhaltensweise des „Sperrens", wobei die auffällige, orangerote Rachenzeichnung sichtbar wird. Dies ist bei brütenden Singvögeln der Schlüsselreiz für die Auslösung des Fütterns. Damit besitzen die Kuckucksarten eine wichtige Präadaption für den Brutparasitismus – gleichgültig, ob sie nun ihre Jungen selbst aufziehen oder nicht.

Der europäische Kuckuck ist ein *Zugvogel*. Von Mitte April bis August hält er sich bei uns auf; er überwintert in Südafrika. Der Kuckuck durchstreift ein größeres Gebiet wo er die Wirtsvögel findet, auf die er geprägt ist. Es gibt „Rohrsänger-Kuckucke", „Bachstelzen-Kuckucke" usw. Eine ganz strenge Wirtsbindung besteht jedoch nicht, so daß man Haupt- und Nebenwirte unterscheidet. die Wirtsvögel kennen den Kuckuck durchaus und „hassen" auf ihn, indem sie ihn zu vertreiben versuchen. Somit kann das Männchen die Aufmerksamkeit der Wirtsvögel auf sich ziehen, während das Weibchen ein Ei aus dem Nest herausnimmt und sein eigenes hineinlegt. Dieser Vorgang dauert ca. 10 Sekunden.

——————————————— 99

Großer Vogel – kleines Ei

Kuckuckseier wiegen 2,3 bis 4,5 g und gleichen in der Färbung vielfach denen ihrer Pflegeeltern. Vergleicht man Amsel und Kuckuck, die als erwachsene Vögel etwa gleich schwer sind, so ist das Ei des Kuckucks geradezu winzig. Man erkennt daran die Anpassung des Kuckucks an den Brutparasitismus bei Kleinvögeln. Starke Abweichung der Eier in Größe und Färbung wird z. B. von sehr vielen Sumpfrohrsängern zum Anlaß genommen, ihr Gelege aufzugeben und ein neues Nest zu bauen. Von anderen Vogelarten wie z. B. dem Teichrohrsänger oder der Heckenbraunelle ist dies weniger bekannt. Es ist also biologisch sinnvoll, daß ein Kuckucksweibchen weit mehr Eier legt (20 – 40) als vergleichbare Vögel. Findet man in einem Nest ausnahmsweise einmal zwei Kuckuckseier, stammen diese von verschiedenen Weibchen, denn ein Nest wird nur einmal belegt. Auch in mehrfach belegten Nestern wird nur ein Kuckuck großgezogen.

Lösungen zum Arbeitsblatt

- **zu A:** Das Kuckucksmännchen ruft und kennzeichnet dadurch sein Revier. Es lockt ein Weibchen an.
- **zu B:** Das Kuckucksweibchen frißt ein Ei des Wirtsvogels, um dann das eigene Ei in das fremde Nest zu legen.
- **zu C:** Der junge Kuckuck ist als erster geschlüpft. Er ist noch völlig federlos; er wirft die anderen Eier aus dem Nest.
- **zu D:** Der Wirtsvogel füttert den jungen Kuckuck in seinem Nest. Er ist befiedert und paßt kaum noch in das Nest.
- **zu E:** Auch wenn der Kuckuck das Nest schon verlassen hat, wird er weiter gefüttert. Er ist viel größer als die Pflegeeltern.

Der Kuckuck baut kein eigenes Nest; er brütet nicht selbst, und er zieht die Jungen nicht selbst groß. Ein Schmarotzer lebt auf Kosten seines Wirtes und schädigt ihn.

Medien

Filme
- FWU Der Kuckuck als Brutschmarotzer (15 min, f)
- Klett 75 131 Der Kuckuck – ein Brutschmarotzer (5 min, f)

Dias
- FWU Der Kuckuck als Brutschmarotzer (13 Dias, f)

Der Kuckuck – ein Brutschmarotzer

1. Der Kuckuck baut kein eigenes Nest, sondern legt sein Ei in das Nest eines Wirtsvogels. Betrachte die Bildleiste und beschreibe kurz, was du über das Leben des Kuckucks erfährst.

A _____
_____
_____

B _____
_____
_____

C _____
_____
_____

D _____
_____
_____

E _____
_____
_____

Man nennt den Kuckuck einen „Brutschmarotzer". Kannst du jetzt erklären, was das heißt?

_____
_____
_____
_____
_____

© Als Kopiervorlage freigegeben. Ernst Klett Schulbuchverlag, Stuttgart 1993

Der Vogelzug – zum Winter in den Süden

(Schülerbuch S. 136/137)

Jahresvögel: alljährlich brütende, ganzjährig anwesende Arten.

Sommervögel: alljährlich brütende Arten, die nicht oder nur ausnahmsweise überwintern.

Aufgaben und Lösungen

① Was ist der für eine Bestimmung wichtige Unterschied im Flugbild von Mehl- und Rauchschwalbe?
– Rauchschwalbe: Tief gegabelter Schwanz.
Mehlschwalbe: Leicht gegabelter Schwanz.

② Wie ist es möglich, mit Hilfe der Beringung Angaben über das Zugziel, ja sogar über die Reisegeschwindigkeit eines Zugvogels zu erhalten?
– Beringte Vögel werden gefangen oder tot gefunden. Wird die Ringnummer an die Vogelwarte gemeldet, kann dort aus den Angaben in den Akten der Zugweg des Vogels rekonstruiert werden. Wird ein Zugvogel kurz nach der Beringung wieder eingefangen, kann man auch Schlüsse auf die Reisegeschwindigkeit ziehen.

③ Das Bilderrätsel in der Randspalte gibt eine weitere Vogelart an. Welche?
– Mönchsgrasmücke.

④ Entnimm dem Vogelzugkalender aus Abb. 1, wie lange sich die einzelnen Arten in ihrem Brutgebiet in Mitteleuropa aufhalten. Stelle die Zeiten in einer Tabelle zusammen.

Rauchschwalbe:	Anfang März – Mitte Oktober
Mehlschwalbe:	Mitte April – Ende September
Mauersegler:	Ende April – Ende Juli
Kuckuck:	Mitte April – Anfang September
Bachstelze:	Ende Februar – Ende Oktober
Sumpfrohrsänger:	Mitte Mai – Mitte September
Storch:	Mitte April – Ende August

⑤ Beschreibe die häufigsten Zugwege anhand der Abbildung der bei uns heimischen Arten.
– Die Bachstelze zieht über Italien, Sizilien und Malta nach Nordafrika.
Bei der Rauchschwalbe gibt es Gruppen, die denselben Weg wie die Bachstelze über Italien nehmen, andere Gruppen fliegen über Spanien und die Meerenge von Gibraltar. Beide Zugwege überqueren die Sahara und vereinigen sich im Winterquartier (Kongo und Angola).
Die Mehlschwalbe zieht dagegen über die Balkanhalbinsel und die Türkei, wendet sich dann nach Süden über Israel, Ägypten und fliegt nach Ostafrika weiter.
Beim Storch gibt es „Weststörche" und „Oststörche", die jeweils auf getrennten Wegen ins Winterquartier ziehen. Beide Gruppen unterscheiden sich jedoch sonst in keiner Weise.

⑥ Erkläre, warum Feuchtgebiete auf dem Zugweg für viele Zugvögel von großer Bedeutung sind.
– Feuchtgebiete sind meist ruhige, nahrungsreiche Rastplätze. Dort ruhen sich die Vögel aus, fressen und bauen neue Fettpolster auf, die als Energiequelle für den Weiterzug dienen. Alle Vögel, die an Feuchtgebiete angepaßt sind, benötigen diese auch auf dem Zug zur Nahrungsaufnahme.

⑦ Viele Zugvögel kommen nicht aus ihrem Winterquartier zu uns zurück. Überlegt gemeinsam, welche Gefahren die ziehenden Vögel bedrohen.
– Vernichtung der Rastplätze, z. B. durch Entwässerung von Feuchtgebieten; vergiftete Nahrung durch Verwendung von Insektiziden. Vögel geraten an Hochspannungsleitungen oder in ölverschmutztes Wasser. Vögel werden gefangen oder abgeschossen.

⑧ Sicher habt ihr noch anderen Ideen, wie man den Vogelzug erforschen kann. Schreibt eure Vorschläge auf und diskutiert sie in der Klasse.
– Vögel fangen und seitlich von der Zugrichtung versetzt wieder auflassen. Kommen sie trotzdem am Ziel an?

Vogelzug und Lebensrhythmus

Der Vogelzug wird vor allem als Beispiel für *angeborenes Verhalten* behandelt, nur in geringem Maße gibt es Lernvorgänge: Vögel prägen sich die Umgebung ihres Nestes ein und kehren im folgenden Frühjahr wieder zurück. Die Begriffe *Zug-*, *Strich-* und *Standvogel* werden in der Literatur nicht sehr trennscharf gebraucht. Häufig spricht man heute von „Jahresvögeln" und „Sommervögeln", weil fast alle Arten in gewissem Umfang ziehen. Der Zug nach Süden kann auch schon in Mitteleuropa enden. Neben den *Invasionsvögeln* wie Bergfink und Seidenschwanz sind z. B. die im Winter bei uns lebenden Mäusebussarde Gäste aus Nord- und Osteuropa.
Allgemein gilt, daß die Brutperiode einer Vogelart in die Zeit des besten Nahrungsangebots fällt. Der Fichtenkreuzschnabel brütet z. B. in der Zeit von Januar bis April, ehe die Samen aus den Zapfen fallen. Für den Sumpfrohrsänger stehen erst im Juni reichlich Insekten für die Jungenaufzucht zur Verfügung. Die Tage sind lang, d. h. die ausgedehnten Fütterungszeiten führen zu einem raschen Wachstum der Jungvögel. Bei Ankunft bzw. Wegzug tritt bei den Zugvögeln eine Verhaltensänderung ein: Reviere werden besetzt bzw. aufgegeben, die Tiere folgen einer angeborenen Zugrichtung. Nur bei der Zielfindung spielen Lernprozesse eine größere Rolle. Bei Zugvögeln ist die angeborene Komponente stärker ausgeprägt als bei Strichvögeln.
Beim Weißstorch (Abb. 123.1) unterscheidet man die *Weststörche*, die über die Meerenge von Gibraltar ziehen, und die *Oststörche*, die über den Bosporus und den Suezkanal nach Afrika fliegen. Die meisten Kleinvögel ziehen dagegen im Breitfrontenzug entweder in südöstlicher oder südwestlicher Richtung. Sie überfliegen an geeigneten Stellen das Mittelmeer. Die angeborene Zugrichtung leitet sie dabei über die großen Halbinseln Südeuropas (vgl. Abb. 123.1).

Lösungen zum Arbeitsblatt

1: Frühjahrszug nach Europa; **2:** Paarung und Nestbau; **3:** Erste Brut; **4:** Zweite Brut; **5:** Die Schwalben sammeln sich im Herbst zum Zug nach Afrika; **6:** Die Schwalben sind im Winterquartier.

Medien
Filme
– FWU Schwalben

Dias
– FWU Storchzug 13 Dias (1 sw, 12 f)
– FWU Gefiederte Wintergäste (16 Dias, f)
– FWU Vogelzug und Vogelberingung (19 Dias)

Das Jahr der Rauchschwalben

1. Sie leben in Europa und in Afrika. Male im Kreis mit blauer Farbe den Bereich aus, den die Schwalben in Europa verbringen. Nimm grüne Farbe für den Aufenthalt in Afrika.

2. Benenne die Verhaltensweisen, die die Rauchschwalben im Laufe des Jahres zeigen.

1 _____

2 _____

3 _____

4 _____

5 _____

6 _____

Winterfütterung von Vögeln

(Schülerbuch S. 138)

Aufgaben und Lösungen

① Bei den Namen der Vögel, die in der nebenstehenden Abbildung zu erkennen sind, sind die Buchstaben durcheinander geraten. Wenn du sie richtig ordnest, wirst du herausfinden, wie die Vögel heißen. Du kannst natürlich auch in einem Bestimmungsbuch nachschauen. Die Hinweisstriche in der Grafik weisen auf wichtige Artmerkmale hin.

1 KEIMSOHLE	7 BIGFRENK
2 MAUSLIEBE	8 SELMA
3 SPUMMSEIFE	9 LEHRT KOCHEN
4 KUFENRING	10 PHLINGSAUSER
5 FISTELKIND	11 PRILSENFGELD
6 ZWISCHENSANDE	

– 1 Kohlmeise, 2 Blaumeise, 3 Sumpfmeise, 4 Grünfink, 5 Distelfink, 6 Seidenschwanz, 7 Bergfink, 8 Amsel, 9 Rotkehlchen, 10 Haussperling, 11 Sperling

② Diskutiert in der Klasse das Für und Wider der Winterfütterung von Vögeln.
– Vgl. Text im Lehrerband.

③ Stellt gemeinsame Regeln für eine vernünftige Winterfütterung auf.
– Vgl. Text im Lehrerband.

Futtermischungen
können enthalten:
– Sonnenblumenkerne
– getrocknete Beeren (z. B. Rosinen)
– Erdnußkerne (ungesalzen)
– Haferflocken
– Samen von Wildkräutern

99——————— **Zusatzinformation**

Jedes Jahr wird in der Presse über Sinn und Unsinn der Winterfütterung gestritten. Biologen, Ökologen und Vogelschützer sind sich keineswegs einig, für beide Positionen gibt es gute Gründe. Für den Lehrer ist deshalb der pädagogische Bezug entscheidend: Der Futterplatz ist ein hervorragendes Beobachtungsfeld. Hier bieten sich Gelegenheiten, Vögel einmal aus der Nähe zu betrachten, ihre Namen kennenzulernen und sich über das beobachtete Verhalten Gedanken zu machen. Deshalb ist die Vogelfütterung vor allem vom Menschen her zu begründen: Für Kinder als Lernanlaß und um Liebe zur Natur zu entwickeln, für Erwachsene als Ausgleich zum Alltagsstreß, für Kranke als Ablenkung von ihrem Gefühl der Hilflosigkeit. Tierfreund ist man jedoch nur dann, wenn man sich dem Tier gegenüber richtig verhält. Nicht jeder, der es mit einem Tier gut meint, tut ihm auch gut!

Unsachgemäße Fütterung ist auf mehrfache Weise schädlich:
– Das Futter muß gegen Regen und Schnee geschützt sein, die Körner sollen nicht vom Wind weggeweht werden. Deshalb ist ein überdachtes Häuschen mit einem Vorratsbehälter, aus dem das Futter nachrieselt, günstig. Ein umlaufendes Bord schützt das Körnerfutter gegen den Kot. Kot darf sich nicht auf dem Futterbrett ansammeln, denn dadurch infizieren sich die Vögel mit Krankheitserregern.
– Das Futter ist Ersatz für die natürliche Nahrung, d. h. die Bedürfnisse der Vögel sind entscheidend. Deshalb sind Brotkrumen und andere Reste menschlicher Nahrung nicht geeignet, weil sie leicht gären oder verschimmeln. Die Vögel vertragen auch kein Salz und andere Gewürze, die unseren Speisen zugefügt werden. Geeignet sind Sämereien aller Art, ungesalzener Speck oder erkaltetes Fett (Rindertalg), in welches Haferflocken, Kleie und Sämereien (heiß) hineingerührt wurden.

Da die Schüler bereits in der Grundschule über Vogelfütterung gesprochen haben, geht es nun im Unterrichtsgespräch um die Begründung der o. g. Zusammenhänge. Man bespricht verschiedene Konstruktionen von Futterhäuschen und die angebotenen Futtermischungen. Sehr lohnend ist es auch, käufliches Vogelfutter einmal in seine Bestandteile zu sortieren und selbst Futtermischungen herzustellen. Die Schüler frischen dadurch ihre pflanzenkundlichen Kenntnisse auf und lernen das Nahrungsspektrum verschiedener Vögel zu unterscheiden. Am Meisenknödel beobachtet man z. B. Meisen und Kleiber, am Futterhäuschen eher Buchfink, Bergfink, Zeisig, Gimpel, Sperlinge und Amseln, Wacholderdrosseln und Amseln nehmen gerne ausgelegte Äpfel.

Auch für Greifvögel und Eulen können im Winter Futterstellen eingerichtet werden. In der Nähe einer Hecke wird der Schnee abgeräumt und das Gras freigelegt. Man streut regelmäßig Getreidekörner, andere Sämereien und Äpfel aus. Dadurch werden Mäuse angelockt, die von Greifvögeln und Eulen erbeutet werden.

——————————————99

Nisthilfen als aktiver Vogelschutz

(Schülerbuch S. 140)

Das Bauen von Nistkästen macht Spaß und ist für Schüler ein Beitrag zum aktiven Naturschutz: Keine Insektengifte einsetzen, dafür Lebensraum für viele Arten schaffen, so daß sich ein biologisches Gleichgewicht einspielt.
Die Bauanleitung für den Nistkasten berücksichtigt einfache Konstruktionsprinzipien. Die Schüler werden auf witterungsangepaßtes Bauen und ungiftige Holzschutzmittel aufmerksam gemacht. Dadurch können sich auch technisch weniger begabte Schüler an die Aufgabe heranwagen.

Medien

Filme
– FWU Vögel im Winter

Videos
– FWU Vögel im Winter

Dias
– FWU Vögel der Gärten und Anlagen
– FWU Gefiederte Wintergäste
– FWU Vögel der Feldflur
– V-Dia 22033–22037 Einheimische Vögel I–V

Arbeitstransparente
– Jünger 7391 Vögel am Futterhäuschen

Stopfpräparate
– Stopfpräparate von Standvögeln und Wintergästen

Wir bauen einen Nistkasten

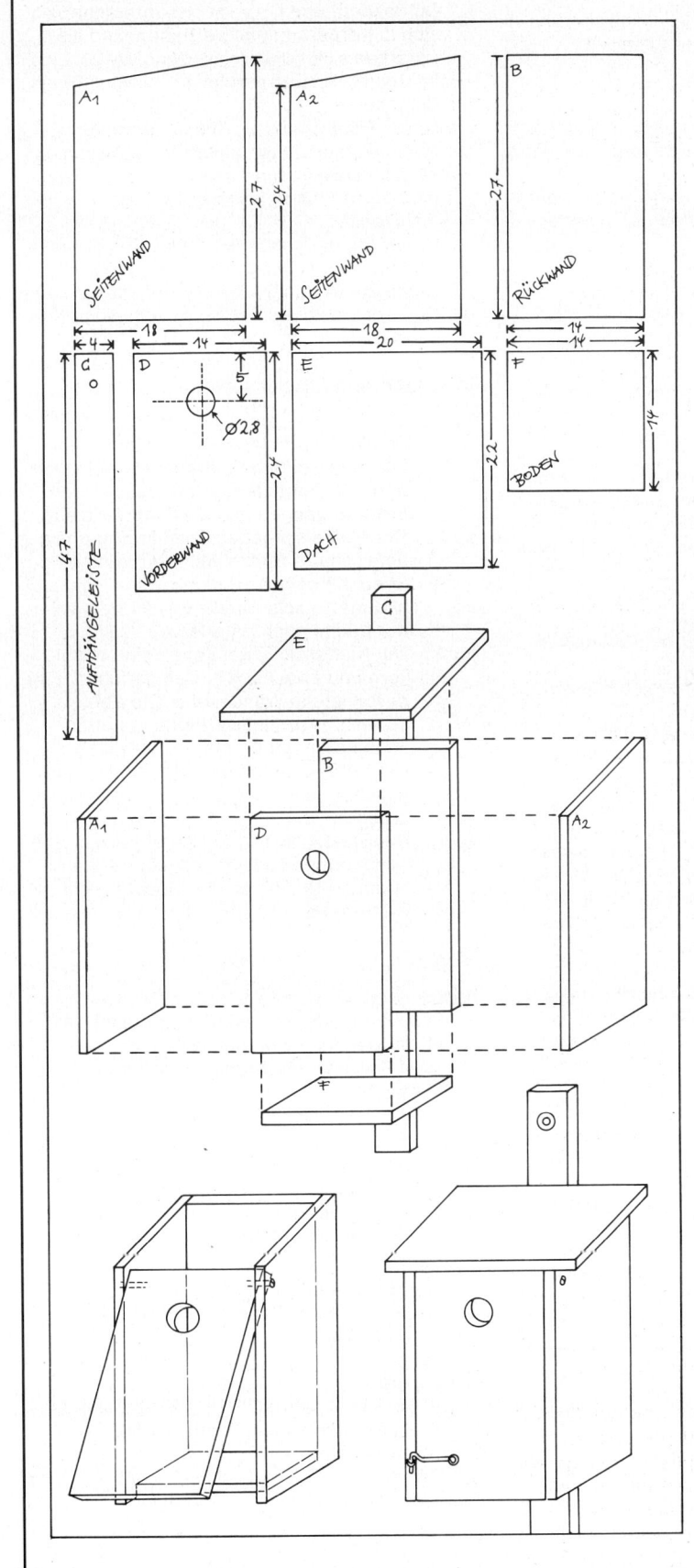

Material: Kiefern- oder Fichtenbretter (Stärke: 2 cm), ein Stück Dachpappe, ungiftiges Holzschutzmittel, verzinkte Nägel, Ringschraube und Riegel, Draht zum Aufhängen.

Zeichne zunächst auf 2 cm dicke Fichten- oder Kieferbrettchen die benötigten Teile in der richtigen Größe auf. Säge alle Teile (A_1 bis F) aus. In die Vorderwand wird das Flugloch gebohrt. Für Blaumeisen genügt ein Durchmesser von 2,8 cm; für Kohlmeisen muß es 3,2 cm besitzen. In das Bodenbrett werden zwei kleine Löcher gebohrt, damit evtl. eindringendes Wasser wieder ablaufen kann. Baue den Nistkasten nun entsprechend der Abbildung zusammen. Das Dach wird mit Dachpappe überzogen. Schließlich streichen wir den Nistkasten mit einem ungiftigen Holzschutzmittel, z. B. Leinöl.

Hänge den Nistkasten so auf, daß das Flugloch möglichst nach Osten bzw. Süden zeigt. Das ist wichtig, weil bei uns Regen und Wind meistens von Westen her kommen. Die Vögel nehmen bei der Wahl ihrer Nisthöhle darauf Rücksicht.

Wenn du die Vorderwand nur 14 cm x 14 cm groß aussägst, kannst du auch eine „Halbhöhle" bauen. Sie wird z. B. von Rotschwänzchen angenommen. Am besten hängst du die Halbhöhle unter einem Dachüberstand am Haus auf.

Was kannst du am Nistkasten beobachten?

— Welche Vogelarten zeigen „Interesse" an der Nisthöhle?
— Welche Vogelart zieht ein?
— Wie verhalten sich Männchen und Weibchen?
— Welches Nistmaterial wird eingetragen?
— Wie lange bauen die Vögel am Nest?
— Wie lange dauert das Brutgeschäft?
— Brüten Männchen und Weibchen?
— Wer füttert die Jungen und wie oft?
— Wann werden die Jungen flügge?
— Werden die Jungen noch nach Verlassen des Nestes von den Eltern gefüttert? Womit?
— Brüten die Vögel mehrmals im Jahr?
— Ist der Vogel ein Zug- oder ein Jahresvogel?

Notiere deine Beobachtungen und berichte!

3 Vögel als Spezialisten

Spechte – die Zimmerleute des Waldes

(Schülerbuch S. 142/143)

Aufgaben und Lösungen

① Fasse die besonderen Körpermerkmale der Spechte für das Leben auf Bäumen in kurzen Merksätzen zusammen.
- Kopf mit Meißelschnabel, weit vorstreckbare, klebrige Zunge zum Ergreifen der Insektenlarven.
  Hals mit starker Muskulatur, um kräftig mit dem Schnabel hacken zu können.
  Kurze Kletterfüße mit zwei nach vorn und zwei nach hinten gerichteten Zehen.
  Schwanzfedern mit kräftigen Kielen bilden den Stützschwanz.

② Welche Tierarten kennst du, die als „Nachmieter" für verlassene Spechthöhlen in Frage kommen?
- Die verschiedenen Spechtarten stellen unterschiedlich große Höhlen her. Durch Ausfaulen können die Höhlen größer werden.
  Schwarzspecht: Wildbienen, Hohltaube, Raufußkauz, Waldkauz, Gänsesäger, Schellente, Baummarder, Eichhörnchen und Fledermäuse.
  Buntspecht: Stare, Meisen und Kleiber, Siebenschläfer.
  Grünspecht: Wendehals. Oft auch Wiedehopf und Steinkauz.

③ An der Form des Klopfens kann man verschiedene Spechtarten erkennen. Wodurch unterscheiden sich die Trommelwirbel von Buntspecht und Schwarzspecht? (Vgl. die Abbildungen in der Randspalte.)
- Jede Spechtart trommelt ihr eigenes Signal. Der Trommelwirbel des Schwarzspechts dauert etwa drei- bis viermal so lang (2,1–2,7 Sekunden, 30–38 Anschläge) wie der des Buntspechts (0,6 Sekunden, 12–16 Anschläge). Das Trommeln klingt beim Schwarzspecht langsamer, dumpfer und über die ganze Länge gleich stark, während der Buntspecht hellere klingende Töne erzeugt, die am Schluß etwas leiser werden.

④ Vogelschützer schlagen vor, Naturwaldzellen von 0,5 bis 5 ha mit über 100-jährigen Altbäumen zu erhalten. Erkläre die Bedeutung dieser Naturwaldzellen für die Spechte und den Wald.
- Alle Spechte brauchen Stämme mit einem Mindestdurchmesser, um darin Höhlen zu zimmern. Insbesondere der etwa krähengroße Schwarzspecht baut sehr große Höhlen, die sich im Stamm bis in 55 bis 100 cm Tiefe erstrecken. Der Schwarzspecht braucht also besonders kräftige Stämme. Die Bäume werden jedoch in der Regel gefällt, bevor sie die maximale Dicke erreicht haben. So erreicht man eine schnellere Umtriebszeit, jüngere Bäume haben einen schnelleren Zuwachs als alte. Bei normalem Forstbetrieb findet der Schwarzspecht also kaum geeignete Bäume, um darin zu nisten.

Baumarten	natürliches Alter	Umtriebszeit
Rotbuche	250 Jahre	120–140 Jahre
Fichte	600 Jahre	80–120 Jahre
Kiefer	600 Jahre	100–120 Jahre
Lärche	600 Jahre	100–140 Jahre
Tanne	600 Jahre	90–130 Jahre

Zusatzaufgabe

① Buntspecht und Grünspecht unterscheiden sich in Körperbau und Verhalten, und sie ernähren sich auf verschiedene Weise. Lies im Buch nach und vergleiche in einer Tabelle.
- Buntspecht:
  kurzer Hackschnabel; Zunge kürzer als 10 cm; kommt selten zum Boden; Nahrungssuche auf Bäumen (holzbewohnende Insekten).
  Grünspecht:
  langer Stocherschnabel; Zunge länger als 10 cm; kommt häufig zum Boden; Nahrungssuche am Boden (Ameisen); Buntspecht und Grünspecht vermeiden so gegenseitige Konkurrenz.

Lösungen zum Arbeitsblatt

zu 1.: *Die Spechtzunge:* Sie verläuft in zwei Schlingen um den Kopf und kann weit aus dem Schnabel herausgestreckt werden. Sie dient als Tastwerkzeug in den Insektengängen und als Fangwerkzeug.

zu 2.: *Der Meißelschnabel:* Er ist kräftig und hat eine scharfe Spitze. Mit ihm trommelt der Specht. Er zimmert damit seine Höhle. Er hämmert Löcher in die Baumrinde auf der Suche nach Käferlarven.

zu 3.: *Der Kletterfuß:* Zwei Zehen sind nach vorn und zwei nach hinten gerichtet. Eine davon ist die Wendezehe. Die Zehen können gespreizt werden und haben nach unten gebogene, feste Krallen. Die Kletterfüße geben dem Specht Halt, vergleichbar den Steigeisen der Telegrafenarbeiter.

zu 4.: *Der Stützschwanz:* Er besteht aus festen, nach unten zugespitzten, elastischen Federn. Sie stützen den Specht beim Klettern ab.

Medien

Filme
- FWU Zimmerleute des Waldes (20 min, sw)
- FWU Spechte – Brutbiologie (5 min, f)
- FWU Spechte – Nahrungsaufnahme (5 min, f)
- FWU Einheimische Spechte (19 min, f)

Dias
- FWU Spechte (20 Dias, 1 sw, 19 f)
- CVK 1A 11356 davon Dia 114: Vergleich Specht und Waldarbeiter

Arbeitstransparente
- Jünger 7206 Das Leben im Walde, Folie Nr. 7: Buntspecht

Schallplatten
- Graul-Schallplatte Nr. 742: Die Sprache der Spechte, DBV-Verlag, Postfach 1367, 7014 Kornwestheim

Anpassungen des Buntspechts an das Baumleben

1. Benenne und beschreibe die Anpassungen des Buntspechts unter den angegebenen Ziffern und erkläre ihre Aufgaben.

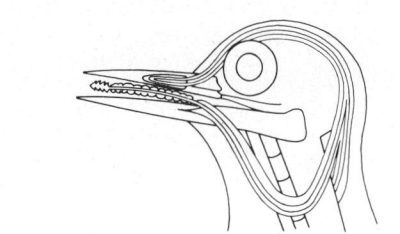

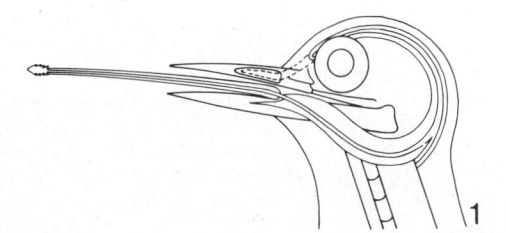

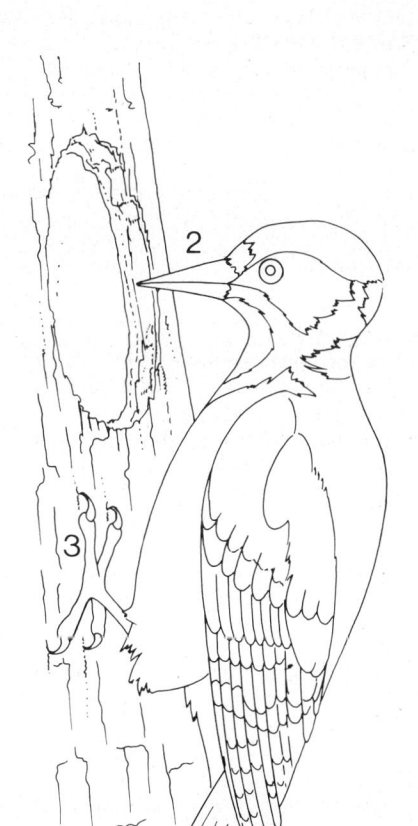

1 _____
_____
_____
_____
_____
_____

2 _____
_____
_____
_____
_____
_____

3 _____
_____
_____
_____
_____
_____

4 _____
_____
_____
_____
_____
_____

Die Stockente – ein typischer Schwimmvogel

(Schülerbuch S. 144)

Zusatzaufgaben

① Die Stockente taucht nur mit dem Hals und Kopf unter, wobei der Schwanz nach oben zeigt. Warum ist es für die Stockente schwierig, vollständig unterzutauchen, während die Reiherente dagegen gut tauchen kann?

– *Die Luftfüllung im Federkleid ist hinderlich. Stockenten „gründeln", während eine Reiherente ohne weiteres 3 – 6 m tief tauchen kann. Allerdings preßt sie vor dem Tauchen die Federn eng an den Körper und verliert dadurch viel Luft. Die Stockente kann die Federn nur in sehr unvollkommener Weise an den Körper pressen.*

② Für welche Jungtiere ist die Prägung auf die Eltern wichtiger: Nestflüchter oder Nesthocker?

– *Eine Prägung auf die Eltern ist für Nestflüchter lebenswichtig, weil sie bei der Futtersuche im Gelände verlorengehen können. Den Nesthockern dagegen bringen die Eltern Futter ans Nest.*

99 ———————————— Zusatzinformation

An einem Stopfpräparat der Stockente kann man oft schon durch Befühlen erkennen, daß das Gefieder eingefettet ist. Wasser kann also nicht bis an die Haut des Schwimmvogels gelangen. Die Lufthülle isoliert gegen Kälte und erleichtert das Schwimmen. Enten können sogar auf dem Wasser schwimmend schlafen. Von frisch gesammelten Entenfedern perlt das Wasser ab, wenn man sie eingetaucht hat. Sobald das Wasser jedoch Spül- oder Waschmittel enthält, werden die Federn naß, saugen sich mit Wasser voll, und die Ente droht unterzugehen. Mit Spül- und Waschmitteln verunreinigtes Wasser ist also nicht ungefährlich. Am schlimmsten ist jedoch eine Ölpest für die Wasservögel. Das Öl klebt auf dem Gefieder, die Vögel beginnen, sich pausenlos zu putzen. Bei ungeordnetem Gefieder beginnen die Vögel nämlich zu frieren. Die Gefiederpflege ist angeboren und für die Vögel lebensnotwendig. Die sich putzenden Vögel bekommen Öl in die Nasenlöcher und Atemwege, Öl wird auch verschluckt und verursacht Verdauungsstörungen. Dies führt schließlich zum qualvollen Tod der Tiere.

Der Entenschnabel trägt viele *Geschmacksknospen,* so daß Eßbares auch im Schlamm und im trüben Wasser erkannt wird. An einem Schädelpräparat der Ente erkennt man sehr gut die Austrittsöffnungen der Nervenfasern, die zu den Geschmacksknospen führen. Die *Lamellen* des Schnabelrandes werden jedoch von der Hornscheide des Schnabels gebildet, die sich bei der Präparation ablöst. Deshalb sind sie am Schädel nicht zu erkennen. Die Lamellen erkennt man jedoch am Stopfpräparat der Ente recht gut.

Beim Flug heben sich *Schwimmenten* mit wenigen Flügelschlägen aus dem Wasser, während Tauchenten, Taucher, Schwäne, Teich- und Bläßrallen erst mit den Schwimmfüßen Anlauf nehmen. Diese Unterschiede können Schüler leicht beobachten. Beim Landen gleiten jedoch alle Wasservögel beim Auftreffen auf die Oberfläche wie ein Wasserskifahrer.

Die frisch geschlüpften Küken der Enten, Gänse und Schwäne sind Nestflüchter. Die Problematik Nesthocker – Nestflüchter kann hier noch einmal wiederholend (vgl. Haushuhn und Amsel) behandelt werden. Das „Mutterschema" ist nicht angeboren, sondern wird durch „Prägung" wenige Stunden nach dem Schlupf gelernt und über das ganze Leben nicht mehr vergessen. Dabei ist der artgemäße Lockruf wichtiger als die optischen Merkmale der „Mutter".

———————————— 99

Lösungen zum Arbeitsblatt

zu 1.: Die kahnförmige Körpergestalt bewirkt eine stabile Lage im Wasser. Das Gefieder ist wasserabstoßend. Der Körper wird durch seine Fettschicht und die im Gefieder enthaltene Luft vor Auskühlung geschützt.

zu 2.: Der Seihschnabel filtert mit seinen Hornlamellen die Nahrungsteilchen aus dem Wasser.

zu 3.: Die Schwimmfüße besitzen Schwimmhäute zwischen den Zehen. Beim Rückschlag werden sie ausgespannt. Beim Vorziehen bleiben sie zwischen den Zehen eingefaltet.

zu 4.: Stockenten sind Bodenbrüter. Das Tarnkleid schützt das Weibchen beim Brüten vor der Entdeckung durch Feinde. Die Jungen sind Nestflüchter.

Medien

Unterrichtsmaterialien

– Stopfpräparate von Stockentenerpel, Stockente, weitere Schwimm- und Tauchenten, Bläßralle, Teichhuhn
– Schädelpräparat der Stockente
– Schaukasten Schnabeltypen (Schlüter Nr. 734, Phywe Nr. 71596.00)
– Schaukasten Fußformen (Schlüter Nr. 735, Phywe Nr. 71591.00)

Filme

– FWU Die Stockente: Lebensraum, Artkennzeichen Fortbewegung (4 min, f)
– FWU Die Stockente: Flug, Gefiederpflege, Nahrungsaufnahme (5 min, f)
– FWU Die Stockente: Paarbindung (5 min, f)
– FWU Die Stockente: Fortpflanzungsverhalten im Frühjahr (3 min, f)
– FWU Die Stockente: Schlupf von Entenküken (3,5 min, f)
– FWU Die Stockente: Heranwachsen der Jungtiere (5,5 min, f)
– FWU Der See als Lebensraum für Vögel (16 min, f)
– FWU Prägung bei Entenküken – Nachfolgereaktion (17 min, sw)

Dias

– FWU Vögel an offenen Gewässern (14 Dias, f)
– FWU Wildenten und Wildgänse (16 Dias, f)
– FWU Die Stockente (23 Dias, f)
– FWU Leben in der Seeuferzone (Litoral) (14 Dias, f)

Arbeitstransparente

– Jünger 7322 Die Stockente ist ein Wasservogel

Die Stockente – ein Wasservogel

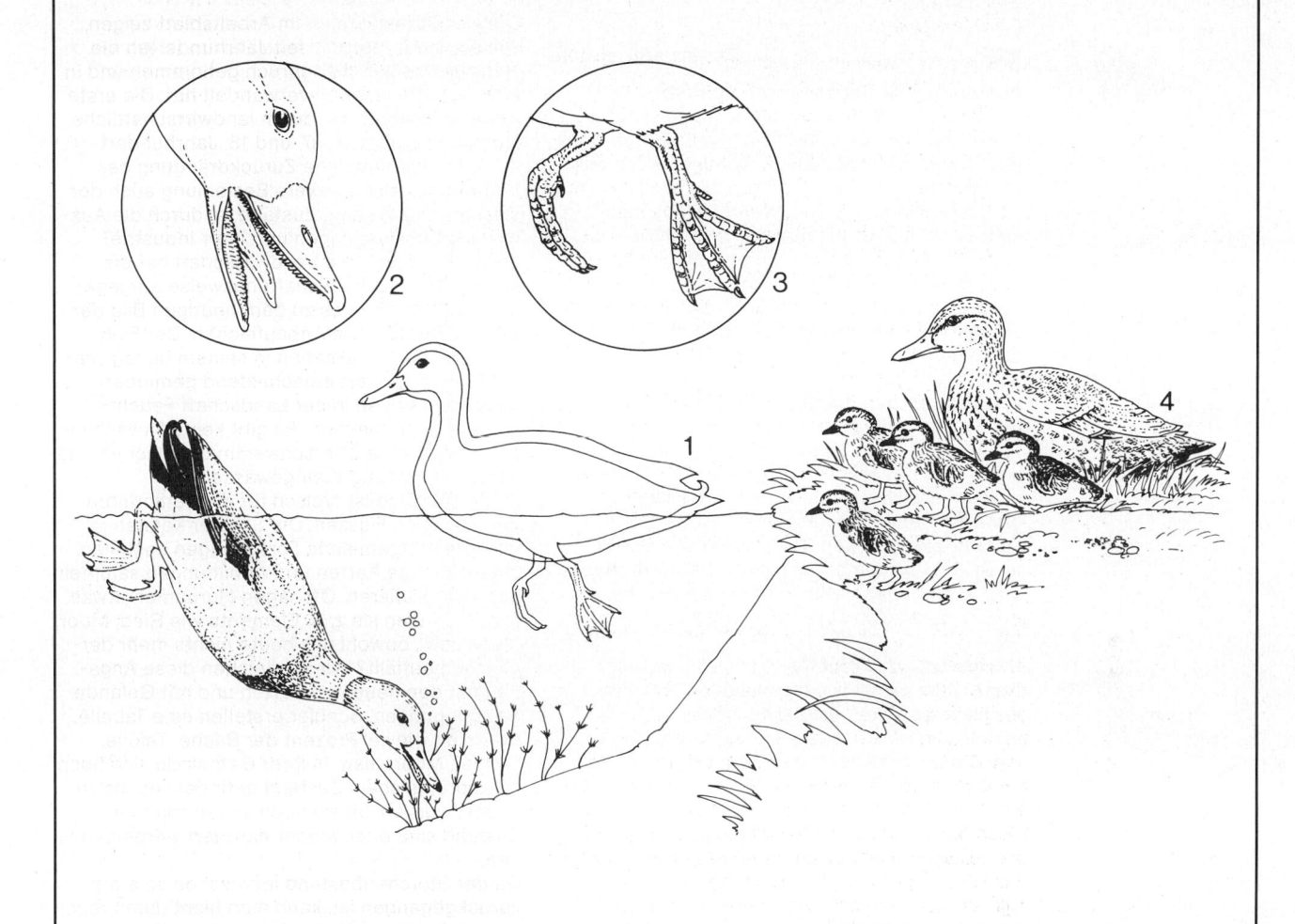

1. Erkläre die Anpassungen der Stockente unter den zugehörigen Ziffern.

1 Die kahnförmige Körpergestalt _____
_____
_____

2 Der Seihschnabel _____
_____
_____

3 Die Schwimmfüße _____
_____
_____

4 Stockenten sind Bodenbrüter: _____
_____

© Als Kopiervorlage freigegeben. Ernst Klett Schulbuchverlag, Stuttgart 1993

Watvögel leben im Grenzgebiet zwischen Wasser und Land

(Schülerbuch S. 146)

❝ ──────────── **Zusatzinformation**

Austernfischer fischen keine Austern
Der Austernfischer hat einen nicht ganz zutreffenden Namen. Er ernährt sich keineswegs überwiegend von Muscheln, sondern von Insekten, Würmern, kleinen Krebsen, die er vor allem bei Niedrigwasser findet. Wenn es Muscheln sind, dann sind es nicht Austern sondern Platt- und Miesmuscheln. Sein hoher, seitlich abgeplatteter Schnabel ist dazu das geeignete Werkzeug. Er zwängt ihn in den Spalt zwischen die beiden Muschelschalen und bricht die Muschel durch eine Drehung des Schnabels auf.

„Fußtrillern" des Kiebitz
Beobachtet man einen Kiebitz bei der Nahrungssuche, so fällt eine eigenartige Verhaltensweise auf. Der Kiebitz setzt einen Fuß etwas vor und versetzt ihn in eine zitternde Bewegung, ohne die Zehen vom Boden zu heben. Dann stößt er plötzlich den Schnabel in den Boden und zieht fast immer ein kleines Beutetier heraus. Auch Regenpfeifer zeigen beim Beuteerwerb eine solche Verhaltensweise.

Nachgelege des Kiebitz
Der Kiebitz brütet wie die meisten Limikolen normalerweise nur einmal im Jahr.
Viele Gelege gehen aber verloren, weil z. B. in den Niederlanden Kiebitzeier gesammelt und verkauft werden, weil Menschen und Krähen die Gelege zerstören. Dann kommt es meist schon zwölf Tage nach dem Verlust des ersten Geleges zu einem Nachgelege, manchmal sogar zu mehreren.

Himmelsziege
Die Bekassine war in Mitteleuropa überall verbreitet, heute wird ihr Lebensraum infolge der Flußbegradigungen und Senkung des Grundwasserspiegels zunehmend zerstört. Dabei ist sie einer der seltenen Vögel, die Laute nicht mit dem Kehlkopf sondern mit den Federn erzeugen. Ein Männchen fliegt z. B. in der Balz in Kreisbögen und führt wiederholt kurze Sturzflüge aus, wobei der Vogel die Flügel und vor allem die äußeren Schwanzfedern auffällig spreizt.
Das verursacht beim Sturzflug ein Geräusch, das wie das Meckern einer Ziege klingt, so daß die Bekassine den Spitznamen Himmelsziege erhielt.

Watvögel in aller Welt
Die Limikolen oder Watvögel sind mit 203 Arten von der Arktis über die Tropen bis zur Antarktis in allen Klimazonen anzutreffen, überwiegend in feuchten Regionen. In Europa brüten regelmäßig die Vertreter von 7 der 12 bekannten Familien: Austernfischer, Regenpfeifer, Schnepfen, Säbelschnäbler, Wassertreter, Triele, Brachschwalben. Der Große Brachvogel ist mit einer Länge von 57 cm (Schnabel – Schwanzspitze) der größte, der Temminck-Strandläufer mit 14 cm der kleinste Watvogel. Fast alle Limikolen sind Bodenbrüter mit einfachen Nestern aus Zweigen, Stengeln, Blättern oder Muschelschalen. Die Jungvögel sind Nestflüchter. Watvögel sind Zugvögel und überwinden als hervorragende Flieger riesige Entfernungen bis nach Afrika, Asien, Neuseeland und Australien.

─────────────── ❞

Ohne Feuchtgebiete kann der Storch nicht überleben

(Schülerbuch S. 147)

Die vier Darstellungen im Arbeitsblatt zeigen, wie stark der Mensch seit Jahrhunderten die Naturlandschaft in Anspruch genommen und in eine Kulturlandschaft verwandelt hat. Die erste Kulturlandschaft war durch landwirtschaftliche Nutzung geprägt. Im 17. und 18. Jahrhundert erfolgte die deutliche Zurückdrängung des Waldes und eine stärkere Besiedlung auch der Talauen. Der heutige Zustand ist durch die Ausuferung der Siedlungen und ihrer Industriegebiete geprägt. Die Landwirtschaft hat die kleinräumige Bewirtschaftungsweise aufgegeben, dadurch kam es zu dem heutigen Bild der großen, monotonen Anbauflächen. Der Fluß wurde durch Kanalisation in seinem biologisch-ökologischen Wert entscheidend gemindert. Insgesamt haben in der Landschaft Feuchtgebiete abgenommen: Es gibt keine Flußschlingen mehr, keine Überschwemmungsflächen und keine Tümpel und Kleingewässer.
Diese Bildfolge ist typisch für die Veränderungen an vielen Flüssen. Die Schüler können in ihrer Heimatgemeinde Forschungen anstellen, indem sie alte Karten und Abbildungen sammeln und interpretieren. Oft sagen Flurnamen etwas aus. Enthalten sie z. B. Elemente wie Ried, Moor, Moos usw., obwohl uns heute nichts mehr dergleichen auffällt? Wir vergleichen diese Angaben mit den neuesten Karten und mit Geländebesichtigungen. Schüler erstellen eine Tabelle, die zeigt, wieviel Prozent der Bäche, Teiche, Weiher, Moore usw. in ihrer Gemeinde sich noch in ursprünglichem Zustand befinden, ob sie verändert wurden, ob sie noch in naturnahem Zustand sind oder wieder naturiert werden können.
Da der Storchenbestand inzwischen so stark zurückgegangen ist, kann man nicht damit rechnen, daß sich durch die Renaturierung von Feuchtgebieten sofort wieder Störche ansiedeln. Sie müssen sich erst einmal wieder vermehren, um verloren gegangene Brutgebiete neu zu besiedeln. Dagegen haben andere Arten Vorteile davon. Dies sind auf jeden Fall die Amphibien. In den vergangenen Jahren hat auch der Graureiher wieder zugenommen, er profitiert von der Renaturierung unserer Feuchtgebiete. Außerdem macht sich bemerkbar, daß der Graureiher nicht mehr bejagt wird.

Lösungen zum Arbeitsblatt
zu 1.: Naturlandschaft:
Die Anwesenheit von Menschen in der Flußaue ist nur an einigen Pfaden im Wald oder an Feuerstellen zu erkennen.
zu 2.: erste Kulturlandschaft:
Die Menschen siedeln verstreut auch in der Flußaue. Dazu haben sie den Wald teilweise gerodet.
zu 3.: Im 17. und 18. Jahrhundert:
Durch Bevölkerungsvermehrung hat die Besiedlungsdichte zugenommen. Mehr Wald wurde gerodet. Eine Brücke überspannt den Fluß – ein Zeichen für zunehmenden Verkehr.
zu 4.: heute:
Die Siedlungen mit ihren Industriegebieten sind sehr stark ausgeufert und durch ein Straßennetz verbunden. Der Fluß wurde kanalisiert. Große Felder kennzeichnen die moderne Landwirtschaft mit ihren Monokulturen.

Die Geschichte eines Flußtales – von der Natur zur heutigen Kulturlandschaft

1. Beschreibe an den Bildern die Entwicklungszustände des Flußtales.

Naturlandschaft: _____

erste Kulturlandschaft: _____

im 17. und 18. Jahrhundert: _____

heute: _____

2. Wie wirken sich die Kulturlandschaft im 19. Jahrhundert und heute auf Pflanzen und Tiere aus?

Das Storchenspiel: Spielregeln

Zahl der Spieler: am besten 3 bis 5.

Ihr benötigt: einen Spielstein je Spieler, einen Würfel.

Es gewinnt, wer zuerst Ziel 1 oder Ziel 2 erreicht.
Dabei muß das Ziel durch die gewürfelte Punktzahl genau (!) erreicht werden.
Das gleiche gilt vorher für das Feld Nummer 6, den Sammelplatz.

Beginn des Spiels:
Es wird festgelegt, wer mit dem Würfeln anfängt, z. B. der Jüngste.
Nun hat jeder reihum einen Wurf.
Bei einer „6" wird der Spielstein auf „Start" gesetzt.
Der Storch ist geboren.
In der nächsten Runde darf dieser Stein entsprechend den jeweils gewürfelten Punkten gezogen werden.

(1) Der junge Storch wird beringt. Das Nest wird bewacht.
    2 Felder vorrücken.

(2) Das Nest liegt nahe an einem offenen Schornstein und an Leitungsdrähten.
    5 Felder zurück.

(3) Im Futter befinden sich Giftstoffe, der Jungstorch kommt um.
    Neubeginn mit einer gewürfelten 6.

(4) Ein neu angelegtes Feuchtgebiet und Nisthilfen verbessern die Überlebenschancen.
    Noch 1 x würfeln.

(5) Durch Flußbegradigung gehen Feuchtwiesen verloren. Zu wenig Futter bringt einen Entwicklungsrückstand.
    1 x mit Würfeln aussetzen.

(6) Dieses Feld muß genau (!) erreicht werden. Der nächste Wurf entscheidet über den weiteren Zugweg.
    Bei einer ungeraden Punktzahl (1, 3 oder 5) wirst du zum „Weststorch" und mußt zum „Ziel 1".
    Bei 2, 4 oder 6 bist du ein „Oststorch" und fliegst zum „Ziel 2".

(7) Günstige Aufwinde über Kleinasien beschleunigen den Flug.
    3 Felder vorrücken.

(8) An einem nahrungsreichen Rastplatz erholen sich die Störche gut.
    Noch 1 x würfeln.

(9) Der Storch wird von Jägern verletzt. Er kann als „Pfeilstorch" nur noch sehr langsam fliegen.
    Du darfst nur weiterrücken, wenn du eine „1" würfelst.

(10) Der Storch verfehlt beim ersten Anflug die Meerenge von Gibraltar.
    1 x aussetzen.

(11) Durch einen Sturm wird der Storch über die Sahara abgetrieben.
    3 Felder zurück.

© Als Kopiervorlage freigegeben. Ernst Klett Schulbuchverlag, Stuttgart 1993

Start

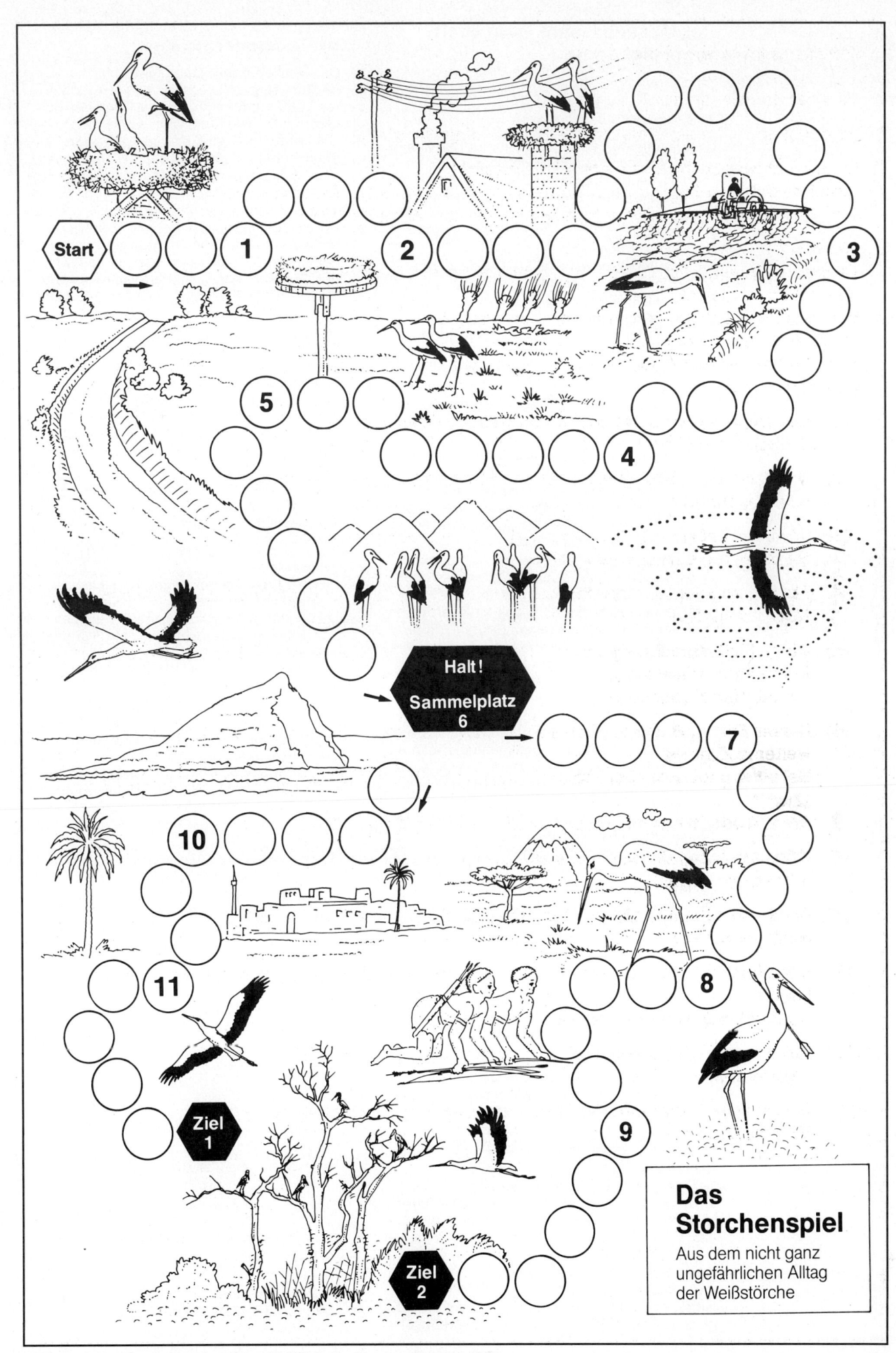

1 2 3
5 4
Halt! Sammelplatz 6
7
10
11 8
Ziel 1
9
Ziel 2

Das Storchenspiel
Aus dem nicht ganz ungefährlichen Alltag der Weißstörche

© Als Kopiervorlage freigegeben. Ernst Klett Schulbuchverlag, Stuttgart 1993

Der Mäusebussard – ein Greifvogel jagt

(Schülerbuch S. 148)

Aufgaben und Lösungen

① Gib anhand der Flugbilder in der Randspalte an, wie man die abgebildeten vier Greifvogelarten im Flug unterscheiden kann.
- *Mäusebussard: breite, rechteckige Flügel; kurzer, breiter Schwanz.*
  Habicht: kurze, gerundete Flügel; langer, schmaler Schwanz.
  Turmfalke: spitze, schmale Flügel; langer schmaler Schwanz.
  Rotmilan: lange, schmale Flügel; tief gegabelter Schwanz mit roter Unterseite.

Zusatzaufgaben

① Unter den Greifvögeln kennt man verschiedene Arten mit ähnlichen Jagdmethoden. Lies die Texte auf S. 148/149 durch und ordne die Arten den folgenden Begriffen zu:
a) *Gleitstoßgreifer:* Große Vögel mit Flügeln, die eine beträchtliche Fläche aufweisen. Die Greife segeln und kreisen gern hoch am Himmel *(Spähflug)* über freiem Gelände. Allerdings brauchen sie auch Möglichkeiten, um vom Ansitz aus Beute zu suchen. Sie ergreifen sie im Gleitflug.
b) *Pirsch-* und *Stoßfluggreifer:* Mittelgroße Vögel mit kurzen, gerundeten Flügeln und langem Schwanz, sie bewohnen Wald- und Buschlandschaften. Diese Greifvögel zeigen einen schnellen, wendigen Beuteflug über kurzen Strecken zwischen den Bäumen, am Waldrand oder an Hecken entlang.
c) *Stoßfluggreifer:* Relativ kleine, wendige Vögel mit schmalen, spitzen Flügeln und langem Schwanz. Sie bewohnen offene Landschaften und brauchen einen weiten Überblick (hoher Ansitz). Der Spähflug erfolgt mit raschem Flügelschlag. Die Beute wird nach rasantem Sturzflug (bei angelegten Flügeln) ergriffen.
- *zu a): Mäusebussard, Rotmilan, Schwarzmilan, Steinadler (und Weihen)*
  zu b): Habicht und Sperber
  zu c): Wanderfalke, Turmfalke

② In strengen Wintern mit geschlossener Schneedecke im ganzen Land sind die Bussarde existenzgefährdet. Du kennst die Winterfütterung für Kleinvögel und was man dazu braucht. Was müßte man für die Winterfütterung des Bussards beschaffen, und wie könnte eine erfolgreiche Winterfütterung für diese Vögel aussehen?
- *Bussarde nehmen auch Aas. Somit kann man ihnen Schlachthausabfälle anbieten: man richtet einen „Luderplatz" ein. Allerdings ist es günstig, größere Stücke, die nicht auf einmal verzehrt werden können, anzuketten. Sonst werden sie leicht von Füchsen oder Hunden verschleppt. (Zu einer weiteren Fütterungsmethode s. Aufg. 4, Schleiereule).*

Anmerkung:

Der regulierende Einfluß von Greifvögeln und Eulen auf sich rasch vermehrende Kleinsäuger ist in der Schule lange Zeit zu sehr betont worden. In der Tat ist es umgekehrt: Die Kleinsäuger regulieren den Bestand an Greifvögeln und Eulen. Bei gutem Nahrungsangebot ziehen sie mehr Nachkommen auf, in schlechten Mäusejahren ist der Bruterfolg gering bzw. die Brut fällt ganz aus (vgl. S. 152 im Lehrerband und Schülerbuch).

Mäusebussarde an Straßen

Der Mäusebussard jagt hauptsächlich in der deckungsarmen Landschaft, in ausgedehnten Waldgebieten fehlt er. Der Flug des Bussards ist langsam und wirkt schwerfällig. Dem Autofahrer sind die am Rande von Schnellstraßen auf Wildschutzzäunen oder Pfählen sitzenden Greifvögel eine vertraute Erscheinung. Die Hauptbeutetiere von Bussard und Turmfalke – die Feldmäuse – halten sich in großer Zahl an den Rändern und Mittelstreifen auf. Hier werden sie von keiner landwirtschaftlichen Tätigkeit gestört; das Gras wird kurz gehalten. Daher sind die Mäuse für die Greifvögel leicht zu entdecken. Sie nehmen auch überfahrene Tiere. Ferner werden die Mittelstreifen und Straßenränder im Winter durch die Verwendung von Streusalz und die Wärmerückstrahlung rasch schneefrei. Kein Wunder also, daß für Mäusebussard und Turmfalke die Schnellstraßen besonders anziehend wirken. Andererseits wird dadurch den Autofahrern der Eindruck vermittelt, es gebe insgesamt sehr viele Greifvögel.

Lösungen zum Arbeitsblatt

zu 1.: Keilförmiger Kopf – Kopf rund, Gesichtsschleier
Kräftiger Hakenschnabel – kleiner Hakenschnabel

zu 2.: Hartes Gefieder – weiches Gefieder
Pfeifende Geräusche im Flug – geräuschloser Flug
3 Zehen vorn, 1 hinten – 2 nach vorn, 2 nach hinten

zu 3.: Er jagt bei Tag – sie jagt in der Dämmerung oder bei Nacht. Er jagt im Spähflug oder vom Ansitz aus. Sie jagt nur vom Ansitz aus
Er orientiert sich mit den Augen – sie orientiert sich mit den Augen, greift die Beute nach Gehör

zu 4.: Er zerkleinert die Beute – sie verschlingt das Tier ganz

zu 5.: Gewölle fast ohne Knochen – Gewölle mit kleinsten Knochen

zu 6.: Er baut einen Horst – sie hat nur einen Schlupfwinkel, kein Nest.
Er hat 1 Brut pro Jahr (2–3 Eier) – sie hat bei optimaler Nahrung 2. Brut (bis 12 Eier).

Medien

Unterrichtsmaterialien
- Schaukasten: Greifvogel- und Eulengewölle, Schlüter Nr. 736

Filme
- FWU Der Mäusebussard (18 min, f)
- FWU Der Mäusebussard – ein Greifvogel (5 min, f)
- FWU Schützt die Greifvögel (14 min, f)
- Jünger 3293 Schwarzer Milan (ca. 5 min, f)

Dias
- FWU Einheimische Greifvögel (18 Dias, f)
- V-Dia 22115 Greifvögel (18 Dias, f)

Arbeitstransparente
- Siemers AT 66: Greifvögel

Vergleich von Mäusebussard und Schleiereule

Fülle die nachfolgende Tabelle aus.

	Mäusebussard	Schleiereule
1. Kopf, Schnabel		
2. Gefieder, Geräusche beim Flug, Füße		
3. Jagdzeit, Jagdverhalten, Orientierung		
4. Fressen der Beute		
5. Knochen in den Gewöllen		
6. Nest, Zahl der Jungen		

Die Schleiereule – lautloser Jäger in der Nacht

(Schülerbuch S. 150)

Zusatzaufgaben

① Schleiereulen finden kaum noch Nistplätze. Die Einflugfenster vieler Häuser und Türme wurden dicht verschlossen, weil die Hausbesitzer keine „Untermieter" wollen. Wie kann man den Eulen helfen?
- *Wenn man mit den Hausbesitzern verhandelt, darf man vielleicht einen Nistkasten anbringen, der sich im übrigen auch für Turmfalken oder Dohlen eignet. Dadurch erhalten die Vögel Gelegenheit zum Brüten. Andererseits können sie nicht weiter in das Dachgeschoß eindringen und verursachen keine Verschmutzung. Der Bruterfolg läßt sich bei einem Nistkasten leicht kontrollieren.*

② Wie kommt es, daß im Eulenkasten Eier und verschieden weit entwickelte Junge gleichzeitig zusammen sind?
- *Gleich nachdem das erste Ei gelegt ist, beginnt das Weibchen zu brüten. Die ausgeschlüpften Jungen sind daher verschieden alt bzw. die vorhandenen Eier werden weiter bebrütet. (Die Abbildung auf der Randspalte zeigt, daß dies bei Singvögeln anders ist.) Das Männchen der Schleiereule ist allein für die Nahrungsbeschaffung zuständig. Gute Versorgung führt dazu, daß das Weibchen zahlreiche Eier legt und sogar zum zweiten Mal brütet. Schlechte Nahrungsbedingungen führen zu einer verkürzten Brut.*

③ Werte die Tabelle auf S. 131 aus. Was ist wohl der Grund dafür, daß Schleiereulen einen so hohen Anteil an Spitzmäusen unter ihren Beutetieren haben?
- *Schleiereulen leben in der Nähe des Menschen, sie sind Kulturfolger. Haus-, Feld- und Gartenspitzmaus halten sich in der Nähe des Menschen auf, kommen im Winter oft in die Gebäude und sind überwiegend nachtaktiv. Eulen hören das Piepsen der Spitzmäuse.*

④ Im Winter verhungern viele Schleiereulen, weil sie bei geschlossener Schneedecke keine Mäuse erbeuten können. Wie könnte man für die Eulen eine Futterstelle einrichten?
- *Eulen nehmen nur lebende Tiere als Beute an. Recht einfach ist es, an einer geschützten Stelle in der Nähe einer Hecke oder am Waldrand mit Schaufel und Besen eine größere Fläche vom Schnee zu befreien. Man streut Getreide oder Mühlenabfälle aus und bedeckt die Fläche mit Stroh oder Laub. Die Mäuse werden durch das Körnerfutter angelockt, und die Eulen erkennen am Rascheln im Stroh bzw. Laub, daß Mäuse anwesend sind. Tagsüber können auch Turmfalken oder Bussarde dort Mäuse erbeuten.*

---

99 ──────────── Zusatzinformation 1

Nur wenige Schüler haben bereits eine Eule gesehen, denn tagsüber halten sich diese versteckt. Landläufig meint man, sie könnten nur nachts gut sehen und würden durch das helle Tageslicht geblendet. Sie können tagsüber sehr wohl fliegen. Eulen werden jedoch dann von Singvögeln sofort angegriffen, d.h. sie haben ein angeborenes Feindbild „Eule", das sie „hassen". Oft wird man durch das aufgeregte Fliegen und Schimpfen der Vögel erst aufmerksam und entdeckt dann den Kauz bzw. die Eule.

──────────── Zusatzinformation 2

Viele Vögel (z.B. Eulen, Greifvögel, Störche, Reiher, Möwen, Krähen und manche Singvögel) würgen unverdaute Reste ihrer Beutetiere nach kurzer Zeit wieder aus. Dies dient u.a. der Gewichtseinsparung beim Flug, d.h. nur die verdaulichen Reste werden an den Darm weitergegeben. Durch die Untersuchung der Speiballen *(Gewölle)* erhält man sehr genaue Nachweise über die Nahrungszusammensetzung der jeweiligen Vogelart. Die Gewölle sollten vor dem Einsatz in der Schule sterilisiert worden sein. Es ist zwar noch kein Fall bekannt geworden, daß Tollwut von Mäusen auf Eulen und auf den Menschen übergegangen wäre, aus grundsätzlichen hygienischen Überlegungen und um eventuellen Ekelgefühlen bei den Schülern vorzubeugen, ist die Sterilisation jedoch zu empfehlen.
Man darf Gewölle nicht mit Losungen der Raubtiere (Fuchs, Marder, Iltis, Wiesel) verwechseln. Diese sind fester, breiiger, erdiger als Gewölle, obwohl auch Haare und Federn enthalten sein können. Dann muß man zwischen *Eulengewöllen* und (Tag)*Greifvogelgewöllen* (von Bussard, Habicht, Sperber, Turmfalke) unterscheiden. Greifvogelgewölle enthalten kaum Knochen oder nur Bruchstücke, da die Taggreife ihre Beute zerschneiden und Knochen fast gänzlich verdauen können. Hornbestandteile (Hornscheide des Schnabels oder Krallen) werden dagegen nicht im Magen zersetzt. Bei den Eulen ist es umgekehrt: Die kleinsten Knochen sind erhalten, während Horn verdaut wird.

──────────── Zusatzinformation 3

Eulen und Greifvögel

Eulen und Greifvögel zeigen Ähnlichkeiten in Aussehen und Verhalten, sind jedoch nicht näher miteinander verwandt. Sie ergreifen z.B. ihre Beute mit den Füßen. Während Bussarde und Adler sie auch mit ihren kräftigen Füßen und Krallen töten (Grifftöter), sind Falken und Eulen „Griffhalter": Die Beute wird mit den Fängen gepackt und festgehalten. Getötet wird das Beutetier durch einen Biß in den Hinterkopf oder Nacken. Deshalb findet man in Eulengewöllen in der Regel keine unversehrten Schädelkapseln.

──────────── **99**

Lösungen zum Arbeitsblatt

Steckbrief 1: Steinkauz (Abb. f)
Steckbrief 2: Waldkauz (Abb. e)
Steckbrief 3: Uhu (Abb. b)
Steckbrief 4: Waldohreule (Abb. d)
Steckbrief 5: Schleiereule (Abb. a)
Steckbrief 6: Sumpfohreule (Abb. c)

Medien

Unterrichtsmaterialien
- Stopfpräparate von Eulen und Mäusen, Mäuseskelettpräparat, Eulengewölle, Präparierbesteck

Filme
- FWU Die Schleiereule (20 min, f)
- Jünger 3291 Die Schleiereule Teil 1 (5 min, f)
- Jünger 3292 Die Schleiereule Teil 2 (5 min, f)

Dias
- FWU Eulen (13 Dias, f)
- FWU Die Sumpfohreule (10 Dias, f)
- V-Dia 22116 Eulen (12 Dias, f)

Heimische Eulenarten

1. Diese Übersicht stellt einige Eulenarten mit kurzen Steckbriefen vor. Leider sind die Abbildungen und die Steckbriefe durcheinander geraten. Schlagt in Bestimmungsbüchern nach, benennt die Eulenarten und ordnet die Steckbriefe richtig zu.

Steckbrief 1
Länge = 22 cm, Gewicht = 155 – 200 g. Kennzeichen: kurzschwänzige, kleine Eule mit niedriger Stirn. Lebensraum: offene, wiesenreiche Landschaft mit einem ausreichenden Angebot an Höhlen (Kopfweiden, Scheunen) und Tagesruheplätzen. Aktivität: abendliche Hauptaktivität in der Dämmerung, auch nachts und tagsüber. Jagdweise: Ansitzjagd und niedriger Suchflug. Beute: Feldmäuse, Insekten, auch Vögel.

Steckbrief 2
Länge = ♂ 40 cm, ♀ 42 cm; Gewicht = ♂ 300 – 550 g, ♀ 350 – 700 g. Kennzeichen: gedrungen, runder Kopf ohne Federohren. Reviergesang: huuu-hu-uuuuu. Lebensraum: lichte Laub- und Mischwälder, Parkanlagen. Bevorzugt Baumhöhlen, auch Höhlen in Gebäuden. Aktivität: Dämmerung, nachts. Jagdweise: Wartenjäger, Jagd im Suchflug (z. B. nach fliegenden Vögeln). Beute: hauptsächlich Wühlmäuse, auch Vögel und Amphibien.

Steckbrief 3
Länge = ♂ 63 – 68 cm, ♀ 67 – 73 cm; Gewicht = ♂ 2 – 2,5 kg, ♀ 2,5 – 3,2 kg. Kennzeichen: Größte einheimische Eule mit Federohren. Stimme: Männchen singt monoton gereiht buho oder uuo, Weibchen singt rauher, höher u-hu oder u-ju. Lebensraum: ausgedehnte Wälder und zerklüftete Gebirgslandschaften. Aktivität: Dämmerung und Nacht. Jagdweise: Kombinierte Pirsch- und Ansitzjagd. Beutetiere werden im Schlaf oder in einer frühen Fluchtphase überrascht. Beute: Säugetiere bis zur Größe von Hasen, Vögel vom Sperling bis zum Mäusebussard, auch Reptilien, Amphibien und Insekten.

Steckbrief 4
Länge = 36 cm, Gewicht = 270 – 350 g. Kennzeichen: häufige, mittelgroße, schlanke, bräunliche Eule mit langen Federohren. Stimme: Männchen leise monoton gereihtes huh, Weibchen leise üüüa. Lebensraum: Feldgehölze oder Baumgruppen, jagt vorwiegend in offenem Gelände. Aktivität: Dämmerung und Nacht. Jagdweise: Selten in der Ansitzjagd, überwiegend durch Flugjagd, wobei der Beutestoß im Gleitflug erfolgt. Beute: Feldmäuse können 70 – 90 % der Beute ausmachen, dazu kommen noch andere Kleinnager und Insekten. In feldmausarmen Jahren stellen Singvögel die Ersatznahrung dar.

Steckbrief 5
Länge = 34 cm, Gewicht = 300 – 350 g. Kennzeichen: häufige, helle Eule mit herzförmigem Gesichtsschleier. Lebensraum: tiefergelegene, waldarme Siedlungsgebiete. Brutplätze in störungsfreien Kirchtürmen, Scheunen, Ruinen und Taubenschlägen. Aktivität: nachts. Jagdweise: Ansitzjagd oder lautloser Suchflug mit niedrigen Gleitstrecken. Die Beute wird akustisch geortet oder auch in Sichtjagd bei geringen Lichtmengen. Beute: hauptsächlich Feldmäuse, aber auch Ratten, Maulwürfe und Kleinvögel.

Steckbrief 6
Länge = 45 cm, Gewicht = 300 – 450 g. Kennzeichen: Seltener Brutvogel, häufiger Wintergast. Aussehen ähnlich der Waldohreule, aber nur kleine Federohren, die beim erregten Vogel zu erkennen sind. Stimme: Reviergesang Männchen leicht ansteigendes bu bu bu … in Imponierflügen oder im Sitzen. Lebensraum: Offene Landschaften mit niedriger, deckungsreicher Vegetation (Tundra, Moore). Aufzucht der Jungen in einer Mulde. Aktivität: außerhalb der Brut vorwiegend dämmerungsaktiv, bei Nahrungsknappheit und in der Balz auch tagaktiv. Jagdweise: Meist in Flugjagd (niedriger Suchflug, Rüttelflug). Ansitzjagd von etwas erhöhten Stellen. Beute: Hauptnahrung Wühlmäuse, Ausweichnahrung andere Kleinsäuger oder Vögel.

Das biologische Gleichgewicht

(Schülerbuch S. 152)

Aufgaben und Lösungen

① Baue ein Mobile als vereinfachtes Modell des biologischen Gleichgewichtes mit sechs Waldmäusen und einem Waldkauz. Bringe das Mobile in ein Gleichgewicht.

② Vergleiche dein selbstgebautes Mobile mit dem der Abbildung. Welche natürlichen Verhältnisse werden im abgebildeten Mobile besser wiedergegeben?
– Das Mobile zeigt zahlreiche Nahrungsbeziehungen, wie sie im Nahrungsnetz eines Ökosystems vorliegen. Das Gleichgewicht wird durch viele Beziehungen ausgependelt. Eine kleine Störung kann durch das System aufgefangen werden, ohne daß es total aus dem Gleichgewicht kommt.

Tafelbild

Das biologische Gleichgewicht: Feldmaus und Bussard
(vgl. S. 97 und S. 148)

A In günstigen Jahren mit trockenen, nahrungsreichen Sommern kann es zu einer Massenvermehrung der Feldmäuse kommen.

B Dann sind auch die Gelege der Bussarde größer, die Reviere der Paare kleiner.

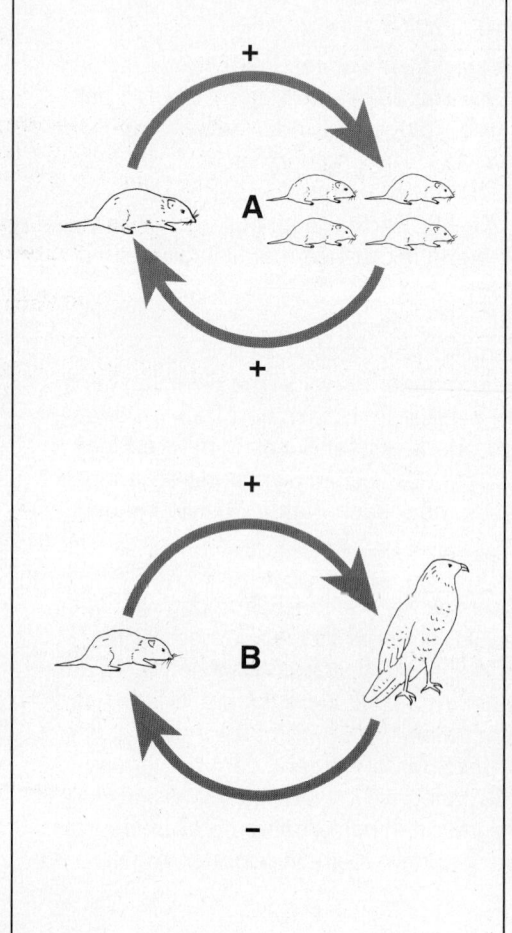

---

99 ──────────── Zusatzinformation

Der *Waldkauz* und dessen Beutetiere regulieren ihren Bestand gegenseitig. Eine Zunahme der Beutetiere aufgrund günstiger äußerer Bedingungen hat eine Zunahme des Waldkauzbestandes zur Folge, allerdings mit einer zeitlichen Verzögerung. Die Folge davon ist eine Abnahme der Beutetiere und wiederum mit Verzögerung eine Abnahme des Waldkauzbestandes. Weitere bestandsregulierende Faktoren seien dabei einmal ausgeklammert. Die Zahl der Beutetiere und der Waldkäuze pendelt somit um einen Mittelwert, und man spricht deshalb von einem Gleichgewichtszustand.

Diese Darstellung ist für die didaktischen Zwecke in der Schule sehr stark vereinfacht. In der Natur kann es z. B. zu einer Massenvermehrung von Mäusen kommen, wie oben dargestellt, kaum jedoch zu einer so starken Vermehrung von Waldkäuzen, wie im Bild ersichtlich. Wichtig ist, daß der Lehrer mit den Schülern am Beispiel des Waldkauzes die Nahrungsbeziehungen erarbeitet, d. h.:
– je mehr Waldmäuse vorhanden sind, desto mehr Waldkäuze gibt es;
– je weniger Waldmäuse zu jagen sind, desto weniger Waldkäuze können leben.

Wichtig ist jedoch der Hinweis, daß Waldkäuze nicht nur von Waldmäusen leben, sondern auch Vögel und Amphibien als Nahrung verwenden. Ebenso werden die Mäuse nicht nur von Waldkauz, sondern auch von der Waldohreule, dem Bussard oder dem Turmfalken erbeutet.

──────────── **99**

Das empfindliche Gleichgewicht

Im Jahr 1938 führte Herr Autin in Australien 24 englische Kaninchen ein, da er gerne auf Kaninchenjagd ging. Damit begann eine Katastrophe. Die Kaninchen vermehrten sich unaufhaltsam, so daß selbst Schafe und Känguruhs auf der kahlgefressenen Insel kaum mehr Nahrung fanden.
Um Abhilfe zu schaffen, brachten 1950 Forscher eine Kaninchenkrankheit, die Myxomatose, nach Australien. Diese Krankheit erwies sich als so wirkungsvoll, daß Dr. Delille 1952 beschloß, mit demselben Virus die schädlichen Wildkaninchen in seinem Park in Frankreich auszurotten. Das gelang weitgehend, doch seither wütet die Myxomatose in ganz Mitteleuropa.

Medien

Filme
– CVK 17303 Biozönotisches Gleichgewicht

Dias
– FWU Eulen (13 Dias, f)
– V-Dia 22116 Eulen (18 Dias, f)

Arbeitstransparente
– Siemers AT 27 Nahrungskette
– Siemers AT 28 Biologisches Gleichgewicht
– Siemers T 3300 Ökologie Kleintransparente
– CVK 18334 Das ökologische Gleichgewicht im Wald
– Jünger 7491 Das biologische Gleichgewicht

In den neuen Bundesländern ist die Eule das Symbol für Naturschutzgebiete, in den alten Ländern der Seeadler.

Naturschutzgebiet

Naturschutz ist nötig

(Schülerbuch S. 153)

Aufgaben und Lösungen

① Erkundige dich bei Naturschutzverbänden, welche geschützten Pflanzen und Tiere in deiner Umgebung leben.
– *Die geschützten Tiere und Pflanzen sind bei Biotopkartierungen erfaßt und ihr Vorkommen ist in der Landschaft kartiert worden. Diese Informationen können nicht nur bei Naturschutzverbänden, sondern bei den Naturschutzbehörden abgerufen werden, d. h. beim Naturschutzbeauftragten der Gemeinde bzw. der Naturschutzbehörde des Kreises.*

② Vergleiche die Aussage des Bundesnaturschutzgesetzes mit den Beobachtungen in deiner näheren Heimat. Berichte!
– *Das Gesetz sieht einen sinnvollen Schutz der Pflanzen, Tiere und ihrer Biotope vor. In Wirklichkeit wird jedoch weiterhin gedankenlos in die Umwelt eingegriffen, ohne die Folgen zu bedenken und zu beachten. Häufig rangiert der Naturschutz weit hinter den ökonomischen Interessen.*

❝ ——————————— **Zusatzinformation**

Im Bundesnaturschutzgesetz sind 6 unterschiedliche Typen von Schutzgebieten ausgewiesen:

Naturschutzgebiet und Naturdenkmal

Hier wird die Natur am strengsten geschützt, es dürfen keinerlei Veränderungen vorgenommen werden. Während als Naturdenkmale Einzelschöpfungen der Natur wie Quellen, Hecken, alte Bäume bezeichnet werden, umfassen Naturschutzgebiete größere Landschaftsflächen. Die Anzahl der Naturschutzgebiete ist in den letzten 10 Jahren stark gestiegen (150–200 Gebiete pro Jahr), doch leider sind viele so klein, daß die Schutzfunktion für die bedrohten Tier- und Pflanzenarten nicht immer ausreicht.

Nationalpark

2,3 % der Fläche der alten Bundesländer liegen in den vier als Nationalpark eingestuften Zonen. Dazu gehören der Nationalpark Bayerischer Wald mit sechs Naturschutzgebieten, der Nationalpark Berchtesgaden mit dem ehemaligen Naturschutzgebiet Königsee, und seit 1985 bzw. 1986 die Wattenmeer-Nationalparke in Schleswig-Holstein und Niedersachsen. In den neuen Bundesländern liegen sechs weitere Nationalparke in Sachsen, Sachsen-Anhalt und Mecklenburg-Vorpommern. Jeder Nationalpark hat seine eigene Verwaltung und jeweils landeseigene Kontrollorgane. Diese haben auch die Aufgabe, die Besucherströme so zu lenken, daß große Teile vom Tourismus nicht berührt werden, damit der Naturschutz überhaupt gelingt.

Landschaftsschutzgebiet

Sie nehmen ca. 30 % der Fläche ein. Land- und Forstwirtschaft sind nicht eingeschränkt. Die Landschaftsschutzgebiete haben auch Erholungsfunktion, weisen Trimm-Pfade, Grillplätze und Badestellen auf.

Naturpark

Da diese Gebiete in erster Linie der Erholung und dem Fremdenverkehr dienen, geht durch den zunehmenden Aufbau von Freizeiteinrichtungen die Möglichkeit einer naturnahen Erholung hier immer mehr verloren.

Geschützte Landschaftsbestandteile

Das können Hecken, Alleen, Parkanlagen sein, die vor allem auch im städtischen Bereich als erhaltenswert gelten.

——————————————————— ❞

Weitere Informationen zum Thema Naturschutz enthalten die Seiten 6/7 sowie 227 des Schülerbandes und 214 des Lehrerbandes.

Medien

Dias

– FWU Geschützte Pflanzen unserer Wälder
– FWU Geschützte Pflanzen nasser Standorte
– FWU Geschützte Pflanzen trockener Standorte
– FWU Schützenswerte Lebensräume
– V-Dia D 27003 Artenschutz – geschützte Tiere
– V-Dia D 270016 Naturschutz

Wie lange wird das noch gut gehen?

Vögel **153**

Literatur

BURTON, R.: Das Leben der Vögel. Vogelverhalten – verständlich gemacht. Franck, Stuttgart (1985)

BERTHOLD, P.: Vogelzug. Wiss. Buchgesellschaft, Darmstadt 1990

CLAUSSEN, C./SCHMIDT, E.: Vogelzug. In: Unterricht Biologie, Heft 24/25. Friedrich, Seelze 1978

CREUTZ, G.: Geheimnisse des Vogelzuges. Neue Brehmbücherei Nr. 75 (1971)

DYALLA, K.: Winterfütterung – falsches Mitleid? Eine Unterrichtseinheit für die Orientierungsstufe. In: Naturwissenschaften im Unterricht – Biologie 29. Heft 2. Aulis, Köln 1981

GRZIMEKS TIERLEBEN Bd. 7, 8, 9: Vögel. Kindler, München 1974

GRZIMEKS TIERLEBEN: Sonderband „Verhaltensforschung". Kindler, München 1974. Hier: LINDAUER, M.: Orientierung der Tiere in Raum und Zeit. SCHÖNE, H.: Formen und Mechanismus der Raumorientierung. GWINNER, E.: Innere Uhren. SCHMIDT-KÖNIG, K.: Vogelzug und Vogelorientierung

JOREK, N.: Vogelschutz-Praxis. F. A. Herbig Verlagsbuchhandlung, München 1980

LIEB, E.: Warum Vögel so große Eier legen. Ein Vorschlag für eine fächerübergreifende Unterrichtsstunde in der 6. Klasse. In: Naturwissenschaften im Unterricht – Biologie 29, Heft 5. Aulis, Köln 1981

RÜPPELL, G.: Vogelflug. rororo Sachbuch, Rowohlt, Hamburg 1980

SCHMIDT, E.: Auswertung von Ringfunden – Eine Schülerübung zur Behandlung des Vogelzuges im 6. Schuljahr – In: Praxis der Naturwissenschaften, Biologie 19. 1970

STERN, H./THIELKE, G./VESTER, F./SCHREIBER, R.: Rettet die Vögel – wir brauchen sie. F. A. Herbig Verlagsbuchhandlung, München 1978

Vogelbestimmungsbücher stellen immer einen Kompromiß zwischen einem handlichen Format und der Ausführlichkeit der Information dar. In Neuauflagen werden Verbesserungen rasch eingearbeitet. Wir sehen deshalb davon ab, bestimmte Werke zu empfehlen. Wenden Sie sich an ein Versandunternehmen, das die ganze Palette der Literatur, Ferngläser und Ausrüstungsgegenstände zur Vogelbeobachtung anbietet, z. B. DBV Versandservice, Achalmstraße 33, 7014 Kornwestheim.

Lösungen zum Arbeitsblatt

1 – Greifvögel
2 – Sperlingsvögel
3 – Möwen und Watvögel
4 – Segler
5 – Schreitvögel
6 – Lappentaucher
7 – Gänsevögel
8 – Spechte
9 – Hühnervögel
10 – Eulen

Welche Ordnung?

1. Trage ein, zu welcher Ordnung die abgebildeten Vogelarten gehören. Nimm ein Bestimmungsbuch zu Hilfe.

1 _____

- Rotmilan
- Mäusebussard
- Turmfalke

2 _____

- Rauchschwalbe
- Haussperling
- Hausrotschwanz
- Elster

3 _____

- Silbermöwe
- Flußseeschwalbe
- Kiebitz

4 _____

- Mauersegler

5 _____

- Graureiher
- Große Rohrdommel
- Weißstorch

6 _____

- Zwergtaucher
- Haubentaucher

7 _____

- Stockente
- Graugans
- Höckerschwan

8 _____

- Buntspecht
- Schwarzspecht

9 _____

- Rebhuhn
- Fasan

10 _____

- Schleiereule
- Waldohreule
- Steinkauz

Blütenpflanzen – Bau und Leistung

In den Lehrplänen wird neben der physiologischen und ökologischen Betrachtungsweise der Pflanzen wieder stärker die Artenkenntnis betont. Unser Kapitel bietet daher zunächst Monographien einheimischer Pflanzen. Genaues Betrachten, Untersuchen und Beschreiben werden geübt. Der Weg vom Realen über das Legebild zum Blütendiagramm ist am Beispiel des Ackersenfs in einer Abbildungsfolge vorgezeichnet. Die Bedeutung der untersuchten Blütenorgane ist nur aus der Entwicklung der Blüte zur Frucht zu verstehen. Lexikonseiten regen an, Früchte einheimischer Pflanzen kennenzulernen und zu sammeln. Leben und Entwicklung der Pflanzen werden durch Grundvorgänge wie Fotosynthese und Atmung, Nährstoffaufnahme und Quellung möglich. In einem Praktikum sind solche Vorgänge zu untersuchen. Der letzte Teil des Kapitels zeigt an konkreten Beispielen ökologische Zusammenhänge auf. Hier lassen sich erworbene Kenntnisse über Bau und Leistung der Blütenpflanzen anwenden. Wiederum motivieren Lexikonseiten zur Erweiterung der Artenkenntnis.

1 Aufbau einer Blütenpflanze

Der Ackersenf – Steckbrief einer Blütenpflanze

(Schülerbuch S. 158/159)

Aufgaben und Lösungen

① Zergliedere eine Ackersenfblüte. Klebe die Teile entsprechend Abbildung 2 in dein Heft und beschrifte.
– *Die entsprechenden Kreise sind zu zeichnen. Beschriftung der aufgeklebten Blütenteile: Stempel, langes Staubblatt, kurzes Staubblatt, Blütenblatt und Kelchblatt.*

② Gib für einige Schoten die Anzahl der Samen an. Zähle die Blüten und Früchte an einer gut entwickelten Pflanze. Rechne aus, wie viele Samen diese Pflanze in einem Jahr erzeugen könnte.
– *Kräftige Ackersenfpflanzen besitzen etwa 15 Blütenstände mit je bis zu 15 Blüten, in denen sich jeweils bis zu 10 Samen entwickeln können; das sind insgesamt mehr als 2000 Samen. Da nicht alle reif werden, ist eine Zahl von 1000 bis 1200 Samen realistisch.*

③ Schneide eine Knospe quer durch und vergleiche mit dem Blütengrundriß.
– *Der Knospenquerschnitt zeigt die Lage der einzelnen Blütenteile in der gleichen Anordnung wie der Blütengrundriß. Mit der Lupe sind die beiden Fruchtblätter zu erkennen.*

④ Versuche herauszubekommen, woraus Senf hergestellt wird und berichte davon.
– *Speisesenf gewinnt man aus den Samen des Schwarzen Senfs (Brassica nigra). Die frisch gemahlenen Samen werden mit Weinessig, kochendem Weißweinmost, Mehl und verschiedenen Gewürzen zu Senf verarbeitet. Häufig werden auch die Samen des Weißen Senfs (Sinapis alba) zugegeben. Sie sind nicht so scharf wie die des Schwarzen Senfs.*

Lösungen zum Arbeitsblatt

a) Stempel mit Narbe; b) Blütenblatt; c) langes Staubblatt; d) kurzes Staubblatt; e) Fruchtknoten mit Samenanlagen; f) Kelchblatt.

Medien

Modelle
– Schlüter 1692 Rapsblüte, Brassica napus (Kreuzblütler)

Dias
– FWU Anatomie der Blüte (12, f)
– FWU Kreuzblütler – Wildpflanzen (12, f)
– FWU Kreuzblütler – Kulturpflanzen (12, f)
– V-Dia Morphologie und Biologie der Blüte I (12, f)
– V-Dia Morphologie und Biologie der Blüte II (12, f)
– V-Dia Morphologie und Biologie der Blüte III (12, f)

Arbeitstransparente
– Klett 99803 Aufbau und Funktion einer Blüte (Kreuzblütler) (Aufbautransparent, 5 Folien)

Modell einer Ackersenfblüte

Die Staubblätter werden durch 4 ganze und 2 gekürzte Streichhölzer dargestellt. 4 Kelchblätter und 4 Blütenblätter schneidet man nach den abgebildeten Mustern aus biegsamem Karton aus (z. B. gelbes und grünes Tonpapier). Aus grüner Knetmasse wird der Blütenstiel (ca. 10 cm lang), aus roter Masse der Stempel geformt. Die Streichhölzer werden in den Blütenstiel eingesteckt, die Karton„blätter" mit Reißnägeln festgeheftet.

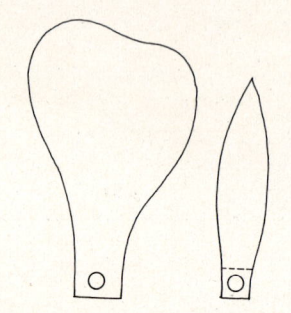

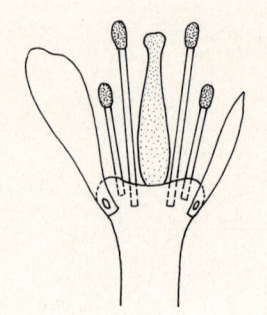

Der Aufbau einer Kreuzblüte

1. Beschrifte die Blütenteile und bemale sie mit den Farben, die in Abbildung 171.2 gewählt sind.

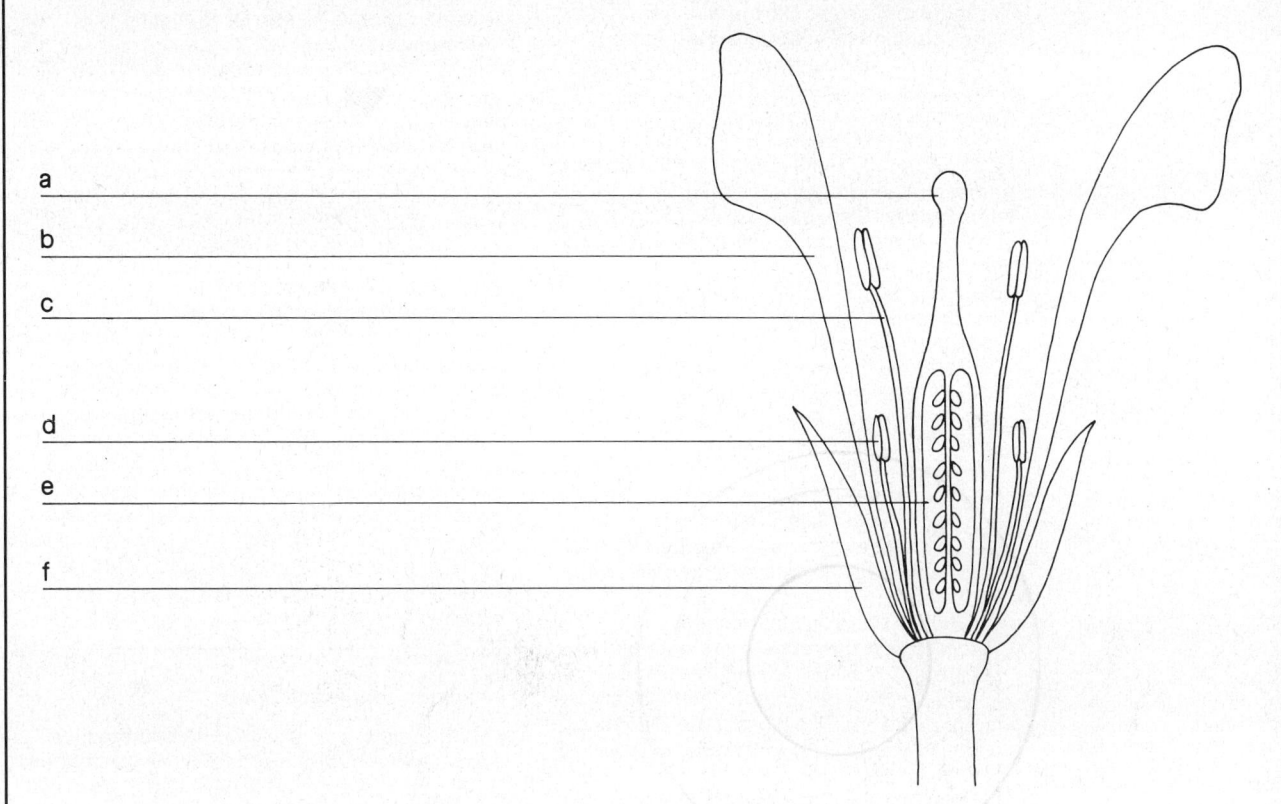

a _____

b _____

c _____

d _____

e _____

f _____

2.a) Klebe mit durchsichtigem Klebeband die Teile einer Ackersenfblüte nach ihrer natürlichen Anordnung in diese Abbildung.

2.b) Ergänze das Blütendiagramm. Beschrifte und bemale die Abbildung (Farben wie bei 1.).

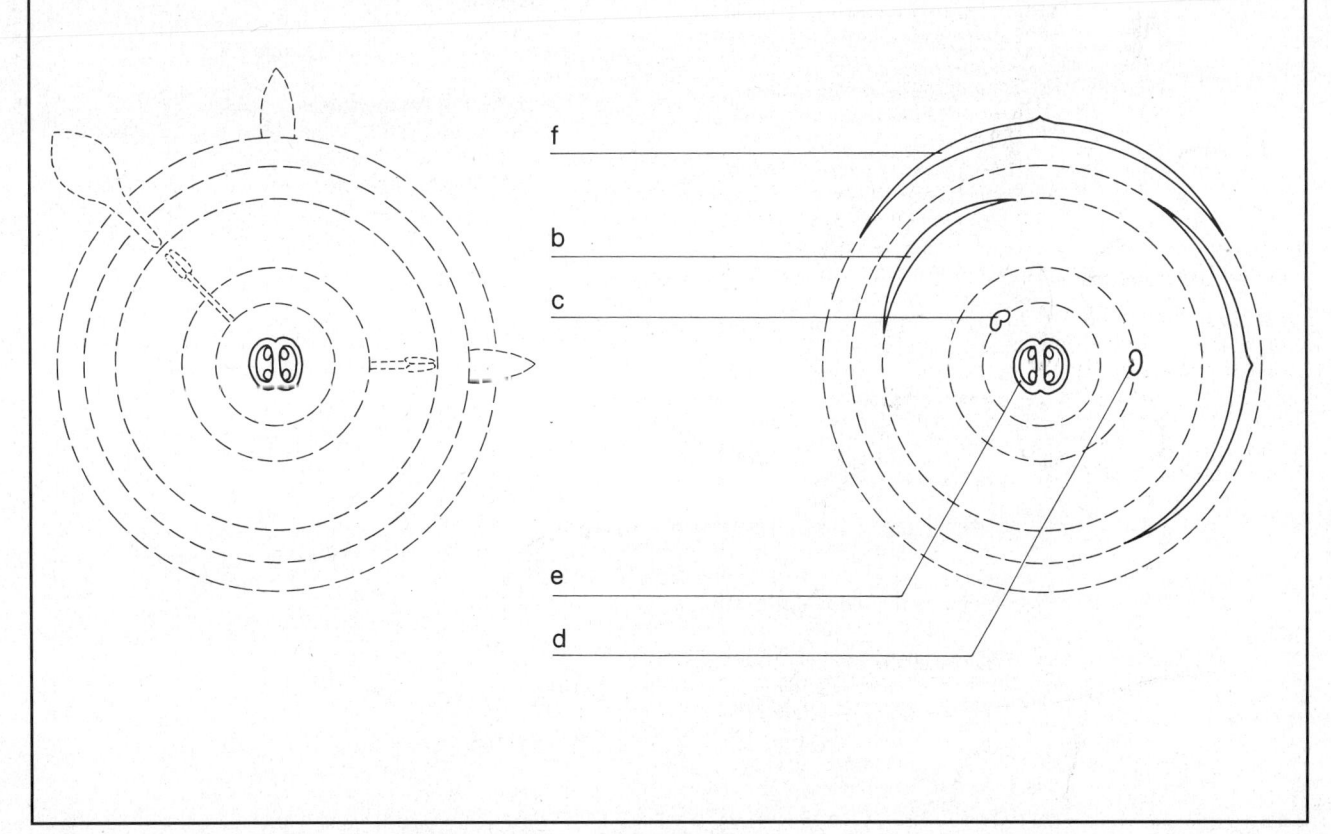

© Als Kopiervorlage freigegeben. Ernst Klett Schulbuchverlag, Stuttgart 1993

Die Gartentulpe – ein weiterer Pflanzensteckbrief

(Schülerbuch S. 160/161)

Aufgaben und Lösungen (S. 160)

① Besorge dir in einer Gärtnerei eine vollständige Tulpenpflanze. Spüle anhaftendes Erdreich ab, und beschreibe das Aussehen von Wurzel, Zwiebel, Stengel, Blatt und Blüte möglichst genau. Fertige, ähnlich wie beim Ackersenf, dazu einen Steckbrief an.
- *Blüte: 6 farbige Blütenblätter, 6 Staubblätter, 1 dreikantiger Stempel ohne Griffel.*
- *Sproßachse: Stengel unverzweigt, krautig und drehrund. Er trägt mehrere Laubblätter und die Blüte.*
- *Blatt: Ungestielt; wechselständig; ganzrandig; Blattadern parallel. Von einer Wachsschicht überzogen.*
- *Zwiebel: Am unteren Ende des Stengels; von dünnen, braunen Hüllen umgeben.*
- *Wurzeln: Viele unverzweigte, runde Wurzeln an der Unterseite der Zwiebel.*

② Benetze ein Blatt der Tulpe mit einigen Tropfen Wasser. Beschreibe deine Beobachtungen. Reibe mehrmals mit dem Finger über die Blattfläche und wiederhole den Versuch. Was kannst du aus diesem Ergebnis schließen?
- *Die Blätter sind von einer schützenden Wachsschicht überzogen, von der das Wasser abperlt. Sie läßt sich mit den Fingern leicht abreiben; der Schutz geht dadurch verloren. Zum Vergleich Wasser auf Wachskerze und mit Holzschutz gestrichenes Stück Holz tropfen lassen!*

③ Zergliedere eine Tulpenblüte und fertige ein Legebild an. Achte genau auf die Stellung der einzelnen Teile zueinander.
- *Für das Legebild sind vier konzentrische Kreise zu zeichnen. In den Kreismittelpunkt wird der quergeschnittene Stempel oder die abgeschnittene, dreizipflige Narbe geklebt. Auf den beiden inneren Kreisen liegen je drei Staubblätter – jeweils auf Lücke. In der gleichen Anordnung folgen auf den beiden äußeren Kreisen die Blütenblätter.*

④ Entwickle anschließend aus dem Legebild einen Blütengrundriß.
- *Vgl. Abbildung und Schülerbuch S. 204.*

⑤ Sammle Abbildungen von verschiedenen Tulpensorten (z. B. aus Katalogen von Gärtnereien). Klebe ein besonders schönes Bild in dein Heft und beschrifte es. Bringe die anderen Bilder mit zur Schule. Ihr könnt sie dann auf einem großen Zeichenkarton zu einem Poster zusammenkleben.
- *Die Beschriftung sollte mindestens die Begriffe Stengel, Laubblatt und Blüte aufweisen.*

Aufgabe und Lösung (S. 161)

① Die Abbildung in der Randspalte gibt einen Hinweis darauf, daß die Zwiebel der Tulpe keine Wurzel ist. Gib an, aus welchen Pflanzenteilen eine Zwiebel besteht.
- *Die Zwiebel ist ein stark verkürzter Sproß. Sie besteht also aus Laubblättern, Stengel und Blütenanlage. Die Blätter in der Zwiebel sind fleischig, verdickt und farblos.*

Zusatzinformationen

1. Blütenbilder kann man stempeln und stecken

Blütenstempel: Eine Tulpenknospe (oder eine kompakte Blüte) quer durchschneiden; unteren Teil der Blüte mit Querschnitt auf Stempelkissen drücken (oder in Wasserfarbe tauchen) und ins Heft stempeln.

Steckbild (zur Demonstration an der Tafel). Mit zweiseitig klebendem Klebeband wird eine ca. 50 cm x 50 cm große Styroporplatte an die Tafel geheftet. Mit Stecknadeln können die Teile vor allem großer Blüten zu einem Blütendiagramm gesteckt werden. Kreise und andere Hilfslinien können mit der Klasse entwickelt werden. Als Zirkel dienen Schnur und Kreide.

2. Auch Blumen schlafen – eine Langzeituntersuchung

Viele Blumen (z. B. die Tulpe) zeigen „Schlafbewegungen". Sinkt die Temperatur um wenige Grade (z. B. abends), wachsen die Blütenblätter außen am Grunde schneller als innen, krümmen sich also nach innen und schließen so die Blüte. Morgens, bei steigender Temperatur, wachsen die Blütenblätter innen am Grunde stärker, die Blüte öffnet sich. Durch diese Wachstumsvorgänge werden die Blütenblätter insgesamt länger. Diese Verlängerung kann über mehrere Tage hinweg gemessen werden. Eine Untersuchung für Feinfühlige!

Lösungen zum Arbeitsblatt

a) Blütenblatt; b) Narbe; c) Fruchtknoten mit Samenanlagen; d) Staubbeutel; e) Staubfaden; f) Stengel; g) Laubblatt; h) Zwiebel; i) Wurzeln.

Medien

Modelle
- Schlüter 1700 a Tulpenblüte (Liliengewächs)

Dias
- FWU Verwandtschaftsbegriff bei Pflanzen: Familie Liliengewächse (20, f)

Arbeitstransparente
- Klett 99802 Entwicklung eines Blütendiagramms (Tulpe) (Aufbautransparent, 6 Folien)

Die Tulpe

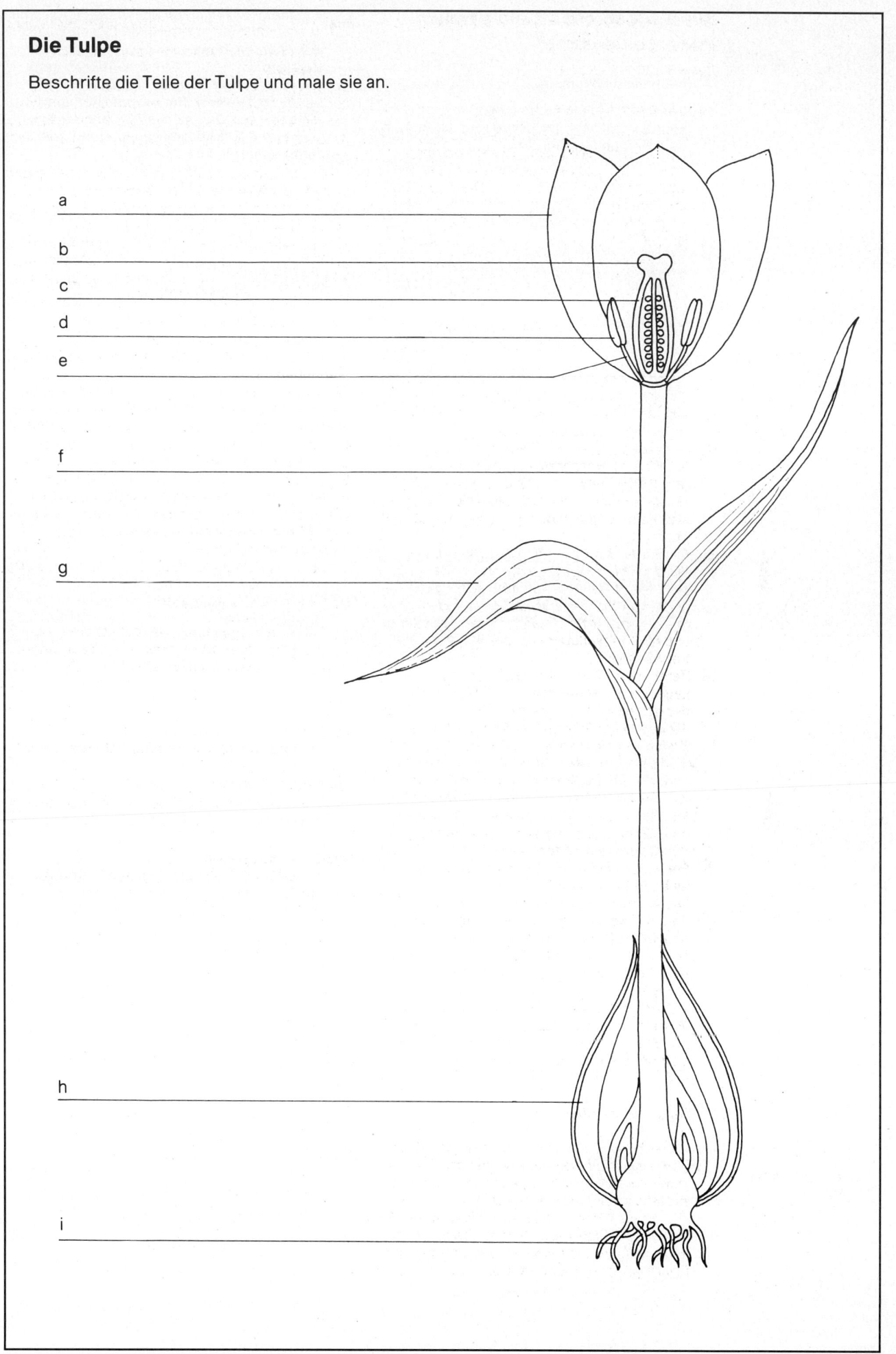

Beschrifte die Teile der Tulpe und male sie an.

a _____

b _____
c _____
d _____
e _____

f _____

g _____

h _____

i _____

unterständiger Fruchtknoten

oberständiger Fruchtknoten

Hagebutte Sammelfrucht, die in ihrem Innern viele harte Nußfrüchte „sammelt".

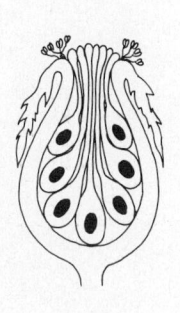

Struktur des Holzes: Die Zellulosefasern sind in Lignin eingebettet. Die Zellulose verleiht Elastizität, das Lignin Festigkeit. Ein 30 cm langes Stück Eichenholz mit einem Querschnitt von 5 cm x 2,5 cm kann bis zu 20 Tonnen Gewicht tragen.

Die Heckenrose ist ein Strauch

(Schülerbuch S. 162)

Aufgaben und Lösungen

① Besorge dir einen blühenden Zweig der Heckenrose. Zeichne eine Blüte und ein Blatt in dein Heft und beschrifte.
- *Beschriftung der Blüte: Narben, Staubblätter, Blütenblätter, Kelchblätter.*
Beschriftung des Blattes: Blattgrund mit Nebenblättern, Blattstiel, Blattspreite, Fiederblättchen.

② Ein häufig in Hecken vorkommender Strauch ist der Weißdorn. Er besitzt Dornen. Beschreibe anhand der Abbildungen in der Randspalte den Unterschied zwischen einem Stachel und einem Dorn.
- *Der Zweig eines Strauches besteht aus der Rinde und dem darunterliegenden Holz. Ein Stachel wird nur von der Rindenschicht gebildet. Der Dorn dagegen ist ein umgewandelter blattloser Trieb und besteht daher innen aus Holz (Sproßdorn, z. B. Weißdorn, Schlehdorn). Dornen können auch durch Umwandlung von Blättern entstehen (Blattdornen, z. B. Berberitze). Ein Stachel kann im Gegensatz zu einem Dorn leicht abgebrochen werden.*

99 ─────────── Zusatzinformationen

1. Gefüllte Rosen, z. B. Zentifolie (Hundertblättrige), haben viel mehr Blütenblätter als die Wildform. Es sind umgewandelte Staubblätter. Das kann man an der geringeren Zahl von Staubblättern bei gefüllten Rosen erkennen.
2. Aus den Blütenblättern bestimmter Rosensorten gewinnt man als kostbaren Duftstoff das Rosenöl. 4000 kg Rosenblütenblätter ergeben 1 kg Rosenöl.
3. Rosenhecken haben große ökologische Bedeutung: Die Zweige sind durch die gekrümmten Stacheln miteinander verhakt. So entstehen sichere Verstecke und Nistgelegenheiten für viele Vögel.
4. Vorsicht im Umgang mit Rosenstacheln! Verletzungen durch Rosenstacheln sollten desinfiziert werden. Tetanusgefahr!

Lösungen zum Arbeitsblatt S. 161

1. Volkslied über die Hagebutte. Text von Hoffmann von Fallersleben.
2. a) Blütenblatt; b) viele Staubblätter; c) viele (unterständige) Fruchtknoten; d) Blütenknospe; e) Kelchblatt; f) Blatt mit Fiederblättchen; g) Nebenblatt; h) Stachel.
3. Vergleiche hierzu Randabbildungen im Schülerbuch S. 162 und nebenstehende Randabbildungen. i) Einzelfrucht; k) Fruchtknoten.

Blüten wie die Heckenrose

(Schülerbuch S. 163)

Aufgabe und Lösung

① Beschreibe anhand der Randabbildungen, wie sich Baum, Strauch und Kraut in ihrer Wuchsform unterscheiden.
- *Kräuter, Sträucher und Bäume sind in Wurzel und Sproß gegliedert. Bäume und Sträucher sind im Gegensatz zu den Kräutern verholzt. Bäume besitzen einen unverzweigten Stamm und eine Krone mit Ästen und Zweigen. Ein Baum bringt jedes Jahr neue Triebe an der Zweigspitze hervor. Sträucher bilden dagegen Schößlinge aus, die kurz über dem Boden austreiben. Bei den mehrjährigen Kräutern erneuert sich jedes Jahr der krautige Sproß. Einjährige Kräuter entwickeln sich jedes Jahr neu aus Samen.*

Zusatzaufgaben und Lösungen

① Ein Kirschbaum und ein Heckenrosenstrauch sind 20 cm über dem Boden abgesägt worden. Werden sich neue Pflanzen entwickeln? Begründe deine Antwort.
- *Bei der Heckenrose kann sich ein neuer Strauch entwickeln, da sich ein Strauch ja auch normalerweise kurz über dem Boden verzweigt. Aus den abgesägten Stümpfen werden wieder junge Schößlinge knapp über dem Boden austreiben.*
Der Kirschbaumstumpf dagegen ist nicht in der Lage, einen neuen kräftigen Baumstamm entstehen zu lassen. Zwar entwickeln sich oft mehrere Stämmchen, von denen aber keiner eine große Krone ausbilden wird.

② Jemand hat vor 20 Jahren seinen Namen in die Rinde eines Kirschbaumes eingeritzt. An welcher Stelle des Baumes wird er die Buchstaben heute wiederfinden?
- *Der Stamm eines Baumes nimmt in einer bestimmten Höhe nur an Umfang zu. Länger wächst er nur an der Spitze des Stammes. Die Buchstaben sind deshalb noch auf der gleichen Höhe zu finden. Sie sind allerdings jetzt breiter und verzerrt.*

Lösung zum Arbeitsblatt S. 162

Folgende Begriffe werden eingetragen:
(von rechts nach links, oben nach unten)
Krone, Trieb, Zweig, Ast, Stamm, Schößling, krautiger Sproß, Wurzel, Baum, Strauch, Kraut

Lösung zum Arbeitsblatt S. 163

Kirsche: 5 Kelchblätter, 5 Blütenblätter, viele Staubblätter, ein freier Fruchtknoten, Steinfrucht.
Apfel: 5 Kelchblätter, 5 Blütenblätter, viele Staubblätter, fünfteiliger Fruchtknoten, Kernfrucht.
Heckenrose: 5 Kelchblätter, 5 Blütenblätter, viele Staubblätter, viele Stempel, eingesenkt in den Blütenboden, Sammelfrucht aus Nüßchen.
Erdbeere: 2 x 5 Kelchblätter, 5 Blütenblätter, viele Staubblätter, viele Stempel auf Blütenboden sitzend, Sammelfrucht aus Nüßchen.

Medien

Modelle
- Schlüter 1693 Apfelblüte (Rosengewächse)

Filme
- FWU Ein Baum (18 min, f)

Dias
- FWU Wuchsformen der Laubbäume (20, f)
- FWU Wuchsformen einheimischer Nadelhölzer (18, f)

Die Heckenrose

1. Sagt, wer mag das Männlein sein?

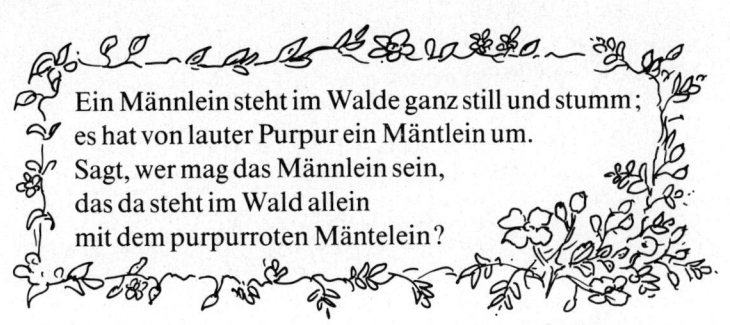

   Ein Männlein steht im Walde ganz still und stumm;
   es hat von lauter Purpur ein Mäntlein um.
   Sagt, wer mag das Männlein sein,
   das da steht im Wald allein
   mit dem purpurroten Mäntelein?

2. Beschrifte die Zeichnung des Heckenrosenzweigs und male sie mit den richtigen Farben an.

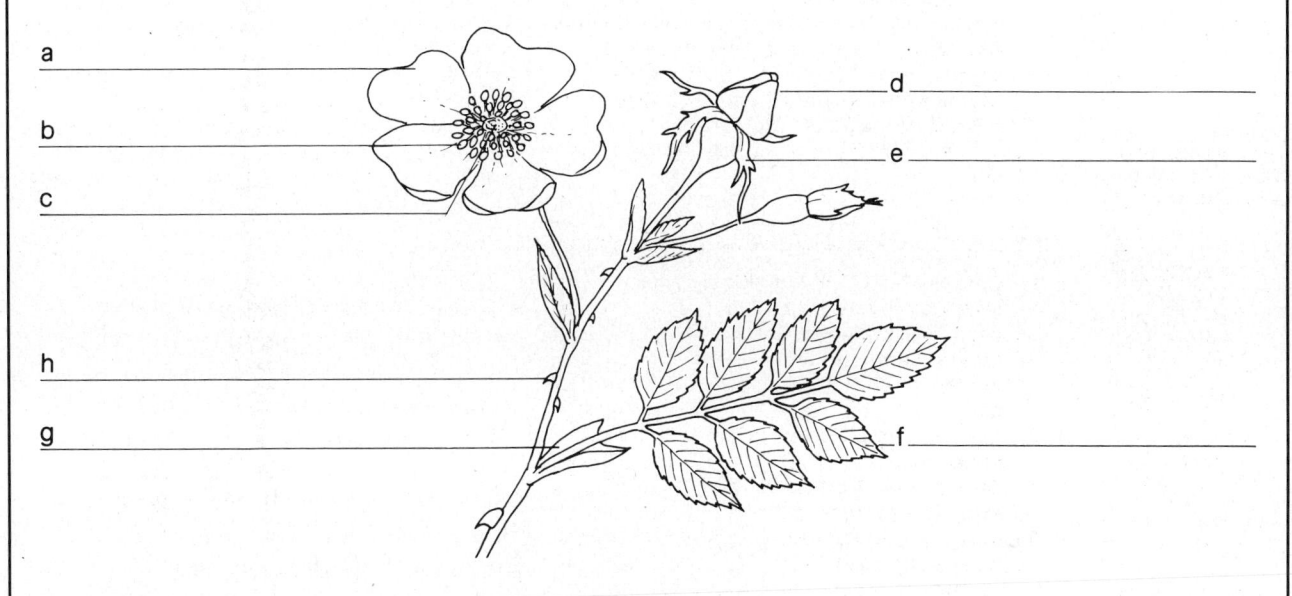

   a _____
   b _____
   c _____
   d _____
   e _____
   h _____
   g _____
   f _____

3. Ergänze und beschrifte die Abbildungen von Blüte und Frucht.
   Male die Kelchblätter grün an, Staubgefäße und Fruchtknoten (bzw. Einzelfrüchte) gelb, die Blütenblätter rot.

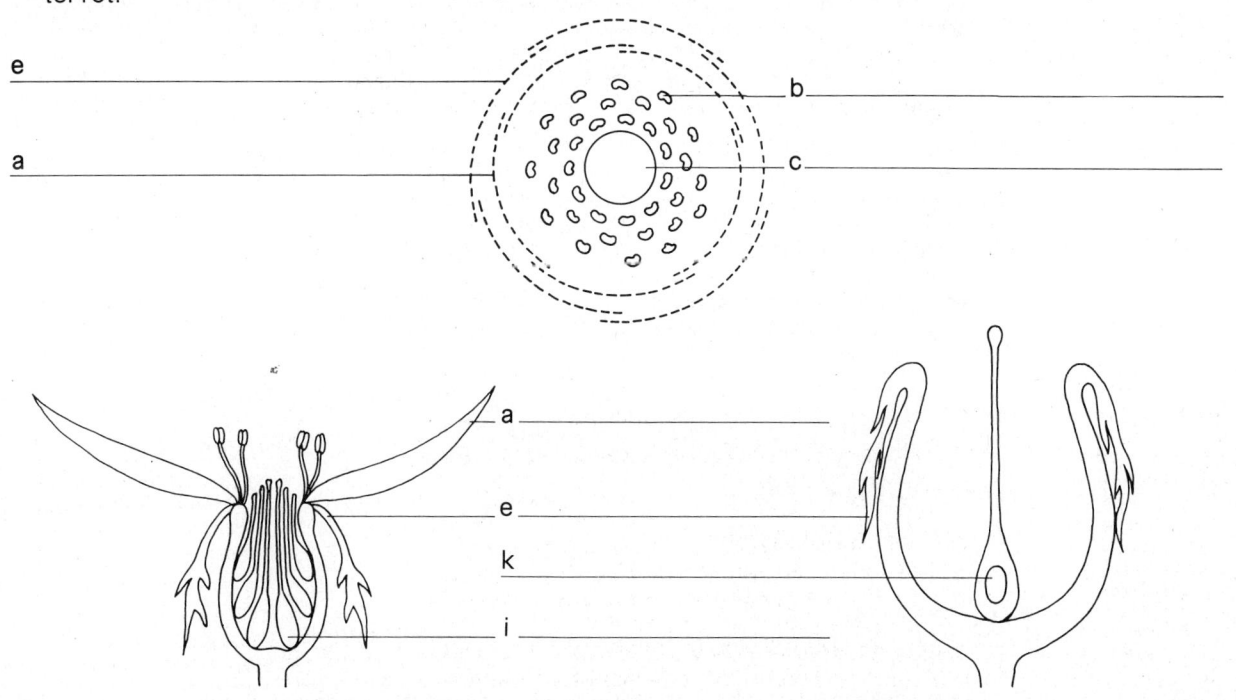

   e _____
   a _____
   b _____
   c _____
   a _____
   e _____
   k _____
   i _____

© Als Kopiervorlage freigegeben. Ernst Klett Schulbuchverlag, Stuttgart 1993

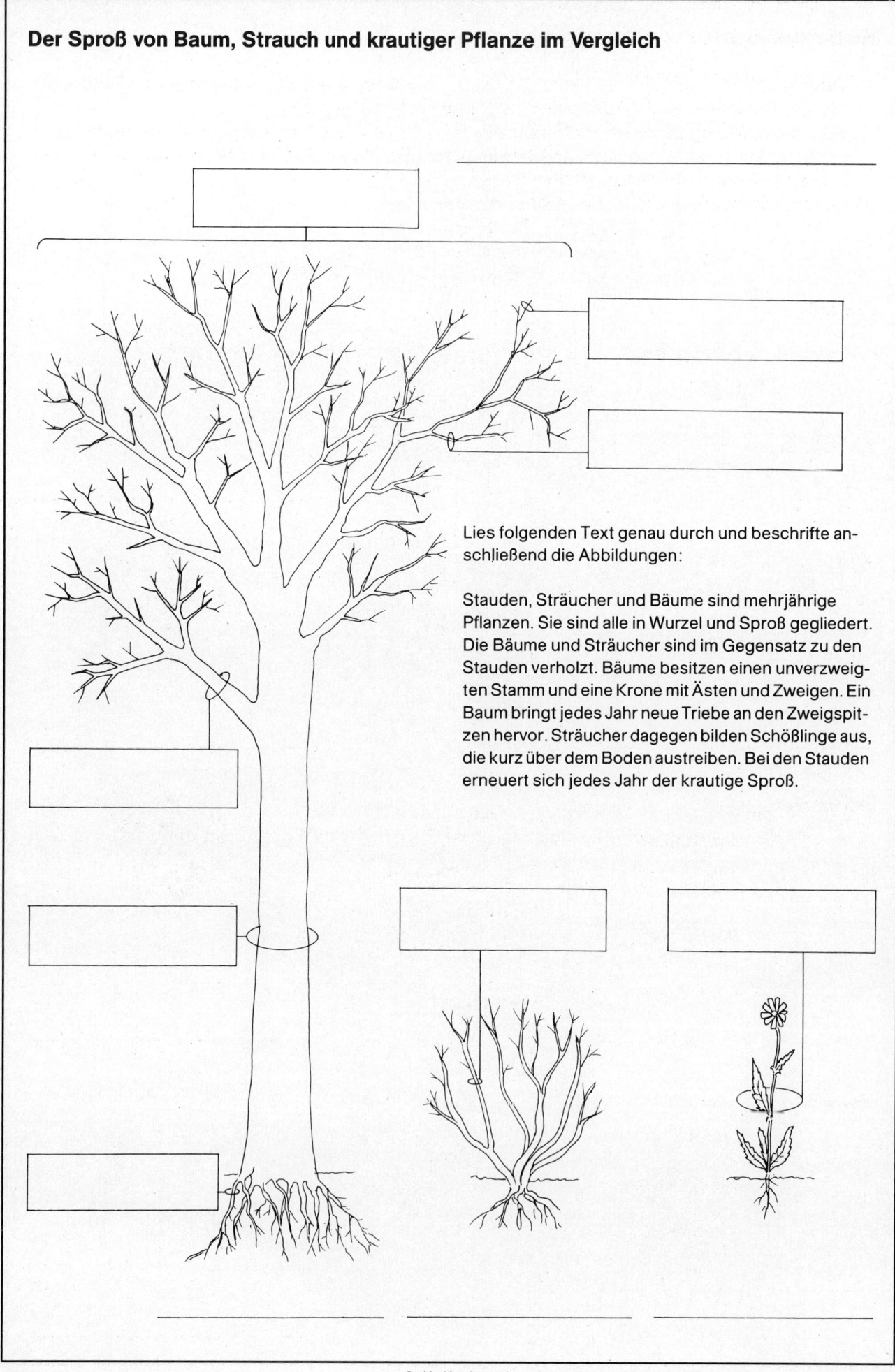

Der Sproß von Baum, Strauch und krautiger Pflanze im Vergleich

Lies folgenden Text genau durch und beschrifte anschließend die Abbildungen:

Stauden, Sträucher und Bäume sind mehrjährige Pflanzen. Sie sind alle in Wurzel und Sproß gegliedert. Die Bäume und Sträucher sind im Gegensatz zu den Stauden verholzt. Bäume besitzen einen unverzweigten Stamm und eine Krone mit Ästen und Zweigen. Ein Baum bringt jedes Jahr neue Triebe an den Zweigspitzen hervor. Sträucher dagegen bilden Schößlinge aus, die kurz über dem Boden austreiben. Bei den Stauden erneuert sich jedes Jahr der krautige Sproß.

162 *Blütenpflanzen*

Blüten und Früchte von Rosengewächsen

1. Untersuche im Laufe des Frühjahrs die Blüten von Kirsche, Apfel, Heckenrose und Erdbeere. Gib die Anzahl der Kelch-, Blüten-, Staub- und Fruchtblätter an.
2. Male bei den abgebildeten Blüten den Fruchtknoten mit der Samenanlage violett und den Blütenboden grün an. Kennzeichne bei den Früchten in der gleichen Farbe, was aus Fruchtknoten bzw. Blütenboden geworden ist.
3. Gib an, um welche Fruchtform es sich handelt.

Kirsche

_____ Kelchblätter

_____ Blütenblätter

_____ Staubblätter

Apfel

_____ Kelchblätter

_____ Blütenblätter

_____ Staubblätter

Heckenrose

_____ Kelchblätter

_____ Blütenblätter

_____ Staubblätter

Erdbeere

_____ Kelchblätter

_____ Blütenblätter

_____ Staubblätter

2 Die Aufgaben der Blüte

Entwicklung der Kirsche
(Schülerbuch S. 164/165)

Aufgaben und Lösungen

① Zeichne einen Längsschnitt durch die Kirschblüte in dein Heft. Beschrifte deine Zeichnung mit den Begriffen Blütenblatt, Blütenboden, Fruchtknoten, Griffel, Kelchblatt, Narbe, Staubbeutel und Staubfaden.
– Die Zeichnung entspricht der Blütendarstellung im Schülerbuch S. 165, Abbildung 1. Einige Begriffe sind zu ergänzen.

② Erkläre anhand von Abbildung 1 die Vorgänge bei Bestäubung, Befruchtung und Fruchtentwicklung.
– Bestäubung liegt vor, wenn Pollen von einem Staubblatt auf die Narbe eines Stempels gelangt.
Von Befruchtung spricht man, wenn ein Zellkern aus dem Pollenschlauch mit dem Kern der Eizelle in der Samenanlage verschmilzt. Dazu muß der Pollenschlauch durch den Griffel bis zum Fruchtknoten gewachsen sein.
Aus dem Fruchtknoten entsteht die Frucht; in unserem Beispiel ist das eine Kirsche. Aus dem äußeren Teil der Fruchtknotenwand bildet sich das Fruchtfleisch der Kirsche, aus dem inneren Teil der Kirschenstein. In ihm geschützt liegt der Samen, der aus der Samenanlage entstanden ist.

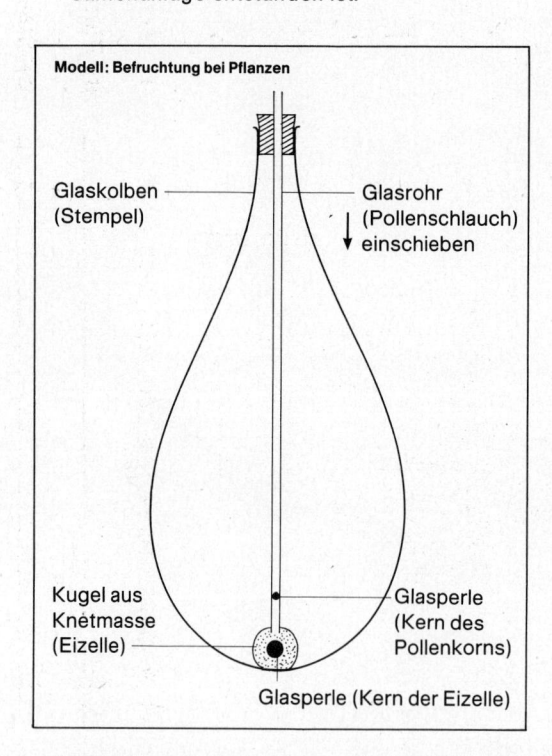

Modell: Befruchtung bei Pflanzen

Glaskolben (Stempel)
Glasrohr (Pollenschlauch) einschieben
Kugel aus Knetmasse (Eizelle)
Glasperle (Kern des Pollenkorns)
Glasperle (Kern der Eizelle)

Zusatzaufgabe

① Suche dir in der Nähe von Schule oder Wohnung einen Kirschbaum. Übertrage die Tabelle in dein Heft und führe Protokoll, bis die Kirschen reif sind.

Beobachtung	Datum
– Die ersten Blüten sind aufgebrochen	
– Baum steht in voller Blüte	
– Kronblätter sind abgefallen	
– Die ersten Kirschen sind rot	
– Die Kirschen sind reif	

Rätsel zum Einstieg

1. Erst weiß wie Schnee,
   dann grün wie Klee,
   dann rot wie Blut,
   schmeckt allen Kindern gut.

2. Hoch auf dem Baum ein Fräulein sitzt,
   das rund und rot durchs Grüne blitzt.
   Nur schade, daß ihr Herz von Stein!
   Was mag das für ein Fräulein sein?

Lösungen zum Arbeitsblatt

1. a) Narbe; b) Griffel; c) Staubbeutel; d) Staubfaden; e) Fruchtknoten; f) Blütenblatt; g) Kelchblatt.
2. h) Narbe; i) Griffel; k) Fruchtknoten; l) Pollenkorn; m) Pollenschlauch; n) Samenanlage mit Eizelle; o) äußere Fruchtschicht (Fruchtfleisch); p) innere Fruchtschicht (Stein); q) Samen.
3. a) locken Insekten an; b) enthalten die Pollen; c) Pollenkörner bleiben an der klebrigen Narbe haften; d) durch ihn wächst der Pollenschlauch zur Eizelle; e) schützt Samenanlage mit Eizelle.
4. a) welken und fallen ab; b) fallen ab; c) schrumpfen und fallen ab; d) vergrößert sich und wird zur Frucht.

Medien

Filme
– FWU Von der Blüte zur Frucht: Am Beispiel Kirsche (11 min, f)
– FWU Bienen sammeln Nektar (4 min, f)

Dias
– FWU Von der Blüte bis zum Obst (9, f)
– FWU Von der Blüte zur Frucht: Sauerkirsche (12, f)
– Westermann Die Süßkirsche (12, f)

Aufbautransparente
– Klett 99804 Fruchtbildung (6 Folien)
– Klett 02761 Folienbuch Blütenpflanzen (27 Folien)

Lehrtafeln
– Klett 166 209 Kirsche

Die Entwicklung der Kirsche

1. Schneide eine Kirschblüte längs durch. Vergleiche mit der Zeichnung und benenne die Teile.
2. Male in der Abbildungsreihe die sich entsprechenden Teile mit denselben Farben an (Kelchblätter grün, Blütenblätter weiß lassen, Staubblätter gelb, Stempel rot). Beschrifte die Abbildungen.

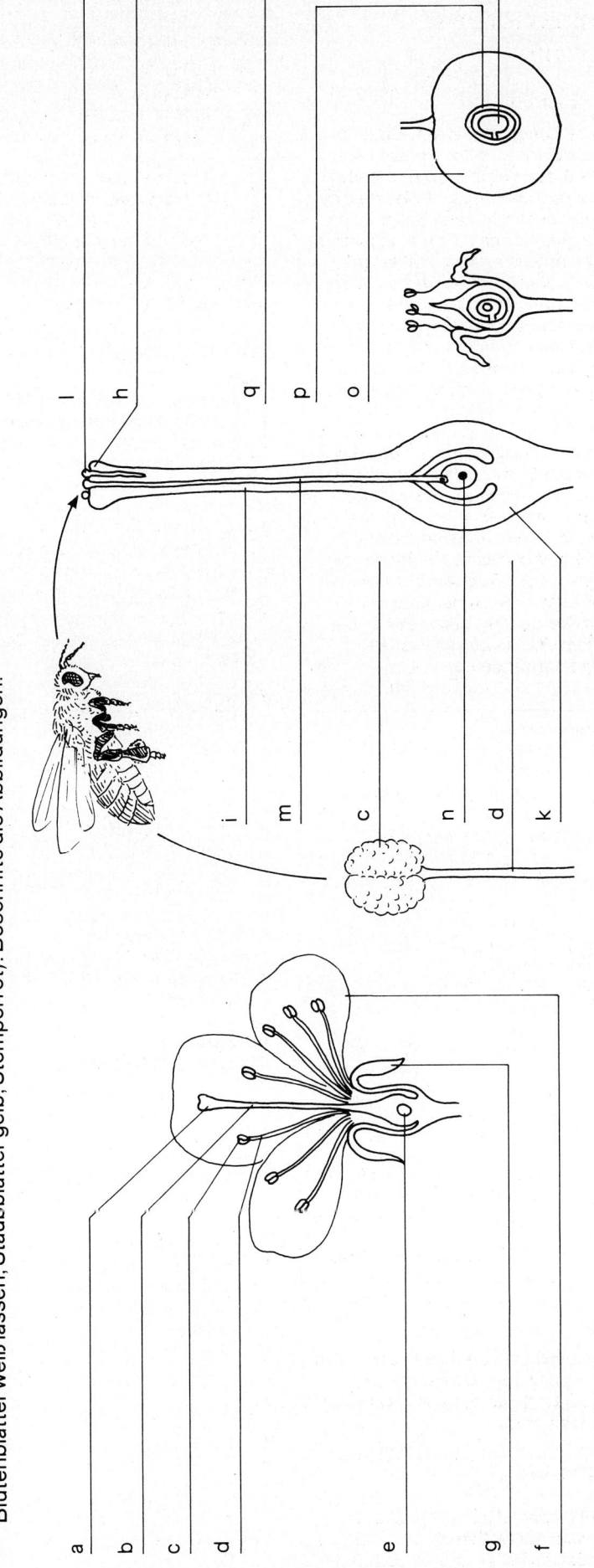

a _____
b _____
c _____
d _____

e _____

g _____
f _____

h _____
i _____

m _____
c _____
n _____
d _____
k _____

o _____
p _____
q _____

3. Welche Aufgaben haben die folgenden Blütenteile bei der Befruchtung?
   a) Blütenblätter _____
   b) Staubbeutel _____
   c) Narbe _____
   d) Griffel _____
   e) Fruchtknoten _____

4. Was geschieht mit den Blütenteilen nach der Befruchtung?
   a) Blütenblätter _____
   b) Staubbeutel _____
   c) Griffel und Narbe _____
   d) Fruchtknoten _____

© Als Kopiervorlage freigegeben. Ernst Klett Schulbuchverlag, Stuttgart 1993

Blüten müssen bestäubt werden

(Schülerbuch S. 166/167)

Aufgaben und Lösungen

① Wiederhole anhand der Abbildung 166.3, wie Blütenform und Insekt einander angepaßt sind.
- Blüten bilden häufig am Blütenboden zuckerhaltigen Nektar, der Insekten als Nahrung dient. Röhrenförmige Blüten (z. B. Karthäusernelke) werden durch langrüßlige Insekten (z. B. Tagfalter) bestäubt. Hummelblüten besitzen kürzere Röhren und zeichnen sich meist durch einen guten „Landeplatz" für diese relativ schweren Insekten aus. In Bienenblüten liegt der Nektar meist in einer nur wenig versenkten, grubenförmigen Vertiefung des Blütenbodens, erreichbar für den relativ kurzen Saugrüssel der Bienen.
Fliegenblüten bieten den Nektar leicht zugänglich auf einem flachen Blütenboden an.
Als weitere Anpassung kann man den Geruch der Blüten nennen, der als Lockstoff die Riechorgane der bestäubenden Insekten anspricht.
Und schließlich ist die Behaarung vieler Insekten eine ideale Voraussetzung für den Pollentransport und die Bestäubung der besuchten Blüten.

② Achte bei blühenden Pflanzen darauf, von welchen Insekten sie besucht werden. Schreibe die Pflanzennamen auf und ordne nach Falter-, Hummel-, Bienen- oder Fliegenblüten.
- Beispiele:
Falterblüten: Karthäusernelke, Rote Lichtnelke, Frühlingsenzian
Hummelblüten: Taubnessel, Wiesensalbei, Klee
Bienenblüten: Kirsche, Glockenblume, Augentrost, Schlehdorn, Salweide
Fliegenblüten: Labkraut, Ehrenpreis, Bärenklau

③ Den Haselstrauch bezeichnet man als einhäusig, seine Blüten als getrenntgeschlechtig. Erkläre beide Begriffe.
- Einhäusig: Männliche und weibliche Organe, also Staubblätter bzw. Stempel, befinden sich auf **einer** Pflanze.
Getrenntgeschlechtig ist eine Pflanze mit zwei verschiedenen Sorten von Blüten, die entweder nur männliche (Staubblätter) oder nur weibliche Organe (Stempel) tragen.

④ Besorge dir Pollen von verschiedenen Pflanzen. Mikroskopiere und zeichne einige Pollenkörner. Schreibe den Namen der Pflanze dazu.
- Siehe Abbildungen in der Randspalte.

Pollenkörner (Durchmesser zwischen 0,0025 bis 0,25 mm)

Haselstrauch

Salweide

Kratzdistel

Glockenblume

Eiche

Löwenzahn

99 Zusatzinformation
Schwefelregen und Heuschnupfen

An warmen Frühlingstagen können Millionen Pollenkörner von Haselsträuchern, Eschen, Erlen, Birken und vor allem Kiefern eine gelbe Staubschicht auf Straßen und Autos bilden. Ein folgender Regen und die zurückbleibenden Regenpfützen sind gelb („Schwefelregen"). Unangenehm für viele Menschen sind *Heuschnupfenallergien*, die nicht nur zur Zeit der Grasblüte, sondern auch während der Strauch- und Baumblüte auftreten. Der Körper wehrt sich übermäßig gegen die kleinen Pollenkörner, die mit der Atemluft aufgenommen werden. Bei Menschen, die auf spezielle Pollen allergisch sind, äußert sich die Abwehrreaktion durch heftiges Niesen, Entzündung und Flüssigkeitsabsonderung der Nasenschleimhaut, Tränen und Brennen der Augen. Fieber, Kopfschmerzen und asthmatische Anfälle sind möglich. 99

Lösungen zum Arbeitsblatt

1. a) zweihäusig; b) Insekten; c) Staubbeutel und Staubfaden; d) Schuppenblättchen; e) Narbe; f) Fruchtknoten; g) Schuppenblättchen.
2. Abbildungen und Begriffe vgl. Text und Randabbildungen im Schülerbuch S. 167; a) einhäusig; b) Wind.

Medien

Modelle
- Schlüter 1695a Salbeiblüte (Lippenblütler)
- Schlüter 3414 Salbeiblüte, Bestäubungsmechanismus
- Schlüter 3416 Berberitzenblüte, Bestäubungsvorgang

Filme
- FWU Blütenstaub – der Weg zur Fruchtbarkeit (20 min, f)
- FWU Bestäubung – Befruchtung (5 min, f)
- FWU Bienen sammeln Nektar (4 min, f)
- FWU Blütenbestäubung: Taglichtnelke mit Zitronenfalter (5 min, f)
- FWU Blütenbestäubung: Glockenblume mit Honigbiene (4,5 min, f)
- FWU Blütenbestäubung: Wiesensalbei mit Erdhummel (4,5 min, f)
- FWU Blütenbestäubung: Doldenblütler mit verschiedenen Insektenarten (4 min, f)
- FWU Weidenkätzchen (4 min, f)
- Klett 99920 Bestäubung – Pollenschlauchwachstum – Befruchtung (5 min, f)
- Klett 99921 Blütenökologie I: Blüte und Insekt (4 min, f)
- Klett 99922 Blütenökologie II: Bestäubungsmechanismen (3,5 min, f)
- Klett 994819 Filmpaket: Bestäubung und Befruchtung der Blüte (12,5 min, f)

Videos
- Klett 994812 Bestäubung und Befruchtung der Blüte (12,5 min, f)
- Klett 376031 Bestäubung, Pollenschlauchwachstum und Befruchtung (5 min, f)

Dias
- FWU Bestäubung der Salbeiblüte (5, f)
- FWU Blütenbestäubung durch Insekten (21, f)
- FWU Kätzchenblütler (12, f)
- V-Dia Der Haselstrauch – ein getrenntgeschlechtig-einhäusiger Windblütler (12, f)
- V-Dia Die Salweide – ein zweihäusiger Insektenblütler (12, f)

Wir untersuchen die Blüten von Salweide und Hasel

1. Untersuche mit Hilfe der Lupe die gelben und grünen Kätzchen der Weide und beschrifte die Abbildungen. Bei b ist einzutragen, wer die Blüte bestäubt.

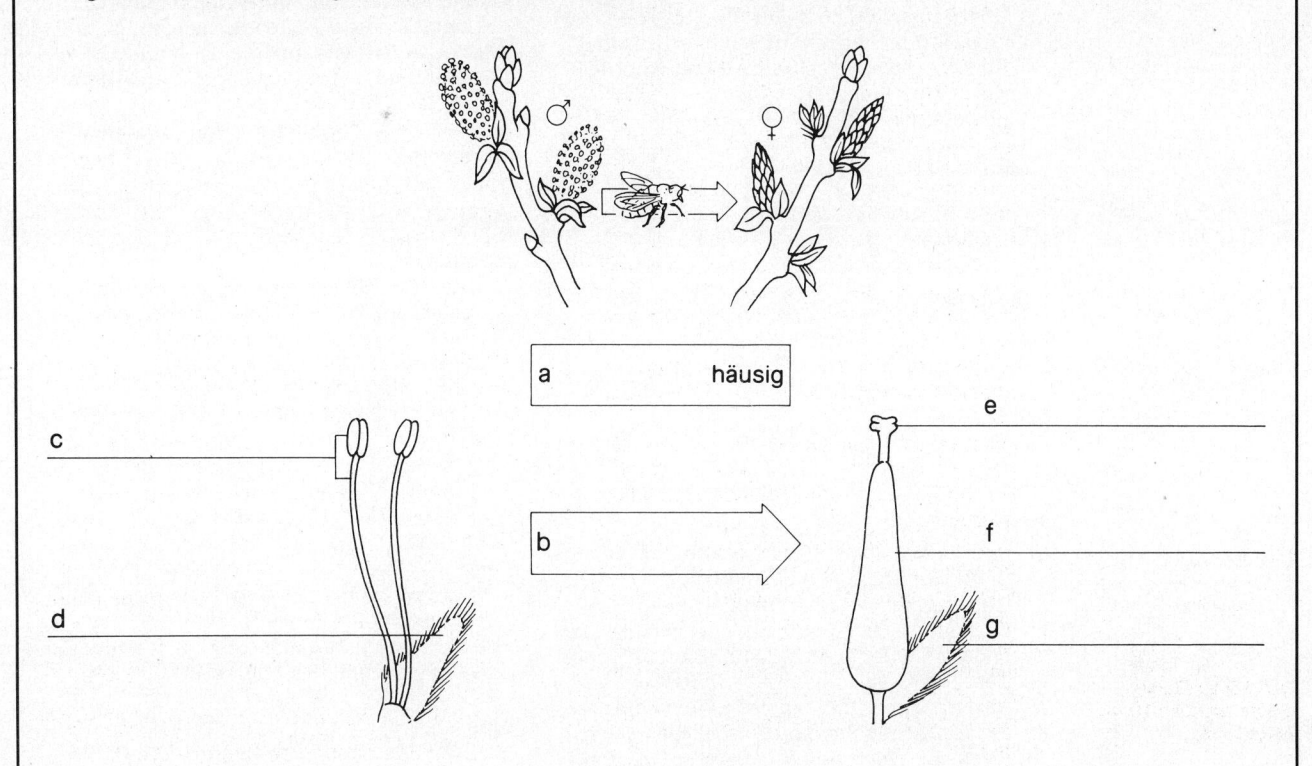

    a _____ häusig

    c _____
    d _____

    b →

    e _____
    f _____
    g _____

2. Untersuche nun
    a) den männlichen Blütenstand des Haselstrauchs. Ergänze und beschrifte die Abbildung einer einzelnen Schuppe.
    b) eine weibliche Blütenknospe. Ergänze und beschrifte die Abbildung.

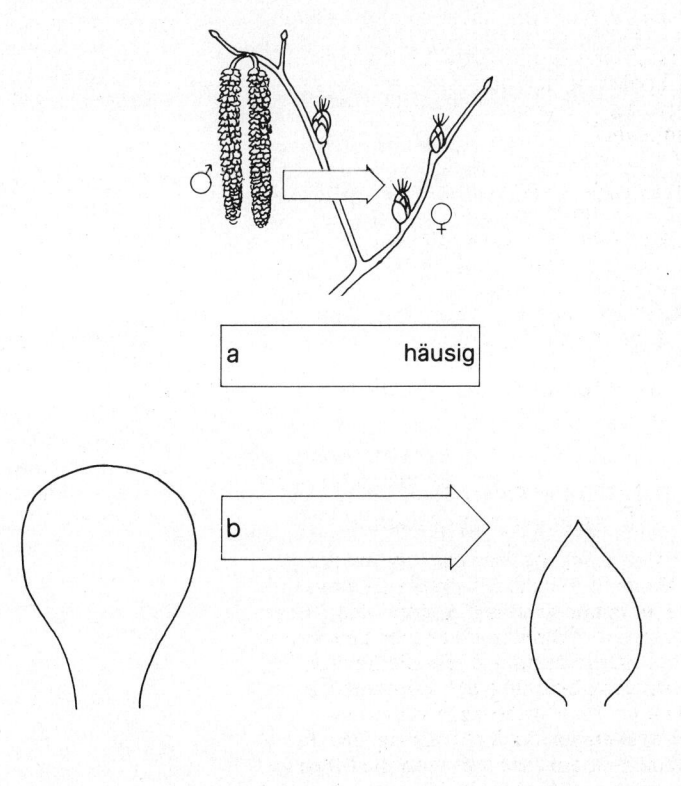

    a _____ häusig

    b →

Besondere Bestäubungsmechanismen

(Schülerbuch S. 168/169)

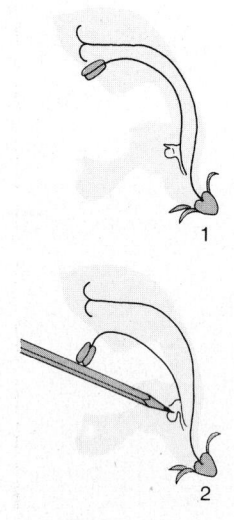

Aufgaben und Lösungen (S. 168)

① Übertrage die Salbeiblüte von Abbildung 1 in dein Heft und beschrifte mit: Platte, Hebel, Staubbeutel, Griffel, Narbe, Fruchtknoten, Kelch, Unterlippe, Oberlippe.
- *Siehe Abbildung oder Arbeitsblatt.*

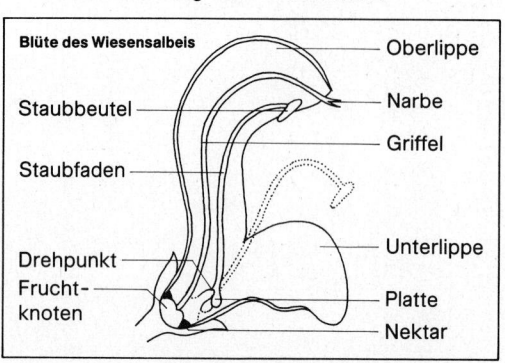

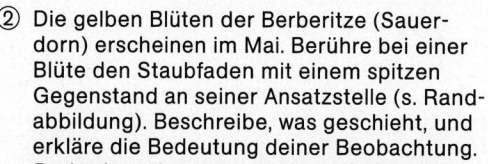

Blüte des Wiesensalbeis
- Oberlippe
- Staubbeutel
- Narbe
- Griffel
- Staubfaden
- Drehpunkt
- Fruchtknoten
- Unterlippe
- Platte
- Nektar

② Die gelben Blüten der Berberitze (Sauerdorn) erscheinen im Mai. Berühre bei einer Blüte den Staubfaden mit einem spitzen Gegenstand an seiner Ansatzstelle (s. Randabbildung). Beschreibe, was geschieht, und erkläre die Bedeutung deiner Beobachtung.
- *Berberitzen kann man in Gartenhecken finden. Bei der Berührung des Staubblattansatzes klappt das Staubblatt recht schnell nach innen um. Wenn sich ein Insekt auf der Blüte befindet, wird es mit Pollen beladen. Der Klappmechanismus erhöht also die Wahrscheinlichkeit, daß das Insekt Blütenstaub mit zur nächsten Blüte nimmt (vgl. Modell SCHLÜTER, 3416).*

Aufgaben und Lösungen (S. 169)

① Erkläre anhand von Abbildung 1 mit eigenen Worten, wie bei der Schlüsselblume Fremdbestäubung erreicht wird.
- *Vgl. den letzten Absatz des vorangegangenen Textes.*

② Wiederhole, wie bei Kirsche und Salweide Selbstbestäubung vermieden wird.
- *Die Kirsche ist „vorweiblich" (proterogyn). Da zunächst nur die Narben belegungsfähig sind und die Pollen später reifen, ist eine Selbstbestäubung dieser Zwitterblüte unmöglich. Die Salweide ist getrenntgeschlechtig und zweihäusig. Dadurch wird Fremdbestäubung gesichert.*

1 Wiesensalbei
2 Auslösen des Schlagbaummechanismus

Zur Verwendung des Modells (Arbeitsblatt):
Abbildung A: Schlagbaummechanismus bei einer jungen Blüte
(1) Biene landet auf Unterlippe der Blüte, schiebt den Rüssel in die Blütenröhre und drückt dabei auf die Platte der Staubblätter.
(2) Biene berührt Staubbeutel; Blütenstaub bleibt in ihrem Haarkleid hängen.
Abbildung B: Bestäubung einer älteren Blüte
(3) Griffel wächst in die Länge, Staubblätter sind verkümmert.
(4) Narbe streift Pollen aus dem Haarkleid der Biene.

Medien

Modelle
- Schlüter 1695 a Salbeiblüte (Lippenblütler)
- Schlüter 3414 Bestäubungsmechanismus der Salbeiblüte (Bewegungsmodell)
- Phywe 77303.00 Salbei, Blüte
- Somso BOS 15/1 Wiesensalbei
- Schlüter 3416 Bestäubungsvorgang der Berberitzenblüte (Bewegungsmodell)
- Phywe 77300.00 Berberitze, Blüte
- Phywe 77304.00 Schlüsselblume, Blüte
- Phywe 77311.00 Aronstab, Blüte

Filme
- FWU Blütenbestäubung: Wiesensalbei mit Erdhummel (4,5 min, f)
- Klett 99922 Blütenökologie II: Bestäubungsmechanismen (3,5 min, f)

Dias
- FWU Bestäubung der Salbeiblüte (5, f)
- FWU Blütenbestäubung durch Insekten (21, f)

❞ ──────────── **Zusatzinformation**

1. „Nektardiebe" an der Schlüsselblume!

Insekten mit langem Rüssel (langrüsselige Hummeln, Schmetterlinge [häufig Zitronenfalter]) holen Nektar durch die Blütenröhre. Dabei sorgen sie für die Bestäubung. Kurzrüsselige Hummeln dagegen beißen Kelch und Blütenröhre seitlich durch und „stehlen" Nektar, ohne die Bestäubung zu übernehmen.

2. Bei der Behandlung der Schlüsselblume muß man beachten, daß ihre *unterirdischen Teile* und die *Blattrosette* geschützt sind.

──────────────────── ❞

Rüssellängen von Insekten
Schmetterlinge
- Bläuling 8 mm
- Windenschwärmer 80 mm

Hummeln 9–12 mm
Bienen 6 mm
Fliegen 2–3 mm

Blütenpflanzen

Wiesensalbei und Biene

1. Klebe das Blatt auf einen Karton und schneide die abgebildeten Teile aus. Sie werden in A und A' bzw. B und B' durch Couvertklammern miteinander verbunden. Zur Verdickung klebe auf die Flächen V nochmals Kartonstücke auf.
2. Mit diesem Modell kannst du die im Schülerbuch S. 180 beschriebenen Vorgänge bei der Bestäubung der Salbeiblüte nachvollziehen.

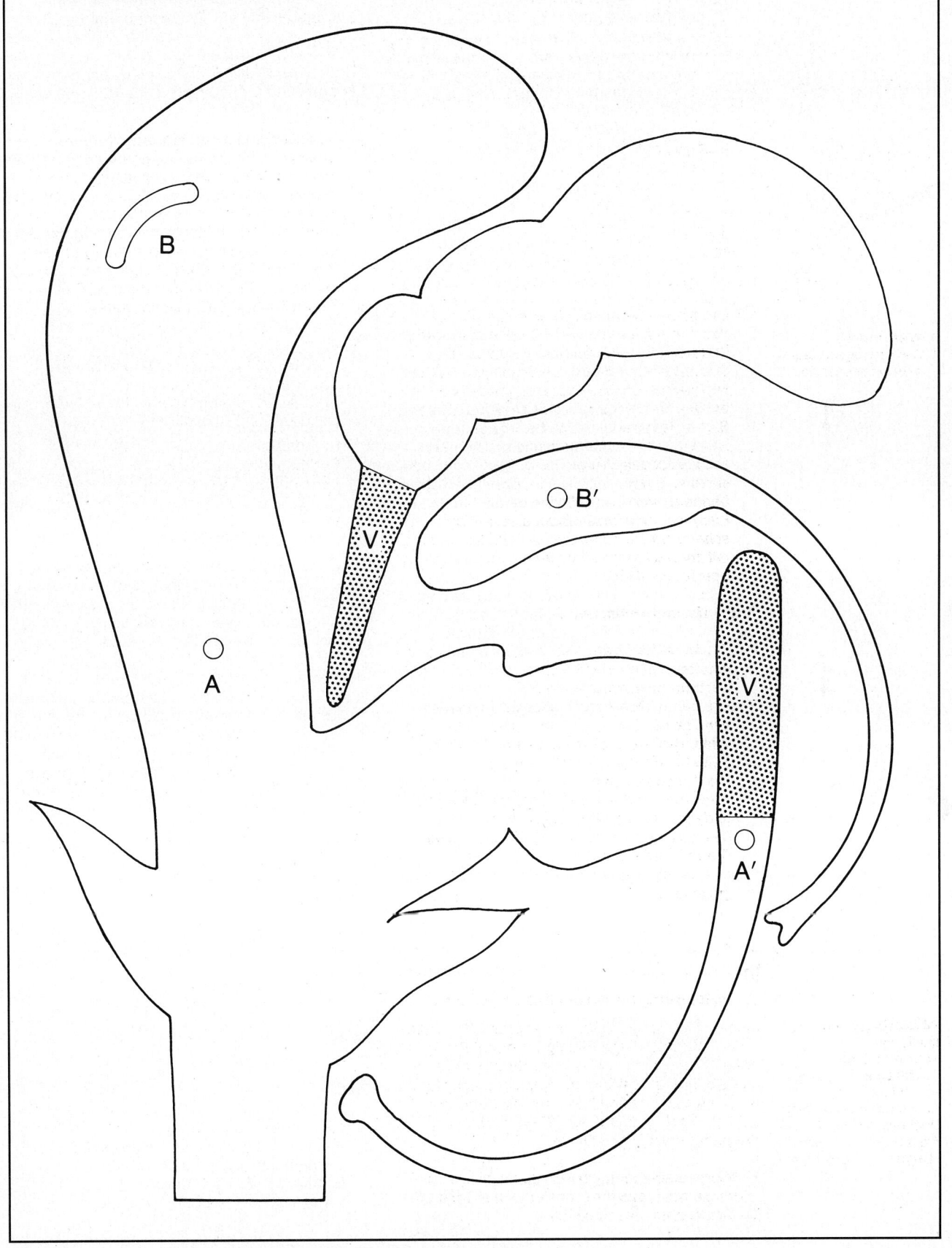

© Als Kopiervorlage freigegeben. Ernst Klett Schulbuchverlag, Stuttgart 1993

Die Verbreitung von Früchten und Samen

(Schülerband S. 170/171)

Aufgaben und Lösungen

① Ordne den in Abbildung 2 dargestellten Früchten und Samen die im Text genannten Verbreitungsmechanismen zu. Nenne die Namen der zugehörigen Pflanzen.
- *1 Schraubenflieger – Ahorn*
  2 Schirmflieger – Löwenzahn
  3 Lockfrucht – Schneeball
  4 Schleuderfrucht – Storchschnabel
  5 Schraubenflieger – Linde
  6 Klettfrucht – Klette
  7 Schleuderfrucht – Springkraut
  8 Körnchenflieger – Klatschmohn
  9 Schraubenflieger – Hainbuche
  10 Trockenfrucht – Haselnuß
  11 Schwimmsamen – Seerose

② Sammle Früchte und Samen und ordne sie nach der Art ihrer Verbreitung.
- *Im Schülerbuch werden wichtige einheimische Früchte und Samen genannt. Je nach Jahreszeit und Region werden sich noch andere Arten finden lassen.*

③ Welche Voraussetzungen müssen Samen erfüllen, die vom Wind verbreitet werden?
- *Sie müssen möglichst leicht sein und sollten Flugeinrichtungen besitzen.*

④ Laß aus 2 m Höhe verschiedene Früchte und Samen fallen. Miß mit einer Stoppuhr die Fallzeiten. Entferne die Flugeinrichtungen und miß erneut. Vergleiche!
- *Je nach Frucht sind die Fallzeiten mit Flugeinrichtungen drei- bis zehnmal länger als ohne. Bei einigen Schopffliegern (z. B. Weidenröschen) kann diese Zeit noch größer sein. Die Wirkung des Windes kann mit einem Fön veranschaulicht werden.*

⑤ In Nordamerika wurde der Breitwegerich von europäischen Siedlern eingeschleppt. Erkläre, warum die Indianer die fremde Pflanze „Fußstapfen des Weißen Mannes" nannten.
- *Der Breitwegerich besitzt Haftsamen. Sie blieben an Schuhen und Wagenrädern hängen und wurden so auf den von weißen Siedlern befahrenen Wegen verbreitet.*

99 ———————————— **Zusatzinformationen**

1. Jährliche Samenzahl einiger Pflanzen:

Kokospalme	70
Taubnessel	200
Vergißmeinnicht	700
Ackersenf	1 200
Löwenzahn	4 000
Klatschmohn	20 000
Beifuß	700 000
Schwarzpappel	28 000 000

2. Die Größten – die Kleinsten
Den **größten Samen** hat der Kokos, auch Coco de Mer *(Lodoicea seychellarum)* genannt, dessen Frucht ein Gewicht von 18 kg erreichen kann. Er wächst nur auf den Seychellen. Jede Frucht enthält nur einen Samen. **Den kleinsten Samen** haben *Orchideen*, von denen ca. 1 Mio. Samen ein Gramm wiegen.

Weitere Samengewichte (ca. in g):

Birke	0,0006
Klee	0,002
Raps	0,004
Fichte	0,007
Hainbuche	0,035
Weizen	0,04
Tanne	0,04
Ahorn	0,1
Rotbuche	0,2
Ackerbohne	0,3
Eiche	3,0

3. Kleine Ursachen – große Wirkungen
Der Samen eines Riesenmammutbaums wiegt etwa 5 mg. Der Mammutbaum „General Sherman", das schwerste lebende Wesen auf der Erde, wiegt 6100 t. Das bedeutet, daß sich das Gewicht des Samens um mehr als das 1.200.000.000.000fache (1,2 Billionen) vergrößert hat.

4. Alltagsmodelle zur Samenverbreitung
Um den Schülern verschiedene Möglichkeiten der Samenverbreitung bewußt zu machen, sollte man eine Sammlung geeigneter Dinge aus dem Alltag anlegen, bzw. die Schüler entsprechendes mitbringen lassen: Papierflieger verschiedener Art, Drachen, Propellerflieger, Spielzeugfallschirm; Steinschleuder, Gummiring und biegsames Lineal als Schleuder; Ball und Holzkugel als Schwimmer; Bonbon als „Lockfrucht".

5. Maximale Wurfweiten einiger Samen durch Schleuderfrüchte (in m)

Springkraut	0,90
Storchschnabel	2,50
Hohes Veilchen	4,65
Stiefmütterchen	4,75
Spritzgurke	12,70
Bauhinia (trop. Liane)	15,00

——————————————— **99**

Lösungen zum Arbeitsblatt

1. Ahorn: Durch eigene Drehung langsameres Fallen; durch Wind weit verdriftet – 2. Löwenzahn: Windverbreitung – 3. Schneeball: Früchte von Vögeln gefressen, unverdauliche Kerne an verschiedenen Stellen ausgeschieden – 4. Wiesenstorchschnabel: Selbstverbreitung; Samen weggeschleudert – 5. Linde: durch Wind weit verdriftet – 6. Klette: borstige Früchte bleiben im Fell (Kleidung) hängen, beim Putzen abgestreift – 7. Springkraut: Selbstverbreitung; Samen weggeschleudert – 8. Klatschmohn: Windverbreitung; Samen durch Pendeln aus Kapsel geworfen – 9. Hainbuche: Früchte durch Wind verdriftet – 10. Haselnuß: Trockenfrucht, Nüsse an verschiedenen Stellen vergraben (z. B. von Eichhörnchen) – 11. Seerose: schwimmfähige Samen durch Wasser verbreitet.

Medien

Modelle
- Spielzeuge als Flugmodelle (Papierflieger, Wurfspiel mit Haftbällen...)
- Phywe 77009.00 Raps, Schote
- Phywe 77032.00 Erbse, Hülse

Filme
- FWU Samenverbreitung (15 min, f)

Dias
- FWU Eßbare und giftige Wildfrüchte (16, f)
- FWU Samenverbreitung (12, f)
- Lünnemann Früchte des Waldes I (12, f)
- Lünnemann Früchte des Waldes II (12, f)
- Lünnemann Früchte des Waldes III (12, f)
- V-Dia Früchteökologie (20, f)

Wie werden Früchte und Samen verbreitet?

1. Ergänze die Tabelle.

Samen/Frucht	Art	Verbreitungsart
1		
2		
3		
4		
5		
6		
7		
8		
9		
10		
11		

© Als Kopiervorlage freigegeben. Ernst Klett Schulbuchverlag, Stuttgart 1993

3 Die Aufgaben der Pflanzenorgane

Die Gartenbohne – aus dem Leben einer Blütenpflanze

(Schülerbuch S. 172/173)

Aufgaben und Lösungen

① Ziehe einen Bohnenkeimling heran (vgl. Praktikum). Zeichne die Keimblätter und eines der Folgeblätter. Beschreibe deren Form und nenne Unterschiede.
– *Die Keimblätter sind gelb-grün, zunächst dick, später schrumpfend und welk; sie fallen bald ab. Die Blätter des ersten Blattpaares (Primärblätter) sind herzförmig und besitzen eine einfache Blattspreite.*
Alle weiteren Blätter sind dreizählig gefiedert.

② Beschreibe die Stellung der Laubblätter einer Bohnenpflanze bei voller Beleuchtung und nach längerer Dunkelheit.
– *Bei Licht sind die drei Fiederblättchen ausgebreitet. Bei Dunkelheit nehmen sie eine „Schlafstellung" ein; sie klappen seitlich nach unten ab.*

③ Man kann eine Hülse auf den ersten Blick leicht mit einer Schote (z. B. der Frucht des Ackersenfs) verwechseln. Vergleiche beide Fruchtformen und gib an, woran du eine Hülse bzw. eine Schote erkennst.
– *Die Hülse entsteht aus einem Fruchtblatt. Die Samen sitzen in einer Reihe nur an einer Seite. Die Schote entsteht aus zwei Fruchtblättern. Die Samen sitzen in zwei Reihen auf beiden Seiten der Frucht. Beide Fruchtblätter sind durch eine Scheidewand voneinander getrennt.*

④ Untersuche einige Samen (Erbse, Apfelkern, Haselnuß) und Getreidekörner (Roggen, Mais, Gerste). Begründe, ob sie im Aufbau eher einem Bohnensamen oder einem Weizenkorn gleichen.
– *Die Samen von Apfel, Erbse und Haselnuß zerfallen in zwei Hälften und ähneln damit den Samen der Bohne. Diese vier Pflanzen werden daher zu den zweikeimblättrigen Pflanzen gezählt.*
Getreidekörner lassen sich nicht in zwei symmetrische Hälften zerlegen. Sie gehören zu den einkeimblättrigen Pflanzen.

⑤ Lege einige dieser Samen und Getreidekörner ein paar Tage in feuchte Watte. Vergleiche dann die sich entwickelnden Keimlinge täglich unter der Lupe und versuche, sie zu zeichnen. Welche Unterschiede kannst du erkennen?
– *Der wesentliche Unterschied liegt in der Anzahl der Keimblätter (zwei bzw. eines).*

" Zusatzinformationen

1. Zum Vergleich Bohnensamen – Weizenkorn

Das Weizenkorn ist, da es aus einem ganzen Fruchtknoten hervorgeht, kein Samen, sondern eine Frucht. Allerdings liegen Frucht- und Samenschale so fest aneinander, daß sie bei der Untersuchung durch Schüler nicht getrennt werden können. Dennoch ist ein Vergleich zwischen Bohnensamen und Weizenkorn gerechtfertigt, da ihre biologischen Aufgaben gleich sind: Es sind beides Fortpflanzungseinheiten, die den Keimling mit Vorratsstoffen für Aufbau und Energiegewinnung während der Keimung enthalten.

Verschieden sind Bohnensamen und Weizenfrucht hinsichtlich der Lage der Nahrungsreserven: Während die Nährstoffe für die Keimpflanze der Bohne in dieser selbst, nämlich in den Keimblättern, eingelagert sind, besitzt das Getreidekorn ein eigenes Nährgewebe (Mehlkörper); in seinem Keimling dagegen sind keine Reservestoffe gespeichert.

Ein weiterer Unterschied besteht beim Keimvorgang: der Bohnensproß drückt sich im Bogen aus der Erde („Bogenkeimer", vgl. Schülerbuch S. 186, Abb. und Arbeitsblatt), das Getreidepflänzchen dagegen durchstößt die Erde mit seiner Spitze („Spitzkeimer", vgl. Randabbildung).

2. „Überirdische" (epigäische) und „unterirdische" (hypogäische) Keimung.

Die Keimpflanze der Gartenbohne nimmt bei der Keimung die Keimblätter über die Erdoberfläche mit (epigäische Keimung), bei der Feuerbohne dagegen bleiben sie darunter (hypogäische Keimung).

"

Lösungen zum Arbeitsblatt

1. Vor der Präparation: Vergleich zwischen trockenem und gequollenem Samen: Der gequollene ist etwa doppelt so groß und schwer wie der trockene. Am gequollenen Samen läßt sich die Samenschale leicht mit den Fingernägeln entfernen. Präparierbesteck ist deshalb nicht nötig.
2. Vgl. Schülerbuch S. 172, Abb.: Keimwurzel, Keimstengel, Keimknospe, Laubblätter, Keimblatt, Samenschale.
3. Vgl. Schülerbuch S. 173:
a), b) Samen nimmt Wasser auf und quillt;
c) Keimwurzel durchbricht Samenschale; d) Keimwurzel bildet Seitenwurzeln, Stengel sichtbar; e) Stengel richtet sich auf; f) Grüne Laubblätter entfalten sich, Keimblätter schrumpfen; g) Bohne wächst, rankt und blüht.

Medien

Modelle
– Schlüter 1685 Weizenkorn
– Schlüter 1690 b Keimungsmodell – Vergleichende Zusammenstellung der Keimungen von Roggen, Bohne und Fichte
– Schlüter 1696 Erbsenblüte (Schmetterlingsblütler)

Filme
– FWU Keimung und Entwicklung der Erbse (5 min, f)
– Klett 99909 Wachstum bei Pflanzen (5 min, f)
– Klett 99916 Bohnenkeimung (3,5 min, f)

Arbeitstransparente
– Klett 99805 Aufbau einer Schmetterlingsblüte (Erbse) (Aufbautransparent, 5 Folien)

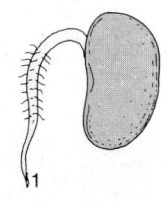

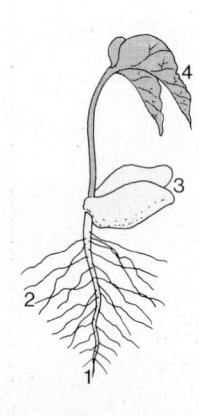

Keimende Bohne
1 Hauptwurzel
2 Nebenwurzeln
3 Keimblätter
4 erste Laubblätter

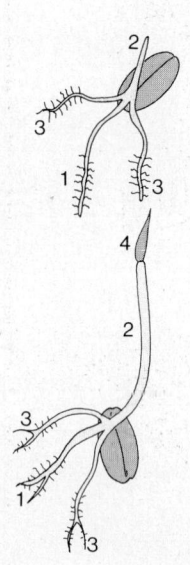

Keimendes Weizenkorn
1 Hauptwurzel
2 Keimscheide
3 Nebenwurzel
4 erstes Laubblatt

Die Entwicklung der Gartenbohne

1. Untersuche mit der Lupe einen gequollenen Bohnensamen zunächst von außen, dann von innen.
2. Ergänze und beschrifte die nebenstehende Zeichnung.
3. Beschreibe kurz die dargestellten Entwicklungsschritte der Bohne.

_____
_____
_____
_____

a) _____
_____
_____

b) _____
_____
_____

c) _____
_____
_____

d) _____
_____
_____

e) _____
_____
_____

f) _____
_____
_____

g) _____
_____
_____

© Als Kopiervorlage freigegeben. Ernst Klett Schulbuchverlag, Stuttgart 1993

Praktikum
Quellung, Keimung, Wachstum
(Schülerbuch S. 174/175)

Quellung

Zu 1: Das Gewicht der Erbsensamen dürfte sich etwa verdoppeln. Beispiel: 100 g lufttrockene Erbsensamen erreichten nach 24 Stunden im Wasser ein Gewicht von 185 g.
Zu 2: Beispiel: Bohnensamen mit 1,5 cm Länge quellen zu einer Länge von 2,1 cm. Entsprechend werden sich Bohnensamen anderer Länge auf etwa das 1,4fache verlängern.
Zu 3: Durch Quellung der Erbsensamen werden Platte und Gewicht auf etwa die doppelte Höhe angehoben. Es ist darauf zu achten, daß seitlich neben der Platte keine Erbsensamen durchtreten können und reichlich Wasser in dem Gefäß vorhanden ist.
Zu 4: Die Bohnensamen nehmen Wasser auf, quellen dabei und sprengen den Gipsblock (Vergleiche: Keimende Pflanzen sprengen sogar Straßenasphalt!). Samen, die im Boden liegen, verdrängen und lockern so das Erdreich in der Umgebung. Das erleichtert die ersten Wachstumsbewegungen des Keimlings.
Bei diesem Experiment sollte schnell abbindender Gips verwendet werden, da sonst die Bohnensamen schon während des Aushärtens Wasser aufnehmen und den Block zum Platzen bringen. Aber auch dieses Ergebnis ließe sich im Sinne der Aufgabenstellung auswerten.

Keimung

Zu 1: Kontrollversuch:
Alle Faktoren, die möglicherweise für die Keimung wichtig sind (Erde, Wasser, Licht, Wärme [ca. 20–22° C], Luft) müssen vorhanden sein. Insbesondere muß regelmäßig gegossen werden.
- Erde fehlt:
  Samen auf feuchte Watte (Filterpapier, Papiertaschentücher) legen.
- Licht fehlt:
  Blumentöpfe im Dunkeln halten (unter Karton oder in fensterlosem Raum).
- Wärme fehlt:
  Versuch am besten in einem kalten, aber gut belichteten Kellerraum durchführen (oder in einem Kühlschrank, in dem das Licht aber nicht ausgehen darf).
- Wasser fehlt:
  Erde vor Versuchsbeginn trocknen!
- Luft fehlt:
  Über den ganzen Blumentopf wird eine durchsichtige Haushaltsfolie gezogen. Selbst unter einer gut abschließenden Folie verbleibt aber immer Restluft. Je nach Größe und Anzahl der Samen kann es deshalb im Schülerexperiment zu einer beginnenden Keimung kommen.
- Ergebnis:
  Wasser, Wärme und Luft (Sauerstoff zur Atmung!) sind unerläßliche Keimungsbedingungen. Erde und Licht dagegen sind nicht unbedingt erforderlich.

Zu 2: Der Kontrollversuch ist unerläßlich, da nicht ausgeschlossen werden kann, daß die Samen ihre Keimfähigkeit verloren haben. Bei Bohnen- oder Kressesamen ist diese Gefahr allerdings gering.
Zu 3: Die gequollenen Samen haben im Kühlschrank ihre Keimfähigkeit verloren; trockene, ungequollene Samen können dagegen noch normal keimen. In der Natur bedeutet das, daß in unseren Breiten mit ihren frostreichen Wintern nur solche Samen überdauern, die sich in Trockenstarre befinden. (Eine Alternative dazu ist, daß die Samen schon im Herbst keimen und die jungen Pflänzchen den Winter überstehen, wie es z. B. bei unserem Wintergetreide der Fall ist.)
Zu 4: Vergleiche die Abbildung im Schülerbuch S. 172.
Zu 5: Mit Iodkaliumiodid läßt sich Stärke nachweisen. Die Violettfärbung des Samens zeigt, daß Bohnensamen stärkehaltig sind. Von diesem Reservestoff zehrt der Keimling in der ersten Zeit seiner Entwicklung.
Zu 6: Vergleiche Abbildung im Schülerbuch S. 186. Die Feuerbohne keimt – im Gegensatz zur überirdischen (epigäischen) Keimung der Gartenbohne – unterirdisch (hypogäisch): Die Keimblätter werden nicht aus der Erde herausgezogen (vgl. Randabbildung).

Wachstum

Zu 1 und 2: Die Tabelle der Schüler dürfte ähnlich ausfallen wie das Beispiel in Aufgabe 2 (Messung bei Zimmertemperatur). Sortenabhängige bzw. temperaturbedingte Unterschiede sind zu erwarten. Der Verlauf der Wachstumskurve wird in jedem Fall ähnlich sein.
Zu 3 und 4: Beschreibung: Wurzel und Stengel der Keimpflanzen sind in die Länge gewachsen. Die Tuschemarkierungen sind durch das Wachstum zum Teil auf mehr als das Doppelte auseinandergezogen.
Vergleich: Der Stengel ist in einem langen Bereich gewachsen, im oberen Abschnitt allerdings stärker als im mittleren. Nur im unteren Teil des Stengels ist kein Längenwachstum zu erkennen.
Die Wurzel hat im Gegensatz dazu eine sehr kurze Streckungszone, die ausschließlich auf den vorderen Bereich der Wurzelspitze beschränkt ist. Dieser Unterschied zwischen Wurzel- und Stengelwachstum ist bei den in Aufgabe 4 genannten Keimlingen in gleicher Weise zu beobachten.
Zu 5: Zu a) Keimlinge gelb-grün; länger als die Kontrollpflanzen („Vergeilung").
  Begründung: Ohne Licht vergilben Pflanzen, da ohne Licht kein Blattgrün gebildet werden kann. Das überstarke Längenwachstum (Etiolieren) ist als „Streben nach Licht" zu deuten (siehe auch b)).
Zu b) Pflanzen im oberen Teil gekrümmt und in Richtung der Öffnung im Karton gewachsen (einseitiges Streckungswachstum). Pflanzen besitzen also die Fähigkeit, auf Licht hin zu reagieren. Offenbar benötigen sie – im Gegensatz zu keimenden Samen – Licht zum Gedeihen.
Zu c) Die Stengel der Keimpflanzen haben sich nach oben gekrümmt, die Wurzeln in der Erde verlaufen entgegengesetzt nach unten. Erklärung: Sproß wendet sich dem Licht zu („Streben nach Licht"; siehe a)). Bei der Untersuchung der Wurzel kommt als zweiter Kausalfaktor die Schwerkraft ins Spiel.

Lösungen zum Arbeitsblatt

Ergebnis: Zur Keimung sind nötig: Wasser, Luft, Wärme. Nicht erforderlich sind: Erde, Licht.

Was eine Pflanze zum Keimen benötigt

1. Gib jeweils 10 Kressesamen (oder 5 Bohnensamen) in 6 Petrischalen und setze sie zwei Wochen lang den angegebenen Umweltbedingungen aus.
2. Notiere jeden zweiten Tag deine Beobachtungen (− keine Keimung; + je gekeimter Samen).
3. Skizziere am Ende des Versuchs das Ergebnis und ergänze den Ergebnissatz.

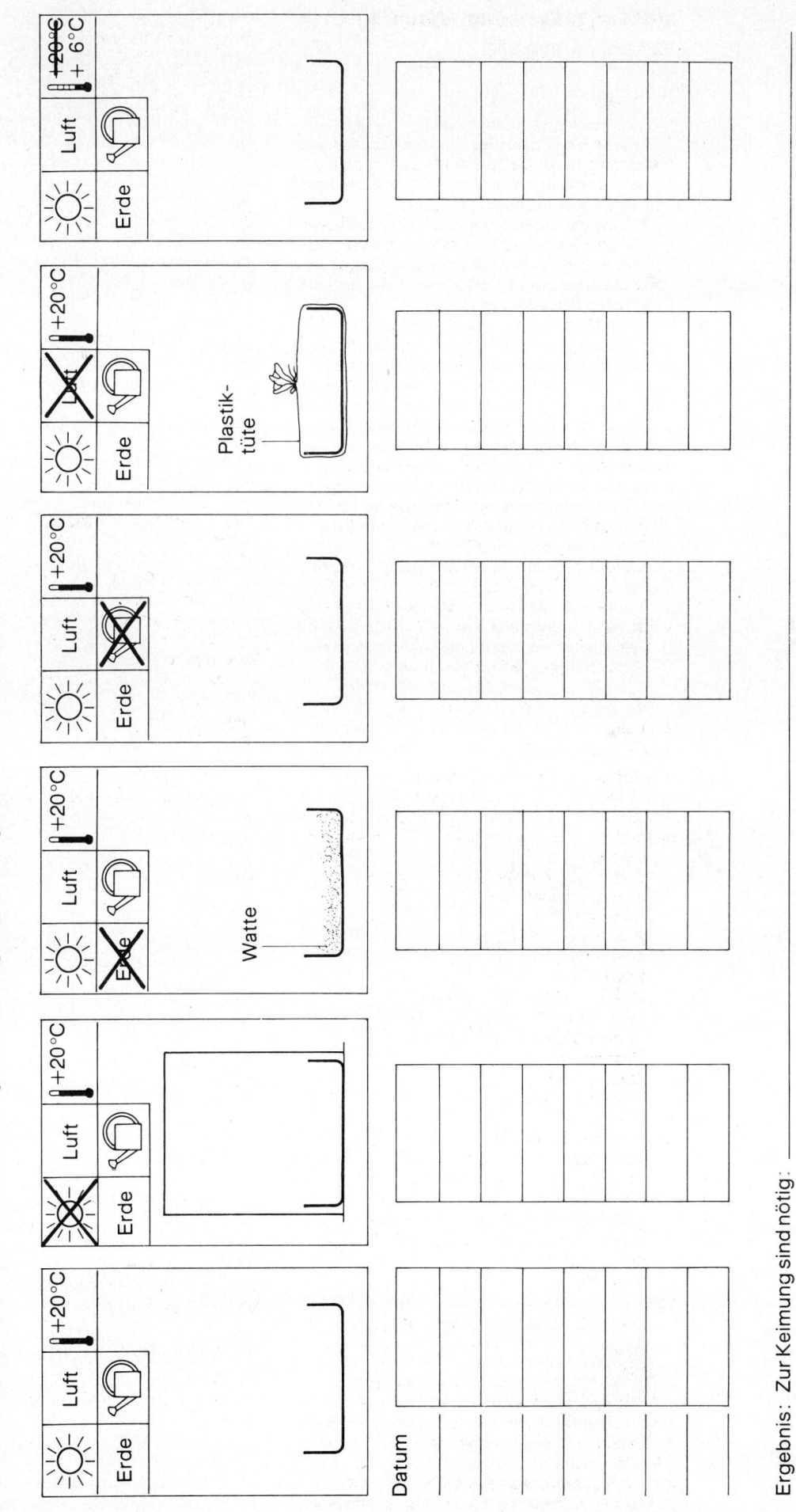

Datum

Ergebnis: Zur Keimung sind nötig: _____

Nicht erforderlich sind: _____

© Als Kopiervorlage freigegeben. Ernst Klett Schulbuchverlag, Stuttgart 1993

Wurzel, Sproß und Blatt nutzen Wasser, Boden und Licht

(Schülerbuch S. 176/177)

Aufgaben und Lösungen

① Stelle den Zweig einer Zimmerpflanze (Buntnessel, Fleißiges Lieschen) oder eines Laubbaumes (Weide, Pappel) für 24 Stunden in mit roter Tinte gefärbtes Wasser. Schneide den Zweig anschließend quer durch.
  a) Betrachte den Querschnitt mit der Lupe und zeichne, was du erkennst.
  b) Beschreibe und erkläre das Ergebnis.
  c) Verfahre ebenso mit einem Längsschnitt.
- *a) Siehe Abbildungen.*
  b) Ein Vergleich mit dem Aufsaugen von Flüssigkeiten in Würfelzucker (bzw. Erdboden) zeigt die Besonderheit des Wassertransports in Pflanzen (vgl. Randabbildung): Der Stengel ist nur in einigen Bereichen rot gefärbt: Hier befinden sich die Gefäßbündel, in denen Wasser von den Wurzeln zu den Blättern geleitet wird (Gefäßteil, Holzteil, Xylem).
  c) Der Verlauf der Gefäßbündel wird im Längsschnitt noch deutlicher. Diese Wasserleitungsbahnen befinden sich nicht überall im Stengel, sondern sind (je nach Pflanzenart) in unterschiedlicher Weise im Stengel angeordnet.

② Bringe je einen Tropfen Klebstoff auf die Ober- und Unterseite eines Laubblattes. Den getrockneten Klebstoff kannst du wie eine Haut abziehen. Betrachte dann die beiden Abdrücke mit der Lupe und unter dem Mikroskop. Vergleiche.
- *Als Klebstoff eignet sich ein gut härtender Kleber. In der Regel sind die Abdrücke der Spaltöffnungen (nur auf den Abdrücken der Blattunterseite, s. Abbildung 190.1 und Randabbildung) leicht zu finden und besser zu untersuchen als am realen Blatt. Auch die Umrisse der ineinander verzahnten Epidermiszellen sind zu erkennen.*

③ Bringe je einen Tropfen destilliertes Wasser, Leitungswasser und Flüssigdünger auf eine saubere Glasplatte. Laß das Wasser verdunsten und beschreibe deine Beobachtungen. Erkläre.
- *Auf der Glasplatte bleiben die im Leitungswasser gelösten Mineralstoffe zurück. Das destillierte Wasser dagegen verdunstet restlos, während der Flüssigdünger besonders viele Stoffe zurückläßt.*
  Erklärung: Wasser löst beim Kontakt mit dem Erdreich darin enthaltene Mineralstoffe, die bei der Herstellung von destilliertem Wasser (Destillation) abgetrennt werden. In Dünger dagegen sind viele von Tieren ausgeschiedene Stoffe enthalten, die das Wachstum der Pflanzen fördern.

❞——————————— Zusatzinformationen

1. Zahlen zur Wasserabgabe durch die Blätter

- Eine freistehende Buche verdunstet im Hochsommer ca. 300 Liter Wasser pro Tag. Das sind 30 große Eimer Wasser!
- Durchmesser eines Wasserleitgefäßes: 0,05–0,2 mm.
- Spalt einer Spaltöffnung: 0,01–0,025 mm.
- Ein Eichenblatt besitzt ca. 400.000 Spaltöffnungen.

2. Pflanzen und Licht

Die Wirkung von Lichtmangel und die Lichtwendigkeit von Pflanzen können mit der Versuchsreihe 175.5 untersucht werden. Diese Versuche zeigen, daß Pflanzen unter Lichtausschluß „vergeilen". Wenn z. B. Kartoffelknollen im dunklen Keller austreiben, bilden sie gelbbleiche Sprosse mit verlängerten Internodien (Stengelabschnitte zwischen den Blattansätzen). Die Blätter bleiben klein, bleich, unterentwickelt. Das verstärkte Längenwachstum ist für unterirdische Pflanzensprosse sehr sinnvoll: Kartoffeltriebe gelangen auf diese Weise schnell durch die über ihnen liegende Erdschicht ans Licht. In der Landwirtschaft macht man sich die Vergeilung z. B. beim Spargelanbau zunutze: Im Frühjahr werden die Spargelpflanzen angehäufelt. Dadurch bleiben die Spargelsprossen vom Licht abgeschlossen und wachsen zu langen, bleichen Gemüsespargeln heran.

Andererseits ist bei starker Lichtintensität das Längenwachstum geringer. So bleiben gleichartige Pflanzen unter der hohen Sonneneinstrahlung im Gebirge niedriger als im Tiefland. Aus all diesen Beobachtungen läßt sich schließen, daß Licht das Streckungswachstum hemmt, die Blatt- und Blattgrünentwicklung dagegen fördert.

———————————❞

Lösungen zum Arbeitsblatt

Das Arbeitsblatt sollte im Zusammenhang mit dem Text des Schülerbuches S. 176 und den Aufgaben 177.1 und 177.2 bearbeitet werden.
1. Vgl. Schülerbuch Abb. 176.1.
2. a) Wasseraufnahme, Wurzelhaar; b) Wasserleitung, Wasserleitungsbahn (Gefäßbündel, vgl. Aufgabe 177.1); c) Wasserabgabe, Spaltöffnung (vgl. Aufgabe 177.2).

Medien

Modelle
- Schlüter 1676 Laubblatt
- Schlüter 1683 Leitbündel
- Schlüter 1684 Schnitt durch das Lindenholz (2jähriger Zweig)
- Schlüter 3413 Spaltöffnung (Funktionsmodell)

Filme
- FWU Wasserhaushalt der Pflanzen (11 min, f)
- FWU Stofftransport in Pflanzen 1 (4,5 min, f)
- FWU Stofftransport in Pflanzen 2 (4 min, f)
- Klett 99908 Spaltöffnungen. Aufbau und Bewegung (4,5 min, f)
- Klett 99924 Wassertransport bei Pflanzen (5 min, f)

Dias
- FWU Haut- und Stranggewebe der Pflanzen (13, f)
- FWU Das Blatt (14, f)
- FWU Wurzel und Stengel (12, f)
- FWU Schnitt durch Nadel- und Laubholz (19, sw)

Videos
- Klett 376028 Wassertransport bei Pflanzen (5 min, f)
- Klett 376029 Spaltöffnungen (5 min, f)
- Klett 999082 Wasserhaushalt bei Pflanzen (13,5 min, f)

Der Weg des Wassers in der Pflanze

1. Gib den Weg des Wassers durch die Pflanze mit blauen Pfeilen an und beschrifte.
2. Male im Stengelquerschnitt die Bereiche rot an, die sich im Versuch der Aufgabe 191.1 verfärben.

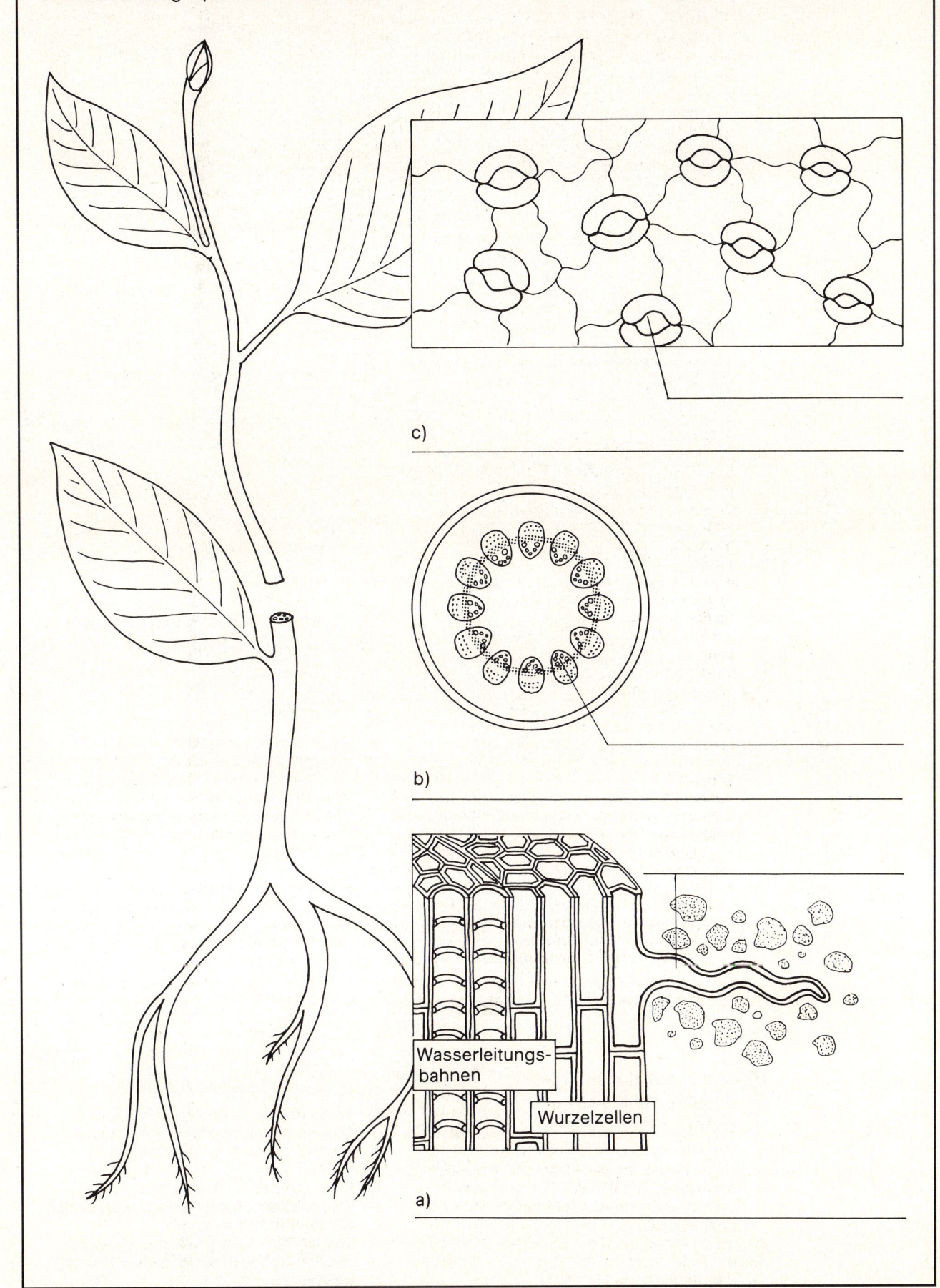

c) _____

b) _____

Wasserleitungs-bahnen

Wurzelzellen

a) _____

© Als Kopiervorlage freigegeben. Ernst Klett Schulbuchverlag, Stuttgart 1993

Pflanzen bilden Nährstoffe

Fotosynthese und Zellatmung

(Schülerbuch S. 178/179)

Aufgaben und Lösungen

① Beschreibe anhand der Abbildung 1 den Gaswechsel bei der Fotosynthese bzw. bei der Zellatmung.
– *In der grünen Pflanzenzelle wird unter Lichteinwirkung aus Kohlenstoffdioxid und Wasser Zucker bzw. Stärke hergestellt. Dabei wird Sauerstoff frei. Diesen Vorgang nennt man Fotosynthese, weil dabei mit Hilfe von Licht (griech. fos, fotos = Licht; vgl. „Foto"-apparat) Stoffe hergestellt (synthetisiert) werden.
Bei der Zellatmung wird Zucker bzw. Stärke zusammen mit Sauerstoff zur Energiegewinnung genutzt. Dabei entstehen Kohlenstoffdioxid und Wasser als Abfallstoffe.
Diese Zusammenhänge können entsprechend Abbildung 179.1 mit Hilfe von farbigen Folienteilen oder mit Magnetstreifen versehenen Sach- und Wortkärtchen entwickelt werden. Zur Fixierung dient das Arbeitsblatt.*

② Auch Wurzeln müssen mit Sauerstoff versorgt werden. Begründe.
– *Wurzeln sind lebende Pflanzenorgane. Sie müssen mit Energie versorgt werden, also Zellatmung betreiben. Da die Wurzeln niemals grün sind, also auch keine Fotosynthese betreiben können, wird in ihnen auch kein Sauerstoff freigesetzt. Wurzeln müssen also anderweitig damit versorgt werden.*

③ Beschreibe den in der Randabbildung dargestellten Versuch. Erkläre seine Bedeutung für die Erforschung der Fotosynthese.
– *Die Beschreibung in der Randspalte des Schülerbuchs sollte vom Schüler mit eigenen Worten wiedergegeben werden. Der Versuch belegt, daß nur an den Stellen des Blattes Stärke gebildet wird – d. h. Fotosynthese stattfindet –, auf die Licht auftrifft.*

Zusatzaufgabe und Lösung

① Erkläre das Ergebnis des auf S. 179 dargestellten Fotosyntheseversuchs.
– *Die aus der Aluminiumschablone ausgeschnittenen Figuren werden beim Stärkenachweis violett, da an diesen Stellen des Blattes mit Hilfe des Sonnenlichts Fotosynthese möglich war und Stärke gebildet werden konnte. An den abgedeckten Stellen konnte ohne Licht keine Fotosynthese erfolgen.*

Schmetterlingsblüte

Medien

Filme
- FWU Photosynthese (8 min, f)
- FWU Photosynthese – Sauerstoffentwicklung: Lichtabhängigkeit (4,5 min, f)
- FWU Photosynthese – Sauerstoffentwicklung: Balttgrün und CO_2-Angebot (4,5 min, f)
- FWU Photosynthese – Stärkebildung: Lichtabhängigkeit (5,5 min, f)
- FWU Photosynthese – Stärkebildung: Blattgrün und CO_2-Versorgung (5 min, f)

Dias
- FWU Photosynthese (24, f)

❞ —————————— **Zusatzinformationen**

Physiologische Versuche zur Fotosynthese sind in dieser Klassenstufe aus Mangel an chemischen Grundlagen kaum durchzuführen. Am ehesten noch kann die Sauerstoffentwicklung mit folgenden Versuchen gezeigt werden.

1. Blasenzählmethode
Frisch abgeschnittene Sprosse der Wasserpest (z. B. aus dem Schulteich) werden in ein Reagenzglas mit frischem Wasser gegeben. Die sich bildenden (Sauerstoff-)Blasen werden 5 x 1 Minute lang gezählt: a) bei Zimmerhelligkeit, b) bei direkter Beleuchtung mit einer Tischlampe.
Beobachtung: Bei größerer Lichtintensität werden mehr Blasen pro Minute gebildet.
Erklärung: Bei größerer Helligkeit läuft die Fotosynthese intensiver ab.

2. Untersuchung des gebildeten Gases
a) Frisch abgeschnittene Sprosse der Wasserpest werden in einem Gefäß mit frischem Wasser mit einem Trichter oder einer Glasglocke überdeckt und an einem beleuchteten Platz bis zur nächsten Biologiestunde aufgestellt.
Beobachtung: Die Pflanzensprosse bilden ein Gas, das sich unter der Glasglocke sammelt.
b) Hat sich genügend Gas angesammelt, macht man mit einem glimmenden Span die Sauerstoffprobe.
Beobachtung: Der glimmende Span glüht auf.
Erklärung: Bei der Fotosynthese hat sich Sauerstoff gebildet.

—————————— ❞

Lösungen zum Arbeitsblatt

Vgl. Schülerbuch Abb. 179.1.

Der Besenginster – alle Organe passen zum Lebensraum

(Schülerbuch S. 180/181)

Zum Arbeitsblatt S. 180

Vorgehen bei der Herstellung des Modells einer Schmetterlingsblüte (verändert nach PFISTERER 1984):
Im Unterricht sollten die Abbildung S. 172 und das Blütendiagramm S. 204 bei der Zusammenstellung des Modells als Ausgangsgrundlage dienen. Vergleiche auch nebenstehende Randabbildung.
1. Einzelteile ausschneiden und an punktierten Flächen AA, DD, EE, FF, HH in sich zusammenkleben.
2. Griffel in Staubblattröhre schieben.
3. Staubblattröhre (mit Griffel) in Schiffchen legen und hier in G festkleben.
4. Flügel an Fahne (BB, CC) kleben; über Schiffchen decken; beide Teile an ihren Enden zusammenkleben.
5. Kelchröhre darüberschieben und ankleben.

Lösungen zum Arbeitsblatt S. 181

A Verdunstungsschutz durch Verkleinerung der Oberfläche und Behaarung
B Anlockung von Bienen und Hummeln zur Bestäubung
C Erleichterung der Bestäubung
D Die weggeschleuderten Samen keimen in einiger Entfernung.
E Verbreitung durch Ameisen
F Knöllchenbakterien liefern der Pflanze Stickstoff.

Blütenpflanzen

Fotosynthese und Zellatmung

Wo mußt du die folgenden Begriffe eintragen, um links die Vorgänge der Fotosynthese, rechts die der Zellatmung zu beschreiben? Trage die Begriffe an der richtigen Stelle mit den angegebenen Farben ein. Einige Begriffe sind auch mehrfach einzutragen.

Wasser, (dunkelblau); Zucker und Stärke, (orange); Sauerstoff, (lila); Kohlenstoffdioxid, (hellblau); Licht (gelb); Energiegewinn (rot).

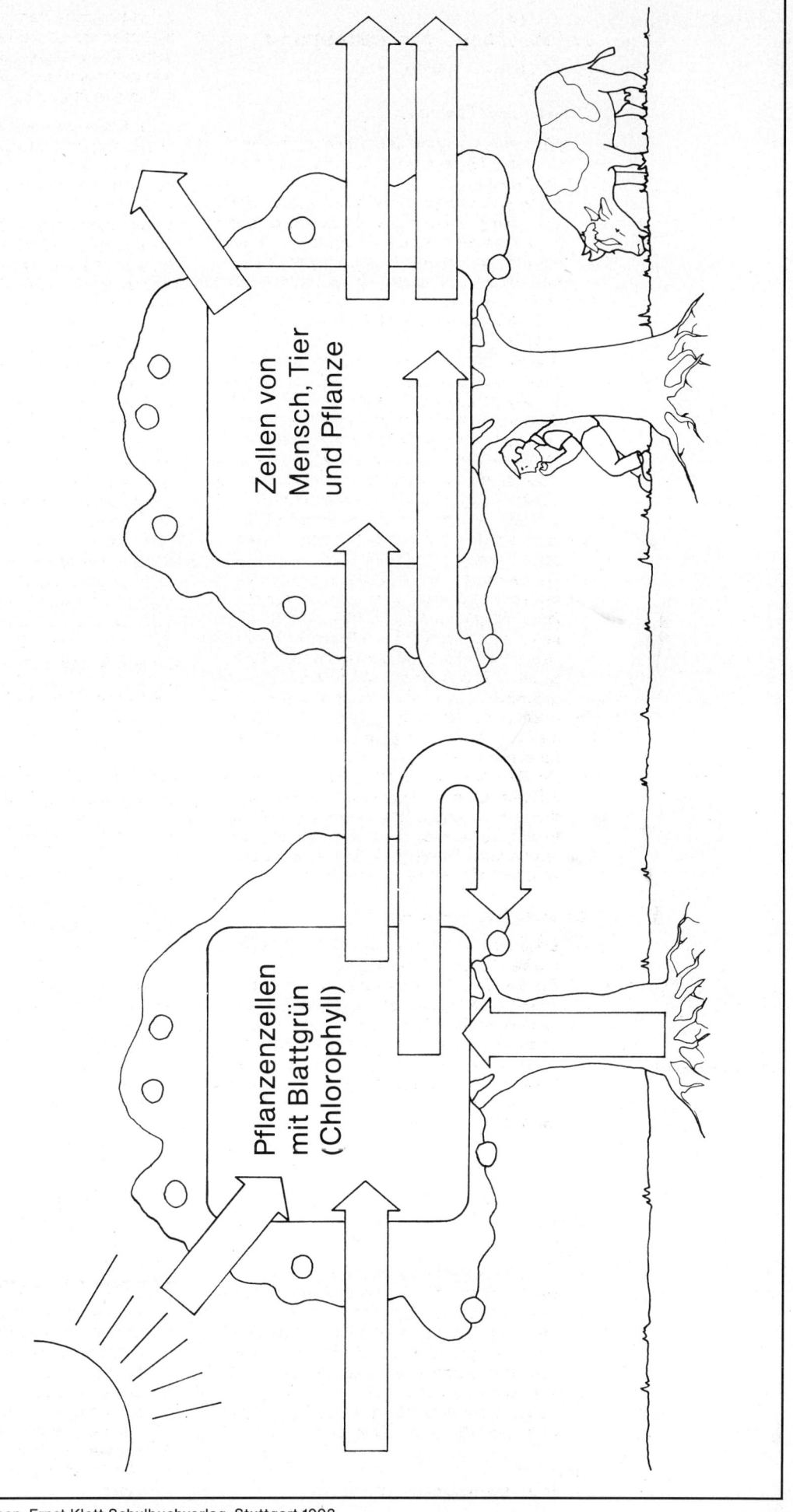

Pflanzenzellen mit Blattgrün (Chlorophyll)

Zellen von Mensch, Tier und Pflanze

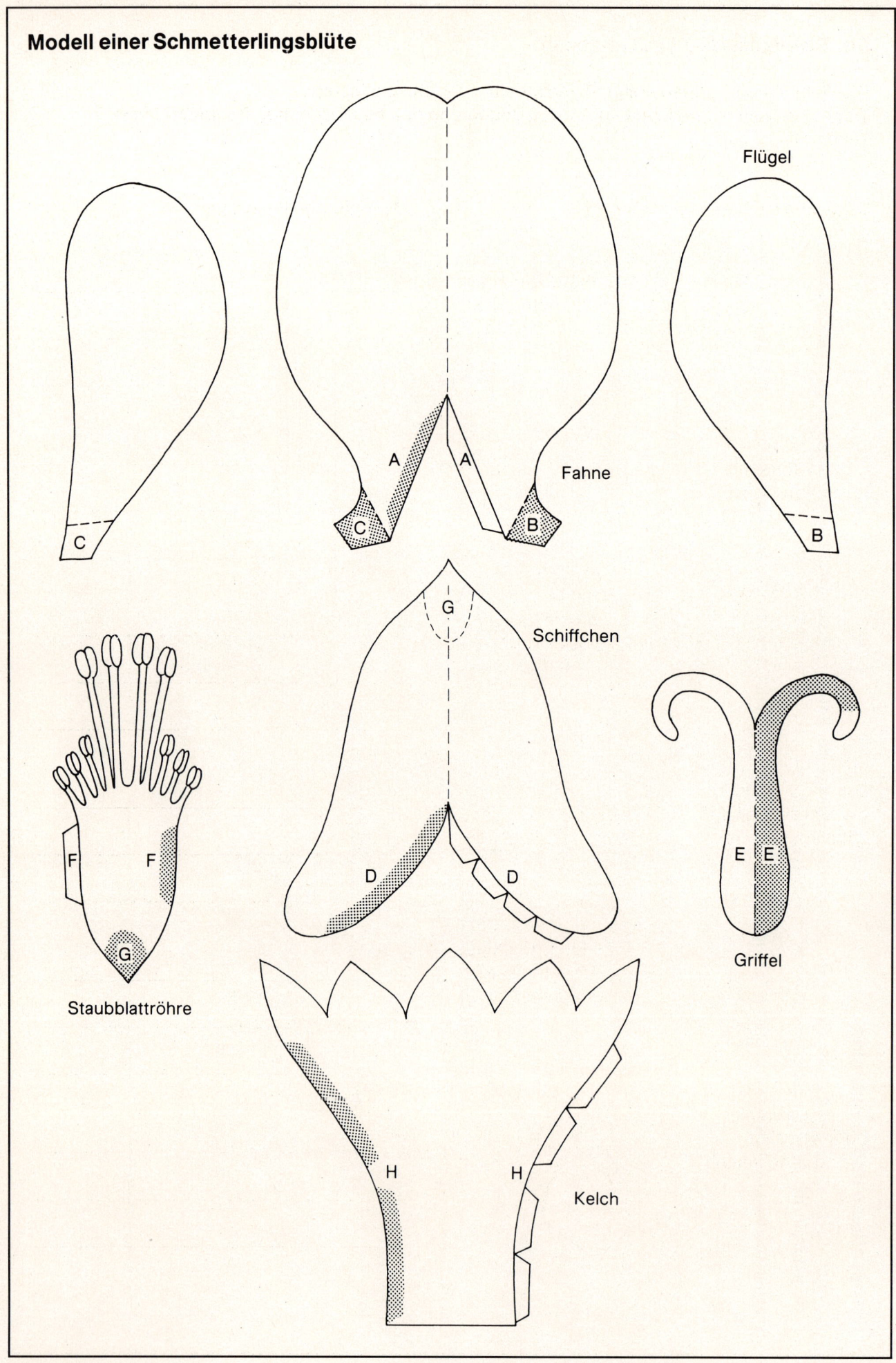

Modell einer Schmetterlingsblüte

Flügel

Fahne

Schiffchen

Griffel

Staubblattröhre

Kelch

Der Besenginster ist gut angepaßt

Die Abbildungen zeigen einige Eigenschaften des Besenginsters.
Trage daneben ein, welche biologische Bedeutung den beschriebenen Beobachtungen zukommt.

Beobachtete Eigenschaft   **Biologische Bedeutung**

Die Blätter sind klein und unterseits stark behaart.

A _____

Die Blüte besitzt eine große Fahne mit roten Saftmalen.

B _____

Staubblätter und Griffel schlagen explosionsartig aus dem Schiffchen.

C _____

Die reifen Hülsen platzen schnell und spiralig auf.

D _____

Ein fetthaltiges Anhängsel ist an jedem Samen.

E _____

An den Wurzeln befinden sich kleine „Knöllchen".

F _____

© Als Kopiervorlage freigegeben. Ernst Klett Schulbuchverlag, Stuttgart 1993

1 Efeu:
(a) Nenne zwei Standorte, an denen du Efeu finden kannst.
(b) Wie kann Efeu sich an einer Mauer festhalten?
(c) Wann blüht der Efeu, wann trägt er Früchte? Sind seine Früchte eßbar?

a) Baumstämme, Felsen, Mauerwerk.
(b) Er verankert sich mit Haftwurzeln in Spalten und Ritzen.
(c) Er blüht im Herbst; seine giftigen Beeren reifen erst im Frühjahr.

2 Besenheide:
(a) Welchen Standort bevorzugt die Besenheide?
(b) Wie ist die Besenheide an ihren Standort angepaßt?
(c) Versuche den Namen der Pflanze zu erklären.

(a) Trockenstandorte.
(b) Lederartige, eingerollte Blätter vermindern Wasserabgabe.
(c) Zur Herstellung von Besen verwendet; wächst in Heidegebieten.

3 Sauerklee:
(a) Welche Ansprüche stellt der Sauerklee an seinen Standort?
(b) Erkläre den Namen der Pflanze.
(c) Wie verhält sich der Sauerklee, wenn er starkem Sonnenlicht ausgesetzt ist? Begründe. Erkläre auch das Verhalten der Pflanze in der Nacht.

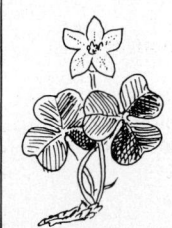

(a) Feuchtigkeit, Schatten.
(b) Schmeckt sauer; ähnelt mit seinen drei Fiederblättchen dem Klee.
(c) Blätter falten sich zusammen; damit wird Wasserverdunstung vermindert – auch nachts. Da in Dunkelheit sowieso keine Fotosynthese stattfindet, ist das Zusammenfalten nachts kein Nachteil.

4 Wasserschwertlilie:
(a) Was versteht man unter einer Sumpfpflanze?
(b) Nenne noch eine andere große Sumpfpflanze.
(c) Wie werden Sproß und Wurzel der Schwertlilie mit Sauerstoff versorgt?

(a) Lebt im sumpfigen Uferbereich von Seen.
(b) Rohrkolben.
(c) Durch Lufträume in Blättern und Sproßachse.

5 Mauerpfeffer:
(a) An welche Standorte ist der Mauerpfeffer angepaßt? Wo wurzelt er?
(b) Wie reduziert der Mauerpfeffer die Verdunstung?
(c) Die Blätter des Mauerpfeffers sind walzenförmig und fleischig. Deute diese Form als Anpassung an seinen Standort.

(a) Trockenstandorte; wurzelt in Felsspalten und Mauerritzen.
(b) Blätter klein, walzenförmig, von Wachsschicht überzogen.
(c) Walzenform verringert die verdunstende Oberfläche (vgl. Kakteen); pralle Wasserfüllung dient als Wasserspeicher.

6 Sonnentau:
(a) Beschreibe die Blätter des Sonnentaus. Wo findet man diese Pflanze?
(b) Dem Boden von Hochmooren fehlt ...
(c) Beschreibe, wie die Pflanze ihre Stickstoffversorgung verbessert.

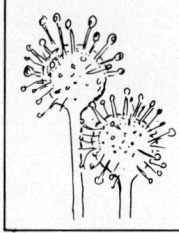

(a) Blätter ähneln einer Sonne mit Strahlen, Drüsenabscheidungen ähneln Tautropfen. Man findet sie in Hochmooren.
(b) ... Stickstoff.
(c) Sie verdaut kleine Tiere (v. a. Insekten), die sie mit Duftstoffen anlockt, mit klebrigen Drüsenabscheidungen festhält und verdaut.

© Als Kopiervorlage freigegeben. Ernst Klett Schulbuchverlag, Stuttgart 1993

7 Sumpfdotterblume:
(a) Was sagt der Name über die Pflanze aus?
(b) Kennzeichne den Standort der Sumpfdotterblume.
(c) Wie sind Feuchtluftpflanzen an ihren Standort angepaßt?

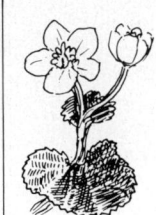

(a) Lebt auf feuchten Standorten; Blüte dottergelb.
(b) Uferbereich von Bächen: Boden immer feucht; Luftfeuchtigkeit sehr hoch.
(c) Großflächige, dünne Blätter ohne Wachsüberzug geben viel Wasser ab und ermöglichen damit einen Wasserstrom in der Pflanze zur Mineralstoffversorgung.

8 Seerose:
(a) Wie nennt man Pflanzen, die auf dem Wasser leben?
(b) Nenne Schwimmeinrichtungen der Blätter.
(c) Womit nimmt die Seerose Wasser und Mineralstoffe auf?

(a) Schwimmblattpflanzen.
(b) Luftgefüllte Kammern in den Blättern.
(c) Blattunterseite; Wurzeln verankern die Pflanze im Boden.

9 Wasserlinse:
(a) Was sagt dir der Name über die Pflanze?
(b) Beschreibe den Bau einer Wasserlinse.
(c) Warum braucht die Wasserlinse keinen langen Stengel und keine kräftigen Wurzeln?

(a) Wasserpflanze; linsenförmig.
(b) Blattförmiger Sproß mit kleinen Wurzeln.
(c) Keine besonderen Einrichtungen zur Wasserleitung und Wasseraufnahme nötig, da die Pflanze auf der Wasseroberfläche liegt.

10 Zaunrübe:
(a) Nenne die Kletterorgane der Zaunrübe.
(b) Beschreibe das Wachsen der Ranken.
(c) Welchen Vorteil bietet die Spiralfederhalterung gegenüber einer starren Halterung? Vergleiche mit der Klettertechnik des Efeus.

(a) Ranken.
(b) Rankenspitze umschlingt Zweige; Rankenstiel windet sich wie Spiralfeder auf, ändert in Mitte seine Wicklungsrichtung.
(c) Federnde Verbindung mit der oft beweglichen Stütze; Efeu dagegen ist mit seiner stabilen Unterlage durch Haftwurzeln fest verankert.

© Als Kopiervorlage freigegeben. Ernst Klett Schulbuchverlag, Stuttgart 1993

Lexikon: Pflanzen verschiedener Standorte

(Schülerbuch S. 182/183)

Zum Arbeitsblatt S. 184

Würfelspiel „Durch Wald und Flur"
Spielanleitung
Als sachliche Grundlage dienen die Seiten 182/183 des Schülerbuches. Sie sollten zur Vorbereitung zu Hause durchgelesen werden. Die Nummern bezeichnen Pflanzen verschiedener Standorte. Die zugehörigen Fragen a, b, c sind nach ihrer Schwierigkeit geordnet. Der Spieler, der auf eines dieser Felder gelangt, kann den Schwierigkeitsgrad der Frage wählen. Ist seine Antwort richtig, darf er bei Frage (a) zwei, bei (b) vier, bei (c) sechs Felder vor; bei fehlender oder falscher Antwort muß er die entsprechende Zahl von Feldern zurück. Die Antworten werden nur dem Leiter der Spielgruppe (ca. 4 Spieler) ausgegeben.

184

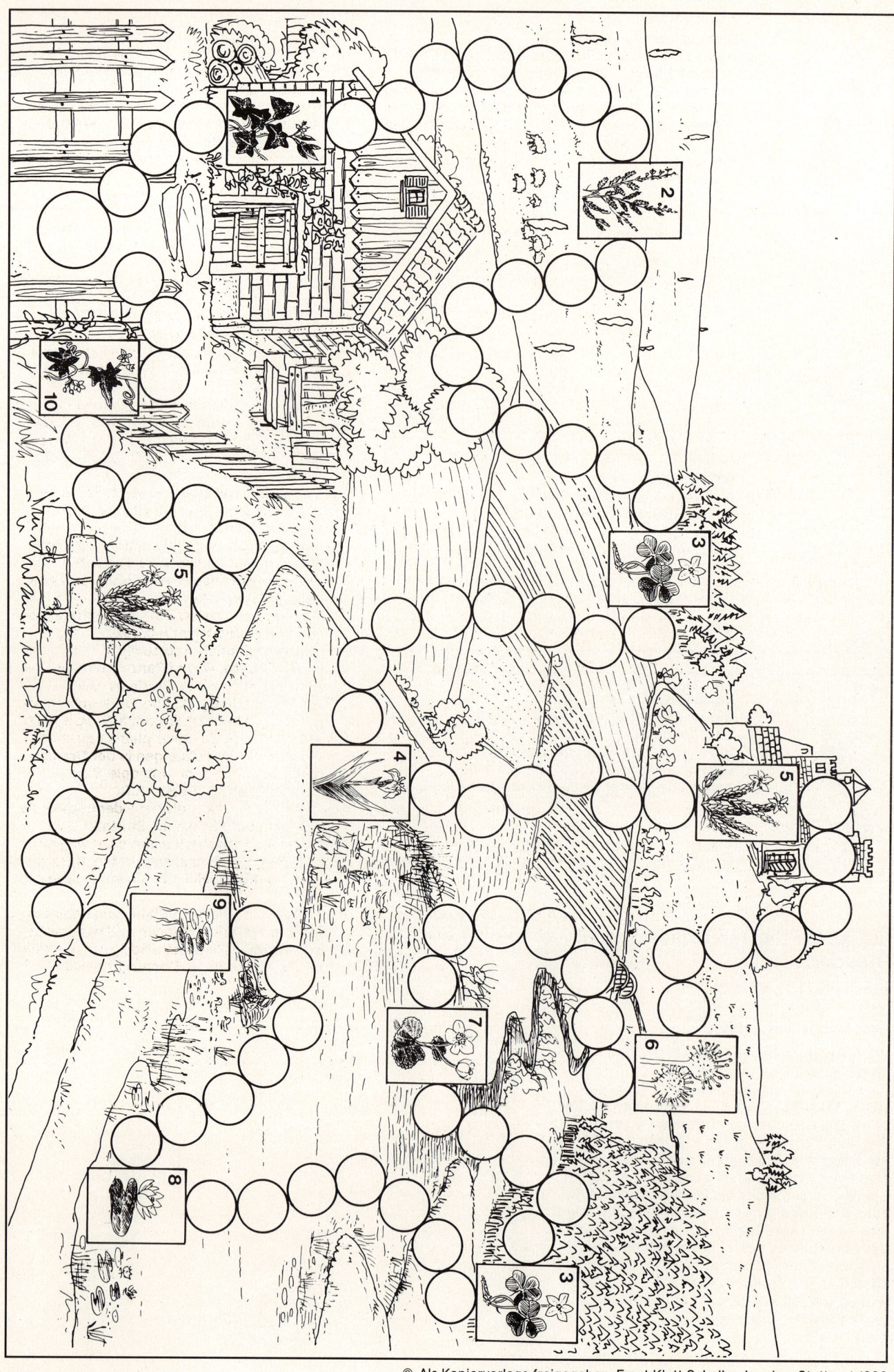

Literatur

AICHELE, D.: Was blüht denn da? Franckh, Stuttgart 1983

AICHELE, D., SCHWEGLER, H. W.: Welcher Baum ist das? Franckh, Stuttgart 1985

AICHELE, D., SCHWEGLER, H. W.: Die Natur im Jahreslauf. Franckh, Stuttgart 1974

BAER, H. W.: Biologische Versuche im Unterricht. Aulis, Köln 1973

BERTSCH, A.: Blüten – lockende Signale. Maier, Ravensburg 1975

BROGMUS, H., GERHARDT, A.: Arbeitsblätter zum Thema: Die Natur im Wechsel der Jahreszeiten (1). Naturwissenschaften im Unterricht – Biologie, 31. Jg., Heft 4, Aulis, Köln 1983

EHRNSBERGER, R.: Blüten und ihre Bestäuber. Unterricht Biologie, 8. Jg., Heft 92, Friedrich, Seelze 1984

ESCHENHAGEN, D.: Bäume: Knospen – Blüten – Früchte. Poster. Unterricht Biologie, 11. Jg., Heft 126, Friedrich, Seelze 1987

ESCHENHAGEN, D. (Hrsg.): Samen und Früchte. Unterricht Biologie, 10. Jg., Heft 118, Friedrich, Seelze 1986

FLINDT, R.: Biologie in Zahlen. Gustav Fischer, Stuttgart 1988

GARMS, H.: Lebendige Welt. Lehrerband. Westermann, Braunschweig 1968

GUINNESS Buch der Rekorde. Ullstein, Berlin 1990

HESS, D.: Pflanzenphysiologie. UTB Ulmer, Stuttgart 1979

HESS, D.: Die Blüte. Ulmer, Stuttgart 1983

HINTERMEIER, H.: Der Baum als Unterrichtsthema. Naturwissenschaften im Unterricht – Biologie, 31. Jg., Heft 12, Aulis, Köln 1983

JÜNGLING, H., HAGER, P., PAYSAN, A., ROTH, A.: Bestimmungsbuch für Pflanzen. Klett, Stuttgart 1983

KELLE, A., STURM, H.: Pflanzen leicht bestimmt. Dümmler, Bonn 1979

KIEFFER, E.: Keine Angst vor wilden Beeren. Unterricht Biologie, 13. Jg., Heft 148, Friedrich, Seelze 1989

KLAHM, G.: Wir bauen Flugfrüchte. Unterricht Biologie, 10. Jg., Heft 118, Friedrich, Seelze 1986

KLEIN, J. F.: Unkraut verdirbt nicht. Verbreitung der Art im Pflanzenreich. Kosmos-Bibliothek, Band 278, Franckh, Stuttgart 1973

KNOLL, J. (Hrsg.): Blüten. Unterricht Biologie, 8. Jg., Heft 92, Friedrich, Seelze 1984

KREMER, B. P.: Artillerie im Pflanzenreich (Schleudermechanismen). Kosmos, 80. Jg., Heft 7, Franckh, Stuttgart 1984

KREMER, B. P.: Mit Schleuder, Schirm und Enterhaken. Kosmos, 82. Jg., Heft 9, Franckh, Stuttgart 1986

KRONFELDNER, M.: Verbreitung von Samen und Früchten – Karpobiologie. Aulis, Köln 1982

LÖTSCH, B.: Unterrichtseinheit Photosynthese. Elemente zur Unterrichtsplanung. Klett, Stuttgart 1974

MACKEAN, D. G., STREY, G.: Experimente zur Biologie. Keimung. Aulis, Köln 1977

MEYER, D., DOMBROWSKI, S.: Die Rose – Blume der Blumen. Unterricht Biologie, 8. Jg., Heft 12, Friedrich, Seelze 1984

MOISL, F. (Hrsg.): Photosynthese. Unterricht Biologie, 3. Jg., Heft 35, Friedrich, Seelze 1979

MÜLLER, H. W.: Pflanzenbiologisches Experimentierbuch. Franckh, Stuttgart 1954

PFISTERER, J.: Kreuzblüten – Schmetterlingsblüten. Unterricht Biologie, 8. Jg., Heft 92, Friedrich, Seelze 1984

RUDOLPH, H.-G.: Die Verbreitung von Samen und Früchten. Unterrichtseinheit für das 5./6. Schuljahr. Naturwissenschaften im Unterricht – Biologie, 31. Jg., Heft 8, Aulis, Köln 1983

RUDZINSKI, H.-G.: Walnuß – Hier irrt der Volksmund. Unterricht Biologie, 10. Jg., Heft 118, Friedrich, Seelze 1986

SCHNEIDER, V.: Zur Behandlung der Photosynthese im Bereich der Sekundarstufe I. Praxis der Naturwissenschaften – Biologie, 24. Jg., Heft 12, Aulis, Köln 1975

SCHÜRMANN, E.: Samenkeimung – Förderung und Hemmung. Unterricht Biologie, 10. Jg., Heft 118, Friedrich, Seelze 1986

STEHLI, G., FISCHER, W. J.: Pflanzensammeln – aber richtig. Franckh, Stuttgart 1964

STICHMANN, W. (Hrsg.): Bäume. Unterricht Biologie, 11. Jg., Heft 126, Friedrich, Seelze 1987

STICHMANN-MARNY, U.: Unser phänologisches Tagebuch. Beobachtungen in der Orientierungsstufe. Unterricht Biologie, 8. Jg., Heft 91, Friedrich, Seelze 1984

STRASBURGER, E., u. a.: Lehrbuch der Botanik für Hochschulen. G. Fischer, Stuttgart 1978

TROMMER, G.: „Pflanzen können nicht weglaufen". Ökoralley zu Pflanzenstandorten. Unterricht Biologie, 12. Jg., Heft 131, Friedrich, Seelze 1988

WESTRICH, H. G.: Die Verbreitung von Früchten und Samen. Informationen und didaktisch-methodische Hinweise. Pädagogische Welt, 39. Jg., Heft 4, Auer, Donauwörth 1985

4 Pflanzen in verschiedenen Jahreszeiten

Das Schneeglöckchen – Blüten im Schnee

(Schülerbuch S. 184/185)

Aufgaben und Lösungen

① Ordne den Ziffern der Abbildung 1 die richtigen Begriffe zu. Gib an, durch welche Einrichtungen die Blüte des Schneeglöckchens gegen Kälte geschützt ist.
– 1 Hüllblatt
 2 Hochblätter
 3 Laubblatt
 4 Blütenblätter
 5 Frucht (Kapsel)
 6 Samen mit Anhängsel.
 Hüllblätter, Hochblätter und Laubblätter schützen die Blüte. Die äußeren Blütenblätter wirken zusätzlich wie Kelchblätter und schützen die inneren Organe der Blüte.

② Beschreibe anhand der Abbildung, wie sich das Aussehen einer Zwiebel im Jahresverlauf verändert.
– Im Herbst/Winter ist die Zwiebel in Winterruhe. Sie besitzt viele fleischig verdickte Blätter, die Reservestoffe enthalten. Der Sproß mit der Blütenanlage ist stark verkürzt. Zwei Seitenknospen sind sichtbar, die sich später zur Brut- und Ersatzzwiebel entwickeln.
 Im zeitigen Frühjahr streckt sich der Sproß und kommt über die Erdoberfläche. Während des folgenden Wachstums verschwinden die mit Reservestoffen gefüllten Zwiebelschuppen. Gleichzeitig wird die Ersatzzwiebel größer, die Brutzwiebel verdickt sich ebenfalls, bleibt aber kleiner.
 Am Ende des Sommers hat die Ersatzzwiebel das gleiche Aussehen wie die ursprüngliche Zwiebel des Vorjahres. Sie hat diese Zwiebel „ersetzt". Daneben befindet sich zusätzlich eine Brutzwiebel.

③ Der Samen des Schneeglöckchens besitzt ein nährstoffhaltiges Anhängsel, das von Ameisen gerne gefressen wird. Welche Bedeutung hat das für die Schneeglöckchen?
– Die Ameisen tragen die Samen als Nahrungsvorrat zu ihrem Bau. Wenn sie unterwegs Samen verlieren, können an neuer Stelle Schneeglöckchen wachsen.

Versuch: Zwiebeln sind Speicherorgane
Zerreibe eine noch nicht ausgetriebene Zwiebel eines Frühblühers (Schneeglöckchen, Tulpe, Hyazinthe) auf einer Küchenraspel. Gib die zerriebene Zwiebel in ein Reagenzglas und setze einige Tropfen Iodkaliumiodid-Lösung zu.
Ergebnis: schwarzblaue Färbung.
Erklärung: Die Zwiebel enthält Stärke (vgl. Stärkenachweis im Schülerbuch S. 24). Dieser Speicherstoff ermöglicht schnelles Austreiben im Frühjahr.

Lösungen zum Arbeitsblatt

Vergleiche Schulbuch Abb. 185.1
1. a) Trockene äußere Schalen; b) innere Schalen; c) Knospe; d) Ersatzzwiebel; e) Brutzwiebel; f) Zwiebelscheibe; g) Wurzeln.
2. h) Hüllblatt; i) Hochblätter; k) Blütenblätter; l) Stengel; m) Laubblatt; n) Brutzwiebel; o) Ersatzzwiebel; p) Kapselfrucht; q) Samen mit Anhängsel.
3. Hellgrün: Alle Teile außer Ersatz- und Brutzwiebeln (Blüte weiß lassen); rot: Ersatzzwiebeln in den verschiedenen Abbildungen.

Frühblüher leben vom Vorrat

(Schülerbuch S. 186/187)

Aufgaben und Lösungen

① Buschwindröschen und Scharbockskraut können sich auch ohne Samen vermehren. Erkläre diese Aussage.
– Wenn sich der Erdsproß des Buschwindröschens verzweigt und die älteren Teile absterben, entstehen zwei getrennte Pflanzen.
 Das Scharbockskraut bildet viele Wurzelknollen. Im folgenden Jahr kann aus einer Knolle eine neue, eigenständige Pflanze herauswachsen.

② Zwiebeln und Knollen sind äußerlich leicht zu verwechseln. Nenne Unterscheidungsmöglichkeiten.
– Eine Zwiebel besteht aus vielen verdickten Blättern, die sich von außen nach innen der Reihe nach ablösen lassen. Eine Knolle besteht aus einem einheitlichen Gewebe. Es ist keine Schichtung zu erkennen. Dieser Unterschied wird besonders bei einem Längsschnitt durch beide Organe deutlich.

③ Begründe aus Abbildung 3, daß der zeitige Blühtermin für die genannten Pflanzen Vorteile mit sich bringt.
– Im Laub- oder Mischwald können die Sonnenstrahlen nur im zeitigem Frühjahr den Waldboden erreichen. Später hält das Laub der Bäume das meiste Licht zurück (Schattierung in der Grafik). Bis Mitte Mai können die Pflanzen des Waldbodens noch Fotosynthese betreiben und Reservestoffe speichern. Im Sommer gelangen nur noch ca. 5 % des Lichtes bis zum Waldboden (vgl. Tabelle).

Medien

Dias
– FWU Geschützte Frühblüter (13, f)
– FWU Zwiebel- und Knollengewächse (17, f)
– Lünnemann Vorfrühlingsblüher (12, f)

Erdsproß des Veilchens

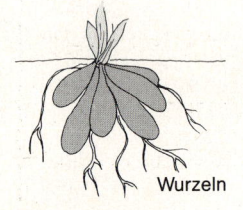

Wurzelknollen des Scharbockskrautes

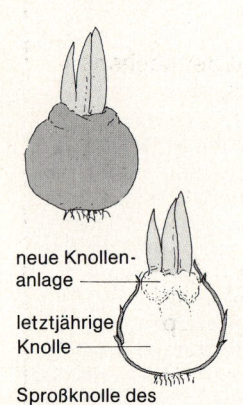

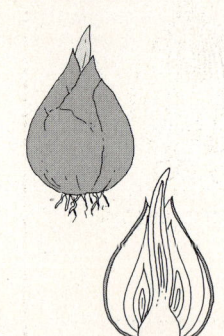

neue Knollenanlage
letztjährige Knolle
Sproßknolle des Krokus

Zwiebel der Wildtulpe

Änderung der Lichtwerte am Boden eines Laubwaldes im Jahreslauf												
	Jan.	Feb.	März	April	Mai	Juni	Juli	Aug.	Sept.	Okt.	Nov.	Dez.
Lichtwerte in % des in den Bestand eingestrahlten Lichtes	52	52	52	32	6	4	7	7	7	12	30	49

Das Schneeglöckchen überwintert mit Zwiebeln

1. Betrachte eine noch nicht ausgetriebene Zwiebel eines Frühblühers (z. B. Schneeglöckchen, Tulpe, Hyazinthe) zunächst von außen.
   Schneide sie dann von oben nach unten durch, vergleiche mit der Abbildung und beschrifte diese.

a _____
b _____
c _____
d _____
e _____
f _____
g _____

2. Ordne den Buchstaben h — q richtige Begriffe zu.
3. Male die Entwicklungsstadien der diesjährigen Pflanze hellgrün (Blüte weiß), die Anlagen der nächstjährigen Pflanze rot an.

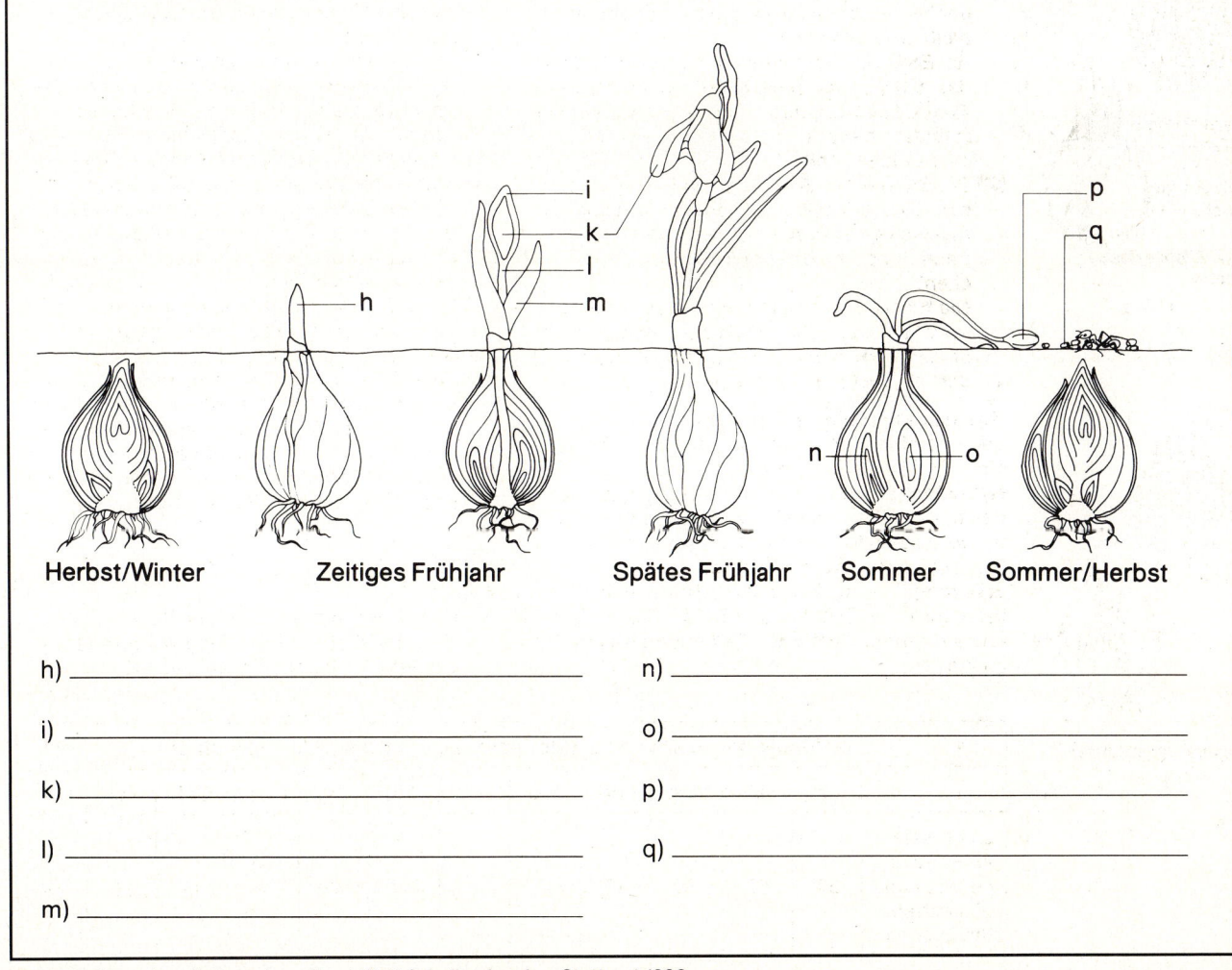

Herbst/Winter   Zeitiges Frühjahr   Spätes Frühjahr   Sommer   Sommer/Herbst

h) _____   n) _____
i) _____   o) _____
k) _____   p) _____
l) _____   q) _____
m) _____

© Als Kopiervorlage freigegeben. Ernst Klett Schulbuchverlag, Stuttgart 1993

Lexikon Früchte
(Schülerbuch S. 190/191)

❝ ──────────────── **Zusatzinformationen**

1. Sammeln, Ordnen und Ausstellen von Samen und Früchten können nach verschiedenen Gesichtspunkten erfolgen:
   - *Ökologisch:* Wiese, Wald, ausländische Früchte.
   - *Phänologisch:* Die ersten, die letzten Früchte des Jahres.
   - *Systematisch:* Pflanzenarten (Bäume, Sträucher, Kräuter); Fruchtarten (Nüsse, Beeren, Steinfrüchte).
   - *Funktional:* Verbreitungsarten (Flugfrüchte, Schleuderfrüchte).
2. Oft gefragt: Welche Früchte sind giftig, welche eßbar? (vgl. KIEFFER 1989)

Früchte, die schwere, u. U. tödliche Vergiftungen hervorrufen	Tollkirsche Seidelbast Eibe (nur Samen und Nadeln giftig, nicht das Fruchtfleisch)
Früchte, die leichte bis mittelschwere Vergiftungen hervorrufen	Faulbaum Kreuzdorn Pfaffenhütchen Feuerdorn
Früchte, die geringe bis leichte Vergiftungen hervorrufen	Liguster Rote Heckenkirsche Gemeiner Schneeball
Früchte, die ungenießbar sind	Blutroter Hartriegel
Früchte, die eßbar sind	Berberitze Heidelbeere Johannisbeere Sanddorn Schlehe

──────────────── ❞

Früchte und Fruchtform

Einzelfrüchte
Sie entstehen aus einem Fruchtknoten.

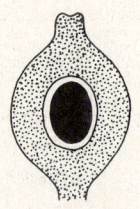

Nuß
Die gesamte Fruchtschale ist trocken und hart; 1 Samen

Beispiele:

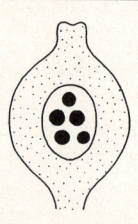

Beere
Die Fruchtschale ist weich und fleischig; 1 bis viele Samen

Beispiele:

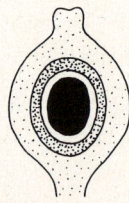

Steinfrucht
Der äußere Teil der Fruchtschale ist fleischig und saftig; der innere Teil ist verholzt und steinhart; 1 Samen

Beispiele:

Sammelfrüchte
Sie entstehen aus vielen einzelnen Fruchtknoten.

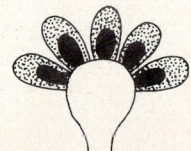

Sammel-Nußfrucht
Die einzelnen Fruchtknoten werden bei der Reife zu kleinen Nüssen. Die Nüßchen sitzen auf dem fleischig-saftigen Blütenboden.

Beispiele:

Sammel-Steinfrucht
Die einzelnen Fruchtknoten werden bei der Reife zu kleinen Steinfrüchten. Sie sitzen auf dem Blütenboden.

Beispiele:

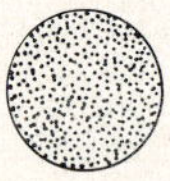

trockenhäutig, verholzt und sehr hart

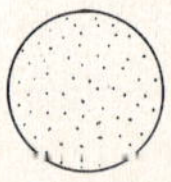

weich, fleischig und saftig

Lies die Beschreibungen zu den verschiedenen Fruchtformen aufmerksam durch! Achte auf die zugehörigen Abbildungen! Ordne die folgenden Beispiele für Früchte den unterschiedlichen Fruchtformen zu: Pfirsich, Gurke, Weintraube, Brombeere, Haselnuß, Kürbis, Eichel, Himbeere, Erdbeere, Sonnenblumenkern, Johannisbeere, Pflaume, Walnuß, Paprika, Stachelbeere, Buchecker, Tomate!

Blütenpflanzen

Das Früchte-Memory

Symbol	Name	Hinweis
▲	Berberitze	Frucht eßbar
△	Eibe	Kern tödlich giftig
✕	Feuerdorn	mittelgiftig
✪	Blutroter Hartriegel	ungenießbar
★	Rote Heckenkirsche	schwach giftig
●	Rote Johannisbeere	eßbar
○	Liguster	schwach giftig
❘	Pfaffenhütchen	giftig
☆	Sanddorn	eßbar
÷	Schlehe	eßbar
◆	Gemeiner Schneeball	schwach giftig
◇	Seidelbast	tödlich giftig
■	Tollkirsche	tödlich giftig
□	Traubenholunder	schwach giftig
()	Vogelbeere	Frucht gekocht eßbar, Kerne mittelgiftig

Spielanleitung:

Klebe eine Fotokopie dieser Seite sorgfältig auf einen dünnen Karton. Male die Zeichnungen farbig aus. Schneide dann die Kärtchen an den Linien entlang aus. Mische die Bild- und Namenskärtchen gut und lege sie nebeneinander mit der Bild- bzw. Schriftseite nach unten auf den Tisch. Ein Mitspieler beginnt mit dem Spiel, indem er zwei Kärtchen umdreht. Hat er zufällig ein passendes Paar, also für eine Bildkarte die richtige Namenskarte umgedreht, darf er das Kartenpaar aus dem Spiel nehmen. Sonst dreht er die Kärtchen wieder um, und alle Spieler merken sich, wo welche Karten liegen. Wer am Schluß die meisten Kartenpaare gesammelt hat, ist Früchtekönig.

© Als Kopiervorlage freigegeben. Ernst Klett Schulbuchverlag, Stuttgart 1993

Zweige im Winterzustand

Roßkastanie Gemeine Esche Stieleiche

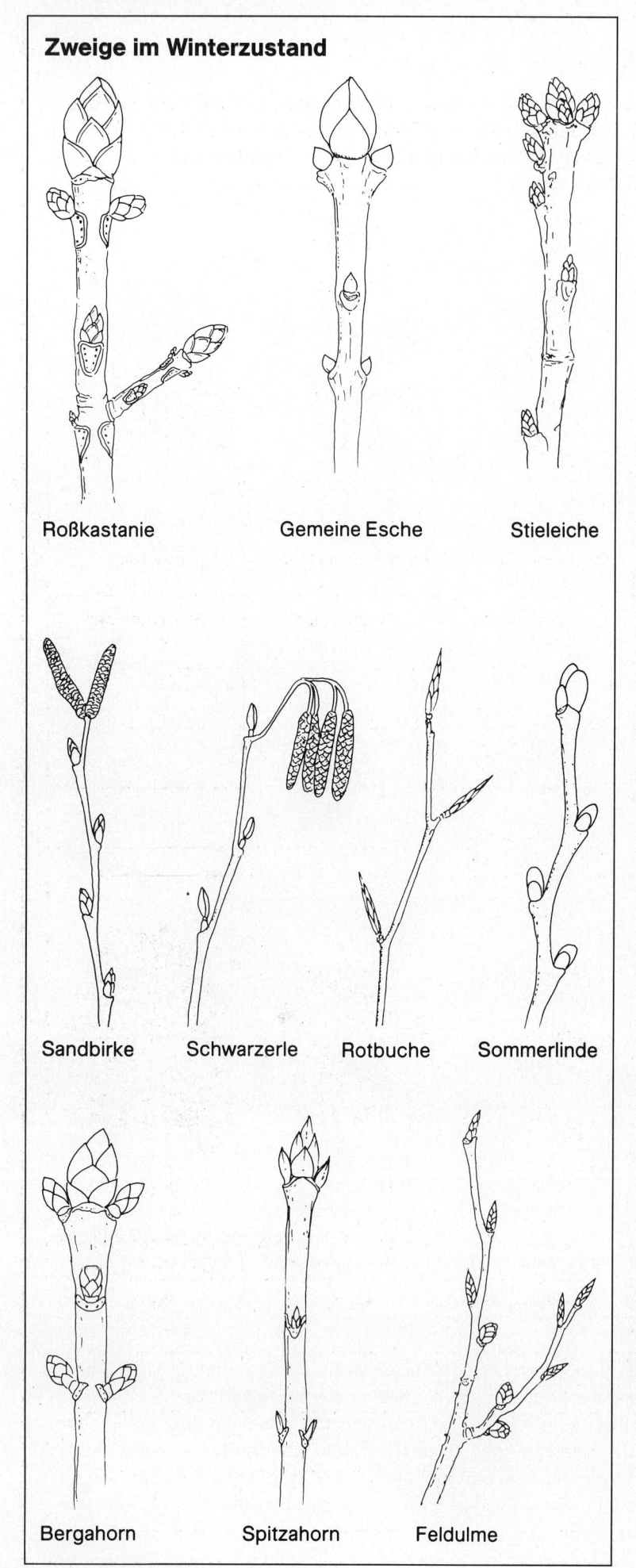

Sandbirke Schwarzerle Rotbuche Sommerlinde

Bergahorn Spitzahorn Feldulme

Die Roßkastanie – wie ein Baum überwintert

(Schülerbuch S. 192/193)

Aufgaben und Lösungen

① Besorge einen Winterzweig der Roßkastanie. Zeichne und beschrifte ihn mit den im Text genannten Begriffen.
– *Zeichnung vgl. Abbildungen 192.2 und 199.1. Überschrift: Winterzweig der Roßkastanie. Begriffe: Seitenknospe, Endknospe, Knospenschuppen, Blattnarbe, Blattspur.*
② Stelle den Zweig ins Wasser und halte ihn an einem warmen Ort. Beobachte die Entwicklung der Knospen.
– *Zu dieser Langzeitaufgabe sollte ein Protokoll geführt werden (Datum, Beobachtungen, Zeichnungen). Die Unterschiede in der Entwicklung der End- bzw. Seitenknospen sollten deutlich werden.*

99 ——————————— Zusatzinformationen

1. Demonstrationsversuch zur Bedeutung des Harzüberzugs der Kastanienknospen:
Je eine harzüberzogene Knospe wird
(a) in Wasser
(b) in Spiritus gelegt.
Ergebnis: (a) Harzüberzug bleibt erhalten; Knospeninneres trocken.
(b) Harz aufgelöst; Knospeninneres feucht.
Bedeutung: Harz verhindert, daß Wasser in die Knospe eindringt, hier gefriert und Fäulnis ermöglicht. Andererseits wird Austrocknung der Knospe durch Winterstürme vermieden.

2. „Barbarazweige" – Phänologie im Volksbrauch
Bereits gegen Ende November kann man Knospen frühblühender Pflanzen aus ihrer Winterruhe wecken. Der Volksbrauch wählt den Barbaratag (4. Dezember) zum Abschneiden von „Barbarazweigen" (Zweige von Forsythie, Flieder, Obstbäumen). Man legt die schräg angeschnittenen Zweige etwa 10 Stunden lang in 30–40° C warmes Wasser und stellt sie dann in einer Vase mit Wasser im warmen Zimmer auf. Bis Weihnachten blühen die Zweige.

——————————————————— 99

Zum Arbeitsblatt

Die Roßkastanie ist eine unserer deutlichsten „Kalenderpflanzen". Deshalb wird hier ein Beispiel aus dem Bereich der Phänologie (gr. phainomai = erscheine, logos = Lehre) gewählt, die den zeitlichen Ablauf der Lebenserscheinungen von Pflanzen und Tieren im Jahreskreis untersucht.
Der Schüler soll erkennen, daß unser Kalender mit seinen vier festgelegten Jahreszeiten nicht mit dem biologischen Jahresablauf übereinstimmt. Einmal wechseln Beginn und Ende der biologischen Jahreszeiten in jedem Jahr, zum anderen kommt z. B. der biologische Frühling im Norden später als im Süden, im Gebirge später als im Tal.

190 *Blütenpflanzen*

Pflanzen als biologische Kalender

Wenn du geeignete „Kalenderpflanzen" (z. B. Roßkastanie, Hasel, Roggen) genau im Jahresverlauf beobachtest, kannst du für deinen Wohnort für jedes Jahr einen „natürlichen Kalender" aufstellen. Trage dazu ein, wann du die genannten Lebenserscheinungen in dem betreffenden Jahr beobachtet hast.

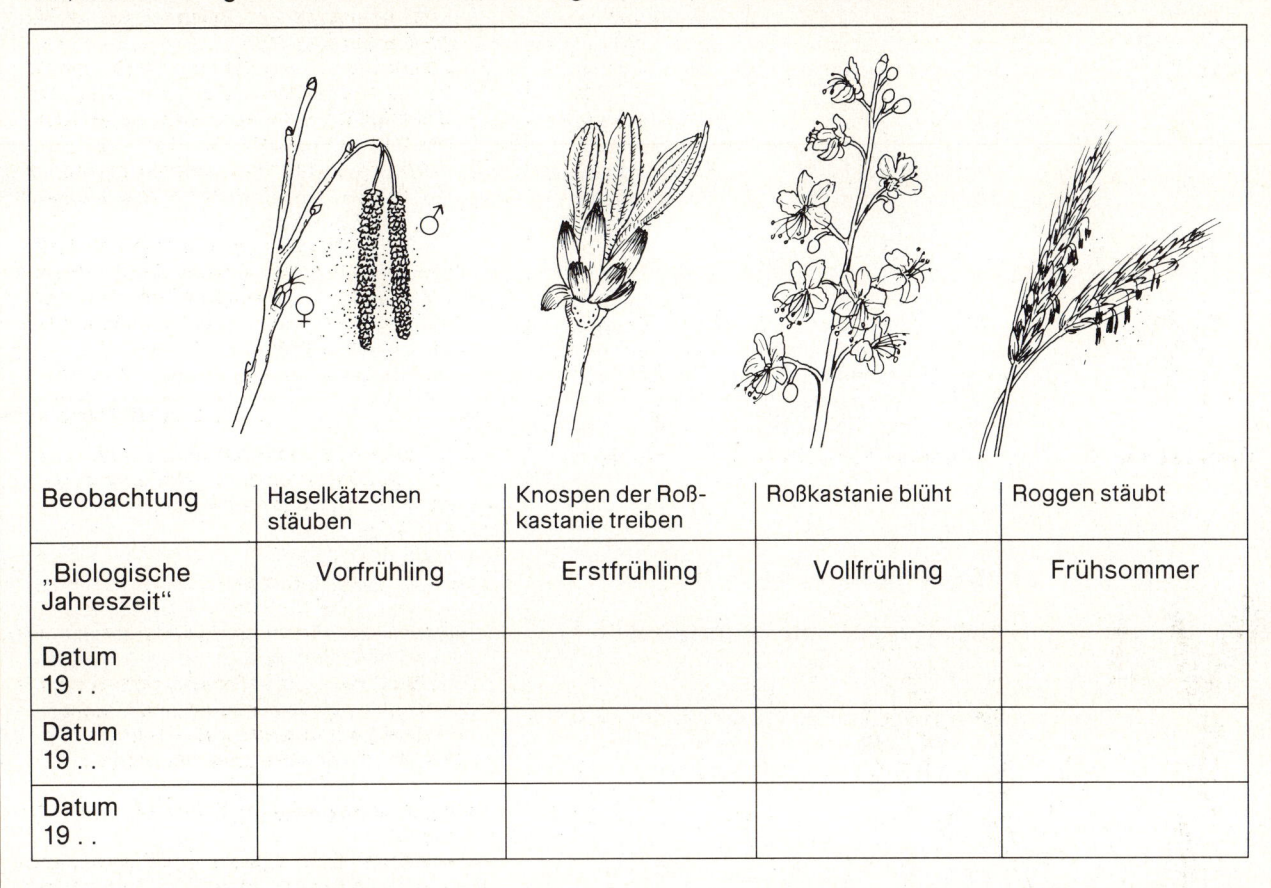

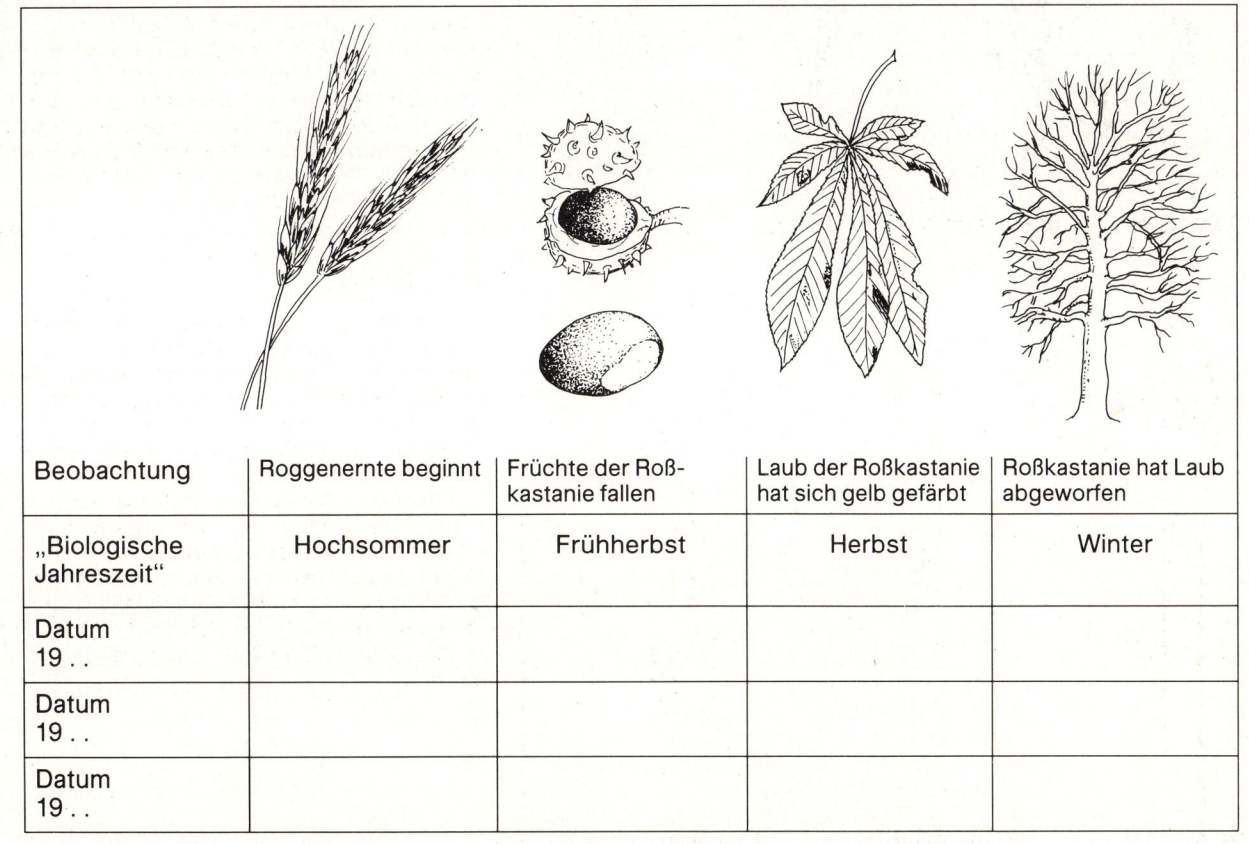

Beobachtung	Haselkätzchen stäuben	Knospen der Roßkastanie treiben	Roßkastanie blüht	Roggen stäubt
„Biologische Jahreszeit"	Vorfrühling	Erstfrühling	Vollfrühling	Frühsommer
Datum 19..				
Datum 19..				
Datum 19..				

Beobachtung	Roggenernte beginnt	Früchte der Roßkastanie fallen	Laub der Roßkastanie hat sich gelb gefärbt	Roßkastanie hat Laub abgeworfen
„Biologische Jahreszeit"	Hochsommer	Frühherbst	Herbst	Winter
Datum 19..				
Datum 19..				
Datum 19..				

© Als Kopiervorlage freigegeben. Ernst Klett Schulbuchverlag, Stuttgart 1993

Vielfalt und Nutzen der Blütenpflanzen

Die Verwandtschaft läßt sich bei Pflanzen am ehesten am Bau der Blüten und Früchte feststellen, andere Merkmale sind von untergeordneter Bedeutung. Obwohl die Wissenschaft seit Jahrhunderten an diesem Thema arbeitet, gibt es immer wieder Umstellungen oder Umbenennungen einzelner, schwierig zu bestimmender Vertreter.

„System" bedeutet: Die Formenfülle wird gemäß den Bauplänen – vor allem von Blüten und Früchten – der Stammesgeschichte entsprechend geordnet (soweit sich dies heute noch feststellen oder wahrscheinlich machen läßt). Letzteres ist die schwierigste Aufgabe, vor der die Taxonomen stehen. In vielen Fällen gibt die chemische Untersuchung weitere Hinweise über die Verwandtschaft. (Vgl. Lippenblütler: Viele Arten dienen als Heil- und Gewürzpflanzen.)

Die Einführung in die Systematik ist erst sinnvoll, wenn eine größere Anzahl von Pflanzen bereits behandelt wurde. So ist im Schülerbuch der Verwandtschaftsbegriff bereits durch die Vergleiche auf S. 172/173 angebahnt worden (Untersuchung von Hülsen und Schoten sowie einiger Samen). Wenn der Schüler sich schon mit der Vielfalt der Lebewesen beschäftigt hat, sieht er ein, daß Ordnen, Bestimmen und Gruppieren zu Pflanzenfamilien eine sinnvolle und notwendige Tätigkeit ist. Zu frühe Einführung in die Systematik ruft beim Schüler oft Widerstand gegen eine Beschäftigung hervor, die er noch nicht als sinnvoll begreifen kann.

1 Verwandtschaft bei Pflanzen

Brennessel und Taubnessel
(Schülerbuch S. 196)

Eine wichtige Erkenntnis wird gleich vorangestellt. Aus den deutschen Namen kann man die Verwandtschaft nicht oder nur in seltenen Fällen ableiten. Diese Namen sind alt und stammen aus einer Zeit, als man noch kaum etwas über das natürliche System der Pflanzen wußte. Vielfach berücksichtigen die Namen einfach die Ähnlichkeit von Pflanzenorganen, wie z. B. Stengel und Blätter bei Taubnessel und Brennessel. Diese beruht hier jedoch nicht auf Verwandtschaft, sondern ist auf das Vorkommen unter ähnlichen Lebensbedingungen zurückzuführen (ähnliche Ökotypen). Das Regenwasser fließt bei Brennessel und Taubnessel über die Spitzen der Blätter nach außen ab und tropft dort auf die feinen Wurzeln. Die Gegenüberstellung von Taubnessel und Brennessel führt zu der Erkenntnis, daß Blütenmerkmale das entscheidende Verwandtschaftskriterium sind. Des weiteren sind die Lippenblütler durch die vier Nüßchen der Frucht, den vierkantigen Stengel und die kreuzweise gegenständigen Blätter gekennzeichnet.

Die Familie der Lippenblütler
(Schülerbuch S. 197)

Zusatzaufgaben und Lösungen

① Warum können Schmetterlinge nicht in der Blüte einer Weißen Taubnessel landen?
– *Ihre großen Flügel haben keinen Platz, die Oberlippe hindert sie.*

② Prüfe durch Saugen an ausgezupften Kronröhren nach, ob Nektar in der Blüte vorhanden ist. Findest du den Nektar in den alten oder in den jungen Blüten?
– *In den jungen Blüten befindet sich mehr Nektar. Sie wurden noch nicht von den Hummeln besucht.*

③ Suche nach Blüten, deren Kronröhre am Grund ein Loch hat. Das hat die kurzrüsselige Erdhummel hineingebohrt. So kommt man auch zum Nektar! Warum ist das aber für die Blüte von Nachteil?
– *Weil dabei keine Bestäubung erfolgt.*

Lösungen zum Arbeitsblatt

zu 1. a) ca. 10 mm Länge.
b) nur Hummeln können die Blüte bestäuben.

zu 2. a) klebrige Narbe: holt Blütenstaub aus dem Pelz der Hummel.
b) Staubbeutel: streuen Blütenstaub dort aus, wo die klebrige Narbe auftrifft. Beschriftung: a) klebrige Narbe, b) Staubbeutel, c) Rüssel der Hummel, d) Kronblattröhre, e) Haarkranz, f) Nektar, g) Fruchtknoten, h) Unterlippe, i) Haarpelz der Hummel.

zu 3. Die eigenen Pollen bleiben im dichten Haarkleid der Hummel hängen und werden auf die nächste Blüte übertragen. Zur Bestäubung wird fremder Pollen benötigt.

Medien

Filme
– Klett 99 921 Blütenökologie I: Blüte und Insekt (4 min, f) (mit Zeitraffer)
– FWU Blütenbestäubung mit Erdhummel (4,5 min, f)

Videos
– Klett 994 812 Bestäubung und Befruchtung der Blüte, Arbeitsvideo (12,5 min, f)
– Klett 376 031 Bestäubung, Pollenschlauchwachstum und Befruchtung, Kurzvideo (5 min, f)

Dias
– FWU Blütenbestäubung durch Insekten (21 Dias, f)
– FWU Morphologie und Biologie der Blüte II (12 Dias, f)

Taubnesseln werden von Hummeln bestäubt

1. Zupfe Blüten von einer Taubnessel ab und benenne: Oberlippe, Unterlippe, Kronblattröhre

    a) Miß die Länge der Kronblattröhre: _____

    b) Vergleiche deinen Wert mit folgenden Angaben:
        — der Saugrüssel einer Biene ist 6 mm lang;
        — der Saugrüssel einer Hummel ist 12 mm lang.

    Was folgt daraus? _____

    _____

2. Schlitze eine Taubnesselblüte der Länge nach auf und betrachte den inneren Bau mit der Lupe. Beschrifte die Abbildung. Welche Bedeutung haben die nachfolgend genannten Blütenteile bei der Bestäubung?

    a) Klebrige Narbe: _____

    b) Staubbeutel: _____

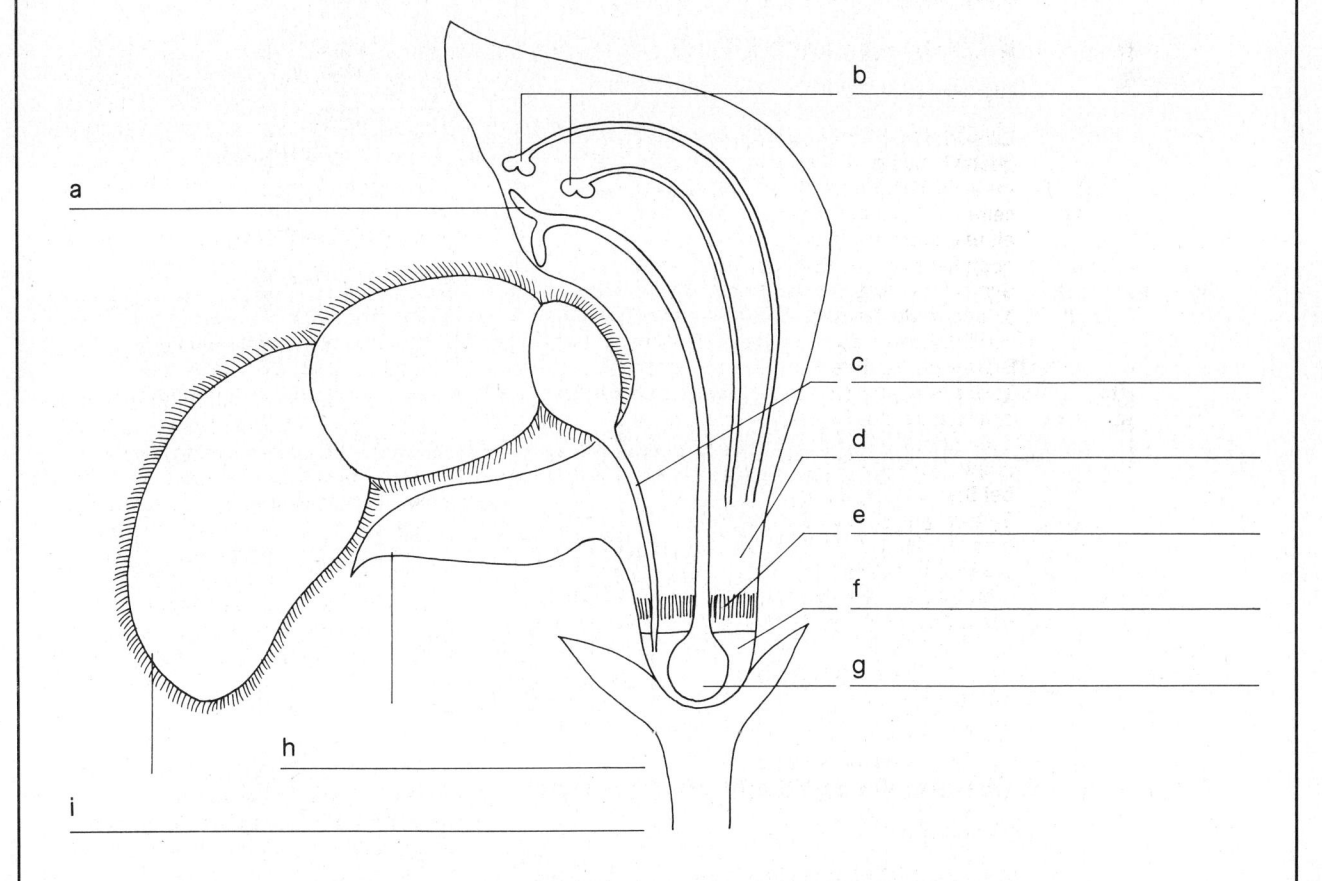

3. Was heißt Fremdbestäubung? _____

_____

_____

Der Scharfe Hahnenfuß hat viele Verwandte

(Schülerbuch S. 198)

Aufgaben und Lösungen

① Besorge dir von einer Wiese, auf der der Scharfe Hahnenfuß reichlich blüht, eine vollständige Pflanze.
   a) Zeichne ein grundständiges Blatt und je ein Blatt von der Mitte und vom oberen Teil des Stengels. Gib Unterschiede an.
   b) Untersuche ein Honigblatt mit der Lupe, und zeichne es.

zu a) Die oberen Blätter sind nicht so stark fiederteilig gegliedert wie in der Mitte und im unteren Teil des Stengels (5- bis 7teilig). Die oben stehenden Blätter sind meist dreiteilig und gleichen in etwa dem Fuß eines Hahns.

zu b) Jedes Kronblatt besitzt nahe der Anwachsstelle ein Honigblatt (Nektardrüse). Es ist schuppenförmig gebaut.

② Schreibe Unterscheidungsmerkmale der vier Hahnenfußarten von Abbildung 2 in dein Heft. Versuche, diese Arten im Freien wiederzuerkennen.

- *Scharfer Hahnenfuß:* Obere Blätter am Stengel dreiteilig, untere 5- bis 7teilig. Standort: gedüngte Wiesen.
- *Brennender Hahnenfuß:* Blätter lanzettförmig unten am Stengel gestielt, oben am Stengel sitzend; Standort: sumpfige Stellen.
- *Kriechender Hahnenfuß:* Obere Blätter am Stengel zungenförmig, unten handförmig geteilt. Stengel oft niederliegend, setzt sich in einem Erdsproß fort. Standort: Lehmböden, durch Trittbelastung verdichtet.
- *Knolliger Hahnenfuß:* Die Kelchblätter der Blüten sind auffällig nach unten gerichtet. Alle Blätter am Stengel sind 3-, 5- oder 7teilig. Der Stengel ist an der Basis knollig verdickt. Standort: Trockenrasen.

99 —————————————— **Zusatzinformation**

Mit den Schülern sollte man einfache Blüten (Hahnenfuß oder Buschwindröschen) behandeln, komplizierte wie Rittersporn, Akelei oder Eisenhut nur zur Ergänzung erwähnen. Allerdings ist das Zergliedern dieser Blüten in der Absicht, jeweils die Honigblätter zu finden, eine interessante Sache, wenn die Schüler die vergleichende Methode bereits beherrschen (vgl. Randspalte im Schülerbuch). Die „igelförmigen" Früchte des Hahnenfußes bzw. Buschwindröschens sind ebenfalls ergiebige Vergleichsobjekte. Sie zeigen eine Ansammlung von Balgfrüchten bzw. Nüßchen, die nicht miteinander verwachsen sind. Man kann die einzelnen Früchtchen mit den Hülsen der Bohne vergleichen. Insgesamt gleicht der Fruchtstand etwa einer Erdbeere. Diese gehört zu den Rosengewächsen, die mit den Hahnenfußgewächsen nahe verwandt sind.

Die Hahnenfußgewächse bilden eine riesige Gruppe, die bei den Blütenmerkmalen relativ uneinheitlich ist, deren Früchte jedoch relativ gleichförmige Kennzeichen aufweisen (Balg- oder Schließfrüchte, nicht miteinander verwachsen). Mehrjährige Stauden sind vorherrschend, die oft Erdsprosse oder gut entwickelte Wurzelstöcke zur Überwinterung ausbilden (vgl. Buschwindröschen bzw. Akelei). Sträucher sind bei den Hahnenfußgewächsen selten (Waldrebe).

——————————————— **99**

Mit Blumen aus der Familie der Hahnenfußgewächse durch das Jahr:

- Die *Christrose* (Helleborus niger) entfaltet im Kalkgebirge in sonnigen Lagen bereits mitten im Winter ihre schneeweißen Blüten.
- Die *Stinkende Nieswurz* (Helleborus foetidus) hat hellgrüne Blüten. Sie wächst in lichten Buchen- und Eichenwäldern und blüht oft schon im Februar.
- Im Februar/März blühen auf sonnigen Trockenrasen die *Küchenschellen* (Pulstilla spec.)
- Im März entfalten sich in Laubwäldern die blauen *Leberblümchen* (Hepatica nobilis), gefolgt von den weiß- oder seltener gelbblühenden *Buschwindröschen* (Anemone nemorosa und ranunculoides)
- Im März/April blühen an den Bächen *Sumpfdotterblumen* (Caltha palustris) und *Scharbockskraut* (Ficaria verna)
- Auf den feuchten Wiesen entfalten sich im April/Mai der *Scharfe Hahnenfuß* (Ranunculus acer), an manchen Stellen auch die *Trollblume* (Trollius europaeus)
- In den Südalpen findet man im Mai die *Pfingstrose* (Paeonia officinalis), die Stammform der vielen Pfingstrosen, die in den Gärten gezogen werden.
- Im Mai/Juni wächst in lichten Laubwäldern die *Akelei* (Aquilegia sp.), an den Waldrändern blüht die *Waldrebe* (Clematis vitalba)
- In den Feldern kommt im Juni/Juli der *Acker-Rittersporn* (Delphinium consolida) zur Blüte.
- Im Juli/August finden wir in den Mittelgebirgen und in den Alpen den blauen und den gelben *Eisenhut* (Aconitum napellus und vulparia)

Aus vielen Arten der Familie der Hahnenfußgewächse sind Gartenpflanzen gezüchtet worden: Christrose, Anemone, Akelei, Pfingstrose, Rittersporn, Eisenhut, Waldrebe.

Lösungen zum Arbeitsblatt

zu 1. Das obere Stengelblatt ist dreigeteilt. Es gleicht dem Fuß eines Hahnes mit drei nach vorne und einer nach hinten gerichteten Zehe.

zu 2. 2.1 einer, kuppelförmig aufgewölbt
2.2 fünf, so viele wie Kronblätter
2.3 fünf, gelb, mit Honigblatt (Nektardrüse)
2.4 viele, umgeben den Stempel
2.5 viele, überziehen den Blütenboden
2.6 mehrere, die oberen sind dreiteilig, die unteren fünfteilig

zu 3. Der Hahnenfuß besitzt einsamige Nüßchen.

Medien

Modelle

- Phywe Nr. 77066.00 Hahnenfuß: Blüte und Frucht

Der Scharfe Hahnenfuß

mittleres Stengelblatt

oberes Stengelblatt

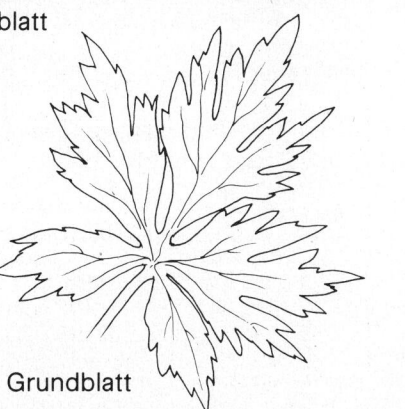

Grundblatt

1. Die Blätter geben ihm den Namen. Erkläre!

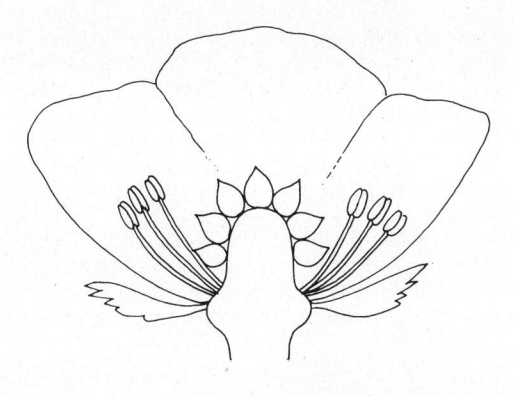

_____

_____

_____

_____

_____

_____

2. Die Blüte (Längsschnitt) Male die Teile an, beschreibe sie!

		Kennfarbe	Anzahl	Besondere Merkmale
2.1	Blütenboden	grün		
2.2	Kelchblätter	grün		
2.3	Kronblätter	natürlich		
2.4	Staubblätter	orange		
2.5	Fruchtblätter	rot		
2.6	Laubblätter	hellgrün		

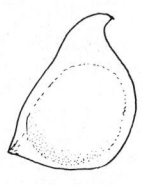

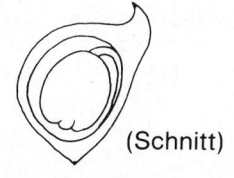

(Schnitt)

3. Zahlreiche Früchte:

_____

_____

Die Wilde Möhre ist ein Doldengewächs

(Schülerbuch S. 199)

Aufgaben und Lösungen

① Bei vielen Doldengewächsen haben die Blüten am Rand des Blütenstandes eine andere Form als die in der Mitte.
  a) Beschreibe anhand der Abbildung 3 die Unterschiede im Aussehen von Rand- und Mittelblüten.
  b) Welche Bedeutung könnte die Form der Randblüten haben?
  – zu a) *Die Blüten am Rand der Dolde sind asymmetrisch und besitzen größere Kronblätter als weiter innen befindliche Blüten. Außerdem haben sie keine Staubblätter.*
  – zu b) *Durch die größeren Randblüten erscheint die Dolde noch etwas größer und ist dadurch auffälliger für Insekten.*

Zusatzaufgaben mit der Garten-Mohrrübe

① Schneide von einer Mohrrübenpflanze das oberste Stück mit Blattresten ab. Lege es auf feuchten Sand. Beobachte!
  – *Es bilden sich neue Blätter, denn die Rübe enthält Nährstoffe für das Wachstum.*
② Mohrrüben blühen erst im zweiten Jahr. Gräbt man zur Zeit der Blüte eine Wurzel aus, erlebt man eine Überraschung. Überlege, wie sich die Wurzel verändert hat, und begründe deine Vermutung.
  – *Die Vorräte wurden aufgebraucht, die Wurzel ist geschrumpft.*

Wildpflanze – Kulturpflanze

Aus der Familie der Doldengewächse werden zahlreiche Arten im Garten angebaut (*Petersilie, Dill, Pastinak, Karotten* u. a.). Die Wurzeln von Wilden Möhren, die an ihrem natürlichen Standort wachsen (Wegränder, Trockenrasen), schmecken fade und zäh, allerdings zeigen sie den typischen Möhrengeruch. Erst durch Kultur im guten Gartenboden bekommt man größere und süß schmeckende Rüben an Wildpflanzen. Ein vergleichender Anbau von Wilden Möhren und Garten-Mohrrüben ergibt ein interessantes Experiment für den Schulgarten. (Achtung! Die Samen von Wilden Möhren keimen nur dann gut, wenn sie dem Frost ausgesetzt waren!)

Lösungen zum Arbeitsblatt

1. Sie hat eine rotbraune Blüte in der Mitte des Blütenstandes.
2. An Wegrändern und trockenen Standorten.
3. Blätter: Sie sind fein zerteilt und verdunsten dadurch wenig Wasser.
   Wurzel: Sie ist als Rübe ausgebildet und speichert Wasser und Nährstoffe.
4. Bei jeder Blüte sind die 5 weißen Kronblätter und die 5 Staubblätter flach ausgebreitet, sie bilden einen Teller, auf dem sich ein Teil des Fruchtknotens mit dem Griffel erhebt.
5. Unterschied: Die Randblüten haben größere Kronblätter, Staubblätter fehlen.
   Biologische Bedeutung: Sie vergrößern die Lockwirkung für Insekten.
6. Vgl. Randabbildung im Schülerbuch S. 199.
7. Es ist eine zusammengesetzte Dolde.
8. Der Blütenstand wird nach der Bestäubung zu einem vogelnestartigen Gebilde.
9. Vgl. Schülerbuch Abb. 199.3
10. Die beiden Teile der Frucht heften sich an das Fell vorbeistreifender Tiere und werden so verbreitet.
11. Am Geruch der geschnittenen oder zerriebenen Blätter bzw. der Wurzel.
12. Sie werden bereits im ersten Jahr geerntet; die Blüte bildet sich erst im zweiten Jahr.
13. a) Sie speichert im 1. Jahr Wasser und Nährstoffe.
    b) Durch Aufbrauchen dieser Reservestoffe kann die Pflanze im 2. Jahr rasch wachsen und viele Blüten und Früchte bilden.

Medien

Dias
– FWU Blütenbestäubung durch Insekten (21 Dias, f)

Lehrtafeln
– Phywe Nr. 78887.01 Möhre (Wilde Möhre)

Die Wilde Möhre

1. Woran erkennt man eine blühende Wilde Möhre: _____
   _____

2. Wo wächst die Wilde Möhre? _____

3. Welche Einrichtungen ermöglichen es der Wilden Möhre, solche Standorte zu besiedeln?

   Blätter: _____

   Wurzel: _____

4. Untersuche eine Einzelblüte mit der Lupe. Welche Blütenteile findet man? _____
   _____

5. Vergleiche eine Randblüte mit einer aus der Mitte des Blütenstands.

   Unterschied: _____

   Biologische Bedeutung: _____

6. Zeichne ein Schema des Blütenstands der Wilden Möhre.

7. Wie bezeichnet man solche Blütenstände?

   _____
   _____

8. Wie verändert sich die Form des Blütenstands nach der

   Bestäubung? _____
   _____

9. Untersuche die Früchtchen und betrachte ihre Borsten mit der Lupe. Ergänze die Zeichnung.

10. Welche biologische Bedeutung haben die Borsten?
    _____

11. Woran kann man die Verwandtschaft der Gartenmöhre mit der Wilden Möhre erkennen? _____
    _____

12. Warum sieht man nur selten blühende Gartenmöhren? _____
    _____

13. Die Wurzel der Möhre hat eine doppelte biologische Aufgabe: _____
    _____

© Als Kopiervorlage freigegeben. Ernst Klett Schulbuchverlag, Stuttgart 1993

Die Familie der Korbblütler

(Schülerbuch S. 200/201)

Aufgaben und Lösungen

① Vergleiche die Röhrenblüten der Sonnenblume mit den Zungenblüten des Löwenzahns.
- *Der Vergleich von Abb. 200.1 und der Randabbildung ergibt:*

Sonnenblume	Löwenzahn
– *Röhrenblüten befinden sich innen, außen Zungenblüten*	– *alle sind Zungenblüten*
– *großer Fruchtknoten mit Spreublatt*	– *kleiner Fruchtknoten ohne Spreublatt*
– *Kelchblätter*	– *Haarkelch, aus dem sich später der „Fallschirm" entwickelt*
– *5-zipflige Blütenröhre*	– *zungenförmiges Blütenblatt*
– *5 Staubblätter, zu einer Röhre verwachsen*	– *ebenso*
– *Griffel wächst durch die Staubblattröhre*	– *ebenso*
– *Frucht fällt aus dem Blütenkorb oder wird durch Vögel verbreitet*	– *Frucht trägt auf langem Stiel einen Haarkranz; wird durch den Wind verbreitet*

② Sammle auf Wiesen oder am Wegrand einige Korbblütler, und ordne sie nach Röhren- bzw. Zungenblütigen.
- *Die Fotos auf S. 211 können bei der Bestimmung der Pflanzen helfen. Auf der Wiese findet man jedoch auch weitere Arten.*

❞ ──────────────── **Zusatzinformationen**

1. Die Familie der Korbblütler besitzt die meisten Arten und ist für den Menschen bedeutsam als Lieferant von Nutzpflanzen, z. B. Sonnenblume, Kopfsalat, Klee, Kamille, Arnika. Gartenblumen wie Dahlien, Chrysanthemen, Astern und Ringelblumen gehören ebenfalls zu den Korbblütlern.

2. Praktikum am Beispiel des Löwenzahns und der Sonnenblume

1. Löwenzahnpflanzen zeigen ausgeprägte Standortmodifikationen. Sammle Exemplare von einem trockenen Wegrand und aus dem Garten und vergleiche sie.
2. Löwenzahnblüten entwickeln ihre Früchte ohne Bestäubung, obwohl sie fleißig von Bienen besucht werden und gute Pollenspender sind. (Hinweis: Alle Früchte der „Pusteblume" sind gleich gut gewachsen, nicht eine ist wegen „fehlender Befruchtung" verkümmert.)
3. Die Blüten des Löwenzahns und die Fruchtstände öffnen sich und schließen sich im Tag-Nacht-Rhythmus und schließen sich bei Feuchtigkeit.
Tip: Blüten und Fruchtstände in einer feuchten Kammer aufbewahren. Sie öffnen sich dann innerhalb von ca. 30 Minuten in der trockenen Luft des Klassenzimmers.
4. Die Früchte eines Blütenstandes kann man in einer mit Erde gefüllten Schale keimen lassen. Die Jungpflanzen keimen in Kürze aus und stehen dicht an dicht, ohne Chance zum Wachsen. Schüler verstehen dadurch, warum die Verbreitung der Flugfrüchte mit dem Wind die Überlebenschancen verbessert.
5. Sonnenblumenkerne aus Vogelfutter stammen von besonders wüchsigen, ertragreichen Pflanzen. Sie keimen leicht und erreichen, wenn man sie umtopft, schnell eine überraschende Höhe. Bis zu den Sommerferien kann jeder Schüler in der Klasse eine blühende Sonnenblumenpflanze besitzen.

─────────────────── ❞

Lösungen zum Arbeitsblatt

zu 1: a) Fruchtstand
b) voll geöffneter Blütenstand
c) noch geschlossener Fruchtstand
d) entleerter Fruchtstand
e) Blütenstand vor der Entfaltung
f) Blütenknospe

zu 2. a) Zungenblüten
b) Hüllblatt
c) Blütenblatt
d) Griffel mit Narbe
e) Staubblätter
f) Haarkranz
g) Samenanlage
h) Fallschirmfrucht (Haarkranz)
i) Samen

Medien

Dias
– Schuchardt Nr. 300 Entwicklung und Bau eines Korbblütlers am Beispiel des Löwenzahns (20 Dias, f)

Lehrtafeln
– Phywe Nr. 78873.01 Sonnenblume

Modelle
– Phywe Nr. 77093.00 Löwenzahn, Blütenstand und Blüte
– Phywe Nr. 77010.00 Kamille, Blütenstand und Blüten

Blüten und Früchte des Löwenzahns

1. Der Löwenzahn zeigt gleichzeitig verschiedene Entwicklungsstadien von Blüten und Früchten. Beschrifte.

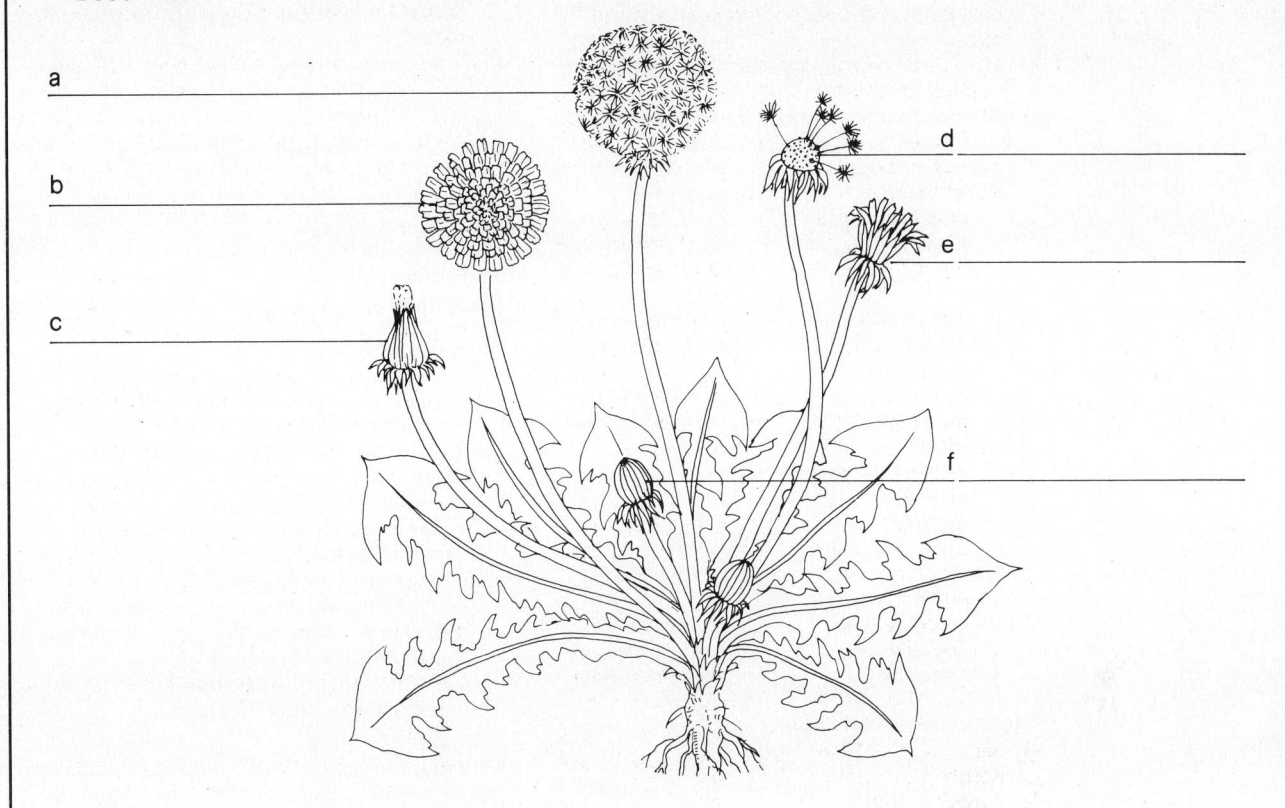

a _____
b _____
c _____
d _____
e _____
f _____

2. Die „Blüte" des Löwenzahns ist in Wirklichkeit ein Blütenstand. Beschrifte den Längsschnitt durch ein Blütenkörbchen, eine Einzelblüte und die Flugfrucht.

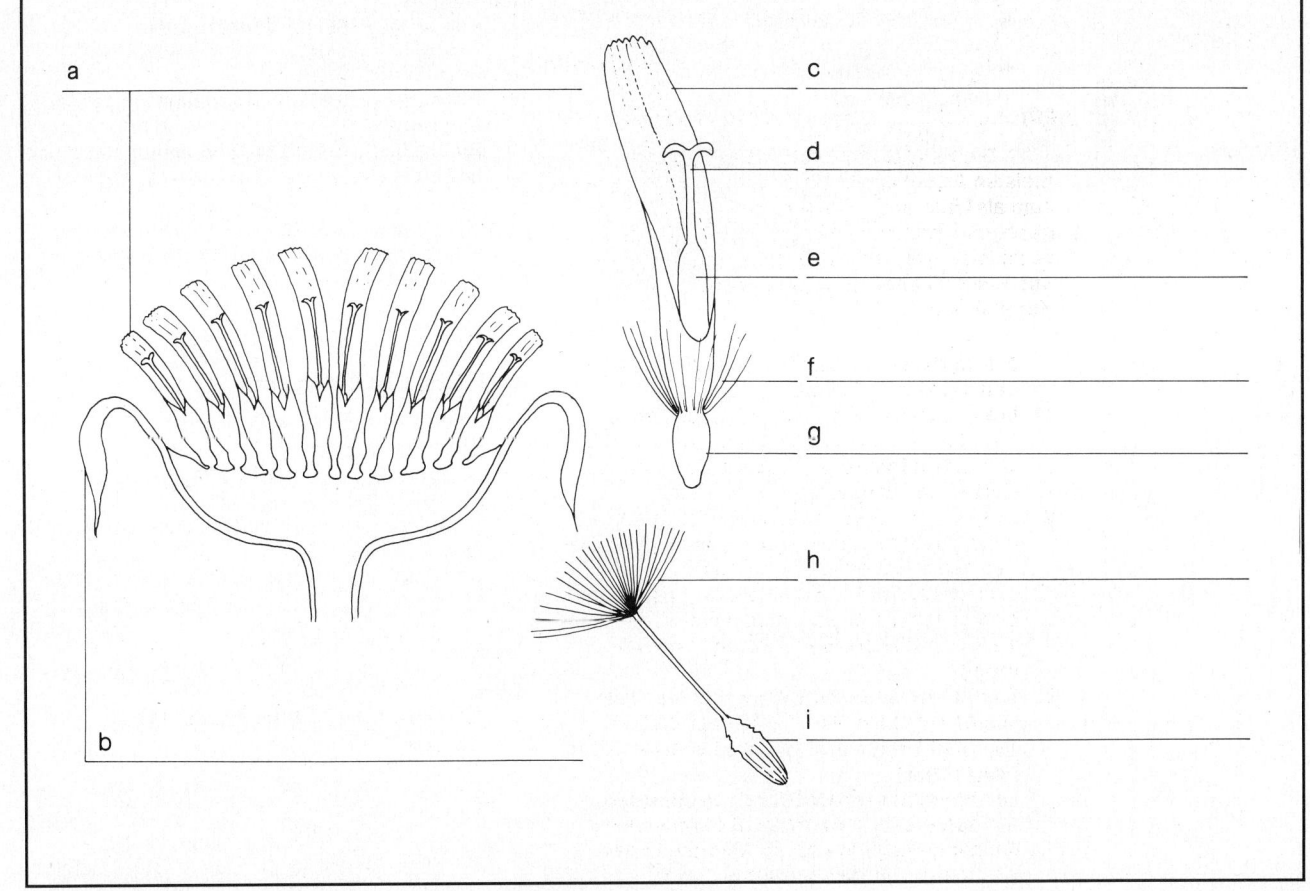

a _____
b _____
c _____
d _____
e _____
f _____
g _____
h _____
i _____

© Als Kopiervorlage freigegeben. Ernst Klett Schulbuchverlag, Stuttgart 1993

Die Familie der Süßgräser

(Schülerbuch S. 202)

Aufgabe und Lösung

① Gräser lassen sich leicht sammeln und pressen. Lege eine Gräsersammlung an, und unterscheide zwischen Süß- und Sauergräsern. Ordne die Süßgräser nach den Blütenstandsformen.
– *Hinweise zur Herstellung eines Herbariums findet man auf S. 208.* Auf folgende Merkmale der Süßgräser und Sauergräser achten:

Süßgräser	Sauergräser
– *Halm:* hohl, mit Knoten	markhaltig, im Querschnitt dreieckig, ohne Knoten
– *Blätter:* wechselständig, zweizeilig am Halm	wechselständig, dreizeilig, am Halm
– *Blattscheide:* meist offen, mit Blatthäutchen	geschlossen, ohne Blatthäutchen
– *Blüte* in der Regel zwittrig	meist einhäusige Pflanze mit deutlich getrennten männlichen und weiblichen Blütenständen
– *Frucht:* Körner wie beim Getreide	Frucht als Nüßchen, meist von Haut umgeben

Zusatzaufgabe und Lösung

① Suche vom Raygras oder der Quecke zwei Halme mit reifen Ähren. Bringe einen Halm in eine Plastiktüte, die du innen befeuchtest. Den anderen Halm stelle in ein Glas ohne Wasser. Vergleiche nach einigen Stunden die Stellung der Ährchen und der Grannen.
– *Bei dem trocken gehaltenen Halm spreizen sich die Ähren auseinander, so daß die Körner ausfallen können. Beim feucht gehaltenen Halm schließen sich die Ähren und halten die Körner fest.*

99 ―――――――― Zusatzinformation

Geht man vom Nutzen für den Menschen aus, so enthält die Familie der Süßgräser die wichtigsten Nutzpflanzen: Getreidearten wie Weizen, Roggen, Gerste, Hafer, Reis, Hirse und Mais gehören zu seinen wichtigsten Nahrungslieferanten. Die Süßgräser auf den Wiesen und Weiden ernähren die wichtigsten Nutztiere des Menschen.
Zur Behandlung der Grasblüte empfiehlt es sich, eine Getreideart zu verwenden (z. B. Roggen), da die einzelnen Teile größer ausgebildet sind als bei Süßgräsern und die Schüler wesentlich leichter damit arbeiten können. Das Korn (die Frucht) als das angestrebte Produkt der Nutzpflanze ist bereits in der Blüte in seiner künftigen Gestalt zu erkennen.

Merkmale wichtiger Süßgräser

1. Gruppe:
Ährengräser: Die Ährchen sitzen direkt an der Spindel.
– *Englisches Raygras* (Lolium perenne): Hohes Gras. Die Ährchen sind ohne Grannen, sie sitzen mit der Schmalseite an der Spindel.
– *Quecke* (Agropyrum repens): Mittelhohes Gras. Es bestockt sich nicht, sondern treibt lange, unterirdische Ausläufer, die durch härtesten Boden wieder austreiben. Die Quecke wird damit zu einem lästigen Unkraut im Garten. Die Ährchen der Quecke sitzen mit der Breitseite an der Spindel.

2. Gruppe
Rispengräser: Die Ährchen sitzen an langen seitlichen Verzweigungen.
– *Glatthafer* (Arrhenaterum elatius): Hohes Gras. Gut ausgebreitete Rispe. Die Ährchen besitzen eine gedrehte bzw. gekniete Granne.
– *Honiggras* (Holcus lanatus): Hohes Gras mit weich behaarten Blattscheiden; wächst an feuchten Standorten, wo es Horste bildet. Rispe ausladend.
– *Weiche Trespe* (Bromus mollis): Hohes Gras, Blattscheide weichhaarig, Rispe weniger ausladend. Ährchen mit weichen, ca. 1 cm langen Grannen.
– *Knäuelgras* (Dactylis glomerata): Hohes Gras, Rispe geknäuelt, im Aussehen unverwechselbar. Bildet dichte Rasen.
– *Wiesenrispengras* (Poa pratensis): Mittelhohes Gras. Zart ausgebildete Rispe mit ca. 7 mm langen Ährchen.
– *Wiesenschwingel* (Festuca pratensis): Mittelhohes Gras. Ährchen zigarrenförmig, 8–12 mm lang. Am größten Rispenast 4–6 Ährchen, am untersten Rispenast nur 1–3 Ährchen. Gutes Weidegras.

3. Gruppe:
Ährenrispengräser: Die Rispenäste sind so kurz, daß vom Gesamtbild her eine Ähre vorgetäuscht wird. Erst beim Auseinanderbiegen erkennt man die Seitenäste (Scheinährengräser).
– *Wiesenfuchsschwanz* (Alopecurus pratensis): Hohes Gras mit dichter Ährenrispe. Blütenstand während des Blühens durch die Staubbeutel fuchsrot gefärbt. Deckspelze mit 9 mm langer Granne.
– *Ruchgras* (Anthoxanthum odoratum): Mittelhohes Gras mit lockerer Ährenrispe. Riecht beim Trocknen nach Waldmeister und gibt dem Heu seinen typischen Geruch.
– *Kammgras* (Cynosurus cristatus): Mittelhohes Gras mit lockerer Ährenrispe. Streift man die Ähren ab, ist die Spindel scharf gezackt und rauh.

――――――――― 99

Lösungen zum Arbeitsblatt

1. Ackerquecke – Ähre; Rotschwingel – Rispe; Wiesenfuchsschwanz – Ährenrispe
2. (von oben nach unten) Halm: Knoten, Blatthäutchen, Blattscheide
Blüte: Fruchtknoten, Narbe, Spelzen, Staubblätter.
3. Der Halm ist rund, hat Knoten und ist hohl.

Medien

Dias
– FWU Die Wiese – Pflanzen der Wiese (12 Dias, f)

Rispengras

Ährenrispengras

Ährengras

Süßgräser

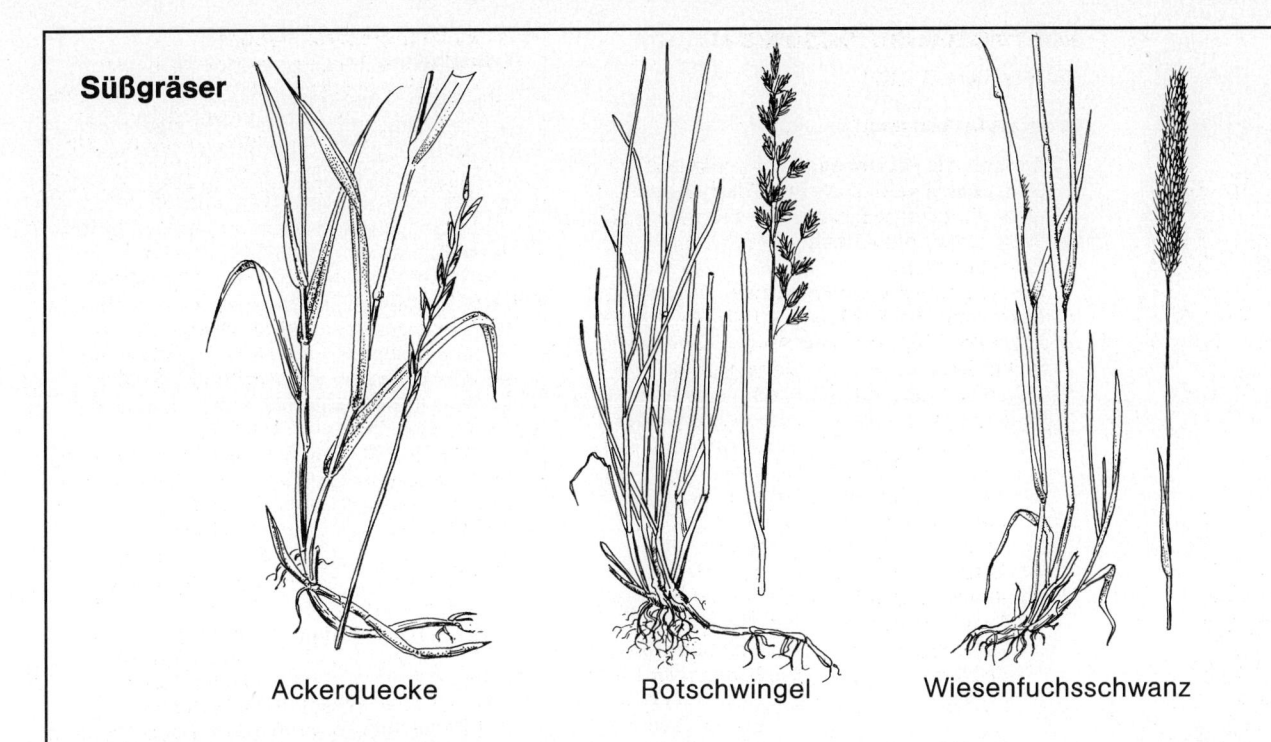

Ackerquecke   Rotschwingel   Wiesenfuchsschwanz

1. Ackerquecke, Rotschwingel und Wiesenfuchsschwanz sind heimische Süßgräser. Ordne ihnen Blütenstandsformen zu.

   Ackerquecke _____

   Rotschwingel _____

   Wiesenfuchsschwanz _____

2. Beschrifte die Abbildungen.

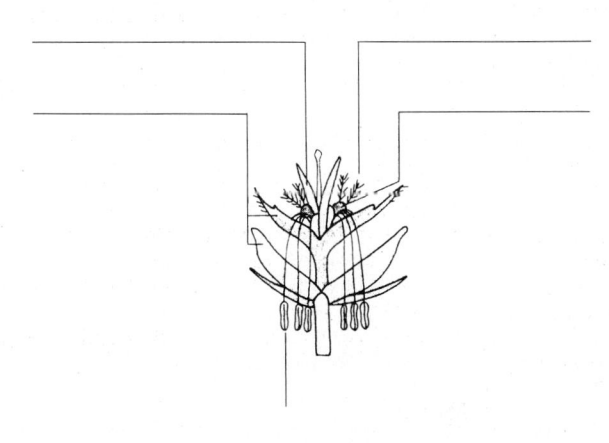

   Ährchen mit 2 Blüten 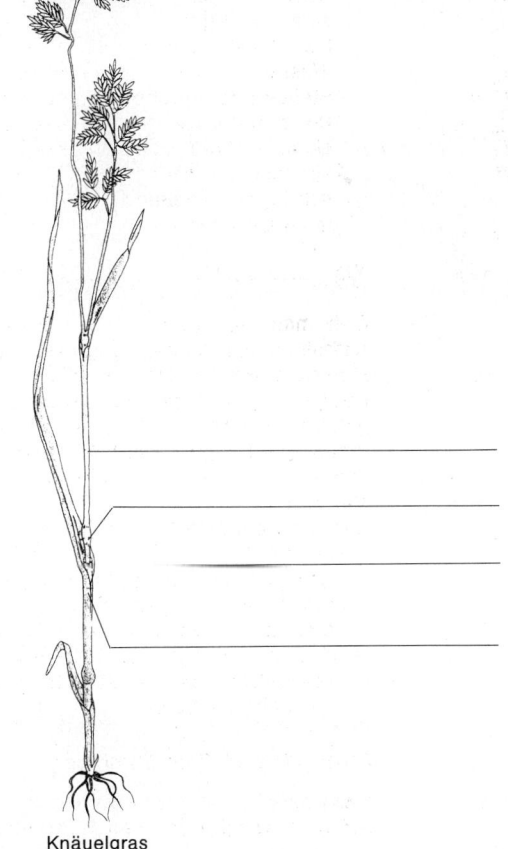   Knäuelgras

3. Welche Merkmale eines Grashalms sind kennzeichnend für ein Süßgras?
   _____

Die Waldkiefer – ein Nadelbaum

(Schülerbuch S. 203)

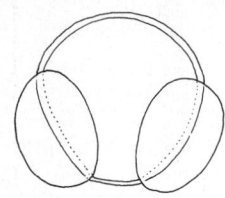

Zusatzaufgaben und Lösungen

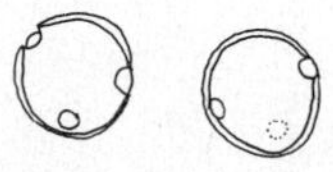

① Schätze die Anzahl der Samen eines Kiefernzapfens. (Zähle die Fruchtschuppen einer senkrechten und einer waagrechten Reihe am Zapfen. Rechne!)

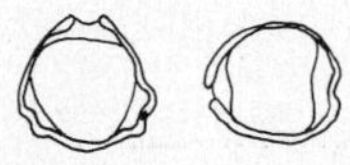

– *Ein Kiefernzapfen enthält je nach Größe 80–100 Samen, zwei unter jeder Fruchtschuppe.*
Folgende Überschlagsrechnung bietet sich an: Die Fruchtschuppenreihen werden von unten nach oben gezählt, dann ein Fruchtschuppenring oberhalb oder unterhalb der dicksten Stelle des Zapfens (ergibt den Mittelwert). Die beiden Zahlen multipliziert man und verdoppelt das Ergebnis, da pro Schuppe zwei Samen vorhanden sind.

② Lasse einen Kiefernsamen mit und ohne Flughaut im Treppenhaus fliegen. Was wird durch die Flughaut erreicht?

– *Für 5 m Fallhöhe braucht ein Samen mit Flughaut 5–7 Sekunden, ohne Flughaut etwa 1 Sekunde. Mit Flughaut ergibt sich ein „Propeller-Flug".*

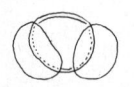

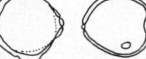

❞ Zusatzinformation

Nadelbäume gehören zu den wichtigsten Nutzholzarten im Wald. Die Kiefer ist vor allem für die Aufforstung von Sandböden bedeutsam. Sie erträgt extreme Wachstumsbedingungen (Hitze und Kälte, Trockenheit) sehr gut, da die schmalen Blätter (Nadeln) nur wenig Wasser verdunsten.

Die Kiefer besitzt ein besonders umfangreiches Wurzelsystem. Man kann dies zeigen, indem man eine junge Kiefer ausgräbt. Sie besitzt eine Pfahlwurzel und ein starkes, weitverzweigtes Wurzelgeflecht. Damit steht sie auch im lockeren Sandboden sicher und fest. Zahlreiche Feinwurzeln befinden sich bereits dicht unter der Erdoberfläche und können selbst kleine Mengen von Regen und Tau aufsaugen.

Für den Unterricht über die für Nadelbäume typische Windbestäubung und die Ausbildung der Samen in den Zapfen eignet sich die Kiefer besonders, da in vielen Vorgärten Bergkiefern (Latschen) gepflanzt sind, an denen die männlichen und weiblichen Blütenstände in leicht erreichbarer Höhe wachsen und als Anschauungsmaterial für den Unterricht gesammelt werden könnten.

Männliche und weibliche Blüten werden besonders reichlich angelegt, wenn der Sommer zuvor heiß und trocken war. Die riesige Menge des Blütenstaubes und die mikroskopische Untersuchung der Flugeinrichtungen ist ein besonderes Erlebnis für die Schüler. Damit Samen entstehen, muß eine ausgiebige Bestäubung stattfinden. Der Weg, den der Pollenschlauch bis zur Samenanlage wachsen muß, ist beträchtlich, und es gibt keine Förderung durch das Narbengewebe wie bei den Bedecktsamern. Zur Ausbildung der Samen sind Wärme und Feuchtigkeit erforderlich. Aus der aufrechtstehenden Zapfenblüte wird bis zum Frühjahr ein hängender, grüner Zapfen, der erst im nächsten Sommer reift. **❞**

Pollenanalyse

Die windblütigen Büsche, Nadel- und Laubbäume bilden so viel Pollen, daß manchmal ein „Schwefelregen" auf Pfützen und Wasserflächen niedergeht: Es bildet sich ein feiner, gelblicher Niederschlag, dessen Herkunft man sich früher nicht erklären konnte. Diese Erscheinung macht sich die Wissenschaft zunutze, um die Entwicklung des Waldes nach der Eiszeit zu datieren. In den Mooren sind diese „Schwefelregen-Pollen" konserviert worden. Sie wurden zeitlich nacheinander (d. h. übereinander) abgelagert. Aus ihrer Schichtung läßt sich ablesen, daß in Mitteleuropa nach der Eiszeit zuerst die Hasel dominierte, danach kamen die Kiefer, die Fichte und die Tanne, danach Laubbäume wie Eiche, Hainbuche und Rotbuche.

Lösungen zum Arbeitsblatt

1 a: Zwei weibliche Zapfen (diesjährig); sie enthalten die Samenanlagen (1. Jahr).
1 b: Zapfenschuppen mit je zwei Samenanlagen (vergrößert).
1 c: Männlicher Zapfen; er liefert Blütenstaub (2. Jahr).
2: Vorjähriger Zapfen mit unreifen Samen
2: Zweijähriger Zapfen, der Samen auswirft (3. Jahr).
4: Einzelner Same der Kiefer (vergrößert).

Medien

Dias
– Phywe Nr. 81484.00 Die Kiefer (17 Dias, f)
– FWU Die Kiefer (12 Dias, f)

Modelle
– Phywe Nr. 77020.00 Kiefer, Blüte weiblich
– Phywe Nr. 77021.00 Kiefer, Blüte männlich

Lehrtafeln
– Phywe Nr. 78877.01 Die Kiefer

Arbeitstransparente
– Phywe Nr. 23080.02 Typische Blütenformen

Zapfen und Samenanlagen bei der Kiefer

Beschrifte die Entwicklung eines Kiefernzapfens im Laufe von drei Jahren

1a _____

_____

_____

1b

_____

_____

_____

1c _____

_____

_____

2 _____

3 _____

4 _____

2 Vielfalt und Ordnung

Welche Pflanzenfamilie ist es?
(Schülerbuch S. 204/205)

Pflanzen lassen sich bestimmen
(Schülerbuch S. 206/207)

Zum Bestimmen von Pflanzen kann man grundsätzlich zwei verschiedene Wege einschlagen:
- Bestimmung mit Hilfe von Abbildungen, die nach gemeinsamen Merkmalen wie z. B. Blütenfarbe geordnet sind
- Benutzung eines Bestimmungsschlüssels

Vielfach wird in der Praxis eine Kombination beider Wege eingesetzt: Auf eine Groborientierung anhand von Abbildungen erfolgt die exakte Bestimmung mit Hilfe eines dichotomen Schlüssels.
Im Prinzip kennen die Schüler bereits das System des dichotomen Schlüssels. Es kommt in Gesellschaftsspielen häufig vor und spielt in Quizsendungen des Fernsehens eine Rolle. Dieses Suchschema hat also eine allgemeine Bedeutung. Es ist wichtig, daß der Lehrer dies den Schülern vermittelt: Sie lernen mit diesem manchmal etwas trocken empfundenen Verfahren nicht allein für das Fach Biologie.

Auf S. 204/205 werden wichtige Bestimmungsmerkmale zusammengefaßt, die für das Erkennen der Pflanzenfamilien wichtig sind. Die bereits bekannten Beispiele (Gartentulpe, Ackersenf, Besenginster, Wilde Möhre und Weiße Taubnessel) werden anhand der Blütenmerkmale, des Blütenstandes, der Blattform und der Blattstellung noch einmal verglichen. Auf S. 206/207 wird der Gebrauch eines Bestimmungsschlüssels gezeigt, indem die Bestimmung von Waldkiefer, Roßkastanie, Eßkastanie, Walnuß und verschiedener Eichenarten anschaulich durchgeführt wird.

Dichotomer Schlüssel

Die Fragen nach den Merkmalen sind so gestellt, daß sie mit „ja" oder „nein" beantwortet werden können.

Praktikum: Herbarium
(Schülerbuch S. 208)

Das Kennenlernen von Pflanzen ist mühsam, denn unser Gedächtnis wird leicht überfordert. Mehr als 8–10 neue Pflanzennamen sollten Schüler bei einer Exkursion nicht lernen, sonst bringen sie nachher vieles wieder durcheinander. Die Leistungsfähigkeit kann jedoch wirksam gesteigert werden, wenn man Pflanzen mitnimmt und sie später nochmals in Ruhe anschaut und nachbestimmt. Werden Pflanzen für ein Herbarium gepreßt, ergeben sich von selbst weitere Gelegenheiten zum eingehenden Betrachten der Pflanzen: Zum Trocknen müssen sie mehrfach umgelegt werden, beim Aufkleben und Beschriften werden sie nochmals für das Herbarium genau bestimmt. Dadurch übt man sich ständig und prägt sich Namen und Erkennungsmerkmale der Pflanzen ein. Einen ähnlichen Lernerfolg erzielt man auch, wenn man Diareihen von Pflanzen herstellt, die Bilder selbst rahmt, ordnet, beschriftet und sie dann Interessierten immer wieder vorführt.

Im Frühjahr ist die Neigung besonders groß, die ersten Blüten zu sammeln und mit nach Hause zu nehmen. Rücksichtsloses Sammeln von seltenen Pflanzen kann zur Ausrottung führen. Das Herbarium dient dazu, sich in das Ordnen und Bestimmen von Pflanzen einzuarbeiten. Dazu genügen auch häufig vorkommende Arten, seltene Pflanzen soll man stehen lassen.

Ordnung schaffen im Pflanzenreich
(Schülerbuch S. 209)

Das ständige Üben im Kennen und Bestimmen von Pflanzen zieht sich wie ein roter Faden durch die vorangegangenen Kapitel des Schulbuchs. Bisher arbeitete man vor allem am Objekt selbst und verglich die Pflanze mit ihren nächsten Verwandten (vgl. Eiche). Man blieb damit auf dem Niveau von Gattung und Familie. Die Einordnung der in Klasse 5 und 6 behandelten Blütenpflanzen in das Pflanzenreich muß nun nachgeliefert werden.
Als Beispiele für *Ein-* und *Zweikeimblättrige Pflanzen* werden Mais und Bohnen vorgeschlagen. Die Objekte sind so groß, daß man die differenzierenden Merkmale an Blättern, Sproß und Wurzeln leicht mit bloßem Auge erkennen kann. Zur Veranschaulichung der Nacktsamer lassen sich im Juni die blühenden Zapfen der Kiefer problemlos beschaffen. Niedrig wachsende Kiefern wurden ja in vielen Vorgärten gepflanzt, die Schüler können also bei der Beschaffung der Untersuchungsobjekte mithelfen. An der Bohnenpflanze sind gleichzeitig Blüten und Früchte vorhanden. Man kann aber auch andere Blüten zum Vergleich mit den Blütenzapfen der Kiefer heranziehen. Bohnen- und Maissamen sind sehr hart, vor der vergleichenden Untersuchung sollte man sie einen Tag lang in Wasser quellen lassen.
Der Grundgedanke der Systematik läßt sich mit einem großen Karton veranschaulichen, in dem kleinere Schachteln eingeschlossen sind (ineinander verschachtelt). Man knüpft damit an einen Brauch an, der unter Schülern dieses Alters sehr verbreitet ist: Sie bringen einen riesigen Geschenkkarton mit, und der Beschenkte muß mühsam eine Verpackung um die andere lösen, bis er schließlich an das Geschenk herankommt.

Literatur

DOMBROWSKY, S./MEYER, D.: Die Rose – Blume der Blumen. Unterricht Biologie, Heft 92, 8. Jg., Friedrich, Seelze 1984

ESCHENHAGEN, D. (Hrsg.): Nutzpflanzen. Unterricht Biologie, Heft 74, 6. Jg., Friedrich, Seelze 1982

FRANCK, G.: Gesunder Garten durch Mischkultur. Südwest-Verlag, München 1980

HEDEWIG, R. (Hrsg.): Ökologischer Landbau. Unterricht Biologie, Heft 115, 10. Jg., Friedrich, Seelze 1986

KLOEHN, E./ZACHARIAS, F.: Einrichtung von Biotopen auf dem Schulgelände. Institut für Pädagogik der Naturwissenschaften (IPN), Kiel 1984

LÜTKENS, R. (Hrsg.): Unterricht Biologie „Naturnaher Garten". Heft 79, 7. Jg., Friedrich, Seelze 1983

PFISTERER, J.: Kreuzblüten-Schmetterlingsblüten. Unterricht Biologie, Heft 92, Friedrich, Seelze 1984

SCHWARZENBACH, A. M./KNODEL, H.: Nutzpflanzen. Studienreihe Biologie, Bd. 9, Metzler, Stuttgart 1980

STICHMANN-MARNY, U.: Unser phänologisches Tagebuch. Beobachtungen in der Orientierungsstufe. Unterricht Biologie, Heft 91, Friedrich, Seelze 1984

WINKEL, G.: Das Schulgarten-Handbuch. Friedrich, Seelze 1985

ZIMMERLI, E.: Freilandlabor Natur. Schulreservat, Schulweiher, Naturlehrpfad. Schaffung, Betreuung, Einsatz im Unterricht. Ein Leitfaden. World Wildlife Fund, Zürich 1980

Bestimmungsbücher

Die Liste enthält nur eine Auswahl von Büchern, die sich durch didaktisch-methodische Auswahl der Beispiele oder durch Bestimmungshilfen für die Hand des Schülers eignen.

AICHELE, D.: Was blüht denn da? Wildwachsende Blütenpflanzen Mitteleuropas. Kosmos Naturführer. Franckh, Stuttgart, 45. Aufl. 1983

AMANN, G.: Bäume und Sträucher des Waldes. Verlag Neumann/Neudamm, Melsungen, 1984

FITTER, A.: Blumen, wildblühende Pflanzen. Biologie + Bestimmen + Ökologie. Pareys Naturführer Plus. Parey, Hamburg 1987.

JÜNGLING, H./SEYBOLD, S.: Das Fischer Lexikon der Pflanzen in Farbe. Fischer Taschenbuch, Frankfurt/Main 1983

JÜNGLING, H./HAGER, P./PAYSAN, A./ROTH, R.: Bestimmungsbuch für Pflanzen. Klett, Stuttgart 1983

KELLE, A./STURM, H.: Pflanzen leicht bestimmt. Dümmler, Bonn 1979

3 Der Mensch nutzt Pflanzen

Gräser dienen der Ernährung
(Schülerbuch S. 213)

Praktikum zum Thema „Getreide"

① Koche eine Handvoll Haferkörner kurz auf, gieße das Wasser durch ein Sieb ab. Die Körner sind gequollen und weich geworden. Quetsche sie Korn für Korn mit einer Flachzange.
- *Man erhält auf einfache Weise hergestellte Haferflocken, ähnlich dem käuflichen Produkt.*

② Miß die Länge eines ausgewachsenen Getreidehalmes und den unteren Durchmesser. Der Stuttgarter Fernsehturm ist 211 m hoch und hat unten einen Durchmesser von 10,8 m. Wievielmal ist der Durchmesser jeweils in der Länge enthalten? Vergleiche beide Ergebnisse.
- *(Man sollte mehrere Pflanzen messen und die Durchschnittswerte verwenden.) Bei 120 cm Länge waren es im Durchschnitt 0,5 cm unterer Durchmesser, d. h. die Halme waren 240mal so lang wie dick. Der Fernsehturm ist etwa 19,5mal so lang wie dick.*

③ Wie viele Knoten besitzt der Halm? Miß die Abstände zwischen den Knoten.
- *Es sind 4 Knoten, die Abstände von unten: etwa 14 cm, 24 cm, 36 cm und 46 cm.*

④ Schneide den Halm an einem Knoten und an einer anderen Stelle quer durch. Zeichne!
- *Im Querschnitt zeigt sich, daß der Halm hohl ist und eine wellige Oberfläche zeigt. Außen umschließt die Blattscheide den Halm. Mit der Lupe erkennt man die geschnittenen Leitungsbahnen. Die Quer- und Längsschnitte vom Knoten zeigen, daß der Halm hier abgeteilt ist. Über der kuppelförmigen Querwand ist der Knoten polsterartig verdickt. Hier sitzt die Wachstumszone. Der Getreidehalm kann also an mehreren Stellen zugleich wachsen. So kann die junge Pflanze rasch in die Höhe schießen, niederliegende Halme können sich an den Knoten wieder aufrichten (vgl. Randspalte).*

⑤ Rechne aus, wie viele Körner aus einem Roggenkorn in einem Jahr heranwachsen können.
- *Eine Roggenähre hat ca. 45 Körner. Da sich die Pflanze jedoch bestockt, also aus einem Korn 4–5 Pflanzen wachsen, gibt es 180–225 Körner.*

⑥ Rolle ein Blatt Papier (DIN A 4) zusammen. Probiere aus, welches Gewicht (z. B. Bücher) die Rolle aushält.
- *Rollt man das Blatt mit insgesamt 4 Umdrehungen auf, kann es ca. 1,8 kg tragen.*

⑦ Lege Getreidekörner auf feuchte Watte und protokolliere das Wachstum.
- *Die Körner keimen. Jedes Pflänzchen wächst und grünt, bis die Nahrungsvorräte im Korn aufgebraucht sind. Dann geht es an Mangelerscheinungen ein. Besondere Aufmerksamkeit ist auf die drehrunde Keimscheide und das daraus herauswachsende, paralleladrige Blatt zu verwenden.*

Wiederaufrichten von Getreidehalmen durch Wachstum an den Knoten

---

99 ──────────── Zusatzinformation

Durch systematische Züchtung entstanden aus Wildgräsern Hochleistungspflanzen. Dies läßt sich für Schüler leicht veranschaulichen, wenn der Lehrer Grassamen mitbringt (käuflich oder selbst gesammelt, z. B. von der Quecke) und mit Getreidekörnern vergleicht (anschauen, befühlen, mit der Briefwaage wiegen). Durch Quellung im Wasser werden die Körper weich, man kann sie quer durchschneiden und mit Iodkaliumiodid den Mehlkörper untersuchen (Nachweis von Stärke). Die Schüler erkennen, daß der Mehlkörper bei den Wildgräsern sehr klein ist.
Ein historischer Rückblick informiert über die Verwendung des Getreides. Am Anfang wurden die Körner in gequollener Form als Brei gegessen (vgl. heute noch die Verwendung von Getreide im „Müsli"). Manche Getreidearten besitzen kaum eine Backqualität und werden deshalb immer noch im Prinzip als Brei gekocht und verzehrt (Reis, Hirse, Mais). Am besten eignen sich Weizen und Roggen zum Brotbacken. Heute gibt es jedoch sehr verschiedene Formen der Zubereitung unserer heimischen Getreidearten:

Roggen	Weizen
geschroten:	*geschroten:*
– Roggenmehl	– Grieß
– Roggenschrot	– Grahambrot
– Vollkornschrot	*gemahlen:*
– Knäckebrot	– Weißbrot
gemahlen:	– Feinbackwaren
– Schwarzbrot	– Nudeln

Gerste	Hafer
geschält:	*gequetscht:*
– Graupen	– Haferflocken
angekeimt:	*grob zerkleinert:*
– Braugerste	– Hafergrütze
angekeimt und geröstet:	*geschroten:*
– Malzkaffee	– Haferschrot

────────── **99**

Lösungen zum Arbeitsblatt

zu 1: Hafer: Rispe – vereinzelt kurze Grannen – längliche Körner
zu 2: Weizen: sechszeilige Ähre – nur ganz kurze Grannen – rundliche Körner mit Härchen an der Spitze
zu 3: Roggen: vierzeilige Ähre – Grannen halb so lang wie Ähre – lange, walzenförmige Körner
zu 4: Gerste: meist zweizeilige Ähre – Grannen länger als die Ähre – länglich ovale Körner

Medien

Filme
- FWU Wachstum der Gerstenpflanze (11 min, f)

Modelle
- Phywe Nr. 77004.00 Roggen, Ährchen
- Phywe Nr. 77025.00 Weizen, Ährchen
- Phywe Nr. 77006.00 Weizen, Korn

Lehrtafeln
- Klett 166 189 Gemeiner Weizen
- Hagemann 070303 Roggen

Arbeitstransparente
- Phywe Nr. 23080.02 Typische Blütenformen

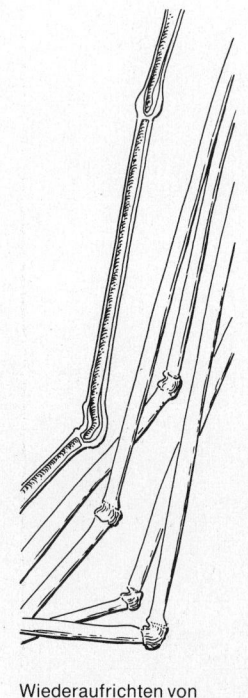

Heimische Getreidearten

Benenne die abgebildeten Getreidearten und gib deren charakteristische Merkmale an.

1 _____

_____

_____

_____

_____

2 _____

_____

_____

_____

_____

3 _____

_____

_____

_____

_____

4 _____

_____

_____

_____

_____

© Als Kopiervorlage freigegeben. Ernst Klett Schulbuchverlag, Stuttgart 1993

Hackfrüchte
Z. B. Kartoffeln, Rüben, Mais. Diese Nutzpflanzen keimen spät. Früher mußte man das aufkommende Unkraut aushacken, damit die Kultur nicht der Konkurrenz dieser Pflanzen erlag. Heute kann man gegen die Unkräuter spritzen, sie abflämmen oder mit Maschinen mechanisch entfernen.

Kartoffel und Zuckerrübe
(Schülerbuch S. 214)

Aufgaben und Lösungen

① Der Landwirt spricht von „Saatkartoffeln" und „Hackfrüchten". Was ist an diesen Aussagen biologisch falsch?
– Nur Samen werden gesät, nicht aber Knollen. Die jungen Kartoffelpflanzen müssen zwar gehackt werden, die entstehenden Knollen sind jedoch keine Früchte. Früchte entwickeln sich aus Blüten. Die Frucht der Kartoffelblüte ist eine grüne Beere, die giftig ist und an den oberirdischen Teilen wächst. Die Kartoffel hingegen ist ein unterirdischer Teil des Stengels (Sproßknolle).

② Wie kannst du nachweisen, daß Kartoffeln Stärke enthalten?
– Test mit Iodkaliumiodid: Einige Tropfen auf die Schnittfläche träufeln. Sie färbt sich blauschwarz, weil die Stärkekörper sehr dicht liegen. (Bei gekochten Kartoffeln ist die Färbung intensiver.)

③ Kartoffeln, die beim Wachsen an der Erdoberfläche liegen und Licht erhalten, werden grün. Welche Schlüsse kannst du daraus ziehen?
– Die Kartoffelknollen gehören nicht zu den Wurzeln, sondern sind Teile unterirdischer Ausläufer des Sprosses. Sie können Blattgrün bilden. Grüne Teile sind giftig!

④ Beschreibe anhand der Abbildung 2, welche Arbeiten beim Zuckerrübenanbau notwendig werden.
– Im Frühjahr wird der Boden durch Schleppen für die Aussaat feinkrümelig gemacht. Wenn die Jungpflanzen herangewachsen sind, düngt man und entfernt das Unkraut durch Hacken. Während des Hauptwachstums (Juni bis Oktober) ist keine besondere Pflege erforderlich. Nach der Ernte wird wieder gepflügt.

„ Zusatzinformation

Der Kartoffelanbau ist heute weitgehend mechanisiert. Der Acker wird durch Lockern des Bodens und Anlegen von „Kartoffeldämmen" vorbereitet. Mit der Maschine werden die „Saatkartoffeln" in die Furche gelegt und gleich mechanisch zugedeckt. Das Hacken und Striegeln des Bodens ist teilweise ebenfalls mit Maschinen durchführbar. Kartoffelkäfer werden mit Spritzmitteln bekämpft. Vor der Ernte tötet man das Kartoffelkraut manchmal chemisch ab. So erreicht man eine vollständige Einlagerung aller Nährstoffe in die Knollen, außerdem haben die Vollerntemaschinen freie Fahrt.
Im Jahr 1978 lag die Jahresproduktion weltweit bei 300 Millionen Tonnen. Die größten Erzeuger waren: UdSSR 85,9 Mio t, Polen 44,8 Mio t, USA 16,3 Mio t; Bundesrepublik 10,5 Mio t, DDR 10,1 Mio t, Indien 9,0 Mio t. Die Vegetationszeit dauert bei Frühkartoffeln etwa 90 Tage, bei Spätkartoffeln etwa 160 Tage.
Zucker kann aus dem Mark des Zuckerrohrs hergestellt werden, das in tropischen Ländern wächst und zu den Süßgräsern gehört. Der deutsche Forscher Markgraf fand 1747 heraus, daß der in der Rübe gespeicherte Zucker mit dem des Zuckerrohrs identisch ist. Durch Züchtung konnte der Zuckergehalt der Rüben angehoben werden. Inzwischen gibt es Sorten, die bereits mehr als 20 % Zuckergehalt erreichen. **„**

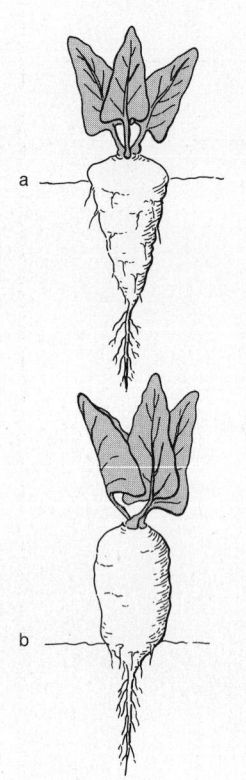

a) Zuckerrübe
b) Futterrübe

Zuckerherstellung und Zuckerrüben

Die restliche Erde muß abgewaschen werden. Durch Schnitzeln in Streifen von 3 mm Dicke bereitet man die Rüben zum Pressen vor. Der entstehende dunkelgraue Rohsaft muß gereinigt werden, da er noch Farbstoffe, Eiweiße, Säuren, Mineralstoffe usw. enthält. Durch Einleiten von Kalkmilch fallen die Nichtzuckerstoffe aus. Nun wird mehrmals filtriert und getrennt, der hellgelbe Dünnsaft mit 13–15 Prozent Zuckergehalt entsteht. Durch Verdampfen wird er in den 65–70prozentigen, goldgelben Dicksaft überführt. Beim Zentrifugieren und Kochen bilden sich die Zuckerkristalle, die noch schwach braun sind (Rohzucker). Beim Reinigen (Raffinieren) werden die Kristalle erneut gelöst, die Flüssigkeit durch Entfärbungsfilter mit Aktivkohle gepreßt und wieder kristallisiert. Die Abfallstoffe Melasse und Kalkschlamm werden zu Viehfutter und Düngemitteln verarbeitet.

Lösungen zum Arbeitsblatt

zu A: unterirdische Teile der Kartoffelpflanze (1) mit der Mutterknolle (2) und neu gebildeten Knollen.

zu B: Man erkennt Augen (3) und die Anwachsstellen der Knolle an der Pflanze (4). Aus den Augen (Knospen) wachsen später Triebe (Ausläufer).

zu C: Junge Ausläufer (4) bilden neue Knollen (5).

Viele Gemüsesorten sind Kreuzblütler
(Schülerbuch S. 215)

Aufgabe und Lösung

① Lege eine Tabelle an, in der du Gemüsesorten und Salate aufschreibst, die du schon einmal gegessen hast. Schreibe dazu, welchen Pflanzenteil man ißt und zu welcher Familie die Pflanze gehört.

Pflanze	*Eßbarer Teil*	*Familie*
Möhre	Wurzel	Doldengewächse
Erbse	Samen	Schmetterlingsblütler
Blumenkohl	Knospen des Blütenstands	Kreuzblütler
Sellerie	Wurzelknolle	Doldenblütler
Lauch	Stengel und Blätter	Liliengewächse
Kopfsalat	Blätter	Korbblütler
Weißkohl	Blätter	Kreuzblütler
Chicoree	Blätter der Knospe	Korbblütler
Kresse	Keimpflanzen	Kreuzblütler
Tomaten	reife Früchte	Nachtschattengewächse
Gurken	grüne Früchte	Kürbisgewächse
Rosenkohl	Seitenknospen am Stengel	Kreuzblütler
Kartoffeln	Sproßknollen	Nachtschattengewächse

Medien

Dias
– Phywe Nr. 81482.00 Die Kartoffel (15 Dias, f)

Lehrtafeln
– Hagemann 070324 Kartoffel

Arbeitstransparente
– Phywe Nr. 23080.02 Typische Blütenformen

Blütenpflanzen

Kartoffeln werden unterirdisch gebildet

Beschreibe die Entstehung einer Kartoffel

A) Die Kartoffelpflanze im Herbst

_____

_____

_____

_____

_____

_____

B) Knolle mit Augen

_____

_____

_____

_____

_____

_____

C) Bildung von Kartoffeln im Frühsommer

_____

_____

_____

_____

_____

_____

Praktikum
Pflanzen in Haus und Garten

(Schülerbuch S. 217)

Lösungen

① umgraben: mit dem Spaten oder der Grabegabel den Boden auflockern und umstürzen

hacken: Boden lockern und lüften (mit der Schlaghacke)

harken: Boden lockern und lüften (mit der Harke oder Ziehhacke, dem Grubber)

pflanzen/säen: Jungpflanzen bzw. Samen, Knollen oder Zwiebeln im richtigen Abstand in den vorbereiteten Boden bringen

jäten: unerwünschte Wildkräuter, die zwischen den Kulturpflanzen wachsen, entfernen

gießen und düngen: Wasser und Naturdünger bzw. Mineraldünger in den Boden bringen

ernten: die gewachsenen Pflanzenteile entnehmen

② Im Frühjahr ist die oberflächliche Lockerung des Bodens wichtig, um säen und pflanzen zu können. Jungpflanzen muß man gießen, solange die Wurzeln noch nicht voll entwickelt sind.
Im Frühsommer wachsen die unerwünschten Wildkräuter besonders kräftig, man muß hakken, harken und jäten, ab und zu auch düngen.
Im Frühsommer, Sommer und Herbst ist Erntezeit. Anschließend wird der Boden umgegraben oder wenigstens tiefgründig gelockert. Man bringt Naturdünger auf oder sät eine Zwischenkultur.
Im Winter sprengt der Frost die groben Schollen und schafft eine gute Bodengare für die Neubestellung im Frühjahr.

③ zum Umgraben: Spaten
zum Einebnen: Rechen
zum Lockern des Bodens: Grubber
zur flächigen Unkrautbekämpfung: Ziehhacke
zum Pflanzen: Handschaufel
zum Schneiden von Sträuchern und Bäumen: Schere und Säge

④ „Januar muß vor Kälte knacken, wenn die Ernte gut soll sacken." (Ein kalter Januar verhindert zu frühes Austreiben der Pflanzen. Die Frostschäden sind dann voraussichtlich gering.)
„Wenn im Februar die Schnaken geigen, müssen sie im Märzen schweigen."
„Märzenschnee tut Frucht und Weinstock weh."
„Märzenstaub bringt Gras und Laub."
„Auf den Juni kommt es an, wie die Ernte soll bestahn".
„Was der August nicht kocht, kann der September nicht mehr braten." (Bezieht sich auf den Wein.)
„Sitzt der November fest im Laub, wird hart der Winter, das glaub!"
„Weihnacht im Klee, Ostern im Schnee."
„Je tiefer der Schnee, desto höher der Klee."

⑤ Mitte Mai treten im Frühjahr in der Regel die letzten Nachtfröste auf.

⑥ Je lockerer der Boden ist, desto leichter können ihn die Wurzeln durchdringen, das Wachstum bessert sich. Mit dem Grubber wird die Luftführung des Bodens verbessert, die Verdunstung des Bodenwassers wird herabgesetzt. Dies gelingt im Sandboden leichter als im Lehmboden.

⑦ Das Bodenwasser gefriert und sprengt die Schollen.

⑧ Pflanzen, die nicht den vollen Schwankungen der Witterung ausgesetzt sind, wachsen rasch und gleichmäßig.

⑨ Es ist günstig, wenn man frische Stecklinge zur Herabsetzung der Verdunstung anfangs mit einer Plastikfolie abdeckt.

⑩ Zum guten Gedeihen benötigen diese Pflanzen ähnliche Bedingungen wie an ihrem natürlichen Standort. Schreibe auf, welche Zimmerpflanzen bei dir zu Hause oder in der Schule gehalten werden.

⑪ Stelle Namensschilder her und bringe sie am Topf der betreffenden Pflanze an.

⑫ zu a): Der Lehrer sollte Pflanzen unterschiedlicher Herkunft und Wachstumsansprüche wählen, z. B. Kaktus, Fleißiges Lieschen
zu b): Zur Begründung sollen die Wachstumsbedingungen im Herkunftsland dargestellt werden.

⑬ Ein großer Blumentopf wird vorbereitet, indem das Loch im Boden mit einer Tonscherbe bedeckt wird. Etwa ein Viertel des Topfes wird mit frischer Blumenerde gefüllt. Der zu klein gewordene Topf wird umgedreht. Durch leichtes Klopfen wird die Pflanze vorsichtig herausgelöst. Sie wird in die Mitte des neuen Blumentopfes gebracht. Rundum wird mit Erde aufgefüllt und leicht angedrückt.

Obst- und Ziergehölze werden veredelt

(Schülerbuch S. 218)

Viele Nutzpflanzen werden urgeschlechtlich vermehrt

(Schülerbuch S. 219)

Kurzgefaßte Übersicht

Okulieren:
Einpflanzen von Knospen, die in der Umgangssprache auch „Augen" genannt werden (lat. *oculus* = das Auge). Knospen mit wertvollem Erbgut werden in die Rinde eines anderen Baumes oder Strauches (= Unterlage) eingesetzt, wo sie festwachsen.

Pfropfen:
Edelreiser werden in die Rinde eines starken Astes der Unterlage eingesetzt, wo sie festwachsen (vgl. Abb. 218.1).

Kopulieren:
Edelreis und Unterlage sind gleich stark. Sie werden miteinander verbunden und wachsen zusammen.

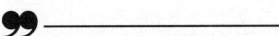

99 ———————————— Zusatzinformation

Im Obst- und Zierpflanzenbau ist das Veredeln, das oft an derselben Pflanze mehrfach durchgeführt wird, üblich geworden. Es gibt heute auch schon rationellere Verfahren. Für den Schüler genügt es jedoch, das Prinzip verstanden zu haben:
- Man muß zur richtigen Zeit veredeln (bei Obstbäumen kurz vor dem Austrieb, bei Rosen im Juli/August).
- Die verschiedenen Sorten müssen an der Schnittstelle in enge Verbindung gebracht werden (mit Gummiband oder mit Bast aneinanderpressen).
- Die zarten Zellen müssen vor Austrocknung geschützt werden (Baumwachs verwenden).

Auch Schüler können das Veredeln lernen. Eine kurzgefaßte Praxishilfe ist jedoch dafür nicht ausreichend. Baumwarte oder Baumschulen sind in diesem Falle zur Hilfe bereit, denn man braucht das richtige Werkzeug, passende Edelreiser usw. Die verschiedenen Verfahren werden meist gerne gezeigt. Allerdings kann den Schülern, da die Zellen- und Gewebelehre noch nicht bekannt ist, auch nur wenig über die eigentlichen Grundlagen der vegetativen Vermehrung vermittelt werden (*Meristeme*, vom Wundreiz ausgehende Kallusbildung und nachfolgende Differenzierung der Zellen; Pflanzen als „offene Systeme" gegenüber den höhere spezialisierten Tieren).

Die Vorteile der ungeschlechtlichen Vermehrung sind für Schüler leicht einsichtig, weniger die Nachteile (fehlende Neukombination von Merkmalen).

——————————————— **99**

Nachzucht aus Kernen

Aus Orangen-, Grapefruit- oder Zitronenkernen kann man im Blumentopf mit einiger Erfolgsaussicht ein Bäumchen ziehen. Bei Apfelkernen, wie es früher oft empfohlen wurde, funktioniert das in der Regel nicht mehr. Viele einheimische Obstsorten können nur noch durch Veredeln erhalten werden. Auch bei den Zitrusfrüchten ist diese Tendenz durch die Zucht kernloser Früchte im Vormarsch. Die Banane enthält kaum sichtbare Anlagen von Kernen. Sie wird seit Menschengedenken nur ungeschlechtlich vermehrt (vgl. Lexikon S. 220).

Andere Beispiele für Kerne, die man einpflanzen kann:
- Paprika, Tomate, Melone: Kerne waschen und trocknen, bevor man sie einpflanzt.
- Avocado: Kern in lauwarmem Wasser waschen und trocknen lassen (die braune Schale soll möglichst platzen). Kern mit der Spitze nach oben in feuchte Erde pflanzen, so daß ein Drittel herausschaut. Es kann mehrere Wochen dauern, bis der Sprößling sichtbar wird. Dann den Kern ganz mit feuchter Erde bedecken.
- Eicheln und Kastanien nicht im Herbst, sondern im Frühjahr sammeln. Man nimmt nur solche mit, die bereits angekeimt sind. Man kann sie dann im Topf zu Bäumchen heranwachsen lassen und später wieder auspflanzen.

4 Gärten und Parks als Lebensraum

Projekt: Naturverträgliche Gartenarbeit im Schulgarten
(Schülerbuch S. 222/223)

Blickfang Kräuterspirale

Ein Kräuterbeet in Form einer Spirale mit einem erhöhten Mittelpunkt läßt sich mit Bruchsteinen oder Bruchsteinplatten anlegen. Ganz oben wachsen auf steinigem, kargem Boden in voller Sonne die Kräuter mediterraner Herkunft. Entlang der Spirale werden heimische Kräuter gepflanzt. Gerade im Kräuterbeet ist es wichtig, die Pflanzen nicht zu eng zu setzen, denn der Gehalt an Aromastoffen hängt stark von der allseitigen Sonnenbestrahlung ab.
Eine Kräuterspirale ist ein Blickfang im Schulgarten. Sie entwickelt sich im Laufe des Sommers zu einem Naturparadies auf kleinem Raum, da viele Kräuter durch Insekten bestäubt werden. Lavendel, Salbei und Schnittlauch werden von Bienen und Hummeln aufgesucht, Schwebfliegen (gute Blattlausvertilger) finden sich auf Kümmel, Dill und Petersilie ein, die Brennessel dient als Futterpflanze für die Raupen von Pfauenauge, Kleinem Fuchs und Admiral.

Kräuter heilen, würzen, duften

Ringelblumensalbe heilt Wunden

Zwiebel-Honig-Brei als Hustenmittel

Ein Thymian-Bad bekämpft die Erkältung

Gewürzöle für Feinschmecker

Kapuzinerkressesalat als Vitaminspender

Lavendelwasser erfrischt

---

99 ———————————— **Zusatzinformation**
Ein Kindergarten für Kräuter des Südens

Während z. B. Kresse, Petersilie, Dill, Ringelblume und Kapuzinerkresse bei beginnender Erwärmung des Bodens im Frühjahr direkt ins Freiland gesät werden können, sind manche Kräuter südlicher Länder so kälteempfindlich, daß man auf der sonnigen Fensterbank eine Vorkultur anlegen sollte. Lavendel, Thymian, Rosmarin und Salbei lassen sich nur mit viel Licht und Wärme aufziehen. So eine Vorkultur gelingt in einem kleinen Gewächshaus, jedoch ebenfalls in Blumentöpfen unter Plastikhauben. Zeigen sich die ersten grünen Pflänzchen, muß regelmäßig gelüftet werden, um Fäulnis zu verhindern und ausreichend Licht für ein kräftiges Wachstum zu garantieren.

Kräuter, die sich nicht vertragen

Vermeiden sollte man folgende Kombinationen:
Zitronenmelisse – Goldmelisse
Kümmel – Fenchel
Pfefferminze – Kamille

Achtung Arznei!

Ungeeignet für den Kräutergarten sind Medizinalpflanzen wie Maiglöckchen und Fingerhut, die starke Gifte enthalten. 99

---

99 ———————————— **Zusatzinformation**
Auch Steinzeitmenschen nutzten Kräuter

Uralt ist das Wissen um den Nutzen der Kräuter. In Pfahlbauten aus der *Jungsteinzeit* fand man verschiedene Heilpflanzen. Die Menschen der Steinzeit kannten – wie heute noch *Naturvölker* und *Medizinmänner* indianischer und afrikanischer Stämme – die Heilkräfte der Pflanzen ihrer Umgebung. Kräuterkenntnisse der Chinesen, Ägypter und Inder sind in jahrtausendealten Schriftstücken überliefert. Im ersten Jahrhundert n. Chr. heilte der berühmte *Hippokrates* bereits mit Kräutern. Auf Veranlassung von *Karl dem Großen* wurden vielerorts Kräutergärten angelegt. Nicht nur Heilpflanzen der Ärzte waren darin zu finden, auch Gewürzkräuter für die Küche und Aromakräuter für Salben und Parfüms.
Von *Kleopatra* wird berichtet, sie habe nach Zimt und Nelken geduftet. Die griechische Dichterin *Sappho* bevorzugte Minze für die Kniekehlen und Thymian für das Dekolleté. Aus dem Mittelmeerraum gelangten die Gewürzkräuter vor allem durch die *römischen Soldaten* und die Heilkräuter mit den *Benediktinermönchen* über die Alpen nach Norden. Die Kräutergärten der Klöster hüteten jahrhundertelang das Wissen um die Wirksamkeit der verschiedensten Aromen.
Seit dem Mittelalter nutzten *Ärzte* immer mehr Kräuter aus der „Apotheke des Herrgotts". Unsere *Urgroßmütter* hatten auch noch eine Hausapotheke mit allerlei Tees, Salben und Kräutertinkturen.
Im 20. Jhd. ging dieses Wissen um die Anwendungen von Kräutern immer mehr verloren. Die Wissenschaftsgläubigkeit ließ Kenntnisse, die nur auf Überlieferung beruhen, zweifelhaft erscheinen. Die *moderne Chemie* sowie die Massenproduktion uniformer Lebensmittel verdrängte die Kräuterkunde. Erst die heutige Rückbesinnung auf die Natur führt wieder zu einer Nachfrage nach Kräutern, zumal die Wissenschaft in vielen Fällen die Erfahrung alter *Kräuterväter* über die heilsamen Wirkungen der Pflanzen bestätigt hat.
———————————— 99

Wir füllen ein Kräuterkissen

Zwei große Taschentücher ergeben aufeinandergenäht einen Kissenbezug. Gefüllt mit einer Kräutermischung verhilft dieses Kissen zu einem tiefen, entspannenden Schlaf. Die Aromastoffe der Kräuter verflüchtigen sich durch die Wärme der Haut. Die eigene Vorliebe für den einen oder anderen Duft bestimmt die individuelle Mischung aus den folgenden Kräutern: Anis, Baldrianwurzeln, Hopfen, Kamille, Melisse, Pfefferminze, Quendel, Rosmarin (wenig), Salbei und auf jeden Fall Thymian.

Literatur

KREUTER, M.: Kräuter und Gewürze aus dem eigenen Garten. BLV Verlagsgesellschaft, München 1985

Die Ringelblume – ein vielseitiges Kraut

Lebenslauf einer Ringelblume

Vorfahren:
Ringelblumen stammen aus den Mittelmeerländern und aus Asien. Römische Soldaten und wandernde Mönche brachten sie in ihrem Gepäck über die Alpen nach Mitteleuropa. Dort fanden sie eine jahrhundertelange Bleibe in Kloster- und Bauerngärten. Die Ringelblume gehört zur Familie der Korbblütler.

Entwicklung:
Im Frühjahr ins Freiland gesät, blüht sie von Juni bis Oktober gelb oder orange. Wo sie einmal kräftig wächst, sät sie sich wieder aus.

Salatwürze

Einige frische, sehr junge grüne Blättchen kleingeschnitten in die Salatsauce geben. (Ältere Blätter schmecken bitter.)

Calendula-Safran

Schon die Römer nutzten die Würze der Kronblätter der Zungenblüten als Ersatz für den teuren Safran. Frisch oder getrocknet färben sie Saucen und Suppen gelb und würzen Fisch- und Geflügelgerichte.

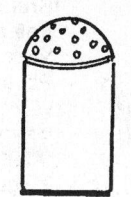

Ringelblumen-Tee

An heißen Sonnentagen entwickeln sich die Aromen kräftig. Dann werden die Blütenkörbchen oder nur die Kronblätter der Zungenblüten gepflückt, luftig ausgebreitet und getrocknet. Kühl und gut verschlossen aufbewahrt kann daraus ein krampflösender Tee zubereitet werden.

Wundsalbe

Man nehme 2 Eßlöffel zerschnittener und zerdrückter Blüten, zwei kleine zerschnittene Blätter und gebe das zu 2 Eßlöffeln geschmolzenem Schmalz. Die Mischung wird aufgekocht, steht dann 10 Minuten und wird durch ein sauberes Taschentuch gefiltert. In einem kleinen Cremetöpfchen läßt man das Fett erkalten. Mindestens 6 Monate kann diese Salbe im Kühlschrank aufbewahrt werden. Sie ist eine gute Heilsalbe für Wunden, Entzündungen, Hautabschürfungen.

© Als Kopiervorlage freigegeben. Ernst Klett Schulbuchverlag, Stuttgart 1993

Herrn Maiers Stolz – ein weicher Rasenteppich

Die Blumenwiese im Garten – eine naturnahe Kleinfläche

(Schülerbuch S. 224/225)

Zusatzaufgaben und Lösungen

① Stich mit dem Spaten ein Stück Rasen aus. Spüle mit dem Gartenschlauch die Erde ab. Wie erklärst du das verfilzte Wurzelgeflecht, die sogenannte Grasnarbe?
- Nach dem Schnitt bilden sich in den unteren Stengelknoten Seitentriebe aus. Häufiges Mähen unterstützt diese ungeschlechtliche Vermehrung, wobei jedes freie Fleckchen durchwurzelt wird.

② Vergleiche und bewerte den Lebensraum Rasen und den Lebensraum Blumenwiese.

Rasen	Blumenwiese
– Monokultur	Artenreichtum
– viel Pflege durch Schnitt, Düngung, Unkrautbekämpfung	wenig Pflege, pro Jahr 1–5 Schnitte
– nur Gräser	viele Gräser, Kräuter, Stauden
– kaum Tiere	viele Tiere
– begehbar, gute Spiel-/Sportfläche	geringe Trittfestigkeit
Naturerlebnis gering	Naturerlebnis vielfältig

Vielschnitt-Rasen

Pflanzen: Rasengräser, kriechender Hahnenfuß, Gänseblümchen, Löwenzahn

Tiere: Bodenschicht: kaum besiedelt; Streuschicht: Wiesenschnaken, Eulenraupen, Blatt- und Stengelschicht: Nacktschnecken

③ Die Umwandlung eines Rasens in eine Blumenwiese ist praktischer Naturschutz. Begründe.
- Eine Blumenwiese paßt sich in ihrer Zusammensetzung den Standortbedingungen an und bietet so vielen Pflanzen und Tieren einen naturnahen Lebensraum.

Anmerkung zum Arbeitsblatt

Die Wiese ist eine Lebensgemeinschaft, die durch Feuchtigkeit des Standorts, Düngung (Nährstoffreichtum) sowie durch den regelmäßigen Schnitt in einem bestimmten Gleichgewicht gehalten wird. Die Schüler sollen zunächst einmal erkennen, daß die Wiese nicht nur aus Gräsern besteht, sondern auch zahlreiche Kräuter enthält. Gemeinsam mit den hoch aufragenden Obergräsern und den zierlichen Untergräsern bilden sich deutliche Stockwerke aus:
a) „Oberstock" mit hohen Gräsern (z. B. Wiesenfuchsschwanz, Knäuelgras, Glatthafer, Honiggras oder Weiche-Trespe) sowie hochwüchsigen krautigen Pflanzen (z. B. Scharfer Hahnenfuß, Margerite, Wiesensalbei, Wiesenkerbel oder Schafgarbe).
b) „Unterstock" mit mittelhohen Gräsern (z. B. Engl. Raygras, Wiesenrispengras, Ruchgras) sowie Kräutern (z. B. Löwenzahn, Klee).
c) „Erdgeschoß", wo die grundständigen Blätter und Ausläufer der Gräser wachsen.
d) „Keller", wo sich die Wurzeln und Vorratsknollen der Pflanzen befinden (z. B. Herbstzeitlose).

Lösung zum Arbeitsblatt

zu a) Wiesenfuchsschwanz
zu b) Englisches Raygras
zu c) Knäuelgras
zu d) Margerite
zu e) Schafgarbe
zu f) Wiesenklee
zu g) Löwenzahn
zu h) Herbstzeitlose (fruchtend)
zu i) Gänseblümchen
zu k) grundständige Blätter, Ausläufer von Pflanzen
zu l) dicht durchwurzelter Boden, wobei Wurzeln und Knollen in unterschiedliche Tiefe reichen

Zusatzaufgabe zum Arbeitsblatt

Welche Tiere findest du in den Stockwerken der Wiese?
Oberstock: In der Blütenschicht findet man Schmetterlinge, Bienen, Hummeln, Fliegen, Schwebfliegen, Blattwanzen.
Mittelstock: In der Blatt- und Stengelschicht leben Heuschrecken, Zikaden, netzbauende Spinnen, Schmetterlingsraupen, Blattkäfer, Blattwanzen, Blattläuse.
Erdgeschoß: Die Streuschicht ist Lebensraum für Laufkäfer, Asseln, Schnecken, Ameisen.
Keller: In der Bodenschicht leben Mäuse und Regenwürmer.

Parkanlagen in der Stadt

Naturschutz heißt Schutz der Landschaft

(Schülerbuch S. 227)

Weitere Informationen zum Thema Naturschutz enthalten die Seiten 250 des Schülerbandes und 153 des Lehrerbandes.

Aufgabe und Lösung

① Erkundige dich, welche Naturschutzgebiete und welche Schutzmaßnahmen es in deiner Heimatregion gibt.
- *Informationen aus dem Nahbereich sind bei den lokalen Naturschutzorganisationen und den Naturschutzbehörden zu erhalten. Ausführliche Schriften zu den unterschiedlichen Naturschutzprogrammen und auch zu den Landschaftsgesetzen kann man direkt beim Ministerium für Umwelt, Raumordnung und Landwirtschaft anfordern.*
Bestelladresse: Ministerium für Umwelt, Raumordnung und Landwirtschaft des Landes Nordrhein-Westfalen, Schwannstr. 3, 4000 Düsseldorf 30

Medien

Dias
- FWU Die Wiese – Pflanzen der Wiese (12 Dias, f)
- FWU Wiesenblumen (127 Dias, f)
- Schuchardt Nr. 310 Die Wiese (20 Dias, f)

Die „Stockwerke" der Wiese

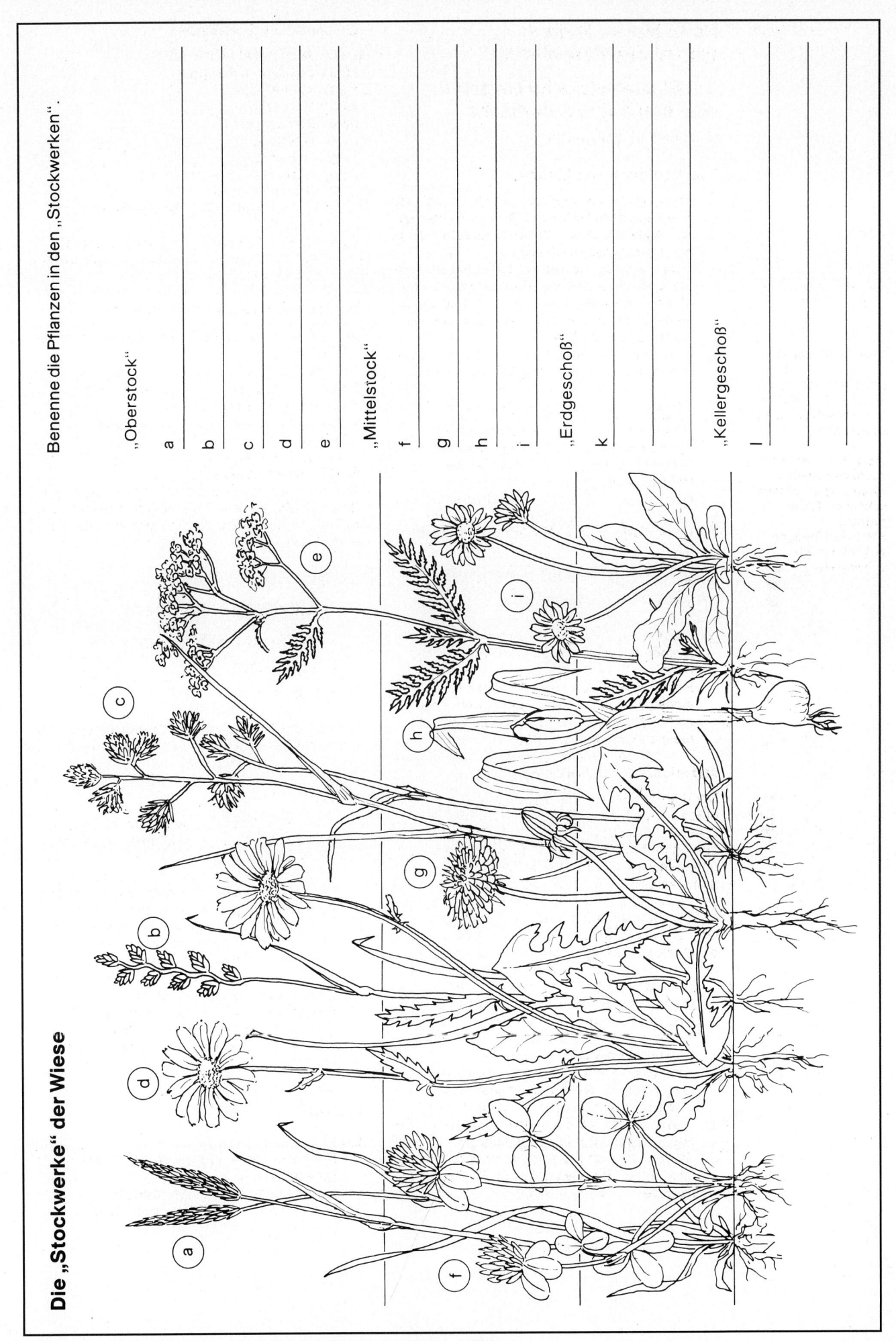

Benenne die Pflanzen in den „Stockwerken".

„Oberstock"
a _____
b _____
c _____
d _____
e _____

„Mittelstock"
f _____
g _____
h _____
i _____

„Erdgeschoß"
k _____

„Kellergeschoß"
l _____

© Als Kopiervorlage freigegeben. Ernst Klett Schulbuchverlag, Stuttgart 1993

Wechselwarme Wirbeltiere

Nach der Behandlung von Säugetieren und Vögeln ist den Schülern noch nicht ohne weiteres klar, daß bei Fischen, Amphibien und Reptilien eine Gemeinsamkeit der Lebensvorgänge vorliegt: Anpassung der Körpertemperatur an die Umgebungstemperatur (wechselwarme Tiere). Die Schüler kennen bereits die Absenkung der Körpertemperatur im Winterschlaf am Beispiel von Igel und Fledermaus (Schülerbuch S. 90/91 und S. 92/93). Fische und Amphibien gelten jedoch allgemein im Vergleich zu Säugern und Vögeln als „kaltblütige" Lebewesen. Reptilien stellt man sich als Bewohner warmer, trockener Biotope eher als „warmblütig" vor. Der Lehrer sollte diese Begriffe jedoch nicht gebrauchen, da sie den Sachverhalt nicht angemessen wiedergeben. Andererseits kann das Begriffspaar „wechselwarm – gleichwarm" nur schrittweise und unter geduldiger Wiederholung erarbeitet werden.

Die Änderung der Lebensbedingungen bei verschiedener Umgebungstemperatur wird erstmals im Kapitel „Fische" thematisiert, so daß damit eine vergleichende Behandlung der wechselwarmen Wirbeltierklassen vorbereitet wird. Leitend bleibt jedoch der Gedanke der ökologischen Einpassung der Tiere in ihren Lebensraum: Fische sind optimal an das Leben im Wasser angepaßt, Amphibien an die Übergangszonen zwischen Wasser und Land sowie wechselfeuchte Umgebung, und Reptilien besiedeln alle Biotope, sogar extreme Trockenräume.

1 Fische – ein Leben im Wasser

Der Karpfen – weit verbreitet in unseren Gewässern
(Schülerbuch S. 230/231)

Aufgaben und Lösungen

① Ordne den in Abb. 230.2 aufgeführten Ziffern die richtigen Bezeichnungen zu.
– *1 Rückenflosse; 2 Brustflosse; 3 Bauchflosse; 4 Afterflosse; 5 Schwanzflosse.*

② Auch andere Wirbeltiere haben stromlinienförmige Gestalt. Welche kennst du?
– *Vogel, Wal, Hai, Pinguin, Biber, Bisamratte.*

③ Beschreibe anhand der Abb. 1, S. 231 das Prinzip der Schwimmbewegung bei Fischen.
– *Die Schwanzflosse erzeugt den Vortrieb, Rücken- und Afterflosse stabilisieren die aufrechte Haltung im Wasser, Brust- und Bauchflossen dienen der Steuerung.*

Zusatzaufgaben und Lösungen

① Betrachte auf den Lexikonseiten die Flossen folgender Fische genauer: Flußbarsch (S. 240) und Stichling (S. 241).
– *Die feinen Knochenstäbchen, die die Flossen stützten, sind bei Flußbarsch und Stichling teilweise zu Stacheln umgewandelt. Beim Flußbarsch ist es der vordere Teil der Rückenflosse. Beim Stichling bestehen die Bauchflossen und der vordere Teil der Rückenflosse aus Stacheln.*

② Außer den Flossen haben Fische noch andere Einrichtungen, die beim Schwimmen vorteilhaft sind. Schreibe sie in dein Heft und nenne ihre Aufgaben.
– *Die Stromlinienform des Körpers und die schleimige Oberfläche der Fischhaut vermindern den Wasserwiderstand. Die Luftfüllung in der Schwimmblase ermöglicht das Schweben im Wasser.*

Lösungen zum Arbeitsblatt

zu 1.: Die Schwanzflosse.
zu 2.: Wenn die rechte Brustflosse bremst, schwimmt der Fisch nach rechts.
zu 3.: Die paarigen Flossen werden zur Steuerung gebraucht.
zu 4.: Die Rücken- und Afterflossen werden nur wenig bewegt. Sie stabilisieren die aufrechte Haltung des Fisches und helfen, die Richtung zu halten.

Medien

Filme
– Klett 99897 Schwimmbewegungen der Fische (4 min, f)
– FWU Fische – Fortbewegung durch Schwimmen (10 min, f)
– FWU Fische – verschiedene Schwimmtypen (12 min, f)
– FWU Der Hecht
– FWU Lachswanderung (18 min, f)
– FWU Der Karpfen (10 min, f)

Dias
– FWU Einheimische Süßwasserfische (24 Dias, f)

Arbeitsblätter
– Mura, B.: Arbeitsblätter Fische, Lurche, Kriechtiere, Stuttgart: E. Klett Verlag (1988), KV 19

Modelle und Präparate
– Einschlußpräparate von Fischskelett
– Trockenpräparate von Fischen mit Darstellung der inneren Organe

Die Fortbewegung bei Fischen

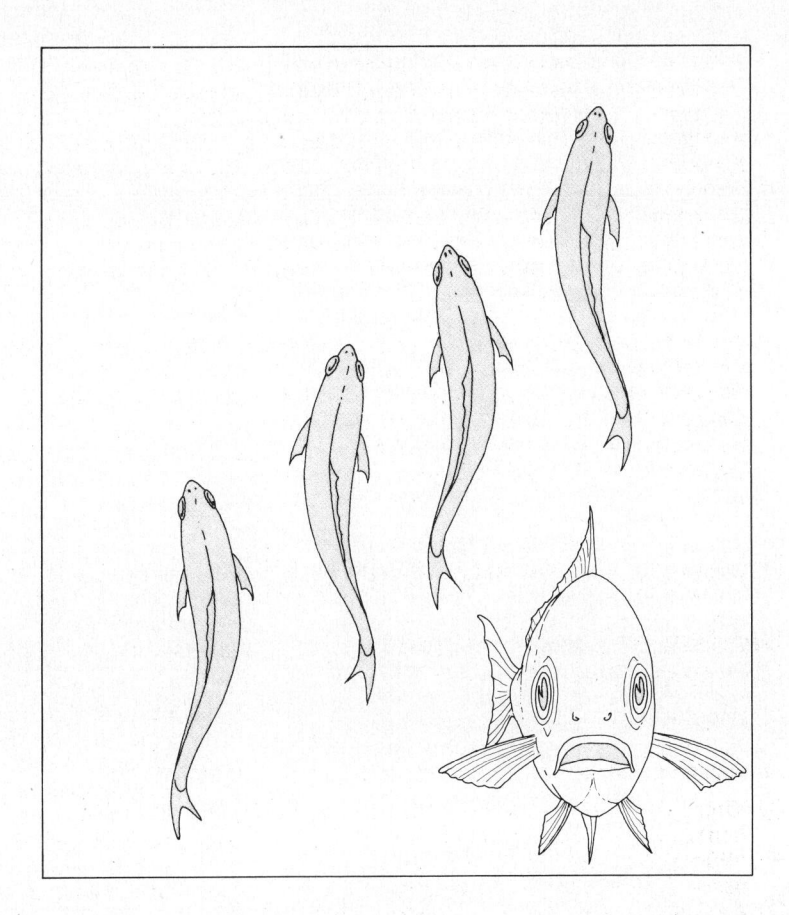

Die Abbildung zeigt einen Fisch viermal kurz hintereinander beim schnellen Vorwärtsschwimmen.

1. Welche Flosse liefert den Vortrieb? Du erkennst sie daran, daß sie am stärksten bewegt wird.

   _____

2. Was geschieht, wenn beim Vorwärtsschwimmen die rechte Brustflosse abgespreizt wird?

   _____

3. Aus der Antwort auf Frage 2. kannst du erklären, wozu alle jeweils doppelt vorhandenen (paarigen) Flossen dienen:

   _____

4. Welche Flossen sind kaum beweglich? Sie wirken wie das Schwert eines Segelbootes. Kannst du diese Wirkung erklären?

   _____

© Als Kopiervorlage freigegeben. Ernst Klett Schulbuchverlag, Stuttgart 1993

Atmen unter Wasser

(Schülerbuch S. 232)

Aufgaben und Lösungen

① Erkläre mit Hilfe von ▷ 1 die Atembewegung und den Wasserstrom bei Fischen.
– *Das Maul wird geöffnet und die Kiemendeckel werden geschlossen. Dadurch wird Wasser in den Mundraum eingesaugt. Durch Schließen des Mauls und Öffnen des Kiemendeckels wird das Wasser an den Kiemenbögen entlang seitlich ausgetrieben.*

② Fülle ein Glas mit kaltem Wasser. Achte darauf, daß keine Luftblasen an der Wand haften bleiben. Stelle das Glas auf die Heizung oder in die Sonne. Notiere deine Beobachtung und schreibe auf, welche Schlußfolgerung du daraus ziehst. Vergleiche mit der Zeichnung in der Randspalte.
– *Man beobachtet, wie sich an der Wand Luftblasen bilden und wieder verschwinden. Bei Erwärmung werden gelöste Gase aus dem Wasser ausgetrieben (Blasenbildung, siehe Randspalte. Wasser von 5 Grad Celsius enthält z.B. 1,5 mal mehr Sauerstoff als Wasser von 25 Grad.)*

③ Luft ist in Wasser gelöst. Beschreibe den Weg des Sauerstoffs, bis er in die Blutbahn des Fisches gelangt. Nimm dazu Abb. 2 zu Hilfe.
– *Das sauerstoffreiche Wasser fließt an den gut durchbluteten Kiemenblättchen vorbei. Kohlenstoffdioxid wird durch die Wand der Kapillaren abgegeben und Sauerstoff aus dem Wasser aufgenommen. Der Sauerstoff wird an das Hämoglobin (roter Blutfarbstoff) gebunden und dort abgegeben, wo Sauerstoffmangel herrscht.*

④ Manchmal tritt ein Fischsterben vor allem in flachen, stehenden Gewässern nach einer langen, sehr warmen Wetterphase im Hochsommer auf. Erläutere mit Hilfe der Abbildungen in der Randspalte einen möglichen Grund dafür.
– *Warmes Wasser enthält weniger Sauerstoff. Ist das Wasser flach und unbewegt, so reicht bei hohen Temperaturen der Sauerstoffgehalt nicht mehr aus. Die Fische ersticken.*

Lösungen zum Arbeitsblatt

zu 1.: Siehe Schülerbuch, S. 232.2.
zu 2.: a) Das Wasser wird durch den Mund aufgenommen und strömt wieder durch die Kiemenspalten aus.
b) 2.1 = Mundraum, 2.2 = Kiemenbogen, 2.3 = Kiemenspalte, 2.4 = Kiemendarm, 2.5 = Speiseröhre, 2.6 = Kiemenraum, 2.7 = Kiemendeckel.
zu 3.: a) 3.1 = Kiemenblättchen, 3.2 = Kiemenkapillare, 3.3 = Kiemengefäß, 3.4 = Kiemenreuse, 3.5 = zuführende Kiemenarterie, 3.6 = Kiemenbogen.
b) Das Herz pumpt sauerstoffarmes Blut in die Kiemenblättchen.

Zusatzaufgaben und Lösungen

① Stelle die Anzahl der Atembewegungen an den Kiemendeckeln des Goldfisches fest. Zähle jeweils viermal die Atembewegungen 15 Sekunden lang und trage die Summen in die Tabellen ein.

	Atembewegungen pro min	Erklärung
in Wasser bei Zimmertemperatur	90	normale Atmung, normaler Sauerstoffverbrauch
in Wasser, das 10° C wärmer ist	160	schnelle Atmung, höhere Körpertemperatur und damit erhöhter Sauerstoffbedarf
in Wasser, das 10° C kälter ist	40	verlangsamte Atmung, niedrigere Körpertemperatur und damit erniedrigter Sauerstoffbedarf
bei einem erregten Fisch	120	hoher Sauerstoffbedarf wegen vermehrter Muskelarbeit
in entgastem (gekochtem, dann erkaltetem) Wasser	180	Sauerstoffgehalt des Wassers ist gering, daher erhöhte Atemaktivität

Praktikum Fischpräparation

(Schülerbuch S. 233)

99 ———————— Zusatzinformation

Zur Darstellung des inneren Bauplanes beim Fisch ist man zur Ergänzung von Abb. 233.4 auf kolorierte Trockenpräparate angewiesen, die der Lehrmittelhandel anbietet. Das Skelett kann auch gut mit Gießharz-Einschlußpräparaten gezeigt werden.
Einen Fisch auszunehmen und für die Küche vorzubereiten, ist für Schüler zumutbar. Es kann sogar sehr motivierend sein, die inneren Organe freizulegen und mit denen eines Säugetieres zu vergleichen. Die Schüler arbeiten dabei mit normalen Küchenmaterialien und bringen Teller, Schere, Küchenhandtuch und Schürze mit. Sauber präparierte Forellen kann man ohne weiteres anschließend gemeinsam verzehren. So könnte die Beschäftigung mit Fischen, die Präparation und das gemeinsame Essen ein lohnendes Vorhaben für einen Projekttag sein. Man nimmt außerdem Kontakte zu einem Fischzüchter oder zu einem Fischgeschäft auf, führt Befragungen durch und schneidet dabei übergreifende Themen wie Fischerei, Fischzucht, Handel und Vermarktung sowie Käuferverhalten an. (Stehen keine Forellen für die Präparation zur Verfügung, kann man im Fischgeschäft auch frische grüne Heringe oder tiefgefrorene Sardellen beschaffen).

————————————— 99

Die Kiemenatmung der Fische

1. Zeichne mit blauem Farbstift den Wasserstrom ein.

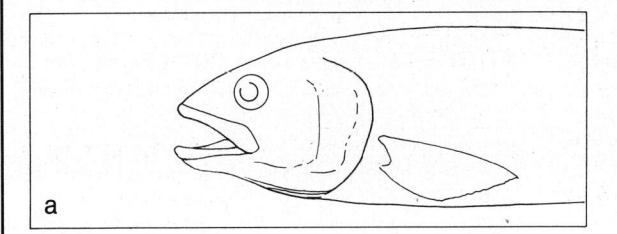

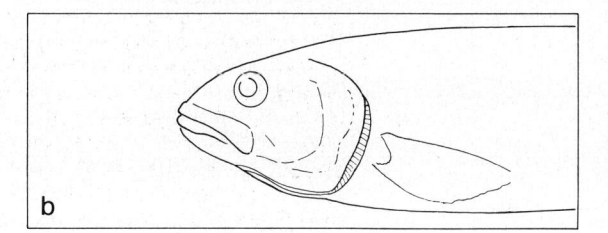

a

b

2. a) Zeichne mit blauem Farbstift den Wasserstrom, mit grünem Farbstift den Weg der Nahrung ein.
   b) Beschrifte die Zeichnung.

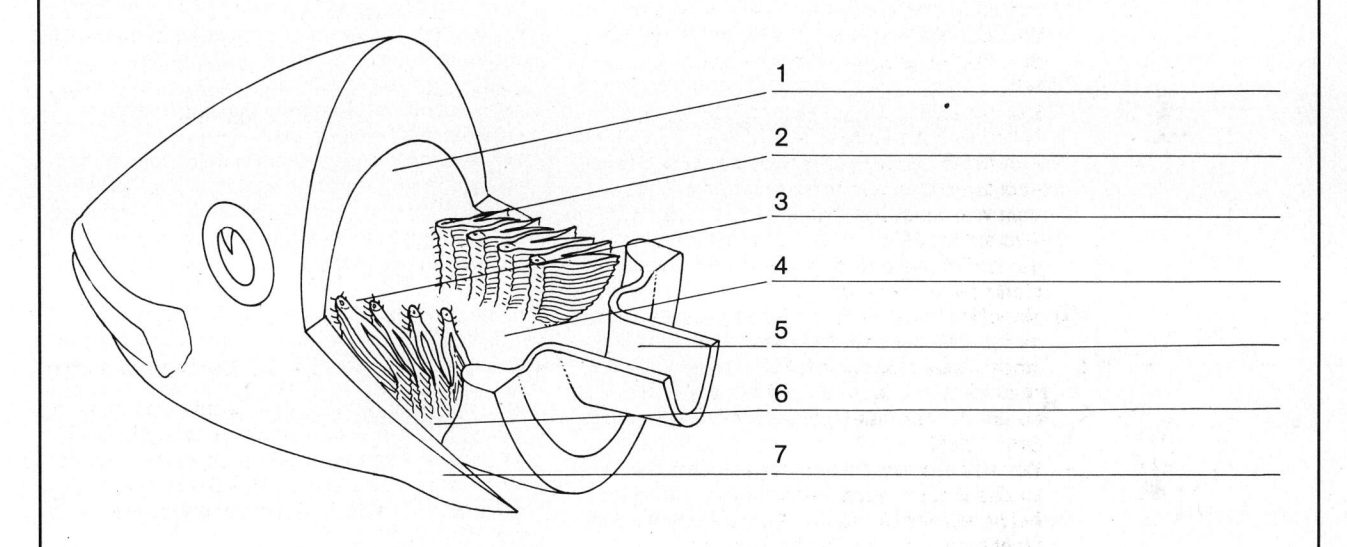

1 _____
2 _____
3 _____
4 _____
5 _____
6 _____
7 _____

3. a) Beschrifte die Zeichnung.
   b) Überlege, an welcher Stelle das Blut Sauerstoff aus dem Wasser aufnimmt. Male die Adern von da an rot, bis zu dieser Stelle blau aus.

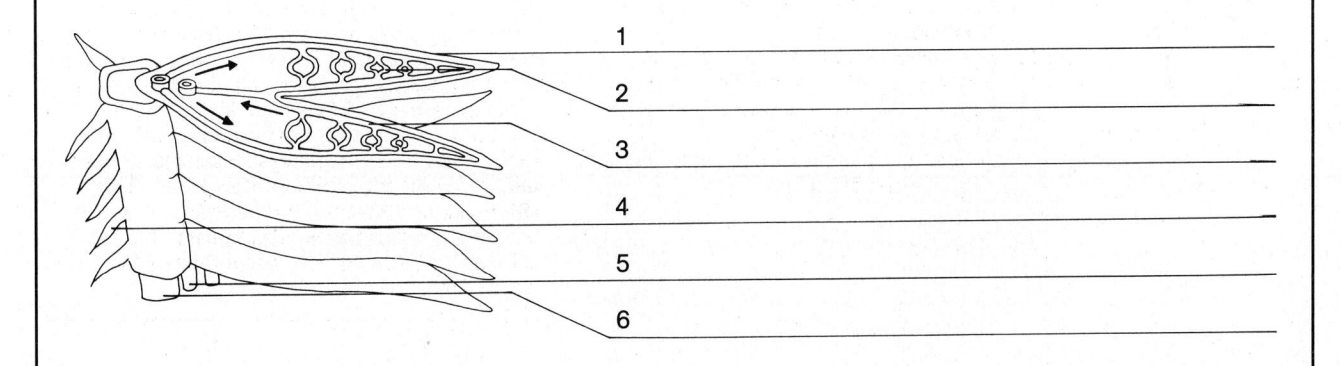

1 _____
2 _____
3 _____
4 _____
5 _____
6 _____

© Als Kopiervorlage freigegeben. Ernst Klett Schulbuchverlag, Stuttgart 1993

Die Bachforelle – ein Bewohner kalter Gewässer

Besuch in einer Forellenzuchtanstalt

(Schülerbuch S. 234/235)

Aufgabe und Lösung

① Beschreibe mit Hilfe der Fotos und der Notizen auf der Randspalte die Entwicklung der Regenbogenforelle.

– *Die Forellen werden in den Wintermonaten laichreif. Man streift die Fische ab, vermischt Rogen und Milch mit einer Vogelfeder und läßt das Ganze mehrere Stunden stehen. Der befruchtete Forellenlaich kommt dann in Brutkästen, wo er von frischem Wasser umspült wird. Im natürlichen Gewässer würde sich der Laich zwischen den Kieseln des Baches entwickeln. Nach etwa drei Wochen erkennt man bereits die Augenflecke des Embryos im Ei.*
Die Larven schlüpfen in unserem Beispiel am 4. April. Sie sind sehr lichtempfindlich und bleiben deshalb noch lange im Brutkasten, wobei sie von den Vorräten im Dottersack zehren. Erst danach werden die Jungfische gefüttert und kommen in die Zuchtteiche.

99 ——————————— **Zusatzinformation**

Von der Teichwirtschaft zur Aquakultur

Die *Zucht* und *Mast* von Fischen hat in den letzten Jahrzehnten einen großen Aufschwung genommen. Die Karpfenzucht war bereits bei den Mönchen im Mittelalter üblich. Forelle und Lachs wurden in großem Maßstab zu Zuchtfischen gemacht, seitdem die Futterindustrie in der Lage ist, für jede Fischart und jedes Entwicklungsstadium bedarfsgerechtes Futter in Form von „pellets" herzustellen. Ebenso wie bei der Zucht landwirtschaftlicher Nutztiere versucht man, möglichst wirtschaftsgünstige Stämme aus dem vorhandenen Material herauszuzüchten, die Fische werden genetisch verändert. Massentierhaltung ist nun nicht nur in Teichen, sondern auch im Meer möglich geworden (*Aquakultur*).

Bei der *Karpfenzucht* wird besonderer Wert darauf gelegt, daß die Tiere gute Nahrungssucher und -verwerter, widerstandsfähig gegen Krankheiten und von einheitlicher Körperform sind. Außerdem sollen die Fische möglichst spät laichreif werden. In extensiven Betrieben werden die Jungfische in große Teiche ausgesetzt, die gute Bestände von Unterwasserpflanzen und reichlich Naturnahrung aufweisen. Der Teich wird erst abgelassen, wenn die Karpfen die nötige Verkaufsgröße erreicht haben. Bei intensiver Karpfenhaltung werden die Fische mehrmals umgesetzt. Die Zuchtfische laichen in besonderen Teichen ab, wo das Wasser sich rasch erwärmt. Etwa drei Tage nach dem Schlüpfen, spätestens jedoch nach 8 Tagen, wird die Brut (K0) abgefischt und in die Vorstreckteiche gesetzt (Besatzdichte: 50 000 Stück pro ha). Im Laufe von 4–6 Wochen wachsen die Fischchen auf mindestens 5 cm Länge heran (KV). Danach werden sie in Brutstreckteiche umgesetzt (Besatzzahl 10 000 – 30 000), wo sie bis zum Herbst eine Länge von 9–12 cm und etwa 25 g Gewicht erreichen (K1 = einsömmrige). Während der kalten Jahreszeit halten die Karpfen am Grunde des Teiches *Winterruhe*.

Im Frühjahr des 2. Jahres werden die K1 in die Streckteiche übergesetzt (Besatzdichte ca. 300 Stück pro ha), wo sie ein Gewicht von ca. 250 g erreichen. Nach der Überwinterung werden die K2 (= zweisömmrige) abgefischt, sortiert, gegen Bauchwassersucht geimpft und in die Abwachsteiche eingesetzt, wo sie bis zum Herbst des dritten Jahres verkaufsfähig werden und ein mittleres Stückgewicht von 1250 g erreichen.

Für die *Forellenzucht* und -haltung muß stets reines, klares, kühles Wasser zur Verfügung stehen. Ein Teichwirt kann entweder selbst Zucht betreiben (*Vollbetrieb*) oder Eier, Brut und junge Setzlinge aus Zuchtanstalten ankaufen (*Teilbetrieb*). Die Fische werden ganz mit künstlicher Fütterung aufgezogen. Naturnahrung wie in Karpfenteichen ist nicht erforderlich. Im ersten Jahr erreichen die Jungfische ebenfalls etwa 25 g Gewicht, sie werden sortiert und in Winterteiche eingesetzt. Im nächsten Frühjahr werden die Forellen in Mastteiche eingesetzt, 2–4 mal pro Tag gefüttert und erreichen bereits im Laufe des Sommers die Größe von Portionsforellen (160–260 g Gewicht).

Die *Zucht von Lachsen* geht ebenso schnell wie bei Forellen, bringt jedoch noch höhere Erträge. Haushohe Käfige, die mit Nylonnetzen umgeben sind, werden in geschützten Meeresbuchten mit sauberem Wasser versenkt und mit einem Besatz von etwa 70 000 Jungfischen versehen. Über ein computergesteuertes Futtersilo werden die pellets eingegeben. Unterwasser-Fernsehkameras überwachen das Wachstum der Lachse, die bereits nach einem Jahr ein Schlachtgewicht von 3–4 kg erreichen. Ein Problem ist die rasche Veränderung des Lachses vom wildlebenden Fisch zum Nutztier. Entkommene Zuchtlachse mischen sich mit Wildlachsen, die an ganz bestimmte Laichgebiete angepaßt sind. Die Fähigkeit zur Laichwanderung und zur natürlichen Fortpflanzung verschwindet immer mehr, so daß bei den wenigen noch vorhandenen Wildlachsbeständen ein Erlöschen ihres natürlichen Verhaltens vorgezeichnet ist.

——————————————— 99

Lösungen zum Arbeitsblatt

zu 1.: Der Laich braucht sehr kaltes, sauerstoffreiches Wasser zur Entwicklung. Im kiesigen Untergrund sind die Eier geschützt.

zu 2.: Eine Gewässerverschmutzung kann zum Absterben der Fischeier führen. Fische oder andere Laichräuber fressen die Laichgrube leer.

zu 3.: Die frisch geschlüpften Fische schwimmen auf der Suche nach Nahrung in Schwärmen umher.
Später werden die Fische zu Einzelgängern. Jeder sucht sich einen Standplatz im Bach.

Medien

Filme
– FWU Die Bachforelle (10 min, f)

Die Fortpflanzung der Bachforelle in natürlicher Umgebung

1. Welche Ansprüche stellt die Bachforelle an den Laichplatz?

   _____
   _____
   _____

2. Welche Gefahren drohen dem Laich der Bachforelle?

   _____
   _____
   _____
   _____

3. Nenne eine wichtige Verhaltensänderung bei der Jungforelle.

   _____
   _____
   _____
   _____

Forellen laichen im Winter

Im Winter sammeln sich die fortpflanzungsreifen Forellen in den Oberläufen der Bäche zur Paarung. Mit kräftigen Schwanzschlägen fegt ein Weibchen eine flache Mulde in den Bodenkies. Mehrere Männchen halten sich in seiner Nähe auf und tragen Kämpfe aus.

Der Sieger nähert sich mit abgespreizten Flossen dem Weibchen, stößt es mehrmals mit dem Maul an, stellt sich heftig zitternd dicht daneben und veranlaßt das Weibchen dadurch zum Ablaichen. Sofort gibt das Männchen (der Milchner) seine weißliche Samenflüssigkeit (Milch) zu den Eiern (Rogen) in die Laichgrube. Die Samenzellen schwimmen im Wasser zu den Eizellen und befruchten sie (äußere Befruchtung). Das Weibchen fegt noch etwas Kies über die Eier, dann verlassen beide für immer das Gelege.

In mehreren Mulden legt ein Weibchen bis zu 500 Eier ab. 40 Tage haften die klebrigen Eier im Bachgrund. Dann haben sich darin 15 mm lange Jungtiere entwickelt und zerreißen zappelnd die Eihülle. Sie leben zunächst noch vom Nährstoffvorrat ihres Eies, den sie im Dottersack an der Bauchseite tragen, und bleiben geschützt in den Gesteinslücken liegen.

Nach 3 Wochen, wenn der Dottervorrat aufgebraucht ist, verlassen 2,5 cm lange Jungfische die Brutmulde. Auf der Suche nach winzigen Wassertieren wie Insektenlarven und Krebschen schwimmen sie zunächst in Schwärmen umher. Mit zunehmender Größe jagen sie nach größerer Beute. Die Jungfische werden zu Einzelgängern und suchen sich einen unbesetzten Standplatz.

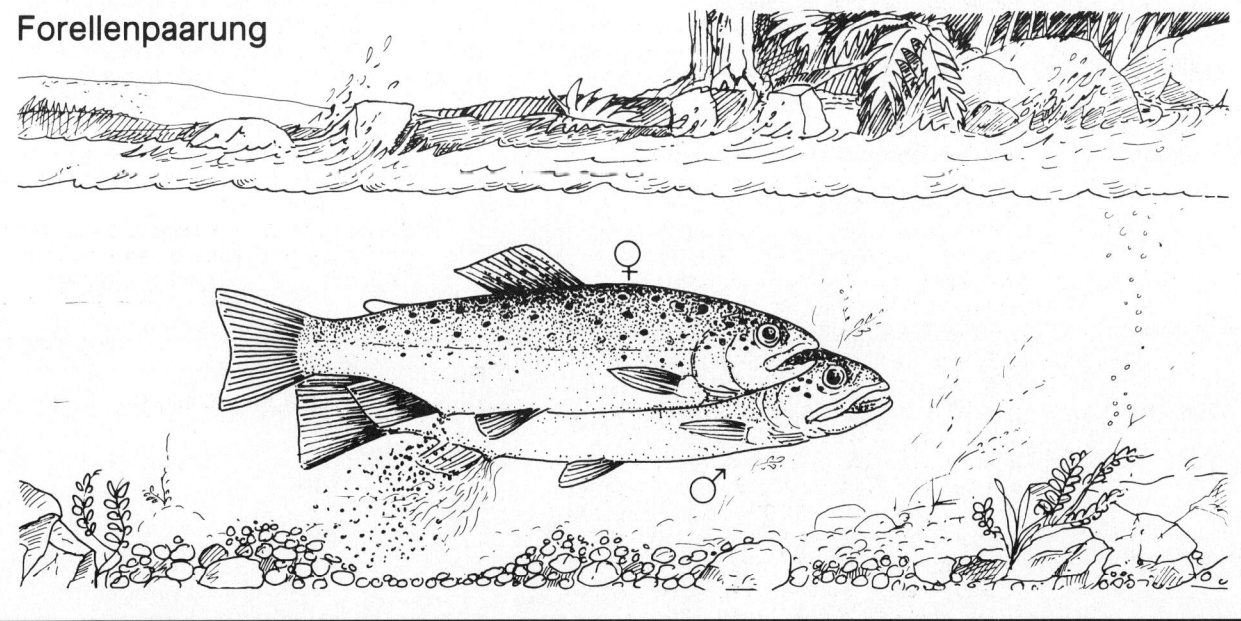

Forellenpaarung

Lachs und Aal sind Wanderfische

(Schülerbuch S. 236)

Aufgaben und Lösungen

① In welchem Punkt unterscheiden sich die Laichwanderungen von Lachs und Aal?
- *Lachse leben im Meer und wandern zum Laichen in die Quellbereiche der Flüsse. Aale leben in Seen, Teichen und Flüssen. Die geschlechtsreifen europäischen Altaale wandern zum Laichen in die Saragossa-See vor der amerikanischen Küste.*
② Gestalte in der Klasse eine Wandzeitung zum Thema „Lebenskalender von Lachs bzw. Aal".
- *Als Hilfsmittel zur Gestaltung können Zusatzinformation und Arbeitsblatt dienen.*

Lösungen zum Arbeitsblatt

1. Während seiner Entwicklung folgt der Weg des Bodensee-Aals dem Golfstrom. Die Altaale wandern aus den Flußmündungen in Richtung Saragossa-See.
2. 1-A; 2-B; 3-C; 4-D; 5-E; 6, 7-F, G

Zusatzinformation

Der *Atlantische Lachs* war ein häufiger Fisch an den Küsten Nordeuropas und wanderte anfang des Jahrhunderts auch im Rhein zum Laichen flußaufwärts. Die zunehmende Wasserverschmutzung hat zu einer erheblichen Verringerung der Bestände geführt. Die Abwasserfrachten haben ihn aus dem Rhein vollends vertrieben.

Lachse durchstreifen weite Gebiete des Meeres. Sie jagen meist in den oberen Wasserschichten. Wenn die Junglachse ins Meer einwandern, sind sie 10–20 cm lang, nach einem Jahr wiegen sie etwa 2–3 kg bei ca. 60 cm Länge. In Wachstumsphasen können sie pro Monat mehr als ein Kilogramm an Gewicht zunehmen. Nach zwei Jahren sind sie ca. 80 cm lang und wiegen 4–8 kg. Nach drei Jahren erreichen sie bei einem Gewicht von 8–13 kg eine Länge von etwa 100 cm. Nach 2–3 Jahren im Meer wandern die Lachse flußaufwärts zu den Laichgründen, aus denen sie stammen. Der Atlantische Lachs beginnt im Frühherbst seine Wanderung in die schwedischen oder schottischen Flüsse und erreicht die Laichgründe im Winter. Im Frühjahr sind die flachen Seitenarme der Oberläufe der Flüsse mit wenigen Zentimeter großen Lachsen besiedelt. Mit einer Länge von ca. 20 cm beginnen die Junglachse die Laichgewässer zu verlassen. Sie treiben flußabwärts zum Meer. Ausgedehnte Lachswanderungen führen sie oft mehr als 1 000 km von den heimatlichen Flußmündungen weg.

Informations- und Ausschneidebogen zum Arbeitsblatt S. 223: Wanderungen der Bodensee-Aale

Entwicklungsstadien des Aals

Name der Form	Größe	Alter
Dotterlarve	bis 6 mm	bis 1 Monat
Junglarve	bis 15 mm	bis 1 Jahr
Weidenblattlarve	bis 75 mm	bis 3 Jahre
Glasaal	65 cm	4 Jahre
Steigaal	bis 50 cm	bis 8 Jahre
Blankaal	0,3–1,5 m	bis 11 Jahre
Gelbaal	0,3–1,5 m	bis 10 Jahre

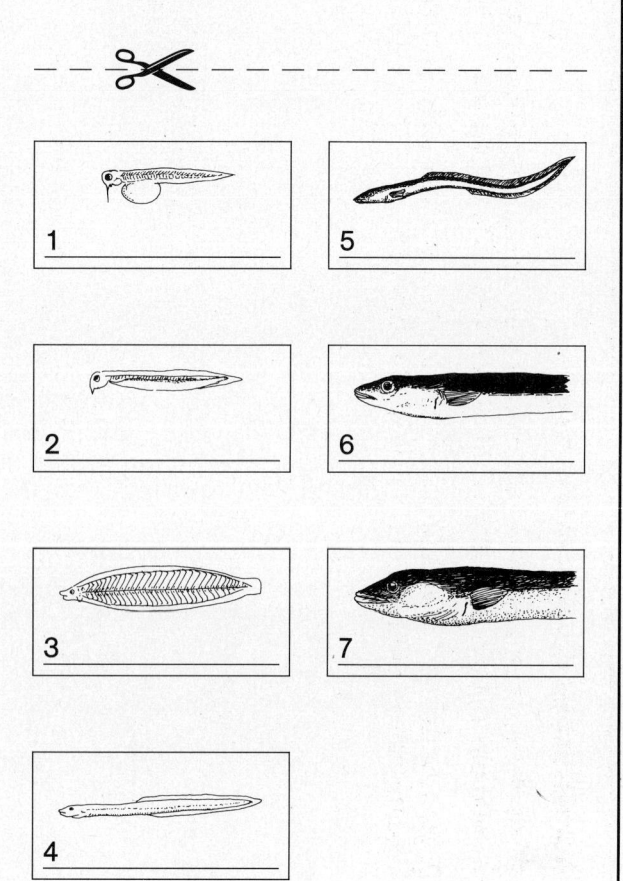

Wanderungen der Bodensee-Aale

1. Zeichne mit einem roten Stift den Weg eines Bodensee-Aals während seiner Entwicklung ein, mit einem grünen Stift seinen Weg zum Laichplatz.
2. Beschrifte die Entwicklungsstadien des Aals, schneide die Kärtchen (S. 222) aus und klebe sie an der richtigen Stelle in die Karte ein.

⇒ Golfstrom
--- Verbreitungsgrenze eines bestimmten Entwicklungsstadiums

Nordamerika

Nordatlantik

Europa

Rhein

Afrika

Bermudas

Laichplatz

A B C D E F G

© Als Kopiervorlage freigegeben. Ernst Klett Schulbuchverlag, Stuttgart 1993

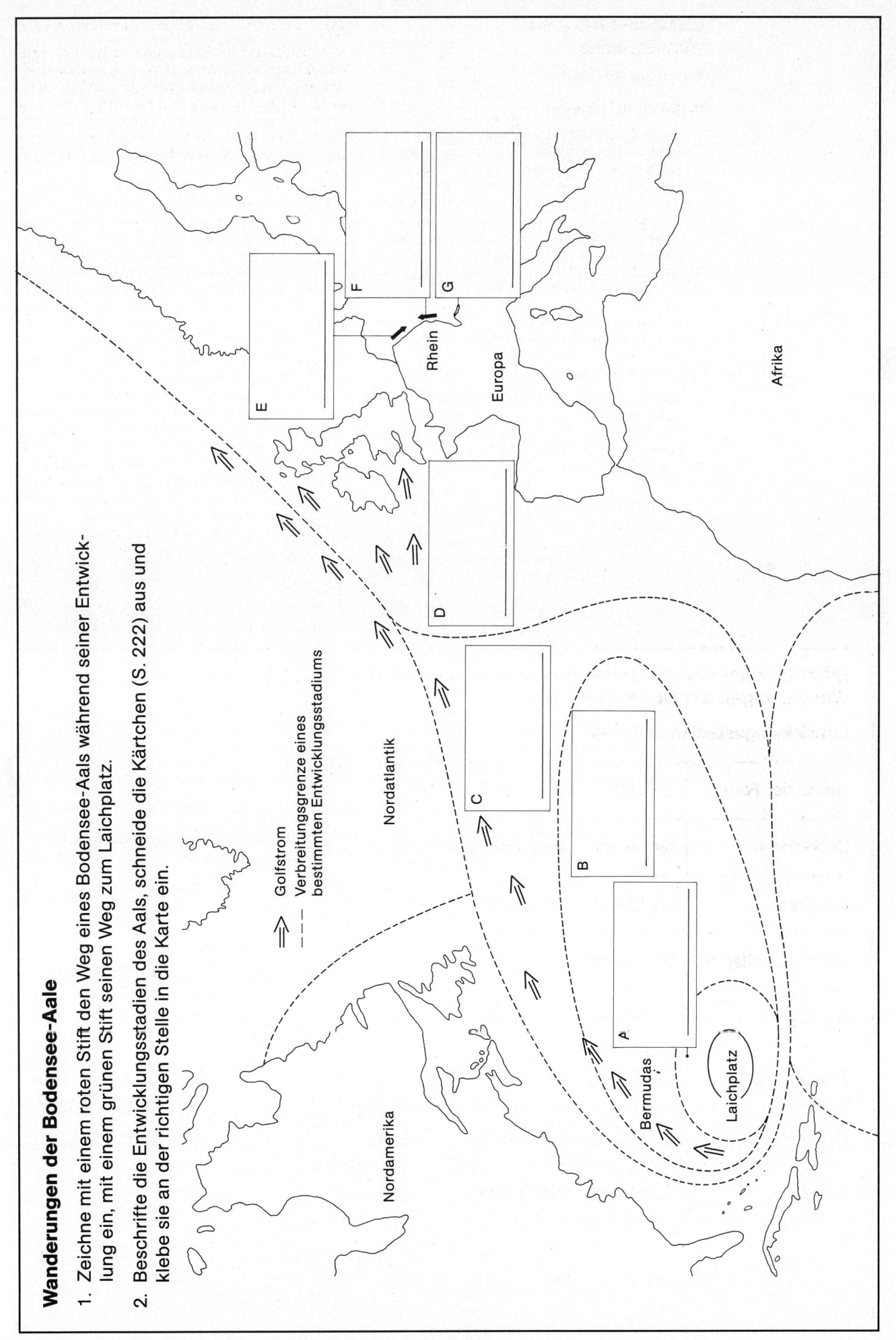

Fischregionen eines Flusses

(Schülerbuch S. 237)

Aufgaben und Lösungen

① Ordne den verschiedenen Fischregionen in Tabellenform die hier genannten Eigenschaften und Lebensbedingungen zu.
– Abb. 237.1 zeigt links die Fische, die nur in Seen vorkommen (z. B. Blaufelchen) oder in Fließgewässern, welche schon eine gewisse Breite erreicht haben (z. B. auch durch Aufstauung von kleinen Flüssen). Diese Arten (Hecht, Zander, Flußbarsch) lassen sich nicht eindeutig einer bestimmten Flußregion zuordnen.

Der Oberlauf und seine Fische:
Gleichbleibend niedrige Wassertemperaturen, starke Strömung, überwiegend steiniger Untergrund, sehr wenig Wasserpflanzen, reichlich Sauerstoff.
Bachforelle und Groppe lieben starke Strömung und laichen auf steinigem oder kiesigem Untergrund. Bachneunaugen brauchen Sand.

Der Mittellauf und seine Fische:
Anstieg der Temperaturen bis zu 18° C, verlangsamte Strömung, überwiegend sandiger Untergrund. Unterwasser- und Uferpflanzen. Mäßige Schwankungen des Sauerstoffgehalts.
Äschen leben wie Forellen einzeln, Flußbarben und Rotfedern gesellig in Schwärmen. Diese Arten ertragen Erwärmung des Wassers.

Der Unterlauf und seine Fische:
Starker Anstieg der Wassertemperatur möglich. Reichlich Pflanzenbewuchs. Sauerstoffmangel vor allem nachts.
Brachsen und Schleien ertragen sauerstoffarmes Wasser. Sie finden auch im Schlamm Nahrungstiere.

Die Brackwasserregion und ihre Fische:
Der Wasserstand wird durch Gezeiten beeinflußt: Vermischung von Meerwasser und Süßwasser. Oft Sauerstoffmangel.
Kaulbarsch und Flunder ertragen den Wechsel der Salzkonzentration.

② Das Mündungsgebiet eines Flusses nimmt eine Sonderstellung ein. Hier mischen sich Salz- und Süßwasser. Den Fachausdruck für dieses Wasser kannst du aus folgender Buchstabenmischung zusammensetzen: KW-AC-R-AS-BR-SE.
– Lösungswort: Brackwasser.

③ Die Abbildung auf dieser Seite zeigt auch Fischarten, die in dem Kapitel nicht besprochen werden. Wähle eine aus, schlage in Lexika und Bestimmungsbüchern nach und versuche, etwas über die Lebensweise und den Lebensraum dieser Fischart herauszufinden. Wenn ihr euch die Arbeit einteilt, könnt ihr mit euren Beiträgen auch eine Wandzeitung gestalten.
– *Vorschlag: Achtet auf Besonderheiten des Körperbaus (z. B. die Groppe hat als Grundfisch einen abgeplatteten Bauch und besitzt keine Schwimmblase.)*

④ Die meisten Speisefische in einem Fischgeschäft stammen aus dem Meer, doch einige auch aus dem Süßwasser. Welche sind es? Wie und wo werden sie gefangen?

– *Vgl. Lexikon S. 240/241 sowie Karte S. 239. Vorschlag: Fragt außerdem nach, ob die Fische aus dem freien Wasser gefangen wurden oder aus einer Fischzucht stammen wie z.B. Regenbogenforellen, Karpfen, neuerdings auch der Lachs.*

Zusatzaufgaben und Lösungen

① Wo mußt du suchen, wenn du im rasch fließenden Wasser des Bachs Kleintiere entdecken willst, die Fischen als Beute dienen?
– *Unter Steinen und am Holz haben sich viele Kleintiere versteckt: Schnecken, Würmer, Krebschen und Larven von Wasserinsekten. Wenn man im Sand und Schlamm nachgräbt, kann man auch eingegrabene Kleintiere finden.*

② Viele Bäche wurden begradigt, in Betonschalen gefaßt oder in Röhren unter die Erde verlegt. Welche Folge hat dies für die Fische und ihre Beutetiere?
– *Die Nischen und Kleinlebensräume, wo sich die Beutetiere der Fische ansiedeln können, fehlen an den glatten, künstlichen Ufern. Wo die Nahrung fehlt, können auch keine Fische leben.*

Anmerkung:
Fische kommen in verschiedenen Gewässern in einer großen Artenvielfalt vor. Bei aller Verschiedenheit der ökologischen Einnischung gilt: Das Wasser ist
– *Wohnraum*, beeinflußt durch eine bestimmte Geländestruktur; Strömung kann von Bedeutung sein, ebenso die Temperatur und der Salzgehalt.
– *Atemraum:* Der Sauerstoffgehalt ist oft der begrenzende Faktor.
– *Nahrungslieferant:* Zum Leben sind ausreichende Nahrungsquellen erforderlich.

Lösungen zum Arbeitsblatt

zu a): Sehr kaltes, klares, von Luft durchwirbeltes Wasser. Das Wasser fließt sehr schnell; Stein- und Kiesgrund; selten Wasserpflanzen.

zu b): Kaltes, sauerstoffreiches Wasser. Steile Ufer, schneller Lauf. Kies und Sandgrund, wenig Wasserpflanzen.

zu c): Kühles, sauberes Wasser. Flache Ufer, ruhiger Lauf. Sand- und Schlammgrund; in Buchten Pflanzenwuchs.

zu d): Mäßig warmes Wasser. Breiter, träger Lauf, große Windungen; Altwasser, viel Schlammgrund. In Stillwasserzonen üppiger Pflanzenwuchs.

zu e): Warmes, trübes Wasser, zeitweise sauerstoffarm. Fluß sehr breit. Z.T. Einfluß von Ebbe und Flut. Von der Küste her dringt Meerwasser ein (Entstehung von Brackwasser).

Medien

Dias
– FWU Einheimische Süßwasserfische (24 Dias, f)
– V-Dia Verlag Heidelberg: Bildersammlung Fische: Spiegelkarpfen, Gründling, Forelle, Bachsaibling, Hecht, Flußbarsch, dreistachliger Stichling, Seepferdchen, Scholle, Katzenhai, Lungenfisch (die Bilder sind einzeln lieferbar).

Fische in ihrem Lebensraum

Von der Quelle bis zur Mündung ändert ein Fluß laufend sein Gesicht. Deswegen kommen viele Fische nur in einem bestimmten Bereich des Flusses vor und kennzeichen den jeweiligen Lebensraum.

1. Beschreibe den Fluß in den einzelnen Fischregionen und damit die Ansprüche der Fische an ihre Umwelt.

a _____

b _____

c _____

d _____

e _____

Das Meer – ein wichtiger Nahrungslieferant

(Schülerbuch S. 238/239)

Zusatzaufgaben und Lösungen

① Wozu braucht man Fischereibiologen?
 – *Die Wanderungen und Aufenthaltsorte der Fische müssen erforscht werden, ebenso ihre Wachstumsgeschwindigkeit und die Menge des Zuwachses. Die Fischereibiologen geben Empfehlungen über Fangmethoden sowie Fang- und Schonzeiten für bestimmte Fischarten.*

② Warum sind auf internationalen Konferenzen Fangmengen für jedes Land festgelegt worden?
 – *Bei zu starker Befischung gibt es immer weniger Nachwuchs bei den Fischen, so daß die Erträge sehr schnell zurückgehen und der Fang sich nicht mehr lohnt. Man schont die Bestände, indem alle Nationen weniger fangen.*

③ Die Verschmutzung der Meere nimmt zu. Kennst du Beispiele, wo eine Schädigung der Fische nachgewiesen wurde?
 – *Die Verbrennung hochgiftiger Chemieabfälle auf hoher See führt zu fischschädlichen Niederschlägen auf das Wasser. Die Einleitung von Dünnsäure ins Meer von besonderen Schiffen aus führt zu Mißbildungen bei Fischen. (Vgl. auch Seehundsterben, S. 105 im Schülerbuch).*

❞ ─────────── **Zusatzinformation**

Die Fischerei wird auch in der Geografie behandelt, deshalb sollen in der Biologie weniger die fischereiwirtschaftlichen Überlegungen als biologische Zusammenhänge thematisiert werden. Seit alters her nutzt der Mensch die Nahrungsquellen des Meeres. Grundsätzlich kennt man drei Fischereimethoden:
– die *Korb-* und *Reusenfischerei,*
– die *Angel-* oder *Köderfischerei,*
– die *Netzfischerei.*

Reusen sind nichts anderes als Fallen für in Bodennähe lebende Tiere. Sie werden durch Köder angelockt und in den Korb bzw. die Reuse hineingelockt, aus der sie sich nicht mehr selbst befreien können. Reusen finden heute nur noch in der Küstenfischerei Verwendung, nicht nur für Fische sondern auch für Hummer, Langusten usw. ...

Der Angelhaken ist eines der ältesten Fischereigeräte. Lange Leinen mit zahlreichen, mit Ködern besetzten Angelhaken werden auch heute noch wirtschaftlich eingesetzt, insbesondere über felsigem Untergrund, an dem die Netze zu zerreißen drohen. Mit Langleinen werden, je nachdem, in welcher Tiefe die Angeln stehen, räuberisch lebende Fische gefangen, z. B. Haie, Aale, Dorsche, Rotbarsche und Plattfische.

Es gibt zwei Kategorien von Netzfischerei: eine aktive und eine passive. *Stell-* und *Treibnetze* wirken wie senkrecht stehende Vorhänge im Wasser, in denen sich die Fische verfangen. Die Maschenweite entscheidet, welche Fischarten (Dorsche, Plattfische oder Heringe) gefangen werden. Die Netze besitzen an der Oberkante Schwimmer und Gewichte an der Unterkante. Bei der aktiven Netzfischerei werden *Schleppnetze* wie überdimensionierte Käscher eingesetzt und vom Schiff gezogen. Sie bestehen meist aus einem großen Netzbeutel mit weiter Öffnung (vgl. Randabbildung im Schülerbuch S. 238). Besonders eindrucksvoll ist die *Ringwade,* mit der ganze Schwärme umschlossen werden können. Dabei wird ein bis zu 500 m langes Netz von einem schnell fahrenden Boot ausgelegt, das den Fischschwarm umfährt. Das Netz hängt zunächst wie ein Vorhang im Wasser. Danach wird mit einer Schnürleine die Unterkante des Netzes zusammengezogen. Das nun auch unten geschlossene Ringwadennetz wird nun weiter eingeholt, bis die im napfförmigen Netz zusammengedrängte Beute ausgeschöpft werden kann.

Früher verarbeitete man nur Fische von einer Größe, die man auch verkaufen konnte. Kleine Fische und Arten, die nicht verkäuflich waren, gingen durch die Maschen oder man warf sie wieder ins Meer zurück. Moderne Fischereischiffe verarbeiten auch diesen „Beifang" sowie alle Abfälle, die bei der Verarbeitung der Fische anfallen, zu *Fischmehl,* das als Kraftfutter für Nutztiere verkauft wird. Neuerdings hat sich sogar eine spezielle Fischmehl-Fischerei entwickelt, die vor allem kleine Fischarten wie Anchovis, Sprotten, Sardellen usw. verarbeitet. Diese Fischerei wirkt sich ökologisch sehr nachteilig aus. Sie entzieht den größeren Fischen die Nahrungsgrundlage und führt außerdem durch die Verarbeitung noch nicht geschlechtsreifer Individuen von Raubfischen wie z.B. Dorsch zum Rückgang der für den menschlichen Verzehr bestimmten Erträge.

─────────── ❞

Lösungen zum Arbeitsblatt

zu 1.: Alle genannten Arten werden in Schelfgebieten gefangen, außer dem Rotbarsch (in 200 – 600 m Wassertiefe).

zu 2.: Dorsch: Nordsee, Neufundland, Labrador, Grönland, Island, Färöer, Norwegen, Rokkall.
Seelachs: Nordsee, Neufundland, Island, Färöer, Norwegen, Shetland-Inseln.
Scholle: Nordsee, Island, Färöer, Norwegen, Shetland-Inseln, Rockall.
Hering: Nordsee, Neufundland, Island, Färöer, Norwegen, Shetland-Inseln, Rokkall.
Rotbarsch: Neufundland, Labrador, Grönland, Island, Färöer, Norwegen.

zu 3.: Der Dorsch ist am weitesten verbreitet.

zu 4.: Schellfisch und Seelachs lieben kalte Meeresgebiete.
Die Scholle kommt nur im östlichen (europäischen) Gebiet des Atlantiks und in der Nordsee vor.
Der Hering kommt um Grönland und Labrador nicht vor. Sein Verbreitungsgebiet erstreckt sich im östlichen (europäischen) Gebiet des Atlantiks weiter nach Norden als im westlichen (amerikanischen) – eine Auswirkung des Golfstroms!

zu 5.: Die Preise schwanken nach Fangsaison, Angebot und Nachfrage.

Medien

Dias
– V-Dia Hochseefischerei (20 Dias, f)

Filme
– FWU Hochseefischerei (19 min, f)

Die Speisefische des deutschen Hochseefangs

Symbol	Name		Deutsche Anlandung 1985
▫	Dorsch = Kabeljau	1 m	56 678 t
▪	Schellfisch	1 m	1 304 t
△	Köhler = Seelachs	50 cm	24 080 t
●	Scholle	40 cm	4 000 t (1975)
▲	Hering	30 cm	23 930 t
◆	Rotbarsch	50 cm	17 671 t

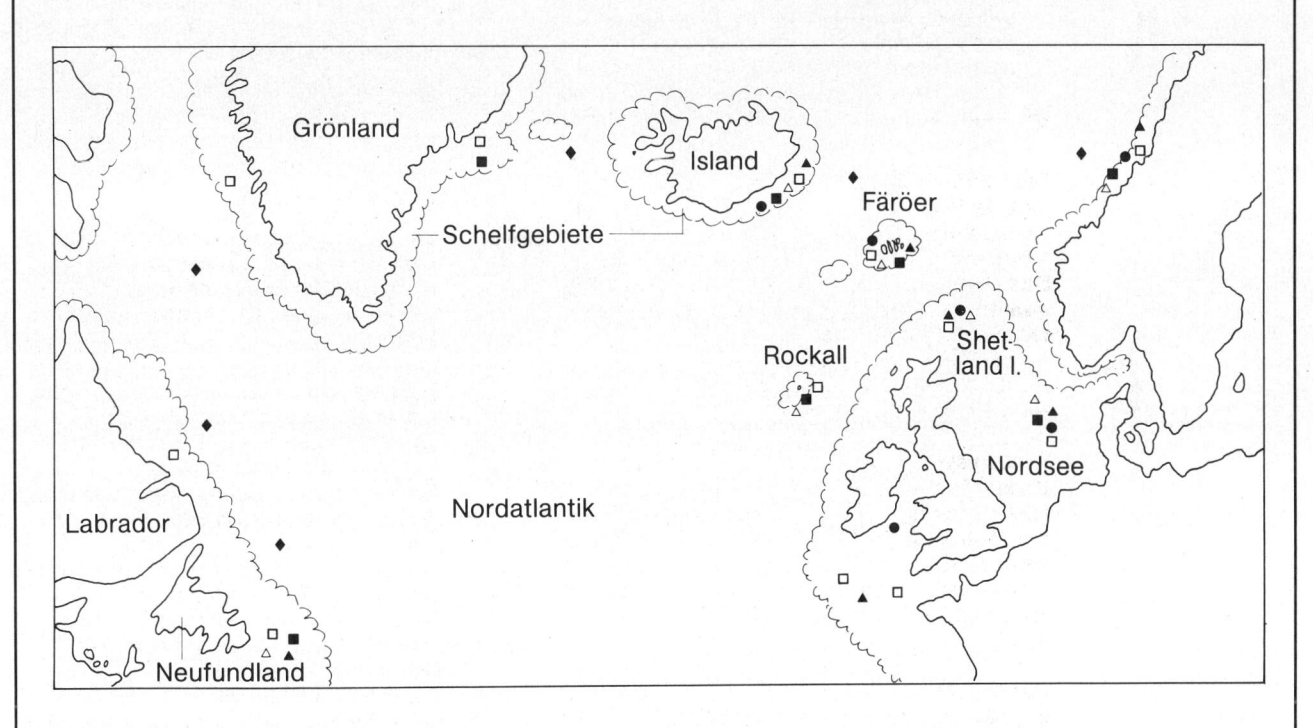

1. Die Schelfgebiete (bis 200 m Wassertiefe) sind besonders fischreich. Welche der aufgeführten Fische werden dort, welche werden in tieferem Wasser gefangen?
2. Stelle zusammen, wo welcher Fisch gefangen wird.
3. Welcher Fisch ist am weitesten verbreitet?
4. Beschreibe, wonach sich die Verbreitung der einzelnen Fischarten richtet.
5. Erkundige dich nach den Kilopreisen der behandelten Fischarten.

© Als Kopiervorlage freigegeben. Ernst Klett Schulbuchverlag, Stuttgart 1993

Projekt:
Ein Aquarium wird eingerichtet

(Schülerbuch S. 242/243)

Aufgaben und Lösungen

① Braucht man überhaupt Pflanzen im Aquarium? Wozu sind sie da? Zähle einige passende Pflanzenarten auf.
- *Die Pflanzen produzieren Sauerstoff, den die Fische für die Atmung benötigen. Manche Fische weiden auch die Algen ab, die sich an die Pflanzen setzen und nutzen die Pflanzen als Deckung oder als Hilfsmaterial beim Laichen.*
Hornfarn, Wasserpest und Sumpfschraube sind geeignete Aquarienpflanzen.

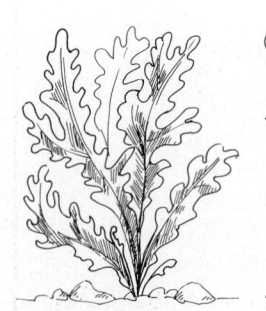

② Erkundige dich über verschiedene Krankheiten bei Aquarienfischen und deren Behandlung. Berichte.
- *Fischkrankheiten werden meist durch Parasiten hervorgerufen, die schnell den gesamten Aquarienbesatz gefährden. Als vorbeugende Maßnahmen kommen vor allem in Betracht: wenig Fische in das Aquarium setzen, auf Sauberkeit achten, auffällige Fische sofort isolieren.*
- **Krankheitserreger Ichthyophonus**
  Sehr ansteckende, schwer zu behandelnde Pilzerkrankung, hervorgerufen durch einen Algenpilz, der die inneren Organe angreift. Der befallene Fisch wirkt eingefallen oder aufgetrieben, weist Geschwüre auf, hat heraustretende Augen. Manchmal hilft ein Trypaflavinbad (gegen Fischparasiten wirksamer Farbstoff, den es in der Apotheke gibt).
- **Krankheitserreger Ichthyophthyrius**
  Einzellige Wimperntiere, die sich ungeheuer rasch im Aquarium verbreiten, rufen diese gefürchtete Krankheit hervor. Am Fisch erscheinen weißliche Körner, ähnlich Grießkörnern. Befallene Fische werden in einem Quarantänebecken mit Trypaflavin, oder Medikamenten, die der Fachhändler empfiehlt, behandelt. Hilfreich ist auch eine Erhöhung der Wassertemperatur (ca. 32 °C). In einem Aquarium ohne Fische stirbt der Erreger in 2–3 Wochen aus.
- **Krankheitserreger Oodinium**
  Dieses Geißeltierchen kann Fische z. B. nach einer Temperaturabsenkung im Aquarium befallen und bewirkt kleine Punkte an der Hautoberfläche. Hier helfen wieder Trypaflavinbäder und Temperaturerhöhung (30° C).
- **Krankheitserreger Cyclochaeta**
  Dieses Wimperntierchen ist ein harmloser Fischschmarotzer. Die Haut des Fisches erscheint leicht getrübt. Trypaflavinbäder und höhere Temperaturen sind Gegenmittel.

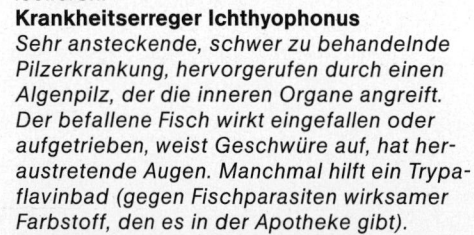

③ Frage in einem Zoogeschäft nach einem anderen, für unser beschriebenes Aquarium geeigneten Fischbesatz. Berichte.
- *Sumatrabarben, einige Zebrabärblinge, 2 oder 3 kleine Scalare, Black Molly oder Schleierschwanz-Molly. Bei jedem neu erworbenen Fisch müssen die Haltungsbedingungen genau beachtet werden. So verletzt die Sumatrabarbe häufig andere Fische durch Anknabbern der Flossen, Zebrabärblinge verkümmern, wenn sie nicht im Schwarm gehalten werden.*

Ceratopteris thalictroides (Hornfarn)

Elodea densa (Argentinische Wasserpest)

Vallisneria spiralis (Gemeine Sumpfschraube)

Woran erkennt man einen kranken Fisch?

Kranke Fische
- schwimmen anders als sonst, z. B. schaukelnd oder torkelnd
- legen die Flossen an
- sondern sich ab
- sehen „zerrupft" aus, weil die Schuppen abstehen
- magern ab

❞ ──────────── **Zusatzinformation**

Fischfutter – frisch aus der Natur

Ein kundiger Sammler kann das Lebendfutter für seine Fische zur richtigen Jahreszeit selbst fangen und weiterzüchten. Das gelingt mit Wasserflöhen, Fruchtfliegen, Enchyträen. Anleitungen dazu sind der Fachliteratur zu entnehmen.

Welche Pflanzen sind geeignet?

Beim Kauf von Wasserpflanzen sollten junge Pflanzen bevorzugt werden, da sie besser anwachsen. Problemlos zu halten sind die folgenden Arten:
Gemeine Sumpfschraube (Vallisneria spiralis)
Argentinische Wasserpest (Elodea densa)
Hornfarn (Ceratopteris thalictroides)

──────────────────────── ❞

Lösungen zum Arbeitsblatt

zu 1.: Die Fische und die Pflanzen sind besser erkennbar. Restliches Futter oder Mulm sammelt sich an der Vorderscheibe des Aquariums und kann leicht abgesaugt werden.

zu 2.: Der Sand würde sonst aufgewirbelt, die Pflanzen herausgespült.

zu 3.: Die Fische können nicht herausspringen. Der Spalt ermöglicht die Zufuhr von Frischluft.

zu 4.: Mit dem Schaber werden Algenbeläge entfernt. Den Kescher braucht man zum Herausfangen der Fische. Mit dem Saugheber entfernt man Futterreste und Mulm.

zu 5.: Die Luftpumpe bringt Frischluft ins Wasser. Der Filter hält Verunreinigungen zurück und reinigt das Wasser.

Literatur

KASPAR, H., KIPPER, H.: Das optimale Aquarium. Aquadocumenta Verlag, 1990
STAHLKNECHT, H.: Aquarienfische. Verlag Eugen Ulmer, Stuttgart 1992
BAENSCH, H. A. et al.: Aquarienatlas. Mergus Verlag, Melle 1990

Wechselwarme Wirbeltiere

Wiederholungsfragen zur Einrichtung und Pflege eines Aquariums

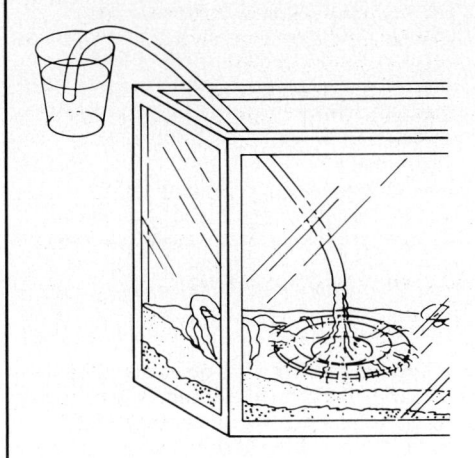

1. Warum wird der Bodengrund so gestaltet, daß er von hinten nach vorn abfällt?
   _____
   _____
   _____

2. Wozu braucht man beim Einfüllen des Wassers einen Schlauch und einen Teller?
   _____
   _____

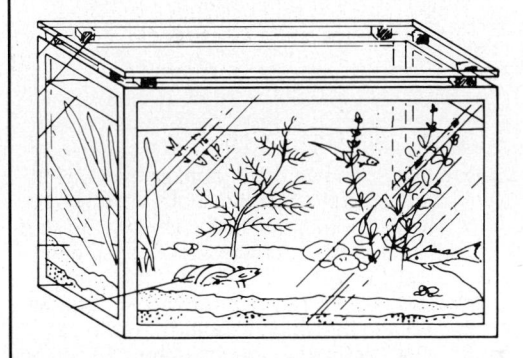

3. Das fertige Aquarium wird mit einer Glasplatte abgedeckt, die einen Spalt freiläßt. Begründe!
   _____
   _____

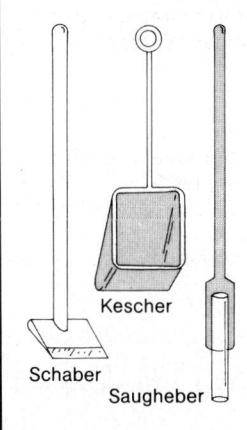

4. Wozu braucht man Schaber, Kescher und Saugheber?
   _____
   _____
   _____

Kescher
Schaber
Saugheber

5. Erkläre, was Luftpumpe und Filter leisten.
   _____

2 Lurche sind Feuchtlufttiere

Der Grasfrosch – ein Leben an Land und im Wasser
(Schülerbuch S. 244/245)

Aufgaben und Lösungen

① Beschreibe anhand der Abbildungen dieser Seite Veränderungen der Froschlarve während der Metamorphose.
– *Die aus dem Ei geschlüpfte Kaulquappe besitzt Außenkiemen. Erst wenn sich diese zu Innenkiemen umgewandelt haben, beginnt das Freßstadium, verbunden mit intensivem Wachstum (hier 10. April bis 8. Mai). Nun wird die Nahrungsaufnahme eingestellt, die Umwandlung zum Frosch beginnt. Bis die vier Beine ausgebildet sind und der Schwanz resorbiert ist, stellen sich Haut, Augen und die übrigen Sinnesorgane sowie das Atmungs- und Verdauungssystem auf die neue Lebensweise um: Vom überwiegenden Pflanzenfresser zum Beutegreifer, vom reinen Wassertier zum amphibischen Lebewesen.*

② Stelle Unterschiede zwischen Kaulquappe und Frosch zusammen.

Kaulquappe	Frosch
– *ungegliederter Körper*	– *Kopf und Hals abgegliedert*
– *Ruderschwanz, keine Beine*	– *kein Schwanz, zwei kurze Vorderbeine, zwei lange Hinterbeine*
– *kleiner Mund mit Hornleisten*	– *breites „Froschmaul" Schleuderzunge*
– *kleine Augen*	– *große, vorstehende „Froschaugen"*
– *Farbe: schwarz, später bräunlich mit kleinen, hellen Punkten*	– *grün-braune Tarnfarbe*
– *zuerst Kiemenatmung, später Lungenatmung*	– *Lungenatmung, beim Überwintern Hautatmung*

③ Stelle in einer Tabelle Anpassungsmerkmale des Grasfrosches für das Land- und Wasserleben einander gegenüber.

Landleben	Wasserleben
– *Lange Hinterbeine zum Springen*	– *Hinterbeine mit Schwimmhäuten*
– *Trommelfell zum Hören, große Augen zur Rundumsicht*	– *Augen und Nasenöffnungen ragen beim Schwimmen über das Wasser*
– *überwiegend Lungenatmung*	– *überwiegend Hautatmung*
– *Insekten und Schnecken als Beute*	– *nimmt aus dem Wasser keine Nahrung auf*
– *kann sich an Land nicht fortpflanzen*	– *äußere Befruchtung, Larve entwickelt sich im Wasser*

④ Ein Grasfroschweibchen legt im Frühjahr 3000–4000 Eier. Zähle Gründe auf, warum es dennoch nicht zu einer „Grasfroschplage" kommt.
– *Es sind unbefruchtete Eier darunter. Laich und Kaulquappen werden gerne von Enten gefressen. Sehr viele Tiere nehmen Kaulquappen: Molche, Fische, Gelbrandkäfer und ihre Larven usw. Laichtümpel trocknen ein. Jungfrösche fallen Vögeln und Ringelnattern zum Opfer. Nur wenige Promille der Larven erreichen als Frösche die Laichreife.*

⑤ Welche Folgen hat es, wenn ein Laichtümpel der Grasfrösche trockengelegt wird?
– *Die geschlechtsreifen Frösche suchen im Frühjahr vergeblich einen Laichplatz. Wenn sie kein Ersatzgewässer finden, erlischt die Froschpopulation innerhalb weniger Jahre.*

> **Zusatzinformation**
>
> Lurche sind Spezialisten für den Grenzraum Wasser-Land. Sie können sich hier wie dort gut fortbewegen. Auch wegen ihrer wenig verhornten, feuchten Haut, die mit dem wasserhaltigen Unterhautgewebe im Austausch steht, sind die Lurche auf feuchte Umgebung angewiesen. Sie können Wasser z. B. in Form von Tau über die Haut aufnehmen. Hautatmung spielt bei den Lurchen eine wichtige Rolle. Die größte Abhängigkeit vom Lebensraum Wasser besteht jedoch bei der Fortpflanzung der Lurche. So weist die Larve regelrechte Fischeigenschaften auf (Kiemen, unverhornte Schleimhaut, Seitenlinie, Ruderschwanz).
>
> Die einheimischen Lurche gliedern sich in die anatomisch sehr verschiedenen *Frosch-* und *Schwanzlurche*. Froschlurche sind Sprungspezialisten. Bei den versteckt lebenden und durch Hautgift geschützten Kröten ist das Sprungvermögen jedoch weniger ausgeprägt. Molche sind mit Ruderschwanz und Seitenlinienorgan eher Wasser- als Landtiere. Der durch sein Hautgift geschützte, träge Feuersalamander ist dagegen ein ausgesprochenes Landtier. Das Weibchen bringt lebende Larven zur Welt, die es in ein Fließgewässer absetzt.

Lösungen zum Arbeitsblatt

zu 1.: Eiablage beim Grasfrosch Ende Februar/Anfang März. Entwicklung: 10 Tage.

zu 2.: Larven schlüpfen aus der Eihülle. Sie heften sich zum Ausreifen an Wasserpflanzen.

zu 3.: Larve mit büscheligen Außenkiemen und Ruderschwanz. Noch erfolgt die Ernährung vom Dottervorrat.

zu 4.: Larve mit Hornleisten im Mund. Sie ernährt sich von Pflanzen, vor allem von Algen.

zu 5.: In der 8. bis 9. Woche entwickeln sich die Hinterbeine.

zu 6.: In der 10. bis 11. Woche wachsen auch die Vorderbeine. Der Körper wird froschähnlicher. Die Kiemen bilden sich zurück.

zu 7.: Der Ruderschwanz bildet sich zurück. Die Jungfrösche verlassen Mitte Juni das Wasser, sie fressen nun lebende Tiere.

zu 8.: Die Frösche leben in geeigneten Feuchtbiotopen. Ab Oktober Beginn der Winterruhe.

Medien

Filme
– FWU Grasfrosch (jeweils ca. 5 min, f)

Dias
– FWU Entwicklung des Grasfroschs (17 Dias, f)

Wechselwarme Wirbeltiere

Vom Laich zum Frosch

1. Beschreibe die einzelnen Stadien der Froschentwicklung (Atmung, Ernährung, Fortbewegung, Dauer).

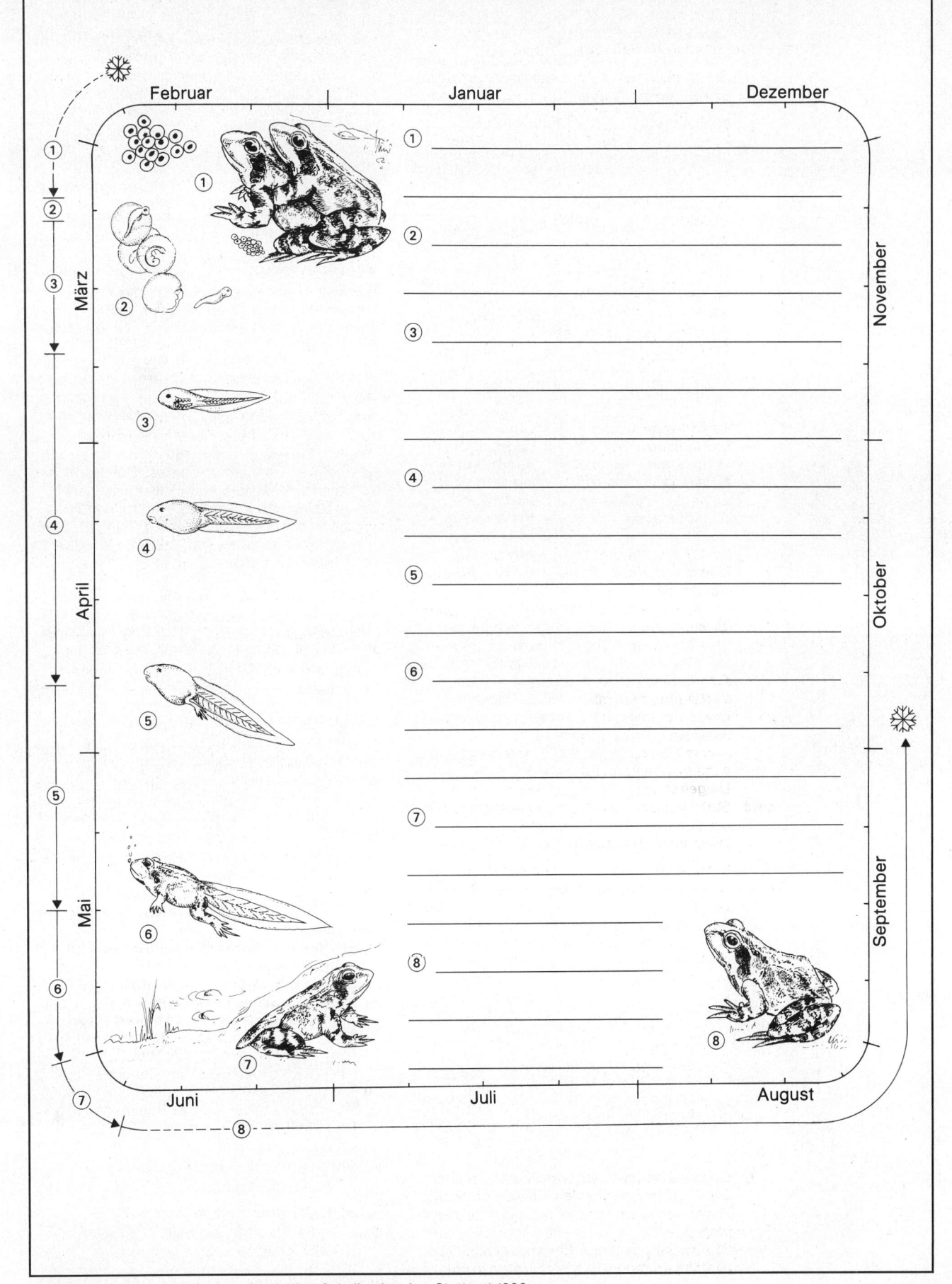

Grasfrosch und Erdkröte sind Froschlurche
Feuersalamander und Kammolch sind Schwanzlurche

(Schülerbuch S. 246/247)

Aufgaben und Lösungen

① Worin unterscheiden sich Froschlurche und Schwanzlurche? Achte auf Körperform, Fortbewegung und Larven!

Froschlurche	Schwanzlurche
– gedrungener Körper, kein Schwanz; 4 kräftige Beine, hinten sind sie besonders groß	– langer Körper und Schwanz, 4 kurze Beine
– an Land springen die Frösche, Kröten krabbeln; im Wasser führen sie „Brustschwimmen" durch	– schlängelndes Krabbeln mit seitlicher Beinstellung; schlängelndes Schwimmen beim Molch
– Kaulquappen sind Larven mit ovalem Körper und großem Ruderschwanz	– Larven von länglicher Gestalt, Körper verjüngt sich zum Schwanz hin
– nur anfangs büschelige Außenkiemen, später Innenkiemen	– Larve hat immer büschelige Außenkiemen
– bei der Verwandlung sind die Hinterbeine zuerst entwickelt	– die Vorderbeine sind bei der Verwandlung zuerst entwickelt

② Erkläre am Beispiel von Grasfrosch und Feuersalamander die Begriffe Tarnfärbung und Warnfärbung.
– Der gelb-schwarze Feuersalamander fällt in jeder Umgebung auf (Warnfarben!). Der Grasfrosch ist dagegen überwiegend braun gefärbt (Tarnfarben!). Im Frühjahr ist dies eine gute Tarnung, da während der Laichzeit das Fallaub noch braun ist und das Gras erst sprießt. Aber auch bei voller Begrünung sind Frösche durch ihre braune Färbung geschützt, da sie hauptsächlich am Abend und am Morgen aktiv werden.

Laich des Grasfrosches

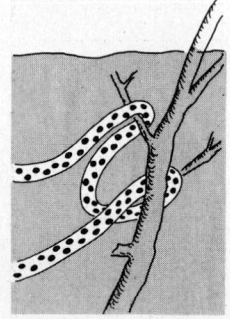

Krötenlaich

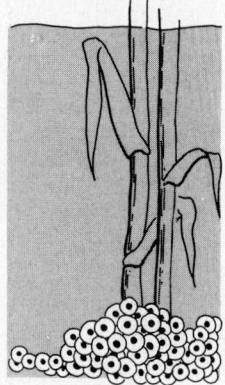

Laich des Wasserfrosches

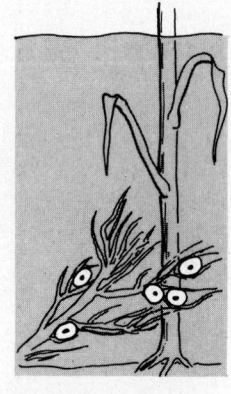

Eier des Teichmolches an einer Wasserpflanze

〟 Zusatzinformation

Laichgewässer und der Laich der Lurche

Die Lurche sind am stärksten während ihrer Entwicklungszeit gefährdet, denn oft laichen sie an Stellen, die leicht austrocknen. Man kann durch Umsetzen des Laichs oder der Larven in geeignete Gewässer rasche Hilfe leisten. Hier einige Merkmale zum Erkennen des Laichs und der entsprechenden Gewässer:

Grasfrosch: Große *Laichballen*, die bereits Ende Februar bis Anfang April abgelegt worden sind und an der Wasseroberfläche schwimmen. Die Eier sind sehr dunkel. Grasfroschlaich findet man meist in seichten Wasseransammlungen oder in flachen Buchten größerer Gewässer, wo durch Sonneneinstrahlung eine kurze Entwicklungszeit gewährleistet ist, und die Larven vor räuberischen Fischen sicher sind.

Erdkröte: Laicht etwa um dieselbe Zeit wie der Grasfrosch. Sie bildet zweireihige *Laichschnüre* (bis 5 m lang), die zwischen Wasserpflanzen aufgehängt werden. Der Laich anderer Krötenarten ist ebenfalls perlschnurförmig, die Laichzeit liegt jedoch später im Jahr. Erdkröten laichen an anderen Stellen als die Grasfrösche und brauchen Röhricht oder andere Wasserpflanzen zum Anheften ihrer Laichschnüre. Die Anwesenheit von Fischen ist kein Hinderungsgrund, da die Erdkrötenlarven einen Giftstoff in der Haut besitzen, der sie vor dem Gefressenwerden schützt.

Laubfrosch: Höchstens walnußgroße *Laichballen*, die meist zwischen Wasserpflanzen zu finden sind. Die Eier sind gelblich und werden im April abgelegt. Laubfrösche kommen bevorzugt an Gewässern vor, wo Röhricht oder Büsche ans Wasser grenzen (Frösche wollen klettern können!).

Gelbbauchunke: Sehr kleine *Laichklumpen*, bis zu 30 Eiern. Die Unke ist eine Pionierart und laicht vom April bis in den Juli, sobald die Bedingungen günstig sind. Sie nimmt auch zeitweise auftretende Klein- und Kleinstgewässer an (z. B. Wagenradspuren). Die Laichballen sind an Pflanzen festgeklebt oder liegen auf dem Grund. Die Entwicklung verläuft sehr rasch. Unkenlarven werden sehr groß und fallen dadurch dem Beobachter auf.

Grünfrösche (Wasserfrosch, Teichfrosch): Der Laich fällt kaum auf, da er erst im Mai/Juni abgegeben wird und auf dem Grund des Gewässers liegt. Die Eier sind sehr klein, oben braun, unten gelblich. Entsprechend klein sind die Kaulquappen, sie wachsen jedoch später zu ansehnlicher Größe heran und fallen durch ihre goldglänzende Farbe auf. Grünfrösche brauchen Gewässer mit reichem Pflanzenbewuchs. Günstig sind Schwimmpflanzen, deren Blätter die Frösche als Sonnenplatz schätzen.

Molche: Im April kann man oft die auffallende Balz der Molche beobachten. Nach der Befruchtung legt das Weibchen 100 bis 400 Eier einzeln ab und heftet sie an Wasserpflanzen. Dabei werden oft einzelne Blättchen umgebogen (vgl. Randspalte).

Salamander: Nach der Balz und der Begattung entwickeln sich die Larven im Körper des Weibchens und schlüpfen beim Geborenwerden *(Ovoviviparie)*. Das Weibchen sucht dazu den Rand eines Baches auf und gibt die Larven in das fließende Wasser ab, wo sie sich weiterentwickeln.

〟

Lösungen zum Arbeitsblatt

Versuch 1:
zu 1a: Der Erdkröte wird eine Libelle angeboten. Die Beute wird fixiert.
zu 1b: Die Kröte hat die Libelle gefangen.
zu 1c: Die Libelle wird gefressen.

Versuch 2:
zu 2a: Der Erdkröte wird eine Wespe angeboten. Die Beute wird fixiert.
zu 2b: Die Kröte hat die Wespe gefangen.
zu 2c: Die Wespe hat gestochen und wurde ausgespuckt.

Versuch 3:
zu 3a: Erneut wird eine Wespe angeboten; sie bleibt unbeachtet.

Versuch 4:
zu 4a: Erneut wird eine Libelle angeboten; sie wird fixiert.
zu 4b: Die Libelle wird gefangen und gefressen.

Das Beutefangverhalten der Erdkröte

1. Beschreibe die Versuche zum Beutefangverhalten der Erdkröte. Schreibe in Stichworten auf, was passiert!

Versuch 1

Versuch 1

1a _____

1b _____

1c _____

Versuch 2

Versuch 2

2a _____

2b _____

2c _____

Wiederholung von Versuch 1 und 2

Versuch 3

3a _____

Versuch 4

4a _____

4b _____

© Als Kopiervorlage freigegeben. Ernst Klett Schulbuchverlag, Stuttgart 1993

Der Bauplan der Lurche
Besonderheiten der Atmung
(Schülerbuch S. 248/249)

Aufgaben und Lösungen (S. 248)

① Ordne den Ziffern der Abbildung 1a die entsprechenden Begriffe zu
- 1 = Unterkiefer, 2 = Schädel, 3 = Wirbelsäule, 4 = Rippe, 5 = Schwanzwirbel, 6 = Schulterblatt, 7 = Oberarmknochen, 8 = Elle und Speiche, 9 = Fingerknochen

② Liste Unterschiede zu den Skeletten der Vögel und Säugetiere in einer Tabelle auf.
- Hinweis: Vergleiche zur Beantwortung dieser Aufgabe die Abbildungen 17.1, 68.1 und 69.1, 92.1, 120.2, 248.1 und 249.2 im Schülerbuch.

Lurche	Vögel	Säugetiere
Kiefer mit kleinen Zähnen	Schädel mit Schnabel ohne Zähne	Kiefer mit großen Zähnen
wenige Halswirbel	viele Halswirbel	7 Halswirbel
kein Brustkorb	Brustkorb mit Brustbeinkiel	Brustkorb mit flachem Brustbein
Schwanzlurche mit Schwanz, Froschlurche ohne Schwanz	Schwanz stets vorhanden	Schwanz meist vorhanden

Vorder- und Hinterbeine sind über Schulter- und Beckengürtel mit der Wirbelsäule verbunden. Übereinstimmende Gliederung der Vorder- und Hinterbeine: Oberarmknochen, Elle und Speiche, Handwurzelknochen, Mittelhandknochen, Fingerknochen bzw. Oberschenkelknochen, Schien- und Wadenbein, Fußwurzelknochen, Zehenknochen

Ergebnis: Hohe Übereinstimmung der Baumerkmale.

③ Ergänze die Tabelle noch durch einen Vergleich der inneren Organe und der Hautbedeckung.
- Hinweis: Lies nach im Schülerbuch auf S. 120 und S. 260/261.

Lurche	Vögel	Säugetiere
bei Larven Außen- und Innenkiemen, bei Erwachsenen einfache Lungen	sehr leistungsfähige Lunge	leistungsfähige Lunge
Herz mit 3 Kammern	Herz mit 4 Kammern	Herz mit 4 Kammern
Darm, Harn- und Geschlechtswege enden in die Kloake	Darm, Harn- und Geschlechtswege enden in die Kloake	Darm endet im After, abgetrennte Harn- und Geschlechtswege
glatte, feuchte, wenig verhornte Haut mit vielen Drüsen; Schleimhaut bei Larven	verhornte Haut, mit Federn und nur 1 Drüse (Bürzeldrüse)	verhornte Haut mit Haaren und vielen Drüsen

Aufgabe und Lösung (S. 248)

① Erläutere den Zusammenhang zwischen Bau und Leistung der Lungen (vgl. Abb. 2).
- Je stärker die innere Lungenfläche gefaltet ist, um so mehr Sauerstoff kann aufgenommen werden. Durch die Faltung ist die Innenfläche der Lunge vergrößert. Mehr Lungenkapillaren sind vorhanden und können am Gasaustausch beteiligt werden.

Die einfachste Lunge hat der Kammolch. Für das Leben im Wasser genügt weitgehend die Hautatmung, die Lungen unterstützen und dienen im übrigen als Ersatz für die Schwimmblase. An Land hält sich der Molch an sehr feuchten Plätzen auf, so daß auch hier die Hautatmung gut funktioniert (deckt den Bedarf zu 75 %).

Beim Feuersalamander ist der Lungenaufbau ebenfalls einfach. Er ist nachtaktiv, liebt feuchte Stellen und Bachufer, hält die Haut ebenfalls sehr feucht und bewegt sich nur träge: D. h. die Hautatmung ist sehr wirksam und deckt bis zu 50 % des Bedarfs.

Kröten und in noch größerem Maße Frösche meiden trockene Stellen an Land. Sie sind nachtaktiv und können so den Tau über die Haut aufnehmen, oder sie leben tagsüber eingegraben in der feuchten Erde: All dies hält die Haut feucht, so daß die Hautatmung noch zu 25 % den Bedarf deckt, und die Frösche und Kröten ebenfalls mit recht einfach gebauten Lungen auskommen können.

Anmerkung:
Hier bietet sich eine Bestimmungsübung an, wie sie auf S. 252 als Aufgabe zu finden ist.

Aufgabe und Lösung (S. 252)

① Verwende den hier aufgezeigten Bestimmungsschlüssel zur Benennung der auf S. 253 abgebildeten Lurcharten! Zur Bestimmung jedes Tieres mußt du den Linien wie in einem Straßennetz folgen. An jeder Weggabelung stehen Wegweiser, die dir Hinweise geben, welchen Weg du gehen mußt.
- 1: Wechselkröte, 2: Knoblauchkröte, 3: Laubfrosch, 4: Erdkröte, 5: Wasserfrosch, 6: Gelbbauchunke, 7: Kreuzkröte, 8: Teichmolch, 9: Geburtshelferkröte.

Lösungen zum Arbeitsblatt S. 235

zu 1.: 1 = Kreuzgelenk, 2 = Hüftgelenk, 3 = Kniegelenk, 4 = Fersengelenk, 5 = Sprunggelenk, 6 = Zehengelenk
Das Sprunggelenk (Intertarsalgelenk) hat beim Menschen eine ganz geringe Beweglichkeit, ist beim Frosch jedoch voll in den Bewegungsablauf eingebunden. Außerdem sind die „Scharniere" oder Drehpunkte anders verteilt: kurze Wirbelsäule, lange Kreuzbeinregion, vgl. Abb. 17.1 und 246.2 im Schülerbuch).

zu 2.: geduckt 3,1 cm; im Sprung 9,5 cm. Es ist das 3-fache.

zu 3.: Der Frosch springt nach der Beute. Seine Zunge ist unten klebrig und kann ausgeklappt werden. Sie umfaßt die Beute und zieht sie in den Mund.

Medien

Filme
- Klett 998689 Fortpflanzungsbiologie des Bergmolches (5 min, f)
- Klett 998699 Embryonalentwicklung des Bergmolches
- FWU Grasfrosch (jeweils ca. 5 min, f)

Dias
- FWU Lurche: Entwicklung (14 Dias, f)
- FWU Lurche (17 Dias, f)
- FWU Laichwanderung der Erdkröte (11 Dias, f)
- FWU Einheimische Amphibien: Gefährdung und Schutz (12 Dias, f)

Frösche erreichen **Sprungweiten,** die ein Vielfaches ihrer Körperlänge betragen. Der **Springfrosch** erreicht z. B. 1 m Höhe und 2 m Weite bei einer Körperlänge von nur 6–9 cm. (Weitsprungrekord des Menschen: 8,90 m, Hochsprungrekord 2,40 m).

Der Beutefang beim Frosch

a Fangsprung

b Funktionsweise der Klappzunge

1. Benenne die Gelenke 1 bis 5.

   1 _____   4 _____

   2 _____   5 _____

   3 _____

2. Miß den Abstand zwischen den Punkten 0 und 6.

   geduckt _____   im Sprung _____

   Das Wievielfache ist das? _____

3. Beschreibe, wie der Frosch seine Beute fängt. _____

   _____

   _____

   _____

© Als Kopiervorlage freigegeben. Ernst Klett Schulbuchverlag, Stuttgart 1993

Schutzmaßnahmen für Erdkröten
(Schülerbuch S. 250/251)

Aufgaben und Lösungen

① Begründe, warum erwachsene Erdkröten, die man zum Ablaichen in Ersatzgewässer gebracht hatte, im nächsten Jahr zu ihren ursprünglichen Laichgewässern zurückkehrten.
- *Immer wenn Jungkröten an Land gehen, erfolgt eine Prägung auf die Umgebung des Laichplatzes. Bei dieser Art von Lernen gibt es kein Vergessen. Die Erdkröten werden daher immer versuchen, dieses Laichgewässer aufzusuchen, auf das sie geprägt wurden. Ersatzlaichgewässer werden erst im Laufe von Jahren angenommen, wenn die in diesem Gewässer aufgewachsenen Jungkröten geschlechtsreif sind.*

② Beschreibe die in der Abbildung dargestellten Maßnahmen zum Schutz gefährdeter Amphibien.
- *1975: Ursprünglicher Zustand.
1980: Durch den Straßenbau wurden die angestammten Wanderwege der Amphibien zerschnitten. An der neu gebauten Straße wurden provisorische Amphibienschutzzäune eingerichtet und Eimer eingegraben, in denen die Tiere während der Hin- und Rückwanderung über die Straße transportiert werden. Diese Maßnahme ist sehr arbeitsintensiv.
1982: Der provisorische Amphibienschutzzaun ist durch einen Dauerzaun ersetzt worden, Amphibien können durch Tunnels zu ihren angestammten Laichgewässern gelangen. Außerdem wurde ein Ersatzlaichgewässer eingerichtet, in das verpaarte Tiere zum Ablaichen gebracht wurden. Ein während des Ablaichens eingerichteter Zaun hindert sie am Entweichen, danach werden sie wieder freigelassen.
1990: Durch die Straße sind die Populationen dauerhaft getrennt worden, auch ohne daß ein Amphibienschutzzaun vorhanden ist. Eine kleine Restpopulation befindet sich auf der rechten Seite der Straße. Durch Siedlungen ist der große Laichtümpel verlorengegangen. Auf der linken Seite der Straße befinden sich zwei Ersatzlaichtümpel, die von den Amphibien angenommen worden sind.
Die Gesamtlösung kann nicht befriedigen, da die kleine Restpopulation auf der rechten Straßenseite wegen geringer Fläche nur mäßige Überlebenschancen besitzt. Auf der linken Straßenseite wurden nicht genügend Ersatzlaichtümpel angelegt, die den Verlust ausgleichen können. Das Naturschutzgesetz fordert, daß Ausgleichsmaßnahmen für zerstörte Biotope schon in der Straßenplanung geregelt werden, nicht erst nachträglich zur Ausführung kommen.*

③ Erkundige dich bei Naturschutzverbänden, ob in deiner Umgebung Maßnahmen zum Schutz von Amphibien durchgeführt werden. Hier kannst du aktiv mitarbeiten. Berichte in der Klasse über Schutzmaßnahmen für Amphibien.
- *Sind am Ort keine Adressen vorhanden, wo Information über Amphibienschutzmaßnahmen erhältlich ist, können diese bei den Geschäftsstellen des BUND angefordert werden.*

④ Besorge Unterlagen darüber, wie man einen Teich neu anlegt. Wo könnte man Land- und Wasserlebensräume für heimische Amphibien schaffen?
- *Jede Gemeinde besitzt einen Umweltschutzbeauftragten. Er ist eine geeignete Anlaufstelle, um über Möglichkeiten zur Anlage von Ersatzlebensräumen auf der Markung der Gemeinde zu informieren.*

Schüler, die bei nächtlichen Krötenschutzaktionen mitmachen wollen, müssen sachgerecht in diese Aufgabe eingewiesen werden. Durch eine Abstimmung mit der Ortspolizeibehörde kann das betreffende Straßenstück für die Laichzeit gesperrt werden oder es wird eine befristete Geschwindigkeitsbegrenzung zum Schutz der Amphibien wie auch der Helfer erlassen. Auffällige, reflektierende Kleidung ist unbedingt erforderlich!

Langfristig gesehen können Erfolge im Artenschutz jedoch nur erzielt werden, wenn die Maßnahmen nicht behelfsmäßig nach einem Eingriff in ein Biotop erfolgen, sondern als Ausgleichs- und Ersatzmaßnahmen bereits in das Bauvorhaben integriert werden.

Lösungen zum Arbeitsblatt

zu 3.: D und F müssen angekreuzt werden.
zu 4.: Vgl. Lösungen zu Aufgabe 2 und 3 im Schülerbuch (S. 251).

Anmerkung
Zur Lösung der Aufgabe 1, S. 252 siehe S. 234 im Lehrerband.

Medien

Filme
- FWU Grasfrosch
- Klett 998689 Fortpflanzungsbiologie des Bergmolches (FT 8,5 min)
- CVK 17583 Erdkröten am See (f, 5 min)
- FWU Konzert am Tümpel
- FWU Die Erdkröte – Laichwanderungen und Schutz

Dias
- FWU Lurche: Entwicklung (14 Dias, f)
- FWU Lurche
- FWU Entwicklung des Grasfrosches
- FWU Kleingewässer – Lebensgemeinschaft, ökologische Bedeutung
- FWU Kleingewässer – Gefährdungen und Erhaltungsmaßnahmen
- FWU Laichwanderungen der Amphibien am Beispiel der Erdkröte (11 Dias, f)
- FWU Einheimische Amphibien: Gefährdung und Schutz (12 Dias, f)

Arbeitstransparente
- CVK 19357 Entwicklung der Erdkröte
- Jünger 7361 Unvollkommene Verwandlung Erdkröte, Feuersalamander, Bergmolch
- Jünger 7352 Entwicklung eines Amphibiums (Grüner Wasserfrosch)
- Jünger 7385 Diatransparente Entwicklung von Amphibien am Beispiel der Froschlurche
- Siemers AT 70 Metamorphose beim Frosch

Magnet-Arbeitsmittel
- MAM-Box Umweltfragen – Lernset 1: Biotop- und Artenschutz

Beeinträchtigungen des Lebensraumes von Amphibien und Schutzmaßnahmen für die Hochzeitsreise der Amphibien

1. Male das Sommerquartier blau und das Winterquartier rot aus.
2. Zeichne den Weg der Erdkröten vom Winterquartier zum Laichgewässer und zum Sommerquartier blau nach.
3. Kreuze an, welche Beeinträchtigungen des Lebensraumes auf den Bildern zu erkennen sind.

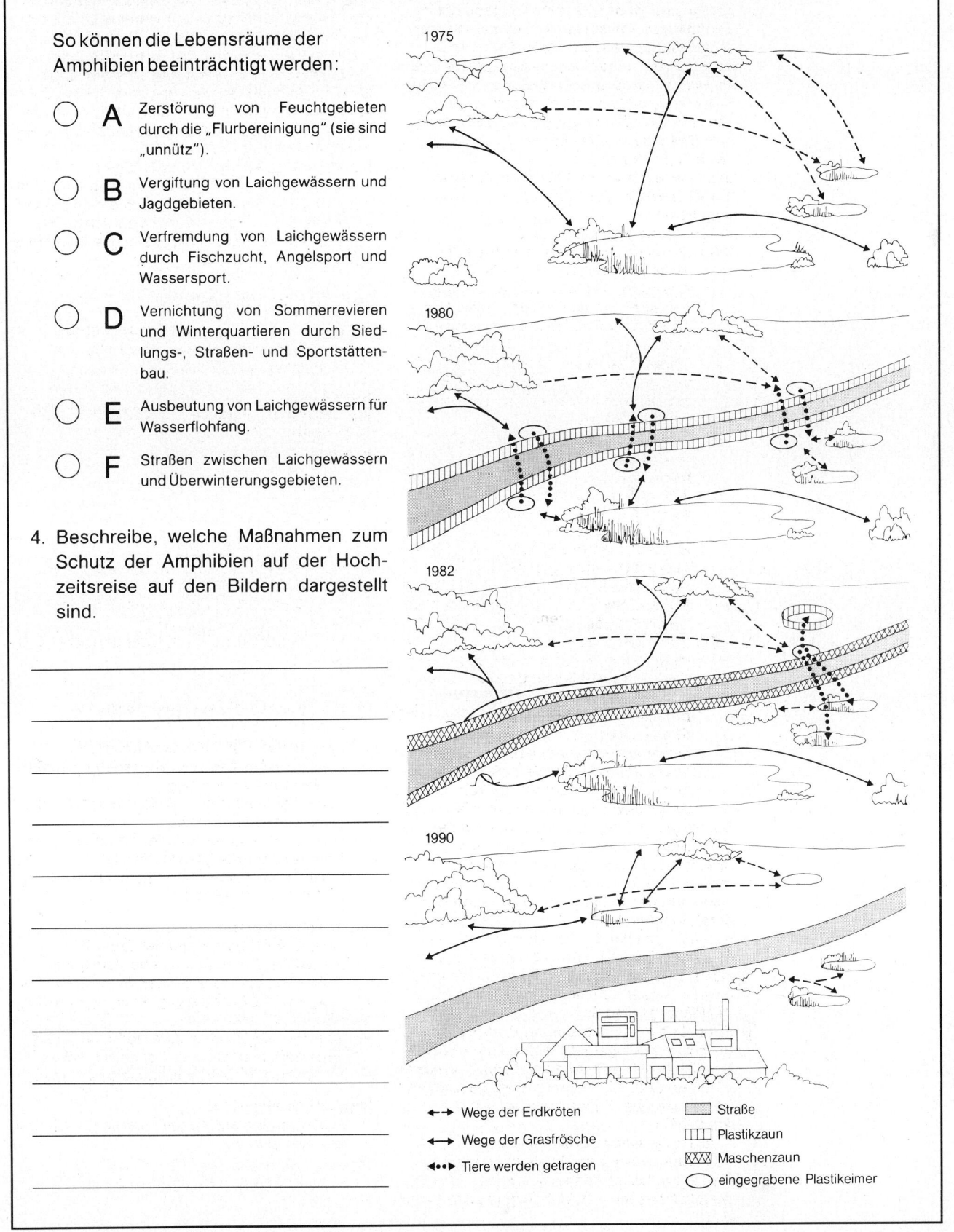

So können die Lebensräume der Amphibien beeinträchtigt werden:

○ A Zerstörung von Feuchtgebieten durch die „Flurbereinigung" (sie sind „unnütz").

○ B Vergiftung von Laichgewässern und Jagdgebieten.

○ C Verfremdung von Laichgewässern durch Fischzucht, Angelsport und Wassersport.

○ D Vernichtung von Sommerrevieren und Winterquartieren durch Siedlungs-, Straßen- und Sportstättenbau.

○ E Ausbeutung von Laichgewässern für Wasserflohfang.

○ F Straßen zwischen Laichgewässern und Überwinterungsgebieten.

4. Beschreibe, welche Maßnahmen zum Schutz der Amphibien auf der Hochzeitsreise auf den Bildern dargestellt sind.

_____
_____
_____
_____
_____
_____
_____
_____
_____
_____
_____

1975

1980

1982

1990

◂–▸ Wege der Erdkröten
◂—▸ Wege der Grasfrösche
◂••▸ Tiere werden getragen

▨ Straße
⊞ Plastikzaun
▩ Maschenzaun
◯ eingegrabene Plastikeimer

3 Kriechtiere bewohnen vielfältige Lebensräume

Aus dem Leben der Zauneidechse

(Schülerbuch S. 254/255)

Aufgaben und Lösungen

① Eidechsen leben zwischen Steinhaufen, an Böschungen, Hecken und Zäunen. Welche Vorteile bietet dieser Lebensraum der Eidechse?
- *Es sind sonnenbeschienene, warme Plätze mit Verstecken und vielen Beutetieren (Schnecken, Würmer, Spinnen, Insekten und ihre Larven).*

② Vergleiche Eidechse und Molch in Körperbau und Lebensweise. Welche Unterschiede kannst du nennen?

Molch	Eidechse
(die äußere Gestalt ist ähnlich)	
– *schleimig-feuchte Haut, sie fühlt sich beim aktiven Tier kalt an*	– *trockene Haut mit Hornhaut, sie fühlt sich beim aktiven Tier warm an*
– *meidet die Sonne, nachtaktiv*	– *sucht Sonnenplätze, tagaktiv*
– *lebt in Feuchtbiotopen oder im Wasser*	– *bevorzugt warmes, trockenes Gelände*
– *sehr einfache Lungen*	– *gekammerte Lungen,*
– *legt Eier ins Wasser ab, aus denen Larven schlüpfen*	– *legt Eier in Erdhöhlen, wo sie von der Sonne ausgebrütet werden; es schlüpfen junge Eidechsen*

Zusatzaufgaben und Lösungen

① Erkläre genau, wie eine Eidechse ihre Beine beim Vorwärtskriechen setzt.
- *Linker Hinterfuß und rechter Vorderfuß werden fast gleichzeitig nach vorn gezogen. Dann folgen rechter Hinterfuß und linker Vorderfuß. Körper und Schwanz werden dabei entsprechend gebogen. Daraus ergibt sich eine schlängelnde Fortbewegung.*

② Die frisch geschlüpften Jungeidechsen sind etwa 5 cm lang. Wie groß ist ein Eidechsenei? Vergleiche und erkläre!
- *Das leicht oval geformte Ei einer Zauneidechse ist nur etwa so groß wie ein Kirschkern. Das Jungtier liegt vor dem Schlüpfen aufgerollt im Ei.*

❞ Zusatzinformation

Die Zauneidechse zeigt die charakteristischen Merkmale der Reptilien anschaulich: Hornschuppenhaut; großes Wärmebedürfnis; weitgehende Unabhängigkeit vom Wasser; Eier mit Pergamentschale, die an Land ausgebrütet werden; gut gekammerte, leistungsfähige Lunge; typische Ausbildung von Herz und Kreislauf. Den Reptilien fehlt die Fähigkeit zur physiologischen *Temperaturregulation*, sie erreichen ihre Vorzugstemperatur, indem sie sich von der Sonne aufwärmen lassen. Reptilien zeigen ein ausgeprägtes Temperaturwahlverhalten, indem sie Stellen zum Aufwärmen oder Abkühlen der Körpertemperatur aktiv aufsuchen.

Die Lebensräume von Eidechsen sind durch die Sanierung von Altbauvierteln und Versiegelung des Bodens, Überbauung von Streuobstwiesen und die Flurbereinigung von Weinbergen, Feldern und Wiesen deutlich geschrumpft. Man kann aber mit Anlegen von *naturnahen Kleinbiotopen* (Steingärten, Steinschüttungen als Ödlandbiotop, Anpflanzen von Hecken) einiges für die Ansiedlung dieser Reptilien tun. Ideal wäre es, eine solche Maßnahme mit Schülern zu planen und durchzuführen (vgl. ZACHARIAS, ZIMMERLI). Aber auch schon das Besprechen solcher Maßnahmen gibt Einblicke in die Ansprüche von Eidechsen an ihren Biotop:

- Sie brauchen einen geschützten Überwinterungsplatz im Innern des Steinhaufens. Hier kann man z.B. durch Eingraben von Tonröhren und Wabensteinen Verbesserungen erreichen.
- Die wechselwarmen Tiere brauchen südexponierte Steinblöcke zum Sonnen.
- Stellen mit lockerer Erde sind erforderlich, damit die Eier oberflächlich eingegraben und von der Sonne erwärmt werden können.
- Stellen mit modernden Pflanzenteilen und Humus bieten Nährboden für Kleintiere, die jungen Eidechsen als Erstnahrung dienen.

❞

Lösungen zum Arbeitsblatt

zu 1.: Das trächtige Weibchen scharrt ein Loch ins Erdreich und legt dort die Eier ab. Eidechsen haben eine innere Befruchtung und legen ihre Eier ins Erdreich. Frösche haben eine äußere Befruchtung und laichen ins Wasser.

zu 2.: 5 – 15 Eier mit pergamentartiger Haut, so groß wie Kirschensteine.
Eidechsen haben weniger Eier als Frösche. Die Eier sind aber auch größer als der Froschlaich und haben eine festere Haut.

zu 3.: Ca. 10 Wochen Entwicklungsdauer, Bebrütung der Eier durch die Sonne.

zu 4.: Jungtiere sehen aus wie erwachsenes Tier, nur viel kleiner.
Bei den Eidechsen gibt es – im Gegensatz zu den Fröschen – keine Larven, die eine Verwandlung zum erwachsenen Tier durchmachen (Metamorphose).

zu 5.: Das Jungtier frißt kleine Insekten und deren Larven; Würmer.
Junge Eidechsen sind wie die erwachsenen Tiere Fleischfresser. Kaulquappen schaben den Algenbelag von Steinen und Wasserpflanzen ab.

Medien

Filme
- FWU Die Zauneidechse (16 min, f)

Dias
- FWU Die Zauneidechse (13 Dias, f)

Modelle und Präparate
- Abguß- oder Einschlußpräparate der Eidechse

Die Fortpflanzung der Zauneidechse

Kriechtiere sind die einzigen wechselwarmen Wirbeltiere, die in trockenem Gelände leben und sich dort auch fortpflanzen können.

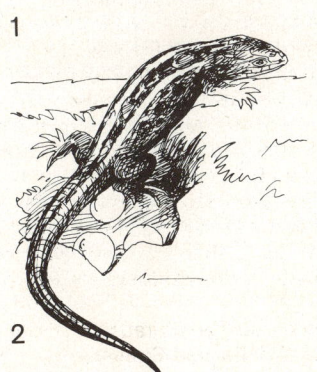

1. Beschreibe zu den Abbildungen ...
2. Was ist bei der Eidechse anders als etwa bei einem Frosch?

1
... Befruchtung, Eiablage (1).
1

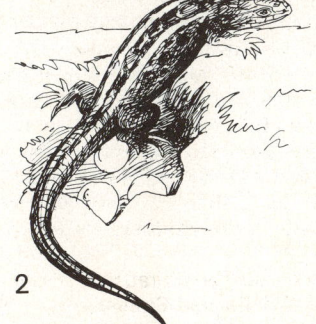

2
... Zahl und Aussehen der Eier (2).
2

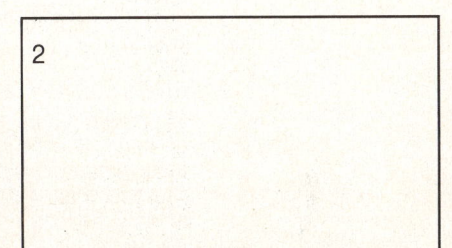

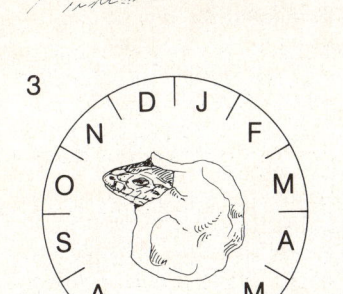

3
Schlupf — Eiablage
... Dauer der Entwicklung im Ei (3).
3

4
... Aussehen des frisch geschlüpften Jungtieres (4).
4

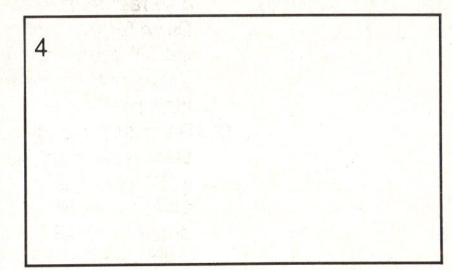

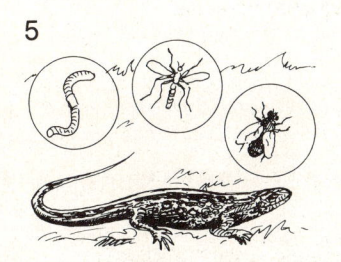

5
... Nahrung des Jungtieres (5).
5

© Als Kopiervorlage freigegeben. Ernst Klett Schulbuchverlag, Stuttgart 1993

Schlangen – Jäger mit besonderer Technik

(Schülerbuch S. 256/257)

Aufgabe und Lösung (S. 257)

① Vergleiche Ringelnatter und Kreuzotter. Stelle die Unterscheidungsmerkmale in einer Tabelle zusammen.

	Ringelnatter	Kreuzotter
1.	Lebensraum: Bach, Teich, Tümpel: schwimmt gut	Wald, Heide, Moor: schwimmt selten
2.	Nahrung: Fische, Frösche, Molche	meist Mäuse
3.	Beutefang: ergreift Beute mit dem Fanggebiß und verschlingt sie bei lebendigem Leib	lauert auf Beute, tötet sie mit Gift, verfolgt die Duftspur; verschlingt das tote Tier
4.	Fortpflanzung: legt 20–30 Eier in in den feuchtwarmen Boden	6–20 Junge, schlüpfen bei der Eiablage
5.	Kopf: oval, am Hinterende des Kopfes zwei halbmondförmige, gelbe Zeichnungen an beiden Seiten; Fanggebiß, keine Giftzähne	Kopf flach, kantig; leichte Kreuzzeichnung, die sich in der Zickzackzeichnung auf dem Rücken fortsetzt; Giftzähne
6.	Körper: grau-schwarz mit kleinen schwarzen Flecken	dunkles Zickzackband auf dem Rücken

Zusatzaufgaben und Lösungen

① Weshalb ist es wichtig, daß die Giftzähne möglichst lang sind und die Kanalöffnung möglichst weit an der Spitze liegt?
– *So dringt das Gift tief in die Weichteile der Beute ein (Die Adern liegen tief, so gelangt das Gift schnell ins Blut).*

② Schlangengift wirkt nicht auf alle Opfer gleich. Wie ist dies zu erklären?
– *Es gibt im Prinzip zwei Antworten:*
a) Die Dosis ist entscheidend. Ein großes, massiges Tier braucht für eine vergleichbare Wirkung eine größere Dosis des Giftes als ein kleines Tier.
b) Es gibt Unterschiede in der Verträglichkeit eines Giftes bei den Tierarten. Manche Tiere sind unempfindlich gegen ein bestimmtes Gift, das andere tötet.

③ Welchen Nachteil hat ein Fanggebiß, und wie gleichen ihn die Riesenschlangen aus?
– *Am Beispiel der Ringelnatter (FWU 321285) sieht man, daß mit dem Fanggebiß die Beute nicht getötet werden kann und sich bis zuletzt wehrt. Mäuse mit ihren scharfen Nagezähnen werden z.B. von der Ringelnatter nicht gejagt. Riesenschlangen, aber auch die einheimische Glattnatter (vgl. Lexikon), erdrosseln ihre Beute durch Umschlingen und gehen dann erst zum Fressen über.*

❞ ────────── **Zusatzinformation**

Durch die verwachsenen, durchsichtigen Augenlider wirkt der Blick von Schlangen starr. Die Schlange sieht nur, was sich bewegt. Das Ohr ist stark zurückgebildet. Dafür besitzen Schlangen einen gut ausgebildeten Sinn für Erschütterungen des Bodens. Durch *Züngeln* riecht die Schlange, sie erkundet züngelnd Gegenstände auf ihrem Weg.
Ringelnatter: Diese ungiftige Schlange liebt die Nähe von Wasser, weil sie gerne Amphibien und ihre Larven verschlingt. Der Lehrer sollte hier auf die Schockwirkung bei der Beute verweisen, d. h. das Tier zeigt keine Schmerzreaktion.
Kreuzotter: Der Schädel ist im Prinzip gleich gebaut wie bei der Ringelnatter, bis auf die Giftzähne. Zur Veranschaulichung des herausklappbaren Giftzahns empfiehlt sich der Einsatz eines Funktionsmodells. Giftschlangen haben keine so kräftige Muskulatur, weil sie die Beute nicht umschlingen und erdrosseln, wie es die ungiftigen Schlangen in der Regel tun. Das Schlangengift tötet die Beute durch Veränderung der Eiweiße. Es wirkt dadurch auch als Verdauungshilfe, ähnlich wie der Speichel.
────────── ❞

Lösungen zum Arbeitsblatt

zu 1a: Der Ruheplatz muß sonnig sein.
zu 1b: Die Ringelnatter gehört zu den wechselwarmen Tieren. Beim Sonnen wird der Körper der Schlange so weit erwärmt, daß sie genügend Wendigkeit und Schnelligkeit für die Jagd bekommt.
zu 2a: Es ist ein Feuchtbiotop mit dicht bewachsenen Ufern und offenem Wasser.
zu 2b: Die Ringelnatter kriecht und klettert, sie schwimmt aber auch gut. Sie sieht die Beute erst, wenn sie sich bewegt. Beim Züngeln nimmt sie Gerüche der Umgebung auf. Mit ihrem feinen Geruchssinn spürt die Schlange ihre Beute auf.
zu 2c: Meist werden wechselwarme Wirbeltiere erbeutet: Fische, Molche, Frösche, aber auch Eidechsen.

Medien

Filme
– FWU Die Kreuzotter (9 min, sw)
– Klett 994399 Kältestarre der Ringelnatter (3,5 min, f)
– FWU Die Ringelnatter (18 min, f)

Dias
– FWU Einheimische Schlangen (10 Dias, f)
– FWU Die Ringelnatter (15 Dias, f)

Modelle und Präparate
– Abgüsse und Einschlußpräparate von Schlangen
– Skelettpräparate von Schlangen
– Schädelpräparat von einer Giftschlange
– Funktionsmodelle des Schlangenschädels (Schlucken, Giftzähne)
– Stücke von einer gegerbten Schlangenhaut abgestreifte Stücke einer Schlange in Häutung bzw. ein ganzes Natternhemd

Die Ringelnatter

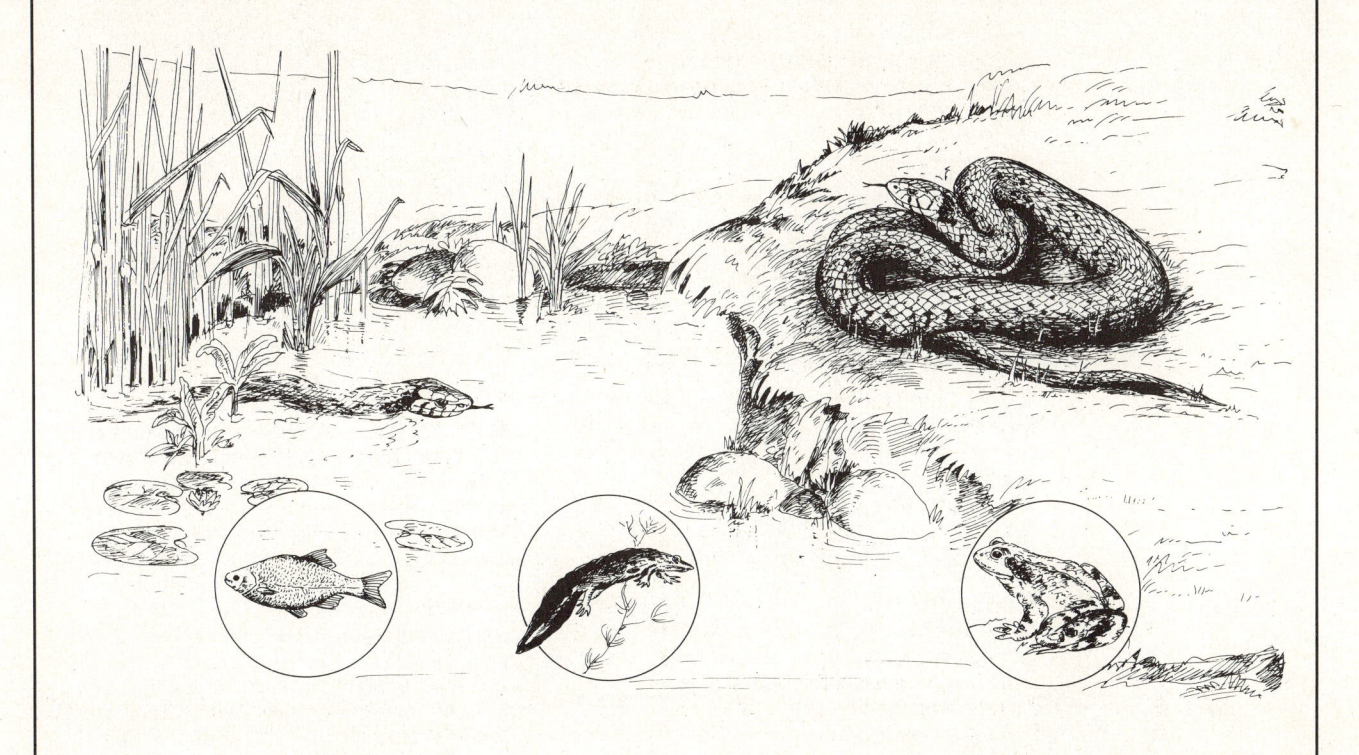

1. Die Abbildung zeigt den Ruheplatz der Ringelnatter. Wie muß er beschaffen sein (a)? Warum ist er für die Ringelnatter wichtig (b)?

   a _____

   b _____
   _____
   _____
   _____

2. Die Abbildung zeigt auch das Jagdrevier der Ringelnatter. Beschreibe es (a). Wie bewegt sich die Schlange dort fort, und wie findet sie ihre Beute (b)? Auf welche Tiere macht sie Jagd (c)?

   a _____
   _____
   _____

   b _____
   _____
   _____

   c _____

© Als Kopiervorlage freigegeben. Ernst Klett Schulbuchverlag, Stuttgart 1993

Krokodile und Schildkröten

(Schülerbuch S. 258)

Zusatzaufgaben und Lösungen

① Welche Anpassungen an den Lebensraum zeigt der Körper des Nilkrokodils?
- *Schwimmhäute zwischen den Zehen und ein kräftiger Ruderschwanz machen das Krokodil zu einem wendigen Schwimmer. Nasenöffnungen und Augen ragen aus dem Wasser, wenn das Tier im Wasser liegt. Die kräftigen Kiefer mit Kegelzähnen können auch große Beutetiere festhalten.*

② In welchem Zusammenhang stehen Panzer und Skelett einer Schildkröte?
- *Teile des knöchernen Bauchpanzers werden von verbreiterten Rippen gebildet, die Wirbelsäule ist mit dem Rückenpanzer verwachsen. Außen liegen dem Knochenpanzer Hornschilder auf.*

③ Welche Teile von Schildkröten und Krokodilen werden vom Menschen verarbeitet?
- *Das Muskelfleisch der Riesenmeeresschildkröte (früher Suppenschildkröte genannt); das echte Schildpatt (Hornplatten vom Panzer der Karettschildkröte); die Haut von jungen Krokodilen zu Lederwaren; präparierte junge Krokodile und Schildkröten zu Souvenirs.*

99 ——————————— **Zusatzinformation**

Zeitgenossen der Dinosaurier – auch heute wirksame Glieder im Ökosystem

Schildkröten und Krokodile leben nahezu unverändert seit der Kreidezeit. Während die Schildkröten in einer großen Artenfülle erhalten sind, gibt es von der einst vielgestaltigen Gruppe der Krokodile heute nur noch 23 Arten.
In einzelnen Gebieten Afrikas, in denen die Krokodile ausgerottet wurden, gingen nach dem Verschwinden der Krokodile die Fischbestände bedrohlich zurück, Seuchen bei Tieren und Menschen wurden häufiger. Die Bedeutung dieser großen Panzerechsen hatte man zu spät erkannt. Ohne die Krokodile konnten sich zum Beispiel in manchen Regionen die Raubfische so vermehren, daß die Friedfischbestände zum Fischfang nicht mehr ausreichten. Die Wasserqualität sank mancherorts bedrohlich, weil kranke und verendete Tiere nicht mehr von den Krokodilen aus den Gewässern entfernt wurden.

Wie alt ist die Elefantenschildkröte?

Diesen Riesenschildkröten der Galapagosinseln wird ein hohes Alter nachgesagt. Bisher zählte man, analog zu den Jahresringen bei Bäumen, die Zuwachsringe auf dem Panzer. Das führte zu Altersangaben von 300–400 Jahren. Heute weiß man, daß junge Elefantenschildkröten 3–4 Wachstumsperioden in einem Jahr haben. Damit ist diese Methode der Altersbestimmung nicht mehr gültig. Man nimmt heute ein Höchstalter von etwa 200 Jahren an.

——————————— 99

Die Kinderstube der Krokodile

Die Weibchen der Nilkrokodile vergraben ihr Gelege außerhalb der Hochwasserzone am Boden. Haben sich die Jungtiere im sonnendurchwärmten Boden entwickelt, ertönt ein lautes, froschähnliches Quaken. Damit rufen die Jungtiere die Mutter zum Gelege. Das Weibchen gräbt daraufhin die Eier frei und hilft den Jungen beim Schlüpfen, indem sie die Eier vorsichtig zerbeißt oder sie fallen läßt, damit sie platzen.
Wie eine Entenmutter führt sie die Jungen ins Wasser und beschützt sie dort vor vielen Feinden wie Vögeln, Raubfischen und anderen Krokodilen. Trotzdem erreichen nur 2–5 % der Jungkrokodile die Geschlechtsreife.

Junge Schildkröten laufen um ihr Leben

Die Riesenmeeresschildkröte besiedelt alle tropischen Meere, geht zur Eiablage aber nur an wenigen Stränden an Land, so daß sie dazu oft erhebliche Entfernungen zurücklegen muß. Die Weibchen verlassen nachts das Wasser und legen Hunderte von Eiern in selbstgegrabene Sandlöcher. Sie bedecken die Gelege mit Sand und verwischen die Spuren. Danach kehren sie in die unterschiedlichen Regionen zurück, aus denen sie kamen. Nach zehn Wochen schlüpfen alle Jungen zur selben Zeit, verlassen nachts die Eier und kriechen zum Meer. Erreichen sie es, so schwimmen sie ins offene Meer hinaus. Auf ihrem gefährlichen Weg ins Wasser werden die meisten jungen Schildkröten eine leichte Beute räuberischer Vögel.

Lösungen zum Arbeitsblatt

1. Augen und Nasenlöcher oberhalb der Wasserlinie, Schwimmhäute, Ruderschwanz.
2. Das Krokodil kann über Wasser atmen, sehen, hören und ist für seine Beute kaum wahrnehmbar.
3. a) Landschildkröte; b) Meeresschildkröte
4. Der Körperumriß der Landschildkröte ist hoch, der der Meeresschildkröte flach. Die Beine der Landschildkröte dienen zum laufen, graben, stemmen, schieben und sind säulenförmig. Die Meeresschildkröte hat Beine, die wie Paddel geformt und zum Schwimmen geeignet sind.

Medien

Filme
- FWU Europäische Sumpfschildkröte (5 min, f)
- FWU Griechische Landschildkröte (5 min, f)
- FWU Beobachtungen an Krokodilen (4 min, f)

Krokodile und Schildkröten

1. Kennzeichne die Anpassungen des Krokodils an seinen Lebensraum durch Pfeile.

2. Die Abbildung zeigt ein an der Wasseroberfläche schwebendes Krokodil. Welche biologische Bedeutung kommt dieser Lage zu?

   _____

   _____

3. Bezeichne die Schildkröten nach ihrem Lebensraum.

4. Trage Unterschiede von Land- und Meeresschildkröten in die Tabelle ein.

	Landschildkröte	Meeresschildkröte
Körperumriß von der Seite gesehen		
Form und Aufgabe der Vorder- und Hinterbeine		

Verwandtschaft bei Wirbeltieren

(Schülerbuch S. 260/261)

Zusatzaufgaben und Lösungen

① a) Suche im Bauplan der Amphibien und Reptilien nach dem Merkmal/den Merkmalen, die eine eindeutige Unterscheidung der beiden Klassen ermöglichen.
b) Grenze auf entsprechende Weise die anderen Klassen der Wirbeltierstämme untereinander ab.

– a)

Amphibien	**Reptilien**
Haut: feucht, mit vielen Drüsen	trocken, stark verhornt, ohne Drüsen
Lunge: Sack mit Leisten, dazu Hautatmung	gekammerte Lunge, keine Hautatmung
Herz: Hauptkammer ohne Mittelwand	Hauptkammer mit unvollständiger Mittelwand
Fortpflanzung: im Wasser, Eier mit Gallerthülle	an Land, Eier mit Pergamenthaut umgeben

b) Die Fische haben eine Schleimhaut mit vielen Drüsen und atmen mit Kiemen. Ihr Herz besitzt nur eine Vorkammer und eine Herzkammer. Die Eier der Fische gleichen denen der Amphibien.
Der Wärmeschutz der Säuger und Vögel besteht aus Haaren bzw. Federn sowie Unterhautfettgewebe. Die Haut der Säuger ist drüsenreich (Schweiß-, Talg-, Milch- und Duftdrüsen), während Vögel nur die Bürzeldrüse besitzen. Beide haben leistungsfähige Lungen und ein Herz mit vollständiger Trennung der beiden Herzkammern. Die Fortpflanzung geschieht bei Vögeln mit Eiern, die eine Pergamenthaut sowie eine Kalkschale besitzen und bebrütet werden. Die Säuger bekommen lebende Junge, die mit Milch ernährt werden.

② Kennst du – außer dem Tintenfisch – noch weitere Tiere, die nicht zu den Wirbeltieren gehören? Schreibe sie auf und gib an, durch welches Merkmal du sie von den Wirbeltieren unterscheiden kannst.

– z. B. Regenwurm, Biene, Schmetterling, Qualle. Sie besitzen keine Wirbelsäule.

③ Das Tierreich wird in Stämme, diese wiederum in Klassen eingeteilt. Entwickle eine ähnliche Einteilung für das „Reich der Fortbewegungsmittel": Eisenbahn, Hubschrauber, Auto, Fahrrad, U-Boot, Rollerskates, Motorrad, Flugdrachen, Dreirad, Flugzeug, Dampfer, Straßenbahn, Surfbrett, Zeppelin, Bus, Segelboot, Skateboard, Luftkissenboot, Ballon.

– *Fahrzeuge mit Motor:*
Land (Schiene): Eisenbahn, Straßenbahn
Land (Straße): Motorrad, Auto, Bus
Überwasserschiffe: Dampfer, Luftkissenboot
Unterwasserschiff: U-Boot
Luft: Flugzeug, Hubschrauber, Zeppelin

– *Fahrzeuge ohne Motor:*
Land: Fahrrad, Dreirad, Skateboard, Rollerskates
Wasser: Surfbrett, Segelboot
Luft: Ballon, Flugdrachen

Lösungen zum Arbeitsblatt S. 246

zu 1:
– Schädel mit Gehirn, Sinnesorgane
– Wirbelsäule mit zwei paarigen Gliedmaßen
– Muskulatur und Haut
– Verdauungssystem
– Herz und Blutkreislauf
– Atmungsorgane (Kiemen oder Lungen)

zu 2:
– Fische: Körperbedeckung – Schuppen und Schleimhaut; Vordergliedmaßen – als Brustflossen ausgebildet; Atmungsorgane – Kiemen.
– Lurche: Körperbedeckung – leicht verhornte Haut mit vielen Drüsen; Vordergliedmaßen – kürzer als Hintergliedmaßen, oft mit Schwimmhaut, 4 Finger; Atmungsorgane – einfache Lungen.
– Kriechtiere: Körperbedeckung – Hornhaut ohne Drüsen; Vordergliedmaßen – 5 Finger; Atmungsorgane – Lungen.
– Vögel: Körperbedeckung – verhornte Haut mit Federn; Vordergliedmaßen – als Flügel ausgebildet; Atmungsorgane – Lungen.
– Säugetiere: Körperbedeckung – verhornte Haut mit Talg-, Schweiß- und Duftdrüsen; Vordergliedmaßen – meist zum Laufen, aber auch zum Fliegen (Fledermäuse) oder zum Greifen (Mensch, Affe) ausgebildet; Atmungsorgane – Lungen.

zu 3:
– Fische: Kiemen, Flossen, Schuppenhaut
– Lurche: Hautatmung
– Kriechtiere: Hornhaut, die gehäutet wird
– Vögel: Haut mit Federn
– Säugetiere: Haut mit Haaren, Milchdrüsen

zu 4:
– Fische: Kiemenatmung
– Lurche: Hautatmung
– Kriechtiere: Verdunstungsschutz durch Hornhaut
– Vögel: Vordergliedmaßen sind Flügel zum Fliegen
– Säugetiere: dichtes oder weniger dichtes Haarkleid

Literatur

ARNOLD, E. N./BURTON, J. A.: Pareys Reptilien- und Amphibienführer. Parey, Hamburg 1979

BLAB, J.: Amphibien und Reptilien – gefährdete Bewohner der Feuchtgebiete. In: Natur und Landschaft; Jg. 51, S. 219–221 (1976)

BLAB, J.: Biologie, Ökologie und Schutz von Amphibien. Schriftenreihe Landschaftspflege und Naturschutz Heft 18, Bonn-Bad Godesberg 1986

BLAB, J.: Untersuchungen zur Ökologie, Raum-Zeit-Einbindung und Funktion von Amphibienpopulationen. Schriftenreihe Landschaftspflege und Naturschutz, Heft 18, Bonn-Bad Godesberg 1978

CLAUSNITZER, H.-J.: Bundesartenschutzverordnung und Biologieunterricht. In: Unterricht Biologie, Heft 68 Friedrich Seelze 1982

DOMBROWSKI, S.: Das Schulaquarium. Eine Arbeitshilfe für den Unterricht. In: Naturwissenschaften im Unterricht – Biologie, 25, Heft 3 Aulis Köln 1977

DOMBROWSKI, S.: Die schulbiologische Bedeutung einiger Aquarienfische und -pflanzen. In: Naturwissenschaften im Unterricht – Biologie, 25, Heft 4 Aulis, Köln 1977

DYALLA, K.: Rettet die Kröten. Materialien zu einer Unterrichtseinheit in Klasse 5. In: Naturwissenschaften im Unterricht – Biologie S. 119–124 1981

FELDMANN, R.: Einheimische Reptilien – Bestand, Gefährdung und Schutz. In: Stichmann, W. (Hrsg.) Unterricht Biologie, Heft 108, Friedrich, Seelze 1985

FREY, H.: Das Süßwasseraquarium. Ein Handbuch. Verlag Neumann-Neudamm, Melsungen 1982

GRZIMEK, B. (Hrsg.): Grzimeks Tierleben Bd. 4 „Fische I", und Bd. 5 „Fische II und Lurche". Kindler Verlag, München 1970

GRZIMEK, B. (Hrsg.): Grzimeks Tierleben Bd. 6 „Kriechtiere". Kindler Verlag, München (1970)

HEDEWIG, R. (Hrsg.): Unterricht Biologie, Heft 78, Friedrich, Seelze 1983

KLOEHN, E./ZACHARIAS, F.: Einrichtung von Biotopen auf dem Schulgelände – Wiese, Brache, Hecke, Weiher, Heide. Institut für Pädagogik der Naturwissenschaften (IPN), Olshausenstr. 40–60, 2300 Kiel 1983

KUOHN, M.: Das Experiment. Die Embryonalentwicklung des Bergmolchs. In: Biologie in unserer Zeit S. 24–27 1979

LÜTKENS, R. (Hrsg.): Naturnaher Garten. Unterricht Biologie, Heft 79, 7. Jg., Friedrich, Seelze 1983

MENKE, H.-J.: Die Entwicklung der Erdkröte – ein Vorschlag für Freilanduntersuchungen mit Schülern. In: Der Biologieunterricht, Heft 2, Klett Stuttgart 1975

MUUS, B. J./DAHLSTRÖM, P.: Süßwasserfische. BLV Bestimmungsbuch. BLV Verlag, München 1976

REICHENBACH/KLINKE, H.-H.: Grundzüge der Fischkunde. Fischer Verlag, Stuttgart 1970

REMANE, A./STORCH, U./WELSCH, U.: Systematische Zoologie 3. Aufl., G. Fischer Verlag, Stuttgart 1986

RÜTHER, F./EIDT, H.: Brutalität im biologischen Unterrichtsfilm FT 1285 „Die Ringelnatter". Eine Umfrage unter Grundschülern. In: Sachunterricht und Mathematik in der Grundschule, 4. Jg., S. 156–159 1973

SCHANZ, E.: Zum Problem kindlicher Abneigung gegenüber Tieren – ein Beitrag zur Psychologie des Biologieunterrichts. In: Der Biologieunterricht, 8. Jg., S. 43–124, Klett, Stuttgart 1972

SIEWING: Lehrbuch der Zoologie, Bd. 1., Fischer Verlag, Stuttgart 1980

TAIT, V.: Meeresökologie. G. Thieme Verlag, Stuttgart 1981

TARDENT, P.: Meeresbiologie. G. Thieme Verlag, Stuttgart 1979

THIELCKE, G./HERRN, C. P./HUTTER, C. P./SCHREIBER, R. L.: Rettet die Frösche. Amphibien in Deutschland, Österreich und der Schweiz. Edition Weitbrecht, Stuttgart 1990

WINKEL, G.: Das Schulgarten-Handbuch. Friedrich Verlag, Seelze 1985

WITTE, G. R.: Über die sozialen Funktionen einiger Froschlurchstimmen und ihre unterrichtliche Erarbeitung. In: Der mathematische und naturwissenschaftliche Unterricht (MNU), S. 366–373 1973

ZIMMERLI, E.: Freilandlabor Natur. Schulreservat, Schulweiher, Naturlehrpfad, WWF, Zürich 1988

ZUCCHI, H. (Hrsg.): Unterricht Biologie „Fische", 10, Heft 113, Friedrich, Seelze 1986

Die Baupläne der Wirbeltiere im Vergleich

1. Zähle Organe auf, die in allen Wirbeltier-Bauplänen vorkommen.

   _____

   _____

   _____

2. Die Baupläne der einzelnen Wirbeltier-Klassen unterscheiden sich aber auch. Was ist jeweils typisch für folgende Organe?

	Fische	Lurche	Kriechtiere	Vögel	Säugetiere
Vordergliedmaßen					
Körperbedeckung					
Atmungsorgane					

3. Welche Merkmale finden sich nur im Bauplan von ...

   Fischen: _____

   Lurchen: _____

   Kriechtieren: _____

   Vögeln: _____

   Säugetieren: _____

4. Welche Baumerkmale sind jeweils Anpassungen an bestimmte Lebensräume?

   _____

   _____

Wechselwarme Wirbeltiere

© Als Kopiervorlage freigegeben. Ernst Klett Schulbuchverlag, Stuttgart 1993

Die Baupläne der Wirbeltiere im Vergleich

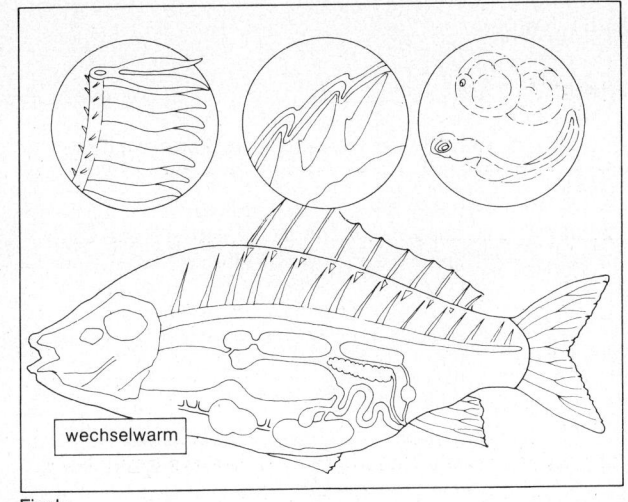

wechselwarm

Fisch

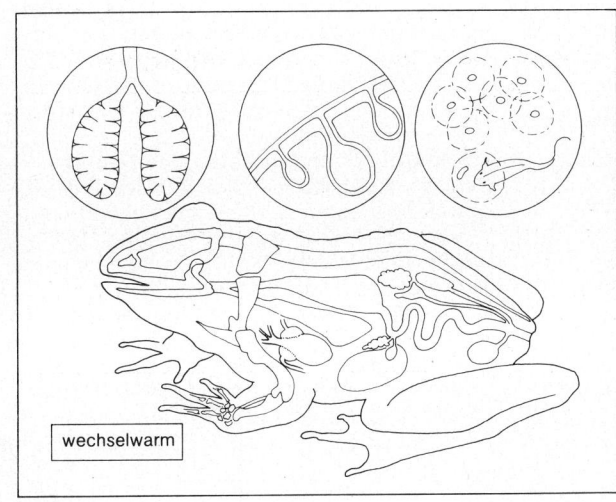

wechselwarm

Lurch

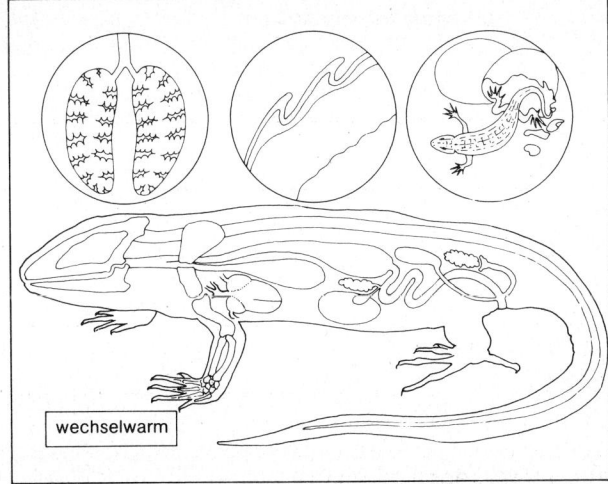

wechselwarm

Kriechtier

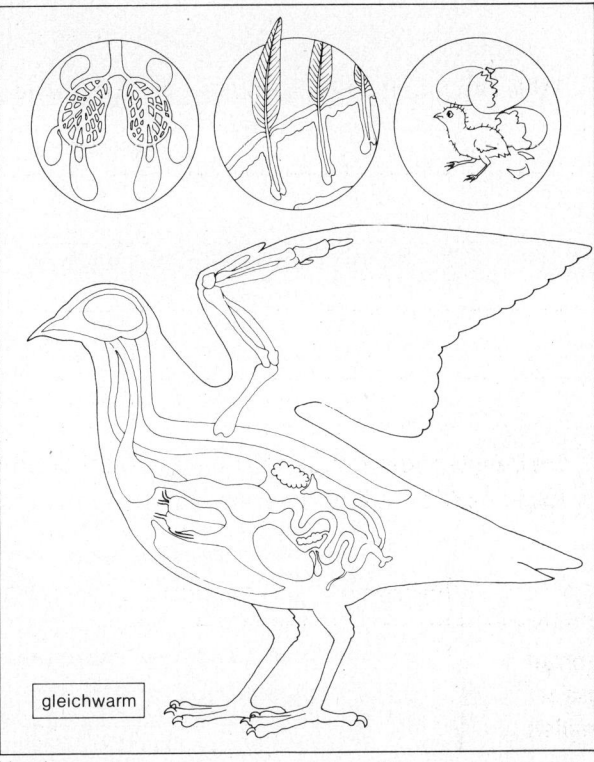

gleichwarm

Vogel

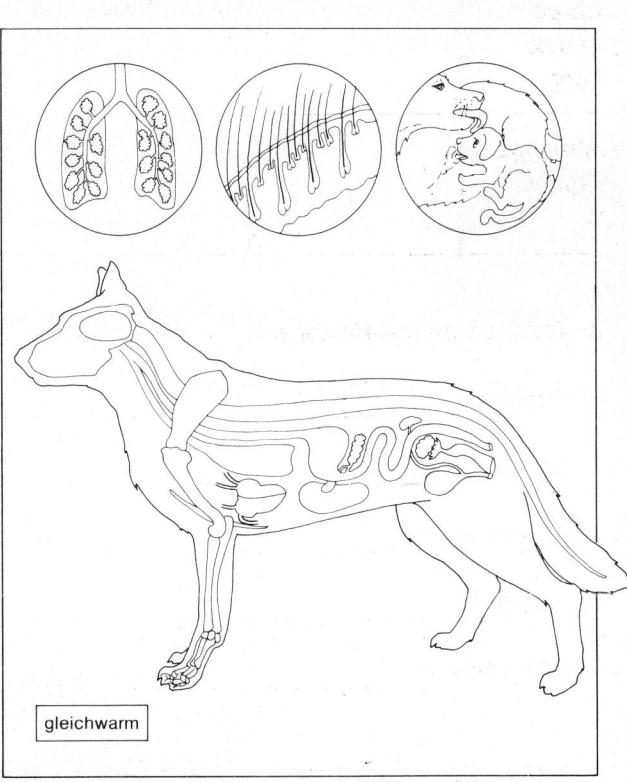

gleichwarm

Säugetier

Stammesentwicklung

1 Stammesentwicklung der Wirbeltiere

Fossilien – Spuren aus der Urzeit des Lebens

(Schülerbuch S. 264)

Ammoniten, bezeichnet nach dem ägyptischen Gott Amun (Ammon), der mit gewundenen Widderhörnern dargestellt wurde.

Nautilus

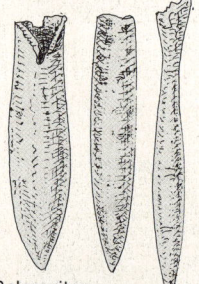

Belemniten

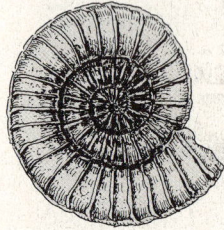

Ammonit

Fossilien aus dem Steinbruch

An Wochenenden und zur Ferienzeit trifft man in Steinbrüchen auf Hobbypaläontologen mit Geologenhammer und Bestimmungsbüchern. Häufige Funde sind die versteinerten Ammoniten, ausgestorbene Weichtiere, denen in Form und Lebensweise das heutige Perlboot (Nautilus) ähnelt. Ein häufiges Fundstück ist auch der „Donnerkeil", ein Skelettelement der ausgestorbenen Belemniten. Vergleichbare Innenskelettbildungen sind den Schülern als „Schulp" heute lebender Tintenfische bekannt.

Warum sind die Ammoniten ausgestorben?

Vor 65 Mio. Jahren, am Ende der Kreide, sind die Ammoniten ausgestorben. Als Erklärung werden heute drei Theorien vertreten:
- Meteoriteneinschlag.
- Tiefgreifende Veränderungen im Ökosystem der Meere.
- Schnellschwimmende Räuber tauchen auf, die Schalen knacken konnten, z. B. die modernen Knochenfische und luftatmende Meeresreptilien.

Trilobiten (Dreilappkrebse)

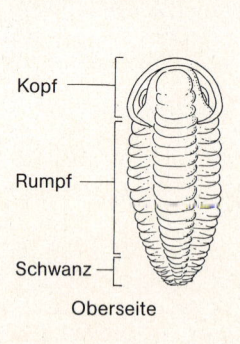

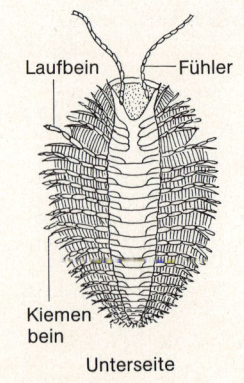

Kopf – Rumpf – Schwanz
Oberseite

Laufbein – Fühler – Kiemenbein
Unterseite

🙶 Zusatzinformation

Knochen von Riesen oder Spielereien der Natur?

Fossilien sind schon seit langem bekannt. Man sammelte sie als Kuriositäten in Naturalienkabinetten. Ihre organische Herkunft aber wurde in der Regel nicht erkannt oder strikt geleugnet. Oft interpretierte man sie als Knochen von Riesen und Drachen, meist aber als „*lusus naturae*" (Spielereien der Natur), geformt von einer „*vis plastica*", einer gestaltenden Lebenskraft.

Den ersten wissenschaftlichen Versuch, Fossilien als Zeugen früheren Menschenlebens zu deuten, machte der Züricher Arzt JOHANN JAKOB SCHEUCHZER (1672–1733). Er interpretierte das versteinerte Skelett eines Riesensalamanders als das „Beingerüst eines in der Sündflut ertrunkenen Menschen" (*Homo diluvii testis*). Er war damit einer der ersten Paläontologen und Vertreter des *Diluvainismus* (Diluvium = lat. Überschwemmung; später: Eiszeit): Bis ins 19. Jh. wurde die Meinung vertreten, daß Fossilien Zeugnisse der biblischen Sintflut seien, die vor etwa 4 000 Jahren stattgefunden haben sollte (SCHEUCHZER datierte seinen Fund ins „Jahr nach der Sündflut MMMMXXXII"). Der berühmteste Vertreter des *Diluvianismus* war GEORGES CUVIER (1769–1832). Er erklärte Fossilien dadurch, daß immer wieder Sintfluten und andere Katastrophen das Leben großer Gebiete ausgelöscht und seine Reste unter Schlamm und Gestein begraben hätten (*Katastrophentheorie*). 🙷

Medien

Präparate und Repliken
- Schulp von Tintenfisch (in Tierhandlungen für Käfigvögel zu erhalten)
- Versteinerungen (v. a. lokale Funde)
- Leitfossilien. Phywe
- Naturpräparat Nautilus. Schlüter
- Repliken von Fossilien. Schlüter u. a.
- Zubehör zur Modellherstellung siehe Arbeitsblatt

Filme
- Fossilisation. FWU

Dias
- Vom Fossil zur Rekonstruktion. FWU
- Solnhofener Plattenkalk – Versteinerungen. FWU
- Zur Evolution des Menschen: Arbeitstechniken (auch: Datierung von Funden). FWU

Wir stellen „Fossilien" selbst her

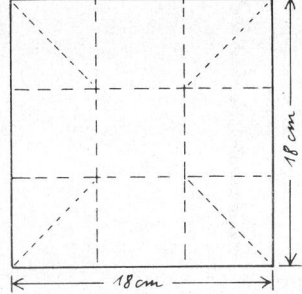

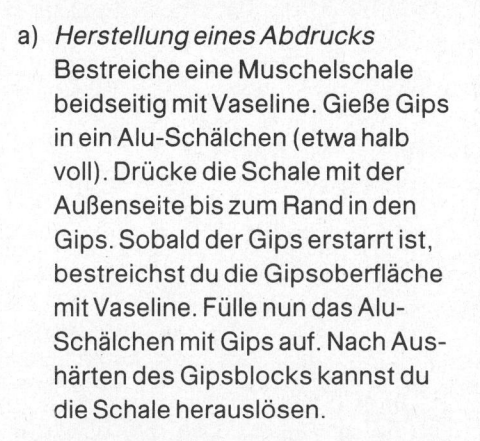

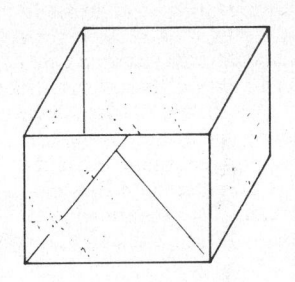

1. Du kannst Modellfossilien selbst herstellen. Die dazu notwendigen Materialien sind auf dieser Seite angegeben:

a) *Herstellung eines Abdrucks*
Bestreiche eine Muschelschale beidseitig mit Vaseline. Gieße Gips in ein Alu-Schälchen (etwa halb voll). Drücke die Schale mit der Außenseite bis zum Rand in den Gips. Sobald der Gips erstarrt ist, bestreichst du die Gipsoberfläche mit Vaseline. Fülle nun das Alu-Schälchen mit Gips auf. Nach Aushärten des Gipsblocks kannst du die Schale herauslösen.

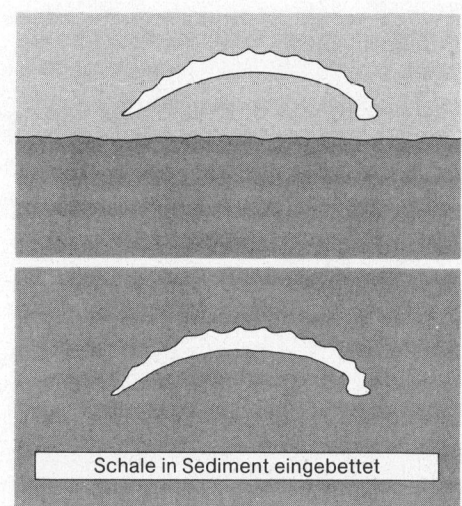

b) *Herstellung eines Steinkernmodells*
Bestreiche beide Abdruckhälften mit Vaseline. Fülle die Vertiefung mit Gips auf und drücke die gewölbte Abdruckhälfte darauf. Nach ca. 1 Woche kannst du das Steinkernmodell herauslösen.

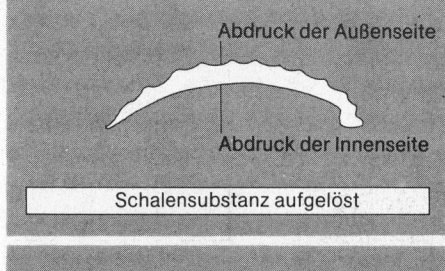

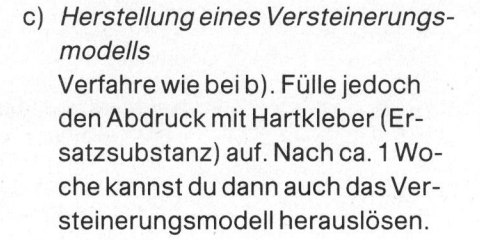

c) *Herstellung eines Versteinerungsmodells*
Verfahre wie bei b). Fülle jedoch den Abdruck mit Hartkleber (Ersatzsubstanz) auf. Nach ca. 1 Woche kannst du dann auch das Versteinerungsmodell herauslösen.

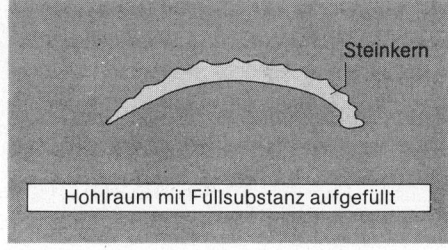

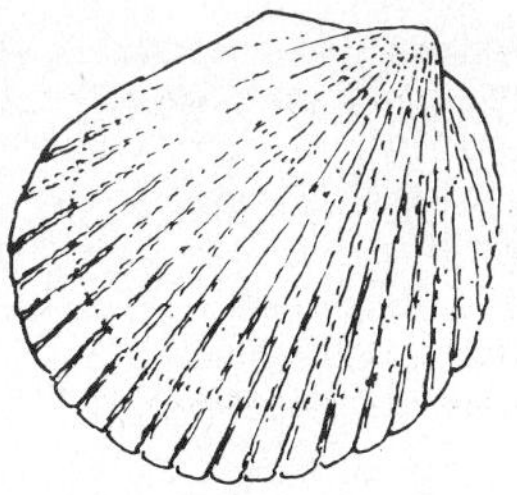

Schnitt- und Faltvorlage zur Herstellung eines Schälchens aus Alu-Folie (18 cm × 18 cm)

Herzmuschel

Schale in Sediment eingebettet

Schalensubstanz aufgelöst (Abdruck der Außenseite, Abdruck der Innenseite)

Hohlraum mit Füllsubstanz aufgefüllt (Steinkern)

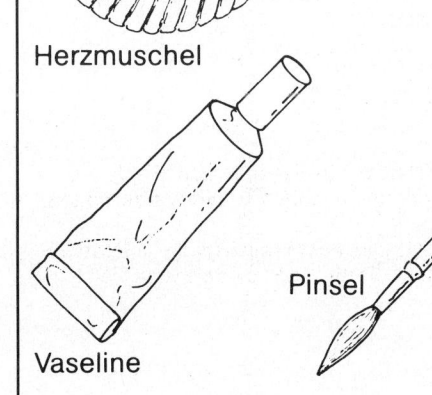

Vaseline 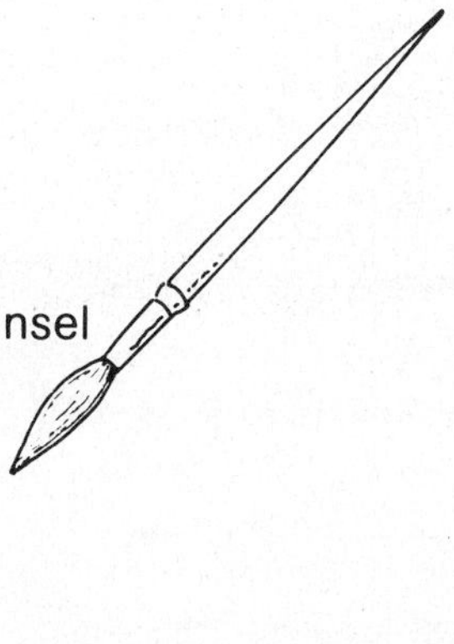 — Pinsel 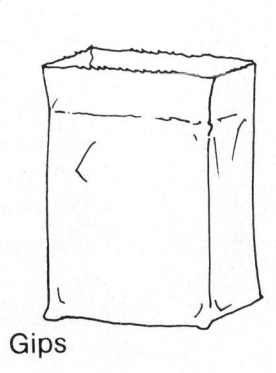 — Gips  — Holzstab — Gips : Wasser = 1 : 1

© Als Kopiervorlage freigegeben. Ernst Klett Schulbuchverlag, Stuttgart 1993

Als Überreste der ältesten zellulären Organismen gelten 3,2 Milliarden Jahre alte kugelige und fädige Strukturen in präkambrischen Gesteinen Südafrikas.

Dinosaurier
– deinos (griech.) = furchtbar, schrecklich
– sauros (griech.) = Eidechse

Die Geschichte des Lebens auf der Erde
(Schülerbuch S. 266/267)

Aufgabe und Lösung

① Wie lange müßte die Leiter bei dem angegebenen Maßstab gezeichnet werden, wenn sie bis zur Entstehung der Erde zurückreichen sollte?
– 100 Millionen Jahre entsprechen in der Zeichnung 1,5 cm. Im Schülerbuch wird als Alter der Erde 5 Milliarden Jahre genannt. Dann müßte die Leiter 1,5 cm x 50 = 75 cm lang sein.

Lösungen zum Arbeitsblatt S. 252/253

Vergleiche Schülerbuch S. 267
Berechnung:
5 Milliarden Jahre ≙ 5 m ≙ 5 000 mm
1 Million Jahre ≙ 1 mm
Präkambrium: (1) Einzeller; (2) Blaualgen. > 60 cm.
Kambrium: (1) Dreilappkrebs (Trilobit). 60 cm.
Ordovizium und Silur: (1) Nacktfarn; (2) kieferloser Fisch. 50 cm.
Devon: (1) Quastenflosser; (2) Ichthyostega. 40 cm.
Karbon: (1) Farne, Schachtelhalme, Bärlappe; (2) Ur-Libelle; (3) Stammreptil. 35 cm.
Perm: (1) Ginkgo; (2) erste Nadelbäume; (3) Saurier. 28 cm.
Trias: (1) Bärlappbaum; (2) Palmfarn; (3) Dinosaurier. 22,5 cm.
Jura: (1) Ginkgo; (2) Palmfarn; (3) Urvogel. 19,5 cm.
Kreide: (1) erste Blütenpflanzen; (2) Entenschnabelsaurier. 14 cm.
Tertiär: (1) Sumpfzypresse; (2) Wasserfichte; (3) Altpferd. 6,5 cm.
Quartär: (1) Mammut; (2) Neandertaler. 2 mm.
Eine entsprechende Darstellung der Lebensentwicklung kann mit den (vergrößerten) Abbildungen des Arbeitsblattes im Klassenzimmer oder auf dem Flur der Schule erstellt werden (als Papier- oder Kartonfries).

Reptilien der Kreidezeit
(Schülerbuch S. 270)

Lösungen zum Arbeitsblatt S. 251

zu 1.: Im Wasser:
Der Paddelsaurier bewegte sich mit Hilfe langer, kräftiger, zu Paddeln umgewandelter Gliedmaßen. Der Fischsaurier bewegte sich fischähnlich vor allem mit seinem flossentragenden Schwanz. Seine Vorder- und Hinterbeine waren ebenfalls zu Flossen umgewandelt.
An Land:
Der Raubsaurier hatte große Krallen und dolchförmige Zähne, um seine Beute zu überwältigen. Der Elefantenfußsaurier war ein Pflanzenfresser mit einem langen Peitschenschwanz, um sich gegen Raubsaurier zu wehren.
Im Luftraum:
Flugsaurier besaßen einen kleinen Körper, große Flughäute an den Vordergliedmaßen, und ein Haarkleid, um die Körpertemperatur besser zu halten.

Medien

Magnetische Arbeitsmittel
– MAM-Box Evolution:
Lernset 3: Entwicklungslinien im Pflanzenreich
Lernset 4: Entwicklungslinien im Tierreich. Klett

Filme
– Die Saurier (Evolution). FWU

Videos
– Die Entwicklung der Pflanzen und Tiere. Jünger

Dias
– Tierische Fossilien: Entfaltung des Lebens. FWU
– Lebende Fossilien. FWU

Wandbilder
– Entwicklung des Lebens. Jaeger
– Stammbuch des Tierreichs. Schlüter

Lebenskalender

1. Januar	0 Uhr 0 min 0,000 s	Erste Lebensspuren auf der Erde	vor 3 Mrd. Jahren
8. Dezember	21 Uhr 12 min 0,000 s	Die Säugetiere entstehen	vor 190 Mio. Jahren
23. Dezember	11 Uhr 36 min 0,000 s	Erste Primaten	vor 70 Mio. Jahren
31. Dezember	6 Uhr 29 min 0,000 s	Die Homininen zweigen sich von den Vorfahren von Gorilla und Schimpanse ab	vor 8 Mio Jahren
	12 Uhr 19 min 12,000 s	Älteste aufrecht gehende Vertreter von Australopithecus	vor 4 Mio. Jahren
	17 Uhr 17 min 0,000 s	Älteste bekannte Steinwerkzeuge	vor 2,3 Mio. Jahren
	22 Uhr 32 min 24,000 s	Älteste bekannte Feuerstelle	vor 500 000 Jahren
	22 Uhr 49 min 55,200 s	Homo sapiens erscheint	vor 400 000 Jahren
	23 Uhr 39 min 0,000 s	Homo sapiens sapiens, der moderne Mensch, tritt auf	vor 120 000 Jahren
	23 Uhr 57 min 53,856 s	Übergang von der „aneignenden" zur „produzierenden" Lebensweise	vor 12 000 Jahren
	23 Uhr 59 min 59,264 s	Geburt eines heute 70jährigen Menschen	
	24 Uhr 0 min 0,000 s	Jetzt	

Saurier — ausgestorbene Kriechtiere

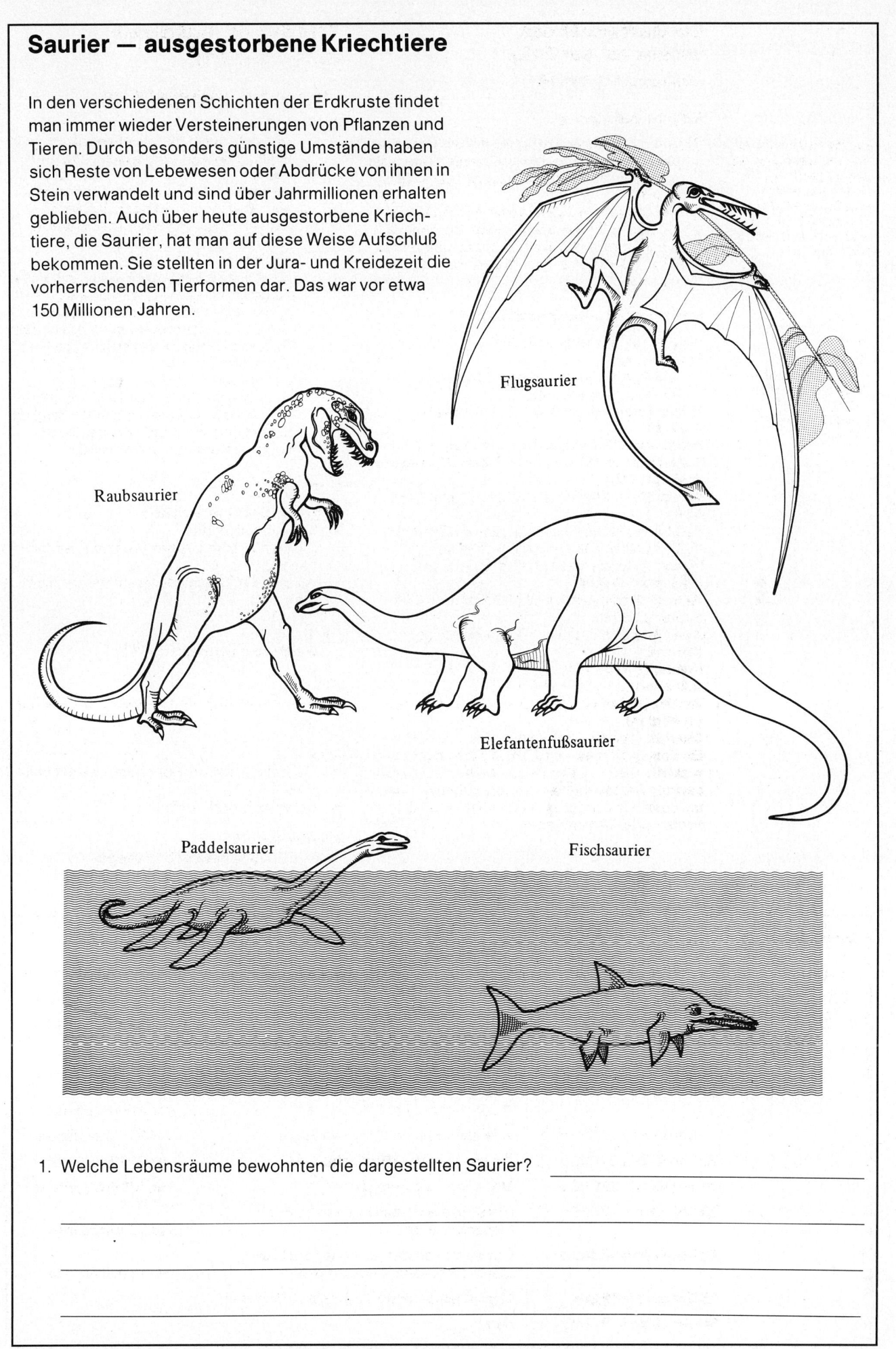

In den verschiedenen Schichten der Erdkruste findet man immer wieder Versteinerungen von Pflanzen und Tieren. Durch besonders günstige Umstände haben sich Reste von Lebewesen oder Abdrücke von ihnen in Stein verwandelt und sind über Jahrmillionen erhalten geblieben. Auch über heute ausgestorbene Kriechtiere, die Saurier, hat man auf diese Weise Aufschluß bekommen. Sie stellten in der Jura- und Kreidezeit die vorherrschenden Tierformen dar. Das war vor etwa 150 Millionen Jahren.

Flugsaurier

Raubsaurier

Elefantenfußsaurier

Paddelsaurier   Fischsaurier

1. Welche Lebensräume bewohnten die dargestellten Saurier? _____

_____

_____

_____

_____

© Als Kopiervorlage freigegeben. Ernst Klett Schulbuchverlag, Stuttgart 1993

Die Lebensschnur (A)

Material: 5 m Schnur; Karton; Meterstab; Schere; Klebstoff; Locher

Durchführung:
- Klebe das Abbildungsblatt auf Karton, schneide aus, loche.
- Schneide die Textkärtchen aus. Ordne sie den Abbildungen zu und klebe sie auf deren Rückseite.
- Gib auf den Abbildungskärtchen das Erdzeitalter und dessen Beginn an, auf den Textkärtchen die Namen der Lebewesen.
- Berechne und gib an, wie weit vor dem Ende der Schnur (≙ Jetztzeit) das entsprechende Kärtchen angebracht werden muß, wenn die ganze Schnurlänge 5 Milliarden Jahren entsprechen soll.
- Ordne die Kärtchen der Zeit nach auf der Schnur an, indem du diese durch beide Lochungen fädelst.
- Hänge die „Lebensschnur" in deinem Zimmer auf.

In der Pflanzenwelt hatten nun *Farne*, *Schachtelhalme* und *Bärlappgewächse* die *Nacktfarne* abgelöst. Sie bildeten im **Karbon** (vor 350–280 Mio. Jahren) die riesigen Wälder, aus denen unsere Steinkohle entstand. Unter den Tieren sind *Dachschädler*, *Riesenlibellen* mit 80 cm Flügelspannweite und erste *Reptilienformen* typisch.
① ② ③ _____ cm

Im **Ordovizium** und **Silur** (vor 500–40 Mio. Jahren) traten mit den kieferlosen *Panzerfischen* die ersten Wirbeltiere auf. Erste Pflanzen und Tiere (urtümliche *Skorpione* und *Tausendfüßler*) besiedelten das Land.
① ② _____ cm

Das **Quartär** (seit 2 Mio. Jahren) ist die Epoche der Erdgeschichte, in der wir noch heute leben. Sie ist gekennzeichnet durch Wechsel von Warm- und Eiszeiten. Erst im Quartär beginnt mit dem Auftreten der Gattung *Homo* die Entwicklung des *Menschen*.
① ② _____ cm

Im **Devon** (vor 400–350 Mio. Jahren) traten neben vielen Fischen auch *Quastenflosser* auf. Erste *Insekten* eroberten den Luftraum. In Gesteinen des späten Devon wurden die Überreste von *Ichthyostega*, einem fischähnlichen Amphibium, gefunden.
① ② _____ cm

Fischsaurier, *Flugsaurier* und *Landsaurier* beherrschten im **Jura** (vor 195–140 Mio. Jahren) alle Lebensräume. Die *Dinosaurier* entwickelten sich zu den größten Landwirbeltieren aller Zeiten. Wie unscheinbar waren dagegen die kleinen *Urvögel* und *Ursäuger*! Federbzw. Haarkleid deuten auf eine gleichmäßige Körpertemperatur hin. Dadurch konnten sie sogar in der Kühle der Nacht auf Nahrungssuche gehen, warmen ihre Feinde, die wechselwarmen Saurier, fast starr vor Kälte waren.
① ② ③ _____ cm

Mit dem **Kambrium** (vor 600–500 Mio. Jahren) beginnt die Zeit der Ablagerungen von Fossilien in größerer Zahl. Man weiß daher, daß damals alle Tierstämme außer den Wirbeltieren bereits vorhanden waren.
① _____ cm

Aus dem **Präkambrium** (vor mehr als 600 Mio. Jahren) sind nur wenige Fossilien erhalten, da die Gesteine durch hohen Druck und hohe Temperaturen in ihrer chemischen Struktur so verändert wurden, daß ehemals vorhandene Fossilien nicht mehr existieren.
① ② _____ cm

In der **Kreide** (vor 140–65 Mio. Jahren) lebten die ersten echten *Vögel*. Durch *Beuteltiere*, *Halbaffen* und *Insektenfresser* waren die *Säugetiere* vertreten. Vorherrschende Tiergruppe waren nach wie vor die *Saurier*, die allerdings aus ungeklärter Ursache am Ende der Kreidezeit ausstarben.
① ② _____ cm

Reptilien und Nacktsamer waren bei ihrer Fortpflanzung vom Wasser unabhängig geworden. Sie konnten deshalb im **Perm** (vor 280–225 Mio. Jahren) auch trockenere Lebensräume besiedeln.
① ② ③ _____ cm

Nach dem Aussterben vieler Tiergruppen am Ende der Kreidezeit konnten sich *Säugetiere* und *Vögel* während des **Tertiärs** (vor 65–2 Mio. Jahren) zu großer Formenvielfalt entwickeln. Gegen Ende dieser Zeit begann die Evolution menschenähnlicher Lebewesen.
① ② _____ cm

Für die **Trias** (vor 225–195 Mio. Jahren) ist die starke Verbreitung und Zunahme der Artenvielfalt der Reptilien charakteristisch. *Nadelbäume* traten an die Stelle der urtümlichen Pflanzengruppen. Vorläufer der *Säugetiere* nahmen eine Zwischenstellung zwischen Reptilien und den erst später auftretenden Säugern ein.
① ② ③ _____ cm

© Als Kopiervorlage freigegeben. Ernst Klett Schulbuchverlag, Stuttgart 1993

Die Lebensschnur (B)

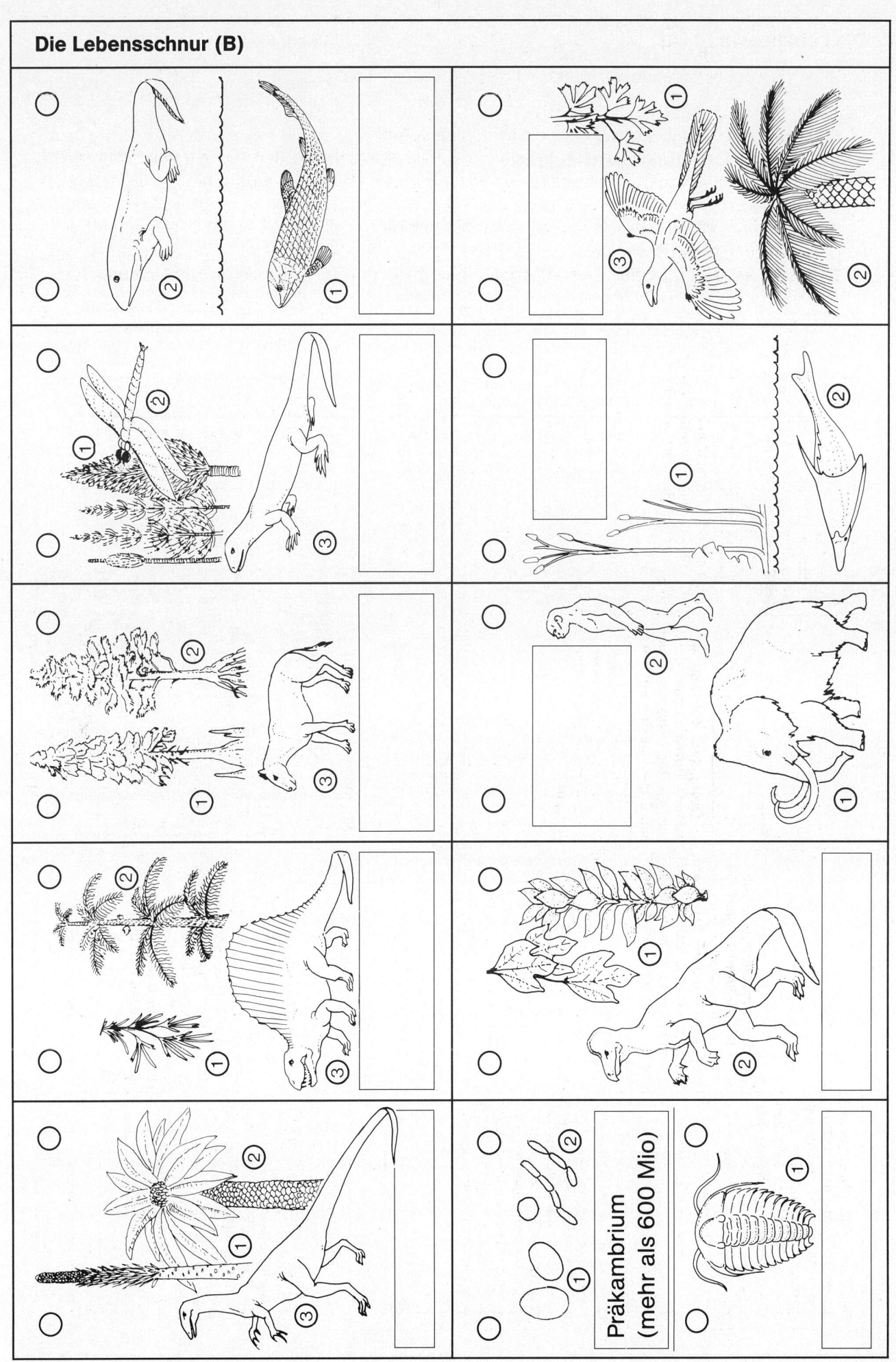

Präkambrium (mehr als 600 Mio)

Die Entwicklung der Vögel und Säuger

(Schülerbuch S. 272)

Lexikon
Zeugen für die Stammesentwicklung

(Schülerbuch S. 273)

❞ ─────────── Zusatzinformation

Fliegende Wirbeltiere

Flugsaurier
Diese vor 70 Millionen Jahren ausgestorbenen, nur als Fossilien erhaltenen Wirbeltiere lebten im **Erdmittelalter**. Paläontologen fanden fossile Hinweise auf ein vogelähnliches Gehirn und ein Haarkleid. Flugsaurier waren somit möglicherweise warmblütige Tiere. Das Problem Fliegen wurde bei ihnen durch einen angepaßten Körperbau und eine Flughaut gelöst, die durch den Arm und den stark verlängerten 4. Finger aufgespannt wurde. Es gab Riesenformen mit bis zu 15 Metern Flügelspannweite. Flugsaurier waren gute Flieger.

Trias

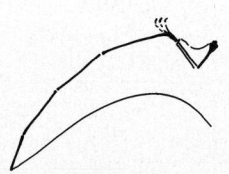

Vögel
Das Skelett des **Urvogels** zeigt noch mehr reptilienartige als vogelartige Merkmale. Unter Fachleuten ist umstritten, ob **Archaeopteryx** tatsächlich fliegen konnte. Das wesentliche gemeinsame Merkmal des Urvogels und der rezenten Vögel sind die Federn. Diese ermöglichen eine leichte Flügelkonstruktion, an der Ober- und Unterarm beteiligt sind. Darüber hinaus sind Federn ein guter Wärmespeicher und geben dem Vogelkörper eine günstige aerodynamische Form.

Jura

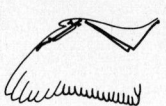

Fledermäuse
Fledermäuse sind **Säuger** mit einem Haarkleid. Flugfähig sind sie durch die Flughäute, die zwischen Vorderbeinen, Hinterbeinen und Schwanz aufgespannt sind. (vgl. Schülerbuch S. 92)

Tertiär

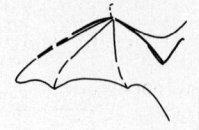

─────────── ❞

Das rätselhafte Schnabeltier

Schnabeltiere leben in Australien und Neuguinea. Der Körperbau dieser Kloakentiere ist dem Lebensraum Wasser angepaßt. Mit dem weichen, platten *Hornschnabel* gründelt das Schnabeltier in Gewässern nach Krebstieren, Würmern, Fröschen, Insektenlarven und kleinen Weichtieren. Der Schwanz dient als Ruder, eine Hautfalte überdeckt beim Tauchen Ohren und Augen, die *Schwimmhäute* und der breite *Ruderschwanz* unterstützen die Fortbewegung im Wasser. Bei Aufenthalt an Land faltet sich die Schwimmhaut des Vorderfußes zusammen, so daß das Gehen und Graben nicht behindert wird. Das Weibchen gräbt zur Eiablage eine Nestkammer, die es mit Eukalyptusblättern auspolstert und feucht hält. 1–2 Wochen werden die Eier bebrütet. Die geschlüpften Jungtiere saugen nicht, sondern lecken mit ihren Schnäbeln die aus den Milchdrüsen austretende Milch auf. Dazu steigen sie auf das auf dem Rücken liegende Muttertier. Schnabeltiere und die ebenfalls eierlegenden Schnabeligel sind die urtümlichsten rezenten Säugetiere.

Säugendes Schnabeltier

Die Schnabeltiermutter legt sich beim Säugen auf den Rücken.

Medien

Modelle
- Nachbildung: Urvogel (Archaeopteryx). Schlüter
- Modell: Urvogelskelett, Phywe
- Replik: Quastenflosser. Schlüter

Dias
- Lebende Fossilien. FWU
- Aus der Stammesgeschichte der Vögel. FWU

Literatur
VOGELLEHRER, D.: Paläntologie. Studio visuell, Herder, Freiburg 1972
ANDREOSE, M. (Hrsg.): Die Geheimnisse der Urzeit. Band 4: Säugetiere und Urmenschen. Fackelverlag Stuttgart 1978
SCHWOERBEL, W.: Evolution – Strategie des Lebens. Otto Maier Verlag, Ravensburg 1978

Evolution der Säugetiere

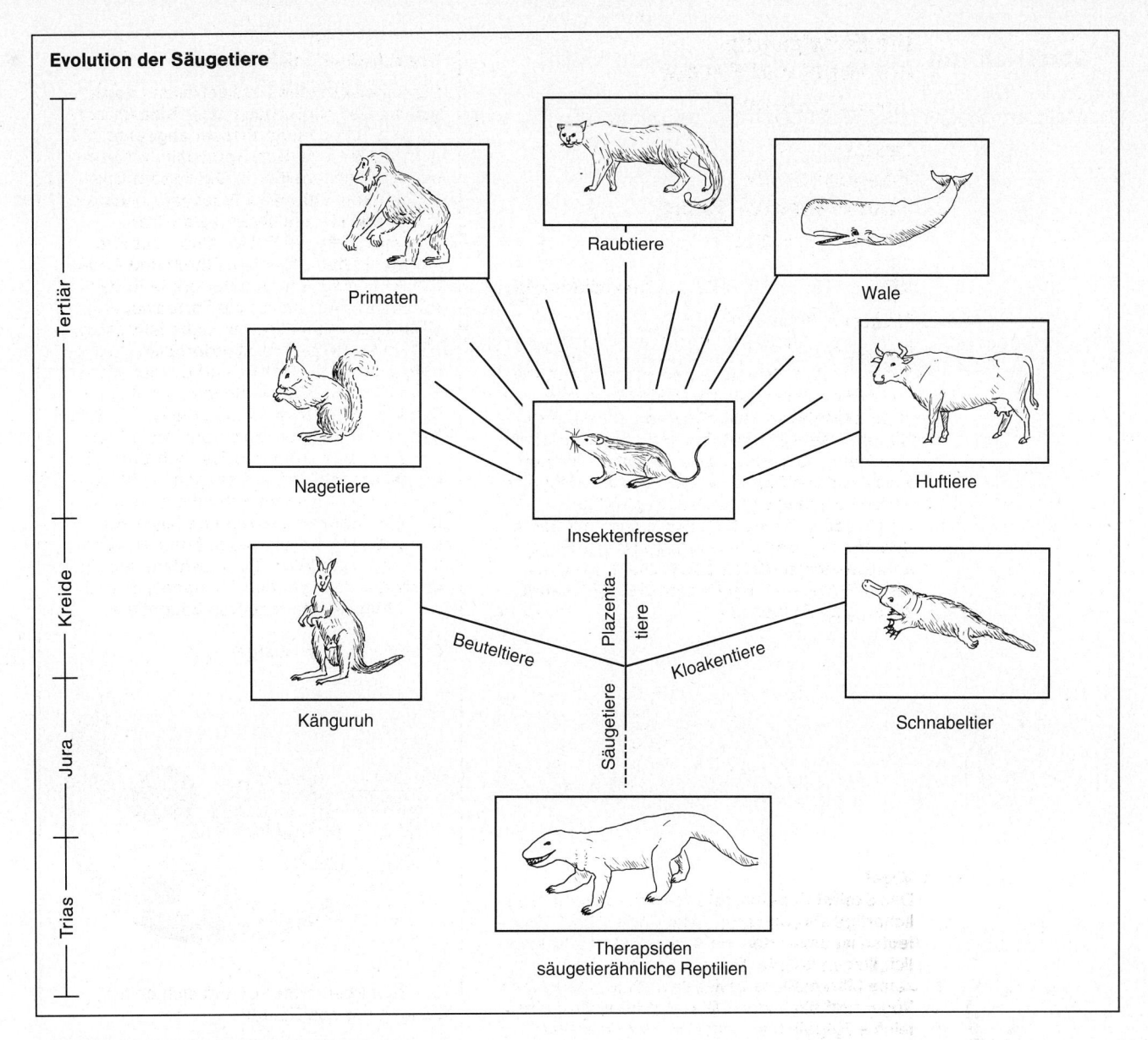

Zeitskala (links): Tertiär – Kreide – Jura – Trias

- Primaten
- Raubtiere
- Wale
- Nagetiere
- Insektenfresser
- Huftiere
- Känguruh (Beuteltiere)
- Schnabeltier (Kloakentiere)
- Plazentatiere
- Säugetiere
- Therapsiden – säugetierähnliche Reptilien

Lösungstabelle zum Arbeitsblatt S. 256

	Reptilien	Archaeopteryx	Vögel
Schädel	Kiefer mit Zähnen	schnabelförmige Kiefer mit Zähnen	Hornschnabel ohne Zähne
Wirbelsäule	aus frei beweglichen Wirbeln	aus frei beweglichen Wirbeln, nicht starr mit Becken verwachsen	Halswirbel beweglich, sonst starr miteinander und mit Becken verwachsen
Schwanz	lang; aus frei beweglichen Wirbeln	lang; aus (mindestens 20) frei beweglichen Wirbeln	kurz; Wirbel zum Schwanzknochen verwachsen
Brustkorb	vordere Rippen mit Brustbein verwachsen (Brustbein fehlt bei Schlangen); hintere frei endend (z. T. „Bauchrippen")	Rippen frei beweglich; kein verknöchertes Brustbein, statt dessen „Bauchrippen" (längsverlaufende Knochenspangen in Bauchdecke	alle Rippen mit Brustbein verwachsen; breiter Brustbeinkamm
Vordergliedmaßen	Elle und Speiche sowie Mittelhandknochen fünf Finger mit Krallen	Flügel drei Finger mit Krallen	Flügel; Zahl der Handknochen reduziert und z. T. verwachsen; drei rückgebildete verwachsene Finger ohne Krallen
Hintergliedmaßen	Schien- und Wadenbein sowie Mittelfußknochen nicht verwachsen; fünf freie Zehen Krallen	Mittelfußknochen zu „Lauf" verlängert, aber nicht verwachsen; Schien- und Wadenbein nicht verwachsen; vier Zehen mit Krallen, eine nach hinten gerichtet	Schien- und Wadenbein verwachsen; Mittelfuß- und Teil der Fußwurzelknochen zu „Lauf" verwachsen; vier Zehen mit Krallen, eine nach hinten gerichtet
Körperbedeckung	Hornschuppen	Federn z. T. Hornschuppen (z. B. an Füßen)	Federn; z. T. schuppenartig an Füßen

Stammesentwicklung

Vergleich von Reptil, Archaeopteryx und Vogel

Male am Skelett des Archaeopteryx Vogelmerkmale rot, Reptilienmerkmale grün an.

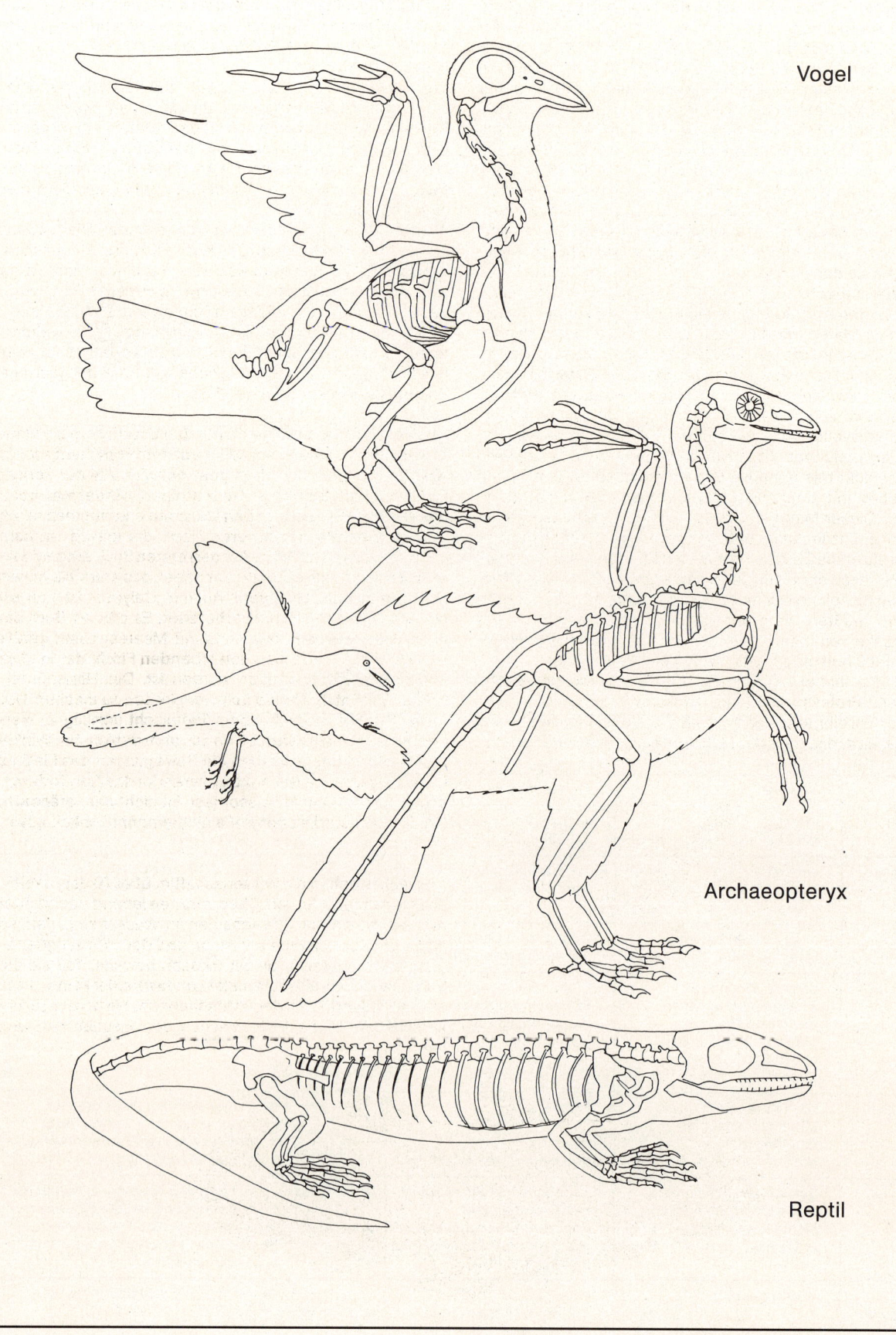

Vogel

Archaeopteryx

Reptil

Informationsblatt: Latimeria –
Ein lebendes Fossil wird entdeckt (nach Hans STEEN)

Zwei Tage vor Weihnachten 1938, ein gutes halbes Jahr vor Beginn des zweiten Weltkrieges legt eines Morgens am Kai des Hafens von East London an der Ostküste Südafrikas ein Fischdampfer an, der einige kapitale Haifische an Deck liegen hat. Solch ein Fang ist an der afrikanischen Ostküste keine Sensation, und es ist reiner Zufall, daß Miss Courtenay-Latimer sich die Fische eingehend betrachtet. Sie tut es von Berufs wegen, denn wer beim Städtischen Museum den Posten einer Direktorin bekleidet, ist eigentlich immer auf der Jagd nach neuen Exemplaren aller Tierarten für die Sammlungen. Plötzlich stutzt sie. Unter den Haien liegt ein mächtiger Fisch, wie sie noch keinen gesehen hat. Er ist durch den Transport und wohl auch durch die Hitze stark beschädigt: Natürlich längst tot, die Flossen teilweise abgerissen, aber man kann deutlich die blauen großen Schuppen erkennen. Die Dame vom Museum interessiert sich mehr für die eigenartig dicken, quastenförmigen Flossen. Als sie den Fisch kaufen will, wird er vom Kapitän nach Pfunden berechnet: 114 englische Pfund, das ergibt einen ganz netten Kurs. Mit Mühe kann Miss Courtenay-Latimer ein paar Hafenarbeiter dazu bewegen, den nicht mehr angenehm riechenden Fisch zum Museum zu fahren.

Im Museum angekommen, beginnt die Direktorin alle Bücher zu wälzen, die sich mit Fischen befassen. Ihr Fund ist darin weder verzeichnet noch abgebildet. Während das geheimnisvolle Tier bereits in der Konservierungsflüssigkeit liegt, zeichnet Miss Courtenay-Latimer seine Umrisse und schickt das primitive Bild an einen südafrikanischen Forscher mit dem nicht ganz ungewöhnlichen Namen Smith. Dieser Mann, der in Grahamstown lebt, hat schon manche Entdeckung unbekannter Fischarten gemacht. Doch als er die Zeichnung aus East London bekommt, muß er sich rasch auf einen Stuhl setzen. Vor 60 Millionen Jahren hat es solche Fische auf unserer Erde gegeben. Ebensolang müßten sie ausgestorben sein, denn man hat Abdrücke von ihnen in uralten Gesteinsschichten gefunden. Jetzt holt ein simpler Fischer so ein Tier aus dem Wasser! „Sie haben da einen Quastenflosser gefunden", schreibt Professor Smith an die Dame in East London. „Er ist der Vorfahr aller Landwirbeltiere. Seine Flossen haben ein Skelett, das dem der Landwirbeltiere beinahe gleicht."

Gewiß ist ein toter Fisch unter solchen Umständen eine Sensation. Warum sollte es aber nicht möglich sein, ein lebendes Exemplar zu bekommen? Der Professor verfaßt ein Flugblatt in allen möglichen Sprachen, um die Fischer auf die Möglichkeit aufmerksam zu machen, sich 400 Dollar zu verdienen. Eben ist das Blatt gedruckt, da ist der zweite Weltkrieg da. Niemand kümmert sich mehr um eigenartige Fische.

Die Welt hat manche Jahre ganz andere Sorgen, der Quastenflosser ist fast vergessen, da kommt am Weihnachtstage 1952 ein Telegramm von einem Hafen der Komoreninseln zwischen Madagaskar und dem afrikanischen Festland. Aufgegeben ist es von einem Kapitän Hunt und es lautet: „Habe Fisch wie Sie ihn suchen gefangen. Liegt hier zum Abholen bereit!"

An der afrikanischen Küste ist Hochsommer. Die Distanz, die Professor Smith bis zu den Komoren zurücklegen muß, beträgt 3 200 Kilometer! Was wird von einem Fisch übrig sein, der in der Glut der Tropen irgendwo liegt? Smith wendet sich schon in der nächsten Stunde an den südafrikanischen Ministerpräsidenten, um ein Flugzeug zu bekommen. Als Smith damit auf den Komoren ankommt, ist zwar der Fisch schon über eine Woche tot, aber der tüchtige Kapitän hat ihn konservieren lassen.

Doch noch hat man keinen lebenden Urzeitfisch, bis Mitte November 1954 Professor Millot auf dem Forschungsschiff „Calypso" gegen 2 Uhr früh geweckt wird. Als der Pariser Gelehrte schlaftrunken an Deck stolpert, windet man eben den Netzsack an Bord. In den Maschen erkennt man einen etwa hundert Pfund schweren Fisch, der kräftig mit dem Schwanz um sich schlägt. Auf den ersten Blick erkennt Millot, was die Stunde schlägt: „Wir haben das erste Weibchen des Urzeitfisches gefangen!" Auf der „Calypso" ist man auf einen solchen Glücksfall vorbereitet. Es gibt an Bord ein altes Walfängerboot, das stets mit Meereswasser gefüllt ist. Hier hinein setzt man den lebenden Fisch, der in etwa 250 Meter Tiefe gefangen worden ist. Der Höhenunterschied scheint ihm keine Schwierigkeiten zu machen. Nur scheint er bei anbrechendem Tageslicht unruhig zu werden. Keine Gewalt vertreibt ihn aus dem dunkelsten Winkel des Bootes. Mittags werden die Bewegungen des Fisches langsamer, und am Nachmittag verendet das Tier. Todesursache, so stellt der Professor fest, ist nicht der veränderte Druck, sondern die übergroße Lichtempfindlichkeit gewesen.

Inzwischen haben die Wissenschaftler über 70 der Urzeitfische gefangen. Mehrere Tiere konnten lebend beobachtet und gefilmt werden. Sie scheinen im Wasser zu laufen; so mutet die Koordination der Brust- und Bauchflossenbewegung an. Das Skelett dieser Flossen beweist, daß sie die Vorläufer der Extremitäten aller Landwirbeltiere sind: „Latimeria", benannt nach der Entdeckerin, ist ein echtes „Brückentier", ein Bindeglied zwischen den Fischen und den Landwirbeltieren.

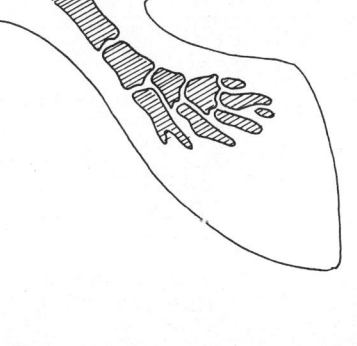

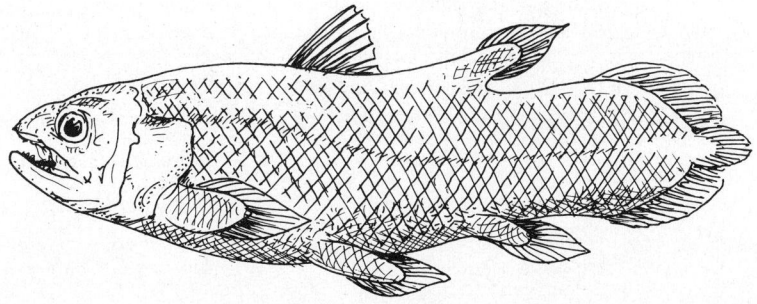

2 Die Entwicklung zum Menschen

Ein Vergleich: Schimpanse – Mensch
(Schülerbuch S. 276/277)

Das Rätsel der Sphinx
(nach GUSTAV SCHWAB: Die schönsten Sagen des klassischen Altertums)

Ödipus begab sich daher nach dem Felsen, auf dem die Sphinx ihren Sitz genommen hatte, und ließ sich von ihr ein Rätsel vorlegen. Das Ungeheuer gedachte dem kühnen Fremdling ein recht unauflösliches aufzugeben, und ihr Spruch lautete also: „Es ist am Morgen vierfüßig, am Mittag zweifüßig, am Abend dreifüßig. Von allen Geschöpfen wechselt es allein mit der Zahl seiner Füße; aber eben wenn es die meisten Füße bewegt, sind Kraft und Schnelligkeit seiner Glieder ihm am geringsten". Ödipus lächelte, als er das Rätsel vernahm, das ihm selbst gar nicht schwierig erschien. „Dein Rätsel ist der Mensch," sagte er, „der am Morgen seines Lebens, so lang er ein schwaches und kraftloses Kind ist, auf seinen zwei Füßen und seinen zwei Händen geht; ist er erstarkt, so geht er am Mittage seines Lebens nur auf den zwei Füßen; ist er endlich am Abende seines Lebens als Greis angekommen, und der Stütze bedürftig, so nimmt er den Stab als dritten Fuß zu Hülfe." Das Rätsel war glücklich gelöst, und aus Scham und Verzweiflung stürzte sich die Sphinx selbst vom Felsen und zu Tode. Ödipus trug zum Lohne das Königreich von Theben und die Hand der Witwe, welche seine eigene Mutter war, davon.

Die Affen
(WILHELM BUSCH)

Der Bauer sprach zu seinem Jungen:
„Heut in der Stadt, da wirst du gaffen.
Wir fahren hin und sehn die Affen.
Es ist gelungen
Und um sich schiefzulachen,
Was die für Streiche machen
Und für Gesichter,
Wie rechte Bösewichter.
Sie kraulen sich,
Sie zausen sich,
Sie hauen sich,
Sie lausen sich,
Beschnuppern dies, beknuppern das,
Und keiner gönnt dem andern was,
Und essen tun sie mit der Hand,
Und alles tun sie mit Verstand,
Und jeder stiehlt als wie ein Rabe.
Paß auf, das siehst du heute."
„O Vater", rief der Knabe,
„Sind Affen denn auch Leute?"
Der Vater sprach: „Nun ja,
Nicht ganz, doch so beinah."

Medien

Magnetische Arbeitsmittel
- MAM-Box Evolution:
  Lernset 1: Evolution des Menschen. Klett

Modelle
- Menschliches Skelett. Phywe
- Gorilla-Schädel. Phywe
- Schimpansen-Schädel. Phywe
- Gehirn. Phywe
- Modell der Wirbelsäulenreaktion. Schlüter

Dias
- Mensch und Affe. FWU

Lösungen zum Arbeitsblatt

Die Lösungen können der Lösungstabelle entnommen werden.

	Schimpanse	Mensch
Wirbelsäule	c-förmig **Deutung:** tragende Bogen-Sehnen-Konstruktion	doppelt s-förmig **Deutung:** aufrechter Gang
Becken	hoch, flach, schmal	breit, schaufelartig **Deutung:** Becken trägt Eingeweide und Fetus.
Gliedmaßen	Arme länger als Beine; Klammerhand, Greiffuß Beine angewinkelt **Deutung:** hangelndes Klettern; Schwerpunkt unter der Standfläche	Beine länger als Arme; Daumen opponierbar; Beine gestreckt **Deutung:** Werkzeuggebrauch Schwerpunkt über der Standfläche
Schädel	Hirnschädel flach; Überaugenwülste; Schnauze; fliehendes Kinn, Hinterhauptsloch hinter Schädelschwerpunkt **Deutung:** Hirnvolumen um 400 cm^3; starke Nackenmuskulatur	Hirnschädel groß und gewölbt **Deutung:** Hirnvolumen 1400 cm^3; Kopf ausbalanciert
Gebiß	starke Eckzähne passen in „Affenlücke" Zahnbogen U-förmig **Deutung:** Gebiß als Waffe	Eckzähne nicht größer, Zahnbogen V-förmig

Vergleich der Skelette von Schimpanse und Mensch

Charakterisiere stichwortartig die beiden Skelette. Unterstreiche Anpassungen an das Baumleben grün, Anpassungen an den aufrechten Gang rot.

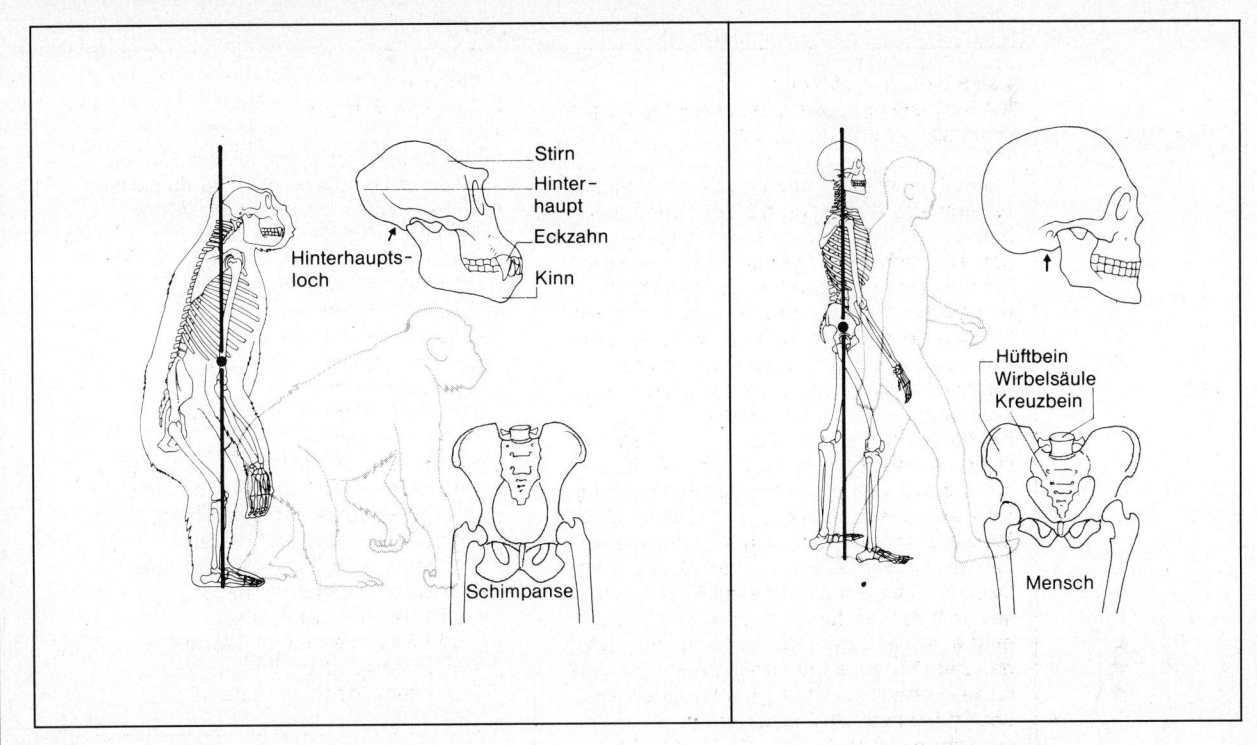

	Schimpanse	Mensch
Wirbelsäule		
Becken		
Gliedmaßen		
Schädel		
Gebiß		

Vorfahren des Jetztmenschen
(Schülerbuch S. 278/279)

Altweltaffen (Schmalnasen)

Neuweltaffen (Breitnasen)

Typisch menschlich: Der aufrechte Gang

Der erste Schritt in der Entwicklung zum Menschen war der aufrechte Gang. Der aufrechte Gang erlaubt typisch menschliches Verhalten.
- Freier Handgebrauch und damit Gebrauch und Herstellung von Werkzeugen. Damit verbunden ist eine große Leistungsfähigkeit des Gehirns.
- Transport von Nahrungsmitteln und Rohmaterial für die Herstellung von Werkzeugen (Feuersteinhandel) und Behausungen; Anlegen von Vorräten.
- Ausweitung des Aktionsradius; Besiedlung auch weit entfernter Gebiete und schließlich der ganzen Erde.

Australopithecinen gingen bereits vor 3 Millionen Jahren aufrecht, wie das Skelett von Lucy eindeutig beweist, hatten aber nur ein relativ kleines Gehirn (um 500 cm^3). Ein stark entwickeltes Gehirn war also für den aufrechten Gang offenbar nicht erforderlich. Der differenzierte Gebrauch und erst recht die planvolle Herstellung von Werkzeugen waren erst möglich, als die Hände nicht mehr zur Fortbewegung benötigt wurden, also nach der Entwicklung des aufrechten Gangs. Außerdem setzte die Werkzeugherstellung ein leistungsfähiges Gehirn voraus. Gehirnentwicklung und Werkzeugherstellung waren also sicher zeitlich und wohl auch ursächlich miteinander gekoppelt. Jedoch sind bis heute die Mechanismen einer solchen Kopplung weitgehend spekulativ. Sicher waren auch dabei die Evolutionsfaktoren Mutation und Selektion entscheidend. Der Werkzeuggebrauch muß beim Überleben („survival of the fittest"), der Möglichkeit sich gegen Rivalen bei der Fortpflanzung durchzusetzen und der Versorgung der Nachkommen einen eminenten Selektionsvorteil dargestellt haben.

Beziehungen zwischen aufrechtem Gang und Hand- und Gehirnentwicklung

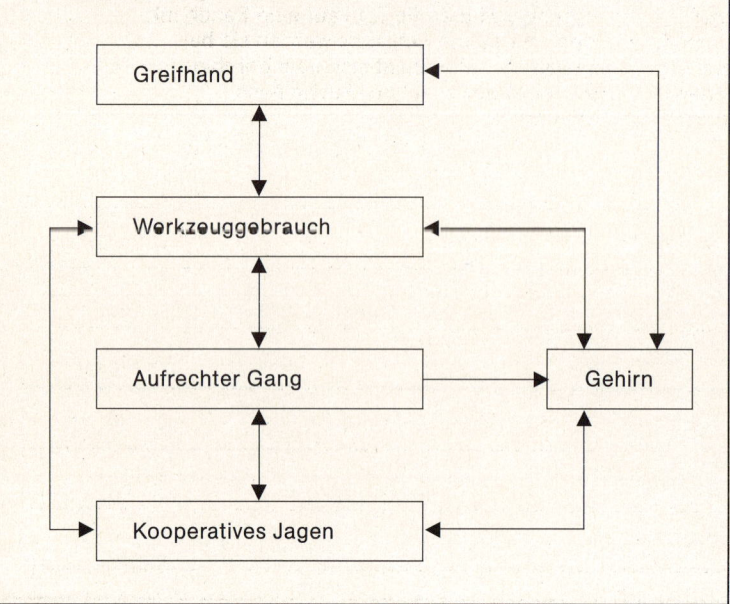

```
Greifhand
   ↕
Werkzeuggebrauch
   ↕
Aufrechter Gang ⟷ Gehirn
   ↕
Kooperatives Jagen
```

99 Zusatzinformation

Der Mensch – ein Werkzeugmacher

ARNOLD GEHLEN nennt den Menschen ein „Mängelwesen": Ihm fehlen Organe, die er als Waffen oder widerstandsfähige Werkzeuge einsetzen könnte. Viele Tiere haben solche Organe: der Maulwurf hat seine Grabhand, der Löwe ein Raubtiergebiß, der Adler einen kräftigen Schnabel und dolchartige Krallen. Als Ersatz für mangelnde Körperwerkzeuge verwendet der Mensch körperfremde Materialien als „Ersatzorgane": Steine, Knochen, Zähne, Geweihstangen, Holz. Aber er verwendet diese Materialien nicht nur (tool user), wie es auch Schimpansen und der Fink tun, sondern er stellt mit Hilfe seiner schwachen, aber unter der Koordination des Gehirns leistungsfähigen Hände planmäßig spezialisierte Werkzeuge her, bewahrt sie für künftigen Gebrauch auf („Organe nach Bedarf"). Er paßt seine „Ersatzorgane" jeder Aufgabe an, optimiert sie im Laufe seiner kulturellen Entwicklung. Diese kulturelle Anpassungsfähigkeit ist eines der wichtigsten Wesensmerkmale des Menschen. Damit kann er auf Umweltveränderungen viel schneller reagieren, als durch genetische Anpassung mittels Mutation und Selektion. 99

Lösungen zum Arbeitsblatt S. 261

Lebensumwelt: Trockensavanne in Ostafrika: Grasland mit Bäumen und Sträuchern, einzelne Seen (z. B. Rudolf-See [Turkana, Koobi Fora], Viktoria-See).

Gruppenordnung: Horde (von ca. 30 Australopithecinen); Männer jagen in Gruppen und verteidigen die Horde; Frauen versorgen Kinder und sammeln in der Nähe des Lagers; Kinder helfen dabei und üben im Spiel die Tätigkeit der Erwachsenen.

Ernährungsweise: Wild, Kleingetier, Nüsse, Beeren, Wurzeln; noch kein Feuergebrauch!

Lösungen zum Arbeitsblatt S. 262

1. (a) Mammut; (b) Höhlenbär; (c) Rentier; (d) Wildpferd; (e) Ur (Auerochse); (f) Wisent (Bison, Lascaux); (g) Hirsch.
2. Jagdzauber durch Schamanen in Tierfellen (h): „Zauberer" in der südfranzösischen Höhle Trois Frères
Gruppenjagden (g)
Pfeil und Bogen (b), (d), (e), (g); Speer (f).

Medien

Videos
- Menschenforschung – Jäger und Sammler in der Kalahari. Klett

Filme
- Wälder und Steppen im Eiszeitalter. FWU
- Werkzeuggebrauch der nacheiszeitlichen Wildbeuter. FWU
- Werkzeuggebrauch der jungsteinzeitlichen Bauern. FWU
- Tiere der Altsteinzeit (Eiszeit). Klett
- Geräteherstellung der Altsteinzeit. Klett
- Der Mensch in der Steinzeit. Klett
- Werkzeuge aus Feuerstein. Klett
- Herstellung eines Faustkeils. CVK
- Handwerker der Steinzeit I/II. Inst. f. Weltk.

Vor 3 Millionen Jahren

Lies den Text durch und beschreibe Lebensumwelt, Gruppenordnung und Ernährungsweise der Australopithecinen.

Weites Grasland mit Bäumen und Sträuchern zieht sich von der spiegelnden Fläche eines Sees zu den östlichen Gebirgen Afrikas. Eine Horde menschenähnlicher Wesen folgt den bewaldeten Ufern eines zum See ziehenden Flußlaufs. Ihr dunkelhäutiger, behaarter Körper ist gebeugt, als wäre der Kopf zu schwer für die kräftige Nackenmuskulatur. In den Händen tragen sie scharfkantig angeschlagene Steine und angespitzte Holzstöcke. Ein kräftiger Mann hat sich mit dem bezahnten Kiefer eines Löwen bewaffnet. Die Frauen haben mit den Säuglingen zu tun, die sich an ihnen festklammern. Einige größere Kinder werfen mit Steinen nach Wasservögeln. Immer wieder macht die Horde halt. Dann graben die Frauen nach Wurzeln, sammeln Nüsse, Beeren und Kleingetier. Die Männer streifen auf der Suche nach Wild durch Gebüsch und Steppengras. Da schleppen sie eine erlegte Antilope herbei. Die ganze Horde ist aufgeregt: Fleisch gibt es nicht alle Tage. Plötzlich ein Schreckensschrei! Alle fahren hoch, die Frauen packen ihre Kinder, die Männer stürzen zur Stelle des Schreis. Dort – ein Löwe springt auf eine der Frauen zu! In ihrer Angst weicht sie zurück und stürzt in die starke Strömung des Flusses. Mit lautem Geschrei und Steinwürfen vertreiben die Zweibeiner die große Katze. Für die Frau aber kommt jede Hilfe zu spät. Der Fluß hat sie fortgetragen. Irgendwo wird er die Tote auf eine Sandbank legen. Sand und Schlamm werden sie bedecken. Die Horde hat sich bald beruhigt und zieht weiter auf der Suche nach Nahrung.

Lebensumwelt

Gruppenordnung:

Ernährungsweise:

Die Jagd der Steinzeitmenschen

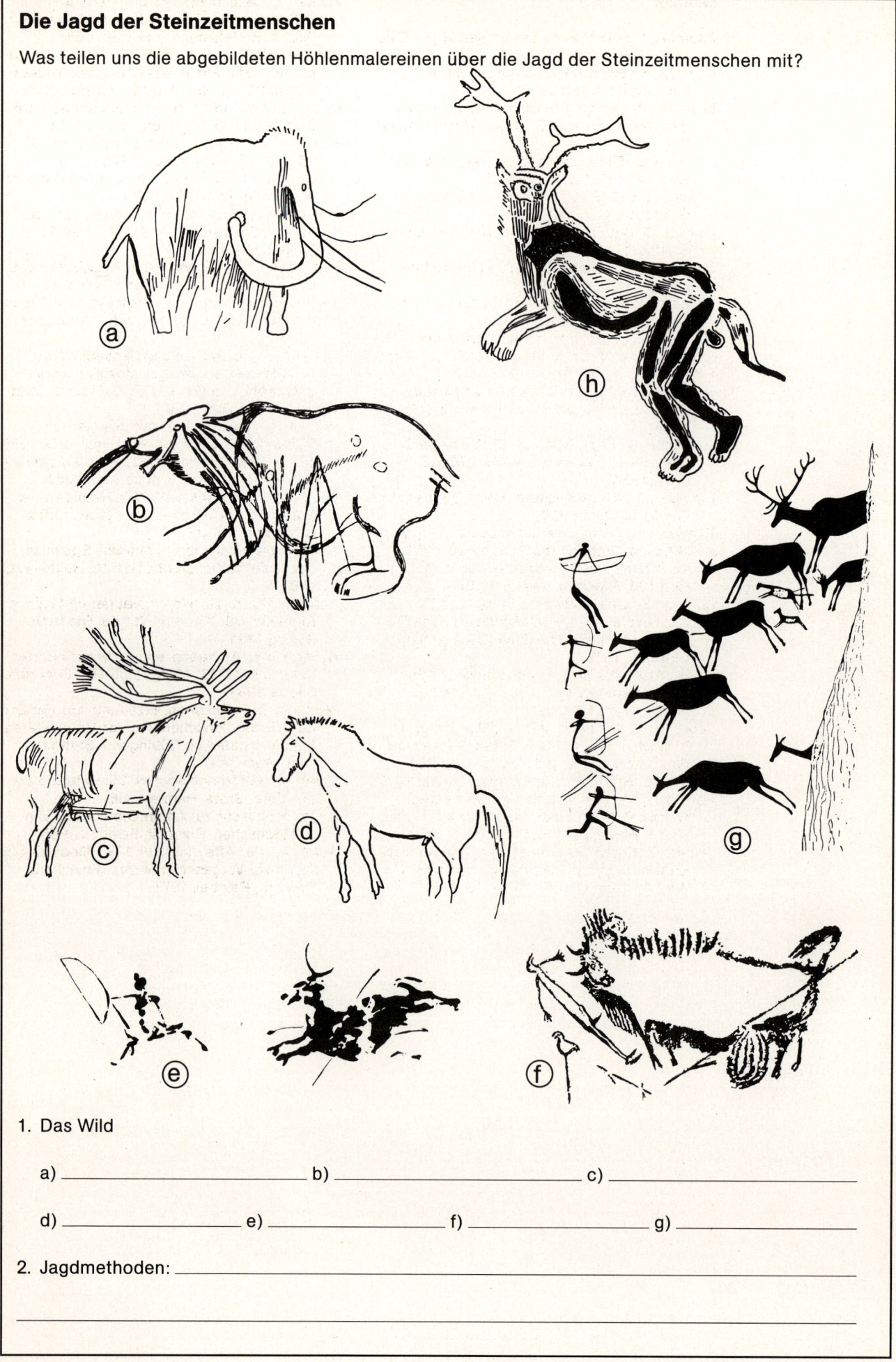

Was teilen uns die abgebildeten Höhlenmalereinen über die Jagd der Steinzeitmenschen mit?

1. Das Wild

   a) _____ b) _____ c) _____

   d) _____ e) _____ f) _____ g) _____

2. Jagdmethoden: _____

Literatur

Baumann, H.: Die Höhlen der großen Jäger. Otto Maier, Ravensburg 1965

Beurlen, K.: Welche Versteinerung ist das? Franckh, Stuttgart 1975

Bojunga, W. (Hrsg.): Die Stammesgeschichte des Menschen. NiU-B, 28. Jg., Heft 11, Aulis, Köln 1980

Bosinski, G.: Der Neandertaler und seine Zeit. Rheinland-Verlag, Köln 1985

Campbell, B. G.: Entwicklung zum Menschen. G. Fischer, Stuttgart 1972

Darwin, C.: Die Entstehung der Arten. Reclam, Stuttgart (viele Aufl.)

Darwin, C.: Die Abstammung des Menschen. Kröner, Stuttgart 1982

Eschenhagen, D. (Hrsg.): Evolution. UB, 1. Jg., Heft 3, Friedrich, Seelze 1976

Glowatzki, G.: Die Rassen des Menschen. Entstehung und Ausbreitung. Franckh, Stuttgart 1976

Hemleben, J.: Charles Darwin in Selbstzeugnissen und Bilddokumenten. Rowohlt, Reinbek 1976

Johanson, D., Edey, M.: Lucy. Die Anfänge der Menschheit. Ullstein, Frankfurt/M. – Berlin – Wien 1984

Kattmann, U. (Hrsg.): Rassen. UB, 1. Jg., Heft 14, Friedrich, Seelze 1977

Kattmann, U. (Hrsg.): Herkunft des Menschen. UB, 3. Jg., Heft 31, Friedrich, Seelze 1979

Knoll, J. (Hrsg.): Paläontologie. UB, 9. Jg., Heft 105, Friedrich, Seelze 1985

Kull, U.: Evolution. Metzler, Stuttgart 1979

Kull, U.: Evolution des Menschen. Biologische, soziale und kulturelle Evolution. Metzler, Stuttgart 1979

Leakey, R. E.: Die Suche nach dem Menschen. Wie wir wurden, was wir sind. Umschau, Frankfurt am Main 1981

Leakey, R. E., Lewin, R.: Wie der Mensch zum Menschen wurde. Neue Erkenntnisse über den Ursprung und die Zukunft des Menschen. Hoffmann und Campe, Hamburg 1978

Lovejoy, C. O.: Die Evolution des aufrechten Gangs. Spektrum der Wissenschaft, 12. Jg., Heft 1, Heidelberg 1989

Osche, G.: Evolution. Grundlagen, Erkenntnisse, Entwicklungen der Abstammungslehre. Herder, Freiburg – Basel – Wien 1979

Probst, E.: Deutschland in der Urzeit. Von der Entstehung des Lebens bis zum Ende der Eiszeit. Bertelsmann, München 1986

Remmert, H., Zell, R. A.: Tiere der Urzeit: Ausgestorben oder ausgerottet? Bild der Wissenschaft, 21. Jg., Heft 9, DVA, Stuttgart 1984

Ricke, J.: Fossilien bergen und präparieren. UB, 9. Jg., Heft 105, Friedrich, Seelze 1985

Scharf, K.-H. (Hrsg.): Archaeopteryx. PdN-B, 35. Jg., Heft 4, Aulis, Köln 1986

Schmidt, H.: Materialien zur Fossilgeschichte des Menschen. Aulis, Köln 1979

Schneider, H.: Anatomische Voraussetzungen der Menschwerdung. UB, 3. Jg., Heft 31, Friedrich, Seelze 1979

Schneider, H.: Die Einheit von biologischer und kultureller Evolution – demonstriert an Unterrichtsbeispielen zum frühen Werkzeuggebrauch. NiU-B, 28. Jg., Heft 3, Aulis, Köln 1980

Schwidetzky, J.: Rassen und Rassenbildung beim Menschen. Typen – Bevölkerungen – geographische Variabilität. G. Fischer, Stuttgart – New York 1979

Time-Life (Hrsg.): Die Frühzeit des Menschen. 20 Bände, Time-Life International, o. O. 1980

Tischlinger, H.: Simulation der Fossilentstehung. PdN-B, 35. Jg., Heft 4, Aulis, Köln 1986

Trinkaus, E., Howells, W. W.: Die Neandertaler. Spektrum der Wissenschaft, 3. Jg., Heft 2, Heidelberg 1980

Ward, P.: Nautilus und Ammoniten. Spektrum der Wissenschaft, 6. Jg., Heft 12, Heidelberg 1983

Weber, I., Dulitz, B. (Hrsg.): Saurier und lebende Reptilien. UB, 15. Jg., Heft 166, Friedrich, Seelze 1991

Weber, I. u. a.: Archaeopteryx – ein befiederter Dinosaurier? UB, 15. Jg., Heft 166, Friedrich, Seelze 1991

Weinland, D. F.: Rulaman. Erzählung aus der Zeit des Höhlenmenschen und des Höhlenbären. Rainer Wunderlich, Tübingen – Stuttgart (viele Auflagen)

Wendt, H.: Auf Noahs Spuren. Die Entdeckung der Tiere. Grote, Hamm 1956

Wendt, H.: Ich suchte Adam. Die Entdeckung des Menschen. Rowohlt, Reinbek 1965

Wendt, H.: Der Affe steht auf. Eine Bilddokumentation zur Vorgeschichte des Menschen. Rowohlt, Reinbek 1971